上杭年鉴

（2017）

上 杭 县 人 民 政 府 主 办
上杭县地方志编纂委员会　编

方志出版社
Publishing House of Local Records

图书在版编目（CIP）数据

上杭年鉴. 2017 / 上杭县地方志编纂委员会编. --
北京 : 方志出版社, 2017.11
ISBN 978-7-5144-2759-2

Ⅰ. ①上… Ⅱ. ①上… Ⅲ. ①上杭县—2017—年鉴
Ⅳ. ①Z525.74

中国版本图书馆CIP数据核字(2017)第295712号

上杭年鉴(2017)

编　　者: 上杭县地方志编纂委员会
责任编辑: 刘方圆
出 版 人: 冀祥德
出 版 者: 方志出版社
　　　　地址　**北京市朝阳区潘家园东里9号(国家方志馆4层)**
　　　　邮编　100021
　　　　网址　http://www.fzph.org
发　　行: 方志出版社图书经销中心
　　　　电话（010）67110500
经　　销: 各地新华书店
印　　刷: 福建龙岩东方彩印有限公司
开　　本: 889×1194　　1/16
印　　张: 24.75
字　　数: 647千字
版　　次: 2017年11月第1版　2017年11月第1次印刷
印　　数: 0001~1000册

ISBN 978-7-5144-2759-2　　　　**定价：200.00元**

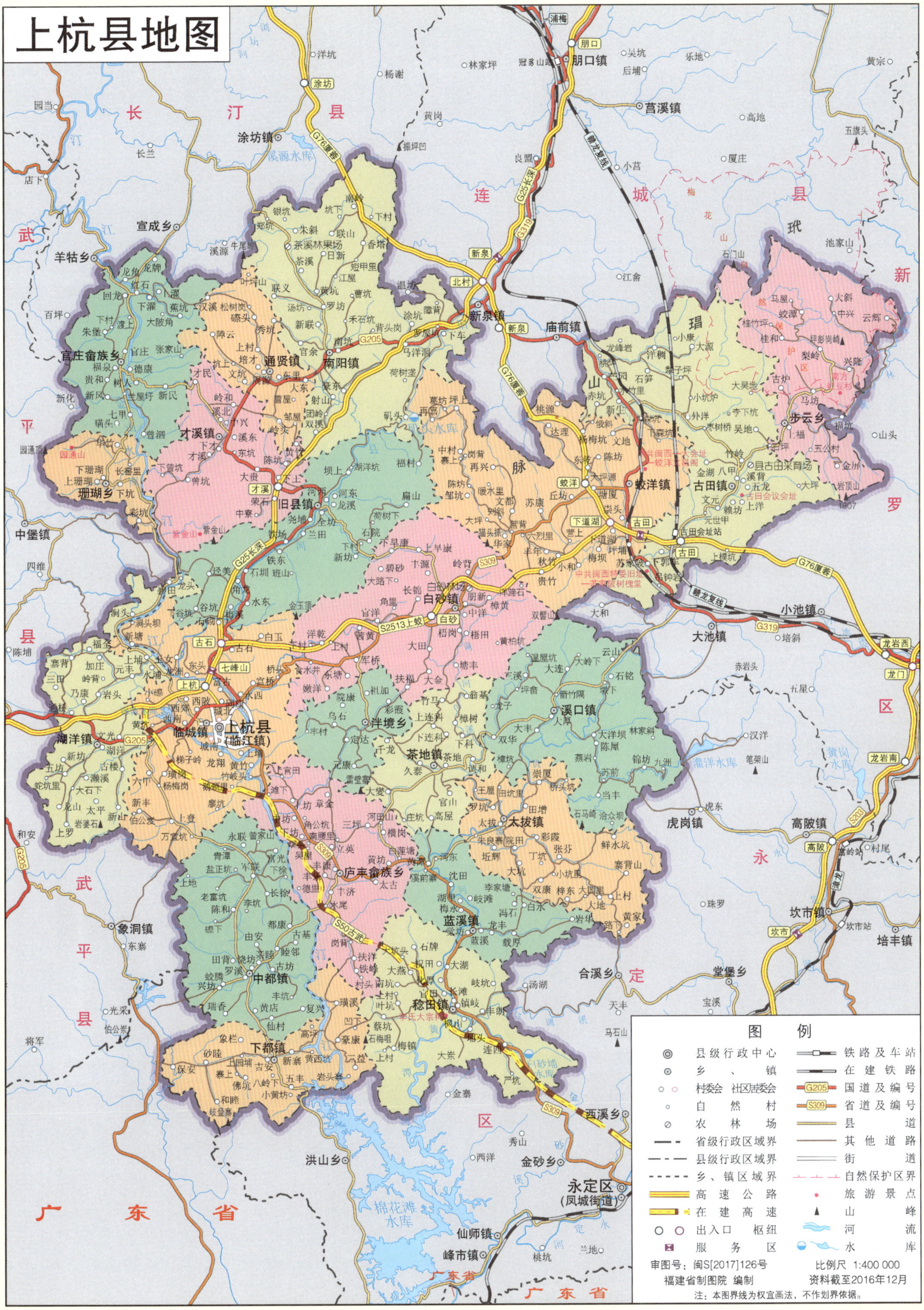
上杭县地图
上杭县
(临江镇)
临城镇
湖洋镇
庐丰畲族乡
临江镇
旧县镇
才溪镇
通贤镇
南阳镇
官庄畲族乡
珊瑚乡
白砂镇
洋境乡
茶地镇
溪口镇
太拔镇
蓝溪镇
稔田镇
中都镇
下都镇
古田镇
蛟洋镇
步云乡
长汀县
连城县
新罗区
永定区
武平县
广东省
涂坊镇
宣成乡
羊牯乡
朋口镇
宣和乡
庙前镇
新泉镇
中堡镇
象洞镇
小池镇
大池镇
虎岗镇
高陂镇
坎市镇
培丰镇
合溪乡
堂堡乡
西溪乡
洪山乡
金砂乡
永定区
(凤城街道)
仙师镇
峰市镇
梅花山
棉花滩水库
图例
县级行政中心
乡、镇
村委会 社区居委会
自然村
农林场
省级行政区域界
县级行政区域界
乡、镇区域界
高速公路
在建高速
出入口 枢纽
服务区
铁路及车站
在建铁路
国道及编号
省道及编号
县道
其他道路
街道
自然保护区界
旅游景点
山峰
河流
水库
审图号：闽S[2017]126号
比例尺 1:400 000
福建省制图院 编制
资料截至2016年12月
注：本图界线为权宜画法，不作划界依据。

2017年9月22日，《中国影像志·福建名镇》暨《八闽历史文化名镇名村影像志》开机仪式在上杭县古田镇举行（滕元明摄）

2016年4月12日，国家民委党组书记、统战部副部长巴特尔（前排左二）到上杭县调研

2016年9月12日，省长于伟国（前排左二）到上杭太阳电缆公司调研　　（王毅 摄）

2017年7月19日，省方志委主任陈秋平（右五）到上杭县调研

2016年10月21日，中共龙岩市委书记林国耀（前排中）到上杭紫金矿业调研

2016年12月31日，龙岩市市长林兴禄（前排中）到上杭县调研

2016年11月13日，中共上杭县委书记傅藏荣（前排左二）在茶地镇调研

2017年1月22日，上杭县县长王波（后排左二）调研安全生产工作

2017年7月1日，上杭县四套班子领导在古田开展“迎七一·学先进·话发展”主题党日活动

2017年1月6日，上杭县通过国家水土保持生态文明综合治理工程国家级专家评审

2017年4月14日，海军装备部与上杭县军民融合产业共建工作汇报会暨项目签约仪式在京举行

2017年5月31日，中共上杭县委召开推进“两学一做”学习教育常态化制度化工作座谈会

2017年5月12日，中共上杭县委召开脱贫攻坚推进会

2016年9月28日，上杭县金铜产业发展研讨会召开

2016年8月25日，龙岩市特色小镇和美丽乡村建设现场推进会在上杭县召开

2016年1月14日，龙岩市、上杭县文化科技卫生“三下乡”集中服务活动在通贤镇举行

2016年4月1日，上杭县举行陈丕显诞辰100周年纪念活动

2016年6月22日，刘忠将军故居及生平事迹展揭幕仪式在才溪镇举行

2017年4月，省重点项目上杭县医院整体搬迁施工现场

2016年10月，新建成的张滩大桥

做有内涵的闽西人　从“龙岩地情”开始

龙岩市地方志编纂委员会官方微信平台

微信公众号平台账号：longyandifangzhi　龙岩地情

《上杭年鉴(2017)》编辑室成员

主　　任:刘昌发

副 主 任:丘立平(2017.5 免)

责任编辑:唐鉴荣　钟梅娇　王冬英　袁发昌　蓝晓东　孔敏慧

编辑说明

一、本鉴以马克思列宁主义、毛泽东思想、邓小平理论、“三个代表”重要思想、科学发展观、习近平新时代中国特色社会主义思想为指导，坚持辩证唯物主义和历史唯物主义的立场、观点和方法，全面、翔实地记载2016年上杭县全面深化改革，实施创新驱动、产业兴县、人才强县“三大战略”，打好项目落地、脱贫攻坚、生态环保“三大战役”，围绕实现“四个率先”、打造“四个上杭”所取得的新成就、新经验、新面貌，重点反映全县的大事、要事、新事和特事，着力体现时代特征、上杭特色、年度亮点，更好地发挥年鉴在宣传上杭、了解上杭、发展上杭中的积极作用。

二、本鉴除大事记、特记、特载、附录外，设23个部类、163个分类、759个条目，约65万字。篇目设计上，在概况部类续设建置、地理环境和经济总情，便于综览全鉴。内容记述上，突出产业、基础设施、县域城市、民生四大体系建设，对社会关心的热点问题专目记述，增强了资料性、警示性、可读性和趣味性。版面安排上，做到图文并茂，彩页和插图，除署名者外，均由上杭县报道组和条目撰稿单位提供。

三、本鉴所引用的统计数字，凡国家有规定范围、口径和计算方法的，均按国家统一规定统计，并经县统计局审核。凡与县统计局统计数据不一致的，在条目后括注数据提供单位和出处，供读者参考。其他没有列入国家统计范围的统计资料，由有关主管部门审核入鉴。凡“比增”“比减”均为2016年与2015年对比同比增长或同比减少。有关保密审查，由县保密局负责。

四、本鉴使用的计量单位，按国家及有关部门规定，但耕地面积仍沿用传统习惯用亩作单位。

目　录

农业和农村经济

工业经济

矿产冶金

政党　政权　政协

城乡规划建设管理

环境保护　生态建设

交通运输

财政　税务

国内外贸易

法 治

军 事

机构编制
人力资源社会保障

民政　民族宗教

教育　卫生计生

文化体育　广播影视

旅　游

招商引资　涉台事务

科学技术　数字信息

社会团体

金融 保险

乡镇概况

人物　先进集体

附　录

编后记

大 事 记

1月

3日,上杭县大型情景晚会“千年古邑 锦绣上杭”在县人民会堂举行。

8日,上杭县官庄畲族乡新风村村民、共产党员陈易声在福建省第二十二次见义勇为英雄模范表彰大会上被授予“全省见义勇为先进个人”荣誉称号,并获得奖金8万元。14日,他将8万元奖金分别捐赠给官庄民族中学、官庄中心小学、官庄敬老院等单位用于奖教奖学、尊敬老人。

11日,毛泽东才溪乡调查纪念馆在福建省爱国主义教育基地所属3D网上展馆正式上线。

14日,龙岩市暨上杭县2016年文化科技卫生“三下乡”活动在通贤镇启动。市、县相关部门负责人参加活动。参加活动的部门在现场开展中央、省、市有关政策宣传、义务书写春联、义诊、健康知识宣传、交通安全知识教育等活动,为通贤镇捐赠医疗巡诊车、书刊等物品和各类文化建设项目,总价值90余万元。

同日,台湾苗栗县丘竤公尝一行19人到上杭县客家族谱博物馆参观,通过听讲解、看图片、体验多媒体设备等方式,加深了对客家民系的形成及其特征、客家姓氏源流、两岸客家同宗同源血脉亲情的了解。

22日,省人大常委会原副主任、省老促会会长谢先文到稔田镇连四村慰问“五老”人员及遗属。

27日,中国共产党上杭县纪律检查委员会第十二届第七次全体会议召开,钟爱华代表中共上杭县纪律检查委员会作《全面从严治党、把纪律挺在前面,坚定不移推进党风廉政建设和反腐败斗争》报告。

是月,上杭县委党校网上展馆被中共中央组织部党员教育中心上载至全国首批76个党性教育基地网上展馆·共产党员网。

是月,上杭县电子商务协会及青年电子商务协会成立,两个协会以县内市场集群为基础,布局全国商贸物流资源为依托,提供互联网平台和电子商务生态系统,对接县内各产业及农副产品,实现实体+网络协同发展的立体经营模式,发挥桥梁和纽带作用。

2月

9日—26日,由县文化馆主办,映山红美术学校承办的“墨香迎春——映山红少儿美术作品展”在孔庙举办。参展作品有108幅,作者年龄最大的15岁,最小的仅4岁。展出作品内容丰富、形式多样、风格各异,有国画、线描、儿童画、水彩画等。

12日,中共中央党校原常务副校长郑必坚到上杭县调研。

15日—20日,第十六届、第十七届中共中央政治局委员,第十届、第十一届全国人大常委会副委员长、党组副书记,中华全国总工会原主席王兆国瞻仰古田会议会址,参观陈丕显故居,调研考察庐丰金花茶产业示范基地。

19日,《下才村——精忠报国》节目在中央电视台四套《记住乡愁》栏目播出。

27日,上杭“百姓演艺台”举办首届新春武术展演“中国梦·精舞魂”。

是月,通贤镇村民阙银梅当选福建省“孝老爱亲”好人。

3月

1日,上杭县法院签发全县首份“人身安全保护令”。

9日,县公安局通过公安部“210工程”建设终期评估工作视频查验。

20日—21日,部分省份流域上下游横向生态补偿机制建设工作推进会在古田镇召开。财政部副部长刘昆,环保部副部长李干杰,省委常委、常务副省长张志南出席会议。

25日—26日,文化部部长雒树刚在上杭县参加文化部司级领导干部培训班开班仪式,调研考察革命老区文化建设工作。

30日,福建省山区地(市)首家

国地税联合办税服务大厅在上杭县行政服务中心成立。该服务厅共设置综合服务窗口24个,对纳税人办理各种涉税事项提供“一窗式”(“一人一窗一屏双机双网双系统”办税模式)服务,实现一个窗口同时办理国、地税业务,实现“两税一办”。

31日,上杭新闻综合频道播出纪录片《陈丕显在闽赣》。该片由福建省副省长梁建勇、龙岩市委书记李德金、市长池秋娜任总监制,市委常委、宣传部长王金福任总策划,中共龙岩市委宣传部、市委党史研究室、闽西电视制作中心联合出品,分上、下两集,每集约40分钟。

是月,由县关工委常务副主任、县红色文化研究会副会长、县教育关工委主任、闽西文学院院士林开泰主编的《陈丕显活在故乡人民心中》由中共党史出版社出版发行。

是月,陈丕显生平事迹陈列馆完成布展工作。该馆从2015年5月开始布展,按时间顺序分六个部分,通过历史资料、照片、文物,向观众全方位展示陈丕显在各个历史时期的人生亮点。

是月,上杭县水上运动中心开工建设。该项目规划用地面积46亩,建筑占地面积7676平方米,总建筑面积16247平方米。

是月,上杭县茶地乡精神文明建设促进会被中共福建省委宣传部、组织部等9个部门联合表彰为“最佳志愿服务组织”。

4月

1日,上杭县举行陈丕显诞辰100周年纪念活动。省政协党组副书记、副主席刘可清,上海警备区副政委(少将)孙进,龙岩市和龙岩军分区领导李德金、池秋娜、严志铭以及部分省直、市直有关部门负责人、陈丕显母校师生代表、家乡代表、亲属代表、社会各界人士代表等参加纪念活动。同日,上海警备区向南阳镇捐赠400万元帮扶资金,主要用于南阳中心小学教学综合楼建设和设立奖教助学基金。

5日—7日,紫金矿业在香港举办的“2016亚洲矿业与财富高峰论坛暨展览会”上,被评为“亚洲最佳矿业公司奖”,是亚洲唯一上榜企业,该奖项被认为是亚洲最负盛名的矿业投资奖项。

11日,中央统战部副部长、国家民委党组书记巴特尔到古田镇苏家陂调研民族工作。

15日,省人大常委会副主任刘群英一行到南阳镇就公共文化服务体系建设情况进行调研。

20日,马来西亚老友联谊会会长林裕一行20余人到毛泽东才溪乡调查纪念馆参观,双方互赠历史史料书刊。

21日,上杭县法院在全市首创与省人大代表联合设立“家事纠纷联合调处室”。

27日,中东欧16个国家的作曲家到上杭采风。

27日,上杭县选定10家餐馆和10家学校食堂作为“明厨亮灶”工程的第一批创建单位,拉开上杭县“明厨亮灶”工程创建序幕。

29日,县委十二届九次全会在县行政办公大楼十六楼县委会议室召开,会议审议、通过了《关于召开中国共产党上杭县第十三次代表大会的决议》,民主推荐新一届乡镇党委书记、政府乡镇长人选。

是月,毛泽东在上杭的旧居——临江楼被中共福建省委宣传部命名为第五批福建省爱国主义教育基地。

5月

4日—5日,福建省副省长黄琪玉一行到上杭县调研“三农”工作。

7日—8日,袁洪亮作品音乐会暨从艺50周年座谈会在客家缘演艺中心剧场举行,这是龙岩市首个个人作品音乐会。

8日,以全国政协副主席马飚为组长的全国政协“繁荣社会主义书画艺术”调研组到上杭县调研。

17日,最高人民检察院巡视组组长曾页久一行瞻仰古田会议会址。

18日,古田镇众发蔬菜专业合作社生产的莱豆、茄子、番茄3个品种,经国家农业部农产品质量安全中心审定,获国家农业部无公害农产品认证。

同日,朱德元帅外孙刘武大校,韩伟中将之子韩京京等老一辈革命家后代到上杭县追寻先辈足迹,先后前往临江楼、毛泽东与朱德谈心旧址及太忠庙等地。查阅历史文献,感受先辈们生前的工作生活场景和艰苦战斗的革命历程。

同日,中国收藏家协会的23位文物收藏家,向古田会议纪念馆捐赠400多件红色、客家以及历史题材文物藏品。

20日,紫金矿业旗下吉尔吉斯奥同克公司尾矿库和铜硫分离技术技改项目竣工,并通过吉尔吉斯生态与技术安全监督局验收。

同日,上杭县计生协会获得“全国计划生育协会县级先进单位”称号,为全省7个获此称号的单位之一,是全市唯一获此殊荣的单位。

22日—27日,来自北京、山东、安徽等地的6位中国美协画家深入古田会址、毛泽东才溪乡调查旧址以及太拔院田古民居等地实地采风写生,并在华嵒书画院举行“走进上杭”采风写生作品观摩交流会,展出40多幅采风作品。

25日,农业部、省植保植检总站等单位相关负责人到上杭调研农药包装废弃物回收工作。调研组一行深入稔田镇果农兄弟交流中心,详细了解农药包装废弃物回收工作开展情况,并就回收过程中存在的问题进行现场交流。

25日,中央电视台原创大型特别节目《中国民歌大会》栏目组到毛泽东才溪乡调查纪念馆采风取景。

30日，上杭一中举行兴证羽毛球馆落成仪式，该馆于2015年10月开工，位于上杭一中原体育馆西侧，建筑占地约826平方米，内设5个标准羽毛球场，由兴业慈善基金会捐资120万元兴建，总投资约220万元。

是月，紫金矿业被龙岩市中级人民法院确定为“环境资源司法实践基地联系点”并举行揭牌仪式。

是月，太拔镇院田村国家传统村落旅游景区开发建设项目被列入国家旅游局《2016年全国优选旅游项目名录》，该项目计划投资3.9亿元。

是月，上杭县被省人口和计划生育领导小组表彰为“福建省2015年度计划生育工作先进县”（三等奖）。

是月，上杭县荣获“2011—2015年全国法治宣传教育先进县”称号。

是月，紫金矿业集团股份有限公司（以下简称紫金矿业）进入福布斯发布“2015年全球企业2000强”榜单，位居全球金属矿业公司第九。全球共有165家矿业公司入围福布斯排行榜，较2014年的200家减少17.6%。

6月

3日，上杭县首家网站警务室成立。

10日，公安部文艺小分队到古田会议会址演出。公安部经济犯罪侦查局巡视员、文艺小分队领队刘东，省政府副省长、公安厅厅长王惠敏，龙岩市市长池秋娜等公安部、省、市领导，上杭县主要领导和群众近千人观看演出。

12日，农业部总农艺师孙中华一行到上杭调研现代农业和美丽乡村建设。

12日—14日，由龙岩市人民政府、台湾世界客属总会、台湾“中华海峡两岸客家文化经济交流协会”联合主办，第八届海峡论坛·海峡客家（上杭）族谱文化风情节在上杭县开幕。省委原副书记、全国政协港澳台侨委员会原副主任、福建客家研究院院长林开钦，国台办交流局副局长王冰，台湾世界客属总会副理事长张锦辉，台湾“中华海峡两岸客家文化经济交流协会”常务理事饶锦奇，省民政厅巡视员、省客家研究联谊会顾问罗万荷，省侨联副主席谢小建，市政协原主席、闽西客家联谊会会长林仁芳，市领导邓菊芳、赵汀生、王建生、张菊兰，以及两岸著名客家研究专家学者，民间社团组织代表，两岸客家企业家代表等出席开幕式。

13日—14日，水利部副部长田学斌一行先后到上杭县临城兰地水厂和古田集镇自来水厂，调研农村饮水安全工程建设工作，并瞻仰古田会议会址。

15日，全县首个立体移动车库在南阳镇政府大院建成投用。

16日，中共中央组织部“两学一做”学习教育协调小组督导一组副组长、中央党校组织部副部长王军敏一行，到上杭县调研“两学一做”学习教育活动开展情况。

18日，福建高速公路网漳武线永定至上杭段工程建设动员会在上杭县举行。该项目起于永定区西溪乡礼田村，顺接已通车的永定湖雷至城关高速公路，止于上杭县湖洋镇观音井，连接已建成通车的永武高速公路，设计时速80公里，全长56.16公里，总投资约56亿元，3年内建成通车。

19日，为纪念中国共产党建党95周年、中国工农红军长征胜利80周年，由中国作协、省文联、省作协主办，省音协、市委宣传部、市文联、市作协等协办的中国作家“重走长征路”暨福建作家艺术家闽西红土地采风活动出发仪式在上杭古田举行。中国作家协会党组成员、副主席白庚胜，副主席、全国政协委员高洪波等70多人参加采风活动。

22日，刘忠将军故居及生平事迹展揭幕仪式在才溪镇才溪村举行。

25日，北美上杭同乡会暨上杭一中北美校友会在华盛顿特区的马里兰大学校园举行成立大会。大会推选出北美同乡会及上杭一中北美校友会首届理事会成员。

26日，中央文献研究室主任冷溶一行到毛泽东才溪乡调查纪念馆调研。

29日，央视财经频道纪念中国共产党成立95周年特别节目《来自扶贫一线报道：革命老区行——走进福建上杭》在中央电视台二套播出，时长26分钟。

30日，上杭县召开领导干部大会，龙岩市委常委、秘书长严志铭到会讲话，龙岩市委组织部副部长、正处级组织员周春盛宣布省委、市委关于上杭县党政主要领导调整变动的决定：谢海波不再担任中共上杭县委书记、常委、委员职务；傅藏荣任中共上杭县委书记，不再担任上杭县人民政府县长职务；王波任中共上杭县委委员、常委、副书记，并提名为上杭县人民政府县长候选人。

7月

1日，上杭县第十六届人民代表大会常务委员会第三十一次会议决定任命王波代理上杭县人民政府县长职务。

1日，由中国人民解放军八一电影制片厂和北京良锋骏景文化传媒有限公司联合出品的重大革命历史题材影片《古田会议》在全国公映。

12日，官庄畲族乡启动龙岩市首个畲乡“文化体育之旅”活动。

16日—17日，第十二届全国人大常委会委员、中国社会科学院原副院长李慎明一行到上杭县调研红色文化，并瞻仰古田会议会址，参观毛泽东才溪乡调查纪念馆。

18日—20日，中国共产党上杭县第十三次代表大会召开，出席代表298人。傅藏荣代表中共上杭县第十二届委员会作《传承红色基因、聚力上杭发展,让胜利的红旗永远高高飘扬》的工作报告;胡长松代表中共上杭县纪律检查委员会作《坚持纪在法前、聚焦主业主责,不断开创党风廉政建设和反腐败斗争新局面》的报告。会议选举产生中国共产党上杭县第十三届委员会委员;中国共产党上杭县纪律检查委员会委员;选举出席龙岩市第五次党代会代表52名。傅藏荣当选县委书记,胡长松当选纪委书记。

21日—22日,文化部副部长董伟一行深入古田等地,实地了解红色文化挖掘及保护情况,并瞻仰古田会议会址。

23日,市委书记李德金到上杭县,专题调研新型城镇化、特色小镇及美丽乡村建设。

26日—28日,中央党史研究室主任曲青山一行到上杭县瞻仰古田会议会址,参观毛泽东才溪乡调查纪念馆。

29日,上杭县荣获"全国双拥模范城(县)"称号。这是上杭县连续两届获此殊荣。

31日,"古田会议代表——韩伟将军生平事迹展"在古田开展。张云龙将军之子张晓剑将军、韩伟中将之子韩京京等老革命后代,市领导李德金、詹昌建及市政协原主席林仁芳等参加开展仪式。

是月,临城镇村民、上杭法院辅警陈国洪当选福建省"见义勇为"好人。

8月

2日,省政府审议通过《关于全省推行农村公路灾毁保险的指导意见》,决定在全省推广上杭县首创并完善开发总结的农村公路灾毁保险。

2日—3日,省人大常委会副主任、党组副书记,省总工会主席张广敏一行到上杭县开展市重点流域水环境保护工作调研。

2日—3日,中国东方歌舞团到上杭县慰问演出。

7日,中央电视台电影频道《逆境中的毛泽东》剧组到毛泽东才溪乡调查旧址进行采风取景。

10日—11日,省委组织部副巡视员陈亚晖带领省委督导组一行到上杭县开展"两学一做"学习教育调研督导工作。

12日,上杭县举办"激情杭城 点燃梦想——上杭县创新创业面对面"交流大会。

15日,县道才庄线(才溪—官庄)建成通车,该路段全长13.495公里,按二级公路标准建设,总投资2.03亿元。

19日,南阳镇官余村建立全县首个"送健康送教育"村级禁毒图书角。

26日—27日,西藏自治区党委常委、常务副主席丁业现一行到上杭县学习考察脱贫攻坚工作。

27日,南阳镇射山村建成龙岩市最大的村级文体中心。

30日,县委十三届二次(扩大)全会在上杭人民会堂召开。会议讨论了《上杭县实施创新驱动发展战略建设创新型上杭的实施意见》《关于实施"人才强县"战略的意见》《关于推进供给侧结构性改革的实施方案(2016—2018年)》及相关配套文件,审议通过《上杭县实施创新驱动发展战略建设创新型上杭的决定》和《中共上杭县第十三届委员会第二次全体会议决议》。

9月

2日—6日,上杭县首届台湾美食文化节在客家缘文化中心举行。

5日,国家旅游局党组成员、副局长魏洪涛一行到上杭县调研。

同日,中央文明办专职副主任夏伟东一行到上杭县瞻仰古田会议会址,参观毛泽东才溪乡调查纪念馆。

同日,中共上杭县委十三届三次全会在县行政办公大楼十六楼县委会议室召开,会议审议并表决确定上杭县推荐出席省第十次党代会代表候选人初步人选。

同日,全国红色旅游与自驾休闲旅游高峰论坛暨"纪念长征胜利80周年——重走长征路"活动启动仪式在上杭古田景区举行。

同日,在全国"我最向往的党史纪念地"评选中,古田会议旧址在全国60个经典党史候选地投票中以第三名的成绩入选,成为福建省唯一进入榜单的党史纪念地。

6日,国家卫计委副主任金小桃一行到才溪镇,看望中山一院义诊医疗队成员,并看望老红军林攀隆和老接头户刘启隆两位老干部。

10日,首届"李辉选文学奖"颁奖仪式在上杭县举办,该文学奖由上杭县企业家出资设立,是龙岩市首个由个人出资设立的文学奖。

11日—12日,省长于伟国,副省长梁建勇、周联清带领厦门、漳州、泉州、三明等市党政主要领导和省直有关部门负责人到上杭太阳电缆公司和蛟洋循环经济示范园调研。

12日,由福建省委宣传部和福建省委教育工委设立的福建省马克思主义新闻观国情教育实践基地(龙岩基地)在上杭古田会议纪念馆举行揭牌仪式。

19日,"上杭发布""上杭新闻网""上杭政务"今日头条号上线运行。

20日—22日,全省"加强县乡人大工作和建设"专题研讨会暨刊物工作会议在客家开元大酒店召开,省人大常委会副主任潘征出席会议。

22日,上杭县第十一届片区农民文化体育节在茶地镇举行。

22日,"古田会议——党和军队建设史上的里程碑"专题展在安徽省黄山市杨业功纪念馆举行。该专题展首次把古田会议和2014年全军政治工作会议(新古田会议)内容一并对外展出。

25日，县琴岗诗社、县文化馆、图书馆等7个部门，在旧县镇新坊村联合举办纪念红军长征胜利80周年，走进美丽乡村诗词采风暨文化下乡活动。

27日—29日，中国铜加工行业发展论坛报告会在客家缘文化中心举行，现场交流中国铜加工行业相关情况。

30日，上杭县在全市率先出台《实行普通高中免费教育实施方案》，从2016年秋季学期起，实施普通高中免费教育政策，免费项目包括学费、课本费、寄宿生住宿费。

是月，龙岩市第一届道德模范评选结果揭晓，临城镇九洲村村民郭唐荣被表彰为“见义勇为模范”，珊瑚乡村民胡细妹被表彰为“孝老爱亲模范”。

是月，上杭县通过全国“救急难”综合试点单位考核评估验收。

10月

1日，位于古田会议会址景区的“星火燎原”主题蜡像馆改版升级成体验馆，游客不仅可以在蜡像馆看到栩栩如生的塑像，还能置身场景中，现场进行体验。

7日，紫金山日处理4.5万吨铜矿项目建成投产，其中2.5万吨采用浮选工艺，2万吨采用堆浸生物冶金工艺。该项目总投资8亿元，由紫金矿业自行设计、自行施工建设，年产值16亿元，处理能力、工艺技术、工业装备、自控系统均达到国际先进水平。

9日，国家旅游局发布“十一”黄金周旅游红黑榜，古田旅游景区荣获“旅游服务最佳景区”荣誉。

9日—10日，福建省广播影视集团大型系列报道《2016福建苏区行——走进上杭》摄制组近60名编辑、记者到上杭县开展采访活动，先后走访古田、才溪、临江、太拔等乡镇。

11日，省委原常委、省军区原司令员、省残联名誉副主席陈明端一行到上杭县对农村贫困残疾人“安居工程”进行竣工验收。

12日，上杭县在孔庙举办翰墨颂辉煌——闽西书画院画师作品展。该画展共展出作品50多幅，涵盖中国画、油画、水彩、人物、花鸟、山水等画种。

同日，“长征从闽西出发——纪念红军长征胜利80周年展览”在古田镇开展。展览由福建省革命历史纪念馆、古田会议纪念馆共同主办。

12日—13日，全国人大代表、吉林省人大常委会原党组书记、副主任、省关工委主任聂文权等24位全国人大代表到古田法庭考察。

12日—14日，由全国政协副主席卢展工带队的全国政协考察团到上杭县考察基层公共文化建设并开展送文化下基层活动，瞻仰古田会议会址，参观毛泽东才溪乡调查纪念馆，并在毛泽东才溪乡调查纪念馆门前广场举行赠书仪式和慰问文艺演出。

13日，由省委宣传部和省财政厅共同组织实施的2016年度福建省地方戏曲扶持专项资金资助项目——客家优秀传统木偶剧《智取大名府》在县人民会堂复演。

16日，台湾世界客属总会监事长吴裕阔、秘书长黎原胡以及台湾“中华海峡两岸客家文化经济交流协会”秘书长刘东隆，带领台湾客家乡亲一行15人到客家族谱博物馆参观访问。

19日，由县文体广新局、老干局、老体协、临江镇党委政府主办的助力“健康中国”建设大型文艺展示在瓦子街广场举行，演出马鞭操“快乐的马鞭”、健身球“健球飞舞”、树叶吹奏“映山红”、豫剧表演“谁说女子不如男”和“祖国你好”等大型歌舞。

20日，福建省副省长、公安厅厅长王惠敏一行到上杭县调研。

20日，上杭县太拔镇院田村举办朦胧诗展示馆和知青老照片馆揭牌仪式。

22日—23日，上杭县国家生态县建设通过环保部考核验收。

25日，福建省委常委、常务副省长张志南一行到上杭县调研，察看旧县河（旧县段）流域治理工程项目、永杭高速公路A5合同标段汀江大桥项目施工现场。

26日，县公安局被公安部授予全国公安机关“警察书屋”建设示范点称号。

同日，省人大常委会副主任、省关工委执行主任刘群英一行到上杭县瞻仰古田会议会址，参观五龙村青少年阅览室、古田干部教育基地。

31日，古田镇被评为第一批中国特色小镇，为龙岩市唯一入选的乡镇。

是月，县公安局被评为“全国公安机关执法示范单位”；县公安局刑侦大队、古田所、城关所、才溪所4个基层单位被评为“全省公安机关执法示范单位”。

是月，紫金矿业员工汪登法当选福建省“助人为乐”好人。

是月，上杭县全面完成全国第一次可移动文物普查工作，按标准完成“一普”数据（34538件/套）的录入上报工作。

11月

3日，上杭县老干部活动中心通过省委老干部局专家组考评验收。

3日—4日，上杭县创建国家水土保持生态文明综合治理工程通过省级专家组初评。

6日，中国侨联原主席林兆枢一行到上杭县考察客家文化工作。通过听讲解、实地查看和现场问答等方式，全面了解稔田李氏大宗祠、客家族谱博物馆的保护与建设情况。

7日，全国政协副主席陈元带领考察团一行到古田镇考察调研。

9日—12日,民盟中央在古田镇举办民盟中央思想宣传工作暨坚持和发展中国特色社会主义实践活动推进会,全国人大常委会副秘书长、民盟中央主席张宝文出席会议。同时,瞻仰古田会议会址,举行民盟中央传统教育基地揭牌仪式。

12日,上杭县完成石壁寨广播电视节目无线数字化覆盖工程,实现16套电视节目无线播送。

16日,《人民日报》头版刊载《福建点绿成金》、第15版刊载《生态文明建设的福建试验》报道文章,其中大篇幅描写上杭县"优者通吃——环保倒逼创新发展",促进生态产业化、产业生态化做法,该文章在福建日报、凤凰网、东南网等40多家网站媒体转载。

16日,由求是杂志社、中共龙岩市委、龙岩市人民政府指导,市委宣传部、市委组织部、红旗出版社主办的"新长征:从古田再出发"特别党课在古田会议会址举办。省人大常委会党组原副书记、副主任,电视剧《绝命后卫师》总策划袁锦贵,市委书记李德金,求是杂志社编委陈怀鹏,中国电视剧制作中心有限责任公司副总裁苟鹏,《绝命后卫师》导演董亚春、编剧钱林森,全市党员干部代表、红军后代代表、各级党代会代表、武警官兵代表、党员教师代表参加党课。由市委书记李德金授课。

同日,中国非遗保护中心常务副主任罗微带领国家文化部专家组一行到上杭县考察龙岩市申报国家级客家文化生态保护实验区情况。专家组一行先后察看稔田李氏大宗祠、客家木偶艺术传习中心、客家族谱博物馆等,欣赏客家十番音乐、经典木偶戏《智取大名府》之《过关》片段、客家山歌演唱、女子五枚拳等非遗展示。

18日,由庐丰畲族乡村民蓝锦祥捐植的有31年树龄的红榕,按原有风貌在临江楼前老榕树原址复植。临江楼前原老榕树(树龄364年)因受第22号台风影响,于8月15日夜间整株垮塌后,县委、县政府高度重视,立即组织相关部门到实地察看,要求尽快复植。临江楼属省级文物保护单位,大榕树的复植,再续了老百姓的"古榕情结"。

19日,上杭县与海装上海局举行军民融合共建签约仪式,双方围绕延伸产业链、促进科研成果"孵化"转化、扶持优质民企"参军"、信息交流服务、打造军魂教育体验基地等5个板块开展共建。

24日,全国人大常委会副秘书长古小玉一行瞻仰古田会议会址。

27日—30日,民政部副部长高晓兵一行到上杭县调研,先后对烈士陵园、光荣院、养心园护理院、婚姻登记中心、金秋公寓、临城镇城西社区、临江镇镇南社区、县殡仪馆和庐丰畲族乡丰乐村幸福院等进行走访并召开座谈会。

29日,官庄、庐丰畲族"三月三"民俗文化节成功入选"闽西十大经典民俗活动",白砂"田公元帅信俗"获得提名奖。

是月,上杭县在全市率先实现一村(社区)一法律顾问。全县12个社区均设立"法律诊所"、332个行政村均设立"法律顾问室"。

是月,为解决贫困人口因意外事故、疾病住院造成生产、生活困难问题,有效遏制因病致贫、因病返贫,上杭县投入716万元,启动实施"健康扶贫保险",成为全省率先启动实施"健康扶贫保险"的县。

是月,上杭县被评为2016年度福建省县域经济实力十强县,这是上杭县首次获得该项荣誉。同时,第八次获得福建省县域经济发展"十佳县"荣誉。

是月,福建省第一部县级广电志《上杭县广播电视志》出版。

是月,中都镇罗溪村、田背村、兴坊村被住房和城乡建设部等七部门列入"第四批中国传统村落名录"。

是月,上杭县农村卫生协会被中国农村卫生协会评为"全国先进农村(基层)卫生协会"。

12月

5日,上杭县在全省率先出台《上杭县大病医保"三保合一"均衡化实施方案》,于2017年1月1日起执行。

12日—21日,央视大型纪录片《记住乡愁》第三季(古镇篇)摄制组走进古田镇,进行为期十天的拍摄采访活动,用镜头记录古田百姓"公而忘私、勇于担当"的传统美德和家国情怀。

18日,上杭县民间技艺"树叶吹奏"被列入省第五批非物质文化遗产项目。

19日,司法部副部长赵大程一行到古田参观"共和国法制摇篮"展览馆和古田会议纪念馆。

同日,上杭县婚育健康中心举行揭牌仪式。该中心是县妇幼保健院与县计生服务站合并后,通过整合婚姻登记中心、婚前健康检查中心、孕前优生健康检查中心的工作场所、人员队伍、检测项目等资源,实现上杭县婚姻登记、婚检、孕前优检一站式服务。

20日,龙岩新罗区岩下山至古田(五龙村)快速通道开工建设。该项目全长3.25公里,按二级公路标准设计,概算投资2.07亿元。

21日,团中央书记处书记徐丰一行到上杭县调研基层团组织建设工作情况,瞻仰古田会议会址。

23日,县政府公布上杭县第十二批县级文物保护单位18处21点。县政府还于10月26日公布上杭县第十一批县级文物保护单位6处(院田李氏民居、院田凌霄阁、石牌黄氏民居、苏康大夫第、豪坑述德堂、三坪江氏总祠)。

24日—28日,县十二届政协一次会议在上杭人民会堂召开。会议听取和审议县十一届政协常委会工作报告、十一届五次会议以来提案工作情况报告和十二届一次会议期间提案审查情况报告；审议通过政协十二届一次会议决议；列席县十七届人大一次会议；向县政府移交大会期间委员提案；表彰2016年度优秀政协委员、提案承办先进单位、优秀提案、优秀调研文章、目标考评先进乡镇政协工委；本次会议共有196名政协委员出席，林英峰当选为政协上杭县第十二届委员会主席。

25日—29日，县第十七届人民代表大会第一次会议在上杭人民会堂召开。大会听取和审议县人大常委会、县人民政府、县人民法院、县人民检察院工作报告，2016年度国民经济和社会发展计划执行情况及2017年县国民经济和社会发展计划（草案）的报告，2016年度预算执行情况和2017年度预算草案报告，并通过相关决议。选举梁八生为上杭县人大常委会主任、王波为上杭县人民政府县长。表彰2016年度乡镇人大工作先进单位、优秀县人大代表、县人大代表优秀建议意见和2015—2016年度代表建议意见办理工作先进单位。本次会议实到代表228名，共收到代表建议意见305条。

26日，以红色元素为主的主题雕塑在古田会址站前广场落成。

27日，由龙岩市纪委主办、古田会议纪念馆承办的“苏区精神、廉政丰碑”中央苏区廉政建设史展览在古田会议纪念馆开展，市委书记李德金在开展仪式上致辞。

是月，县少年儿童业余体校“国家高水平体育后备人才基地”通过国家体育总局评审。

是月，上杭县成功引进南京禾康智慧养老产业有限公司落地服务，是龙岩市首个引进的智慧养老服务项目。

2016年8月—12月，为纪念中国工农红军长征胜利80周年，县各文博单位举办“铁血长征——福建儿女长征史迹展”“雄关漫道铁儿郎——长征路上的上杭子弟兵”等专题展、临时展、巡回展、在线展120余场次。

2016年，上杭县出版的乡镇、部门、村、学校志书有《临江镇志》《蓝溪镇志》《蛟洋镇志》《上杭县广播电视志》《华家村志》《下郭车村志》《通贤中学志》。

2016年，全县完成79个行政村有线电视光缆联网。

2016年，上杭县在全市率先提高贫困人口住院费用报销比例，对精准扶贫建档立卡户参保群众，住院报销比例比普通参保群众提高5%。

2016年，上杭县净脱贫4102户10086人（其中国定2617户4335人）。

责任编辑：钟梅娇

特 记

纪念陈丕显同志诞辰100周年座谈会在京召开

2016年3月29日，纪念陈丕显同志诞辰100周年座谈会在京召开。中共中央政治局常委、全国人大常委会委员长张德江出席座谈会，并在会前会见了陈丕显同志亲属。

陈丕显同志曾任中国共产党第十二届中央委员会书记处书记，中央政法委员会书记，第六届全国人大常委会副委员长，原中共中央顾问委员会常务委员。

中共中央政治局委员、中央政法委书记孟建柱在座谈会上回顾了陈丕显同志追求真理、不懈奋斗的光辉生涯，并强调要继承老一辈无产阶级革命家的光荣传统，开拓进取、扎实工作，为全面建成小康社会、实现“两个一百年”奋斗目标、实现中华民族伟大复兴的中国梦而不懈奋斗。

中共中央政治局委员、国家副主席李源潮出席座谈会，全国人大常委会副委员长兼秘书长王晨主持座谈会。

（新华社记者崔清新）

福建召开纪念陈丕显诞辰100周年座谈会

2016年3月31日，福建省纪念陈丕显同志诞辰100周年座谈会在福州召开。省委书记尤权、省长于伟国出席座谈会，并在会前会见了陈丕显同志亲属。全国人大、政协专委会领导黄小晶、梁绮萍，省领导熊安东、郑晓松、徐谦、张广敏、张燮飞，老同志袁启彤、游德馨、林开钦，驻闽部队领导李弘出席座谈会。龙岩市委书记李德金参加相关活动并代表陈丕显同志家乡在座谈会上发言，上杭县委书记谢海波参加座谈会。

陈丕显同志1916年出生于福建上杭，是中国共产党的优秀党员、久经考验的忠诚的共产主义战士，无产阶级革命家。曾任中国共产党第十二届中央委员会书记处书记，中央政法委员会书记，第六届全国人大常委会副委员长，原中共中央顾问委员会常务委员。尤权在讲话中简要回顾了陈丕显同志追求真理、不懈奋斗的光辉生涯。尤权说，陈丕显同志为民族独立和人民解放，为社会主义革命、建设和改革开放事业奉献了毕生精力，建立了不朽功勋。陈丕显同志的一生是革命的一生、光辉的一生、全心全意为人民服务的一生。

尤权强调，在为党和人民事业的不懈奋斗中，陈丕显同志书写了无愧于共产党员光荣称号的人生，他的崇高精神、革命品德和优良作风，永远值得我们学习。我们要学习他信念坚定、对党忠诚的政治品格，坚定理想信念，挺起精神脊梁，增强政治意识、大局意识、核心意识、看齐意识，坚决贯彻中央决策部署，矢志不渝地为实现“两个一百年”奋斗目标和中华民族伟大复兴的中国梦而努力奋斗。我们要学习他求真务实、开拓进取的实干精神，坚持党的思想路线，在矛盾和困难面前，坚定信心、勇挑重担、敢于负责，坚持以新发展理念引领发展，适应经济发展新常态，推动经济社会持续健康发展。我们要学习他牢记宗旨、以人为本的为民情怀，牢记党的宗旨，践行党的群众路线，着力解决关系群众切身利益问题，补齐基本民生保障短板，坚决打赢脱贫攻坚战，持续增进民生福祉，让人民群众有更多获得感。我们要学习他严以律己、廉洁奉公的崇高风范，自觉加强党性修养，牢固树立正确的世界观、人生观、价值观和地位观、权力观、事业观，坚决守住廉洁从政的底线，真正做到干净干事、清廉为官。

尤权指出，陈丕显同志等老一辈革命家和无数先烈，在福建这片红土地上为我们留下了宝贵精神财富，树立了一座座不朽丰碑。我们一定要秉承先志，锐意进取，加快建设机制活、产业优、百姓富、生态美的新福建，推动我省经济社会发展再上一个新台阶。座谈会上，省委党史研究室负责人从党史角度追忆了陈丕显同志的革命历史和光辉一生。

（上杭新闻网）

让红色基因永续不断 让革命精神代代相传

——纪念陈丕显同志诞辰100周年活动在杭举行

2016年4月1日上午，陈丕显同志诞辰100周年纪念活动在上杭县举行。省政协党组副书记、副主席刘可清，上海警备区副政委孙进少将；龙岩市和龙岩军分区领导李德金、池秋娜、饶作勋、温锡浩、严志铭、彭新良；陈丕显同志亲属代表陈东棋、叶葳葳、陈珞珈；党史研究工作者代表以及部分省直机关、市直有关部门负责人；谢海波、陈思忠、刘清祥、陈学良、庄莉、钟爱华、吴锦添、林英峰、阙春林、卢桢模、梁八生、杨葵、徐峰、詹崇仁、徐浩然等上杭县四套班子在家领导；陈丕显同志母校师生代表、家乡代表，社会各界人士代表等参加纪念活动。

追忆先辈奋斗历程，缅怀先辈光辉业绩，弘扬先辈崇高风范。参加纪念活动的领导、嘉宾先后前往龙田中学，向陈丕显同志铜像敬献花篮；到南阳镇官余村陈丕显同志故居，参观陈丕显同志生平事迹陈列展；出席纪念陈丕显同志诞辰100周年座谈会。

座谈会上，中共福建省委党史研究室主任、省中共党史人物研究会会长逄立左介绍了陈丕显同志光辉的一生；陈丕显同志亲属代表陈东棋、县委书记谢海波先后在会上发言，深情追忆、深切缅怀陈丕显同志。

中共龙岩市委书记李德金代表市委、市人大常委会、市政府、市政协和307万闽西老区人民，向出席座谈会的各级领导、各位前辈长期以来关心支持闽西老区发展表示衷心感谢和崇高敬意！他说，陈丕显同志是从闽西这片红土地上走出去的一位杰出代表，他为民族独立和人民解放，为社会主义革命、建设和改革开放事业奉献了毕生精力，建立了不朽功勋，为我们留下了极其宝贵的精神财富。陈丕显同志是闽西的优秀儿女，是闽西人民的共同骄傲！

李德金说，拳拳报国心，悠悠思乡情。陈丕显同志始终对故土闽西怀着深深的眷恋，始终挂念着家乡的建设发展和父老乡亲的冷暖安危。闽西人民永远忘不了陈丕显同志对家乡发展的亲切关怀；闽西人民永远忘不了陈丕显同志对家乡人民生产生活的关心。我们纪念陈丕显同志，就是要让我们这代人永远记住革命先辈所创造的伟大事业，永远记住革命先辈创造事业所付出的牺牲和不懈的追求，让历史延续，让革命传统、革命精神、优秀品质代代相传。

李德金说，伟大的征程催人奋进，光辉的事业薪火传承，把闽西老区建设好、发展好，是陈丕显同志等革命先辈的殷切期盼。我们要学习陈丕显同志忠诚于党的政治品格，学习他忠诚于信仰的崇高品质，学习他忠诚于事业的执着追求，学习他忠诚于人民的赤子情怀。我们要紧密团结在以习近平同志为总书记的党中央周围，在省委的坚强领导下，按照四个全面战略部署，以求真务实的作风，打赢项目落地攻坚、脱贫攻坚和生态环保攻坚三大战役，不断开创闽西老区新的辉煌、不断书写闽西历史的新篇章。

中共上杭县委书记谢海波也在座谈会上代表县委、县人大常委会、县政府、县政协和52万上杭老区人民，对陈丕显同志表示深切的怀念和由衷的敬意，向陈丕显同志的亲属表示亲切的问候，向前来参加座谈会的各级领导、各位来宾表示热烈的欢迎，向长期以来关心和支持上杭老区发展的各级领导、各界人士表示衷心的感谢。他说，陈丕显同志是上杭人民的骄傲，他的一生是革命的一生，光辉的一生，全心全意为人民服务的一生，他的光辉业绩和崇高风范将永载史册！

谢海波说，陈丕显同志始终情系家乡、心怀故土，无论身处何方、位居何职，一直关心、关注、支持家乡的发展，为家乡的建设倾注了满腔心血，上杭人民永远铭记在心。我们对陈丕显同志最好的纪念，就是要传承好、发扬好他的崇高品德、革命精神和优良作风，把它转化为加快上杭老区发展的强大精神动力，进一步打响政治品牌，深入开展“传承红色基因、践行‘两学一做’、聚力上杭发展”主题教育实践活动，把红色资源利用好，红色基因传承好，把红色传统发扬好。进一步提升产业品牌，继续发扬老区人民“闹革命走前头、搞生产争上游”的优良传统，抢抓机遇，勇于担当，突出项目带动、产业拉动、民生推动、创新驱动“四轮联动”，坚决打赢项目落地、脱贫攻坚、生态环保“三大战役”，打出红土地的气势和水平。进一步做强文化品牌，把发展文化教育事业放在更加突出的位置，努力争创全省教育强县、人才强县；挖掘老区厚重的历史积淀和文化内涵，坚持保护与开发并重，传承与创新并举，把文化优势转化为产业优势。进一步创新社会品牌，下更大力气保障和改善民生，让老区人民共享改革发展成果。特别是要坚决打赢脱贫攻坚这场攻坚战，确保贫困群众如期脱贫，绝不掉队。我们将紧密地团结在以习近平为同志为总书记的党中央周围，认真贯彻落实“四个全面”战略布局,坚持五大发展理念,秉承先辈遗志,发扬先辈精神,凝心聚力,锐意进取,努力在全省、全市发展大局中当先锋、做表率、作贡献,以实际行动告慰革命先辈,以发展实绩造福上杭老区人民。

(上杭新闻网)

高山仰止 风范长存

——纪念陈丕显同志诞辰100周年

中共上杭县委

陈丕显同志是中国共产党的优秀党员,久经考验的忠诚的共产主义战士,无产阶级革命家,中国共产党著名的"红小鬼"。在60多年的革命生涯中,他为中国革命和社会主义建设事业呕心沥血,鞠躬尽瘁,做出了不可磨灭的贡献,他的崇高精神和革命风范永远值得后人景仰和传承。在陈丕显同志诞辰100周年之际,我们满怀崇敬的心情,深切缅怀这位党的好干部、闽西人民的优秀儿子。

陈丕显1916年3月21日出生于上杭县南阳镇官余村的一个贫苦农户家庭。少年时期,陈丕显就受进步思想的影响,积极追求革命真理。1929年,毛泽东、朱德率领红四军来到上杭,13岁的陈丕显喜出望外,参加南阳暴动,投身革命。1929年9月加入共产主义青年团,1931年转为中国共产党党员。他全身心地投入到根据地的革命斗争中,并直接受到毛主席的谆谆教诲,成为中央苏区著名的"红小鬼"。

1934年10月,中央主力红军长征后,陈丕显跟随项英、陈毅等同志留守中央苏区,进入赣粤边游击区,参加艰苦卓绝的赣粤边三年游击战争。在失去同党中央的联系并被敌人封锁的极端条件下,他紧紧依靠当地人民群众,多次粉碎国民党的"清剿",用血汗和生命开辟了一条革命的胜利道路。

抗日战争全面爆发后,陈丕显奉命寻找和联络部队,为赣南游击队出山抗日做了大量工作。1940年,从苏南渡江北上,参与创建了苏中抗日民主根据地,并出任苏中区党委书记、新四军苏中军区政委。他参加了黄桥、车桥等战役,领导苏中军民多次粉碎日军的"扫荡""清乡",为保卫抗日民主政权,创建、巩固和发展苏中抗日根据地立下了不朽的功勋,为抗日战争的胜利作出了贡献。

解放战争时期,陈丕显历任华中野战军第七纵队政委、苏北军区政委等职,参加苏中"七战七捷",担负起繁重的支前任务,有力地支持、配合淮海战役,为解放战争胜利立下了功勋。1949年4月,解放大军南下后,陈丕显出任苏南区党委书记、苏南军区政委等职,为建立巩固苏南解放区人民政权,做了大量卓有成效的工作,出色地完成了土改和镇反的任务,受到毛主席的称赞。

1952年2月后,陈丕显先后出任上海市委第四、第二、第一书记。受命于百废待兴、百业待举之秋,他坚决贯彻落实党的各项方针政策,举全市干部、群众、工人之力,以有效的措施,荡涤了旧上海的污泥浊水,稳定了上海的经济社会,推动实现了上海的社会主义改造。邓小平同志深情地对陈丕显说:"上海市委第一书记,就你阿丕来搞好了。"

"文化大革命"期间,陈丕显被江青反革命集团及其爪牙们关押、批斗、诬陷和胁迫长达8年之久,身心上受到严重摧残。但他坚持原则,坚持真理,决不妥协,表现出了一个共产党人铁骨铮铮的气节。在邓小平、胡耀邦等直接关心下,经毛主席批准,1975年10月,陈丕显回到了北京。

1977年2月,陈丕显任云南省委书记,同年7月他踏上湖北荆州大地。作为湖北省委第一书记,他坚决贯彻执行中央决策部署,为湖北全面开创社会主义现代化建设新局面打下了坚实的基础。1982年9月,陈丕显当选中央书记处书记。同年10月,调中央工作,历任中央政法委书记、第六届全国人大常委会副委员长等职,为深化改革、扩大开放,发展社会主义民主,健全社会主义法制,完善人民代表大会制度,作出了突出贡献。

1988年4月,陈丕显退出领导岗位,但他始终对党、对人民怀着深厚的感情,党和人民的事业就是他的生命。他十分关心包括家乡在内的革命老区的建设和发展,为老区各项事业倾注全力,即使到了耄耋之年,仍生命不息,奋斗不止,展示了一名共产党员崇高的精神风范。

斯人虽逝,高山仰止,风范永存!

我们永远不会忘记,陈丕显同志始终牵挂着老区人民的冷暖安危,情系桑梓,关注民生,做老区人民的奉献者。陈丕显深情地说:"共产党一切是以人民利益为根本的。只有党永远不脱离人民群众,真正在人民群众中享有崇高威信,才能更坚强有力地带领群众克服困难,一道前进。"他这样说,也是这样做的。无论在地方工作还是在中央工作,他总是心中装着群众,时刻不忘群众,关心群众疾苦。三年困难时期,闽西老区经济陷入困境,农村饥饿死人的事时有发生。1960年4月,他受中共华东局委派,到闽西专题调研浮夸风问题,回到了阔别23年的家乡。面对乡亲们齐刷刷的眼泪和哀求声,他先后5次留下伤心的眼泪,他动情地对乡亲们说:"我要向省里反映,尽快帮助大家解决困难,否则,怎么对得起老区人民啊!"离开家乡后,他立即向福建省委和叶飞书记通报了闽西粮荒的情况。福建省委和叶飞同志对陈丕显的汇报很重视,立即作了研究,并决定马上拨给龙岩地区1300万斤稻谷,用于救人。回到上海后,陈丕显将调查真相书面向中共华东局和周恩来总理汇报，周恩来总理阅看后，表扬他为闽西人民做了一件大好事，并作出“中央很重视你的报告，已要求各地要深入到群众中去调查研究，帮助群众解决生活困难，搞好生产自救”的重要批示。在老区人民缺粮饿死人的关键时刻，陈丕显回到家乡调查研究，面对人命关天的大事，他敢于担当，敢于讲真话，实事求是，为挽救老区人民的生命，作出了不可磨灭的贡献。

我们永远不会忘记，陈丕显同志始终重视和支持老区的经济社会发展，心怀故土，情注故乡，做老区建设的拓荒者。新中国成立后，在党和政府的领导和关心下，老区人民自力更生，艰苦奋斗，老区面貌发生了巨大变化，人民生活有了明显改善。但是，由于受地理及自然环境因素的制约，老区群众的生活水平还比较低，发展的步子还很艰难。1987年3月，上杭县南阳乡领导向陈丕显写信反映家乡稀土滞销的情况。他十分重视，在他的关心支持下，南阳稀土滞销问题很快得到解决。1990年8月，杨成武、王直、伍洪祥、熊兆仁、邓六金等13位闽西籍老将军、老红军联名给中央写信，反映闽西基础设施建设落后的情况，并向中央领导提出要加快闽西经济发展步伐的建议。陈丕显亲自将信送交江泽民总书记，并亲自协调国家有关部委，促成相关项目落地生成。不久，龙梅铁路、棉花滩水电站等项目迅速上马建设。1989年12月，陈丕显出席古田会议召开60周年纪念大会时强调，要充分发挥古田会议和毛泽东才溪乡调查这一独特的政治优势，把党的建设搞好，为推进老区经济和社会发展提供重要的保证。他勉励老区各级干部，发扬老区光荣传统，发挥资源和区位优势，脚踏实地，努力工作，干出社会主义的一番事业，为实现革命先烈的崇高理想努力奋斗。陈丕显始终重视、支持老区的经济和社会发展，找准革命老区开放开发的突破口，想方设法争取各方支持，为老区经济和社会的发展殚精竭虑，直到生命的最后一刻。

我们永远不会忘记，陈丕显同志始终惦记和关心家乡的文化教育事业，爱洒故里，倾情教育，做老区教育的推动者。从当年的一名“旁听生”，经过60多年革命生涯的千锤百炼，成长为党和国家卓越领导人，陈丕显始终没有忘记培养他走上革命征途的母校，对母校倾注了刻骨铭心的爱。1960年4月，陈丕显第一次回到母校，当了解到学校还没有电灯、校舍又破又烂时，他动情地说：“家乡太穷了，要建设好，只有培养大批人才哪！”在他的积极倡导和支持下，龙田书院于当年就办起了初级中学。1962年，由于经济困难，龙田中学被迫解散，陈丕显得知后十分气愤：“再困难也不应该解散学校。”此后，他经常关心着龙田书院复办中学一事。1986年5月，陈丕显第二次回到家乡，他专程再次来到南阳中心小学，看望全体师生。他语重心长地说：“这是一所革命的学校，学校培养出了很多革命人才……”以此勉励师生，殷切之情，溢于言表。1989年12月，陈丕显第三次回到家乡，当他得知上杭县决定创办龙田中学时，兴奋地说：“没有人才，没有知识，经济就发展不起来，这就是需要有培育人才的地方。”此后，办好龙田中学就成了陈丕显心中的夙愿，他经常过问筹办的具体情况。1993年4月，上杭县委、县政府派专人到北京向陈丕显汇报创办龙田中学一事，他听完汇报后，当即给国家教委写信，请求支持和帮助。在他的直接关心下，龙田书院正式办起初中，得知这一消息，他高兴地为龙田中学题写校名。1995年6月，龙田中学正式升格为高级中学，得此消息，弥留中的陈丕显异常欣慰和激动。1995年8月，他在临终前留下遗嘱：把自己的著作、藏书、题词和收藏的名画、名帖赠给学校，还将住院时亲朋好友送的慰问金全部捐给龙田中学作奖教奖学金。他“捧着一颗心来，不带半根草去”，就这样默默地为这块生他养他的土地奉献着，直至生命的最后一刻。

陈丕显同志的崇高风范和优秀品质彰显了新时期党的好干部标准一脉相承的政治本色和优良品质，这正是我们共产党人追求的执政境界，为加强和改进党的作风提供了鲜活榜样。面对新形势、新任务，我们对陈丕显同志的最好纪念，就是以实际行动把上杭老区建设得更加美好，让革命老区焕发出新的勃勃生机，让老区人民过上更加幸福的生活。

伟大的事业呼唤着我们，庄严的使命激励着我们。我们一定要继承和弘扬革命先辈的光荣传统和优良作风，学习陈丕显同志的崇高风范和优秀品质，更加紧密地团结在以习近平同志为总书记的党中央周围，高举中国特色社会主义伟大旗帜，牢固树立创新、协调、绿色、开放、共享发展理念，抓住国务院关于支持革命老区发展和省委、省政府加快推进老区发展的历史机遇，为努力跻身全省经济实力十强县行列，全面实现小康社会而努力奋斗。这是我们的历史责任，也是对老一辈革命家的最好纪念。

纪念陈丕显同志诞辰100周年

李德金

龙岩是我党我军思想建党、政治建军的见证地。有幸到龙岩任职之后，我又瞻仰了古田会议、才溪乡调查等红色旧址和邓子恢、张鼎丞、陈丕显、杨成武、刘亚楼等革命先辈故居，聆听先辈的历史足音，缅怀先辈的丰功伟绩，感悟先辈的人格魅力，更因先辈对共和国的伟大贡献而骄傲，因先辈对共和国的巨大牺牲而敬畏，因先辈的崇高理想和担当精神而敬仰,因先辈的优秀品质和爱乡情怀而感动。先辈铸就的闽西红色文化是我们龙岩自信的基因,哺育着我们,滋润着我们,激励着我们更加努力建设美丽龙岩。

闽西人民为中国革命付出重大牺牲、作出重大贡献,人民共和国的鲜艳五星红旗上流淌着闽西子弟的鲜血,闽西还为中国革命建设、改革开放,哺育了一大批杰出人才。陈丕显同志作为中国共产党的优秀党员,久经考验的忠诚的共产主义战士、无产阶级革命家,就是闽西众多革命先辈中的一位杰出代表,是闽西307万人民的骄傲。年仅13岁参加革命的他,是我们党和军队著名的“红小鬼”,在60多年的革命生涯中,无论是闹革命、求解放,还是打日寇、救中华;也无论是抓建设、谋发展,还是搞改革、闯新路,他都始终如一地为党和人民的事业生命不息、战斗不止,为中国人民解放和建设事业作出了重要贡献,为后人留下极其宝贵的精神财富。他忠诚于党、忠诚于信仰、忠诚于人民、忠诚于事业的革命精神和崇高风范永远值得我们追慕和学习。

——我们纪念陈丕显同志,
就是要学习他忠诚于党的政治品格

“天下至德,莫大于忠。”陈丕显同志从“红小鬼”到八旬老人,无论是顺境还是逆境,对共产主义矢志不渝,用一生的实践,诠释了“听党的话、跟党走”的闽西红色基因,展现了对党无限忠诚的政治品格。

1929年秋,毛泽东同志率领中国工农红军开辟闽西革命根据地,领导农民“收拾金瓯一片,分田分地真忙”。13岁的陈丕显同志满怀革命理想和战斗豪情,加入了共产主义青年团,从此踏上了终身跟党走的革命道路。15岁由共青团员转为中共正式党员,受党的派遣到中央苏区工作,为苏区青年团的工作日夜操劳。18岁服从党的命令,听党指挥,留守苏区,掩护主力红军转移。而后,陈丕显同志与项英、陈毅转战赣粤边游击战争,在数十倍于我们的敌人的清剿当中,异常艰苦,更为严峻的是,他们和党中央、毛主席失去了联系。“断头今日意如何? 创业艰难百战多。”我们从小熟悉的陈毅《梅岭三章》中这些诗句非常形象地再现了当年艰苦卓绝的斗争环境。但陈丕显同志始终坚持共产党人崇高的革命理想和视死如归的革命精神,始终坚守党交给自己的任务,始终坚信自己所从事的事业。“文化大革命”期间,陈丕显受到残酷迫害,被关押长达8年之久,亲属也受到株连,但是始终对党忠诚,他一直准备着为亲爱的人民、敬爱的党继续工作。陈丕显同志用一生的实践,展现了老一辈革命家在党言党、在党忧党、在党为党的无限忠诚。正是有了这种绝对的忠诚,才形成了薪火相传的苏区干部好作风,这也是闽西苏区让大家敬重和党始终没有忘记闽西的根本原因。

当前,全市上下深入开展“两学一做”学习教育,我们纪念陈丕显同志,就是要从他光辉的一生中,汲取精神动力,牢固树立政治意识、大局意识、核心意识、看齐意识,任何时候、任何地点、任何情况都站稳立场,任何情况下都绝对忠诚于党、绝对忠诚于人民、绝对忠诚于人民事业,始终向党中央看齐,向习近平总书记看齐,向党的理论和路线方针政策看齐,把闽西苏区“听党的话、跟党走”的红色基因一代一代传承下去,让党的旗帜、共和国的旗帜永远在闽西大地高高飘扬。

——我们纪念陈丕显同志,
就是要学习他忠诚于信仰的崇高品质

信仰是一个人的灵魂。忠诚于信仰,是随时准备为党和人民牺牲一切的决心。纵观陈丕显的一生,无论是在革命战争年代,还是在建设、改革的历史进程中,陈丕显始终心怀崇高革命理想,肩负起为中华之崛起而奋斗、为共产主义事业而奋斗的使命。抗日统一战线建立初期,陈丕显同志冒着被国民党杀害和被游击队误杀的双重风险,临危受命,挺身而出,到瑞金、信丰等地寻找联络,为赣南游击队出山抗日做了大量工作。抗战时期,他创建扩大苏中抗日民主政权。解放战争时期,他带领华中军民,积极支援配合主力部队作战;在和平建设和改革开放时期,陈丕显同样自觉把对国家、对民族、对人民的责任扛在肩上,直面矛盾和问题,努力创造经得住实践、人民和历史检验的工作业绩。湖北人民至今还记得,陈丕显同志一到湖北,就坚决平反冤假错案,全面落实干部政策,使全省20多万人的历史遗留问题很快得到正确解决。从陈丕显同志身上,我感受到忠诚于信仰,就是为了革命的胜利而前赴后继、浴血奋斗,为了国家的富强而爱岗敬业、拼搏奉献。

到陈丕显同志故居参观,当地干部群众口口相传的是陈老1960年回乡的故事。那年4月,应福建省委书记叶飞同志的邀请,陈丕显同志回到了阔别23年的福建老家。当他发现老家的乡亲因为受到当年浮夸风的影响而吃不饱饭、生活还很困难时,立刻找家乡干部和群众座谈、了解情况,并及时把事实真相报告给叶飞同志,使福建省委立即采取措施。同时,他还不顾个人风险,将真相以及解决问题的意见书面报告了中央。周恩来总理见了报告后,表扬他为闽西人民做了一件好事,并说:“中央很重视你的报告,已要求各地要深入到群众中去调查研究,帮助群众解决生活困难,搞好生产自救。”

我们纪念陈丕显同志,就是要把他忠诚于信仰的崇高品质,转化成为共产主义理想、为中国特色社会主义而奋斗的强大精神动力,进一步提振精气神、提升战斗力,像陈丕显同志那样,咬定青山不放松,矢志不渝地坚定理想信念,虔诚而执着、至信而深厚地坚定中国特色社会主义的道路自信、理论自信、制度自信,为谱写中华民族伟大复兴中国梦的龙岩篇章而努力奋斗。

——我们纪念陈丕显同志，
就是要学习他忠诚于事业的执着追求

陈丕显同志身上具有老一辈无产阶级革命家共有的苏区好干部作风，在革命工作中勇带头、当模范，创造“第一等”业绩。参加革命伊始，陈丕显同志就以自己的蓬勃朝气有声有色地开展工作，动员和带领一大批青少年加入红军队伍，其中包括他自己的一个胞兄和一个堂兄。1939年，陈丕显同志担任中共中央东南局青委书记，随东南局机关在皖南开展工作。1940年，从苏南渡江北上，参与创建、巩固和发展苏中抗日根据地并担任领导工作，使苏中根据地扩大到2万多平方公里、800多万人口。从抗战到解放，陈丕显同志在距离敌人心脏最近、对敌人威胁极大的苏中根据地坚持斗争达10年之久，为抗日战争和解放战争的胜利发挥了重要作用。1949年4月，33岁的陈丕显同志渡江南下，任苏南区党委书记、苏南军区政委，为建立新解放地区人民政权、开展土地改革、剿匪反霸和恢复繁荣经济做了大量卓有成效的工作。到1951年底，全区粮、棉年产量均已超过抗日战争前的最高年产量，工业生产大部分产品的产量成倍增加。由于出色地完成了土改和镇反的任务，受到毛泽东主席的称赞。1952年2月，毛泽东同志签署命令，调陈丕显同志任中共上海市委第四书记并代理第一书记，后来又担任了上海市委第二书记、第一书记等重要职务。从此，他在上海这个我国最大的工商业城市工作和生活了23年，与市委其他同志一起克服解放初百废待兴的种种困难，为建设新上海呕心沥血、夙兴夜寐，作出了重大贡献。“文化大革命”结束后，陈丕显同志以“时不我待、只争朝夕”的紧迫感，开拓进取、披荆斩棘，为改革开放和社会主义现代化建设事业作出了新的贡献。1977年2月至1982年10月先后在云南、湖北担任领导工作。这一时期，正是拨乱反正和全面改革初期，他坚定执行党的十一届三中全会确立的正确路线，采取有力措施，消除“左”的错误影响，为云南、湖北省经济社会恢复稳定和进一步发展创造了良好的条件。1982年9月，他当选十二届中央书记处书记，同年10月调任中央工作，先后担任中央政法委书记、中央保密委主任、第六届全国人大常委会副委员长等职务，为深化改革、扩大开放、促进国民经济的发展做了许多突出的贡献。他始终关心上海的建设和发展，积极建议设立浦东经济开发区。在分管政法工作期间，协助彭真同志在维护社会稳定、保障国家安全、创建武装警察部队、加强政法干警队伍建设等方面做了大量开拓性的工作。离开领导岗位后，陈丕显同志的心也没有离开过党的事业，即使在重病期间，仍关心着党和国家的命运。

从陈丕显同志身上，我们看到一个共产党员忠诚于党的事业、敢于担当的一种境界、一种精神、一种责任。我们纪念陈丕显同志，就是要把他忠诚于事业的执着追求，转化为干事创业、建设美丽龙岩的强大精神动力，像陈丕显同志那样，“什么苦都能吃，什么事都能干，什么困难都不怕，什么工作都难不倒。”无论什么岗位，都做到求精、求善、求美，始终把党的事业、人民的事业当作终身追求，大力弘扬闽西苏区“闹革命走前头，搞生产争上游”的优良传统，主动把握、适应、引领新常态，强化项目带动、产业拉动、创新驱动、民生推动“四轮联动”，全面打好项目落地攻坚、脱贫攻坚、生态环保“三大战役”，加快建设机制活、产业优、百姓富、生态美的新龙岩。

——我们怀念陈丕显同志，
就是要学习他忠诚于人民的赤子情怀

忠诚于人民，就是不忘本色，牢记宗旨。在人们眼里，陈丕显是党的高级领导人，“大树底下好乘凉”，一个个兄弟都应该得到好处。但是，他的胞弟一家却在上杭老家务农。承载陈家记忆的老房子“位三堂”，是陈丕显的爷爷建造的，迄今已有120多年历史，是一座典型的客家民居木构建筑。陈丕显同志出生在这里，并在此生活了13年。因年久失修，1960年陈丕显同志回家乡调研时，只好寄宿在别人家。1987年冬，老房子意外着火受到损毁，当地党委政府按救灾规定给了陈丕显胞弟3000元修缮补助款，他得知后写信给胞弟说，我们家有困难，国家也有困难，需要帮助的人很多，这钱我们不能收。这件事家乡至今留传，“一代风范代代传”。

忠诚于人民，还体现在陈丕显同志对家乡人民的热爱，对家乡人民的深情厚谊。今年年初，我在北京拜访陈老的长子陈小津，请他为家乡建设发展出谋划策之时，陈小津提起陈老说得最多的事之一是对家乡的关心。闽西人民清楚地记得，每当家乡建设发展遇到困难的时候，总会得到陈丕显同志的鼎力相助，送机床、办企业，建学校、搞教育，修铁路、促发展……我感受最深的是陈丕显同志对家乡教育事业的关爱。他说：“没有人才，没有知识，老区怎么发展？老区要兴办教育，培养人才才有希望。”1995年8月，陈丕显同志在弥留之际，还特地派次子陈东棋代表他专程回乡察看校舍建设情况，并把自己住院时老战友的孩子们凑来看望的1万元捐给家乡龙田中学，还留下遗嘱，将生前的著作、藏书、题词以及收藏的名画、名帖全部捐赠给龙田中学。此情此义，令人感佩！陈丕显同志对家乡建设发展、对老区人民的深厚感情深深铭刻在一代又一代闽西儿女的心里。

忠诚于人民，是我们党一切活动的出发点和归宿。我们纪念陈丕显同志，就要像他那样，时时处处加强党性修养和党性锻炼，始终保持艰苦朴素的作风，严于律己、廉洁奉公；就是要像他那样，始终心里装着群众、一切为了群众,扎根闽西红土地,把发展老区、服务老区人民作为最大的政治责任,以坚强的凝聚力、战斗力、执行力,以背水一战的勇气、敢拼会赢的拼劲,确保闽西老区与全省、全国同步实现全面建成小康社会,不辜负总书记的嘱托,不辜负中央和省委的重托,不辜负革命先辈的鲜血,不辜负老区人民的期望。

陈丕显同志离开我们已经21年了。他的光辉业绩深刻铭记在我们心中,他的崇高品格永远值得我们学习,他留下的宝贵精神财富,将持续激励指引着我们前行。告慰革命先辈的最好方式,就是牢牢记住革命先辈的不懈的追求和付出的牺牲,把他们开创的伟大事业继续推向前进,在闽西这块红土地上创造新的历史、铸就新的辉煌,把闽西苏区建设得更加繁荣美丽,为谱写中华民族伟大复兴中国梦的龙岩篇章而努力奋斗!

(原载2016年3月31日《闽西日报》)

情满老区 风范长存

——陈丕显关心闽西经济社会发展二三事

邱炳皓

2016年3月20日,是全国人大常委会原副主任陈丕显同志诞辰100周年纪念的日子。哲人已逝,高山仰止,风范长存!老子曰:“上善若水。”陈丕显同志身居高位,心系人民,时刻惦记着老区的建设与发展,就像水那样永远向下,向人民流动。特别是当老区人民处在困苦生活时,长年累月地滋润着人们的心灵。

上个世纪八九十年代,我在中共龙岩地委任秘书长、副书记,有幸接待和服务过陈丕显同志。其间一段时间,我于中央党校学习,被借调到中央办公厅,进了中南海。机缘巧合,上班地点与陈丕显同志的办公室毗邻,使我有机会零距离接触陈丕显同志,并多次到他中南海的居所“增福堂”拜访,聆听他的教诲。他那平易近人、和蔼慈祥的作风,他那忠诚革命事业的人格魅力,他那热爱老区人民的仁爱之心,都给我留下了深刻的印象。

陈丕显同志逝世后,闽西老区人民都很怀念他。陈丕显同志是一位伟大的政治家,一位人民的好公仆,一生光明磊落、刚正无私、清正廉洁、善良仁厚……回想我和他的交往,其实很有限。我仅能把亲见亲闻的二三事,回忆敷设成文字,藉以寄托对陈丕显同志的缅怀和纪念之情。

向省委书记借粮赈济老区

岁月易逝。虽然此事已经过去久远了,但在闽西老一辈人当中,迄今还流传着陈丕显体恤民情,向省委书记借粮赈灾的故事。

那是在国家三年经济困难时期,一股乌托邦的雾霾曾迷漫着神州大地,即使当年的中央苏区闽西也不例外。搞大跃进,大炼钢铁,大办食堂,大刮浮夸风,造成农村经济几濒于崩溃。满目萧瑟,哀鸿遍野。因饥饿而死人的事,处处可闻。鉴于此,最高层号令各级领导干部到基层去,听民声,察民情,搞调查研究。

时任上海市委书记的陈丕显,也响应号召,轻车简从,回到他老家上杭县南阳乡实地考察农村实情。令他预想不到的是,下车伊始,刚踏进公社的大门,就被一群闻讯赶来的乡亲团团围住。霎时人声鼎沸,个个情绪激动:诉苦、埋怨、哀求、质询之声,直冲着陈丕显而来。有的牵着陈丕显的衣衫,有的干脆跪地不起。这个说:南阳饿死人啦!你晓不晓得?那个说:你是知道的,当年南阳闹革命,建苏维埃,百姓米缸里有一升米,还要匀出五合来支援红军前线打仗。现在坐江山了,搞得百姓吃不上饭,饿肚子。天地良心!那些当官的,还爱不爱我们?还有的反映:搞大跃进,社员早起五点半,一天两顿饭,晚上加班干,就是吃不饱饭,岂非咄咄怪事!陈丕显说:这种场面是我从来没有见过的。惭愧呀!我们工作没有做好。无灾无祸,竟然让群众吃不饱饭!南阳是当年扩红模范乡,同邻近的才溪乡一样出名,也算个户粮之地,自给有余,如今怎么搞成这种惨状!无非是搞浮夸,高指标、高征购,害得群众家里没粮,饿死人!面对乡亲们诉苦,我只好安抚大家,要相信政府。我回去反映情况,政府会很快把粮食发放给大家。

陈丕显好不容易从公社出来,回到他的出生地官余村,所见到的情况更惨!原本偌大的一个村庄,变得萧条破败,大地凝咽。居然见不到炊烟,听不见鸡啼狗吠,更不要说人们的欢声笑语了。就连前来看望陈丕显的亲房亲戚也面无表情,显得很冷漠。他的同胞兄弟告诉他,村里已经断粮好久了,大家吃粗糠、吃野菜,有的还吃观音土。很多人都得了水肿病,连屎都屙不出来。天天死人!古话说,男儿有泪不轻弹,只是未到伤心处。见此情状,陈丕显潸然落泪。他说,当时喉咙里像堵住块石头,要不肯定会哭出声来。结果连半句话也讲不出声。

此时,陪同陈丕显的上杭县领导,显得也很尴尬。赶忙连劝带搡,把陈丕显接回到县城宾馆,还准备为他接风。陈丕显知道后很生气,含着眼泪说,群众在饿肚子,我吃不下这顿饭!说罢拂袖而去,回到住处,立刻向时任福建省委书记叶飞挂电话说:上杭群众断炊了,饿死了不少人!请赶快借我10万公斤粮救急,务必!务必!接到陈丕显的电话,叶飞开始有点惊讶,出于平日对陈丕显的了解和尊重,转而满口承诺说,我马上叫龙岩地委放粮。你老兄客气,何必讲借呢?陈丕显说,见叶飞这么爽快,我心头的一块石头总算放下了。但依然一夜未眠,盼着粮食尽快发到群众手上,让他们度过这一劫难。

令陈丕显做梦也没有想到的是,当年向叶飞借粮赈灾这件事,到了“文化大革命”,竟然成了他们一条罪状。造反派查出了旧账,批判他是彭德怀第二,站在阶级敌人一边,诬蔑大好形势,攻击“大跃进”,攻击人民公社……这到底是怎么回事呢?原来,当时龙岩地委书记×××,以攻为守,组织了一班人对陈丕显进行反调查,整理黑材料,还告了陈丕显的御状。

陈丕显话中有话地说,回想起这件事,至今我心头还在痛。你看,这位×××多威风!一手遮天!听说他后来还当了更大的官!我在想,此公的德行,与陈丕显两相映衬,我们可以清楚地辨识,何谓高尚,何谓卑劣,何谓仁爱,何谓邪恶;何谓君子,何谓小人。我理解,陈丕显心中有个“农民情结”。他把人民的疾苦看得比天还大。天下苍生唯多念,万家忧乐在心头。这在当时一片颂扬大好形势的氛围中,对于民生疾苦,敢于面对,敢于担当,敢于讲真话,敢于为民“鼓与呼”的,恐怕就是高层领导中,也实属孤鸿之鸣,实属大音希声。

关心老区的文化教育事业

陈丕显 14 岁参加革命,是当年中央苏区时期,与胡耀邦齐名的“红小鬼”。虽然只有高小学历,但是经过长期革命熔炉的历练,长期跌宕起伏的政海浮沉,再加上自身的天分,勤黾励志,刻苦好学,逐渐成长为一个胸怀全局、安邦治国、才思敏捷的党和国家的领导人。

陈丕显每次回到老家,都怀着感恩心情,要去看一看自己的母校,感受一番人文气息。体味少年时渴望知识的情怀。他深谙科学技术、文化教育是一种强大的生产力,而教育是基础。对一个国家、一个民族、一个地域、甚至一个人的发展起决定性的作用。他经常语重心长地说,做党委书记的,管经济工作的,要舍得花钱办文化和科技、教育。文化教育,有的可以现在见效,有的不是马上见效。要把眼光看得远一点,面向世界,面向未来。要特别抓好普及教育,工作落实要具体化。义务教育是法律规定的,是带强制性的。教育经费要专款专用。他还说,我们客家人,历朝历代都重视教育。“尊祖敬宗”“耕读传家”,这是客家人繁衍兴盛、生生不息的传统。教育的发展水平和普及程度,是反映一个民族精神状态的重要标志。

陈丕显这样说,也是言传身教,亲力亲为这样做的。他生前为老区的文化教育操了许多心,办了许多实实在在的事。1986 年 5 月,陈丕显第二次回到老家,专程再次视察了南阳中心小学,看望了学校的全体师生,充满感情,讲了许多勉励师生的话。他说,这里原来叫作龙田书院,教育质量是很高的,培养出了很多革命人才,许多人都为革命牺牲了。我也是这个学校走出来的。希望你们努力提高教学质量,把学校办好。办成一个模范的、第一等的小学。为了改善南阳中心小学的办学环境,他亲自做时任全国政协委员、香港永芳集团董事长姚美良先生的工作。姚美良先生很受感动,果然为南阳中心小学捐资助学 80 万元。为了表示对他的感谢,陈丕显特地从外地赶到龙岩接待他,礼仪有加。还一再叮嘱上杭县委、南阳中心小学的领导,一定要把这笔钱用好,用得正当,不能浪费。

这里,我再说一件留给我印象深刻的事。原来,陈丕显对闽西客家汉剧情有独钟。我想,定然是汉剧的优美旋律,伴随着他走过了许多人生的风雨征程。1976 年粉碎江青反革命集团之后,陈丕显出任湖北省委书记期间,他把龙岩地区文化局和地区汉剧团的领导、主要演员,请到武汉,住进省委东湖宾馆,并亲自安排他们考察武汉汉剧团。陈丕显对他们说,闽西汉剧的源头在武汉,请你们来,希望你们认真学习武汉汉剧团的演技和改革精神,同他们认真切磋技艺,把他们的好东西带回去。当然,我知道闽西汉剧的历史也很长,是客家人喜闻乐见的一个剧种。旧社会,许多大乡镇都办有汉剧团,很多是家庭式的,老百姓叫戏班子。每逢迎神打醮,婚庆喜事、民俗节日,都有唱戏。我小时候,经常邀一帮小伙伴,风雨无阻,翻山越岭去看戏。许多历史知识、人情世故、英雄故事、劝世良言,都是从戏文里知道的。当时的农村文化生活很单调,只有看戏,不仅普及了历史知识,也从娱乐中受到教育。请你们转告龙岩地委,这个群众喜欢的汉剧,不仅不能丢,还要舍得花点钱把它办得更好。这是文化瑰宝,也是客家人们一张品牌。

由于受到陈丕显的关爱和启示,龙岩地区历届地委、行署的领导,都很珍视和呵护闽西汉剧这一古老的剧种。为了使这一剧种得以传承和永续发展,办起了汉剧学校,从小培养好的演员。还提倡入校园、入社区,使汉剧更加普及。旨在让闽西客家汉剧在传承中创新发展,在创新和发展中得以传承和普及,与时俱进,不断绽放出艺术奇葩。

关注老区的经济和社会发展

1986 年 5 月,陈丕显利用参加武警部队共建法制龙岩城经验交流会的间隙,先后考察了龙岩地区的许多厂矿、农村、学校。特别是在他看到农村落实生产责任制后,农民生产积极性高涨,生活水平有了提高,乡镇企业也蓬勃建立起来,十里山坑十里厂。他心里很高兴。

陈丕显说,我已经二十五年没有回到龙岩地区了。上次回来,碰上经济困难时期,心情很不愉快。这次回来,看到处处新气象,心情非常愉快。党的十一届三中全会以来,老区的工作一年比一年好。山上的树长高了,田里的庄稼长好了,生产发展了,群众的生活也提高了。他把话锋一转,说:福建的工作也一年比一年好,项南同志主政福建是有很大贡献的,现在因为年龄到线,调回北京,是正常的。

记得龙岩地委当时正在召开县(市)委扩大会议,各县(市)的县(市)长、人大常委会主任也都列席了会议。地委书记林开钦、行署专员郑霖,向陈丕显汇报工作后,征询他能否抽空到会,同第一线工作的同志们见见面,讲讲话,勉励勉励大家。陈丕显欣然答应了。

会上,陈丕显开门见山地说,我对地委行署提出"吃饱饭,上工业,办好十大商品经济基地"的工作思路,表示赞同。简练明了,群众一听就记住了。接着,他向大家回顾了闽西老区的光荣革命历史,说:从历史上看,闽西人民作出过很大贡献。民主革命时期,闽西人民发展中央苏区,发展红军,开展五次反围剿,北上抗日,坚持三年游击战争,都作出了很大贡献,而且是用鲜血和生命作出很大贡献。新中国成立后,闽西老区同样作出很大贡献。一是支援国防建设,二是为国家提供了许多原材料,如木材、煤炭、各种矿产品等原材料……

陈丕显对闽西老区所处的区位优势,也作了独到深入的分析。他说,闽西连接厦门、泉州、漳州。远一点,是汕头、深圳、珠海这些特区,是离海岸线最近的林区、矿区,但目前开发太少,潜力很大。闽西对外开放是大有作为的。要解放思想,开阔思路,重新认识闽西所处的地理位置优势。总之,要对内搞活,对外开放。对于闽西今后的工作,他提出了九条建议:①要真正做到决不放松粮食生产,积极发展多种经营。②要大力发展乡镇工业、商业。③要改造旧企业,把旧企业逐步改造成现代企业。④要发展少数中、小型企业,主要靠自己力量,要吸收外资、侨资,引进先进的生产设备。⑤经济工作要大力发展横向经济联系。⑥要发展文化技术教育事业。⑦要加强法制教育和社会主义精神文明建设。⑧五年普及法律知识工作、整党工作要抓紧。⑨要依靠党的政策去动员全党全民。最后,陈丕显勉励闽西各级干部,发扬老区光荣传统,发挥资源和区位优势,脚踏实地努力工作,创造出社会主义的一番事业来,为实现革命先烈的崇高理想努力奋斗。闽西大有希望,经济发展前途无量。

陈丕显语重心长的讲话,引起了与会者的强烈反响。一致认为,讲话有针对性、指导性、可操作性。撷芳闻道,受益匪浅。我也是平生第一次听陈丕显的讲话。几十年过去了,依然音犹在耳,容犹在目,教犹在心。撇开他讲话的道理、逻辑、思辨不论,他给我最突出的印象,就是一个字:真。纯真,率真。对老区人民真挚的感情,对老区美好未来的真诚期盼。从他的讲话中,可以感受到他和时代共振的脉搏,和人民相同频率的律动。

情满老区,风范长存,伟哉斯人,流芳千古!

(原载2016年3月25日《闽西日报》)

陈丕显回故乡

梁茂淦

生命中,总有一些人和事让你永生铭记和深受感动。我给原中共中央书记处书记、全国人大常委会副委员长陈丕显当秘书时,他给我回忆离家20多年后第一次回故乡的悲惨经历,便是我永生难忘和深受感动之事。那是三年困难时期的1960年,故乡正遇上人为灾难,出现了严重饥荒饿死人的情况,陈丕显不顾个人名誉地位,实事求是地向县、地、省以及华东局、党中央反映真实情况,救了不少闽西乡亲,为闽西人民做了一件大好事。可是,"文化大革命"期间他却遭受灾难,被江青反革命集团及其上海的爪牙打成反革命,被关押八年,受尽非人待遇。每当陈丕显含泪给我讲述这段惨痛往事时,我内心都受到巨大的震撼!不久前,我重访陈丕显家乡南阳官余村,这里的一砖一瓦、一草一木又勾起了我对往事的回忆。

1960年春,中共福建省委书记叶飞再一次电请中共华东局第一书记、中共上海市委第一书记柯庆施到福建视察,不知出于何种考虑,柯庆施不愿出行。他与上海市委第二书记陈丕显商量,请陈丕显代他到福建视察。

1960年4月下旬,陈丕显与叶飞约好,在福建邵武县会面。会面后,叶飞回福州,陈丕显带了秘书一行人经邵武、三明、永安、连城到龙岩。

对于这次视察,陈丕显的心情是复杂的,既喜悦又忧郁。陈丕显是福建省上杭南阳乡官余村人,13岁参加革命,曾任团中央儿童局书记,是出名的"红小鬼"。1934年红军长征后他随项英、陈毅在赣南坚持游击战争,1937年国共合作时,南方的游击队组建成新四军北上抗日之后,就没有回过家乡,他非常想念魂牵梦萦的家乡。出行之前,在家务农的兄弟曾写信告知他,家乡正经历新中国成立后最困难时期,许多乡亲家无隔夜粮,靠挖野菜度日,希望他能"接济接济"。几乎是同时,家乡的干部——南阳公社副书记刘在春到北京接受国务院颁发的"全国农业红旗公社"后,特地到上海,向他汇报了家乡的巨大变化,亩产粮食跨《纲要》(即亩产达到800斤以上),群众不愁吃不愁穿。一个说"野菜度日",一个说"不愁吃不愁穿",相差十万八千里;一个是同胞兄弟,一个是公社领导,他究竟相信谁?正是出于这种矛盾的心情,他和叶飞商量,先回龙岩地区看看。

回到久别的福建家乡,一种亲切便油然而生。想当年这闽西北是中央苏区的重要组成部分。这片红色土地和苏区人民为革命作出了巨大贡献。当时,他跟着毛主席、朱德总司令、陈毅等老一辈革命家浴血奋战,对这片土地和人民有着深厚的感情!此时,正值春暖花开之际,坐在车上看窗外“日出江花红胜火,春来江水绿如蓝”的锦绣春光,心中十分喜悦。过去战争岁月,戎马倥偬,无心欣赏什么湖光山色,不识它的真面目。此番一看,才发觉“闽山苍苍,闽水泱泱”,家乡是这样的美!可是一路上,他每到一地除了听汇报外,都要去参观农民的食堂,到农民家里揭开锅盖看看,心情就特别忧郁。邵武、三明、永安的情况还好,有稀得可以照镜子的饭汤充饥。可一进到闽西的连城,情况就不妙。许多人家锅里尽是野菜,群众叫苦连天。他的心情很是沉重。心想,上杭的情况看来好不了多少,他大哥反映的情况是真的了。说实在,当时他真有一种“近乡情更怯,不敢问来人”的情感了。

4月30日,陈丕显在龙岩地委听取了地委、行署领导同志的汇报。他们汇报了闽西的大好形势,也说了一些存在的问题。其中提到有些群众生活有一定困难,但他们把这些归咎于部分农民瞒产私分。从他们闪烁其词、吞吞吐吐的汇报中,陈丕显深知他们怕戴上“右”倾帽子,不敢多谈问题。陈丕显也不便深问,只对他们说,要回上杭南阳老家去看看,在当地乡亲中作点调查研究,并将召集干部、群众和烈军属代表开座谈会,听听他们的意见。同时,陈丕显与他们定了三条纪律:一是轻车简从,不许宣扬,不准贴标语,敲锣打鼓迎送;二是不准铺张浪费,只准吃稀饭、青菜,不准吃干饭和鱼、肉;三是不准妨碍春耕生产。

5月2日,陈丕显在地区行署代理专员李应槐、上杭县委副书记李升亮的陪同下驱车到了南阳。然后走乡间小道,回官连坑(现改为官余)大队。当陈丕显路经田间时,主动向正在劳动的群众问候,问他们生产、生活的情况。他们异口同声地诉说,没饭吃,吃不饱,饿得不能劳动。有人甚至大声地问陈丕显:“陈书记,现在是怎么搞的,弄得我们种田人没饭吃?”面对这样的责问,陈丕显心里真不是滋味。

在一片哀怨声中,陈丕显一行来到了官连坑,住到了他堂兄陈家梅的家里。事后才知道,陈丕显的两位兄弟为他回来住在哪里,颇费了一番心思。按理,他应当住在自己兄弟家里,可是他们家的住房年久失修,且又拥挤,两兄弟实在挤不出能让他们一行七八人住的地方。后来,还是他的堂兄陈家梅为他的两个兄弟解决了这个难题。因为家梅前几年盖了新房,较干净、宽敞。

之后,陈丕显便在村子里转了一圈,看望了一些乡亲。眼前的一切,与二三十年前他离开家乡之前差不多,仍然是一派衰微破败的景象。看到群众吃糠咽菜,有的瘦骨嶙峋,面有饥饿之色,有的叫苦连天,他原先那份重返故乡,与亲人和乡亲团聚的喜悦之情,早已荡然无存,取而代之的是痛心和内疚!新中国成立10多年了,没想到农村仍然如此破旧,农民仍然如此艰难、贫困!

快吃晚饭时,陈丕显听公社领导说,为他准备了一桌酒菜。他一听,气就不打一处来,严肃地批评公社领导:“群众吃糠咽菜,你却叫我吃肉喝酒,我能吃得下去吗?”陈丕显要公社领导立即撤去酒菜,只留下米饭和一盘青菜,并重申从明天开始严格按三条纪律办,只准吃稀饭和青菜,不准吃干饭,更不准摆酒肉。

陈丕显回到家乡的消息一传十、十传百,周围村的乡亲都争着来看他,一下子聚集了五六百人。陈丕显看人来了那么多,不便谈话,便请公社副书记陈从忠把原定第二天召开的群众会,提前到当天。

会议在生产队的食堂举行,由公社副书记陈从忠主持。陈从忠简单说了几句之后,大家七嘴八舌地议论起来。许多人不客气地问陈丕显,知不知道群众没有饭吃,你们当干部的怎么会搞成这样?一位名叫陈从明的中年社员激动地坐在桌子上,喊着陈丕显的乳名大声说道:“春分妹子,我有很多话想对你说,就不晓得该不该讲?”

看着这位苦出身的乡亲这么激动,陈丕显知道他有很多话要说,便对他说:“你有话尽管讲。”

“我讲了真话,你走后公社会不会把我打成反革命呀?”

陈丕显看了看地、县、社领导,说:“你反映真实情况,怎么会成为反革命呢?”

接着,陈从明一五一十地诉说起来,去年发大水又下冰雹,粮食减产,可是公社领导却向上级浮夸说粮食跨《纲要》,并按跨《纲要》的指标来征购。我们完成征购之后,就没有多少粮食了。现在大家饭吃不饱,靠挖野菜充饥,许多人得了水肿病,射山村已饿死10多个人了。公社领导只顾扛红旗争先进,不顾群众饿肚皮,不管群众死活。说着,又指着陈丕显说:“春分,你当那么大的官,究竟知道不知道群众没有饭吃呀?你知道不知道我们快要饿死了?我们实在想不通,为什么会搞成这个样子啊!”陈从明一席话,说出了许多群众积郁在胸中多时、想讲又不敢讲的话,引起了在场群众的强烈共鸣。

突然,一位头发花白、瘦骨嶙峋的老大娘趺趺撞撞地挤到食堂中央,“扑通”一声跪在陈丕显的面前,抱住他的腿,泣不成声。这突如其来的举动把陈丕显吓了一跳,他赶忙用双手把她扶起来。定眼一看,原来是陈丕显的一位叔婆。陈丕显一边扶着她一边说:“三妹婆婆,你不能这样,我担待不起,受不了呀,你请起来,有话慢慢说。”

三妹婆婆站起来拉着陈丕显的手说:“春分,我这个60多岁的老太婆从来没有饿得这么透(厉害)呀!我一家饿得不行,上山去采山苍子树叶碓糠吃,头都被碓打破,流了许多血呀!这样的日子怎么过呀,你要救救我们呀!”

三妹婆婆的哭诉深深感染了在

场的群众,许多群众伤心落泪,会场上出现了一片哭泣声。面对此情此景,陈丕显再也无法抑制自己的感情,辛酸的泪水刷刷地流了下来。

一阵悲戚沉默之后,大家又诉说起来。乡亲们越说越激动,会议一直延续到深夜,大家仍不肯离去……

这一夜,陈丕显在床上愁肠百结,辗转反侧,怎么也合不上眼。想着群众生活如此艰难,挣扎在死亡线上,陈丕显又情不自禁地暗自落泪。

第二天清晨,陈丕显对弟弟陈家齐说:“老弟,我要走了。”弟弟一再挽留说:“你好不容易回来一趟,多住几天吧,我们兄弟还没有好好地聊一聊哩!”

陈丕显满腹心事地对他说:“昨夜,我一夜不曾合眼。现在大家没饭吃,我不能不管呀,我要向县里、地区和省里反映,尽快帮助大家解决困难。”

弟弟看哥哥执意要去,十分内疚地说:“昨晚我坐在你的对面,看你哭得像泪人一样,心里难过极了。哥哥二三十年才回来一次,我做弟弟的没有好东西招待,还让你这么难过……”

说到这里,他已泪流满面、泣不成声了。弟弟趁无人之际,给陈丕显讲了近来地区、县里和公社拨给官连坑生产队七天口粮,要求大家不要在陈丕显面前叫苦连天,要多谈大好形势。

听了这些情况,陈丕显心中有一种说不出的滋味。

吃过早饭——稀饭配咸菜,就告别乡亲来到南阳公社参加烈军属代表和基层干部会议。到会的有100多人,把公社会议室挤得满满的。

烈军属代表刘富玉便抢先发言。她说:“我们公社在‘三面红旗’照耀下,形势一片大好,粮食亩产800斤,跨过了《纲要》,群众生活比过去好多了……”她的发言引起了许多干部、代表的不满,不少人摇头叹气,有的干脆说:“刘富玉呀,你现在还在为公社吹牛皮,你不觉得脸红吗?”

在众人纷纷指责下,她才不得不结束了那背书式的发言。原来,她是按公社领导的意图抢先带头发言的,以起示范、导向作用,发言的内容也是公社领导事先授意的。

接着,一位名叫黄则智的白发老人发言。他毫无顾忌地说:“有人说我们公社的粮食亩产800斤,我说除非把田里的泥土挖起来凑数!我们公社的实际产量不过是两三百斤,公社领导不是不知道,为什么还要这样吹牛皮呢?这是因为干部为了争取先进,可以提拔当官。他们昧着良心汇报,却苦了我们老百姓。现在群众吃不饱,不少人筛糠,摘树叶当饭吃。丕显,我们真的不明白,人民政府怎么会弄成这个样子?种田人连饭都吃不饱呀?”

其他代表的发言,也纷纷指责县、公社领导“只顾扛红旗,不顾群众饿肚皮”。

面对干部群众的尖锐批评,在场的县、社领导低头不语,十分尴尬。陈丕显则心情沉重,十分难过。

烈军属代表和基层干部座谈会之后,公社党委又在公社后楼会议室召开了党委扩大会议,向陈丕显汇报工作情况。

公社党委副书记刘在春仍按前几天县、社两级领导同意的口径向陈丕显汇报。当汇报到南阳公社去年粮食亩产跨《纲要》时,陈丕显实在忍无可忍了,严肃地说:“这两天,群众对你们的批评已经够多、够尖锐,就差没有指着你们的鼻子骂了。可你今天还说粮食亩产超过800斤,跨了《纲要》,到这个时候还在骗我呀!”“老刘,我问你,南阳公社的群众没饭吃,你知道不知道?南阳公社究竟死了多少人,你知不知道?”

刘在春被陈丕显问得哑口无言,面红耳赤。

接着陈丕显又对其他干部说:“你们不知道,那我来告诉你。昨天,许多群众向我反映,射山村已饿死了10多个人,还有其他村子也饿死了一些人,你们说是不是呀?”

在这种情况下,南阳公社党委的其他同志对陈丕显说了实话。该公社有两本账,一本是实际产量,一本是“争红旗”的假账,浮夸账。正是由于报了浮账,搞了浮夸,带来了高指标和高征购,购了群众的过头粮,结果导致群众缺粮、挨饿、饿死人。

说实在,要不是这次回故乡视察,目睹群众生活的悲惨,他是很难想象家乡的群众生活会艰难到如此地步。南阳是闽西的老革命根据地,也是当时经济、文化比较发达的地方,南阳尚且如此,其他地方更是可想而知了。

如何解决这个问题呢?当时他思想斗争也是很激烈的。因为它涉及一个非常敏感的问题,即如何坚持“三面红旗”的问题。1959年,“庐山会议”才刚刚开过,对彭德怀同志的批判还没有结束。如果他再反映这些问题,是否也会被扣上反对“三面红旗”,被打成“反党右派分子”呢?但是,他又想,作为一名党的负责干部,眼看为革命作出过极大贡献的老区人民如此挨饿,甚至饿死,他能熟视无睹、不闻不问吗?思来想去,他觉得应当按党性办事,实事求是地把这些情况向党组织反映,尽快地帮助老区人民解决燃眉之急,渡过难关。为慎重起见,他觉得应当按组织原则办事,采取逐级反映和汇报的办法,以争取各级党政领导的关心和支持。

常言说,“民以食为天”,“人是铁,饭是钢,一天不吃饿得慌”。乡亲们凄楚的神情、哀求的眼光,更让他增添了责任感和使命感!面对如此严重的饥荒,他不能再犹豫了。回公社后,他立即改变计划,马上离开南阳而去上杭县城。南阳公社的几位领导一再挽留他多住几天,他对他们说:“现在乡亲们生活这么困难,我住不下去呀!我要去上杭去龙岩,向县委、地委和省委反映,回上海之后还要向华东局和中央反映,尽快解决群众生活困难,否则会饿死更多人,我怎么对得起老区人民啊?”

离开南阳后,陈丕显又到了全国

闻名的才溪公社(乡)作了调查。公社领导大概知道陈丕显对南阳公社领导批评的情形,所以比较真实地向陈丕显反映了群众生活的困难和饿死人的情况。陈丕显感到浮夸、高指标、高征购是一个普遍的问题!

接连几天,陈丕显先后向上杭县委、龙岩地委反映了一路上的所见所闻,上杭县委和龙岩地委也向陈丕显汇报了普遍缺粮的情况,特别是上杭、长汀、武平、连城最为严重,饿死了不少人。

陈丕显提议把闽西七个县的县委书记请来,研究解决办法。

县委书记来了之后,汇总了有关情况,统计了缺粮人数,水肿生病、饿死人的数字。据当时统计,全区七县,除龙岩、漳平两县的情况稍好之外,其他几个县的情况差不多,缺粮十分严重,全区已饿死8000人左右。陈丕显对大家说:“如果你们地方解决不了,我就向叶飞书记汇报,请省里帮助。”陈丕显和大家一起商量,到夏粮登场之前还有两个半月时间,按“瓜菜代”“低标准”的要求,以每人每天一斤稻谷(原粮)计算,除地区和各县自筹解决一部分之外,需要请求省里支持1300万斤原粮(稻谷)。

陈丕显立即用电话向叶飞书记作了汇报,请求省里对龙岩地区的情况引起重视,并支持龙岩地区1300万斤原粮,以解决燃眉之急。福建省委和叶飞书记对陈丕显的汇报很重视,立即做了研究,并决定马上拨给龙岩地区1300万斤原粮。福建省委还对全省的情况作了了解,给其他缺粮的地县也拨了粮,使全省的情况有了很大的改变。

龙岩地区的干部群众知道福建省委拨了1300万斤粮食的消息,十分感激。许多人高兴得直哭!都说,共产党好。有的干部、群众还说是陈丕显救了闽西老区人民的命。这话显然是不合适的,但陈丕显心里清楚,他们之所以这样说,是出于对党的深厚感情。当然,陈丕显是闽西人民的儿子。他对故乡怀着深情,能为老区人民如实反映情况,争取省委帮助,解决困难,确实感到欣慰!10多天来的沉重心情和精神重负似乎一下子减轻了许多。

到上海之后,他把这些情况向华东局委第一书记和上海市委第一书记柯庆施作了汇报,并把带回来的群众吃的糠菜和树叶给他看了,同时还对他说,要把这些情况向中央做书面报告。柯庆施虽然反应冷淡,但还是说了一些客气话。他对陈丕显说,调查很深入,解决问题的办法也是对的,福建省委和叶飞同志的态度和做法是好的。他对陈丕显向中央反映情况没有表示不同意见。不久,陈丕显就把调查的情况和解决问题的办法书面向周恩来总理作了汇报。不久,周总理到上海开会时当面表扬陈丕显做得对。他说,他看了陈丕显的书面报告后,心情很沉重。他对闽西老区人民有着非常深厚的感情,说陈丕显为闽西人民办了一件好事。他还说:“中央很重视你的报告,已要求各地要深入到群众中去调查研究,帮助群众解决生活困难,搞好生产自救。”

令人遗憾的是,福建省委拨给龙岩地区1300万斤粮食后,龙岩地委个别领导认为情况没有这么严重,迟迟不肯要这些粮食。实际上是他过去向上面吹了牛,结果露了馅,感到下不了台,不好意思,怕影响今后的前程。到后来,情况越来越严重,饿死人越来越多,群众知道省里拨了粮食,却盼星星盼月亮一般盼不到,纷纷提意见。这时,这位领导才不得不要了粮食。结果迟了一个多月,全区又多饿死了几万人!事后,陈丕显听了这消息,气愤至极!我们有些干部为了个人的名誉地位,竟然不顾老百姓的死活,这哪里是共产党的干部!更使人气愤的是,这位领导对此事讳莫如深,竭力否认。

“文化大革命”中,江青反革命集团及其上海的爪牙先是拉拢、利诱,要他站出来入伙,但他不为所动,后来就无中生有罗织罪名,把他打倒。他们抓住这件事,大做文章,故意颠倒是非,把他明明做得对、做得好的事,说成是以“陈海瑞”自居,是同彭德怀“穿一条裤子”,“向党猖狂进攻”,是漏网的彭德怀“死党”,云云。

可笑的是,他们已定了他的“罪”,给他罗织了许多罪状,然后再派人到闽西去调查,搜集他的材料。更为恶劣的是,他们为了置他于死地,竟然无中生有、捕风捉影地捏造了许多罪名。当时他在村子里遇到一个地主分子,说了几句家常话,他们便说他是和地主富农分子“勾勾搭搭”,为他们“鸣冤叫屈”,进而又上纲到“站在地主资产阶级的立场上”。这真是欲加之罪,何患无辞!

江青反革命集团及其爪牙派到闽西的调查组,到上杭南阳公社搜集整他的材料时,遭到当地干部群众的强烈反对和抵制,他们便恼羞成怒,肆虐迫害他们。他的大哥因不同意揭发弟弟的黑材料上签字,被他们毒打;他的弟弟的大队长职务被他们撤掉;他侄儿陈配如担任公社文书也被他们撤职;他侄儿陈坤如民办教师也被他们解职,退回村里劳动;他的一个远房堂弟在上杭县溪口中学任教,也因为拒绝写揭发陈丕显的材料而被多次批斗、毒打,打得他遍体鳞伤,还宣布开除他的教师职务,回家监督劳动。

从这里我们可以看出,坚持实事求是、讲真话是多么不容易!

当闽西人民遇上灾难时,陈丕显同志不顾个人名誉地位,敢于为闽西人民鼓与呼,实事求是地向上级党委反映真实情况,帮助家乡人民渡过了难关,这种赤子之心,深深地感动了我,我永生难忘!

(原载2016年3月29日《闽西日报》)

特　　载

上杭县2016年实施“三大战役”成效显著

邓招福　林斯乾　池　威
郑嘉雯　黄　旭

项目落地攻坚战役：项目显活力　产业夯实力

2016年,上杭县城区通往客家新城的张滩大桥全线贯通,原本需要绕行30分钟的路程,如今只需要10分钟;总投资7.5亿元的上杭县医院整体搬迁项目开工建设,总建筑面积12.4万平方米,项目集医疗、教学、科研、预防和保健为一体,按日门诊量为5000人次的三级综合医院标准设计建设,规划总床位为1500床,项目建成后,上杭群众的就医难问题将得到极大缓解;总投资8亿元的紫金山日处理4.5万吨铜矿项目投产,年产铜金属量4.3万吨、伴生金780公斤、伴生银20吨、副产硫精矿35万吨,年产值达16亿元……这些项目都是该县实施项目落地攻坚战役的战果。

2016年,上杭县110个攻坚项目完成投资66.9亿元;“谋划一批”策划项目281个,列入市项目谋划库50个,完成市任务的167%;“签约一批”实现签约项目49个,完成市任务的196%;“开工一批”中,110个县攻坚项目开工82个,54个市攻坚项目开工33个,完成市任务的150%;“建成一批”中,110个县攻坚项目建成49个,54个市攻坚项目开工30个,完成市任务的375%;“增资一批”完成增资38.5亿元,完成市任务的188%。上杭县2016年项目落地可谓硕果累累。

为打好项目落地攻坚战役,2016年一开春,上杭县就召开全县项目落地攻坚战役动员大会,提出举全县之力、聚全民之智,以昂扬的斗志、务实的作风,全力推进,坚决打好打赢打出彩这场硬仗,坚持项目为大、项目为先,吹响项目落地攻坚战役的集结号,向各乡镇党委书记、县直有关单位主要负责人颁发了项目落地攻坚战役责任书。

发展靠项目,项目靠招商。2016年12月22日,县商务局局长林云志前往福建南平太阳电缆股份有限公司开展招商考察活动,就年产15万吨低氧铜杆生产项目对接招商进行洽谈。此前,太阳电缆公司的铜原料从上海引进,上杭则充分发挥当地铜原料和加工资源优势,千方百计吸引客商落地投资兴业。

功夫不负有心人。经过多次商谈沟通,双方签约,原料可以由紫金矿业提供。南平太阳电缆股份有限公司董事长李云孝说:“上杭的投资环境优越,干群干事创业的氛围浓厚,有着巨大的发展空间和潜力,是这些优势深深地吸引了太阳电缆进入上杭投资兴业。”

据了解,2016年初,该县提出,力争全年引进总投资10亿元以上的项目5个,5亿元以上的项目10个,1亿元以上项目15个,年底,这些目标都基本实现了。项目显活力,产业夯实力。2016年,上杭县首次进入“福建省县域经济实力十强县”,并第八次获评“福建省县域经济发展十佳县”。

2017年是“十三五”规划的关键之年,该县将进一步提高项目建设和管理水平,重点做好政府性投资、招商引资、向上争资、政府与社会合资四部台账,力争实现全社会固定资产投资完成290亿元,增长15%;力争全年策划项目200个以上,扎实做好54个县重点项目建设,计划完成投资66亿元。这些项目落地开花结果,又将给杭川大地绘就一幅波澜壮阔的发展新画卷。

脱贫攻坚战役：扶贫惠民生　脱贫促和谐

“扶贫工作不能停留于表面的安排、部署和动员,相关责任人一定要一点一滴、一户一策、做细做实,做到真帮实干、帮扶到位。”2016年12月,上杭县委书记傅藏荣奔波于南阳、古田、蛟洋等乡镇的贫困村,走村入户,详细了解一年来各乡镇实施脱贫攻坚战役的成效。声声叮嘱，催人奋进。

去年以来，上杭县按照“党政主导、部门联动、企业携手、社会参与、群众主动”的思路，统筹安排，精准施策，推动脱贫攻坚各项措施有效落实。县委、县政府围绕总体工作目标，先后召开21次县委常委会和县政府常务会，研究制定《上杭县脱贫攻坚战役实施方案》《上杭苏区干部“千人挂钩、万人脱贫、共奔小康”挂钩帮扶工作方案》《上杭县产业精准扶贫行动计划》等系列政策，为脱贫攻坚工作提供坚强的政策支撑，在生产扶持、建房补助、就学资助、就业辅助等10个方面全力帮扶贫困户搞生产、谋发展。据统计，全县识别建档立卡贫困户7298户19926人，2016年实现净脱贫4102户10086人，净脱贫率达50.62%，一批批脱贫致富项目，一个个鲜活的脱贫典型，不断在杭川大地涌现，汇聚成一股强大的致富洪流，引领着全县贫困群众奔着脱贫梦一路前行，硕果累累。

2016年3月，80千瓦的光伏项目在上杭太拔镇上村村刚落成的农村幸福院顶楼正式开工。7月，80千瓦的光伏项目建成并网发电。目前，这座全县首家、全市规模最大的村居光伏发电站共为全村谋得约4.5万元收入。

在市级贫困村下都镇吉安村，村两委利用挂钩单位帮扶资金建设装机容量40千瓦的光伏项目，总投资32万元，目前已完成并网发电。同时，采取“干部+贫困户”的形式，成功带动10户、45名贫困户以每股5000元的形式入股发展装机容量30千瓦的二期光伏发电项目，变“输血”为“造血”，带给贫困户稳定的收入，让贫困户如期实现脱贫目标。

精准发力才能彻底拔掉穷根，大兴产业才能实现彻底脱贫。2016年4月，光伏发电产业扶贫项目成为我国政策支持的扶贫措施，国家出台《关于实施光伏发电扶贫工作的意见》，提出以整村推进的方式，在光照条件好的省、市、县级贫困村开展光伏发电扶贫。上杭县各乡镇抓住机遇，紧紧围绕光照、海拔等地理环境优势，相继启动光电产业扶贫项目，光伏发电产业在全县蓬勃兴起，目前已有11个乡镇25个村建设光伏发电项目，总装机容量为1776.8千瓦，已建成并网发电1036.8千瓦，带动115户贫困户参与项目建设，户均增收1400元。

在蓝溪集镇中天广场旁的梅花小区建筑外墙上，“造福工程”4个字十分醒目。这个依靠民间资本建设的省级造福工程示范点以“政府引导+市场化运作”的创新形式开启了上杭县造福工程项目扶贫的新天地。

“我们利用梅花小区这个平台，积极引导贫困户易地搬迁到此集中安置。镇政府出面与开发商协商，协定给予贫困户购房9.2折优惠，先装修，待易地扶贫搬迁补助资金到位后再付房款，同时给予贫困户每人1000元的装修经费，深受贫困户欢迎。”蓝溪镇镇长谢开平说。

“目前，我们已经和7户国定贫困户签订了购房合同。在没有交付房款的条件下，已经让部分贫困户入户装修。”福建中天建设工程有限公司(梅花小区)负责人丘世忠介绍说。

据悉，为高标准切实完成造福工程项目建设，该县加大对贫困户易地扶贫搬迁的扶持力度，实施建档立卡贫困户、贫困残疾人等多种、多级补助政策，县财政对每户享受各级补助资金累计少于2.75万元的给予补足，尽最大可能地满足贫困户的住房需求。2016年，全县已落实造福工程扶贫搬迁对象824户2884人，目前已全部完成验收，下拨补助资金2248.3万元。

黄济杭是蓝溪镇歧滩村的贫困户，妻子黄发莲患病行动不便，无法干重活，一对儿女分别上大学、中学，家庭负担很重。2016年4月，连日的大雨致使房屋倒塌，黄济杭一家暂住哥哥家中。黄济杭一家在当地扶贫政策的帮助下，经过一年的艰苦奋斗，顺利脱贫，并建起了一层新房，春节前搬进新居。

是什么促使他脱贫致富？“自立自强，不等不靠。”黄济杭说。

原来，2015年以来，黄济杭在亲戚家的皮鞋店务工，学习皮鞋制作技术。2016年6月，因亲戚另谋他业，黄济杭抓住机遇，盘下店面，申请了扶贫小额信贷，自主创业当起皮鞋店的主人，他起早摸黑，吃苦耐劳，皮鞋店生意日渐红火。黄济杭平均每月可制作皮鞋135双，扣除成本每双可获利25元左右。2016年4月至今，他制作皮鞋累计收入近3万元，一举拔掉穷根。勤劳致富后的黄济杭说：“如果有其他贫困户愿意跟着我一起学习制鞋手艺，我十分乐意带着他们共同发展，一起致富。”

扶贫惠民生，脱贫促和谐。从“要我脱贫”到“我要脱贫”，上杭县贫困户逐渐摆脱“等靠要”思想，越来越主动地从等待“输血扶贫”到自己积极“造血脱贫”。如今，他们撸起袖子，依托自己勤劳的双手绘制美好生活的蓝图，他们脱贫致富的康庄大道越走越宽阔。

生态环保攻坚战役：
生态展新貌　环保添魅力

森林—城市—家园，上杭县城山美、水美，宜居、宜业。该县植树造林35.2万亩，森林覆盖率达77.1%，城区绿化覆盖率达42.9%，这个生态环保高颜值的县域城市2016年捷报频传，获得了“国家级生态县”“全国生态旅游示范区”“省级森林县城”“省级园林县城”“省首批国家重点生态功能示范区转移支付县”等美誉，这是该县实施生态环保攻坚战役所取得的成果。

2016年，上杭县还精心规划、合理布局，在全县除临江镇与临城镇的其余20个乡镇建立农村生活垃圾转运站与乡镇污水处理厂。这两项生态环保项目的建成，将使乡镇、村面貌焕然一新。

作为汀江水源水质的守护者，多

年来,上杭县专注水环境综合防治工作,而生猪养殖污染治理成为2016年各乡镇水环境综合防治的“重头戏”。该县加大禁养区生猪养殖场关闭拆除和限养区生猪养殖场提升改造力度,出台政策,落实补贴,积极动员生猪养殖户转产。家住溪口镇锦坊村的生猪养殖户张世华,听说政府对积极转产的生猪养殖户提供了很多补贴和政策优惠,决定放弃养猪。他立马着手拆除猪舍,“退舍还地”。圈拆了,猪卖了,土地腾出来了。张世华变猪场为果园,种植400多棵芙蓉李、8亩多百香果,6亩多烤烟。转产不转业,张世华用好用活政策,依靠自己勤劳的双手获得了丰收。据了解,2016年,上杭县关闭拆除3568户生猪养殖场,共计75.4万平方米,削减生猪30.16万头,做到“一整改一回头”,以“零容忍”的态度坚决杜绝禁养区生猪养殖场“死灰复燃”,以“高标准”的要求落实标准化养殖场的提升改造任务,切实维护了生态水环境。

“既要金山银山,更要绿水青山。”2016年,上杭县投资2.2亿元,继续完善蛟洋循环经济工业园区环保项目建设。目前,紫金铜业已完成两台阳极炉稀氧燃烧改造工程,正在实施余热余压系统改造和电机变频节能优化等工程建设;瓮福紫金完成磷酸浓缩系统工艺优化改造、乏汽余热回收改造等工程建设,为蛟洋循环经济工业园区的环保运作添足动力。

生态展新貌,环保添魅力。2017年,上杭县将继续做实做细生态环保“功课”,坚持绿色发展,以打造“江滨宜居城市”为目标,创建“绿色花园城市”为方向,筑牢绿色底线,标清生态红线,巩固国家级生态县创建成果。生态环保攻坚战役是一场持久战,上杭一直在阵地上坚守!

雄关漫道真如铁,而今迈步从头越。2016年,上杭县高歌迈步,一路凯歌;2017年,上杭县阔步前行,勇奔小康。对做好新一年的事业,上杭县委书记傅藏荣说:“在新的长征路上,我们将不忘初心勇担当,撸起袖子加油干,谱写上杭发展新篇章!”

(原载2017年1月23日《闽西日报》)

上杭金铜产业向千亿目标迈进

赖明章　范　波　曾燕福　林斯乾

2016年9月27日,第十一届中国铜加工行业发展论坛在上杭县拉开序幕,来自国内铜行业的200余名嘉宾将以“‘十三五’期间中国铜加工新发展思路”为主题,围绕中国铜加工行业发展面对的环境变化和铜加工行业在“供给侧改革”中迎接的新机遇进行深入研讨,并为上杭实现千亿金铜产业发展献计献策。

近年来,上杭县依托金铜资源优势和产业基础,按照“抓龙头、铸链条、建集群”的发展思路,把金铜产业作为主导产业之一,以“矿业+”和军民融合为抓手,进一步延伸产业链条,不断完善金铜产业服务体系,全力打造千亿级金铜产业集群,加快打造“中国绿色矿都”,走出了一条“从无到有”“从小到大”具有上杭县域经济特色的产业发展新路。

发挥资源产业优势
做强做大经济总量

上杭县是全省为数不多的有色和贵金属重要矿产地,金铜产业始于1993年,从上杭县矿产公司试验生产黄金开始,经历了“从无到有”“从小到大”的过程,是全省重点培育扶持的产业集群、是全市三大主导产业之一。

从2004年第一家铜加工企业落户上杭至今,上杭县铜产业已经发展成为具有铜冶炼、铜板(带)、铜管、铜杆(线)为主要产业的铜产业链。

地处上杭县城北的紫金山金铜矿是紫金矿业集团股份有限公司的发祥地,这座国家级特大型金铜矿床,除了已探明可利用的黄金资源外,铜资源储量400万吨以上,被中国黄金协会命名为“中国第一大金矿”;紫金矿业股份集团有限公司,经过近二十年的发展,已形成以金为主,铜、铅锌、钨、铁等基本金属并举的产品格局,是中国主要的黄金生产企业、第二大铜矿生产企业。如今,它的创业足迹基本覆盖全国,并延伸至塔吉克斯坦、吉尔吉斯斯坦、俄罗斯、刚果(金)、澳大利亚、秘鲁、巴布亚新几内亚等9个国家,保有资源储量黄金1261吨、银1110吨、铜2346万吨、钼57万吨、锌840万吨、铅154万吨、钨8万吨,铁2.1亿吨,是中国控制金属矿产资源最多的企业之一。

随着年产1500吨铜粉、500吨合金铜粉及50吨纳米铜粉生产、年产20万千米低中压电线电缆及特种电缆等项目、中宇卫浴有色金属及五金水暖产品生产项目、高纯电子物质生产项目开工建设,以及紫金铜业公司年产20万吨铜冶炼、瓮福紫金磷化工、紫金铜业阳极泥回收、瓮福蓝天无水氟化氢等项目达产,上杭金铜产业链条不断拉细做长……

近年来,该县充分利用资源和产业优势,不断壮大铜金产业规模。截至今年6月,已有紫金矿业、南平太阳电缆、中国建材、瓮福集团、中化蓝天、中国信达等大型企业加盟该县,落户企业达41家,其中规模以上企业(产值2000万元以上)21家,产值亿元以上企业14家,其中,年产值超过100亿元企业2家,10亿元—100亿元企业2家。2015年全县金铜产业规模以上企业实现产值337.9亿元,比增20.9%,占全县工业总产值比重为91%;今年1月—7月,21家规模以上金铜产业累计完成工业总产值242.3亿元,比增7.2%,占规模以上工业总产值的91.8%。

砥砺奋进精准发力
紧盯千亿产业目标

经过几年的不懈努力，上杭金铜产业成为推动经济社会发展的强劲动力，主导产业地位日益凸显，发展成效显著，产业链逐步完善。黄金产业方面：逐步向高纯黄金、金盐（镀金的主要原料）、金箔、金合金浆料、含银合金、银精细化工产品、银粉、银浆等工业应用高端产品延伸；铜精深加工方面：近年新增铜箔、铜粉、高档卫浴、特种电线电缆等科技含量较高项目；循环经济方面：产品逐步向硫酸、磷酸二胺等磷化工产品、石膏板、水泥缓凝剂、氢氟酸、四氟化碳等氟化工产品发展，实现对废水、废气、废渣、余热予以综合回收利用，变废为宝，最大限度减少“三废”排放。上杭县多次被中国黄金协会授予“中国黄金十强县”“中国十大产金县”称号；蛟洋循环经济示范园区被列为福建省“十二五”循环经济示范点园区和“福建省安全园区”。

针对产业发展趋势，该县进一步推动金铜产业“增量”和“提质”同步发展。该县提出，力争2016年实现金铜产业产值400亿元，到2018年实现金铜产业产值800亿元，巩固金铜产业从龙头企业引领到区域产业集聚的发展地位；通过加快实施规划重点项目建设，力争到2020年实现金铜产业产值1000亿元，其中铜产业产值500亿元，金银等贵金属产值200亿元，循环经济产值100亿元，非生产性产业产值200亿元。构建以输配电、电子信息、家电卫浴、交通运输等产业领域为主的加工材延伸发展，强化金银贵金属深加工产业，完善配套产业体系建设，实现上杭金铜产业集群的持续健康发展。

到2020年，培育产值100亿元以上企业2家，50亿元—100亿元企业2家以上，10亿元以上企业10家—20家。培育高新技术企业5家以上，国家级企业技术中心2家以上，省级企业技术中心5家以上；创建福建省有色金属产品质量监督检验中心、科技孵化器，创建金铜产业集群窗口服务平台、金铜产业技术研究院。基本形成较完整的金铜加工产业链条，较完善的金铜产业配套体系，优化产业空间布局，打造采选冶炼、精深加工、虚拟紫金“三个紫金”，建成全国具有重要影响力和区域特色鲜明的金铜材料供应基地、金铜制品加工基地、金铜技术开发基地和有色金属交易中心。

拉细做长产业链条
加快产业集群发展

近日，记者在上杭太阳电缆生产车间看到，一条船用电缆和数据缆生产线正在试产。这条生产线可年产5000千米船用电缆和15000千米数据缆，是目前我省规模最大的生产线之一。据企业负责人介绍，新投产的生产线预计年可新增产值10亿元，成为上杭金铜产业链条中的生力军。

而在蛟洋工业园区，紫金20万吨铜冶炼项目，近年来更是吸引了千里之外的贵州瓮福化工前来与紫金铜业合股组建瓮福紫金化工股份有限公司，并引来一批下游企业，衍生了以瓮福紫金为龙头的“精细化工+”产业链，循环经济园区正在崛起。

目前，随着20万吨铜冶炼、瓮福紫金磷化工、清景铜箔等一批大项目建成投产，上杭金铜产业体系更加完善、产业发展层次不断提升，已初步构建以紫金山金铜矿为主的采选区、以蛟洋工业循环经济示范园区为主的冶炼区、以上杭县工业园区为主的金铜制品精深加工区和金铜产业配套服务区等四个产业区，其功能优势日益显现，产业集群基本成形。

此外，该县金铜产业已初步形成以紫金矿业集团为龙头，采选、冶炼、铜板（带）、铜管、铜杆（线）、铜箔等系列产品为框架的金铜产业链和以紫金铜业20万吨铜冶炼、瓮福紫金磷化工为龙头，石膏板、水泥缓凝剂、氢氟酸、硫酸铜等产业为框架的循环经济产业链，以及以铜精矿、金精矿为龙头，黄金、白银、其他稀贵金属为框架的稀贵金属产业链。上杭县工业园区于2006年被列为省级工业园区，2013年又被列入省新型工业化产业示范基地。

（原载2016年9月27日《闽西日报》）

杭川大地升军帐
项目攻坚战鼓急

范　波　曾燕福　林斯乾

阳春三月，杭川大地春意盎然，到处展现出勃勃生机和昂扬激情……

昨日上午，记者在上杭县交通领域作战指挥部看到，一幅“交通领域项目落地攻坚战役作战图”挂在显目位置。记者了解到，该县将在县行政办公大楼挂出全县“项目落地攻坚战作战图”，把农业、工业科技、商贸服务业、交通、能源、城建环保、社会事业“七大领域”110个项目每月的进度制成一览表，形成浓厚的战斗氛围。

立说立行　快速展开

新春伊始，一场以加快产业转型升级为重点、着力加强供给侧结构性改革、重点实施“七大领域”会战的项目落地攻坚战役在全市打响。上杭县第一时间动员部署，县领导立说立行，带头以战斗的姿态投入到“三大战役”尤其是项目攻坚战中。

县委书记、县长挂帅项目落地攻坚战役总指挥部，相关县领导分别领衔农业、工业科技、商贸服务业、交通、能源、城建环保、社会事业等“七大领域”会战指挥部，成员由县农业局、经信科技局、商务局、交通运输局、发改局、住建局等20多个部门和相关乡镇党政“一把手”组成,强调“责任在一线落实、调度在一线进行、服务在一线到位、问题在一线解决”。各项目牵头单位“每周一汇报”、会战指挥部“每旬一调度”、战役指挥部“每月一研判”,战役办对会战成果“每月一通报”。县委常委会每月听取和研究全县项目落地战役工作,解决项目建设中的困难和问题。

2月28日,星期天。县委书记谢海波、县长傅藏荣专程前往福建南平太阳铜业股份有限公司洽谈有关军民融合项目推进工作,促成了太阳铜业将外地一家生产基地和研发中心迁往上杭,并在上杭县成立太阳电缆有限公司,第三次增资2亿元,生产附加值高的船用电缆及数据缆生产项目,大大提升上杭金铜产业的规模和层次。太阳铜业上杭公司负责人黄祥铭感慨地说:“县里想方设法推动项目早落地,让我们备受鼓舞。我们将尽快安装好生产线,以最快速度投产。”

上杭县对照市里下达的项目任务,自加压力,以超过任务数20%以上的项目量来确保任务完成。“市里下达给上杭七大领域项目任务数是54个,我县自加压力,下达任务数110个;市下达年度计划投资62.8亿元,县里下达87.9亿元;市下达开工项目22个、建成8个,县里下达开工任务数73个、建成46个。”上杭县发改局局长邱禄炎说,县里明确了“五个一批”“七大领域”目标任务,给部门和乡镇颁发了责任书,确保完成今年开工、竣工和完成投资额任务,在全市发展大局中作贡献、当先锋、作表率。

传承红色基因　提振干事精气神

立足古田会议等独树一帜的红色资源,该县开展“传承红色基因,践行‘两学一做’,聚力上杭发展”主题教育实践活动,提振干事创业的“精气神”,增强凝聚力、执行力和战斗力;出台《关于推动干部担当作为的实施办法》,充分调动干部积极性,对不担当、不作为、慢作为,甚至乱作为的,坚决问责。

该县广大党员干部主动请缨参战项目战役,目前已有第一批50多位机关党员干部报名到项目一线工作。机关服务意识、办事效率明显提升,县行政服务中心为项目报批开辟“绿色通道”,对涉及两个以上或多个部门的审批事项,实施并联审批;对进入行政服务中心受理的项目,在原来承办时限基础上再压缩50%,切实提高项目审批效率。全国第三长、福建最长的步云拐弯脱挂索道项目经过多部门协调努力,提前开工建设。

“大家都动起来了,都有一个强烈意识,不能让事情耽误在自己手中。”县铜业局负责人伍相文说,县里组织大家学习全市纳税大户及企业家代表座谈会精神,开展“进企业、送服务、解难题、促增长”活动,鼓励大家要善于和企业家交朋友,挺直腰杆尊商、亲商,携手企业家并肩作战。“县有关部门工作人员经常到企业帮我们解决实际问题,我们企业要发挥自身的主体作用,跟上发展的节拍。”上杭富鑫达电子有限公司负责人谢革行说。

(原载2016年3月11日《闽西日报》)

上杭县三年出版20部志书

赵　伟　傅长盛　林斯乾

“在各方的努力下,我们学校出版了《通贤中学志》,为全校师生献上了一部身边的历史‘教材’。”昨日,负责编撰上杭县通贤中学志书的黄克良老师说,县里出台以奖代补政策,鼓励乡镇、部门、单位修志,这是一件功在千秋的大好事。

2012年,上杭县在全省率先出台以奖代补政策,启动乡镇、部门志书编修工作,规定2015年前完成志书编纂并经县政府审核通过的乡(镇)或部门给予10万元奖励,企业、村居或学校给予3万元奖励。据统计,到目前,有19个乡镇(占全部乡镇的86%)、9个部门、3所学校、10个村共41个单位开展修志工作,已经出版20部志书,其中13部乡镇(部门)志、5部村志、2部校志,该县为此兑现以奖代补专项经费192万元。

为进一步推动乡镇(部门)志编纂工作,近日,该县出台《上杭县2016—2020年乡镇(部门)志编纂规划纲要》,再次延续以奖代补政策,鼓励更多乡镇(部门)修志工作。“修志是中华民族的优良文化传统,也是传承好当地历史文化资源,推进文化建设的重要手段。例如民国时期,上杭修志大家丘复先生主纂的《上杭县志》《武平县志》《长汀县志》等,为我们留下了弥足珍贵的历史资料。”上杭县方志委主任李兰香告诉我们,近年来,该县有计划地整理和研究当地历代旧志,先后整理出版《杭川风物志》、民国版《上杭县志》、康熙版《上杭县志》、乾隆版《上杭县志》,并启动同治版《上杭县志》的点校工作。同时,该县积极开展志书进机关、进学校、进社区、进农村“四进”活动,向全县机关单位、社区、农村免费发放县志、年鉴;在全县中、小学校推广志书作为乡土教材。

“大多乡镇从未有过一部较为全面的志书资料,随着时代的发展,大量农村青壮年外出到城市定居,他们的后代根本不了解家乡,对乡土的感情日渐淡漠了。若不及时整理有关乡土资料,随着当地很多熟悉地情的老同志的渐渐年老离去,很多东西将湮没在历史中。”李兰香说,“为了更好地挖掘整理各地的历史、文化资源,为后人留下一些资料,留住共同的记忆和心底的乡愁,激发爱乡爱国之情,我们积极鼓励编纂出版更多精品志书，为建设魅力上杭提供文化支撑。”

（原载 2016 年 9 月 18 日《闽西日报》）

“吃干榨尽”造就循环经济“上杭模式”——

成为我省生态文明建设示范区的成功典范

赖明章　范　波　曾燕福　林斯乾

上游铜冶炼企业产生的副产品硫酸提供给下游企业，生产无水氟化氢和含氟气体；再往下游，企业又利用产生的废弃物生产有机氟特种聚合物、电子含氟气体；下游企业瓮福紫金以铜冶炼产生的副产品为原料，生产湿法磷酸，再加工成净化磷酸，同时利用磷酸净化装置产生的萃余酸生产磷酸二铵；利用磷酸生产线副产品氟硅酸生产氟硅酸盐，对磷酸生产线产生的磷石膏进行综合利用，生产建材行业的水泥缓凝剂和纸面石膏板，整个过程废水、废渣、废气实行循环利用……

近日，记者在上杭蛟洋工业园区看到，以紫金铜业 20 万吨铜冶炼项目为龙头的循环经济示范园区内，企业环环相扣，废液、废渣、废气“吃干榨尽”。

循环经济示范园区是上杭蛟洋工业园区三个小区之一，是工业园区的精髓，2012 年被列为福建省“十二五”循环经济示范点园区，2013 年被福建省政府安委办命名为“福建省安全园区”。

循环经济园区自 2007 年破土动工以来，发展迅速，目前，共落户大中型企业 16 家，总投资规模已达 100 亿元以上，全部项目建成达产后，可实现年产值 250 亿元以上。园区是铜金银硫磷氟碘等循环提炼加工板块，按照“资源节约型、环境友好型”思路进行环保设计，初步形成以铜、金等有色金属冶炼及硫、磷、氟化工等相配套的完整循环经济产业链，基本实现企业环环相扣，废液、废渣、废气“吃干榨尽”，形成了具有上杭特色的循环经济模式。

废渣的循环利用。20 万吨铜冶炼项目产生硫酸、矿渣、辅料废渣等副产品，通过下游化工、水泥企业将这些硫酸、矿渣完全消化。总投资约 2.3 亿元的瓮福蓝天无水氟化氢项目，利用瓮福紫金化工股份有限公司的废弃物氟硅酸为原料，每年可生产无水氟化氢 1 万吨，产值上亿元。

废水的循环利用。园区企业采取有效措施，将工业废水和生活污水进行综合回收利用。紫金铜业公司建了四个集中处理工业用水和生活污水的水池，产生的工业废水除少部分经处理后达标排放外，大部分进行回收利用，生活污水经处理达标后用于生产和绿化；瓮福紫金化工股份有限公司的工业废水采取循环使用方式经专用输送管道送至铁路货场，作为磷精矿稀释用水和管道输送磷精矿的动力介质。

废气的循环利用。园区企业以先进工艺和科学技术为支撑，构建了清洁生产机制。将粉尘中的化学物质充分吸收再利用，对中间环节产生的废气，改变石灰水处理二氧化硫的传统方法，减少约 6000 吨二氧化硫的排放，最后将净化处理后的烟气全部送到制酸系统。瓮福紫金化工股份有限公司利用自主技术从稀磷酸中回收提取粗碘，废气中碘排放只有同类企业的四分之一。

余热的循环利用。20 万吨铜冶炼项目生产过程会产生大量余热。通过余热发电工程，为企业自身及下游的化工企业提供生产用电，实现热电联产。另外，20 万吨铜冶炼余热发电后的低压蒸汽还可用于园区外配套的瓮福紫金磷化工、泰山石膏等项目供汽。

“世界上没有垃圾，只有放错地方的资源”。对于蛟洋循环经济示范园区来说，企业产生的副产品“垃圾”，是最有开发潜力的“矿藏”。近年来，上杭县在做大做强产业的基础上，不忘做好做足生态文章：蛟洋循环经济示范园的成功实践，为实现资源集约高效利用，使产业生态、低碳、循环发展，探索出了一条将资源“吃干榨尽”变废为宝的“绿色循环经济”发展新路子，园区被确认为省级循环经济园区示范点，成为福建生态文明建设示范区的成功案例。

（原载 2016 年 9 月 27 日《闽西日报》）

绿韵杭川

——上杭县创建国家水土保持生态文明县综述

黄　俊　卢晓香

1 月 5 日—6 日，水利部在上杭县组织召开福建省上杭县国家水土保持生态文明县专家评审会。水利部太湖流域管理局、水土保持生态工程技术研究中心，中国科学院南京土壤研究所，福建师范大学，福建省水利厅、水土保持试验站等单位的专家参加了评审。通过现场考察、观看专题片、听取汇报和讨论、质询，专家组一致认为上杭县高度重视水土保持生态文明建设，思路清晰，目标明确，机制完善，基础工作扎实，防治模式科学，建设成效显著，示范作用明显，达到了国家水土保持生态文明综合治理工程评定标准，同意通过评审。

多年攻坚，绿梦成真。上杭的城市名片上，从此又多了一块熠熠生辉的“金字招牌”！近年来，该县始终坚持贯彻落实习近平总书记对水土流失治理工作作出的“进则全胜,不进则退”的重要批示精神,坚持“上杭经济要发展,水保工作要先行”的发展理念,以创建全国生态文明建设先行示范区为契机,坚持“政府主导、科学规划、群众主体、社会参与、以人为本”的水土流失防治机制,全面推进水土保持生态文明综合治理工程,促进了经济社会可持续发展。

落实责任　规划先行

古田圣地、汀江两岸、三折回澜、梅花山麓……杭川大地处处涌动着赏心悦目的绿潮、呈现出人和业兴的场景。让人难以想象的是,曾经的上杭,也曾被水土流失问题严重制约着人居环境改善和经济社会发展。据1985年遥感调查统计,上杭县水土流失总面积317.33平方公里,占土地总面积的11.09%。水土流失除受自然因素影响外,主要源于耕地少,丘陵面积大,土地资源匮乏,促于缺煤少电、成于群众砍伐。

水土流失问题牵动着历任领导班子的心。市政府成立了由分管副市长任指挥长的水土保持与生态市建设上杭指挥部,县、乡两级也相应成立由主要领导任组长的水土流失治理和生态文明创建领导小组及办公室,抽调精干力量到重点乡镇重点项目一线,把水土流失治理列入部门、乡镇及干部年度目标管理考核和绩效考评内容,建立领导挂钩、部门挂钩、协同作战机制和封禁治理、水保护林、综合执法等长效机制。

该县坚持规划先行,先后编制《水土保持规划》《生态环境规划》《重点建设规划》等,明确划分重点预防保护区、重点治理区和重点监督区,把水保与改土、改善农民生产生活条件、脱贫攻坚、两个文明建设有机结合,全面实施以治水改土为核心的山、水、田、林、路、园、环境的综合治理。同时,充分利用电视、网络、报刊、图片、标语、宣传资料等载体,推进水保技术进农村、法律法规进企业、水保知识进校园,在全县营造了部门协同推进、全县参与的舆论氛围。

加强监管　治建结合

作为产业相对发达的县份,如何实现产业发展、项目建设与水保生态建设同步发展?对此,上杭县加强监督执法,依法监督开发建设项目的水土保持措施与主体工程同时设计、同时施工、同时验收投产使用,每年组织2次以上集中督查,把开发建设项目人为造成的水土流失降到最低。2009年,紫金山金铜矿被水利部授予“落实水土保持‘三同时’制度生产建设单位”;2015年,紫金铜业20万吨铜冶炼项目被水利部评为生产建设项目生态文明工程。

该县还突出治建结合,努力促进生态发展。近年来,该县坚持把水土流失治理与城市景观建设相结合,2013年以来投入1.3亿元,实施紫金公园、北江滨公园等生态项目建设,获评“省级园林城市”;坚持把水土流失治理与美丽乡村建设相结合,引导农民利用“四旁四地”(村旁、宅旁、水旁、路旁,坡耕地、抛荒地、宜林荒山荒地、低质低效林地)实施绿化美化工程,全县森林覆盖率达到77.1%;坚持把水土流失治理与生态环境建设相结合,将沿路、沿江、环城、重要生态区的森林打造成具有保持水土、防灾减灾、美化环境等多功能的绿色屏障。

一片片荒山重披绿装,一座座美丽乡村拔地而起,一条条流域展现新颜……一幅幅人与自然和谐共处,生态、社会、经济三效并进的美丽画卷在杭川大地铺展开来。

创新机制　提升水平

创新,是引领发展的第一动力。上杭县通过管理机制的创新,不断提升创建水平。该县创新水土流失治理模式,以小流域为单元,把消灭水土流失斑与水源保护、面源污染控制、农村环境整治、人居环境改善等工作有机结合,全县已初步建成8条生态型清洁小流域;创新项目参与形式,将水土流失治理与农业发展相结合,广泛发动群众和社会力量参与治理,促进当地农业增效、农民增收;创新项目建设承诺制,充分征求项目区群众意见,建设项目内容和投工投资等事项由村民表决通过,确保项目顺利推进;创新项目质量监管模式,确保工程数量和质量按批复设计要求全面完成;创新项目宣传方法,全面提高全民生态文明意识;创新投入机制,充分发挥社会资本的积极作用,集聚社会力量参与治理工作。

绿色,是成功的起点,更是幸福的归宿。到2015年底,全县累计治理水土流失面积42.53万亩,治理程度达89%,全县水土流失面积由1985年的47.60万亩减少到2015年的29.89万亩。累计治理小流域36条,占县域内应治理小流域的88%。2015年全县实现农林牧渔业总产值47.53亿元,是1985年的34倍,城镇居民人均可支配收入从1985年的725元提高到30573元,农民人均纯收入从1985年的375元提高到12912元,真正达到了“治理一方水土、发展一方经济、造福一方群众”的目的。

雄关漫道真如铁,而今迈步从头越。传承着优良革命传统的上杭干部群众,正以通过国家水土保持生态文明县评审为新的起点,进一步发扬“干革命走前头,抓生产争上游”的苏区精神,走出一条水土保持促进经济社会发展、经济社会发展支撑生态保护的可持续发展道路,奏响绿色发展、科学发展的新乐章!

(原载2017年1月13日《闽西日报》)

风景这边独好

刘少雄

短短二三年间，从非议四起到交口赞誉，在闽西，还没有一处城市新区像上杭客家缘文化中心这样，有过反差如此巨大的经历。今天，当汽车沿着南门大桥一路南行，跨过刚竣工通车的张滩大桥，一种如诗如画的感觉跃然涌现心头——

上杭客家缘文化中心位于上杭县城南部龙翔新城，南靠石壁寨山，北临龙翔大道，地处城市中轴线——上杭大道最南端，由客家族谱博物馆、客家开元大酒店、文化中心、图书馆、展览馆、档案馆及广场等建筑群组成，占地面积46万平方米，总建筑面积19万平方米。

过去的荒坡野岭，已经化作一座座美轮美奂、大气磅礴、设计新颖、有着浓郁客家特色的现代建筑，优美的环境，迷人的风景，不仅吸引着八方宾朋，也令许多市民接踵而至，流连忘返，成为上杭城市建设新地标和市民休闲新乐园。

几度卷帘闲望处　无边诗兴豁吟眸

“几度卷帘闲望处，无边诗兴豁吟眸。”（丘弘·琴冈霁色）而今，客家缘文化中心的文化交流平台作用正日益凸现。

2016年6月，第八届海峡论坛·海峡客家（上杭）族谱文化风情节在客家缘文化中心成功举办。本届风情节以“族谱缘·客家情”为主题，推出客家族谱展、客家族谱论坛，开展两岸族谱对接、上杭客家文化考察、杭台太极文化交流、客家民俗文艺展演、孙中山与丘逢甲《同心》雕像揭幕仪式、投资上杭项目推介会等系列活动。活动邀请了两岸著名客家研究专家学者和客联会、宗亲会、太极拳协会等民间社团组织代表，两岸客家企业家代表400多人参加，其中来自台湾的客家乡亲近200人。新华社、中新社、中央人民广播电台、海峡之声广播电台、东南广播公司、福建电视台、海峡卫视等中央、省、市媒体47位记者前来采访报道。

2016年9月，上杭县首届台湾美食文化节在客家缘文化广场顺利举行，台湾著名表演团队——岩家班带来精彩的民俗表演……

闽西是客家祖地和台胞重要祖籍地，大约有130多个姓氏的客家先民在这里聚族而居，其中有54个姓氏的居民迁往台湾。在客家民系播迁发展中，上杭是继宁化石壁之后的又一个“祖居地”。自唐宋以来，50多个客家姓氏在上杭开基创业，并向外播迁，裔孙达几千万人。

作为客家缘文化中心的核心建筑——客家族谱博物馆是全国唯一的收藏客家族谱的专题博物馆，收藏有153个客家姓氏，2900多部2万多册客家族谱、19000多份的民国以前客家契约、近百幅客家祖图及客家神明崇拜图、1000多件客家地方文献资料、客家民俗器物及客家方志等，为闽、粤、赣三省客家地区收藏客家族谱之最。其功能集收藏、展示、研究、交流和服务等为一体，吸引了大批海内外客家人前来寻根谒祖。现成为全球客家人家族史料收藏中心，客家民系迁徙、形成和发展展示中心，客家学研究交流中心，客家人祖源对接中心。特别是随着两岸同胞交往的日益加深，客家族谱博物馆已成为两岸客家文化交流基地。客家族谱博物馆对外开放一年来，共计接待观众20余万人次，其中台湾及海外客家乡亲就达2万多人次。客家族谱博物馆在更好地弘扬客家文化、加强对外交流等方面发挥了牵线搭桥的作用。

台湾新竹县政府文化局局长蔡荣光在接受采访时表示：“我觉得透过族谱文化的推广，可以让两岸之间更能够体认到所谓同根同源的意义跟精神所在。客家人对祖先非常崇敬，客家人最大的特色就是不会忘记自己从哪里来的，所以我觉得以客家族群为起点，办理两岸的客家族谱文化节，然后把这个精神推而广之，可以让大部分的台湾人能够共同体认到同根同源的核心价值。”

台湾联合大学副校长刘凤锦参观完族谱馆感慨地说：“我们从族谱的记载里面，可以探究整个血脉流传的脉络，所以透过族谱的研究，其实是两岸文化对接的一个很重要的平台。”

“族谱要成为文化产业，最好的做法是为游客安排寻根旅游行程。”台湾元智大学教授丘昌泰建言 。

谁识当年川上叹　无穷道体自流行

“谁识当年川上叹，无穷道体自流行”。这是明代诗人丘弘咏赞杭川十景之一“摺水春涛”中的诗句。今天，我们将它用来形容上杭客家开元大酒店的命运变化也似乎颇为恰切。

客家开元大酒店作为闽西一流的豪华商务会议酒店，委托中国最大的民营高星级连锁酒店、全球酒店集团30强的开元酒店集团管理。随着客家族谱博物馆的开馆，以及直接通往城区的张滩大桥的开通，上杭客家开元大酒店经过管理团队的共同努力和不断探索，终于迎来了柳暗花明的时节。开业以来，共接待来自德国、马来西亚等五个国家，全国31个省份及香港、澳门等地近3万嘉宾。成功完成了第八届海峡论坛·海峡客家（上杭）族谱文化风情节、2016年（第十一届）中国铜加工行业发展论坛会议、中国东方歌舞团等大型会议团队接待，酒店的产品和服务得到了与会嘉宾的一致赞扬。来自德国的Kobell Andreas先生对开元的品牌非常认可，临别时，给上杭客家开元大酒店留下2封表扬信，表示对酒店贴心的服务，员工热情亲切的服务非常满意。

与此同时，上杭客家开元大酒店

还充分发挥当地客家文化、红色文化资源丰厚的优势,与周边及全国各地的红色培训机构形成战略合作伙伴,开拓红色旅游团客市场,在助推上杭旅游业发展、促进招商引资中扮演了重要角色。

山色晴分春色好　花光红映日光浮

在客家缘文化中心众多的建筑构成中,作为客家文化演绎的平台,客家缘演艺中心也是一个人气很旺的地方,是目前闽西功能最全、设备最先进的大型甲级剧场,具有双层主升降舞台及升降乐池,具备各剧种的演出功能,满足大型会议要求。自2014年12月投入使用以来,演艺中心已成功举办了南京军区前线文工团、四川乐山现代舞剧团、国家话剧院、中国东方歌舞团等国内知名艺术团体20多场精彩演出,为市民带来了一道道文化盛宴。

“山色晴分春色好,花光红映日光浮。”(丘弘·琴冈霁色)一系列有影响的文艺活动也在这里展开,好戏连台:“千年古邑·锦绣上杭”大型情景晚会震撼登场;袁洪亮个人作品专场音乐会精彩亮相;“族谱缘·客家情”民俗文艺演出成功举行;纪念红军长征胜利80周年专题文艺晚会激情上演;中国东方歌舞团大型环球经典音乐会《东方之声》倾情上演;省地方戏曲扶持专项资金资助项目——复排客家优秀传统木偶剧《智取大名府》荣耀呈现……

锦城如画汀水南。有识之士认为,上杭客家缘文化中心已成为“镇县之宝”,成为上杭的一大风景,一大亮点,一大骄傲,大大提升了城市品位和形象。客家缘文化中心的横空出世,凝聚了建设者们的心血与汗水,更体现了决策者的胆识和远见。

(原载2016年12月26日《闽西日报》)

上杭在全市率先实现一村(社区)一法律顾问

蔡添高　陈建兰

昨日,上杭县司法局向外发布:截至11月底,上杭12个社区均设立“法律诊所”、332个行政村均设立“法律顾问室”。全县所有村(社区)都聘请了律师(包括两名基层法律工作者)担任法律顾问,所有的村(社区)均有一名政法干警担任法律指导员,实现全县村居法律顾问全覆盖。

据了解,从2014年起,上杭县就开始试点选派律师进村担任法律顾问工作,但存在部分律师对无偿担任村居法律顾问的积极主动性不强、日常工作联系机制不完善等问题。如今,上杭全县的老百姓都以村或社区为单位,由村委会或社区居委会与律师签订了《法律顾问服务合同》,可以按照合同的约定享受顾问律师的专业法律服务,而且顾问费不用老百姓掏腰包,按照每村每年1600元的标准,由县政府买单。老百姓不用花一份钱,真正得到了实惠。

除了老百姓得实惠,“一村(社区)一法律顾问”也受到当地党委政府的欢迎。根据《法律顾问服务合同》约定,顾问律师必须每月至少两次到乡镇参加工作例会,统一解答处理群众的法律问题,并通过开展法治讲座、参与指导矛盾纠纷调解等方式,提供全面的法律服务,帮助当地党委政府解决疑难问题。

(原载2016年12月5日《闽西日报》)

700年古村落,中国朦胧诗发源地

张金川　钟　旋　林斯乾

“目前,我们正在加大对院田古村落和古民居的开发保护力度,打造‘诗意院田,梦里老家’品牌。”福建省上杭县太拔镇镇长黄宜洲日前接受中新社记者采访时如是说。

车入太拔镇集镇东南方,“诗意院田”四个大字进入视野,这就是至今有700年的上杭县太拔镇院田村。

院田村是客家李氏的重要发祥地,2012年被认定为首批全国646个具有重点保护价值的村落之一,同时也是上杭县唯一获此殊荣的村落。村落以清代建筑风格为主,既有“九厅十八井、穿心走马楼”的古建筑,也有庭院式、方土楼、围屋、徽派建筑。

上世纪六七十年代,一百多位厦门知青来到院田,成就了著名诗人舒婷,留下了一百多首中国朦胧诗的杰出代表作,奠定了院田“中国朦胧诗发源地”的基础。

在院田村委会主任李锦发的指引下走进“舒婷诗院”,记者发现舒婷所著诗篇《寄杭城》与《致橡树》一起被装裱挂在“舒婷诗院”墙上的左右两侧。

“舒婷诗院”坐南朝北坐落在古民居“生气盘郁”中,古朴雅致,安静祥和。院后是绿树层峦,院前是儒溪河,与“奠攸居”隔水相望。院田村曾举办了“2015年院田中秋诗会”,吸引了来自福州、厦门、龙岩等地40多位作家、诗人前来吟诗作文。

“当时舒婷在这里插队的时候,大家经常一起挖地瓜、种田,那时候的生活很苦。”一位仍然生活在这个古村落中、现已76岁的黎奶奶,还能够向记者清晰回忆当年舒婷在这里生活的场景。她说，舒婷也曾带着丈夫和儿子，两次回到院田。

700年的客家文化底蕴造就的院田古村落，见证了院田的繁荣和发展。“奠攸居”“迎川至”“司马第”规模宏大，“生气盘郁”“离照文明”“恪持庶永”大气盎然。院田古村落中现存有二十多幢古建筑，已有五六幢建筑完成抢修，其他古建筑也在陆续进行抢修中。

“随着村民对古村落保护意识的逐步提高，村民已经自发加入保护、开发古民居的行列。”李锦发介绍说，下一步将依托院田村现有的影响力，发挥“朦胧诗发源地”的文化内涵，拟建“朦胧诗”博物馆，使其成为古村落中的靓丽文化名片。

如今，当地政府已成立了院田村创建国家AAAA级旅游景区工作领导小组，正着力把院田打造成具有客家特色和文人气息的国家AAAA级旅游景区。

“我们正在加快道路提升改造，建游客中心、停车场，儒溪河景观建设等一系列的环境整治和基础设施建设。”李锦发说，村里现已有两家“农家乐”，在景区建设完成后，会增加更多的“农家乐”，服务游客。

“通过争创国家AAAA级旅游景区，院田的村民生活环境会更优，生活质量会更高。”李锦发表示，通过院田古村落的改造，不仅能保留原有的古建筑，同时也能够让其文化传承下去。

龙岩市民间文艺家协会主席、古村落保护专家钟德彪称，“院田村地理环境很好，山清水秀。前面是笔架山、茫荡洋，还是儒溪和大坑溪的交汇处。这里文化底蕴深厚，古建筑集中连片，古民居门额多取自《诗经》，起到教人奋进、提升修养的作用。”

钟德彪认为，政府重视对古村落的保护，提出的“诗意院田，梦里老家”切合时代要求。院田的保护与发展，需要争取上级的支持，帮助做好规划、处理好群众迫切盖新房和保护古村落之间的矛盾。要成立村级基金会及理事会，使村落保护基本理念和各种措施落到实处。

“尤其要重视民间文艺的挖掘，为民间文艺传承提供舞台。”钟德彪指出，保护古村落不仅要提高村民的保护环境意识，注重房前屋后的卫生和风水林的保护，保持青山绿水，还要注重文化的保护传承；开展以“诗会”为主题的活动，出版相关书籍，打造成影视创作拍摄基地，丰富文化内涵，扩大村落影响。

（原载2016年3月25日《人民网》）

畲村苏家陂人的幸福之路

罗玉文　陈良锦　陈律全　张国发

绿树村边合，青山郭外斜。

走进上杭县古田镇苏家陂村，只见村道宽敞整齐，村舍错落有致，房前屋后花儿吐香，绿草茵茵，一片社会主义新农村景象。

苏家陂，是中共闽西特委机关旧址——“树槐堂”所在地，是全国少数民族特色村寨保护与开发试点村和古田镇唯一的畲族行政村，也是古田镇唯一的“三无”村，即无五保户、无低保户、无贫困户。“三无”村是如何炼成的？上月29日，我们走进苏家陂村探寻“三无”村的发展之路。

示范引领，帮助群众脱贫致富

“干革命走前头，搞生产争上游”，这是闽西革命老区的优良传统。在脱贫致富的过程中，苏家陂以党员为致富先锋，带领村民一起奔小康，建设美丽乡村。

实行党员挂钩农户制度，每位党员挂钩3户至4户农户，负责听取、收集、汇总、整理农户的想法意见，针对实际进行点对点帮扶，在全村形成帮贫扶弱的良好氛围。党员雷游焕创办上杭县双吉矿业有限公司，并将公司的运输事务发包给具备运输条件的村民，直接带动20户村民走上致富的道路。

几年前的苏家陂，“脏、乱、差”现象突出，猪舍、鸡寮遍地开花，房前屋后垃圾乱堆乱放。为此，党员干部带领发动全村村民对人居环境进行改造提升。党员雷焕泉、雷进能率先响应，主动拆除自家的鸡寮，看到党员带头了，余下的10多户村民也纷纷拆除鸡寮，腾出空地，由村里统一协调种植油菜花。

1929年，古田会议通过了《古田会议决议》，明确要求党员要有“没有发洋财的观念”。如今，苏家陂村传承红色基因，要求村党员干部带头“回避”、不参与村里组织实施的任何项目，项目实行招投标，所有村民均可报名，并通过抽签的方式，确定承包权。

转型升级，走出特色发展路子

为适应新形势，苏家陂主动淘汰水泥、轻钙、塑料米厂等传统污染企业，根据地处山区的特点，走出一条“靠山吃山”的特色发展路子。

充分发挥生态资源、区位交通等优势，发展壮大市级特种养殖示范企业，做大做强贵妃鸡（蛋）、棘胸蛙等产业，并借助市、县大力发展扶持特色产业的政策，新上生产线。福欣牧业发展有限公司是村里的龙头企业，也是全省最大的贵妃鸡、山鸡等珍禽养殖基地，现存栏贵妃鸡种鸡1.2万套、山鸡种鸡0.1万套，常年存栏放养肉鸡10万羽以上。仅2016年上半年，就出栏肉鸡40万羽，出售鸡苗18万羽，上市贵妃鸡蛋200万枚，带动50户村民发展致富。

同时，借助贵妃鸡、山鸡、棘胸蛙等资源优势，结合红色旅游、畲族乡村游，培育发展畲族农家乐，进一步加快劳动力向第三产业转移，增加农民收入。发展休闲观光农业,推进农田土地流转,统一规划种植油菜、荷花、水稻、向日葵等四季田园景观,并结合乡村旅游,发展生态百香果采摘基地30亩,进一步拓展发展空间,增强发展后劲。

民风淳朴,建设美丽畲族村寨

苏家陂全村均为雷姓,长期保持着少数民族传统风俗,传承畲族勤劳简朴、互助互爱等民族风情,邻里关系和谐。村民雷济元家庭经济条件困难,妻子身患残疾,是村里的低保户,近年来通过承担村里的保洁、种植油菜花等,生活逐渐有所改善。虽也不是非常富有,但他在2016年主动跟村里提出不再享受贫困户的补贴。

一直以来,苏家陂都有个习惯,一旦村中有村民遇到天灾人祸,村民们都会共同商议,有钱出钱,有力出力,共同帮助其渡过难关。在涉及村里公益岗位上,优先安排相对困难的村民,比如村里的保洁岗位,优先安排给残疾户,解决他们的就业问题。

2015年,村里进行村道改造,对路面进行拓宽加固。在征地过程中,老村主任雷先春主动、无偿让出100多平方米的菜地。"村里尽管征用,修路要多少就用多少!"当村干部找雷先春谈征地拆迁时,他爽快答应,并主动放弃补偿。在雷先春的带动下,征地工作进展得非常顺利,没有一户村民要求补偿,整个村道改造项目村里计划投资20万元,可最终只花了11万元,省下的钱便是征地款。

(原载2017年1月1日《闽西日报》)

县委书记傅藏荣在县委十三届二次全会上的讲话

(2016年8月30日)

这次全会的主要任务是,深入贯彻落实五大发展理念,按照省委九届十六次全会、市委四届十一次全会精神,研究部署当前和今后一个时期我县深入实施创新驱动发展战略、坚定不移推进供给侧结构性改革的各项工作,进一步解放思想、坚定信心、抢抓机遇、创新发展,为实现"四个率先"、打造"四个上杭"提供强大支撑和持久动力。

这次全会把创新驱动和供给侧结构性改革放在一起研究,是因为两者在实践中密不可分,相辅相成,互相促进。为开好这次全会,县委、县政府在听取各方意见的基础上,形成了《上杭县实施创新驱动发展战略建设创新型上杭的实施意见(讨论稿)》《关于推进供给侧结构性改革的实施方案(2016—2018)(讨论稿)》《关于实施"人才强县"战略的意见(讨论稿)》及相关配套材料,提交全会讨论研究。等会儿,王波同志将对这些文件的主要内容进行说明。这里,根据县委常委会研究的意见,我先讲四个方面的问题。

一、提升认识,切实增强实施创新驱动发展战略的责任感和紧迫感

实施创新驱动、推进供给侧结构性改革是中央和省委、市委的重大决策部署,是适应和引领经济发展新常态的战略选择。党的十八大以来,习近平总书记对创新发展提出了一系列新思想、新论断和新要求,在多个场合反复强调,要坚定不移推进创新驱动,更加注重供给侧结构性改革,从顶层设计、政策措施和重点任务等方面进行了全链条部署,提出了"十个更加注重""五大政策支柱""三去一降一补"等一系列要求。在省委九届十六次全会上,尤权书记指出要统筹推进创新驱动与供给侧结构性改革,明确了我省推进供给侧结构性改革"1+5"的工作布局和政策体系。在市委四届十一次全会上,李德金书记指出创新驱动和供给侧结构性改革是我市当前和今后一个时期经济工作的主线。全县各级各部门要提升思想认识,切实把思想统一到中央和省委、市委的决策部署上来,把创新作为引领发展的第一动力,围绕我县创新驱动和供给侧结构性改革工作的总体要求、主要目标和重点任务,全力谋划、扎实推进,加快推动上杭产业转型、经济转型、发展转型。

第一,创新驱动和供给侧结构性改革是顺应发展大势的必然要求。抓住了创新,就抓住了牵动经济社会发展全局的"牛鼻子"。从国际看,新一轮科技革命蓄势待发,全球进入创新密集时代,竞争优势越来越体现在创新能力上,谁在创新上领先,谁就拥有引领发展的主动权。从国内看,我国经济发展进入新常态,速度变化、结构优化、动力转换的特征日益明显,迫切需要在内生动力和活力上有一个根本性的转变。从自身情况看,我县金铜产业发展层次不高,企业创新创造能力不强,建筑业囿于传统发展模式,数据大、实力弱,传统产业还未蜕变,新兴产业刚刚起步;创新资源不足,人才工作机制不健全,人才流失较为突出,人才总量和质量都远低于沿海发达地区,全县高新技术企业仅6家,2015年规模以上工业高技术产业增加值占比全市最低。老路走不通,旧的动能不给力,要在发展大潮中实现进位提升,唯有改革创新。我们必须把发展的基点放在创新上,通过实施创新驱动和推进供给侧结构性改革,培育发展新动力,塑造更多依靠创新的引领型发展,做到人无我有、人有我强、人强我优,走出一条人才强、科技强、产业强、经济强的创新发展新路子。

第二,创新驱动和供给侧结构性改革是破解发展难题的根本之策。随着经济社会发展进入新常态,一些长期以来积累形成的矛盾和问题逐渐“浮出水面”,成为阻碍我们科学发展的“绊脚石”,全面深化改革是解决好这些难题的不二选择。随着改革的深入必将触及不少深层次的社会关系和利益矛盾,涉及许多躲不开也绕不过的难题。实施创新驱动、推进供给侧结构性改革,必然暴露出现行体制机制上的矛盾,形成深化改革的倒逼机制,将改革进一步引向深入。目前影响我县创新驱动、推进结构性改革的制度性和政策性障碍仍然不少,比如,政府与市场的关系没有厘清,存在职责错位;政府决策缓慢,审批环节依然过多,以批代管、只批不管的现象仍然存在。“百舸争流,奋楫者先。”在当前瞬息万变的信息化时代,执行越高效,优势越突出,竞争越强大。我们必须大力实施创新驱动战略,积极推进供给侧结构性改革,坚决革除现行体制机制上的积弊,进一步优化政务服务环境,增强供给结构对需求变化的适应性和灵活性,让创新成果迅速转化为生产力,让要素活力竞相迸发,推动经济发展步入快速健康轨道。

第三,创新驱动和供给侧结构性改革是加快经济转型升级的必由之路。当前经济发展存在的下行压力,有国际性、周期性因素,但根本上是结构性问题,要从根本上解决经济下行矛盾,必须进行供给侧结构性改革。推进供给侧结构性改革,关键在创新。因为无论是发展新技术、新产业、新业态,还是改造提升传统产业,都必须依靠创新打造新的发展引擎,从根本上提升经济发展的质量和效益。我县是典型的资源型城市,一段时期以来,凭借矿产资源、土地、劳动的要素优势,资源型、传统型产业迅速崛起,促进了县域经济快速发展。在新常态下,粗放的资源型产业已难以拉动经济发展的大车,也面临“坐吃山空”的窘境和危机。我们已没有退路,必须大力推进创新驱动和供给侧结构性改革,“无中生有”“有中生新”,催生适应市场需求的新业态、新模式,创造符合需求升级的新供给,从向资源、人口要红利,到向创新、改革要红利转变,加快实现发展动力转换,努力走出一条富有上杭特色的转型升级之路。

二、明确目标,正确把握创新驱动和供给侧结构性改革方向

抓改革就是抓发展,谋创新就是谋未来。当前,上杭正处于转型升级、加快发展的关键时期,必须通过改革创新打造发展新引擎,为推进上杭经济社会发展再上新台阶注入强大动力。总体要求是,牢固树立和贯彻落实创新发展理念,以实现创新驱动发展为目标,以推动科技创新为核心,以加快产业转型升级为主线,以加强人才队伍建设为保障,充分激发全社会的创新活力,围绕去产能、去库存、去杠杆、降成本、补短板五大任务,优化存量、引导增量、主动减量,大力发展新经济、培育新动能、增创新优势,促进经济增长从粗放低效向集约高效转变,从要素驱动向创新驱动转变,为全面建成小康社会和加快建设新上杭提供强大支撑。主要目标是,到2020年,建设更加完备的县域创新体系,建成创新型县份,综合科技进步水平、科技促进经济社会发展指数居全省前列;供给侧结构性改革取得重大进展,供给能力和水平显著提升,新的产品供给体系和服务供给体系基本形成。主要指标是,资源综合利用水平稳步提升,产业布局与区域经济发展基本协调,产能利用率达到80%以上;全县商品房库存去化周期力争控制在20个月以内,其中商品住房库存去化周期力争控制在18个月以内;全县金融机构杠杆率更趋合理,企业直接融资占全部融资比例不低于30%。到2020年,全社会研发经费投入占全县GDP的比重达2.5%以上;科技进步贡献率达50%以上,实现战略性新兴产业产值500亿元以上,互联网经济产值100亿元以上。

我们要从上杭长远可持续发展的高度出发,用辩证的思维、系统的方法统筹推进,以创新深化供给侧结构性改革,以供给侧结构性改革促进创新,使创新链、产业链、资金链、政策链衔接更加紧密,进一步激发经济社会发展的内生动力,确保改革创新沿着正确的方向前进,重点要处理好三大关系:一是坚持“赶”与“转”并重。“赶”是赶超,“转”为转型。经过多年的不懈努力,我县经济社会取得了长足发展,但和先进县份相比,和争创“福建经济实力十强县”的目标相比,还有不少的路要走。我们既要坚持适度增加有效需求,继续发挥投资的拉动作用,保持较快的增长速度,加速赶超发达县区,争取早日跻身“福建经济实力十强县”;又要加快转型,从单纯依赖投资、要素驱动转变为依靠创新驱动,从质量品牌、工业设计、个性化、智能化等方面入手,增加中高端产品和优质服务供给,提升发展的质量和效益。二是坚持“创”与“改”并举。创新重在扩大增量,供给侧结构性改革重在优化存量,两个方面要同时发力。一方面,要鼓励创新创造,敢于无中生有、高端引进,突破制约我县产业发展的关键领域、关键环节,催生发展新动能。另一方面,要重视技改产生的巨大效应,加快实施新一轮技术改造,应用新技术、新工艺、新材料改造提升传统优势产业,以先进产能逐步替换落后产能。三是坚持“政”与“企”并进。正确处理政府与市场的关系,让政策机制与市场机制相互配合。一方面,要加大简政放权力度,减少政府对创新创业活动的干预,充分发挥市场在资源配置中的决定性作用,同时又要发挥政府弥补市场不足的作用,通过制定“一企一策”“一业一策”等措施,释放市场主体的活力,切实有效地推进“三去一降一补”五大任务。另一方面,要坚持企业在创新中的主体地位,引导企业加大科技投入,通过加强产学研合作,让创新需求与创新供给紧密结合起来。

三、把握重点,统筹推进创新驱动与供给侧结构性改革

创新驱动与供给侧结构性改革是一项系统工程,我们既要注重总体谋划,又要推进重点突破,促进创新驱动与供给侧结构性改革同向而行、互促并进。

1. 着力创新引领,推动转型升级。推进创新驱动和供给侧结构性改革,产业转型升级是重点,也是难点。我们要继续策划生成和引进落地一批技术先进、带动力强的重大产业项目,培育一批具有创新能力、知识产权和知名品牌的创新型企业,大力推进主导产业高端化、集聚化发展。一要做大做强主导产业。支持紫金矿业集团加快建设成为"高科技效益型特大国际矿业集团"。发挥紫金矿业的"龙头"作用,用好产业发展基金,突出"矿业+"和军民融合两大抓手,围绕输配电缆、五金卫浴、电子信息、金银贵金属深加工等领域,积极引进大型企业加盟,不断拉长做细培厚产业链,打造千亿金铜产业集群。大力发展"绿色建筑"产业,加快实施建筑工业化省级试点,支持福建绿科公司等绿色智能建筑企业加快发展,积极培育特级资质企业,推动建筑企业由施工总承包向工程总承包发展,打造福建省推广绿色建筑示范县,争创国家绿色建筑产业园区,力争建筑产业产值突破千亿。二要改造提升传统产业。要顺应工业化和信息化融合的趋势,广泛应用高新技术和先进信息技术,推动传统优势产业升级换代。加大农业"五新"示范推广,促进畜禽、蔬菜、果茶、林竹、烟叶等传统农业转型发展;实施"农业产业龙头促进计划和亿元企业培育计划",培育一批农产品加工领军型企业。发挥省级服务业综合改革试点县优势,鼓励发展商贸物流新业态,加快建立现代综合物流服务体系。发挥红色、生态、工业旅游资源优势,加快推进"大古田"红色旅游、梅花山生态旅游、紫金山工业旅游等提升工程,带动文化创意、健康养老等现代服务业发展,打造面向海西、辐射全国乃至世界的新型专业化旅游商品市场,争取到2018年,现代服务业增加值占GDP比重达32%以上。三要培育壮大新兴产业。坚持走差异化、特色化发展路子,突出"五新"重点,推动我县新兴经济加快发展。立足资源优势和产业基础,鼓励企业和高校科研力量加强对接,攻关一批重大关键技术,推进永磁材料、发光材料、电子化学品、铜基合金、稀土合金和高纯度硅等新材料产业发展。大力发展互联网+新业态,充分利用互联网、大数据手段发展互联网教育、智能家居、数字营销、智慧医疗、节能环保等一批新业态。利用闲置厂房、商务楼宇等资源,建设一批重点突出、服务专业、特色鲜明的众创空间,促进创业创新与创投机构、资金对接。争取到2018年,全县新兴产业增加值占GDP比重达13%以上。

2. 着力补齐短板,夯实发展基础。桶的容量取决于最短的木板,一个地方发展水平的高低,很大程度上取决于那块最短的"板"。我们要加快组织一批工程包,把点多面广分散的"补短板"项目集中起来,把"补短板"工作落实到具体项目、具体工程和具体资金上。一要补齐基础设施短板。重点推进综合交通运输体系、城乡路网、公交体系及停车设施建设,完善城市防洪排涝、生活垃圾无害化处理、城乡污水处理、农村电网、信息通信、充电设施、水库水源、安全生态水系等基础设施,切实解决基础设施短缺和实际需求不断增长之间的矛盾。二要补齐公共服务短板。重点扩充学前教育,推进义务教育优质均衡发展,率先实施普通高中教育免费政策。提升优质医疗资源供给能力,加快推进县医院和县妇幼保健院整体搬迁,鼓励支持医学重点专科和医疗人才队伍建设;稳定乡村医生队伍,着力完善县乡村三级医疗服务网络。三要补齐民生保障短板。扎实推进大病医保"三保合一"均衡化工作。统筹发展居家、社区和机构养老服务,推动家政服务业健康发展。打好"大气、水、土壤"治理攻坚战。加快推进特色小镇、美丽乡村建设,用三年时间抓好2个新型城镇化重点镇、64个美丽乡村建设,打造产业特色明显、基础设施完善、生态环境优美的宜居宜业新型城镇。

3. 着力人才支撑,集聚创新资源。推进创新驱动和供给侧结构性改革,离不开人才这个"第一资源",我们要坚定不移实施"人才强县"战略,着力创新人才机制体制,以人才优先发展引领我县经济社会科学发展跨越发展。一要加大人才引进力度。坚持以产业招揽人才、以项目对接人才,按照"高于周边、高于以往"的原则制定出台人才政策,更加精准和灵活地引进高端人才,打造聚集人才的政策"高地"。加快省级金铜产业人才聚集基地建设,依托紫金矿业国家重点实验室、院士工作站、博士后工作站等平台,大胆参与国际国内一流人才竞争,着力引进一批金铜深加工、战略性新兴产业、机械装备制造业等重点产业的高层次、高技能人才来杭创新创业。二要创新人才培养机制。探索以创新创业为导向的人才培养机制,建立人才培养专项基金和人才发展奖励基金,培养一批掌握核心技术、带动产业升级的科技创新人才,造就一支留得住、用得上、带不走的本土人才队伍。重视继续教育对人才培养的作用,支持企事业单位与高校、名企、科研院所加强合作,促进科教融合、产学结合,培育和弘扬"工匠精神",培养复合型和应用型技术人才大军。三要优化人才服务保障。落实好党管人才领导体制和工作机制,抓紧完善"人才强县"战略实施细则,妥善解决好高层次人才在科研、住房、配偶随迁、子女入学、社会保障等方面的问题。要树立"不求所有、但求所用,不求常在、但求常来"的理念,对流动性较强的急需紧缺高端人才,实行更加开放的联合攻关、项目顾问、技术咨询等柔性引智模式。要积极为本土人才创业创新提供条件,更好地发挥本土人才的作用,做到用事业留人、用感情留人、用待遇留人,努力营造人尽其才、才尽其用的用人格局。

4. 着力环境保障,激发创造活力。坚持"放管服"一体化统筹推进,为创新驱动和供给侧结构性改革创造良好环境,以政府权力的"减法",换取创新创造的"加法"。一要加快政府职能转变。加快全流程网上办事大厅建设,实行多评合一、统一评审、并联审批模式,对项目前期涉及的环评、水保、节能等审批,实行一口受理、同步审批、限时办结,提高审批效率。持续推进商事制度改革,全面深化"三证合一、一照一码"登记制度,加快推行全过程电子化登记和移动税务服务平台应用。探索建立投资项目审批首问负责制,特别是省市重点项目,明确由投资主管部门或审批协调机构作为首家受理单位,实行全流程"保姆式"服务。二要加大政策扶持力度。完善财政性科技投入稳定增长机制,确保县财政每年科技投入增幅高于财政经常性收入增幅,确保全社会研发经费投入年均增长15%以上;优化财税政策引导,落实高新技术企业所得税减免、企业研究开发费用税前加计扣除、固定资产加速折旧和技术转让税收减免等激励创新政策;健全知识产权保护机制,推动质量强县和上杭品牌建设。加快科技企业孵化器建设,建立大企业和中小企业创新成果共享机制,构建低成本、便利化、全要素开放式的创新资源共享平台。三要加大科学普及力度。深入实施全民科学素质行动计划,落实"双创"激励政策,鼓励开展"双创"面对面、创业沙龙等多种形式的论坛活动,加大对重大科技成果、杰出科技人物的表彰奖励力度和创新企业的宣传力度,在全社会营造崇尚科学、崇尚创新的环境和勇于创新、宽容失败的创新文化,让创新在全社会蔚然成风。

四、真抓实干,确保各项工作落到实处

成功不是一朝一夕的事情。目标任务一经确定,制胜之关键,在于一以贯之、一抓到底,驰而不息、持续用力。全县各级各部门要强化责任担当,深入谋划推进,突出项目抓手,注重精准服务,着力机制推动,扎实推动各项任务落到实处。

1. 转变作风抓落实。推进创新驱动和供给侧结构性改革涉及面广、任务重、压力大,这就需要我们锲而不舍地抓、脚踏实地地干。要加强理论知识学习,结合开展"传承红色基因,践行'两学一做',聚力上杭发展"主题教育实践活动,通过党委中心组学习、干部职工大会、专题党课等形式进行专题学习讨论,认真研读相关政策,努力提升自身推动改革创新的本领。要精准精细精实抓工作,深入开展"进企业、送服务、解难题、促增长"等活动,逐个摸清企业需求和创新重点,形成具体项目和重点任务,逐项分解落实,做到工作干一样像一样、项目做一个成一个。要发扬"钉钉子"精神,以"人一我十、滴水穿石"的恒心和韧劲,把创新驱动、结构调整、产业升级的目标任务、思路举措持续好、落实好,以县十三次党代会目标逐年得到实现来检验成效,以创新驱动、产业兴县、人才强县战略的有效落实来检验成效。

2.勇于担当抓落实。一要强化担当意识。作为上杭老区的领导干部,肩负推动上杭加快崛起的重任,我们要牢牢把握创新驱动和供给侧结构性改革的目标和主攻方向,从全会部署的科技创新、供给侧结构性改革、人才保障、环境营造等方面入手,一项一项分解细化任务,一件一件抓好贯彻落实,切实做到有位有为、履职尽责。二要展现担当魄力。习总书记讲过,"'敢'就是要勇挑重担,敢于迎难而上,大胆开拓,敢为天下先"。推进创新驱动和供给侧结构性改革不是锦上添花,而是要打破常规、动真碰硬,如果没有一股"闯"劲、"钻"劲、"拼"劲,没有迎难而上的勇气,是不可能抓好落实的,我们必须要以"万折必东不回头"的决心,以"赴百仞之谷而不惧"的勇气,大步涉险滩、啃下硬骨头。三要营造担当氛围。要强化正面激励,建立"容错纠错"机制,对敢于先行先试改革创新的同志,只要不是为了谋私,公正透明干事,我们就要宽容他们失败失误,真正为敢于创新的干部撑腰打气、保驾护航,推动干部担当作为。要强化纪律约束,对那些明知是乱折腾却一意孤行、将错就错的行为,对那些在改革创新过程中求"保险"、求安稳的碌碌无为者,加大问责的力度,形成能者上、平者让、庸者下的常态化机制。

3. 凝聚合力抓落实。全县各级各部门要压实责任、真抓实干,通力协作、同频共振,确保各项工作任务落到实处。乡镇党政"一把手"要主动扛起责任,制定具体实施方案和相关配套政策,推动各项工作项目化、工程化、资金化,要因地施策、因产施策,搞清楚"怎么创""怎么改""创什么""改什么",提高政策的指导性、针对性、操作性。财政、国资等部门要加强政策宣传,发挥"助保贷""过桥资金"和产业发展基金作用,帮助企业解决融资难问题。金融部门要主动提供高效金融支持,治理规范中间业务,减少收费项目、降低费率,最大程度削减企业融资、项目建设的贷款成本。经信科技、铜业等职能部门要做实做深"一企一策""一业一策",精准施策帮扶企业,增强企业发展内生动力。宣传部门要加强宣传引导,综合运用传统及新兴媒体,采取系列报道、专业解读、专题讲座等方式,准确解读创新驱动和供给侧结构性改革的决策部署、政策举措,在全社会营造尊重劳动、尊重知识、尊重人才、尊重创造的氛围,使创新创造成为共同的价值导向。

4.统筹兼顾抓落实。事业是干出来的,成绩是拼出来的。全县上下要结合县十三次党代会确定的各项目标任务,围绕"三去一降一补"五大任务,把改造提升传统产业作为根本出路,把做大做强优势产业作为重要动力,把培育壮大新兴产业作为主攻方向,同步抓好现代服务业和现代农业发展,促进存量做优、增量做大。要立足当前,围绕全年目标任务,实干苦干,奋力攻坚,把经济运行、项目落地、脱贫攻坚、生态环保、社会稳定、安全生产、防汛抗灾、禁毒防毒、党风廉政等工作抓紧抓实,保持经济社会持续平稳健康发展。

同志们,改革创新之路从无坦途,唯其艰难,才更显勇毅。让我们紧密团结在以习近平同志为总书记的党中央周围,在省委、市委的坚强领导下,齐心协力、奋发有为,坚定不移推进创新驱动与供给侧结构性改革,为建设机制活、产业优、百姓富、生态美的新上杭而努力奋斗!

代县长王波在上杭县第十七届人民代表大会第一次会议上的政府工作报告

(2016年12月26日)

过去五年工作回顾

2012年以来,县政府在上级党委、政府和县委的正确领导下,全面贯彻落实党的十八大、十八届历次全会以及习近平总书记系列重要讲话和来闽来杭重要讲话精神,抢抓机遇、加快发展,顺利完成了“十二五规划”和县十六届人大一次会议确定的各项目标任务。

五年来,我们致力加快经济发展,综合实力显著提升。全县经济保持较好较快发展,据预计,2016年实现地区生产总值288亿元;财政总收入31.26亿元,其中地方级收入22.25亿元;全社会固定资产投资255亿元;规模以上工业总产值415亿元;社会消费品零售总额88.2亿元;城镇和农村居民人均可支配收入分别为33320元、14200元。与2011年相比,建筑业总产值、全社会固定资产投资、社会消费品零售总额、外贸出口总值、实际利用外资等5项指标实现翻一番以上增长;地区生产总值、规模以上工业总产值、财政总收入、地方财政收入、城镇和农村居民人均可支配收入等6项指标实现年均两位数增长。县域经济实力显著增强,被评为“福建经济实力十强县”,三次被评为“福建县域经济发展十佳县”。

五年来,我们致力推进转型升级,产业结构不断优化。三次产业比从2011年的14.9∶56.4∶28.7调整为11.3∶58.5∶30.2,第三产业总量跃居全市第二。重点产业持续壮大。金铜产业产值从113.2亿元增加到396亿元、增长2.5倍,新增金铜企业17家、总数达41家,其中亿元以上企业14家,被列入福建省冶金工业重点培育扶持的五大产业集群之一。建筑业产值从148.7亿元增加到385亿元、增长1.6倍,新增资质建筑企业45家、总数达118家。新增农业龙头企业38家、家庭农场1509家、农民专业合作社351家,杭晚蜜柚和上杭槐猪、通贤乌兔分别入选闽西“八大珍”“八大鲜”产品,上杭乌梅、槐猪、萝卜干获国家地理标志证明商标,林下经济年产值达14.8亿元,规模以上农产品加工业产值从8.1亿元增加到13.7亿元,被评为全国现代农业示范区、全国粮食生产先进县。建成蛟洋中心粮库综合物流园区、优创农业3万吨蔬菜瓜果冷链物流项目,引进冠超市、润和等商超企业,新培育限上法人企业162家,社会消费品零售总额从37.4亿元增加到88.2亿元,被列为省级服务业综合改革试点区域。古田旅游区和毛泽东才溪乡调查旧址景区、梅花山华南虎园分别获评国家5A级、4A级旅游景区,培育休闲农业与乡村旅游示范点123个,被评为全国休闲农业与乡村旅游示范县、全国生态旅游示范区,累计接待游客2070万人次,实现旅游总收入122亿元。新兴产业加速发展。互联网产业发展迅猛,新引进落户阿里巴巴、淘实惠、欧壹国际等电商平台,建成阿里巴巴农村淘宝县级服务中心和88个村级服务站,全县现有电子商务法人企业175家,实现电商年销售额20亿元。“矿业+”板块初显成效,中车重型矿用装备制造项目有序推进,组建紫金建工集团,紫金物流中心建成运营。军民融合深度发展,与军工企业签订合作项目21个、总投资21.1亿元,实现民品参军年销售额6.2亿元,船用电缆生产项目竣工投产,上杭太阳铜业公司列入中国船舶工业集团供应商名录。产业质量不断提升。培育亿元以上企业19家、10亿元以上企业4家和黄金冶炼公司、紫金铜业公司等2家产值超百亿企业,紫金矿业成为国内首家具有黄金进口资质企业。新增著名商标26个、名牌产品7个。建成博士后工作站1家、院士工作站3家、国家级重点实验室2家、国家级企业技术中心1家,组建上杭有色金属技术研究院,基本建成福建省上杭有色金属产品质量检验中心,培育科技型企业26家,认定高新技术企业6家,被评为全国科技进步考核先进县。国有资产监管体系不断完善,组建运营“四大公司”,国有资产总量达460亿元。

五年来,我们致力完善基础设施,城乡面貌焕然一新。基础设施持续改善。赣龙复线铁路、长深高速(上杭段)、上蛟高速建成通车,厦蓉高速(上杭段)扩容、永杭高速(上杭段)开工建设;完成国道357(稔田集镇至接官亭)、358(水西渡至东门大桥)建设和茶白线、大中线(溪口至庐丰段)、才庄线等8条通乡镇干线道路升级改造,完成县通乡公路建设118.3公里和危桥改造、渡改桥56

座。电力体制改革全面完成,建成11万伏变电站8个、22万伏变电站3个,实现乡镇双电源供电全覆盖。西气东输管网工程(上杭段)基本完成。农村安全饮水整乡、整村推进工程全面完成,荣获"全国农村饮水安全工程示范县"称号。农田水利建设完成投资4.5亿元,新增和改善灌溉面积11.2万亩。生态建设成效显著。治理水土流失面积22.3万亩。植树造林35.2万亩,森林覆盖率从74.6%提高到77.1%。"一江两河"水环境综合整治和中小河流治理工程扎实推进,关闭拆除生猪养殖场164.6万平方米,实施规模养殖场标准化改造2138家,流域水质明显好转。乡镇污水处理厂、生活垃圾中转站基本建成。通过国家级生态县验收,被评为福建省森林县城。城市品位明显提升。完成了县城总体规划(2015—2030)修编工作,城市建成区面积扩大到13平方公里。南门大桥、张滩大桥及连接线建成通车,上杭大道全面建成,城市中轴线顺利打通。实施三环路一期、东二环路、琴岗路、江滨西路一期等一批城市道路和小街小巷改造工程。完成南北江滨公园、安澜桥滨水景观、瓦子街广场、市民活动广场和街心花园、紫金公园提升改造工程。客家缘文化中心基本建成,客家族谱博物馆、演艺中心、客家开元酒店投入使用。建成帝豪广场、天和国际公馆等6个商住小区。城区新建6个停车场、新增停车位257个。"绿亮美"工程全面推进,城区绿化覆盖率达42.9%,被评为省级园林县城。新农村建设扎实有效。实现全县乡镇总规、行政村规划全覆盖。完成8个乡的撤乡设镇工作,城镇化率从36.7%提高到43.9%。被列入第三批国家新型城镇化综合试点地区。古田市级"小城市"培育试点、9个小城镇综合改革试点和64个省级"千村整治、百村示范"工程、21个市级美丽乡村示范建设扎实推进,古田镇、才溪镇获评全国特色景观旅游名镇,古田镇入选全国首批特色小镇。毛泽东才溪乡调查旧址群、临江楼、李氏大宗祠被列为全国重点文保单位。太拔镇院田村和中都镇罗溪村、田背村、兴坊村入选中国传统村落名录。

五年来,我们致力发展民生事业,人民生活明显改善。坚持每年实施一批民生实事,县财政支出70%以上用于改善民生。社会保障更加有力。健全完善社会保障体系,逐年提高城乡居民基本医疗保险政府补助和养老保险基础养老金补助标准,在全省率先实施健康扶贫保险,养老保险、医疗保险、失业保险实现从制度全覆盖到人员全覆盖。社会保障服务中心荣获"全国人社系统优质服务窗口"称号。累计新增城镇就业12937人,城镇登记失业率控制在2.6%以内。建成各类保障性住房3323套,配租配售2846套。脱贫攻坚深入推进,完成造福工程危房改造5832户,减少贫困人口1.5万人。社会事业全面发展。全面完成义务教育阶段标准化学校建设,城区新增2所小学、4所幼儿园,新改扩建26所乡镇公办幼儿园,在全市率先实行普通高中教育免学杂费、课本费、住宿费政策。深化实施医药卫生体制和县级公立医院改革,县医院门诊综合大楼投入使用,开工建设县医院、县妇幼保健院整体搬迁项目,完成13个乡镇卫生院业务用房、辅助用房、职工周转房和305个村卫生所建设。新改扩建17个乡镇敬老院、58个农村幸福院。建成县级老年人活动中心。实施114个行政村文体设施提升改造工程,建成体育中心多功能馆,开工建设水上运动中心,杭籍运动员获得省级以上赛事金牌115枚,县少体校被评为新一轮国家高水平体育后备人才基地,被评为全国文化先进县、全国群众体育先进单位。社会管理不断加强。全面完成计划生育工作目标任务,保持"全国计划生育优质服务先进单位",荣获"全国先进农村卫生协会""全国计生协会县级先进单位""福建省人口计生综合改革示范县"称号。加强耕地资源保护和开发,被列为省级土地整治新型城镇化试点县,连续16年实现耕地占补平衡。全面启动不动产统一登记工作。"平安县乡村"三级联创活动持续深化,"六五"普法工作通过国家验收,被评为"全国法制宣传教育先进县"、福建省第三轮首批平安县。食品药品安全监管水平持续提升,质量安全更有保障。创新危险化学品应急管理机制,危险化学品应急处置"一图一卡一册"在全省推广,企业安全生产主体责任和部门监管责任进一步落实,安全生产形势稳定,荣获"福建省安全发展示范县"称号。

五年来,我们致力提升服务水平,自身建设持续加强。深入开展党的群众路线教育实践活动和"三严三实"专题教育、"两学一做"学习教育,扎实推进机关效能建设,政风行风持续好转。公共资源配置中心投入运行,公共交易程序和交易主体行为更加规范。简政放权力度进一步加大,推行项目前期审批联合会审机制,基本完成县、乡全流程网上办事大厅建设。自觉接受县人大及其常委会的法律监督、工作监督和县政协的民主监督,广泛接受社会监督,依法向人大报告工作,定期向政协和老同志通报情况,办理人大代表建议1370件、政协委员提案934件。持之以恒落实中央八项规定,"三公"经费支出明显下降,办公用房进一步规范,党政机关公务用车改革基本完成。依法实施行政监察和审计监督,深入开展廉政访谈、述责述廉、专项巡察等活动,建立党员干部旁听庭审警示教育制度,加强对党员干部特别是"一把手"的日常监督管理,党风廉洁建设和反腐败工作不断深入。

圆满完成全军政治工作会议地方保障工作,得到上级充分肯定。在第二批党的群众路线教育实践活动中,作为张德江委员长的联系点,我们始终坚持高标准、严要求,为全市、全省乃至全国树立了标杆、作出了示范。成功举办了纪念古田会议85周年、毛泽东才溪乡调查80周年、陈丕显同志诞辰100周年、邓六金同志诞辰100周年等重大活动,顺利承办了第八届海峡论坛·海峡客家(上杭)族谱文化风情节、第十一届中国铜加工行业发展论坛。与塔吉克斯坦共和国彭吉肯特市签订友好城市备忘录,塔吉克斯坦总统埃莫马利·拉赫蒙到访我县,并成为我县荣誉市民。

荣获第三次全国经济普查国家级先进集体。连续两届被评为全国双拥模范县。连续两次被评为全国“两纲”工作示范县。国防动员、防震减灾、青少年、老年人事业、慈善事业、残疾人事业、红十字会、民族宗教、库区移民、人民防空、档案、地方志、老区、保密、消防、工会、对台、文联、侨联、客联、工商联等工作取得新成效。

各位代表!五年创业的成果令人振奋。我们办成了一系列大事,办好了一系列喜事,办妥了一系列难事。成绩来之不易,这是在上级党政和县委正确领导下,全县上下齐心协力、奋力拼搏、攻坚克难的结果。在此,我代表县人民政府,向为上杭经济社会各项建设付出辛勤努力的全县人民,向给予政府工作大力支持和有效监督的人大代表、政协委员、离退休老同志,向为上杭发展做出积极贡献的省市属驻杭单位、驻杭部队、武警官兵、政法干警,向关心支持上杭发展的海内外乡亲、社会各界人士,表示衷心的感谢和崇高的敬意!

各位代表!五年积累的经验弥足珍贵。我们深切地体会到,做好政府工作,必须始终坚持党的领导,在中央、省委、市委和县委的正确领导下,充分调动和发挥各方面的积极性、创造性,把党的政治优势和组织优势转化为推动发展的强大力量。必须始终坚持发展为要,用发展凝聚人心、提升形象、改善民生,积极适应经济发展新常态,推动发展速度与结构、质量、环境的相互协调,形成持续发展的竞争优势。必须始终坚持群众路线,继承和弘扬苏区干部好作风,着力解决群众就医、就学、就业、出行等问题,让人民群众享有更多的获得感。必须始终坚持依法行政,加强对权力运行的监督制约,自觉接受人大及其常委会的法律监督、工作监督和县政协的民主监督,让权力在阳光下运行。必须始终坚持改革创新,大力破除各种体制机制障碍,以改革创新破解发展难题,实现自我超越,激活推动发展的动力和源泉。

在看到成绩的同时,我们也清醒地看到,我县经济社会发展还存在不少困难和问题,主要表现在:经济总量仍然较小,产业结构不够合理,第三产业比重偏低,经济持续增长缺乏重大生产性项目支撑;金铜产业发展层次不高,建筑产业在地产值比重较低;财政收入来源较为单一,税性收入增长趋缓,刚性支出需求不断增加,收支矛盾突出;化解政府性债务压力大;城市规划建设和管理水平有待提升;人才引进难、留住难问题依然存在;紫金山矿区、蛟洋工业区等重点区域安全环保仍存在薄弱环节;民生事业发展水平与人民群众期盼还有较大差距,部分群众生活还比较困难;一些政府工作人员责任担当和改革创新意识不强,个别领域依然存在“四风”问题和腐败现象,等等。对此,我们必须高度重视,采取更加有力措施加以解决。

今后五年的奋斗目标和主要任务

各位代表!今后五年是全面建成小康社会的决胜期,是全面深化改革的攻坚期,也是加快上杭各项事业发展的难得机遇期。我们将高举中国特色社会主义伟大旗帜,全面贯彻党的十八大和十八届历次全会以及习近平总书记系列重要讲话和来闽来杭重要讲话精神,牢牢把握“五位一体”总体布局、“四个全面”战略布局和“五大发展理念”的要求,按照县第十三次党代会的部署,围绕实现“四个率先”、打造“四个上杭”,创造新业绩,实现新跨越,在全市发展大局中走前头、当先锋、作贡献。

今后五年的主要奋斗目标是:全面完成“十三五”规划确定的各项目标任务,全面建成小康社会;巩固“十强县”成果,力争实现提升进位;力争地区生产总值达500亿元、财政总收入达50亿元、居民人均可支配收入达3万元以上;力争福州至广州高速铁路(上杭段)开工建设,永杭高速(上杭段)、环城公路建成通车,“2345”交通圈基本建成,县医院完成整体搬迁,60%以上的村(居)建成农村幸福院,现行标准下贫困人口全部提前脱贫,争创国家级园林县城、国家级卫生县城、国家生态文明建设示范县、省级文明县城、省级教育强县,进入创新型县份行列。

围绕实现上述目标,我们将着力抓好以下五个方面工作:

坚持创新发展,让上杭的经济实力再上新台阶。把创新发展作为产业转型升级的战略引擎,加快形成以创新为引领和支撑的发展模式。大力实施“千百十亿”培育计划,依托现有龙头企业引进上下游配套企业,拓展延伸金铜产业链条,力争金铜产业产值突破千亿;大力发展绿色建筑产业,加快推进建筑工业化,力争建筑产业产值突破千亿;科学运作国有资本,盘活国有资产,力争国有资产总量突破千亿;用一二三产融合发展理念改造提升传统产业,力争把现代农业、商贸物流、旅游及文化创意等打造成为百亿级产业;加强品牌产品培育,着力打造一批年销售额超十亿元品牌产品。

坚持协调发展,让上杭的城市更靓乡村更美。把协调发展作为城乡一体化建设的重要方向,提高发展的协调性、平衡性和可持续性。启动实施一批公共服务设施建设,提升城区广场、绿地档次,推进城区古街古巷维修改造,规划建设“十大雕塑”,把县域城市打造成为闽粤赣边文化名城、江滨宜居城市。扎实抓好国家新型城镇化试点、国家级特色小镇、新型城镇化重点镇和美丽乡村建设,培育打造一批具有产业特色、地方风格、民族特点的特色小镇、美丽乡村。

坚持绿色发展，让上杭的山更绿水更清天更蓝。把绿色发展作为生态文明建设的基本要求，筑牢绿色底线，留足发展空间。巩固国家级生态县创建成果，加大生态保护和修复，严守生态红线。加大环境治理力度，深入实施大气、水、土壤污染防治行动计划，加强城乡环境综合治理，努力营造优美宜居生活环境。调整优化产业结构，鼓励企业实施技改升级，促进绿色循环低碳发展。实施全民节能行动计划，广泛开展节水、节能、低碳出行等活动。加强造林绿化，优化林分结构，提高森林质量，力争森林覆盖率持续保持全省前列。

坚持开放发展，让上杭的一切创造活力充分释放。把开放发展作为增强发展后劲的活力源泉，以开放促转型、以转型促开放。统筹推进“放管服”改革，加大简政放权力度，释放经济发展活力。深化政府和社会资本合作模式，撬动民间资本投向补齐民生短板、促进产业转型升级等领域，增强经济发展动力。加强对外交流合作，强化山海协作、闽粤赣边合作，拓展与港、澳、台交流合作。深入实施“人才强县”战略，围绕产业和民生发展等重点领域，精准引才引智。加快县科技创业园建设，建成一批众创空间、科技孵化器等创业服务平台，激发大众创业、万众创新活力。

坚持共享发展，让上杭的群众生活更加幸福温馨。把共享发展作为改善民生的根本宗旨，让群众享有更多的获得感和幸福感。坚持把新增财力重点投向民生事业领域，实施脱贫攻坚工程、城乡立体交通网工程、农村危旧房改造工程、食品药品安全放心工程、城乡教育扩容改造工程、群众就医条件提升工程、大病医保“三保合一”均衡化工程、暖师暖医工程、健康养老工程、杭川十大场馆建设工程等十大民生工程，让群众出行更加便捷，住房和就学、就业、就医、养老更有保障。推进法治上杭、平安上杭、诚信上杭建设，加强和创新社会治理，切实维护公共安全，确保人民安居乐业、社会和谐稳定。

2017年主要工作安排

各位代表！2017年是新一届政府任期的第一年，也是实施“十三五”规划的关键之年。我们将认真贯彻落实中央和省委、市委、县委的部署要求，坚持稳中求进，继续深化供给侧结构性改革，全面实施创新驱动、产业兴县、人才强县“三大战略”，深入打好项目落地、脱贫攻坚、生态环保“三大战役”，促进经济平稳健康发展、社会和谐稳定。

经济社会发展主要预期目标是：地区生产总值增长9.5%；财政总收入增长6.4%，其中地方级收入增长1%；规模以上工业产值增长12 %；全社会固定资产投资增长15 %；社会消费品零售总额增长13%；外贸出口总值增长2.5%；城镇居民人均可支配收入增长8.5%；农村居民人均可支配收入增长9%；居民消费价格指数控制在103%以内；城镇登记失业率控制在4.3%以内；完成市下达的节能减排降碳任务。

实现以上目标，必须扎实做好以下几个方面工作：

一、推进产业转型升级

做大做强主导产业。拓展延伸金铜产业。全力支持紫金矿业“走出去、引进来”，增加金铜资源控制量，加大本土项目投资力度，科学有序开发紫金山铜矿，鼓励扩大铜冶炼产能，重点推进紫金山罗卜岭铜矿采选、彩坑尾矿库、紫金铜业6万吨技改扩产等项目建设。发挥中国铜加工行业发展论坛的后续效应，拉长做细金铜加工产业链条，加快推进太阳电缆电线电缆、鸿航科技五金卫浴等项目建设，促成太阳铜业年产15万吨连铸连轧低氧铜杆生产项目落地。大力发展稀贵金属产业，推进紫金金盐、阳极泥综合回收等项目建设，促成华昌珠宝、东方珠宝等项目落地，支持恒星珠宝、紫金萃福等企业做大做强，着力培育珠宝行业龙头企业。拓展延伸循环经济产业链，加快推进铭麟过硫酸盐、思康有机新材料等项目建设。支持太阳电缆、清景铜箔、德尔科技等科技型企业应用新技术、研发新产品、对接新市场，着力培育辐射能力强的龙头企业。力争全年实现金铜产业产值435亿元。做优提升建筑产业。打好“中国建筑之乡”品牌，进一步完善建筑产业发展扶持政策，吸引外出经营企业回乡纳税、投资或将总部迁回我县。加快推进建筑工业化试点建设。全力支持紫金矿业建设有限公司申报特级资质建筑企业，推动建筑企业由建筑总承包向工程总承包发展。大力发展绿色建筑产业，加快推进绿色建筑产业园建设，支持福建绿科建设公司加快发展。力争全年实现建筑业总产值420亿元，其中省内产值100亿元。

加快发展现代农业。推进国家现代农业示范区和福建农民创业园建设，着重在特色种养、林下经济、设施农业、休闲农业等方面实现新提升，争创国家农业可持续发展试验示范区。稳定粮食播种面积，推进粮食生产全程机械化，争创全国“粮食生产先进县”，争取重返全国粮食生产大县补助平台。推广应用烤烟生产新技术，稳定种植面积，促进烟叶提质增效。控制生猪出栏总量，促进生猪养殖业转型升级。实施标准化、规模化果园和茶园建设，加快实施鑫中合、田农智能温控大棚项目，发展设施果蔬茶产业。扎实推进傲农槐猪生产与加工、鑫源乌兔养殖加工项目建设，深度推进杭丰蔬菜合作社与厦航的密切合作，扩大杭晚蜜柚种植面积，搭建农产品电子商务销售平台，探索“线上线下融合”的经营模式，畅通农产品销售渠道，持续打响槐猪、乌兔、萝卜干、杭晚蜜柚品牌。大力发展农产品精深加工，推进润农食用菌生产加工项目建成投产。大力发展林下经济，重点发展林下种植金花茶、铁皮石斛和林下养鸡等特色种养，培育农业新增长点。培育农业新型经营主体,力争全年新增市级以上龙头示范企业3家、农民专业合作社6家、家庭农场10家,培育新型职业农民1000人。扎实开展第三次全国农业普查。

挖潜提升服务业。主动融入大龙岩旅游圈,按照全域旅游理念,大力实施“大古田”景区建设。依托客家文化优势,高效运作客家缘文化中心,推进客家文化之旅建设;加强城区古街、古巷、古建、古树的修缮保护与开发利用,探索建设老字号一条街,推进历史文化之旅建设;发挥紫金品牌优势,加快实施紫金山国家矿山公园提升工程,推进生态黄金之旅建设;改造提升“诗意院田”、观音井百果园等省级乡村旅游基地,推进乡村休闲之旅建设。力争全县游客接待量达560万人次,旅游总收入突破35亿元。继续实施商贸流通业“十百千工程”,全年培育限上企业25家、其中餐饮企业5家以上。大力发展生产性物流,着力培育专业化、社会化的大型物流企业,开工建设紫金顺安综合物流园项目。促进房地产业健康发展,加快推进碧桂园·御龙湾、帝豪时代广场等项目建设,打造高品质商业住宅小区。积极引进银行、证券、保险、基金等金融机构,支持金融机构经营网点向乡镇延伸,继续完善“政银企担”合作共赢机制,扩大金融服务业总量规模,力争金融服务业融资规模突破500亿元。

培育催生新兴产业。发展互联网产业。推动互联网与实体经济深度融合。创新实施“互联网+金铜产业”区域化、链条化发展工作,支持紫金矿业智能矿山建设,推进紫金铜业“两化融合”进程,培育有色金属现货交易市场及期货交易平台。依托供销电商、欣杭电商、欧壹国际、淘实惠和阿里巴巴农村淘宝等平台,加快发展电子商务,力争全年实现电子商务产值40亿元。发展军民融合产业。推进与军工企业的深度合作,积极对接中船重工集团、中核工业集团、中船重工物贸集团等企业,重点推进与中船工业集团海洋特种电缆研发合作、与贵研铂业稀贵金属回收提纯及加工应用合作等项目。发展锂电新材料产业。借助国家大力支持新能源汽车发展的政策东风,依托我县资源、技术、产业优势,面向宁德时代新能源、龙岩丰晟科技等主流锂电池厂商,以清景铜箔锂离子电池用高档铜箔、瓮福紫金磷酸铁锂、德尔科技六氟磷酸锂等项目为支撑,大力引进石墨烯新材料、锂电池隔膜等项目,推动锂电新材料产业加快发展。发展稀土产业。依托稀土资源优势,编制完善稀土产业规划,加强与厦门钨业等六大稀土集团的沟通对接,加快推进洋坡坑稀土矿“探转采”,策划稀土产业项目,积极做好重点项目涉及稀土资源综合回收利用工作。

二、全力实施项目带动

加强项目策划对接。发挥项目储备和管理系统作用,完善项目策划机制,建立县领导和乡镇、部门主要领导带头策划项目工作机制,激励专家、企业家、外出乡贤立足上杭的资源禀赋、产业优势策划项目,力争全年策划项目200个以上,其中亿元以上生产性项目30个以上。深入研究中央、省、市政策方向,做细做实项目前期,对接国家专项建设基金、中央和省预算内投资、省市工程包、特色小镇、美丽乡村等投资导向,鼓励支持乡镇、部门向上争取扶持资金,争取更多项目列入中央和省、市项目库,力争全年争取到位上级资金16亿元以上。

突出精准招商选资。充分发挥“新古田会议”品牌优势和上杭的资源、产业优势,创新招商机制,强化园区招商、以商招商、产业链招商,提高招商项目转化率。发挥商会桥梁纽带作用,支持鼓励杭籍企业家回乡兴业。依托紫金矿业、瓮福紫金、太阳铜业等现有企业进行以商招商。强化驻点招商作用,加强与央企、大型民企的沟通对接,持续跟进,确保在引进重特大生产性项目和产业链关联配套项目上有新突破。力争全年引进招商项目60个,其中亿元以上项目20个、5亿元以上项目3个。

推进项目落地实施。全年实施54个省市县重点项目,完成投资63亿元。整合优化项目建设审批流程,继续推行项目前期审批联合会审工作机制,着力解决互为前置审批难题,加快项目前期审批进度。积极盘活存量建设用地,鼓励整治低效用地再开发,着力破解征地拆迁难题,保障项目用地需求。深化“政银企担”合作共赢机制,探索创新融资产品,推广PPP模式、发行企业债券等融资手段,保障重点项目建设资金需求。

三、扎实推进脱贫攻坚

加大精准扶贫力度。深化“党政主导、部门联动、支部引领、企业携手、社会参与、大户帮带、自我发展”等扶贫模式,细化完善“4810”脱贫政策措施,精准对接、精准施策、精准帮扶,提高干部挂钩帮扶实效。发挥扶贫小额信贷基金作用,完善扶贫小额信贷发放管理办法,鼓励和扶持贫困户发展生产,帮扶有劳动能力的贫困户发展1个以上产业项目,增强贫困户“造血”功能。探索建立贫困户生产发展保障基金,增强贫困户抵抗生产风险能力。发挥企业(合作社)帮带作用,深化“企业(合作社)+贫困户”等模式,吸收贫困户参与创业和补充就业。继续推行公益性岗位优先聘用贫困劳动力政策,加强“雨露计划”等职业技能培训,促进贫困家庭劳动力转移就业。确保完成全县5062名贫困人口脱贫任务。

强化政府保障功能。围绕教育、医疗、住房三大基础性保障,强化政策支撑力度。发挥“春蕾计划”“圆梦大学”“光彩事业”和慈善基金等各类社会扶贫资金作用,全面落实教育资助政策,确保每个贫困家庭孩子上得起学。启动实施大病医保“三保合一”均衡化,继续实施健康扶贫等立体保险体系,最大限度减少贫困人口因病致贫、返贫。积极推进造福工程扶贫搬迁,切实改善贫困户生产生活条件,确保完成全县1490人年度搬迁任务。加大对革命基点村、少数民族村、边远山村的扶持力度。

建立完善长效机制。把脱贫攻坚工作纳入经济社会发展的全局来统筹谋划、协调推进，提高脱贫的质量和可持续性。严格程序，精准做好贫困人口退出、新增的动态管理。加强巩固脱贫和后续保障，建立精准脱贫与政府兜底有效衔接机制。探索农村资产收益扶贫、涉农项目资金投资收益扶贫、理财收益扶贫等新模式，建立社会扶贫有效增收机制。统筹各级各部门涉农资金资源，将基础设施、民生事业项目优先安排在贫困乡村实施，补齐贫困乡村发展短板，建立整体功能有效提升机制。

四、着力构建生态文明

大力实施土壤环境治理工程。加大土壤污染防治力度，强化危险废物规范化管理，实施医疗废物集中处置，强化农业面源污染防治。加强水土流失治理，全面完成湖洋寨背溪、白砂梧田溪、临城六甲溪、南阳河、官庄新风溪二期等小流域水土流失综合治理项目，创建国家水土保持生态文明综合治理工程。加强森林资源管护培育，完成造林绿化1.8万亩。加强矿山生态保护与恢复治理，加大非法采矿点巡查打击力度。扎实推进全国国土资源节约集约模范县创建工作。继续实施农村土地整治旧村复垦和高标准基本农田项目建设，全面完成补充耕地任务，推进全国低丘缓坡地开发利用试点和土地整治省级新型城镇化专项试点。

大力实施水环境治理工程。持续实施“一江两河”流域水环境综合治理，全面落实“河长制”，加强河道非法采洗砂污染、工业污染、生活面源污染综合整治，减少污染入河总量，力争国、省控断面水质达标率达95%。加快县乡生活污水配套管网建设进度，全面完成城区污水处理厂扩容工程建设，力争所有乡镇污水处理厂正常运行。加大禁养区生猪养殖场关闭拆除和限养区生猪养殖场提升改造力度，巩固生猪养殖业污染整治成果。加快推进汀江（韩江）流域生态补偿资金和国开行基金项目建设。加强城乡饮用水源地保护，加大上游乡镇生态补偿力度，增加县城水源地和乡镇集中式水源地水质监测频次和项目，保障城乡居民用水安全。

大力实施大气环境治理工程。科学划定禁止使用高污染燃料区域，鼓励企业实施清洁能源技改升级，完成燃煤锅炉节能环保综合提升工程。加强工业大气排放企业的巡查、监管，对重点污染源企业实行在线自动监测，实施紫金铜业环集烟气、瓮福紫金磷酸装置烟气治理提升工程和紫金山金铜矿区粉尘治理等大气污染行业深度治理项目，确保大气污染因子指标达标、低标排放。加强城市建筑垃圾、渣土等城市粉尘污染治理，严查运输过程中的“滴、洒、漏”等污染行为，确保城市干净整洁，城区空气环境质量监测结果达到或优于国家二级标准。

五、统筹推进城乡建设

完善城乡基础设施。积极推进福州至广州高速铁路（上杭段）前期工作，加快大中线（大池至溪口段）、永杭高速（上杭段）、岩下山至古田公路等项目建设，完成梅花山路一期、厦蓉高速扩容（上杭段）、黄太线等项目建设。完成农村公路改造30公里、安保工程50公里，实施危桥改造和撤渡建桥9座。大力推动清洁能源项目建设，加快推进茫荡洋风电场、昆润管道天然气等项目。推进农村电网改造。加快推进“一江两河”防洪工程、万里安全生态水系、旧县片区烟区水源工程、白砂锦绣水库等重大水利项目建设，推进稔田马岌背、泮境乌石等水库工程前期工作。

做优做美县域城市。发挥城市规划管理委员会作用，加强城市规划建设管理。全年实施城市建设项目68个，完成投资10亿元。启动海绵城市、智慧城市和环城路、沿汀江旅游慢步道规划建设，推进城市道路、市政管网、污水垃圾、停车场、市场等设施建设，建成停车场3个，完成杭川公园、江滨西路二期、三环路二期等重点城建项目建设。加大客家缘文化旅游片区的开发力度，拓展城市发展空间。加快县工业园区学校、商业服务等配套设施规划建设，推动产城人融合发展。发挥“数字城管”作用，提升城市管理数字化、精细化水平。加快推进“十大雕塑”建设，继续实施城市美化、亮化、绿化工程，提升城市形象和文化品位。

推进美丽乡村建设。加快古田、才溪两个新型城镇化重点镇建设，扎实推进第三批国家新型城镇化试点工作。加快打造古田国家级特色小镇，力争全年完成投资5亿元。加强才溪、庐丰、官庄、蛟洋、稔田等乡镇的特色培育，争取更多的乡镇列入国家和省级特色小镇。深入推进乡镇基础设施建设“六项提升工程”，完善乡村道路、给排水、污水垃圾处理、公共停车场、公园绿地等设施。深入实施美丽乡村建设三年行动计划，全力抓好21个美丽乡村建设。深化农村环境综合整治，持续推进家园清洁行动，重点抓好“三整治三提升”工作。加大古村落保护力度，加快编制传统村落保护规划，保护一批具有特色人文景观和历史文化价值的村庄。全力做好农村危房改造工作，确保完成年度改造260户任务。

六、切实保障和改善民生

提升社会保障水平。扩大社会保障覆盖面，推进“全民参保登记计划”，力争城乡居民合作医疗参合率达99%、养老保险参保率达90%以上。提高重特大疾病保障水平，实施大病医保“三保合一”均衡化。扎实做好经济适用房、廉租房等保障性住房配售、配租工作，力争配租率达90%以上，切实改善中低收入人群住房条件。认真落实就业创业扶持政策，加强职业技能培训，鼓励高校毕业生回乡创业，全年新增城镇就业2000人、农村劳动力转移就业6000人以上。大力发展社会福利、志愿服务和慈善事业，建立完善社会救助体系。

大力发展民生事业。实施20项为民办实事项目。优化城乡教育规划布局,启动城区北部和南部小学、幼儿园的规划建设,推进农村小学、幼儿园扩容,加大薄弱学校改造力度,提升义务教育均衡发展水平,继续实施普通高中教育免费政策。支持民间文化组织发展,持续开展形式多样的文化下乡活动,不断丰富群众文化生活。加强公共文体设施建设,实施文体惠民、全民阅读和全民健身工程,加快推进城乡规划馆、档案馆、图书馆、水上运动中心等"杭川十大场馆"建设。加强医疗卫生服务体系建设,提升公共卫生服务能力,加快推进县医院整体搬迁项目建设,完成县妇幼保健院整体搬迁,实施6个乡镇卫生院升级改造工程,建立乡村医生使用和退出机制。

提升社会治理水平。继续落实全面"两孩"生育政策,促进人口均衡发展。加强农村留守儿童关爱保护工作。推广社区网格化服务管理"三三工作法",推进"平安乡村"创建,提升社区和村庄管理服务水平。巩固全国"双拥模范县"成果,争创新一轮全省"双拥模范县城"。继续推进法治上杭建设和"七五"普法工作,进一步增强全民法治观念。完善社会治安防控体系,防范和打击违法犯罪活动。严厉打击涉麻涉毒犯罪。严格落实"四个最严",加强食品药品安全监管,组建区域性食品检验检测中心,建设食品药品安全放心县。大力弘扬社会主义核心价值观,持续开展精神文明创建活动,引领向上向善的良好社会风尚。落实企业安全生产主体责任和安全生产"党政同责、一岗双责、齐抓共管、失职追责"机制,完善突发公共事件应急管理和预防控制体系,不断增强人民群众的安全感。

七、全面深化改革创新

培育创新创业平台。加强创新创业公共服务平台建设,进一步完善两个工业区配套设施,推进科技创业园、绿色建筑产业园、黄金珠宝产业园建设,加快杭川众创空间和黄金珠宝众创空间发展,力争通过省、市级众创空间认定。充分发挥院士专家工作站、博士后工作站、紫金矿冶设计研究院、国家重点实验室、有色金属技术研究院等研发服务平台的作用,围绕金铜、建筑、新材料、精细化工等领域共同研发新技术,提高企业核心竞争力。加快科技成果对接转化平台建设,力争在全市率先搭建首个省级科技成果对接转化平台。深入实施"人才强县"战略,健全完善引进人才和留住人才工作机制。

推进重点领域改革。进一步深化行政审批制度改革,持续推进"放管服"改革,主动承接省市下放的审批事项,建立行政审批动态调整机制,完善"双随机一公开"监管机制。加强全流程网上办事大厅和网下行政审批服务中心的建设与衔接,探索实施"互联网+行政审批"改革。深化商事制度改革,促进"一照一码、五证合一"和电子营业执照的推广应用。深化农村产权制度改革,推进不动产登记工作,基本完成农村土地承包经营权确权登记颁证。推进农村"三权"抵押贷款,拓宽农村融资渠道。深化财税体制改革,统筹盘活财政存量资金,健全支出绩效评价管理机制,提高财政资金使用效率。全面完成乡镇国库集中支付试点改革。深化实施公车改革。

创新国资运作模式。完善国有资产管理体制,管好现有存量资产。加大国有资产盘活、整合和运作力度,重点推进客家缘文化中心、帝豪广场回购资产等大宗资产的盘活运作,理顺古田山庄、才溪山庄等资产的产权关系,把政府投入的基础设施资产化、资产资本化、资本证券化,提升国有资产使用效益。积极实施国有资本"走出去"战略,加大县域外投资力度,加强与省、市属企业、民营企业和资本市场中介机构的合作,完善国有资本进退机制,按照"投资、经营、转让"模式,参与成长型企业股权投资,重组并购优质资产,实现国有资本增值。充分发挥产业发展股权投资基金作用,大力扶持我县成长型中小型企业发展。

加强政府自身建设

各位代表!"政之所兴在顺民心,政之所废在逆民心"。新一届人民政府要始终把人民的利益放在第一位,坚持以人为本、执政为民,不忘初心、继续前进,大力弘扬古田会议、毛泽东才溪乡调查精神,与人民心心相印、与人民同甘共苦、与人民团结奋斗,努力建设人民满意的政府。

牢记宗旨,为人民服务。人民政府为人民。我们要认真践行党的群众路线,想群众之所想、急群众之所急、办群众之所需,密切与人民群众的血肉联系。加快转变职能、简政放权,加强机关效能建设,畅通联系服务群众的"最后一公里",提升政府服务水平。坚持把财政资金用在推动发展、改善民生的关键环节,努力解决好百姓关切的就学、就医、就业、食品药品安全、饮水安全、交通出行、住房保障等突出问题,让群众有更多获得感、幸福感。

敢于担当,对人民负责。敢于担当者,必能临万难而不惧,才能无愧使命善作善成,回应群众期盼。我们要在担当中点燃激情、激发干劲,把心思放在干事创业上,把本领用在促进发展上。在担当中守土有责、守土尽责,做到矛盾面前不回避、敢抓敢管,困难面前不退缩、敢闯敢试,责任面前不推诿、敢作敢为。在担当中狠抓落实、一以贯之,只要对党的事业有利、对上杭发展有利、对上杭人民有利的事情,看准了就要坚定不移地干,一抓到底、抓出成效、绝不动摇。

严于用权,受人民监督。政府的一切权力来自人民,必须接受人民监督。我们要坚持在县委的领导下,严格按照法定权限和程序行使权力、履行职责。健全依法科学民主决策机制,完善重大事项集体决策、专家咨询、社会公示听证制度。自觉接受县人大及其常委会的法律监督、工作监督和县政协的民主监督，主动接受社会公众舆论监督，认真办理人大代表建议和政协委员提案，广泛听取工商联和各民主党派、无党派人士以及离退休老同志的意见和建议。全面推进政务公开，让公共权力在阳光下运行。

克己奉公，让人民满意。唯有树立忠诚、干净的政府形象，才能取信于民，得到人民的拥护。我们要牢固树立"四种意识"，认真落实《关于新形势下党内政治生活的若干准则》和《中国共产党党内监督条例》，把纪律、规矩挺在前面。严格执行中央八项规定，坚决反对铺张浪费。巩固拓展党的群众路线教育实践活动、"三严三实"专题教育活动、"两学一做"学习教育活动成果，健全改进作风常态化机制。强化行政监察，推进审计监督。严肃查处各类违纪违法案件，坚决纠正损害群众利益的不正之风，做群众满意公仆。

各位代表！百舸争流、破浪者领航，千帆竞发、奋勇者当先。让我们紧密团结在以习近平同志为核心的党中央周围，在县委的坚强领导下，紧紧依靠全县人民，再上新台阶，建设新上杭，以优异成绩迎接党的十九大顺利召开！

概　况

·建　置·

〔建置沿革〕

上杭历史悠久,早在四千多年前的新石器时代后期,境内已有人类劳动生息。夏商属扬州域,周为七闽地,战国属越地,秦属闽中郡,汉属闽越国,三国属吴,晋属新罗县。唐大历四年(769 年)割龙岩湖雷下堡置上杭场,隶汀州。宋淳化五年(994年)升场为上杭县,直至元、明、清三代均隶汀州,民国时先后隶第六、第七督察专员公署。1949 年 8 月 27 日上杭县城解放后,此后一直隶属龙岩专区专员公署(1970 年起改为地区,1978 年称龙岩地区行政公署,1997年为龙岩市)。

上杭县建置沿革表

表 1

朝　代	年　号	公　元	名　称	驻　　地	隶　属
唐	大历四年	769 年	上杭场	湖雷下堡(含永定县下湖雷)	汀州长汀县
南唐	保大十三年	955 年	上杭场	秇梓堡(今永定县高陂北山)	汀州长汀县
宋	淳化五年	994 年	上杭县	秇梓堡	汀州
	至道二年	996 年	上杭县	鳖沙(今白砂镇碧沙村)	汀州
	咸平二年	999 年	上杭县	语口市(今旧县镇全坊村)	汀州
	天圣五年	1027 年	上杭县	钟寮场(今才溪镇荣石村)	汀州
	乾道四年	1168 年	上杭县	郭坊(今临江镇)	汀州
元	至元十四年	1277 年	上杭县	在城里	汀州府
明	洪武元年	1368 年	上杭县	在城里	汀州府
清	顺治三年	1646 年	上杭县	在城里	汀州府
中华民国	民国 2 年	1913 年	上杭县	在城里	福建西路汀漳道
	民国 16 年	1927 年	上杭县	在城里	直属福建省
苏区	民国 18 年	1929 年 10 月	上杭县苏维埃政府	县城、白砂	1930 年 3 月闽西苏维埃政府成立后直属闽西苏维埃政府
	民国 21 年至 23 年	1932 年至 1934 年	上杭县苏维埃政府	白砂、通贤等地	直属福建省苏维埃政府

续表1

朝代	年号	公元	名称	驻地	隶属
中华民国	民国22年12月至23年2月	1933年12月至1934年2月	上杭县	城厢镇（今临江镇）	龙漳省
	民国23年7月至24年9月	1934年7月至1935年9月	上杭县	城厢镇	福建省第七行政督察专员公署（龙岩）
	民国24年10月至29年7月	1935年10月至1940年7月	上杭县	城厢镇	福建省第六行政督察专员公署（龙岩）
	民国29年8月至36年3月	1940年8月至1947年3月	上杭县	城厢镇	福建省第七行政督察专员公署（长汀）
	民国36年4月至38年5月	1947年4月至1949年5月	上杭县	城厢镇	福建省第七行政督察专员公署（龙岩）
中华人民共和国		1949年9月17日至1950年3月	上杭县	城关镇	福建省第八专区专员公署
		1950年4月至1968年10月	上杭县	城关镇	龙岩专区专员公署
		1968年10月至1979年11月	上杭县	城关镇	龙岩专区革命委员会、龙岩地区行政公署
		1979年12月至1997年4月	上杭县	城关镇、临江镇	龙岩地区行政公署
		1997年5月至今	上杭县	临江镇	龙岩市

〔2016年上杭县行政区划情况〕　2016年，全县设22个乡镇，其中17个镇、5个乡（含2个畲族乡）；全县村、社区委员会总数344个，其中村民委员会331个，社区居委会13个；村（居）民小组3644个。

2016年上杭县行政区划情况表

表2

乡（镇）	乡（镇）驻地	所辖村（居）委会	村（居）民小组数
临江镇	镇东	镇东、英明、天山、镇中、镇南、镇西、东南社区居委会（7）	75
蓝溪镇	厚里岗	黄潭、沈田、湖里、歧滩、梅永、觉坊、蓝溪、龙丰、载厚、岩华、白水、冯石（12）	171
古田镇	八甲圩	苏家陂、下郭车、上郭车、模坑、文元、荣屋、五龙、溪背、吴地、新生、赤坑、苧园、石笋、洋稠、大源、八甲、竹岭、外洋、上洋、赖坊、金湖（21） 古田华润希望小镇吴地社区居委会（1）	142
南阳镇	沙下坝	双溪、射山、豪东、矶头、下车、涂坑、马洋洞、南坑、南阳、官余、新联、罗坊、黄坑、茶溪、联义、日新、朱斜、联山、香塔、南岭（20）	168
临城镇	城北	石砌、白玉、古石、新塘、玉女、九洲、宫桥、水西、富古、同康、新丰、龙翔、黄竹、土埔、西郊、西南、西陂、六甲、上登、璜岗（20） 城东、城北、城南、城西、金山社区居委会（5）	335
才溪镇	上才中兴	才民、溪北、岭和、中兴、溪西、溪东、才溪、曾坑、大贵、下王、荣石、陈坑、下才、黄竹（14）	165
稔田镇	镇歧渡上	大湖、化厚、祝田、石牌、大燕、南坑、叶坑、蔡坑、官田、梅镇、长滩、埔头、连四、丰朗、楼岗、枫山、镇岐、歧坑（18）	190
白砂镇	朋新	中洋、梧岗、梧田、塘丰、大田、大金、扶福、樟黄、朋新、岭背、上早康、下早康、丰源、碧砂、大科、长锦、官洋、茜黄、洋乾、军桥、东塘、嫩洋（22）	281
中都镇	饶坊	永联、富光、军联、长徐、陈和、田背、罗溪、蛟腾、兴坊、饶坊、亲睦、由安、睦邻、都康、古基、仙村、复兴、古坊、瑞香、黄店（20）	151

续表2

乡(镇)	乡(镇)驻地	所辖村(居)委会	村(居)民小组数
湖洋镇	湖洋排下	碧田、涧头、水埔、上埔、元丰、加庄、福全、寨背、三田、通桥、乃康、岩头、湖洋、文光、古楼、濑溪、新坊、五坊、龙山、上罗、太平、新山(22)	272
旧县镇	大岗尾	新坊、石院、扁山、福村、河东、龙溪、全坊、坝上、河西、尧埔、兰田、铁场、铁东、石圳、角龙、迳美、谷坑、梅溪、水东(19)	221
通贤镇	枫云岗	上村、通贤、周源、培才、东里、曹丘、大东、岭头、文坑、秀坑、礤头、障云、汉溪(13)	126
茶地镇	店前	千龙、久泰、大燮、高屋、官山、茶地、调和、下科、樟树、翁基、竹马、上连科、下连科(13)	87
泮境乡	泮境	彩下、泮境、祖加、院康、乌石、定达、元康(7)	57
下都镇	吉安	砂睦、保安、和睦、佛坑、象栏、吉安、新寨、豪康、璜溪、三益、五丰(11)	103
太拔镇	太拔	崇厦、田增、罗坑、太拔、丘辉、院田、大坑、彩霞、张芬、鲜水坑、梓东、双康、上村、黄家、寨背山、大地(16)	189
溪口镇	大厚	锦坊、当丰、陈屋、大洋坝、云山、石铭、大连、大厚、大丰、三溪、双华(11)	118
蛟洋镇	蛟洋	下道湖、坪埔、崇头、蛟洋、塘厦、东乾、陈坊、文地、杨梅坑、桃源、达理、丘坊、苏坑、梅坝、小和、秋竹、丰年、贵竹、华家、文都、再兴、邹坑、中村、坪上、再嘉(25)	285
步云乡	上福	上福、金屏、古炉、马坊、兴隆、梨岭、贵和、蛟潭、大斜、云辉(10)	43
珊瑚乡	下珊瑚	上珊瑚、下珊瑚、下坑、彩坑、华竹(5)	51
官庄畲族乡	冒峡湖	上濯、下濯、龙牌、龙角、红石、回龙、朱堡、官庄、福泉、贵和、新风、七里、璜头、德康、树人、新民、曾洒、蕉坑(18)	192
庐丰畲族乡	丰济	章金、上坊、中坊、下坊、立英、丰康、丰乐、丰济、扶洋、铁峰、太古、黄坊、横岗、三坪(14)	222
合计22个乡(镇)		344个村、社区居委会	3644个村(居)民小组

·地理环境·

〔地理位置与面积〕

上杭县地处北纬 24°46′—25°26′,东经 116°16′—116°57′。位于福建省西南部,闽西中部,武夷山脉南端东侧,汀江中游。东靠龙岩,东南接永定,西邻武平,北连长汀,东北与连城为邻,西南与广东蕉岭接壤。东西宽 69 公里,南北长 78 公里,总面积 2879 平方公里。

〔水文情况〕

雨情 2016年,上杭南岗城区降水量 2358 毫米,与多年平均降水量均值 1647 毫米相比偏大 43%。其中与各月份同期相比,1 月雨量 288.4 毫米偏多近 5 倍,有资料记录以来第一大值;2 月雨量 33.4 毫米偏少 64.7%;3 月雨量 364.3 毫米偏多 135%;4 月雨量 329.1 毫米偏多 60.2%;5 月雨量 214.9 毫米偏少 18.4%;6 月雨量 227.5 毫米偏少 17.6%;7 月雨量 145.6 毫米偏少 5.76%;8 月雨量 174.2 毫米偏少 12.6%;9 月雨量 234.7 毫米偏多 82.1%;10 月雨量 133.1 毫米偏多 174%;11 月雨量 177.2 毫米偏多 3.7 倍;12 月雨量 35.9 毫米偏少 6%。年降水量 2358 毫米是上杭县 1936 年有降水记录以来最二大值。(1959 年降水量 2437.3 毫米)。

水情 2016 年主要降水特点:一是气候异常,降水不均,非汛期 1 月、11 月降水偏多,分别是同期有降水记录以来第一大值和第三大值;汛期 5 月—8 月降水偏少 5%—18%。二是 2016 年台风来得迟,7 月 9 日出现第一号台风"尼伯特",9 月 28 日 17 号台风"鲇鱼",10 月 21 日 22 号台风"海马",对上杭县影响较大,全县 22 个乡镇不同程度受灾。

4 月 26 日,全流域普降暴雨,日雨量 90 毫米—155 毫米之间(旧县河朋口站 154.5 毫米,杨家坊站 139.5 毫米),4 月 27 日,汀江干流上杭站出现最高水位 180.56 米(警戒水位 180.0 米),超过警戒水位 0.56 米,相应流量 3710 立方米/秒。4 月 25 日,黄潭河蓝溪站出现最高水位 179.92 米,超过警戒水位 1.92 米;4 月 27 日,汀江干流回龙站出现最高水位

219.62米(警戒水位218.00米)超过警戒水位1.62米。上游金山、矶头两电站水库的同时蓄水影响,1月3日出现年最低水位173.45米,最小流量29.4立方米/秒。

旱情　全年,2月降水偏少64.7%。5月—8月,降水偏少5.8%—18.4%。1月和11月,降水量偏多3倍—5倍,根据干旱评判指标评定;河道来水量距平百分率与多年同期均值相比,1月—6月偏大187%,7月—12月偏大198%,降水距平百分率1月—6月偏大39.7%,7月—12月偏大48.4%。降水不均是厄尔尼诺事件影响。属丰水年份,未出现旱情。

〔天气气候概况〕

2016年,上杭县气候属偏差年景,年内气候异常,气象灾害造成的损失重。年平均气温显著偏高、降水异常偏多、日照显著偏少。

一、气温

2016年,年平均气温20.8℃,较常年偏高0.6℃,属显著偏高。年极端最低气温-2.9℃(1月25日),年极端最高气温37.4℃(7月24日)。年内日最高气温≥35℃高温日数32天,较常年偏多8天,年高温日数分布:6月10天,7月13天,8月7天,9月2天。

冬季(2015年12月—2016年2月)平均气温11.6℃,属正常。

春季(3月—5月)平均气温20.8℃,属正常。

夏季(6月—8月)平均气温27.8℃,属偏高。其中,6月平均气温27.7℃,较常年偏高1.4℃,属异常偏高。

秋季(9月—11月)平均气温22.7℃,属显著偏高。其中,11月中旬平均气温21.9℃,较常年偏高5.0℃,创历史同期最高纪录。

初冬季(12月)平均气温14.4℃,与历年平均值相比偏高2.4℃,属异常偏高。

二、降水

2016年,年总雨量2358毫米,较常年偏多43%,属异常偏多。年雨日(日雨量≥0.1毫米)179天,较常年偏多29天;日雨量≥50.0毫米暴雨日数5天,属正常。年暴雨日数分布:1月1天,3月2天,5月1天,11月1天。其中,1日最大雨量为94.6毫米(3月20日)。

冬季(2015年12月—2016年2月)雨量482.2毫米,较常年偏多1.5倍,属异常偏多。其中,2015年12月9日雨量74.8毫米,为1956年以来12月日雨量最大值,12月总雨量164.0毫米,较常年偏多3.6倍,属异常偏多;1月28日,雨量51.6毫米,为1956年以来1月日雨量最大值,1月总雨量272.7毫米,较常年偏多4.2倍,属异常偏多,突破有气象记录以来1月总雨量极值。

春季(3月—5月)雨量912.1毫米,较常年偏多49%,属偏多。3月20日雨量94.6毫米,为1956年以来3月份日雨量第二多,仅次于1980年(105.0毫米),3月总雨量363.2毫米,较常年偏多1.0倍,属异常偏多。

夏季(6月—8月)雨量540.3毫米,较常年偏少14%,属正常。

秋季(9月—11月)雨量549.5毫米,较常年偏多1.6倍,属异常偏多。其中,9月总雨量241.0毫米,较常年偏多81%,属异常偏多;10月总雨量131.9毫米,较常年偏多2.5倍,属异常偏多;11月总雨量176.7毫米,较常年偏多3.7倍,属异常偏多。

初冬季(12月)雨量31.8毫米,较常年偏少10%,属正常。

三、日照

2016年,年总日照时数1513.1小时,较常年偏少14%,属显著偏少。

冬季(2015年12月—2016年2月),日照总时数224.6小时,属显著偏少。其中2015年12月日照时数58.5小时,属异常偏少。

春季(3月—5月),日照时数291.8小时,属正常。

夏季(6月—8月),日照时数508.4小时,属正常。

秋季(9月—11月),日照时数367.6小时,属异常偏少。其中,10月日照时数96.6小时,属异常偏少。

初冬季(12月),日照时数179.2小时,属正常。

〔重大及异常天气气象事件〕

一、寒潮雨雪冰冻

2016年,1月冷空气势力偏强,22日—25日受寒潮影响,最低气温过程降幅达12.3℃。23日—24日,出现小雪或雨夹雪,高海拔山区出现雨凇,25日极端最低气温-2.9℃。

2月14日—16日,受强冷空气影响,气温明显下降,过程降温幅度12.5℃,达寒潮天气标准。21日—27日,受较强冷空气影响,出现日平均气温≤12℃不利春播的低温连阴雨天气。

3月10日—14日,受寒潮影响,最低气温过程降幅达13.4℃,出现连续5天日平均气温≤12℃倒春寒天气。

以上寒潮雨雪冰冻天气过程,均未收集到灾情。

二、强对流

2016年,受低层切变影响,4月10日全县有3个自动气象站出现7级—10级雷雨大风,以紫金山26.9米/秒为最大。

4月18日,受低层偏南气流影响,全县有7个自动气象站出现7级—9级雷雨大风,以紫金山24.3米/秒为最大。

5月3日,受低层西南气流影响,全县有4个自动气象站出现7级—9级雷雨大风,以紫金山22.9米/秒为最大。

5月9日16时46分至16时51分,受高空槽东移和低层切变南压共同影响,县站出现大风,极大风速达20.7米/秒。

以上强对流天气过程均未收集到灾情。

三、暴雨(持续性强降水)

2016年1月28日,受南支槽前

西南气流、低层南风加强及风速风向辐合共同作用影响，县站日雨量51.6毫米。未收集到灾情。

3月20日—23日，受低层切变影响，上杭县出现暴雨过程。全县22个乡镇受灾，受灾人口1016人，紧急转移73人，直接经济损失1370万元。

4月24日—27日，受低层切变和西南气流影响，全县部分乡镇出现暴雨过程。全县15个乡(镇)受灾，受灾人口21963人，转移人口2150人，直接经济损失3560万元，

5月21日，受高空槽东移和低层切变影响，全县普降暴雨，局部乡镇出现大暴雨，县站日雨量73.8毫米。未收集到灾情。

6月11日—16日，受低层切变影响，上杭县出现持续性强降水过程。全县10个乡(镇)受灾，受灾人口2476人，转移477人，54户房屋受灾，紧急安置202人，直接经济损失2350万元，

11月26日—27日，受高空槽东移、低空西南急流和低层切变的共同影响，前期全县普降暴雨。未收集到灾情。

四、台风

2016年，对上杭县造成严重影响的台风有3个，分别为"尼伯特" "鲇鱼"和 "海马"。

7月9日—11日，受第1号台风"尼伯特"影响，出现持续性强降水过程。全县19个乡镇受灾，受灾人口3026人，转移576人，直接经济损失2540万元。

9月28日—29日，受第17号台风"鲇鱼"影响，上杭县出现暴雨、部分乡镇出现大暴雨过程。全县部分乡镇受灾，受灾人口5327人，转移3467人，直接经济损失1295万元。

10月21日—22日，受第22号台风"海马"影响，上杭县出现暴雨、局部乡镇出现大暴雨过程。全县有11个乡镇受灾，受灾人口7451人，转移1150人，直接经济损失近2560万元。

五、干旱

2016年11月28日—12月20日，天气晴好，出现23天日降水量≤2.0毫米的连旱天气，达到秋冬季旱兆标准。

·经济总情·

〔综合经济概况〕

2016年，实现地区生产总值276.5亿元，增长8.6%。规模以上工业总产值441.6亿元，增长15.9%。三次产业比从上年12.5∶56.5∶31调整为12.8∶54.8∶32.4。财政总收入31.7亿元，增长2.5%，其中，地方级财政收入22.9亿元，增长10.3%。500万元以上固定资产投资257.3亿元，增长17.8%。社会消费品零售总额85.7亿元，增长15.8%。外贸出口总值31562万美元，增长3%；实际利用外资3845万美元，增长9.9%。城乡居民人均可支配收入分别为33019元、14074元，分别增长8%、9%。获得福建省"县域经济实力十强县""县域经济发展十佳县"两项荣誉。

〔上杭县获福建省县域经济"十强县"和"十佳县"〕

2016年11月23日，省政府发展研究中心所属省区域和企业评价中心开展的"2016年度福建省县域经济实力十强""县域经济发展十佳"评价结果揭晓，上杭县获"十强县"和"十佳县"。

2015年以来，上杭县践行"创新、协调、绿色、开放、共享"五大发展理念，围绕实现"四个率先"(在全市率先全面建成小康社会、率先争创福建省经济实力十强县、率先实施普通高中教育免费政策、率先实现大病医保"三保合一"均衡化)、打造"四个上杭"(实力上杭、活力上杭、魅力上杭、和谐上杭)总体目标，大力实施"创新驱动、产业兴县、人才强县"三大战略，全力打好"项目落地、脱贫攻坚、生态环保"三大战役，经济发展不断提速增效，经济实力不断增强，社会保障不断完善，环保指标、单位GDP增长消耗新增建设用地量等逐步下降，规模以上工业企业R&D(研究与试验发展经费)投入占主营业务收入比重逐步上升，县域经济持续健康发展。

〔第一产业〕

2016年，实现农林牧渔业总产值59.7亿元，增长3.9%。粮食播种面积47.3万亩，种植烤烟4.1万亩，种植蔬菜23.4万亩。实施现代农业项目41个，总投资8.96亿元，新增设施农业面积220亩，润农食用菌生产加工、富康铁皮石斛生产基地等项目实现竣工。实现林下经济产值18.3亿元，惠及林农5.9万人。新增农业龙头企业38家、家庭农场322家、农民专业合作社42家，认定新型农民303人。规模以上农产品加工业实现产值13.7亿元，增长10%。下都镇(沙田柚)被农业部认定为第六批全国一村一品示范镇。

〔第二产业〕

2016年，实现规模以上工业总产值441.6亿元，增长15.9%。金铜产业实现产值400.3亿元，增长17.4%。军民融合有新进展，与部队及军工集团所属企业签订合作项目3个，在谈项目8个，海军装备部驻上海地区军事代表局与上杭县签订军民融合共建协议。建筑产业新设立施工承包企业9家，新晋升二级总承包企业1家，县外迁入总承包企业1家，全县有资质建筑施工企业105家。建筑企业签订合同总额467.7亿元，增长4.5%。实现建筑施工总产值393.5亿元，增长12.9%，其中，在地产值107.3亿元，增长20.3%。成立紫金矿业建设有限公司，申报矿山施工总承包特级资质。绿色建筑示范项目

和县职专绿色建筑项目加快推进。福建绿科建设公司完成一期注资5000万元，筹备并购重组提升资质的工作。

〔第三产业〕

2016年，省级服务业综合改革试点工作稳步推进，加大商贸流通业限上规上法人企业培育力度，新增A级物流企业1家，全年净增限上企业25家、总数达162家，实现服务业增加值89.5亿元，增长11.4%；电子商务蓬勃发展，首家跨境电商欧壹国际正式营业，阿里巴巴农村淘宝、京东、供销电商、邮政电商、淘实惠等电商平台相继落户，县内现有电子商务法人企业182家，实现电子商务交易额21亿元。旅游及文化创意依托红色文化、客家文化、民俗文化和生态资源优势，加大资源整合开发力度，促进文化创意与旅游融合发展，古田和才溪景区提升工程、“诗意院田”古村落保护与开发、梅花山国家生态旅游示范区建设等项目加快推进。全年接待游客520万人次，增长15.6%；实现旅游收入28.6亿元，增长24.3%。

·人　口·

〔总人口与人口变化〕

2016年末，全县总人口为526193人，比2015年末518803人，增加7390人，比增1.42%。

年末，全县出生11991人，出生率22.9‰，比上年增加2602人，上升4.8个千分点；死亡2816人，死亡率为5.4‰，比上年减少127人，下降0.2个千分点。人口自然增长率17.56‰，比上年上升5.1个千分点。

〔人口结构〕

2016年末，全县总人口中男性为270125人，女性为256068人，男女性别比（以女性为100）为105.5，男性比重比上年上升0.4个千分点，男女性别比例正常。

〔城镇人口与农村人口〕

2016年末，全县城镇人口为182758人，占全县总人口的34.7%，农村人口为343435人，占全县人口的65.3%。

〔家庭情况〕

2016年末，全县人口总户数145709户，户均3.61人。总户数比上年增加2037户，上升1.5%，户均人数比与上年基本持平。

〔人口分布〕

临江镇及其他乡镇人口　2016年末，临江镇人口为46336人（比上年减少936人），占全县总人口的8.8%。其他21个乡镇人口为475857人（比上年增加4326人），占全县总人口的91.2%。

人口密度　2016年末，全县每平方公里182.77人，比上年每平方公里180.20人增加2.57人。

2016年上杭县乡镇人口情况表

表3

单　位	2016年	2015年	净增人口（人）	同比增长（%）
合　计	526193	518803	7390	1.42
临江镇	46336	47272	-936	-1.98
临城镇	52105	48304	3801	7.87
湖洋镇	30591	30428	163	0.54
珊瑚乡	8578	8426	152	1.80
官庄畲族乡	32850	32700	150	0.46
中都镇	18277	18276	1	0.01
下都镇	11505	11474	31	0.27
旧县镇	30062	29865	197	0.66
才溪镇	26481	25985	496	1.91
通贤镇	22640	22102	538	2.43
南阳镇	48163	46817	1346	2.88

续表3

单　位	2016年	2015年	净增人口(人)	同比增长(%)
庐丰畲族乡	28686	28696	-10	-0.03
蓝溪镇	20065	19897	168	0.84
稔田镇	24959	24724	235	0.95
茶地镇	8984	8980	4	0.04
溪口镇	12905	12847	58	0.45
太拔镇	19514	19337	177	0.92
泮境乡	6434	6415	19	0.30
白砂镇	26549	26330	219	0.83
蛟洋镇	25951	25713	238	0.93
古田镇	20224	19918	306	1.54
步云乡	4334	4297	37	0.86

《概　况》撰审人员

撰 稿 人: 丘能征　郑春秋
胡发荣　张秋琼
审 稿 人: 项和杰　林逢春
李德强　陈　钧
责任编辑: 蓝晓东

农业和农村经济

·综 述·

〔农村经济发展情况〕

2016年,县农业农村工作坚持走“产出高效、产品安全、资源节约、环境友好”的农业现代化道路,深入实施创新驱动战略,着力推进农业农村供给侧改革,持续实现全县农业增产、农民增收、农村发展。全县实现农林牧渔业总产值59.7亿元,比增3.9%,增幅居全市第三位。其中:农业23.1亿元、比增3.5%,林业6.3亿元、比增5.7%,牧业27.3亿元、比增3.3%,渔业2.1亿元、比增10.4%,服务业0.9亿元、比增5.6%。农村居民人均可支配收入14074元,比增9%,增幅居全市第三位。

〔脱贫攻坚〕

精准识别建档 2016年,县组织精准识别工作队,严格按照国定、省定标准,坚持“五查五看”“三次公示”要求,采取政策宣传、干群评议、走访调查、信息比对等方式精准识别。全县共精准识别下都、蓝溪、太拔、珊瑚等4个贫困乡镇和50个贫困村,识别建档立卡贫困户7298户19926人,其中国定贫困户4101户8117人(包含分散供养五保户1903户1980人),省定贫困户3197户11809人。深入分析贫困户致贫原因,其中因灾致贫80户占1.1%,因病致贫2620户占35.9%,因学致贫292户占4%,缺资金561户占7.69%,缺技术577户占7.91%,缺劳力1710户占23.43%,其他原因致贫1458户占19.98%。

落实措施精准发力 2016年,县下发《上杭县“十三五”扶贫开发专项规划》《上杭县脱贫攻坚战役实施方案》《上杭苏区干部“千人挂钩、万人脱贫、共奔小康”挂钩帮扶工作方案》《上杭县2016年造福工程扶贫搬迁工作的通知》《上杭县扶贫小额信贷资金管理办法(试行)的通知》《上杭县扶贫小额信贷资金管理办法实施细则(试行)的通知》《上杭县产业精准扶贫行动计划》《上杭县县级财政扶贫专项资金管理暂行办法》等政策文件,县直有关单位也相继出台脱贫措施实施细则,为脱贫攻坚提供政策支撑。创建“1+N”扶贫模式,细化落实“4810”精准脱贫措施,县本级财政投入扶贫专项资金7371.26万元;落实造福工程扶贫搬迁818户2806人,下拨补助资金2977.5万元,超额完成造福工程扶贫搬迁任务;发放扶贫小额信贷资金2605.1万元,完成市下达上杭县任务数的173.7%。国网系统标注脱贫4219户10477人,其中国定2625户4365人(国标退省标75户233人)。净脱贫4102户10086(其中国定2617户4335人),净脱贫率50.62%。

创新机制助推脱贫 2016年,县财政每年统筹安排不少于5000万元专项扶贫资金,每年补助贫困乡镇50万元,用于发展生产性增收项目;每年安排1000万元,连续5年,每年为50个贫困村提供20万元扶贫资金,统一委托县国投公司运作,并按12%的固定年收益作为贫困村村财收入,增强村财“造血”功能,全县50个贫困村全部签订合作协议,县财补助资金全额到位。县财政设立1400万元小额扶贫贷款风险担保基金(其中省财800万元,县级财政配套600万),县农商行、农业银行发放扶贫小额信贷691户2605.1万元,超额完成市下达上杭县任务数1500万元。统筹整合部门扶贫资金,县直各部门安排50个贫困村基础设施建设等项目227个,总投资9997.12万元,其中50个贫困村和3个县管贫困村县财政下拨基础设施项目补助1300万元。4个市级扶贫开发重点乡镇分别由县四套班子主要领导挂钩帮扶;15个省市贫困村由省市部门挂钩外,35个县级贫困村分别由1名县处级领导挂钩帮扶,50个贫困村全部安排县直挂钩部门;7298户贫困户分别由市、县、乡领导干部挂钩,实现贫困乡镇、贫困村、贫困户挂钩帮扶全覆盖。

〔农业新型经营主体培育〕

新型职业农民队伍培育 2016年,引导农村青年、返乡农民工、农技推广人员、农村大中专毕业生等从事现代农业建设,培养有文化、懂技术、会经营的新型职业农民,全年认定新型职业农民303人。

家庭农场发展 2016年,全县评选县级示范家庭农场50家,累计150家;新增家庭农(林)场322家,其中市级示范场8家、省级示范场4家;累计经工商登记注册的家庭农场有1572家,其中市级示范场25家、省级示范场7家。

农民专业合作社规范提升 2016年,新增专业合作社42家,其中省级示范社3家;全县累计经工商登记注册的专业合作社有364家,其中被评为部级示范社3家、省级示范社13家、市级示范社29家、县级示范社47家。

龙头企业培育 2016年,润农年产万吨食用菌工厂化生产加工项目(一期)建成投产,加快优创农业冷链物流、红肉蜜柚生态果园建设与保鲜加工等新开工项目的建设。新增省级龙头企业1家、市级龙头企业3家及示范企业2家。

〔美丽乡村建设〕

2016年,县重点打造提升"4+5"美丽乡村党建综合示范点、市级美丽乡村自力更生等项目,推进太拔院田、官庄新风、泮境乌石、南阳双溪等市级美丽乡村示范村建设工作。官庄新风村、泮境乌石村、南阳双溪村等市级美丽示范村通过市、县验收,县21个乡镇(除临江以外)的农民文化休闲运动园建设及12个乡镇级自力更生美丽乡村示范村建设项目通过验收。

〔休闲农业〕

2016年,县重点打造太拔院田村、儒溪茶田、添福山庄、观音井百果园等一批休闲农业与乡村旅游示范点。

·农 业·

〔农业生产情况〕

粮食生产 2016年,粮食播种面积47.28万亩、总产19.76万吨,分别比增0.56%、1.14%。县发放农业"三项补贴"资金2637.88万元,争取各类项目资金1896万元;县百亩以上种粮大户26户;水稻高产创建活动面积5.7万亩,有3个千亩示范区、5个百亩攻关方;推广超级稻面积15万亩,建立超级稻百亩示范片10片、千亩示范片5片、万亩示范片3片。

园艺产业 2016年,下都镇(沙田柚)被农业部认定为第六批全国一村一品示范镇。县蔬菜种植面积23.39万亩、总产34.2万吨,分别比增1.2%、1.05%,实现产值7.5亿元;果树种植面积12.96万亩,总产5.6万吨、产值2.41亿元,产量产值分别比增3.1%、7.1%;茶园面积2.4万亩,总产1400吨、实现产值0.98亿元,产量产值分别比增0.9%、2.5%;食用菌栽培1852万袋,鲜菇总产1.86万吨、总产值1.01亿元,产量产值分别比增8.9%、7.2%。

烤烟生产 2016年,县签订烤烟产购合同2990户,种植烤烟4.14万亩,收购烟叶9.8万担,烟农售烟收入1.55亿元(含各项补贴),户均收入达5.2万元,实现烟叶税2764万元。

畜牧水产 2016年,全县生猪年末存栏41.5万头、出栏73.6万头,分别比减17.55%、6.23%;家禽存笼530.9万羽,出笼2313万羽,分别比增0.51%、0.82%;兔存笼77.9万只、出笼143.6万只,比减0.7%、3.16%。养殖水面约5万亩,渔业产量1.17万吨,比增10.43%。县农业局被评为2011—2015年福建省海洋与渔业工作先进单位、福建省2015年度完成渔业安全生产目标责任先进单位,中国渔政上杭县大队被评为2016年度全国渔业文明执法窗口单位。

〔农业产业项目提升〕

农业领域项目攻坚战役 2016年,农业领域项目资金到位52329万元,开工建设项目16个,完成投资52239万元,占年度总投资的96.5%;完成策划项目18个,签约项目4个,增资项目11个,竣工或部分竣工项目13个。

"一区两园"项目 2016年,县上报"一区二园"建设项目11个,完成省、市下达任务122%,在全省64个市县中完成目标任务排第二名。批复稔田省级农民创业示范基地基础设施、五新技术推广等项目建设,落实闽台农业合作项目实施建设任务5个。完成设施果蔬大棚建设220亩。

现代农业 2016年,用活用好县级现代农业2000万元专项资金,下拨2015年14个县级现代农业项目专项补助资金1234.2万元;确定县级现代农业重点扶持项目24个,计划扶持补助资金1930万元,重点扶持省市龙头企业、5000万元以上企业、"八大珍八大鲜"特色产品、林下经济、电子商务及产业扶贫等新业态。

〔农技推广〕

2016年,加快农业"五新"技术推广,重点推广一批高产优质的新品种、节本增效的先进实用新技术、高效成效的有机新肥料、安全低毒低残留的新农药和便捷适用的新农机具。全年水稻"五新"集成推广示范片40片5.7万亩、超级稻15万亩、杂交稻39万亩、优质稻38万亩、脱毒甘薯1.2万亩,推广免耕栽培5万亩;推广测土配方施肥技术36万亩,冬种紫云英6个示范片,推广面积2.5万亩;推广商品有机肥1.2万吨;农作物和畜禽良种覆盖率达96%以上;主要农作物耕种收综合机械化水平达43%。

〔农业信息服务〕

2016年,积极创建省级"12316"

农业信息服务文明窗口单位。加强农村公共信息服务平台，全年在报刊网络媒体上发布1256条信息。抓好“12316”农业服务热线工作，全年印发各种种养技术资料1.5万多份，接待来电来访700多人次。加快发展农业物联网和农产品电子商务，与阿里巴巴集团签订农村淘宝合作项目，建成1个县级服务中心和87个村级服务站，成立企通宝电子商务中心、福建欣杭电子商务有限公司；注册成立上杭县供销电子商务有限公司，采用“公司+专业合作社+基地+农户+实体店”的模式，促进线上线下融合发展，联系上杭县农特产品生产加工的专业合作社（公司）115家，进驻主要农特产品300多种。

〔农产品质量安全监管〕

2016年，积极争创国家级农产品质量安全县，加强农产品标准化示范建设，强化农畜水产品监督执法。

农产品“三品一标”认证和质量安全可追溯体系建设 年初，县对乡镇颁发农产品质量安全监管责任状，与生产基地上市果蔬茶产品和槟榔芋种植大户签订质量安全承诺书，全年新增农产品“三品一标”认证产品25个（其中有机食品7个、绿色食品2个、无公害产品16个），在省农产品质量安全追溯监管平台注册市级以上龙头企业、示范企业13家。

农产品质量安全检测检疫 2016年，明确336名县村级农民技术员履行村级农产品质量安全协管员职责，实现县、乡、村三级监管网络全覆盖。强化果蔬、生猪屠宰、水产品检验检测检疫工作，全县果蔬样品合格率98.03%以上，畜禽产品质量安全监测合格率≥99.5%，水产品样品合格率为100%。

农业标准化基地建设 2016年，县组织建设蔬菜生产标准化示范基地4个，带动按标生产2万亩；建设经济作物标准化生产示范区9个，带动按标生产近3万亩；重点抓好60家畜禽规模养殖场的标准化生产工作，带动生猪出栏23万头、家禽出栏242万羽。

农业执法 2016年，加强全县22家农资监管平台建设，县67家兽药经营企业纳入兽药农资监管平台并投入使用。全县农资、畜牧、水产等各类执法出动近900人次，检查经营店、企业或养殖场（户）近400家。

〔农业安全生产〕

植物疫病防控 2016年，指导农民防治各种农作物病虫害工作，发布病虫情报6期，科技宣传资料4期2000余份，上传病虫信息20余项；发生病虫草鼠40.46万亩次，防治约168.15万亩次，挽回损失8570吨。

动物疫病防控 2016年，全县调入猪口蹄疫灭活疫苗398万毫升、牛口蹄疫灭活疫苗20万毫升、高致病性禽流感灭活疫苗661.4万毫升、高致病性猪蓝耳病弱毒疫苗95万头份、猪瘟活疫苗270万头份，购入400万羽份的鸡新城疫I系苗和10万羽份鸭瘟疫苗。强化口蹄疫、猪瘟、高致病性猪蓝耳病、高致病性禽流感等疫病监测和流行病学调查，全县重大动物疫病的免疫密度常年维持在90%以上，应免畜禽免疫密度达100%，确保全县没有发生区域性重大动物疫病。

渔业安全监管 2016年，开展渔业船舶安全生产大检查和专项整治工作，集中开展安全生产大检查行动5次、打非治违行动8次，共出动执法人员65人次、车辆13车次，拆除“灯光”等违法网具47张、收缴电鱼设备9套、电鱼立案2起、罚款1700元。与公安、渔政、水政、安监联动，在汀江流域城关段开展打击电、毒、炸鱼等非法捕捞活动，现场拆除电鱼机25套、非法捕捞网具3张。

沼气安全监管 2016年，县采取定期、不定期方式，对现有沼气池运行管理情况进行检查，全县农业能源安全稳定向好，未发现重大安全隐患。

〔养殖业污染治理与减排〕

2016年，推进生猪养殖场标准化升级改造工作，生猪存栏能力250头以上猪场标准化改造项目审核批复158家，有142家猪场开工建设或启动拆除，其中验收改造猪场5家、拆除猪场27家；蛟洋镇21家猪场引入第三方治理项目通过专家评审。推进病死畜禽无害化集中处理工作，县4个片区分别建成病死畜禽无害化集中处理点，其中城区、东南片区、古蛟片区处理点投入运行。加强260座养殖场化制池、200座行政村化制池的监管工作，无害化处理病死猪41422头，达到无害化处理全覆盖。

〔深化农村改革〕

土地流转 2016年，全县土地流转面积达16.18万亩（其中百亩以上规模经营133片3.03万亩），占承包耕地面积的45.72%；涉及农户5.56万户，占总农户数的51.77%。

土地承包经营权确权登记颁证 2016年，全县启动农村土地承包经营权确权登记颁证工作，全面完成航摄和底图制作，提交DOM正射影像图1900平方公里，占总面积的66.55%；完成外业调绘调查工作村175个、审核公示村69个、合同签订村55个。

·农业综合开发·

〔农业综合开发情况〕

2016年，县国家农业综合开发项目完成2015年度蓝溪、太拔、通贤、才溪镇农业综合开发高标准农田建设15510亩，财政投资3167.82万元；完成稔田镇农业综合开发小流域生态综合治理项目5700亩，财政投资633.6万元；完成农业综合开发水毁工程修复项目，财政投资80万元，完成农业综合开发结余资金项目1190亩，财政投资190万元；完成上杭县才溪鑫翔果蔬专业合作社才溪脐橙高产优质栽培技术示范推广项目,财政投资32万元;完成农业产业化财政补助龙岩市福欣牧业发展有限公司年产5万羽贵妃鸡产蛋生产线扩建项目,财政投资160万元,上杭县旧县福村鸿建山鸡专业合作社年出栏8万羽肉鸡养殖新建项目,财政投资112万元。全年,实施临城、珊瑚、庐丰农业综合开发高标准农田建设项目22300亩,财政投资4422万元;中都镇聚胜家庭农场高标准农田建设项目1000亩,财政投资160万元;古蛟片农业综合开发小流域生态综合治理项目7000亩,财政投资784万元,至年底主体工程初具规模。上杭县蛟潭茶业专业合作社上杭县蛟潭高山绿色生态茶园示范推广项目,财政投资40万元。申报2017年度湖洋、庐丰、中都镇农业综合开发高标准农田建设项目26500亩,财政投资5390.52万元。加强项目实施管理,严格考评办法,聘请村级施工员,对有土地整理的村,选定1名—2名责任心强、比较懂得工程施工的施工员跟班作业。县农发办和监理单位对村级施工员进行培训。完善土地治理项目验收规程,确保工程验收质量。建立项目实施定期通报制度,施工期间在项目区每15天—20天举行一次由县农发办、项目乡镇、项目村、村级施工员、监理单位、施工单位参加的定期通报会,对施工管理中存在的权属调整、施工进度、施工工艺、工程质量、工程调整变更等问题,共同商讨解决方案,确保项目保质保量完成。利用互联网管理项目,建立土地治理项目管理微信群,在项目实施过程中把相关通知、验收申请和检查发现的问题及时发送到微信群,达到交流、监管的目的;建立4个"互联网云盘"账号,4家监理单位把每天的管理信息发送到"互联网云盘"(如每天各施工单位的施工情况,单元工程实施前、中、后的影像,单元工程清基验收或模板验收的影像、隐蔽工程验收影像等),业主单位和监理单位可随时打开和下载管理信息,作为考核管理监理单位的凭据。

·农 机·

〔农业机械装备情况〕

2016年,全县农业机械总动力达13.22万千瓦。农业机械2.53万台套,其中拖拉机3368台(多功能拖拉机479台、手扶拖拉机2019台、手扶变型运输机870台);农田基本建设机械87台;耕整地机械3841台(微耕机3479台、中耕机362台);旋耕机1130台、起垄机826台;插秧机153台;联合收割机73台;田间管理机械1785台(植保机械1381台、茶叶修剪机5台、割灌机399台);其他收获机械18台;谷物烘干机25台。小型机动脱粒机具、农用排灌机械、农副产品加工机械、畜牧业机械、设施农业设备等都有不同程度的变化,其中机动脱粒机5391台、农用排灌动力机械3676台、农产品初加工作业机械3422台、畜牧养殖机械1038台、渔业机械410台,保鲜储藏设备34台(套),林果业挖坑、果树修剪机械65台。

〔落实农机购置补贴政策〕

2016年,县农机管理站严格按照《2015—2017年上杭县农业机械购置补贴实施方案》落实农机购置补贴政策。全年农机购置补贴受益农户1256户,机具数量1420台,总补贴391.61万元(其中中央补贴325.50万元,省补贴66.11万元)。

〔农业机械化作业〕

2016年,加快推进农机合作社规范化建设和示范培育,新培育农机专业合作社4家,全县累计注册成立农机专业合作社16家,初步形成以农机专业合作组织为龙头,农机大户为主体,农机户为基础,农机中介组织为纽带的新型农机社会化服务体系,为农业产前、产中、产后提供系列化服务。

2016年,县农机管理部门以农田机械作业为重点,围绕春耕、双抢、秋收、冬种等重点农时季节,组织农机服务开展机耕、机收、机灌、农运、信息咨询等社会化服务。全年完成农田机耕39.7万亩、机插7.2万亩、机收13.4万亩,主要农作物耕种收综合机械化水平达47.26%,比增2.26%。机械灌溉、节本增效技术、机械脱粒、农业运输等农机作业量和畜牧、渔业养殖机械应用以及大棚结构农业设施、水肥一体化微灌设施应用进一步扩大。

〔农机新技术新机具推广〕

2016年,县农机管理部门引进、示范、推广适合当地的小型农机具,全年新增中耕机1台、微耕机551台、旋耕机82台、收割机22台、插秧机2台、动力喷雾机56台、割灌机332台、粮食烘干机5台、手扶拖拉机83台、履带式拖拉机20台、起垄机60台、离心泵2台、田园管理机械22台、病死畜禽无害化处理设备16台、农用航空器8台。

2016年,水稻生产机械化育插秧瓶颈环节取得突破。县农机管理部门鼓励农民进行土地联片作业,通过政府扶持和市场导向相结合,以水稻机插为突破口,抓好水稻生产全程机械化示范点,实行统一品种、统一播种育秧、统一秧苗管理、统一机耕、统一机插、统一机收。全年完成水稻机械化插秧面积7.2万亩。

〔农机质量与安全监督管理〕

2016年,县农机管理部门重点抓好农机补贴产品质量监督,加强对农机补贴机具经销商(点)的监管,重点结合农机务农作业工作,对历年享受农机购置补贴机具的使用情况进行跟踪调查并登记造册。同时,强化农机安全宣传教育,持续开展农机道路交通安全综合整治“三年提升工程”，加强农机安全执法和拖拉机安全专项整治。全年未发生农机生产安全事故。

·烟　草·

〔烤烟种植与收购〕

2016年，全县种植烤烟面积4.14万亩，烤烟种植户数2990户，签订烟叶产购合同5800吨，收购烟叶4900吨，完成计划任务的84.48%，上等烟比例57.08%，户均收入5.2万元，全县烟农售烟总收入1.55亿元（含各项补贴），实现烟叶税2764万元。

2016年，县烟草分公司按照“稳定规模、优化结构、降本增效、完善体系”的总体要求，狠抓“控总量、抓规范、促增收”等措施，生产计划稳控平衡。以合同管理为主线，明确合同签订程序，按合同组织烤烟种植，加强生产过程监管，严把物资供应、育苗协议等关口，严厉制止超计划、无计划生产或少种多订的行为。受烂冬天气影响，烟田备耕备种严重滞后，但全县烟农不等不靠，抢抓时令，开深沟排积水，动员农户牛犁、人锄等方式加快起垄进度，确保全县4.14万亩烟苗顺利移栽到田。常规技术有效落实。开展稻草回田、溶田、稻草堆沤回田1.04万亩。落实“早壮深、小高密”技术，促进栽后烟苗早生快发和少病害（“早”即适时早播早栽；“壮”指断水炼苗、培育壮苗；“深”指深耕、深沟、深栽措施；“小”指营养土小苗移栽技术；“高”指高起垄；“密”指适度密植）。全县完成小壮苗配施营养土深栽面积1.75万亩。推行以“控氮补微增有机”为主的平衡施肥技术，促进烟株的均衡生长和适时成熟。抓好安全生产、净化烟田环境，落实烟田排水、防病、田间卫生工作，做到烟田雨季无积水，后期株健无病害，田净渠净无废物。抓好以成熟度为中心的合理留叶、打顶、采收、四层烘烤和执行保湿烘烤工艺。全面推行烟叶精益收购，不断创新烟叶收购方法，在全县各收购站（点）实行“精准预约、挂样分级”的烟叶精益分级模式；在临城中心站、中都烟草站实行“免初分”的烟叶收购模式，积极探索烟叶收购环节精益管理、降本增效有效措施。

〔烤房建设〕

2016年，全县投入445万元，新建烤房10座，技改烤房928座，推广应用生物质供热炉123座，提升全县密集烤房性能和烟叶烘烤质量。

〔烟基工程〕

2016年，全县常规烟基项目68个，预算投入资金1881.2万元，涉及17个乡镇53个项目村。实施高标准基本烟田土地整理项目涉及庐丰乡丰济、丰乐2个村，面积899.8亩，总投资479.7万元（其中烟草部门投入314.9万元；国土部门投入126.8万元；地方自筹38万元）。合力做好水源工程项目建设工作，下都镇烟区供水工程投入使用；庐丰乡铁东水库供水及灌区改造工程完成工程项目总投资；旧县片区水源项目南山水库开工建设，上坝公路完成，进入开挖坝址阶段。新坊水库进场施工；铁东水库改造工程完成招标；白砂锦绣水库项目完成主体工程招标；泮境乌石水库项目待国家烟草专卖局复审。

〔烟农保障体系建设〕

2016年，县烟草分公司不断完善烟农保障体系建设，减轻自然灾害对烟叶生产带来的损失。加强与县气象部门的合作，全年向烟农发送灾害天气预报短信4万条，实施人工影响天气作业22次，发射消雹弹521发，减少灾害天气造成的烟叶损失。按照“政府+企业+烟农”的投保模式，全县2990户烟农全部参加烟叶生产种植大田保险，种植农户及种植面积投保率达100%。受霜冻、洪涝、狂风等灾害袭击，全县绝收烟田597.33亩，损失严重1894.76亩，损失中度2574.26亩。保险部门兑付理赔款215.46万元，最大程度减少受灾烟农的损失。

〔科研创新〕

2016年，县烟草分公司扎实开展科研创新。配合上级科研院所实施各类课题29个，其中国家烟草专卖局项目1个、省烟草公司项目9个、市烟草公司项目18个、县分公司项目1个，涵盖育苗、品种、栽培、植保、调制和综合管理类项目。加强自主课题探索研究。推广烟蚜茧蜂防治蚜虫绿色防控技术，完成全县100%烟田放蜂作业，全年共释放蚜茧蜂856.5万头，实现烟田全覆盖和防治烟蚜零用药目标。

〔卷烟销售〕

2016年，全县销售卷烟1.27万箱，条均价116元，重点骨干品牌销量占比达88.8%，在全市卷烟营销评比中名列第三名。

〔专卖管理〕

2016年，县烟草专卖局通过各种媒体开展烟草专卖法律法规宣传活动，开展宣传活动6场次，接受咨询500人次，发放宣传材料1000余份。全年出动打假打私2259人次，检查卷烟零售户1.26万户次，走访无证经营户160人次，查获各类违法案件55起，先行登记保存卷烟121.3条，烟叶1539.25公斤，判刑5人，罚没人民币4668.5元。

2016 年上杭县各乡镇烤烟生产、收购情况表

表 4

乡　镇	合同种植面积(亩)	数量合计(吨)	上等烟比例(%)
庐丰畲族乡	11393.00	1380.00	62.08
蓝溪镇	5105.00	609.95	54.91
太拔镇	703.00	89.81	53.71
稔田镇	3144.00	358.62	60.70
溪口镇	1775.00	172.62	64.41
茶地镇	555.00	57.38	55.92
蛟洋镇	834.00	109.19	65.72
古田镇	276.00	26.92	58.06
白砂镇	1406.00	173.97	68.22
泮境乡	1110.00	130.51	61.04
湖洋镇	2441.00	293.08	45.50
临城镇	1590.00	189.34	56.06
中都镇	1701.00	166.47	53.54
下都镇	2404.00	294.89	60.84
南阳镇	934.00	106.83	44.35
通贤镇	65.00	8.00	67.13
旧县镇	960.00	127.34	50.29
才溪镇	335.00	37.38	31.28
官庄畲族乡	4090.00	498.06	49.54
珊瑚乡	607.50	69.19	38.92
合　计	41428.50	4900.00	57.08

·林　业·

〔植树造林〕

2016 年,全县完成植树造林 4.67 万亩,占市下达任务 2.22 万亩的 210.7%,其中完成“三带一区”造林 1.78 万亩,占任务 1.62 万亩的 110.3%;完成其他人工造林更新 2.89 万亩,占任务 6000 亩的 481%。森林抚育完成面积 6.7 万亩,占任务 6.16 万亩的 108.7%;完成“三个必造”总面积 1.81 万亩,占任务 1.80 万亩的 100.4%。

〔森林资源保护〕

森林防火　2016 年,全县发生森林火灾 2 起,占省定控制指标 17 起的 11.8%,受害森林面积 212 亩,占省定控制指标 2612 亩的 8.1%,双控指标均未突破,未发生重特大森林火灾。

森林病虫害防治　2016 年,累计完成防治面积 2.53 万亩,有效防治率为 95.8%。

加大违法破坏森林资源行为打击力度　2016 年,受理森林三类案件 197 起(其中,刑事案件 30 起、治安案件 7 起、林政案件 160 起),打击处理各类违法人员 362 人次,挽回直接经济损失 144.37 万元。

〔林业富民产业〕

2016 年,全年实现林业总产值 32.55 亿元,比增 59.4%。

林下经济　2016 年,通过重点培育、打造庐丰世纪金花茶、古田富康铁皮石斛、福欣牧贵妃鸡等林下经济示范基地,带动、推广全县林下经济产业发展。全县现有林下经济经营面积 81.8 万亩,从事林下经济开发的林农 5.9 万人,全年实现林下经济产值 18.3 亿元,比增 23.5%。

花卉苗木产业　2016 年,完成省现代农业(花卉)项目,通过示范带动推动花卉苗木产业发展。全县种植各类花卉苗木经营面积 2.01 万亩。全年实现花卉苗木产值 3.82 亿元,比增 12.7%。

竹业产业 2016 年,完成 2015 年福建省现代竹业重点乡镇(步云乡)生产发展资金项目、毛竹丰产示范工程。根据《福建省人民政府办公厅关于加快推进竹产业发展七条措施的通知》精神,结合县内实际,研究制定竹业产业发展实施方案。全年,实现竹业产值 5.4 亿元,比增 5.9%,完成竹林抚育 30 万亩。

油茶产业 2016 年,完成 2016 年中央财政现代农业(木本油料)项目 3300 亩,完成 2016 年县级现代农业(木本油茶)项目 1212 亩。实施低产低效油茶林改造面积 5500 亩,新增油茶种植面积 4725 亩。全县现有油茶林总面积 6.3 万多亩,全年实现产值 2.3 亿元,比增 15%。

〔全面深化林业改革〕

深化生态公益林管理体制改革 2016 年,健全生态公益林保护管理体制机制改革,提高护林员巡山护林积极性。全县共聘请驻站护林员 86 名、其他护林员 160 名。

健全林权动态管理制度 2016 年,以上杭县林业金融服务中心为平台,依托"闽西林权流转运营中心",建立和健全林权流转交易平台和信息发布机制。8 家林业企业在海峡股权交易中心参与挂牌展示。

县属国有林场改革 2016 年,启动县属国有林场改革工作,召开改革工作专题会议,制定《上杭县县属国有林场改革方案》上报龙岩市人民政府审核,并转报福建省林业厅审批。

探索建立林权收储机制 2016 年,积极与森林资源资产评估机构、上杭县农商行、中成村镇银行、农业银行等金融机构开展合作,构建集评估、收储、担保、流转、贷款"五位一体"的林业金融服务体系,开展林权直接抵押贷款。全年,向 19 户林农(企)发放林权抵押贷款 504.5 万元,林权抵押贷款担保面积 4559.5 亩。

〔林地报批工作〕

2016 年,经省、市、县审批林地 74 件,审批林地面积 581.26 公顷,完成全年任务 127 公顷的 457.7%。

〔上杭县被授予"福建省森林县城"称号〕

2016 年 12 月,省级森林县城创建工作通过福建省绿化委员会的检查验收,上杭县被福建省绿化委员会、福建省林业厅授予"福建省森林县城"称号。

·梅花山自然保护区·

〔资源保护工作〕

森林防火 2016 年,增设保护区管理局内设机构"森林防火办公室";在梨岭、蛟潭等地安装卡口监控设备,将监控系统与"护林宝"系统结合,初步建成管理局监管中心;投入资金 13 万元,在寺庙、庵堂等重点隐患处建造鞭炮燃放池 24 处;投入资金 15 万元,维修改造油婆记瞭望台;投入资金 12 万元,添置 20 台风力灭火机、20 套消防服装等防火器械。取得连续 20 年无森林火灾的成绩。

病虫害防治 2016 年,做好松材线虫、马尾松毛虫等林业有害生物监测点布设及预防工作,预防面积达 5 万亩;发挥检查哨卡作用,杜绝检疫对象传入保护区内,全年未发生森林病虫害。

资源调查 年初,组织开展步云乡桂和村长苞铁杉林专项调查,该林分面积 388 亩,百年以上古树 222 株。7 月,启动第四次森林规划设计调查,组建 7 个调查工作组和 1 个质量检查组,对 218 个县级固定样地进行调查,11 月底全面完成该项工作,并在保护区内首次发现国家二级重点保护植物浙江楠、桫椤、粗齿桫椤 3 个珍稀物种。

〔科研宣教〕

科研工作 2016 年,成功繁育楚光冬青幼苗 3000 多株;在钟萼木、闽楠、红豆树等珍稀植物原分布区种植珍稀苗木 4000 多株,进一步恢复和扩大珍稀植物种群。持续开展华南虎繁育野化研究工作,共繁育成活华南虎 8 只;9 月 12 日及 10 月 12 日,分别从上海和洛阳动物园引入华南虎"欢欢"和"羊大",实现自 2010 年以来首次引入华南虎种源;按照建设省级科研实验室标准,启动虎研所科研实验室建设工作,9 月成功对一只幼虎实施脐疝手术,实现华南虎人工手术治疗的零突破。

宣教工作 2016 年 3 月,深入区内开展"让鸟儿与我们共享绿色发展"为主题的福建省第三十四届"爱鸟周"宣传活动。"六一"儿童节前夕,前往古田、步云等 4 所中小学校开展"关爱野生动植物,共享生态梅花山"为主题的生态科普知识进校园活动。6 月 3 日,联合龙岩市中级人民法院、市检察院、市森林公安局深入区内开展"6·5"世界环境日主题宣传活动。7 月 29 日,举办"关爱华南虎,关心人类自己"为主题的"全球老虎日"活动。

合作研究 2016 年 1 月 5 日,华南虎繁育研究所与龙岩学院生命科学学院产学研合作基地挂牌,正式确立校、所合作伙伴关系。5 月 10 日,龙岩学院生命科学学院客座教授、美国佐治亚大学兽医学院传染病系教授 Adrian Wolstenholme 博士,华南农业大学兽医学院教授、动物传染病教研室主任亓文宝博士一行到华南虎繁育研究所考察。12 月 2 日,中科院武汉植物园植物分类专家李晓东、夏伯顺前往保护区开展本土植物资源考察。

〔社区发展〕

发展林下经济 2016 年,发展林下种植、林下养殖、森林景观利用等林下经济项目,9月在步云乡马坊村建立黄花远志种植示范基地82亩。

“以电代柴”项目　在保护区内蛟潭、云辉等8个村实施“以电代柴”项目,全年共下达电费补助经费25万元,涉及林地面积近20万亩,人口2100多人。

〔项目建设〕

场馆建设　2016年,启动华南虎主题馆建设,完成设计、财审工作。建立野生动物救护场(蟒蛇馆)。

基础设施建设　2016年,开展保护区2015—2019年能力建设规划编制工作;编制保护区总体规划(2015—2024年),并上报国家林业局;修改完善基础设施三期工程建设项目可行性研究报告。投资近70万元维修改造梨岭、陈地护林哨卡并正式启用。投资375万元完成管理局办公楼维修改造和局机关绿化项目。

梅花山国家公园体制试点　2016年,启动梅花山国家公园体制试点前期工作,上报《关于拟建梅花山国家公园的呈阅件》。

·水　利·

〔水利建设发展情况〕

2016年,全县冬春水利建设累计完成投资1.5亿元,修复水毁水利工程222处,疏浚河道9公里,新增防渗渠道干支渠38公里,恢复农田灌溉面积1.9万亩,改善灌溉面积2.5万亩,新增节水灌溉面积1.5万亩,治理水土流失面积43平方公里。

〔防汛减灾〕

防汛工作　2016年,制定下发《上杭县2016年度防汛保安责任书》,对各乡镇实施防汛保安目标管理考核。4月5日,县政府召开防汛会商会议,分析研判今年全县雨情水情,并组织相关部门对重点区域进行防汛检查。4月6日,召开全县防汛工作会议,安排部署2016年全县防汛抗旱工作,并对县防汛指挥部成员单位、乡镇分管水利工作的领导、水利工作站负责人进行防汛相关知识培训。4月25日,县委主要领导开展防汛工作调研,并召开防汛会商会,对全县防汛工作提出具体要求。4月29日,召开全县水库安全度汛工作会议,贯彻落实省、市水库安全度汛视频会议精神,强调扎实做好水库安全度汛和当前防汛工作。5月8日,县主要领导主持召开全县防汛工作视频会议,对防汛备汛工作再动员、再部署,要求各部门和乡镇主要领导以及各级防汛责任人要坚守岗位、切实担负起责任,有效开展工作。4月—5月,驻上杭部队、应急抢险队伍分3批次在汀江县城区河段进行防汛抢险综合演练;6月23日,在蓝溪镇蓝溪村组织开展镇、村防汛预案演练。通过演练进一步提高防汛抢险救生组织指挥能力,充分发挥军、警、民在抢险救灾中的突击作用,全面提高全民防灾减灾意识。8月27日,在全县630多名科级领导干部开展综合素质提升培训班上,省防汛办专家讲授本省气象灾害及特点,台风灾害,暴雨、洪水灾害,灾害防御监测及预警手段和乡镇指挥长应把握的若干要点等防汛防洪应急管理课程。9月1日—2日,市防汛抗旱指挥部在上杭县举行防汛抢险救生仿真演习暨召开全市防汛工作推进会。全年,在防抗暴雨洪水和台风期间,上杭县共发出省、市、县领导批示及防御部署等传真300余次,发送短信100余万条,共巡查1.16万人次,紧急转移群众9600人次。4月27日凌晨,旧县河水猛涨,旧县集镇农贸市场进水,水深0.7米;国道205线旧县河东段受淹,交通中断3个小时。全年,全县22个乡镇不同程度受灾,直接经济损失1.45亿元,其中农业经济损失4273万元、工业交通经济损失3736万元,水利设施经济损失4486万元,其他经济损失2045万元。

山洪防治项目建设　2016年11月25日,上杭县山洪灾害防治项目(2013—2015年)通过市级初步验收。至年底,全县22个乡镇全面完成2016年度山洪灾害防治项目综合保障体系和基层防汛抗灾责任体系示范村建设内容。

〔民生水利工程建设〕

农村饮水安全工程项目　2016年,完成农村饮水安全工程水质检测中心建设工作,加强农村饮水安全工程项目管护工作。

水库除险加固项目　2016年,完成6座(春长、邹坑、水东、礤头、马洋洞、余康)小(二)小型水库除险加固工程建设任务;完成全县水库大坝注册登记和复查换证工作。

小型农田水利重点县建设项目　2015—2017年度中央财政第七批小型农田水利项目县建设涉及才溪、通贤、官庄、中都、下都、蓝溪、茶地、泮境等8个乡镇,编制完成三年建设方案和2015年度实施方案。2015年度,才溪、通贤、官庄小型农田水利项目县建设项目工程总投资2550万元,至年底工程完成投资2350万元。2016年度,中都、下都镇小型农田水利项目县建设项目完成施工设计、预算审核招投标工作并开工建设。

农田水利基础建设项目　2016年,完成2015年度20座县级灌溉排水泵站建设项目、县级184.5公里标准化渠道项目、5处县级高效节水灌溉示范工程建设项目、17座县级病险小山塘除险加固项目的建设及验收工作。

防洪工程项目　汀江防洪工程(一期)项目总投资2850万元(其中中央已下达1425万元、地方自筹1425万元),实施张滩段两个标段施工图设计,Ⅰ标段已开工,Ⅱ标段进行施工前的准备工作;丰云头段开展施工图设计工作。

山地水利建设项目　2016年,完成古田镇新生村富康农林高效节水灌溉示范工程，步云乡梨岭村梅韵家庭农场高效节水灌溉工程、才溪镇溪西村才溪红庄家庭农场高效节水灌溉项目、官庄乡红石村鼎丰农业发展有限公司管灌工程、太拔镇田增村安龙茶业发展有限公司高效节水灌溉工程等5个县级高效节水灌溉示范工程建设项目。

中小河流治理项目 2016年，黄潭河古田镇治理工程准备竣工验收；麻林溪步云乡治理工程准备完工验收；旧县河旧县镇治理工程已完工验收；实施黄潭河稔田镇治理工程，完成投资约75%。

烟草水源工程 下都乡烟区供水工程总投资5173万元，全年完成完工验收和投入使用验收。庐丰畲族乡铁东水库供水及灌区改造工程总投资4578万元，全年管道工程、渠道工程和水库山塘除险加固基本完工。旧县片区烟区水源项目。2016年，南山水库建设项目开工，进行清表和施工便道施工；新坊水库完成施工、监理招标，进行施工和征地工作；铁东水库大坝及进水口改造工程进行施工。白砂镇锦绣水库工程总投资7720万元，进行施工征地、施工前期准备。泮境乡乌石水库工程总投资5186万元，于10月经省烟草公司审查，已上报国家烟草局待审查。官庄乡横山头水库工程总投资7408万元，至年底，项目可研报告已出具市水利局审查意见。蛟洋镇松光礤水库工程总投资9021万元，至年底，项目可研报告已出具市水利局审查意见，水土保持、建设规划、水资源论证已审查批复。稔田镇马岌背水库工程总投资6370万元，至年底，项目可研报告已经市发改委批复，初设报告已经市水利局、市发改局批复。

〔村级水利协会管理〕

2016年，积极探索创新水利工程管护体制，在各行政村或灌区组建村级（灌区）水利协会，县财安排专项资金用于协会管护水利设施。至年底，全县组建村级水利协会307个，其中古田镇赖坊村、中都镇军联村水利协会被评为国家级农民合作用水组织示范社。

〔水电管理〕

2016年，开展对小（二）型及以上水库、重要山塘、重要堤防、河道采砂、各类在建工程以及防汛责任制、防洪预案、防汛抢险物资储备、抢险队伍、河道清障、冬春水利建设等内容进行重点检查。对全县39座小（二）型及以上电站水库大坝实施安全鉴定，完成33座，委托鉴定6座。对中小河流治理、水库除险加固、小型农田水利、水土流失综合治理项目等重点在建项目进行质量监督及安全检查，对检查中发现的重大问题，进行挂牌督办。开展水电站安全生产标准化建设创建工作，制定小水电退出试点工作方案和补偿方案。

〔水资源管理〕

水政水资源监管 2016年，联合团县委、县妇联、教育局、上杭职专、夕阳红艺术团等单位开展“3·22”世界水日、“中国水周”宣传活动，向社会宣传水资源知识，发放宣传材料5000份。2014年度金山水库水源地水资源保护试点项目建设通过市级验收。严格执行采砂许可、取水许可和水资源有偿使用制度，受理河道采砂许可申请44件、办结44件。全年，共征收水资源费632万元，采砂管理费23.65万元。

综合执法 2016年，上杭县用水总量为2.09亿立方米；万元工业增加值用水量比2015年下降8.95%、万元GDP用水量比2015年下降33.03%；农田灌溉水有效利用系数0.632；城镇供水管网漏损率20.4%；工业用水重复利用率81.4%；省级以上重要江河湖泊水功能区水质达标率93%；县城以上集中式饮用水水源地水功能区水质达标率100%；行政交界断面水质达标率100%。全年组织开展河道巡查90次，联合公安、国土、交通、工商、供电公司等部门及乡镇政府综合执法5次，制止、打击违法砂场25家次，责令停止水事违法行为38起，查处案件1件，处罚金额2万元。

河道保洁 2016年，县水利局、国土资源、环保等部门探索河流、水库、山塘确权登记工作。实行河流管养分离，汀江流域城区段与专业保洁公司签订保洁协议，每年保洁经费8万元，实行主要河道通过政府购买方式聘请专业保洁公司保洁，实行专业化、社会化养护。推行河流养护标准，按照“水清、河畅”的要求落实管理责任。2016年，市政府指定永定区政府为项目业主，对棉电库区水葫芦进行清理整治，完成下都段、稔田段的水葫芦清理整治任务。

堤防维护费计征 2016年，共计征堤防维护费5.93万元。

〔水土保持〕

监督执法 2016年，全县审批开发建设项目水土保持方案34份（其中报告书7份、报告表4份、登记表23份），申报率达100%，全部落实水保措施，落实率达100%。征收水土保持补偿费168.42万元。开展生产建设项目落实水土保持“三同时”制度专项监督检查33次，检查56个项目，发出整改通知书2份，完成水土保持设施验收1件。

重点治理 2016年，全县完成水土流失综合治理7.37万亩。

国家水土保持重点建设工程项目。国家水土保持重点建设工程上杭县水东溪小流域和上坊小流域水土流失综合治理项目通过省级验收，完成投资1429万元，完成治理面积2.18万亩。2015年中央预算内水土保持投资工程上杭县才溪小流域（南阳段）水土流失治理项目，完成投资222.15万元，完成治理面积0.84万亩。

省重点乡镇水土流失综合治理项目。临城镇、白砂镇、官庄乡、南阳镇等4个省重点乡镇水土流失综合治理项目完工,总投资837万元,完成治理面积1.5万亩。省级水土保持生态村古田镇金湖村项目,步云蛟潭茶场、临城九洲村、稔田大燕村省专项资金项目,完成投资110万元。

·库区移民开发·

〔库区移民后期扶持人口管理与直补资金发放〕

2016年,继续做好后期扶持人口管理及直补资金发放工作。2016年度直补资金发放人数20378人,扶持到村6696人,核减152人,核增107人,共发放直补资金1222.68万元。

〔库区移民后期扶持项目管理〕

2016年,继续实施大中型水库库区移民后期扶持项目,完成2016年度后扶项目的计划审核、上报并抓好已批复项目的实施工作。全年,共下达后扶资金、库区基金、结余资金、统筹资金在内的项目46个,下达项目资金4003万余元。

〔小型水库移民扶助项目管理〕

2016年,继续做好小型水库移民扶助项目申报和管理工作。2016年度下达6个小型水库扶助项目,总投资133万元。

〔库区移民村环境综合整治工作〕

2016年,实施环境综合整治移民村10个。全年安排资金874.56万元。清理乱搭盖8170平方米,清理乱堆放118吨,梳理管线1000米,帮助700余户立面改造7.5万平方米,帮助500余户平改坡6.3万平方米,道路硬化2.73万平方米,路灯安装243盏。

〔资产型生产开发项目〕

2016年,投入移民资金3527.94万元,实施以商业写字楼、店面购置为主要内容的资产型生产开发项目2个,购置北环路374号商业店面及写字楼一幢,天和国际公馆沿街店面7间。资产租赁年创收约90余万元。

〔小额贷款贴息补助〕

2016年,实施开展针对直补移民创业的小额贷款贴息补助项目。根据2016年贴息申请,2017年发放移民创业小额贷款贴息资金约55万元,带动银行贷款1254.5万元,有效解决146户移民创业贷款付息重的问题。

〔移民就业培训〕

2016年,参加省移民局举办的移民村主干培训班培训12人。参加市移民局主办移民小车驾驶员培训120人。

〔"平安库区"创建工作〕

2016年,继续开展"平安库区"创建工作,健全矛盾纠纷排查调处制度及每月15日的信访接待日制度,实现信访逐年改善。全年,接待移民来访23批35人次,处理移民来信6件,移民群众来信来访全部办结,办结率100%。

·白砂国有林场·

〔森林资源培育〕

造林绿化 2016年,完成造林559亩。发展闽楠、米老排、木荷等阔叶树种造林,营造针阔叶混交林,储备后备森林资源。投入资金240万元,对1.48万亩中幼林进行修枝、割灌、施肥等方式抚育。通过修枝、施肥等集约经营措施,生产无节材,促使木材通直圆满,加快林木生长。争取农业综合开发项目资金395万元,对2000余亩近成熟林进行择伐。在林下套种红豆杉、闽楠等珍贵树种,把人工纯林改造为复层林、异龄林。林场森林的绿化环境、净化空气、涵养水源、保持水土、防灾抗灾等生态功能获得提升,构建树种丰富、生态功能强大、物种多样的森林生态系统。

资源保护 2016年,推进森林防火宣传教育,在干部职工、林区群众中形成"森林防火,人人有责"的浓厚氛围。组建20人组成的专业扑火队,在森林防火期间扑火队员24小时待命。加强护林员巡山护林工作,预防、打击盗伐林木现象。抓好森林病虫害防治技术培训,做好森林病虫害的预测预报。组织营林专业技术人员深入林区、深入生产现场,精心指导工人进行森林病虫害防治作业。

〔国家林木良种基地建设〕

2016年,白砂国有林场林木良种基地为国家重点林木良种基地,有杉木三代种子园500亩,马尾松实生种子园225亩,马尾松二代种子园200亩,米老排母树林200亩,苦楝种质资源库222亩。2016年,杉木三代种子园生产种子260公斤,为社会提供大量速生、丰产、遗传品质优良的杉木种子。对米老排苗木的生长性状、苗木的质量分级、苗木的生长变异以及米老排的优树选择与母树林疏伐技术等进行科学试验,在米老排的优良无性系筛选、幼苗性状、幼苗质量与分级等方面取得重要科研成果,为开展米老排的育苗生产、优树选择、子代测定与母树林营建等提供重要理论依据。

〔科技示范园区建设〕

2016年8月,经省林业厅批准,在白砂国有林场内建设龙岩白砂林业科技示范园区，成为全省首批5个省级林业科技示范园区之一。龙岩市委、市府把该园区列入龙岩市“十三五”科技发展和创新驱动专项规划实施建设。园区按照“核心区——示范区——辐射区”3个层次进行规划，采用核心区展示，示范区带动，辐射区推广的“一园多区、多点联动、扩散发展”模式进行功能布局。其中，核心区以“一轴、二片、一站、四区”为基本思路进行区划。一轴——以省道308线为科技示范园区主轴；两片——南北二大片，南片为现代林业生产示范为主，北片以森林、生态旅游为主；一站——森林生态定位监测和保护站；四区——科技兴林示范区、科技研发示范区、林业成果展示区、森林健康休闲养生示范区。园区建设分二期实施，第一期(创建期)建设时间为2016年—2018年；建设内容包括林木良种基地建设、森林资源培育、新品种引种驯化及种质资源保护、生态文化科普教育基地建设，预计投资4500万元，全年共投入建设资金1650万元。

〔项目建设工作〕

2016年，生成项目23个，实施项目13个，争取项目资金1000余万元，其中省级森林抚育项目3578亩，中央森林抚育项目8145亩，示范林3061亩。

《农业和农村经济》撰审人员

撰 稿 人：傅莉娥 邹丰力 郑晓珍 郭子雄 赖杭铭 范丹阳 陈华明 张桦雍 梁俊荣

审 稿 人：王安麒 钟华祥 张力辉 郑开强 雷日斌 陈慕钦 李文龙 罗开雄 黄钦忠

责任编辑：袁发昌

工业经济

·综　述·

〔工业生产保持平稳增长〕

2016年,全县规模以上工业实现产值441.6亿元,增长15.9%。实现工业增加值69.98亿元,居全市第二位,产销率达100.4%。新增规模工业企业19家,新增产值突破100亿元企业1家(紫金矿业集团黄金冶炼有限公司),新增产值突破10亿元企业1家(福建紫金铜业有限公司)。工业经济综合效益指数360.32%。完成工业固定资产投资119亿元,增长8.5%。其中,技改完成投资88亿元,增长11.42%。上杭县规模以上工业增加值能耗下降率为13.5%,在全市排名第三名。

重点项目建设　2016年,上杭紫金山金铜矿浮选厂建设项目总投资5亿元、上杭紫金铜冶炼工程挖潜增效项目总投资5.22亿元、上杭太阳铜业船用电缆及数据缆生产项目总投资2.05亿元、上杭紫金山金铜矿含铜酸性废水综合利用项目总投资3.7亿元等一批重点项目建成投产,工业发展后劲不断增强。

2016年上杭县规模以上工业企业基本情况表

表5

企业名称	企业类型	主要产品
紫金矿业集团股份有限公司★	股份有限公司	黄金冶炼(金铜)
福建紫金铜业有限公司★	股份有限公司	铜材(金铜)
福建省上杭县电力公司 ■	国有	电力供应
福建赣闽稀有金属有限公司	私营有限责任公司	钨铁
福建省上杭县九洲硅业有限公司	私营有限责任公司	工业硅
福建上杭志成电子实业有限公司 ■	其他有限责任公司	电子元件制造(金铜)
福建龙氟化工有限公司 ●	股份有限公司	化肥(金铜)
福建省上杭县瑞翔纸业有限公司	其他有限责任公司	纱管纸
上杭县盛先纺织有限公司	私营有限责任公司	棉、化纤加工
福建朝阳矿业股份有限公司	私营有限责任公司	金属硅生产(金铜)
福建上杭金山水电有限公司	中外合资经营	水力发电
福建兴朝阳硅材料股份有限公司 ●	私营有限责任公司	金属硅生产
福建省上杭县能群建材有限公司	私营有限责任公司	水泥
福建省上杭县山水林业工贸有限公司	中外合资经营	松香
上杭县儒溪茶叶发展有限公司	私营有限责任公司	茶叶
上杭建润电业有限公司 ●	股份有限公司	电线电缆(金铜)
上杭县云雾香茶叶发展有限公司	私营有限责任公司	茶叶

续表5

企业名称	企业类型	主要产品
福建上杭县太阳铜业有限公司 ★	股份有限公司	无氧铜杆、电线电缆
福建省大永固钢铁有限公司 ●	私营有限责任公司	钢 Y
上杭县龙鑫混凝土搅拌有限公司	私营合伙	预拌混凝土生产及销售
上杭杭泰铸造有限公司	私营有限责任公司	铸造
上杭儒溪槐猪有限公司 ●	私营有限责任公司	槐猪
福建上杭朝阳光伏科技股份有限公司	私营有限责任公司	工业硅
紫金铜业有限公司 ▲	股份有限公司	铜材(金铜)
龙岩市上杭县汀水源工贸有限公司	私营有限责任公司	油茶
瓮福紫金化工股份有限公司 ★	股份有限公司	化工(金铜)
福建省金烨铜管配件有限公司 ●	私营有限责任公司	铜产业(金铜)
福建金山耐磨材料有限公司	股份有限公司	钢球
上杭华麟商品混凝土有限公司	私营合伙	预拌混凝土生产及销售
上杭县海力饲料有限公司	私营有限公司	饲料
福建优创油脂有限公司 ●	私营有限公司	茶油
上杭县福塔混凝土有限公司	股份有限公司	混凝土
龙岩旗乾玻璃有限公司	私营有限公司	玻璃
福建为天食品有限公司	私营有限公司	食品
上杭县兴成工艺品有限公司	私营有限公司	工业品
福建省闽西天龙变压器有限公司	私营有限公司	变压器
上杭县双胞胎饲料有限公司 ●	私营有限公司	饲料生产
上杭县旧县鑫田木业有限公司	私营有限公司	指夹板生产
泰山石膏(龙岩)水泥缓凝剂有限公司	股份有限公司	水泥缓凝剂制造
福建瓮福蓝天氟化工有限公司	股份有限公司	无水氟化氢生产
福建省上杭县紫金石灰材料有限公司	私营有限公司	熟石灰粉生产
福建上杭恒驰硅业有限公司	私营有限公司	空心砖、页岩砖制造
上杭县浩丰工艺品有限公司	私营有限公司	木制橱柜生产
福建优创农业发展有限公司	私营有限责任公司	蔬菜加工
上杭县绿鑫农业发展有限公司	私营有限公司	茶叶加工
龙岩万福林化有限公司	私营有限公司	松香生产
上杭县华良木业有限公司	私营有限公司	木板材加工
福建工航新型管业有限公司	私营有限公司	塑料板生产
福建清景铜箔有限公司	股份有限公司	铜箔生产
福建省上杭县锐美家装饰材料有限公司	私营有限公司	三聚氰胺塑料面板制造
上杭富鑫达电子有限公司	私营有限公司	安防线缆的生产
福建省上杭县名冠服饰有限公司	台资有限公司	舞台服装制造
上杭县集龙服饰有限公司	独营有限公司	梭织服装生
龙岩傲农饲料有限公司 ●	私营有限责任公司	饲料生产

续表5

企业名称	企业类型	主要产品
龙岩市鸿航金属科技有限公司 ●	私营有限责任公司	金属材料(铜锭)
上杭县荣兴生物科技有限公司	私营有限责任公司	猪粪有机肥生产销售、生物技术研发
福建紫金萃福珠宝发展有限公司	股份有限公司	珠宝首饰加工、黄金深加工
上杭县双吉矿业有限公司	私营有限公司	萤石精粉加工
上杭县宏发机械制造有限公司	私营有限公司	铸件制造
泳翰服装织造有限公司	私营有限公司	纺织服装制造
福建紫金选矿药剂有限公司	股份有限责任公司	铜萃取剂
大地生机(福建)农业发展有限公司	台资有限公司	果蔬制品
上杭县腾辉建筑材料厂	私营有限公司	FA 胶结材、重钙生产
龙岩市景风再生能源发展有限公司	私营有限公司	生物质致密成型燃料生产
上杭县五丰石材制品有限公司	私营有限公司	石板材加工
上杭县恒发机砖加工场	私营有限公司	空心砖、页岩砖制造
福建德尔科技有限公司	股份责任有限公司	电子级六氟化硫气体制造、电子级四氟化碳气
上杭宸宏服饰有限公司	私营有限公司	服装制造
福建上杭润华纸业有限公司	私营有限公司	薄页纸加工
上杭嘉美斯服饰有限公司	私营有限公司	服装制造、加工、批发兼零售
福建省陆盛交通工程有限公司	私营有限公司	沥青混凝土加工与销售
上杭县兰天木制品家具有限公司	私营有限公司	木地板生产
龙岩市宝泰饲料有限公司	股份责任有限公司	饲料加工
龙岩市上杭县东顺生物质燃料有限公司	私营有限公司	生物质颗粒燃料生产、销售
福建上杭亚达电子科技有限公司	私营有限公司	发光二极管(LED 管)制造
泰山石膏(福建)有限公司 ●	股份有限公司	石膏板生产
福建省上杭县鑫盛纺织有限公司	私营有限公司	高档棉纱生产
紫金矿业集团黄金冶炼有限公司▲	股份有限公司	合质金回购、黄金冶炼
上杭擎荣农产品有限公司	私营有限公司	农产品加工
福建顶呱呱照明电器有限公司	私营有限公司	各类照明灯
上杭县中都三鑫木制品综合加工厂	私营有限公司	胶合板
龙岩市锐美佳家装饰材料有限公司	私营有限公司	装饰板
上杭县下都鸿鑫石材厂	私营有限公司	加工大理石
上杭县西南顺发机砖厂	私营有限公司	空心砖
上杭县东兴工贸有限公司	私营有限公司	薄页纸
上杭县恒冠包装有限公司	私营有限公司	编织袋
福建龙岩龙嶂山实业开发有限公司	私营有限公司	山泉水
福建家友竹竹木有限公司	私营有限公司	竹木制品
上杭县紫金恒星珠宝有限公司	股份有限公司	金镶玉

续表5

企业名称	企业类型	主要产品
福建上杭太阳电缆有限公司	私营有限公司	船用电缆、特种电缆、海洋工程电缆、光电传输材料等
福建联福工贸有限公司	私营有限公司	铜制品
上杭县鸿远机械有限公司	私营有限公司	球磨机配套耐磨件、汽车及铲车配件
福建亿瑞电力科技公司	私营有限公司	配电产品
福建省希望生物科技有限公司	私营有限公司	环保设备
上杭县康源环境设备有限公司	私营有限公司	畜禽药、添加剂

说明:标记“▲”为产值100亿元以上企业,标记“★”为产值10亿元以上企业,标记“■”为产值5亿元以上企业,标记“●”为产值超亿元企业

〔工业经济运行主要特点及亮点〕

落实稳增长政策 2016年,对往年制定的工业发展扶持政策进行梳理补充、修改、整合,出台《上杭县促进工业创新转型提质增效若干意见》,进一步加大对工业企业的扶持力度。通过培训、网站、媒体宣传等方式,加强对促进工业企业发展政策的解读,让企业知晓读懂用好政策,稳定企业生产。全年,为企业争取上级(中央、省、市)资金共1.91亿元。

培育新增长点 2016年,继续加强重点工业新增长点项目和“百家千户”培育工程的跟踪服务,落实各项要素保障,全县16个工业新增长点项目实现新增产值183.9亿元,完成预期新增产值49.6亿元序时进度的370.77%。

支持企业开拓市场 2016年,全县有16家规模工业企业工业产品被列入市第一批工业产品推荐使用目录,21家工业产品列入县第一批工业产品推荐使用目录。11月,上杭县在蛟洋工业区成功举办瓮福紫金化工股份有限公司化肥系列产品“手拉手”推介会,瓮福紫金与24家单位签订战略合作框架协议、合作协议、合作意向书等,现场签订产品销售协议1.2万吨。

〔项目落地攻坚战役〕

打好项目落地攻坚战 2016年,全县已落实项目88个(其中市下达34个工业科技领域会战项目)。年底,已落实32个,另18个招商引资成员单位和21个乡镇落实56个项目,共完成投资48.4亿元,完成年度计划投资45亿元的107.56%。实际开工数21个,占年度计划开工数17个的123.53%;实际建成或部分建成数20个,占年度计划建成或部分建成数19个的105.26%。完成市级工业科技领域项目33个,年终考核排名全市第二。

持续推进企业技术改造 2016年,全县18个市级工业重点项目(2个重中之重和16个技改项目)完成固定资产投资24.69亿元,其中16个技改项目完成投资22.26亿元,占年度计划投资12.1亿元的183.97%。新开工项目10个,占年度计划开工数8个的125%。建成投产项目13个,占年度计划开工数8个的162.5%。市级增资一批17个项目,年终考核排名全市第一。

〔生态环保攻坚战役〕

积极稳妥去产能 2016年,完成朝阳矿业股份有限公司、九洲硅业有限公司和恒驰硅业有限公司3家铁合金行业能效对标评比工作,3家企业全部通过市级评估验收,其中朝阳矿业、恒驰硅业2家获市级先进单位称号。完成东兴工贸、润华纸业2家造纸企业提升改造,至年底已完成2400纸机生产线技改实现整合提升,上杭县瑞翔纸业有限公司实施整厂关闭。基本完成上杭工业园区、蛟洋工业区内废水全收集全治理,做到废水达标排放。

推进节能降耗 2016年,完成燃煤锅炉整治106台,其中拆除91台,“双达标”整治7台,燃煤锅炉清洁能源替代8台。全年,共排查出环保违规建设项目24个,全部完成整改,完成率为100%。在全市生态环境保护攻坚战役考评中排名第二。

开展铁合金行业能效对标达标工作 2016年,福建上杭恒驰硅业有限公司获得二等奖,奖励资金20万元;福建兴朝阳硅材料股份有限公司获得三等奖,奖励资金10万元。组织企业申报市级节能循环经济项目,上杭县蛟洋镇人民政府、上杭县珊瑚乡人民政府、上杭县恒昌盛生物燃料有限公司等3家单位共获得节能循环经济财政奖励资金30万元(每家单位10万元)。组织企业申报省级节能循环经济财政奖励项目,瓮福紫金化工股份有限公司、福建紫金铜业有限公司分别获得省级节能循环经济财政奖励200万元和46万元。

〔国企改革服务工作情况〕

2016年,上杭县经贸系统国企改革服务中心(简称中心)共管辖40个

改制单位,各类人员1325人,全年共筹措资金522万元,用于支付离退休人员、抚恤人员、内退定补人员和病故人员等的有关费用。

服务工作 2016年,继续走访慰问困难职工,为离退休、下岗职工答疑解惑,查找相关资料。为部分国有企业下岗失业人员出具相关证明办理计划生育家庭独生子女奖励扶助事宜。协助原棉纺厂(建南新村)部分购房人员办理房产证,为其提供相关的证明及材料。协助有关部门做好信访接待工作。全年,共接待来访人员280余人次,及时将矛盾化解在基层。

社会保障 2016年,协助机关社保做好机关事业单位养老保险信息采集工作等。每月为未退休事业编制人员申报及缴纳养老保险、医疗保险、职业年金及协助到退休年龄的事业编制人员办理退休手续。协调解决老工伤人员医疗问题,为1949年10月1日前参加工作的老工人申报医疗费及住院护理费,协调引导异地安置退休人员办理医疗费报销事宜,为事业编制退休人员申报医疗补助,调整医保参保人员医疗缴费基数。

落实生活待遇 2016年,根据相关文件规定为伤残军人及因公伤残人员调整生活补贴及特护费。协助机关社保为事业编制离、退休人员调整基本工资。为年满70周岁及80周岁事业编制退休人员申请高龄补贴。及时调整离休干部、“5·12”干部、“建国前老工人”生活补贴,为生活不能自理的离休干部申请增加高龄护理费。派员慰问去世的离退休人员家属,及时办理相关手续。对离休干部遗属进行信息采集,每年对抚恤对象跟踪认证1次(80岁以上2次),确保资金安全发放。全年,为32名离退休病故人员办理抚恤金及一次性困难补助并为已故人员中部分无经济来源家属办理救济金发放工作。

·县工业园区·

〔上杭工业园区工作情况〕

2016年,上杭工业园区(以下简称园区)有落户企业75家,实现工业总产值180亿元;完成固定资产投资20亿元(其中园区基础设施建设投资1.5亿元)。在建项目有科技创业园建设项目、年产75吨黄金生产项目、年产1000吨耐磨钢球生产项目和永承机械汽车刹车泵生产项目。新竣工项目有太阳铜业中低压电线电缆生产项目、鸿航科技卫厨产业用有色金属生产建设项目。全年,新增规模企业2家,培育龙头企业1家。

征地、拆迁安置和林地土地报批 2016年,共拆除房屋11户,拆除面积约1913平方米,拨付补偿资金约149万元。完成安置5户(龙翔3户,黄竹2户)。完成交地约280亩,完成园区征控范围内所涉坟墓56座迁移补偿工作。完成“卫厨产业用有色金属生产建设项目”等8个土地报批项目共计386亩。

合署办公取得实效 园区与工贸公司合署办公以来,已累计完成自主融资6.2亿元,确保园区征地拆迁和基础设施建设资金需求。欣杭电子商务公司在县委县政府大力支持下,已参与政府采购等相关工作,降低政府采购成本,确保政府采购有序开展,全年比财政预算节省326.74万元。开展“临江楼”品牌注册与推广工作,打造上杭县农产品品牌。全年,营业额完成约2100万元;欣杭物业公司实现主营业务收入约119万元,利润约25万元。同时,整合园区资源,着手创建园区科技创业园,推进创新园区建设和吸引科技型中小型企业入驻园区。

安全生产工作 2016年,园区深入开展企业安全生产标准化创建工作,坚持“安全第一、预防为主、综合治理”方针,围绕年初确定的工作目标和任务,落实安全生产目标责任制,推进企业安全生产各项工作。以微信形式将各级安全生产工作会议精神发至各企业负责人和安全生产管理人员以及管委会全体干部职工微信群。开展企业安全生产标准化建设工作,至年底通过验收42家。开展消防安全整治,举办消防演练活动,开展消防安全专项整治。2016年,园区没有发生安全生产事故。

2016年上杭工业园区新落户项目情况表

表6 单位:万元

项目名称	投资业主	项目总投资	开工建设时间
欧壹跨境电商运营	欧壹国际电子商务有限公司	10000	2016.6
年产1000万平方米高档次高压三聚氰胺塑料贴面板生产项目	龙岩市锐美家装饰材料有限公司	3653	2016.8
年产5万千米电源插头线、数据线、海洋工程电缆项目	福建鸿航科技股份有限公司	20000	2016.10
上杭县科技创业园项目	上杭工贸实业发展有限公司	1500	2016.12

·蛟洋工业园区·

〔概况〕

2016年，蛟洋工业园区新增规模企业1家（福建联福工贸有限公司），至年底入园企业35家，其中正式投产企业24家（其中，工业企业21家，物流业3家），从业人员3000人。全年实现工业总产值215亿元（其中规模以上工业企业实现产值214亿元），实现税收1.4亿元，比增27.27%，完成工业固定资产投资14.18亿元。

2016年，新入园项目有4个（年产10万吨纳米生物肥和2万吨农用微生物制剂项目、年产50万吨建材助磨剂项目、建辉园砂业有限公司年产50万平方米透水砖及110万平方米新型墙体材料建设项目、瓮福紫金磷酸盐深加工项目）。新开工项目2个（瓮福紫金磷酸盐深加工项目、紫金铜业有限公司能源管理中心平台建设项目）。新竣工项目2个（瓮福紫金磷酸盐深加工项目、紫金铜业有限公司能源管理中心平台建设项目）。

〔五个一批策划项目〕

0.3亿元—1亿元项目 年产10万吨纳米生物肥和2万吨农用微生物制剂项目，总投资8000万元；年产6500吨磷铜合金生产项目，总投资9145.12万元；年产2000吨氟聚合物生产线建设项目，总投资9502.28万元，均完成可行性研究并上报。

1亿元—5亿元项目 年产500吨五氟化碘生产项目，总投资3.5亿元，已完成并上报可行性研究报告。

5亿元—10亿元项目 年产10万吨氟化物生产项目，总投资7.36亿元，已完成并上报可行性研究报告。

10亿元以上项目 年产80万吨萤石矿综合利用氟化工生产项目，总投资10亿元；年产40万吨硅锰合金建设项目，总投资39.65亿元；年产8万吨三氟化硼乙醚建设项目，总投资15亿元，均完成并上报可行性研究报告。

〔生态环保、项目落地战役和安全环保工作〕

生态环保、项目落地战役情况

至2016年年底，8个工业科技项目开工6个，其中2个项目提前竣工。3月，紫金铜业有限公司能源管理中心平台建设项目竣工；6月，瓮福磷酸盐深加工项目竣工投产。3个城建环保项目（环境应急池、重点污染源改造提升、危险废气物综合回收处理）均已开工，其中重点污染源工业企业环保设施改造提升工程于9月竣工投产。

安全工作 2016年，园区严格落实“党政同责、一岗双责、失职追责”工作体系和“三个必须”要求，健全工作机制，开展安全生产大检查，突出重大危险源的监管，强化安全隐患整改。在自行检查基础上，配合县安监局、县铁办、县住建局、县市场监督管理局、省安全生产科学研究院等行业主管部门开展专项领域检查。全年共排查出安全隐患112条，整改112条，整改率100%。修订《蛟洋工业区安全生产事故应急预案》，完成11家企业安全标志创建任务，完成坪埔保障性住房消防验收工作，园区推行的聘请市级安全专家开展专业检查和配合实施的化工企业“一图一卡一册”工作得到上级部门的充分肯定。

环保工作 2016年，按照“环境只能变好不能变坏”的总体目标，建立“一企一档”，编制《上杭县蛟洋工业园区突发环境事件应急预案》和《蛟洋化工园区产业发展规划》，推进环保项目建设，完成重点污染源工业企业环保设施改造提升工程，第二污水处理厂投入运行，公共应急池开工建设，危险废物综合处置场所完成可研，淘汰燃煤锅炉4台。

〔园区基础设施建设〕

2016年，园区完善基础设施建设投入2亿元。完成蛟洋工业园区B1-09地块挡土墙及边坡治理工程，上杭县坪埔保障性住房天然气配套管网工程，上杭县蛟洋工业区1号路沿线企业生活用水管道工程，蛟洋工业区B2-16地块挡土墙水毁修复工程，蛟洋工业区1号路部分路段修复工程，上杭县蛟洋工业区B1-13周边排水沟及边坡绿化工程，上杭县蛟洋工业区B2-22扩建土石方平基工程。

〔省级金铜产业园区申报工作〕

2016年，完成《上杭（蛟洋）金铜产业园总体规划》《上杭（蛟洋）金铜产业园产业规划（2015—2030）》《上杭（蛟洋）金铜产业园总体规划环境影响报告书》的编制工作。至年底，3项规划获市政府批复，正协调推进省级金铜产业园区申报工作。

〔用地报批及土地征控工作〕

2016年，完成铭麟工贸有限公司年产5万吨过硫酸盐（铵、钠、钾）生产线项目林地报批；完成思康化学有机新材料项目用地置换手续；蛟洋工业园区公共应急池用地、福建瓮铜建材有限公司年加工20万吨精细多级粉煤灰项目林地报批、福建上杭闽源塑料制品有限公司年产2万吨改性塑料及1万吨塑料编织布生产项目用于昆润天然气有限公司项目用地的报批，正有序进行。同时，做好上下马坑、罗屋、上杭县第二污水处理厂等征迁遗留问题的处理及迁坟迁移工作。至年底，共完成土地征控2580亩。

·森　工·

〔林业工业生产情况〕

2016年,全县林产品加工业产值7.39亿元,占全县林业总产值的22.6%,比增8.68%。年底,全县林产品加工企业有59家,其中规模以上(年产值2000万元以上)林产品加工企业13家。全年,锯材产量3150立方米,产值567万元;胶合板产量9900立方米,产值2178万元;细木工板产量3.49万立方米,产值7678万元;竹木地板产量37.2万平方米,产值5218万元;装饰板产量76万平方米,产值1216万元;竹藤棕草制品产值5335万元;家具产量16.5万件,产值5195万元;林产化工松香产量5925吨,产值8295万元;纸浆及纸制品产量6175吨,产值7545万元;笋制品及茶油等森林食品产量2917吨,产值30641万元。

〔商品木、竹生产及销售〕

2016年,全县完成商品木材生产7.2万立方米。按规格分,原木6.94万立方米,薪材0.26万立方米;按权属分,村及村以下商品材产量4.7万立方米,国有林场(古田、溪口、汀江、白砂国有林场)等完成商品材产量2.5万立方米。原木按树种分,杉木3.23万立方米,松木2.31万立方米,桉树等1.4万立方米。

2016年,完成商品材销售4.8万立方米(含上年库存),其中销往省内4.29万立方米、省外0.51万立方米;商品材库存5.45万立方米。

2016年,全县毛竹生产781万根,篙竹生产572万根,小径竹生产4.98万吨;销售毛竹703万根,销售篙竹515万根。

〔森工企业〕

2016年,上杭县有优创油脂有限公司、汀水源油茶科技发展有限公司、云雾香茶叶发展有限公司、绿鑫农业发展有限公司、儒溪茶叶有限公司、山水林业工贸有限公司、万福林化有限公司、润华纸业有限公司、旧县鑫田木业有限公司、华良木业有限公司、兰天木制品家具有限公司、浩丰工艺品有限公司13家规模以上林产品加工企业。

古田国有林场(原古田国有林业采育场)　2016年,从业人员40人,经营区面积5.55万亩,其中林业用地面积5.01万亩,有生态公益林面积0.33万亩,商品林面积4.68万亩;林木总蓄积量26.3万立方米;造林更新面积420亩,中幼林抚育面积1.03万亩。全年木材产量2700立方米。

溪口国有林场(原溪口国有林业采育场)　2016年,从业人员66人,经营区面积9.24万亩,其中林业用地面积8.73万亩,有生态公益林面积0.43万亩,商品林面积8.3万亩;林木总蓄积量45.1万立方米;造林更新面积210亩,中幼林抚育面积1.05万亩。全年木材产量5400立方米。

汀江国有林场(原县林业总公司)　2016年,从业人员50人,经营区面积9.87万亩,其中林业用地面积9.87万亩,有生态公益林面积1.21万亩,商品林面积8.66万亩;林木总蓄积量40万立方米;造林更新面积0.3万亩,中幼林抚育面积5700亩。全年木材产量2500立方米。

·电　力·

〔电力工业发展情况〕

电力发展规模　2016年,全县发电量7.47亿千瓦时,其中500千瓦以下水电站发电量4.63万千瓦时。全县总供电量20.13亿千瓦时,总销售量19.36亿千瓦时。购省网电量12.66亿千瓦时。线损电量7698.92万千瓦时,综合线损率4.32%。全社会用电量21.83亿千瓦时,比增0.97%,其中第一产业用电量0.13亿千瓦时,比增39.78%,第二产业用电量17.26亿千瓦时,比减2.65%;第三产业用电量1.36亿千瓦时,比增15.25%;居民用电量3亿千瓦时,比增14.07%,其中城镇居民用电量0.98亿千瓦时,比增16.67%;乡村居民用电量2.2亿千瓦时,比增23.6%。四大高耗能行业有色金属冶炼及延压加工用电5.4亿千瓦时,比增13.21%;黑色金属冶炼及延压加工3.2亿千瓦时,比减21.95%;化学颜料及化学制品制造业用电1.4亿千瓦时,比减17.65%;非金属矿物制品业用电0.37亿千瓦时,下降47.89%。

年底,全县有水电站165处,总装机23.28万千瓦。光伏发电总用户数48户,总发电量15.72万千瓦。全县共有220千伏变电站3座,容量600兆伏安,其中龙翔变是福建省投运的首座220千伏新一代智能变电站;110千伏变电站8座,容量497.50兆伏安;35千伏变电站14座,容量155.05兆伏安;10千伏公用配变1958台,容量537.16兆伏安。拥有110千伏线路269.7千米;35千伏线路319.4千米;10千伏公用馈线113条2201千米,电缆化率7.5%,绝缘化率44.81%;0.4千伏线路约2852.68千米,户均容量2.8千伏安。上杭电网以220千伏旧县变、塘厦变、龙翔变为中心,形成单链、双辐射、单辐射的网络结构。

电网建设　2016年,完成电网建设投资1.33亿元,完成年度目标的110.83%,超额完成全年投资任务。麒龙110千伏变电站三期扩建工程送电投产、220千伏龙翔变5条110千伏配套线路送出工程投产送电、尧埔35千伏变电站2号主变扩建工程送电投产、110千伏郭车变2号主变增容工程完成工程进度约80%、白砂35千伏变电站2号主变扩建输变电工程完成工程进度约60%、旧县尧埔—白砂35千伏线路工程完成约50%、太古—中都变35千伏线路改造工程完成约60%、上杭碧田—回龙35千伏线路开断进官庄变线路工程完成约85%、10千伏及以下农网升级改造工程跨年项目全部竣工。

〔国网上杭县供电公司生产工作情况〕

生产经营　2016年,国网上杭县供电公司(简称县供电公司)完成售电量19.36亿千瓦时,比增3.42%;主营业务收入9.31亿元,比增1.97%;完成电网建设总投资1.64亿元;资产负债率69.04%,比降1.35%;综合线损率3.83%,比降1.86个百分点。同业对标排名提升至全市第一。县供电公司获国网福建省电力有限公司基建管理工作先进单位、龙岩供电系统2016年度先进单位和党建工作先进单位;公司领导班子获评龙岩供电系统2016年度"四好"领导班子;公司党委荣获"全市先进基层党组织";公司"古田之光"共产党员服务队获评国网"百支优秀服务队"称号。

安全管理　2016年,编制安全实施细则,梳理并销号管理任务清单98项。开展"三查三强化"(查责任落实、查基础管理、查风险隐患;强化制度执行、强化反措落实、强化责任追究)专项行动,排查整改隐患449条。加大安全执规力度,全年执规作业现场790个,查处违章160起,考核金额5.93万元。严格党政领导"六个亲自"(亲自批示并监督安全生产重大问题的解决、亲自组织制定或学习安全生产规律制度、亲自到位检查作业现场、亲自参加班组安全日活动、亲自听取安全监察部门关于安全生产的专题汇报、亲自组织制定并实施生产安全事故应急救援预案)责任落实,领导班子成员累计下现场581人次,参加班组安全日活动88场,参加班前会142场,发现并解决重要问题57项。深化接地线、班前会和安全工器具专项整治工作。建立安全生产全过程管控微信群,有效加强作业全过程管控。开展防汛抗台、防山火等应急演练17场,全面完成23个专业应急预案修订,提高应急处置能力。完成"尼伯特""莫兰蒂""鲇鱼"等抗台风抢险工作。公司抗灾抢险事迹,首次在央视新闻频道《朝闻天下》栏目播出。

电网建设　2016年,完成"十三五"时期配电网滚动规划修编,配电网规划工作全省排名第一;取得35千伏及以上电力设施布局规划政府批复文件。主动加大属地协调,配合市供电公司实现110千伏麒龙变三期扩建工程(含旧麒二回线路)、220千伏龙翔变5条110千伏配套线路送出工程投产送电;提前完成35千伏尧埔变二期扩建工程、35千伏珊瑚配电化站输变电工程投产送电;有序推进35千伏下都配电化站输变电、回龙电站至碧田变电站开断进官庄变等6项在建工程,电网构架日益完善。上杭业主项目部获评省公司示范项目部。全力推进配电网改造升级工程,完成配电网升级改造112个一级项目、373个二级项目,新建、改造、整治351个台区,架设10千伏线路195.4千米、0.4千伏及以下线路1380千米,主要解决供电容量不足、低电压、频繁停电等问题。公司获评国网公司2016年配电网标准化建设改造创建活动达标单位。

设备运行维修　2016年,强化设备缺陷闭环整改,累计消除设备缺陷1479条。完成13条35千伏线路杆塔接地补强,14条35千伏线路计490基电杆接地通道整改,线路防雷水平有效提升。开展变电运维专业提升活动,完成22座变电站规范化整治、运行规程修订、防误系统排查等工作。完成6座35千伏变电站备用电源自动投入装置安装、117条线路故障自动重合闸装置投入;完成60台分段开关、54台分界开关安装,602组避雷器轮换,167处接地电阻整改。制定配网运维管控策略表,有效提升配网运维管理水平。投运2条10千伏线路"时间—电压"型配网自动化建设,保电能力进一步加强。完成10千伏线路新装二遥故障指示器建模、主站联调工作。有序推进"3+N"生物防火林带建设工作。

经营管理　2016年,强化绩效目标引领,细化责任落实,全年累计执规考核29.3万元。加强资金管理,合理安排融资规模,全年置换商业银行贷款1.25亿元,节约融资费用195万元。完成公司现有资产账卡物清理及整改,累计整改资产1704条。公司会计基础创优达标工作通过国网公司验收。梳理重点岗位及重点环节存在的廉政风险;落实"三重"(重要人员、重要岗位、重要领域)人员岗位轮换制度,调整人员41人。开展依法治企检查整改"回头看",做好食堂、现金管理、工会专项审计意见的落实整改,发现并整改问题63项。

营销服务　2016年,全面推广片区客户经理制。落实"首问责任制"和诉求闭环管理机制,定期深入走访用电户,及时解决用电诉求。业扩报装管理实现工单零超期、零超长,业扩报装服务时限达标率100%。开展三类用户(重要用户、生命线工程用户、大中型小区用户)检查1100户,出具隐患整改通知书72份,发现安全隐患72处,其中整改完成41处。常态开展反窃电、超容、超载用户现场核查,追补电量4.72万千瓦时。开展非法采矿(砂)违规用电整治23户;完成县域4座电动汽车充电站建设工作。完成9.14万户购电制(先买电后用电)推广应用,完成率49.68%。加大频繁停电及低电压问题整治,实现线路故障次数比降34.4%;累计完成479个台区、1266个低电压点治理,供电质量有效提升。开展用电满意"靠前服务"活动,主动对接紫金山浮选厂等20个落地攻坚战役县重点项目,服务县域经济社会发展。

基础管理　2016年,全面推进专业管理基础提升3年计划工作,编制2016年实施细则,将基础提升工作纳

国网(上杭古田之光)荣获国家电网优秀共产党员服务队称号

入月度绩效合约,并常态开展现场核查。开展供电所管理基础提升工作,强化周(月)工作计划规范管理和刚性执行,周(月)计划模板在全市推广应用;强化专业协同和所际对标管理,每月约谈所际对标靠后供电所,累计约谈31人次。2016年公司所际对标在市公司排名第一。才溪所获评2016年省公司“管理示范供电所”,古田供电所、才溪供电所获评2016年省公司“四星级乡镇供电所”。变电检修班获评2016年市公司“五星级班组”和“十佳创意班组”,蓝溪供电所获评2016年市公司“四星级班组”。

队伍建设 2016年,优化人力资源配置,调整中层干部和班组长、副所长等重要岗位人员57人。开展一线技能达标考评,建立“五必考”(新员工转正定级必考、晋升岗级人员必考、转岗人员必考、师带徒期满必考、周期内全员必考)常态机制,推进一线人员技能提升。组织开展技能鉴定及职称确认(评定)工作,72位职工参加技师及高、中级职称确认(评定),人才当量密度提升至1.05。公司总会计师陈哲丰被聘任为2016年度省公司级优秀专家后备人才。组织参加市公司专业普考、调考,分别取得配网调控和信息通信普考第一名、用电检查普考和《安全生产操作规程》调考第二名的好成绩;组织参加市公司举办的配网调控专业、开关检修专业“红色电力杯”职业技能竞赛,分别荣获团体二等奖和三等奖。加大员工培训力度,全年全员培训率达98.5%。开展“管理人员上讲堂”活动45期,225课时,培训1325人次,带动各级管理人员主动学习,成为本专业领域独当一面的行家里手。

企业文化 2016年,推进“卓越起航”企业文化主题实践活动,重点做好变电检修班、古田供电所等5个班组(所)企业文化示范点创建工作。培育“一班一品”特色班组文化;推进班组“小家建设”,完善“三大档案”(健康档案、困难职工档案、亲情档案),落实9个部门班组和供电所特色文化上墙;加强文化阵地建设,新增班组图书角8个,新增活动室6个;配合市公司创建全国“敬老文明号”活动,在上杭公司抽查考评中,得到省老龄委高度肯定。以阿勇电力志愿服务队为载体,常态开展关爱农民工子女、助残阳光行动、维护交通秩序等志愿服务活动共22次。落实职代会提案1件、建议16件。开展员工合理化建议征集,累计征集建议35条;推进“员工诉求中心”工作,落实员工诉求9条。丰富职工业余生活,成立篮球、羽毛球等9个文体俱乐部,开展庆“五一”和国庆职工才艺展示等系列活动;组织参加第一届龙岩供电系统“和谐杯”男子篮球联赛,获亚军。

〔上杭县汀江水电有限公司生产销售情况〕

2016年,福建省上杭县汀江水电有限公司(简称汀江公司)及列入合并会计报表范围子公司累计完成发电量2.45亿千瓦时,为计划发电量1.15亿千瓦时的213%,其中公司直属电站完成发电量8942.06万千瓦时(石圳电站1736.01万千瓦时、双溪电站315.12万千瓦时、回龙电站6890.93万千瓦时),为计划发电量4830万千瓦时的185.14%。汀江公司及列入合并会计报表范围子公司累计实现销售收入8247.10万元,比计划销售收入4028万元增加4219.10万元,比上年销售收入4102.79万元增加4144.31万元,比增101.01%;汀江公司及列入合并会计报表范围子公司实现利润总额5539.65万元,比计划利润总额1000万元增加4539.65万元,比上年利润总额1374.05万元增加4165.6万元,比增303.16%,其中归属于母公司净利润2889.16万元,比上年700.92万元增加2188.24万元,比增312.20%。主设备完好率达到100%,辅助设备完好率达到95%,超额完成年初制定的目标任务。全年发电效益创历史新高。

安全管理工作 2016年,汀江公司成立由董事长担任组长的安全生产领导小组,强化监管职责,健全三级安全网络,继续与各部门负责人签订《安全生产责任书》,部门负责人同班组成员签订《安全生产责任书》,批准年度工作票签发人、工作票负责人、工作票许可人。修订完善《安全生产教育培训管理规定》《安全生产事故和突发事件报告调查处理管理办法》《安全生产经费投入使用管理办法》等管理制度，并根据实际情况完善应急救援预案等一系列安全管理规章制度共计18项，印发各项安全管理、安全检查制度和安全通报文件35件。组织开展反违章指挥、违章操作、违反劳动纪律（简称“三违”）活动，下发《关于持续深入开展反“三违”活动的通知》，要求各站、部认真对照“三违”分类表，检查本单位存在的“三违”现象，全年完成督查148次，发出整改通知13份，发出安全预警91条。2016年，组织开展春夏秋冬消防、防台风及重大节假日前大检查，在汛期前对所有电站的水工建筑物和启闭设备进行地毯式检查，保证水工建筑物及泄洪设备可靠稳定运行。通过各类检查，排查出各站安全隐患95项，所有安全隐患和缺陷均得到落实整改。2016年，开展创建安全生产标准化达标工作活动，强化以安全生产第一责任人为核心的安全生产责任制，每月开展电站自查和公司不定期督查相结合考核制度，全年考评工作票159份，操作票2813份，两票执行率达100%，合格率达99%，全年对61人次进行经济考核，考核累计282分；开展并完成回龙、涧头、东留电站大坝安全评价及鉴定，全年未发生安全生产责任事故。

防汛抗台工作 2016年，汀江流域（金山站）降雨量为2430毫米，比正常年份1636毫米增加48.53%，旧县河流域发生1000立方米/秒级以上洪水达7次，最大洪水2500立方米/秒。汀江流域发生1000立方米/秒级以上洪水达5次，最大洪水1800立方米/秒。为确保全年防洪度汛安全，公司及时修订完善《防汛应急工作预案》和《主汛期防汛抢险工作办法》，调整充实防汛应急工作领导小组；修订各电站《水库大坝汛期防洪调度运用计划》《水库防汛抢险应急预案》，并经上级水利部门审批执行；制定出台《安全生产事故应急预案》《电站黑启动预案》《水淹厂房预案》《山体滑坡及防泥石流应急预案》等9项预案。各电站贯彻落实“一岗双责”规定，重点检查防洪抢险预案、防汛物资、引水渠主体、山体岸坡、压力前池、挡水堰坝、泄洪建筑物、启闭设备设施和备用电源，以及厂房和开关设备等是否存在安全隐患，对隐患情况进行全面的排查治理。根据电站实际情况，制定出台防汛物资定额配置规定，按规定配齐防汛备汛物资，并建立防汛物资管理台账，做到“责任落实、机构落实、人员落实、物资落实、措施落实”五到位。5月，紧急出台《关于切实做好防汛安全工作的紧急通知》，要求各电站按“防大汛、抗大洪、抢大险、救大灾”目标，保持高度警惕，落实各项防汛安全措施。全年各电站安全度汛。

设备维护 2016年，雨量充沛，既是增效益多发电的良好时机，同时也是安全生产的高危期，各电站机组设备高负荷长时间运行，运行小时数均超过5300小时，全力保障机组设备连续安全、高效运行成为公司上下的中心工作。生产技术部门及时下达各电站年度、月度设备检修计划，并逐一落实计划执行和完成情况，全年下达生产作业计划344项；全年跟踪考核设备缺陷处理442项，对一时无法消除的缺陷提出运行注意事项和防范措施，有效防止设备故障扩大化，全年共办理工作票239张，处理缺陷557项，消缺率96%。全年主设备完好率达到100%，辅助设备完好率达到95%以上。

充分利用水资源 2016年，面对难得的丰水年机遇，抓住有利时机利用水资源，科学调度水位，千方百计提升发电效益。各电站继续加强与上下游电站沟通，及时准确判断来水情况，做好提前腾空库容，拦洪截尾措施，科学做好水库调度，最大限度提高水能利用率和降低耗水率。加强电量营销，强化和细化发电考核。面对雨量充沛，电网频繁限制水电上网负荷状况，加强与县调、地调沟通交涉，争取运行负荷，强化发电效益与职工收入挂钩考核机制，落实年初制定下发的计划考核发电量指标，及时调整运行负荷曲线，确保电量抢发增发。

员工学习培训 2016年，汀江公司组织学习上级安全文件、通报材料共计138份。组织各站运行人员、检修人员到电站结合现场设备进行教学培训，开展两票三制（工作票、操作票，交接班制、巡回检查制、设备定期试验轮换制）集中培训，举办一线员工《电力安全工作规程》、工作票、操作票的培训及考核，人员学习率和考试及格率达到100%。加强安全宣传力度，各电站新制作安装警示牌195块，生产现场张贴安全警示教育宣传图画，标记安全警示线，提高运行人员的操作水平及处理突发事故能力。

〔福建上杭金山水电有限公司生产经营情况〕

2016年，福建上杭金山水电有限公司（简称金山水电公司）充分利用充沛的水资源，努力争取多发电，创造单月发电量2922万千瓦时和累计发电量2.39亿千瓦时的历史最高纪录，实现营业收入8882.56万元、利润总额6618.92万元、净利润4959.8万元。

安全生产 2016年，开展安全大检查及专项安全检查13次，查出一般隐患61项，落实责任人和整改期限，隐患整改率100%。组织修订各项应急预案，编制并报批2016年度《防洪调度运用计划》和《防洪抢险应急预案》，全年抵御7次入库流量超1000立方米/小时、2次超2000立方米/小时洪水袭击，确保汛期安全。全年组织人员及时清理库区漂浮物达20次。

设备维护 2016年，加强日常巡检，有效保证机组正常运行，全年主设备完好率和可调率均达100%。

降本增效提升业绩 2016年，公司鼓励检修人员，发挥专业特长，做好修旧利废工作，有效降低设备维护管理成本,节约率达18%。严格执行财务管理制度,加强设备维护、技改和材料采购管理,大幅降低管理成本。全年财务管理费节约率32.8%。

员工培训　2016年,开展电力安全工作规程、应急救护法等培训,并进行电站安全工作规程考试,进一步提高员工的安全意识。完善"一人一档"安全生产教育和培训档案,如实记录安全生产教育和培训的时间、内容、参加人员及培训考核结果。操作技能培训,自动化控制系统技改后,新设备较多,技术管理人员多次针对新设备进行专项培训,提高员工的操作技能。

·民营企业·

〔民营企业概况〕

2016年,全县产值前15名的民营企业实现产值54.7亿元,实现主营业务收入54.39亿元。产品主要涉及无氧铜杆、电线电缆、金属硅生产、电子源器件、线材、化肥、工业硅、铜产品加工、槐猪、饲料、精制油茶等。

2016年上杭县规模以上民营企业(产值前15名)基本情况表

表7　单位:万元

企业名称	法人代表	企业总资产	销售收入	从业人员	主要产品经营业务
福建上杭太阳铜业有限公司	李云孝	5000	223798	220	铜材、铜杆、电线电缆生产与销售
龙岩傲农饲料有限公司	余　琰	500	32919	75	饲料加工及销售
上杭建润电业有限公司	刘玉珍	4000	12799	510	生产电线电缆及五金零配件,塑胶、电子接插件经营销售
福建上杭志成电子实业有限公司	林志强	1200	69970	200	电子源器件及输配电及电线、电缆生产销售
福建兴朝阳硅材料股份有限公司	龚炳生	6000	35872	120	多晶硅、石墨电极、工业硅生产与销售
福建龙氟化工有限公司	黄天梁	2000	19088	210	无水氟化氢、氢氟酸生产与销售
福建省金烨铜管配件有限公司	王洪秀	2300	12289	60	铜管配件生产与销售
福建省上杭县九洲硅业有限公司	温思汉	6800	6974	280	多晶硅、工业硅生产与销售
福建省大永固钢铁有限公司	李宗健	2780	44109	150	生产销售线材,螺纹钢,铸造钢坯
福建德尔科技有限公司	华祥斌	5000	4860	80	电子级高纯六氟化硫,四氧化碳、电子级三氧化铵等产品
上杭县儒溪槐猪有限公司	陈大荣	3000	11537	56	槐猪肉生产与销售
上杭双胞胎饲料有限公司	熊　伟	5789	14799	36	饲料生产与销售
泰山石膏(福建)有限公司	李新建	5000	13036	150	纸面石膏板
福建优创油脂有限公司	华　锋	5000	13168	48	茶油生产与销售
龙岩鸿航金属科技有限公司	蔡新疆	10000	28697	65	无铅黄铜锭生产与销售

〔民营企业对接工作情况〕

2016年,上杭县民营企业产业项目成功对接26项,完成县年度目标任务对接项目个数19个的136.84%;总投资规模73.54亿元,完成年度目标任务总投资规模90亿元的81.71%;新开工项目25项,完成新开工项目目标任务16个的156.25%,开工率96.15%,超过年度开工率50%要求46.15个百分点;新投工项目17项,投产率65.38%,完成新投工项目目标任务11个的154.55%。

·二轻企业·

〔二轻联社工作情况〕

改革改制工作　至2016年底,县二轻系统尚有未改制下属企业4家。4家企业均停产多年，改制工作也几经波折，但一直因资产处理等问题未完成改制，企业职工改制呼声很高。根据各企业实际情况，在维护企业稳定前提下，分类分批进行企业改制工作。其中，县活性炭厂土地已由开发区收储，完成10名职工安置工作；解决县木器厂50余名职工垫付的应由企业承担缴交的职工社保金问题，偿还资金25万元。

来信来访接待 2016年，因企业改制涉及职工利益分配，以及因国家、省、市政策影响集体企业职工养老、死亡后遗属补助与国有企业职工差距较大等问题，信访问题比较多。全年共接待来信来访三四十余批、上百人次。在信访接待中，坚持“二轻信访事项在系统内解决，不把问题上交”的工作原则，能解决的立即解决，不能解决的耐心细致地进行思想说服，对多次思想说服仍然无法接受的信访人，引导他们按程序到县、市政府进行信访复查和复核，或通过司法渠道解决。全年，二轻系统未出现非正常信访或越级上访事件。

集体资产管理 2016年，针对二轻所属企业由于长期关停，职工自谋职业，已无力承担企业留守人员工资费用，导致管理不到位等问题，加强对联社及下属企业资产监管，继续健全“资产统一出租，合同统一管理，资金统一支付，效益分户核算”的管理制度，对下属集体企业资产实行集中管理，确保集体资产的保值增值。

安全生产工作 2016年，继续以“稳定压倒一切”为指针，切实加强本系统综治及创安工作。定期组织对下属企业和旧办公楼进行安全排查，做好防火、防盗工作，把安全隐患消除在萌芽状态，全系统没有发生安全生产事故。

《工业经济》撰审人员

撰 稿 人：许长远 杨红娥 邓立煌 陈洪祥 李 轩 蓝云燕 郑鹏栩 陈卫胜 罗长林

审 稿 人：黄文学 黄仲华 龚富先 华伦钟 彭绪荣 陈南辉 张华明 陈家源 陈冬华

责任编辑：钟梅娇

矿产冶金

·综　述·

〔资源及管理概况〕

2016年,全县发现的矿产为金、铜、铀、稀土、钼、铁、锰、铅、锌、石灰石、白云岩、矿泉水、瓷土和地热等43个矿种,查明矿点355处,其中已探明紫金山金铜矿和湖洋洋坡坑离子吸附型稀土矿为大型矿床,瓷土、白云石、铀矿等为中型矿床。金铜及稀土资源量在全省具有较大的优势。全县开发利用矿种还是11种,主要有金、铜、铁、白云石、建筑用石、黏土等。

年底,全县各类持证矿山26个,实现矿产工业总产值34.6亿元,矿业经济继续保持良好发展格局。

2016年,列入储量动态监测管理的生产矿山"三率"(开采回采率、采矿贫化率、选矿回收率)指标考核达标率达到100%。辖区内所有应检矿山全部按时完成年检,矿山实地抽查率达到96%。

〔开发管理〕

矿山年检和"三率"考核工作 2016年度,全县应参加年检的矿山25个,其中铁矿1个、金铜矿1个、稀土矿1个、萤石矿2个、冶金用白云岩矿1个、冶金用脉石英矿1个、制灰用石灰岩矿1个、建筑用砂岩矿2个、建筑用花岗岩矿15个。实际参检各类矿山企业24个,年检率96%。实地检查各类矿山企业24个,实地检查率96%。与上年度相比,应检矿山、实际参检矿山数均与上年度持平。完成1家矿山企业的"三率"指标考核。

矿山生态环境恢复治理 2016年,追缴县级发证矿山采矿权价款20万元和矿山生态保证金2万元。对历年已关闭注销的16个县级发证矿山和5个县级持证矿山,以及5个省级矿山未按照约定按期缴存保证金或未签订生态治理承诺书的,及时按相关规定处罚。依法办理采矿权延续登记2宗,采矿权转让登记2宗,采矿权变更登记2宗,收取采矿权价款30.6万元、采矿权使用费1.35万元;收缴追缴县级发证矿山生态治理保证金39.5万元;征收上半年矿产资源补偿费3.8万元。

整顿和规范矿产资源开发秩序 2016年,继续打击无证开采行为,印发《上杭县国土资源局关于打击非法违法采矿专项行动实施方案的通知》,健全完善矿业监管共同责任机制,联合县直有关部门和乡镇开展打击非法违法采矿专项行动,辖区内非法违法采矿行为得到有效查处;打击无证非法采矿以及越界开采、以采代探、非法转让矿业权等违法行为。全年开展无证矿山督查检查31次,要求乡镇政府和有关部门开展非法采矿专项整治1次。全年打击关闭无证稀土矿点2宗,取缔非法采砂场11宗,全县无证非法采矿关闭率达100%,矿产管理秩序趋于平稳。全面落实安全生产监管职责,全年无人员死亡事故。

〔地质勘查与储量管理〕

第三轮矿产资源规划编制 2016年,县第三轮矿产资源规划编制基本完成,等待与省、市规划相衔接。

地质勘查找矿取得突破 2016年,加强对全县25个勘查项目的监管,要求探矿权人及时提交勘查项目上报开工报告,并严格按照省国土资源厅批准的勘查实施方案开展地勘工作;2016年度探矿权年检工作有效开展,应检探矿权12个,实检12个;2016年度累计投入勘查资金1300万元,完成钻探11120米,主要勘查项目成果明显,紫金山矿区金铜多金属矿详查项目已控制铜矿规模为中型、控制钼矿规模为大型;南山坪矿区铜矿勘探项目已控制铜矿规模大型、控制钼矿规模中大型。

〔地质灾害防治〕

完善防灾基础工作 2016年,继续落实防灾责任制,县政府及各乡镇政府均编制《2016年度地灾防治方案》,县政府组织修编《上杭县突发地质灾害应急预案》。全县70个地质灾害隐患点均有编制《单点预案》《村(居)群众地灾防御转移预案》,及时向群众发放防灾明白卡、避险明白卡。全年,列入防灾预案的70个地灾隐患点未发生人员伤亡事故。

地灾危险区居民搬迁 2016年,市政府下达上杭县地质灾害搬迁任务数为135户。按照省政府办公厅《关于印发福建省地质灾害搬迁三年实施方案(2014—2016年)的通知》,执行"县负总责、乡抓落实、工作到村、任务到户"责任制,切实加大工作力度,扎实推进地质灾害搬迁。年底,各乡镇确认搬迁对象79户,各搬迁对象信息资料已录入福建省地质灾害综合管理信息系统,省级补助10000元/户已下拨各乡镇。

打牢地灾防治基础 2016年,继续加强地灾防治科普宣传。继续利用"4·22"地球日、"5·12"防灾减灾日、"6·25"土地日开展防灾知识宣传,共发放宣传手册4000份,接受防灾知识咨询140余人次,取得良好宣传效果。

地灾项目治理 2016年,做好省级地质灾害隐患点湖洋中学操场崩塌治理项目工作。督促项目业主单位湖洋中学组织做好治理项目工程的招投标,根据有关规定会同县财政局拨付第一期60%补助资金132万元,要求湖洋中学督促中标单位福建地矿建设集团严格按照治理项目设计图和施工合同进行施工。年底,治理项目完成全部治理工程建设。

·金铜产业·

〔金铜产业产值突破400亿〕

2016年,上杭县主动作为、大力推动金铜产业转型升级,着力优化产业结构,在政府引导和企业自主创新两种力量作用下,金铜产业在产业体系、产业规模、技术水平等方面均取得较大进步,形成稀贵金属、铜加工、循环经济3条产业链条,不断朝产业链上下游两端细化延伸,产业集群逐步成形。

2016年,21家金铜产业企业累计完成总产值400.3亿元,增长17.4%,占全县规模以上工业总产值的90.63%,实现工业增加值59.2亿元。年底,落户上杭县的金铜产业企业达41家,其中规模以上企业23家,产值亿元以上企业12家,其中年产值超过100亿元企业2家(紫金铜业有限公司、紫金矿业黄金冶炼有限公司),10亿元—100亿元企业4家,5亿元—10亿元企业1家。新增规模工业企业2家(福建上杭太阳电缆有限公司、上杭县紫金恒星珠宝有限公司)。

〔成功举办第十一届中国铜加工行业发展论坛〕

2016年9月27日—29日,第十一届中国铜加工行业发展论坛在上杭县举办,参加论坛的有3个全国性行业协会、9家国家级科研院,共有来自国内15个省和地区的铜加工行业龙头企业代表230人。本次铜加工行业发展论坛通过与上杭县金铜产业发展、项目推进相结合,使本届论坛成为2006年第一届铜加工行业发展论坛以来,规模最大、内容最丰富、评价最好、参加人员最多的一次盛会。

论坛期间,安排10位行业内专家就铜加工行业发展做报告,并举行上杭县金铜产业项目对接签约会,共签约13个项目,涵盖生产性、综合性、技术合作、人才合作、资金合作等项目;举行上杭县金铜产业发展研讨会,主要针对上杭县金铜产业"十三五"重点发展领域,围绕稀贵金属提纯与应用、废杂铜回收利用、铜合金新材料、电线电缆、虚拟经济、军民融合等6个专题进行研讨。

〔建成金铜产业集群窗口服务平台〕

2016年11月,龙岩市金铜产业集群窗口服务平台项目建成并验收。该平台由龙岩市金铜产业协会承建,通过窗口平台、门户网站、产业协会对龙岩市金铜企业进行线上线下联动服务,实现资源共享,并建立服务协同机制,与省各级平台互联互通,为金铜产业企业提供找得着、用得起、有保证的服务,服务内容包括项目服务、人才培训、技术创新、融资服务、管理咨询、市场开拓、法律维权等7项。

·紫金矿业·

〔生产经营情况〕

2016年,紫金矿业集团股份有限公司(以下简称紫金矿业)实现销售收入788.51亿元,比增6.13%;实现归属母公司净利润18.40亿元,比增11.11%。至年底,紫金矿业总资产892.18亿元,较年初增长6.32%。

2016年,紫金矿业金、铜、锌三大主要矿产品产量实现校大幅度增长。其中,矿产金42.55吨,比增14.5%,矿产铜15.5万吨,比增3.09%,矿产锌25万吨,比增26.17%。

全年海外矿山产金18.32吨,约占公司总量的43%;矿山产锌7.37万吨,约占公司总量的29.49%。其中,巴新波格拉金矿全年归属母公司产金量7.47吨,成为公司矿产金和利润的主要贡献单位。

〔地质勘查及资源储量情况〕

至2016年年底,紫金矿业共有探矿权202个,面积2768.05平方公里;采矿权235个,面积771.27平方公里。

项目增储 2016年,刚果(金)卡莫阿铜矿区卡库拉矿段新探获高品位940万吨铜资源,新增后卡莫阿整体铜资源储量达到3340万吨,相当于中国现有铜资源储量的1/3,卡莫阿铜矿由此成为非洲大陆发现的最大铜矿,跻身于世界十大铜矿之列。公司实益拥有43.95%的股份。

2016 年年底紫金矿业主要矿山保有资源储量表

表 8

矿种	保有资源储量(333 及以上类别)		同比增长率(%)
	2016 年末	2015 年末	
金(吨)	1183.25	1170.00	1.13
伴生金(吨)	164.17	91.28	79.85
金小计(吨)	1347.41	1261.28	6.83
铜(万吨)	3006.38	2346.40	28.13
银(吨)	934.06	1110.42	-15.88
钼(万吨)	67.97	57.46	18.29
锌(万吨)	800.87	839.68	-4.62
铅(万吨)	149.55	154.15	-2.98
钨(万吨)	8.00	8.03	-0.37
锡(万吨)	13.97	13.97	0
铁(亿吨)	2.09	2.12	-1.42
煤(亿吨)	4.57	4.89	-6.54

说明:公司保有资源储量按完全权益法统计,即所有项目/矿山的资源储量均按集团实际占股比例核算归属集团的量

〔紫金矿业集团股份有限公司换届〕

2016 年 12 月 30 日,紫金矿业召开 2016 年度第三次临时股东大会,会议选举产生了公司第六届董事会董事、监事会监事。选举陈景河、蓝福生、邹来昌、林泓富、方启学、林红英、李建为公司非独立董事,其中陈景河、蓝福生、邹来昌、方启学、林红英为执行董事,李建为非执行董事;选举卢世华、朱光、薛海华、蔡美峰为独立董事;选举林水清、徐强、范文生、刘文洪、蓝立英为公司监事。以上人员任期 3 年。

在同日召开的公司第六届一次董事会上,选举陈景河为董事长、蓝福生为副董事长;会议聘任蓝福生为总裁、刘强为董事会秘书、范长文为公司(香港)秘书;会议聘任邹来昌、林泓富为公司副总裁,方启学为副总裁兼总工程师,林红英为副总裁兼财务总监,谢雄辉为公司副总裁。

在同日召开的公司第六届监事会第一次会议上,选举林水清为监事会主席,徐强为监事会副主席。

〔业绩排名〕

2016 年,紫金矿业在福布斯全球企业 2000 强榜列第 1175 位,为国内唯一入围榜单的上市黄金企业,在全球黄金企业中排名第 3 位。在《财富》中国 500 强榜单居第 78 位,在中国企业联合会、中国企业家协会发布的中国企业 500 强中,居第 188 位。在普华永道发布全球 40 强矿企排名第 13 位,在上榜的中国有色企业中居第 1 位。

〔管理变革〕

2016 年,紫金矿业启动管理体系的改革,撤销北京、西北、南方等区域公司,推动权属企业兼并重组、优化经营结构,通过设立事业部和准事业部,实现从三级区域管控向二级专业管控的突破;建设财务共享中心、采购和销售中心,实现集团范围财务和物流系统的集中管控;重点对人力资源、建设管理、科技、地勘、行政后勤和监督 6 个方面进行改革。

〔技术创新〕

2016 年,紫金矿业获得省、市级科技奖励 5 项,组织完成 2 项福建省立项项目的结题验收,申报福建省立项项目 3 项,组织申报专利 29 项(其中发明专利 27 项),获授权专利 12 项(其中发明专利 8 项),

贵州紫金水银洞金矿加压预氧化技改项目从 2014 年起投入 4.2 亿元,历经 2 年试验、建设、试车、试产。仅用 2 个月试运行即达生产能力,技术指标稳定,院士专家认为该项目填补了中国难处理金矿加压预氧化的空白,达到国际领先水平。该项目的建成投产,对低品位难处理的黄金和多金属的加压氧化工艺有很大的推广价值,对中国矿业生态环境保护,带动黄金以及其他金属产业整体技术水平提升及相关设备制造业技术进步有重大意义。

〔项目并购〕

2016年8月7日，紫金矿业与黑龙江矿业集团股份有限公司的3名股东正式签署管理权交割书，通过并购公司取得黑龙江多宝山和铜山铜矿100%股份，资源储量约300万吨；一个矿山年产9万吨铜精矿（金属）及10万吨铜冶炼厂正在建设，将成为东北地区最大的铜产业基地。

·稀土工业·

〔县成立稀土工业局〕

2011年1月，上杭县成立稀土工业局，属于县政府直属副科级事业单位，主要负责全县稀土产业规划、服务、管理、指导等工作，核定副科级领导职数1名、事业编制3名，经费由县财政核拨。2013年10月，遴选3名工作人员到位；11月，县财政下拨开办经费，县稀土工业局正式运作。

〔稀土矿权与资源状况〕

2007年，经福建省地质调查研究院初步调查，离子型稀土远景资源量（REO）超百万吨。2013年，勘探探明的湖洋洋坡坑稀土矿资源量（REO）超13万吨。年底，上杭县拥有2家矿山企业、持有2本稀土矿权证、成立了2家稀土开发公司。

〔洋坡坑稀土矿探矿权保留申请工作〕

2015年6月，洋坡坑稀土矿探矿权申请获得首次（可以申请2次、每次期限2年）延长保留批复。

〔启动编制稀土产业规划〕

2016年，上杭县稀土产业规划由中国电子信息产业发展研究院（国家稀土行业“十三五”规划编制单位）中标。10月开始编制规划正文，12月底完成规划初稿。

〔专项整治成效明显〕

2016年，配合县国土、公安及矿区乡镇有效打击稔田镇、下都镇等2处无证非法开采稀土矿点，并将案件移送公安机关刑事立案侦查。6月，上杭县人民法院对茶地镇大燮村燕子窝非法开采稀土矿点4名被告人判处3年—3年7个月有期徒刑，并处罚金12万元—15万元。有力地震慑了非法采矿行为。

·军民融合·

〔军民融合产业〕

2016年，上杭县紧密结合产业特色和县情优势，抢抓军民融合深度发展历史机遇，重点与军工企业在产品销售、委托加工、技术研发、生产性投资等方面开展合作。全年，军民融合实现开工项目2个（上杭南阳军地共建项目、上杭清景电解铜箔生产项目），与军工企业签订技术合作项目3个（上杭德尔含氟精细化电子气体开发项目、上杭有色金属检验检测中心技术共建项目、上引机台智能自动技术研发项目），新签约生产性合同或协议项目4个（上杭太阳电缆海洋特种电缆研发生产项目、15万吨低氧铜杆生产项目、上杭紫金铜业稀贵金属提纯项目、军民融合产业共建合作项目）。

〔与海军建立产业共建关系〕

2016年11月，经海军首长批准，海装上海局与上杭县政府签订军民融合产业共建协议，双方将着重围绕延伸产业链、促进科研成果“孵化”转化、扶持优质民企“参军”、信息交流服务、打造军魂教育体验基地等5个板块展开共建。海装上海局将组织有关方面专家，向上杭县具备条件的企事业单位提供装备市场准入政策、法规咨询与辅导授课，帮助开展国军标质量管理体系三方认证和装备承制单位资格审查认证申报工作，协调开展军工产品科研生产许可证和保密资格认证申请，充分参与军品市场竞争。协调科研院所、军工企事业单位，与上杭县具备相应资质、能力的企业开展科研课题需求对接，在电线电缆、铜管（带）、稀有金属产品、含氟电子气体等领域寻求产业合作，拓展创新驱动、智能制造等科研成果在军工领域应用。还将通过构建军民深度融合的常态化工作协调机制，搭建军民融合产业共建平台，帮助上杭县与相关军工集团所属企业开展项目对接，切实帮助上杭县将政治资源和产业优势转化为区域经济优势，加快提升上杭县经济社会发展。

《矿产冶金》撰审人员

撰稿人：江　建　邱晓晖　赖旭林　陈蕃茂　丘立平

审稿人：钟立新　伍相文　邱志华　王发英

责任编辑：钟梅娇

政党　政权　政协

·中共上杭县委·

〔县委主要工作综述〕

2016年,县委深入学习贯彻落实中共十八大、十八届历次全会精神和习近平总书记系列重要讲话精神,紧紧围绕“五位一体”(经济建设、政治建设、文化建设、社会建设、生态文明建设)总体布局和“四个全面”(全面建成小康社会、全面深化改革、全面依法治国、全面从严治党)战略布局,坚持五大发展理念(创新、协调、绿色、开放、共享),大力弘扬古田会议精神和毛泽东才溪乡调查精神,全力打好项目落地、脱贫攻坚、生态环保“三大战役”,全县经济社会保持平稳较快发展势头。全年实现地区生产总值276.3亿元,增长8.6%;规模以上工业增加值70亿元,增长8.5%;财政总收入31.7亿元,增长2.5%,其中地方级财政收入22.9亿元,增长10.3%;500万元以上固定资产投资257.3亿元,增长17.8%;社会消费品零售总额85.7亿元,增长15.8%;实际利用外资3845万美元,增长9.9%;城乡居民人均可支配收入分别为33019元、14074元,分别增长8%、9%。2016年,首次进入福建省“县域经济实力十强县”,并获“县域经济发展十佳县”荣誉;顺利通过国家级生态县考核验收;被列为第三批国家新型城镇化综合试点地区;被评为“全国法治宣传教育先进县”;蝉联“全国双拥模范县”。

坚持担当看齐,确保中央和省、市决策部署落地生根　2016年,县委深入学习贯彻中共十八大、十八届历次全会精神和习近平总书记系列重要讲话精神。多次组织召开县委常委(扩大)会议、中心组学习会、座谈会、研讨会等进行专题学习,领会精神实质,进一步增强了中国特色社会主义道路自信、理论自信、制度自信,切实用全会和讲话精神武装头脑、指导实践、推动工作。深入开展“传承红色基因,践行‘两学一做’,聚力上杭发展”主题学习教育。发挥红色资源丰富的优势,引导广大党员干部自觉从红色传统中汲取营养,把老区人民“听党话、跟党走”的红色基因融入血脉之中。认真学习贯彻省第十次党代会、市第五次党代会精神,紧紧围绕“再上新台阶、建设新福建”“建设创新型工贸旅游强市”的目标任务,主动跟进、积极作为,通过深入实施“三大战略”(创新驱动、产业兴县、人才强县)、全力打好“三大战役”,推动全县经济社会各项事业迈上新台阶,在全省、全市发展大局中贡献上杭力量。

坚持科学谋划,凝聚智慧绘好发展蓝图　2016年,县委坚持解放思想,跳出上杭看上杭,站位全局,用超前的胆识、创新的理念、强有力的措施,进一步创新发展思路,谋划发展蓝图。7月,顺利召开县第十三次党代会,提出实现“四个率先”、打造“四个上杭”的奋斗目标,为今后五年的发展指明了方向。这一目标符合上杭实际、符合客观规律、符合科学精神,得到广大干部群众的一致拥护,进一步激发干事创业的“精气神”,在全县上下形成人心思进、同频共振的喜人局面。县委先后召开八次县委全会,对实施创新驱动发展战略、推进供给侧结构性改革、实施“人才强县”战略、全面从严治党等工作进行安排部署,进一步坚定发展信心和决心,营造干事创业的良好氛围。结合贯彻落实中央有关要求和省、市、县党代会精神,县委专门对“三大战役”、安全环保、防汛应急、综治维稳、军民融合等重点工作进行细化落实,保证各项工作扎实推进。

坚持统揽全局,形成合力促进科学发展　2016年,县委注重发挥统揽全局、协调各方的领导核心作用,充分调动和激发各方的积极性、主动性和创造性。认真贯彻落实中央和省委、市委有关换届选举工作会议精神和文件要求,强化党的领导,全过程把关,管好方向、管好人选、管好统筹、管好纪律。坚持好干部标准正确选人用人,进一步优化班子结构,打造“忠诚干净担当”的干部队伍,圆满完成县乡党委、人大、政府和县政协换届工作。同时,大力支持县人大及其常委会依法履行职能,加强法律监督和工作监督，完善人大代表联系群众制度，总结推广才溪镇人大主席团“1479”工作法，进一步提高人大工作水平。全力支持政府开展工作，既加强对政府的领导，把握大方向，又充分放手，让政府有足够的空间大胆开展工作。大力支持县政协发挥职能作用，完善协商民主制度和工作机制，围绕经济社会发展重大问题和涉及群众切身利益的实际问题广泛协商。发挥统一战线作用，深化“红土同心”提升工程建设，引导社会各界人士与县委同心同向同行。持续做好党管武装工作，加强和改善对工会、共青团、妇联等人民团体的领导。县委常委班子及成员带头守纪律讲规矩，带头接地气抓落实，示范带动全县广大党员干部齐心协力、同心同向，汇聚起加快实现“四个率先”、打造“四个上杭”的强大动力。

坚持精雕细琢，全力打造“四个上杭”　项目落地战役。全县110个攻坚项目完成投资66.9亿元，完成年度投资计划的97.1%。“谋划一批”项目281个，列入市项目谋划库50个，位居全市第一。“签约一批”项目49个，位居全市第三。“开工一批”中，110个攻坚项目开工82个，54个市攻坚项目开工33个，位居全市第三。“建成一批”中，110个攻坚项目中建成49个，54个市攻坚项目竣工30个，位居全市第一。“增资一批”完成增资38.5亿元，位居全市第三。其中，工业技改项目完成增资21.4亿元，专项基金项目完成增资17.1亿元。脱贫攻坚战役。全县精准识别扶贫开发重点乡镇4个、贫困村50个、建档立卡贫困户7298户19926人。“千人挂钩、万人脱贫、共奔小康”活动扎实推进，实现贫困乡镇、贫困村、贫困户挂钩帮扶全覆盖。坚持扶智与扶志结合、输血与造血并重，制定出台“4810”精准脱贫措施，县财政补助每个贫困乡镇50万元用于发展生产性增收项目，为每个贫困村提供20万元扶贫资金和25万元基础设施建设专项补助资金；审核小额信贷资金625户2207万元，发放扶贫小额信贷516户1877万元，超额完成市下达上杭县任务数。全年，完成4163户10153人的减贫任务和2884人的造福工程扶贫搬迁任务。生态环保战役。狠抓大气污染整治、水环境整治、土壤污染治理，重点抓好紫金山矿区、蛟洋工业集中区、县工业园区等区域环保安全专项整治。全年，关闭拆除养殖场3568户、75.4万平方米，削减生猪30.16万头；淘汰黄标车1078辆，完成年度任务的103%；完成水土流失综合治理7.4万亩、造林绿化3.2万亩。汀江流域水污染综合整治项目入选国家开发银行第一批重点生态环保基金项目，争取到位项目扶持资金1亿元。汀江流域水质总体稳中有升，省考断面Ⅲ类水质达标比例100%，城区及工业园区空气环境质量监测结果均达到或优于国家二级标准，达标率100%，成为福建省首批国家重点生态功能示范区转移支付县。主导产业加快发展。金铜产业发挥紫金龙头带动作用，不断拉长做细产业链，全县落户金铜产业企业41家，其中规模以上企业21家，初步形成铜产业、稀贵金属、循环经济3条产业链。成功举办第十一届中国铜加工行业发展论坛，现场签约项目13个。紫金山金铜矿浮选厂、紫金铜业节能减排综合技术改造等项目竣工；鸿航卫浴、太阳铜业船用电缆及数据缆、铜杆系列产品等项目加快推进。全年，金铜产业实现产值400.2亿元，增长18.6%。建筑产业新设立施工承包企业5家，新晋升二级总承包企业2家，县外迁入总承包企业1家，全县共有资质建筑企业118家；建筑企业签订合同总额467.7亿元，增长4.5%，全年，实现建筑施工总产值393.3亿元，增长12.82%。绿色建筑产业园加快园区基础设施建设，并同步进行项目招商策划工作。重点产业不断壮大。实施现代农业项目41个，总投资8.96亿元，农业规模化、产业化扎实推进，粮食、烤烟、果蔬生产保持平稳，设施农业、林下经济、家庭农场等加快发展，傲农饲料、优创油脂、儒溪槐猪等规模以上企业加速成长，新增农业龙头企业38家，2016年农林牧渔业总产值59.7亿元，增长3.9%。省级服务业综合改革试点工作稳步推进，加大商贸流通业限上规上法人企业培育力度，新增A级物流企业1家，全年净增限额以上企业25家、总数达162家，实现服务业增加值89.5亿元，增长11.4%；电子商务蓬勃发展，首家跨境电商欧壹国际正式营业，阿里巴巴农村淘宝、京东、供销电商、邮政电商、淘实惠等电商平台相继落户，县内有电子商务法人企业175家，全年实现销售额21亿元。加大资源整合开发力度，促进文化创意与旅游融合发展，古田和才溪景区提升工程、“诗意院田”古村落保护与开发、梅花山国家生态旅游示范区建设等项目加快推进。全县接待游客490万人次，增长14.5%；实现旅游收入29.7亿元，增长15.1%。“三资运作”有新突破。兴杭国投公司、工贸公司、城发公司、兴诚实业公司等四大国有公司积极开展并购重组、债务处置、资产经营管理等业务，实现资源资产化、资产资本化、资本证券化，国有资产实现保值增值。全县有县属全资、控股及参股企业54家（其中全资企业30家、控股企业7家、参股15家、事业单位性质2家），至年底国有资产总量达460亿元。改革创新不断深化。加快政府职能转变，清理规范前置审批和中介服务事项，建立项目审批联合会审机制，实行“一口受理、同步审批、限时办结、信息共享”。深化商事制度改革，全面推进“五证合一（营业执照、组织机构代码证、税务登记证、社会保险登记证和统计登记证）、一照一码”登记制度，加快实行电子营业执照和企业注册全程电子化，全县新增市场主体3167户。加快全流程网上办事大厅建设，发布县级行政审批和公共服务事项信息976条，网上办理率超过60%。扎实推进供给侧结构性改革。召开县委全会专题研究创新驱动和供给侧结构性改革问题,制定出台一系列政策措施,着力提升供给体系质量和效率。实施新一轮技改专项行动和工业强基工程,引导过剩行业转型发展,全县16个市级工业重点项目完成固定资产投资17.7亿元;加大合理购房消费支持力度,科学控制商品房项目供地投放规模,积极消化商品房库存;稳步推进金融去杠杆,设立2亿元产业发展基金,着力破解中小企业融资难题;出台金融支持产业转型升级实施意见,通过举办“政银企担”对接会、“手拉手”供需见面会等,积极帮助企业降成本;扎实抓好“补短板”投资工程包项目,争取市级投资工程包项目29个,累计完成投资36.1亿元。深化财税体制改革。出台深化财税体制改革实施方案,逐步建立县级以下转移支付制度;在建筑业、房地产业、金融业和生活服务业等四大行业全面实施“营改增”工作。成立国地税联合办税服务厅,通过整合窗口办税资源,优化办税流程,实现“一窗式”和全部涉税事项“一站式”办理,成为全市首个实现国地税办税服务厅整体入驻行政服务中心和“一窗式”联合办税的县级联合办税服务厅。大力实施人才强县战略。坚持党管人才原则,实行党政领导干部挂钩联系优秀人才制度;制定出台重点产业高层次人才引进培养办法,通过建立人才激励机制,完善人才服务机制,着力优化人才发展环境,帮助全县规模以上重点企业引进各类人才100多名,有效提升企业核心竞争力。城乡面貌更加靓丽。突出规划引领,完成县城总体规划(2013—2030年)修编以及新型城镇化发展规划编制工作,实现集镇与村庄规划全覆盖。城市建设26个城建项目完成投资16.1亿元,张滩大桥及接线工程建成通车,城市中轴线顺利打通。江滨西路改造二期、杭川公园、罗星塔公园、城区停车场等城建项目进展顺利。“15分钟生活圈”规划、环城公路和沿汀江慢道建设前期工作加快推进。城市绿化率达41.6%,被评为省级园林县城。特色小镇建设启动新型城镇化和美丽乡村建设三年行动计划,成立新型城镇化和美丽乡村建设融资平台。加大特色小镇申报创建工作,古田镇被列为第一批国家特色小镇创建镇,蛟洋、庐丰、才溪、官庄等4个乡镇完成概念规划、创建方案编制,申报省级特色小镇。全县21个乡镇通过或达到国家级生态乡镇创建要求。全县21个村列入美丽乡村建设,共策划基础设施项目120个,总投资4.8亿元。继续开展“千村整治、百村示范”建设,24个村共策划整治项目166个,总投资7400多万元。全县312个行政村通过市级以上生态村命名,其中99个村通过省级生态村命名;中都镇罗溪村、田背村、兴坊村入选中国传统村落名录。民生事业不断进步。民生项目开工建设厦蓉高速扩容、永杭高速项目;才庄线竣工通车,大中线(庐丰至中都段)基本建成,黄太线、梅花山公路升级改造有序推进。坚持教育优先发展,出台推进教育现代化建设实施意见,在全市率先实施普通高中教育免费政策;启动小学扩容工程和学前教育“三年行动计划”,重建校舍项目5个,新建校舍面积7834平方米。稳步推进医药卫生体制和县级公立医院改革,县医院、妇幼保健院整体搬迁工程完成投资2.3亿元,蛟洋、湖洋等6个卫生院建设进度加快。公共文化体育设施建设力度加大,成立“上杭客家木偶艺术传习中心”,县体育中心、水上运动基地等项目建设有序推进。社会保障在全省率先实施健康扶贫保险和大病医保“三保合一”均衡化政策,在全市率先执行提高贫困户住院报销比例政策,为防止因病致贫返贫提供多重保障。全年开展职业技能培训3200人,实现城镇新增就业2100人。加快多层次养老服务体系建设,社区老年人日间照料中心、农村敬老院建设力度加大,在全市率先实行县财投资建设农村幸福院政策,新建农村幸福院27座。县老年人活动中心建成并投入使用;闽西古田光荣院项目建设稳步推进。安全稳定方面。推行“一村一法律顾问,一社区一法律诊所”工作制度,全县344个村(社区)全部设立公共法律服务工作站和服务点,实现村居法律顾问全覆盖。完善提升“1345”调解工作体系,全县387个人民调解组织,排查矛盾纠纷调解1232件,成功率达99.77%。按照“三个最严格责任”要求,坚持每月5日县领导带队检查、监管部门日常巡查和聘请第三方专业人员全面排查相结合,坚决堵塞安全生产漏洞,全县安全环保生产工作保持平稳态势。

坚持从严治党,党的建设更加科学 扎实推进“两学一做”学习教育。认真贯彻落实中央和省委、市委决策部署,认真履行抓好“两学一做”学习教育的主体责任,充分运用党的群众路线教育实践活动和“三严三实”(严以修身、严以用权、严以律己;谋事要实、创业要实、做人要实)专题教育好做法好经验,发挥古田会议会址、才溪乡调查旧址等红色资源的教育教化作用,突出领导带头,突出红土特色,突出典型引领,坚持以学促做、以知促行,把“两学一做”学习教育不断引向深入,有效推动各基层党组织和广大党员干部在打好“三大战役”、实现“四个率先”“四个上杭”奋斗目标中担当作为,有效推动全面从严治党的要求在基层落地生根,更好保持党的先进性和纯洁性。加强宣传思想工作。把落实意识形态工作责任制纳入党委、政府的绩效考评指标体系,进一步增强阵地意识,坚持唱响主旋律,打好主动仗。运用好“古田会议”思想建党的宝贵经验,深入开展中共十八大、十八届历次全会和省、市党代会精神的宣传教育,加强党性、道德、法治和“中国梦”的宣传教育,引领党员干部坚定理想信念、坚守共产党人精神追求。成功举办纪念中国共产党成立95周年、红军长征胜利80周年和纪念陈丕显同志诞辰100周年等系列活动;组织开展第八届海峡论坛·海峡客家族谱文化风情节、袁洪亮作品音乐会等重大主题活动，配合做好历史文献片《闽西：红色记忆》、电视连续剧《绝命后卫师》、电影《第四道封锁线》等重大题材的创作拍摄工作，进一步提升上杭的美誉度和知名度。加强基层组织建设。开展基层党组织按期换届专项检查，完成全县17个县直党委、22个乡镇党委、108个党支部换届选举工作。拓宽事业编制干部任职渠道，从乡镇“六类人员”择优选任26名乡镇领导班子副职，有效激发事业编制干部干事创业热情。严格按照党代表推选、把关要求，认真组织考察，共选举产生县党代表298名、市党代表52名，在市第五次党代会上上杭县3名党员光荣当选省党代表。启动实施发展壮大村级集体经济攻坚计划，增强村级集体经济“造血”功能。对62个革命基点村，每年安排10万元帮扶资金由县国投公司统一运作，按12%的年度收益作为村财收入。开展第二批驻村蹲点工作，选派60名干部到全县贫困村、软弱涣散村、少数民族村驻村蹲点。加强党员队伍教育管理和发展党员工作，新发展党员269名。推进非公企业和社会组织“两个覆盖”，全县新增非公企业党组织11个、总数达104个，社会组织党组织11个、总数达27个，覆盖非公企业245家、社会组织54家。启动实施“书记创新项目”，培育打造一批可复制、可推广、有特色的基层党建品牌。县法院党总支“支部+”红色党建品牌，成为全省唯一的“全国法院党建工作先进集体”。加强党风廉政建设。认真学习贯彻十八届中央纪委六次全会和中央纪委书记王岐山到上杭调研时的重要指示精神，把“两个责任”牢牢扛在肩上。由县委常委、党员副县长带队深入各乡镇和县直有关部门开展2015年度党风廉政建设责任制落实情况专项检查。继续开展乡镇和县直部门主要领导向县纪委全委会述责述廉、专项巡察、“红土清风·一把手”访谈、经济责任审计工作。坚持把纪律和规矩挺在前面，深入学习贯彻《中国共产党问责条例》《关于新形势下党内政治生活的若干准则》《中国共产党党内监督条例》，运用和落实好监督执纪“四种形态”。深化“1+X”专项督查，严格落实中央“八项规定”精神和市委2号文件精神，推动全面从严治党向基层延伸，严肃查处群众身边的“四风”（形式主义、官僚主义、享乐主义和奢靡之风）问题，持续纠正不良习气、树立清风正气。全年共查处违反中央“八项规定”精神案件23起，党政纪处理8人，诫勉谈话16人。严肃执纪审查，以“零容忍”态度惩治腐败，全县共受理各类信访举报229件次；全县纪检监察机关立案275件、结案254件，其中经济大案16件，乡科级干部案件8件，处分254人，移送司法机关处理8人。从严从实抓好自身建设。县委高度重视并切实加强常委会、全委会和县委班子自身建设，坚持县委学习中心组学习制度，自觉做守纪律讲规矩的表率，做坚持民主集中制的表率，做勤政为民的表率，做廉洁奉公的表率，抓班子、带队伍、改作风、促发展。坚持领导带头，靠前指挥，根据各自职责分工，带头负责分管领域工作，带头挂钩乡镇、挂钩脱贫攻坚、挂钩重点项目等，做到工作重心下移，关注基层，深入一线，深入实际，协调解决一些重大问题。坚持民主集中制原则，积极推进民主决策、科学决策、依法决策，凡重大决策部署出台前，进行充分调研论证，并征求人大、政协、老同志、专家、学者和社会各界的意见。坚持廉洁从政，认真落实党风廉政建设责任制，带头接受社会各界的监督，带头发扬求真务实的工作作风，带头遵守各项规定。坚持改进作风，努力实践立党为公、执政为民的宗旨，弘扬求真务实精神，坚持讲实话、办实事、重实干、求实效，以作风的改进推动工作的落实，以工作的落实推进上杭发展，树立县委常委会的良好形象。

〔县委十二届九次全会〕

2016年4月29日，中共上杭县委第十二届九次全体会议在县城召开，县委委员、候补委员出席会议。会议审议通过《关于召开中国共产党上杭县第十三次代表大会的决议》，民主推荐新一届乡镇党委书记、政府乡镇长人选。

全会强调，中共上杭县第十三次代表大会是全县深入学习贯彻党的十八大、十八届历次全会精神和习近平总书记系列重要讲话精神，全面推进“十三五”规划、决战决胜全面建成小康社会的关键时期召开的一次重要会议。全县各级党组织要自觉把思想和行动统一到党中央和省委、市委、县委的决策部署上来，引领广大党员干部切实增强政治意识、大局意识、核心意识、看齐意识，深入开展“传承红色基因，践行‘两学一做’，聚力上杭发展”主题教育实践活动，进一步提振干事创业的“精气神”，大力推进党的建设新的伟大工程，大力推进改革开放和现代化建设，让胜利的红旗永远高高飘扬。

全会号召，全县各级党组织和广大党员干部要更加紧密地团结在以习近平同志为总书记的党中央周围，在省委、市委的坚强领导下，抢抓机遇，全力攻坚，凝心聚力，真抓实干，全力推进“稳增长、调结构、强动力、惠民生、防风险”五项重点工作，坚决打赢项目落地、脱贫攻坚、生态环保“三大战役”，以优异成绩迎接县第十三次党代会的胜利召开，向建党95周年献礼。

〔县第十三次党代会〕

2016年7月18日—20日，中国共产党上杭县第十三次代表大会在县城召开，出席代表298人。大会听取和审议傅藏荣代表十二届县委作《传承红色基因　聚力上杭发展　让胜利的红旗永远高高飘扬》的报告。

大会确立今后五年工作的指导思想是：高举中国特色社会主义伟大旗帜，全面贯彻党的十八大和十八届历次全会精神,深入贯彻习近平总书记系列重要讲话精神和来闽来杭重要讲话精神,坚持“四个全面”战略布局,坚持创新、协调、绿色、开放、共享的发展理念,大力弘扬古田会议精神和毛泽东才溪乡调查精神,重点打好“古田会议”“紫金矿业”“国有资产”“建筑之乡”“客家文化”“生态文明”六张牌,统筹推进经济建设、政治建设、文化建设、社会建设、生态文明建设和党的建设,为加快建设“机制活、产业优、百姓富、生态美”的新上杭奠定更加坚实的基础。今后五年经济社会发展的总体目标是:努力在全市率先全面建成小康社会、率先争创福建经济实力十强县、率先实施普通高中教育免费政策、率先实现大病医保“三保合一”均衡化,全力打造实力上杭、活力上杭、魅力上杭、和谐上杭。

大会强调,今后五年是全面建成小康社会的决战决胜期,也是全县创新发展、攻坚突破的重要机遇期。面对新常态,既要看到全球经济复苏缓慢、国内经济增速放缓等困难,也要看到国家实施“一带一路”战略,支持福建、支持老区苏区加快发展和“新古田会议”后续效应等重大机遇,更要看到全县在资源、环境、产业等方面的优势和潜力。总体来说,机遇大于挑战。要发挥好这些政策和优势的“乘数效应”,敢闯敢拼、先行先试,牢牢把握发展主动权,奋力攻坚、突围突破,在全市发展大局中走前头、当先锋、作贡献。

大会号召,全县各级党组织和全体共产党员要更加紧密地团结在以习近平同志为总书记的党中央周围,在省委、市委的坚强领导下,不忘初心,继续前进,团结和带领全县人民,创造出无愧于时代、无愧于人民、无愧于历史的新业绩,让胜利的红旗永远高高飘扬,以实际行动向建党100周年献礼!

大会听取和审议胡长松代表中共上杭县纪律委员会作《坚持纪在法前 聚焦主业主责 不断开创党风廉政建设和反腐败斗争新局面》的报告。选举产生中国共产党上杭县第十三届委员会委员38人,候补委员8人;选举产生中国共产党上杭县纪律检查委员会委员27人;选举产生上杭县出席中国共产党龙岩市第五次代表大会代表51人。

〔县委十三届二次全会〕

2016年8月30日,中共上杭县委第十三届二次全体会议在县城召开,县委委员、候补委员出席会议;县人大、县政府、县政协领导同志,县人武部部长,各乡镇党委书记、乡(镇)长或乡(镇)长候选人,县纪委常委,县直各党委(工委、党组)、部、委、办、局(行、社、公司),各群团组织,省、市属驻杭单位主要负责人,部分专家学者、科研院所及企业负责人,担任过副处级以上实职的城区离退休老同志,县直单位副科以上领导干部列席会议。会议深入学习贯彻习近平总书记系列重要讲话精神和来闽来杭重要讲话精神,全面落实全国科技创新大会精神、中央关于推进供给侧结构性改革要求和省委九届十六次全会、市委四届十一次全会精神,听取和讨论了县委书记傅藏荣所作的报告,听取了县委副书记、代县长王波就提交会议讨论文件所作的说明,讨论了《上杭县实施创新驱动发展战略建设创新型上杭的实施意见》《关于实施“人才强县”战略的意见》《关于推进供给侧结构性改革的实施方案(2016-2018年)》《上杭县化解部分行业过剩产能推动产业转型升级实施意见》《上杭县有序降低杠杆率水平防范化解金融风险的实施意见》《上杭县补齐发展短板扩大有效供给的意见》等文件。

全会强调,实施创新驱动,推动供给侧结构性改革是适应经济发展新常态的必然要求,是推动新旧动能转换的关键所在,是全面深化改革的重要着力点。全县各级各部门要提升认识,切实把思想统一到中央和省委、市委的决策部署上来,大力实施创新驱动发展战略、坚定不移推动供给侧结构性改革,全力推进产业兴县、人才强县战略,为实现“四个率先”、打造“四个上杭”提供强大支撑和持久动力。

全会明确,全县推进创新驱动和供给侧结构性改革的总体要求是,牢固树立和贯彻落实创新发展理念,以实现创新驱动发展为目标,以推动科技创新为核心,以加快产业转型升级为主线,以加强人才队伍建设为保障,充分激发全社会的创新活力,围绕去产能、去库存、去杠杆、降成本、补短板五大任务,优化存量、引导增量、主动减量,大力发展新经济、培育新动能、增创新优势,促进经济增长从粗放低效向集约高效转变,从要素驱动向创新驱动转变,为全面建成小康社会和加快建设新上杭提供强大支撑。到2020年,建设更加完备的县域创新体系,建成创新型县份,综合科技进步水平、科技促进经济社会发展指数居全省前列;供给侧结构性改革取得重大进展,供给能力和水平显著提升,新的产品供给体系和服务供给体系基本形成。

全会指出,创新驱动和供给侧结构性改革是全县当前和今后一段时期经济工作的主线。各级各部门要用辩证的思维、系统的方法来推进创新驱动和供给侧结构性改革,注意处理好三大关系:一是坚持“赶”与“转”并重。既要坚持适度增加有效需求,保持较快增长速度,加速赶超发达县份,争取早日跻身“福建经济实力十强县”,又要加快转型,不断提升发展的质量和效益。二是坚持“创”与“改”并举。既要鼓励创新创造,突破制约全县产业发展的关键领域、关键环节,催生发展新动能,又要重视技改产生的巨大效应,实施技术改造提升传统优势产业,以先进产能逐步替换落后产能。三是坚持“政”与“企”并进。既要加大简政放权力度,减少政府对创新创业活动的干预,又要发挥政府弥补市场不足的作用,切实有效地推进“三去一降一补”(即去产能、去库存、去杠杆、降成本、补短板)

五大任务。同时要坚持企业在创新中的主体地位，引导企业加大科技投入，让创新需求与创新供给紧密结合起来。

全会要求，各级各部门既要注重总体谋划，又要推进重点突破，促进创新驱动与供给侧结构性改革同向而行、互促并进。要着力创新引领，通过做大做强主导产业、改造提升传统产业、培育壮大新兴产业，推进主导产业高端化、集聚化发展，推动上杭转型升级。要着力补齐短板，通过补齐基础设施短板、公共服务短板、民生保障短板，全力增创上杭发展新优势。要着力人才支撑，通过加大人才引进力度、创新人才培养机制、优化人才服务保障，有效突破人才发展的瓶颈，集聚上杭创新资源。要着力环境保障，通过加快政府职能转变、加大政策扶持力度、加大科学普及力度，为上杭实施创新驱动，推进供给侧结构性改革创造良好环境。

全会强调，全县各级各部门要强化责任担当，注重精准服务，深入谋划推进，扎实推动各项任务落到实处。要转变作风，锲而不舍、脚踏实地，精准精细精实抓工作，以实现县十三次党代会确定的目标来检验成效，以创新驱动、产业兴县、人才强县战略的有效落实来检验成效。要勇于担当，强化担当意识、展现担当魄力、营造担当氛围，鼓励全县各级党员干部投身到改革创新事业的大潮中去。要凝聚合力，牢固树立全县“一盘棋”思想，各级各部门要压实责任、真抓实干，通力协作、同频共振，确保各项工作任务落到实处。要统筹兼顾，把实施创新驱动、推进供给侧结构性改革与推动经济社会各项事业发展结合起来，与完成年度发展任务结合起来，促进经济社会持续平稳健康发展。

全会号召，全县广大党员干部要更加紧密团结在以习近平同志为总书记的党中央周围，在省委、市委的坚强领导下，齐心协力、奋发有为，坚定不移推进创新驱动与供给侧结构性改革，为全面建成小康社会，建设机制活、产业优、百姓富、生态美的新上杭而努力奋斗！

〔县委十三届四次全会〕

2016年12月19日，中共上杭县委第十三届委员会第四次全体会议在县城召开，县委委员、候补委员出席会议，不是县委委员的县领导，县纪委委员，各乡镇党委书记、乡镇长或乡镇长候选人，县直各党委(工委、党组)、部、委、办、局(行、社、公司)，各群团组织，省、市属驻杭单位主要负责人，担任过副处级以上实职的城区离退休老干部，县直单位副科以上领导干部列席会议。会议深入学习贯彻党的十八届六中全会和省第十次党代会、省委十届一次全会、市委五届二次全会精神，听取和讨论县委书记傅藏荣代表县委常委会所作的工作报告和在全体会议上的讲话。

全会充分肯定县委常委会一年来的工作。一致认为，县委常委会深入贯彻落实中共十八大和十八届历次全会精神，认真贯彻落实习近平总书记系列重要讲话精神和到闽到上杭重要讲话精神，团结带领全县广大干部群众，大力弘扬古田会议精神和毛泽东才溪乡调查精神，全力打好项目落地、脱贫攻坚、生态环保“三大战役”，推动经济社会各项事业平稳较快发展，获得福建省“县域经济实力十强县、县域经济发展十佳县”两项荣誉，实现“十三五”规划良好开局。

全会指出，中共十八届六中全会是在全面深化改革、决胜全面小康进入关键阶段召开的一次重要会议。全会正式确立习近平总书记在党中央和全党的核心地位，制定新形势下党内政治生活的若干准则、修订党内监督条例，通过明年下半年召开十九大的决议，取得极为重要的政治成果、思想成果和制度成果。习近平总书记成为党中央的核心、全党的核心，是在领导和推进伟大事业、伟大工程、伟大斗争的实践中形成的，众望所归、名副其实、当之无愧。

全会强调，全县各级党组织和广大党员干部要传承红色基因，树牢“四个意识”(即政治意识、大局意识、核心意识、看齐意识)，始终听党话、跟党走，在思想上、政治上、行动上同以习近平为核心的党中央保持高度一致。要把服从大局、维护大局作为服从核心、维护核心的具体行动，自觉融入省、市发展大局，找准定位、积极作为，在全市、全省发展大局中贡献上杭力量。要坚定不移向党中央看齐，向党的理论和路线、方针、政策看齐，向党中央决策部署看齐，确保中央政令畅通、决策落地生根，不断巩固提升“十强县”成果，再上新台阶，建设新上杭。

全会强调，要加强和规范党内政治生活，夯实全面从严治党基础。要强化固本培元，从严思想教育，突出习近平总书记系列重要讲话，中央、省委重大方针政策和决策部署，红色主题教育，市委、县委重要决策部署等四个学习主题，筑牢信仰之基、补足精神之钙、把稳思想之舵。要强化纪律约束，严明纪律规矩，把政治纪律和政治规矩作为党最根本、最重要的纪律，在大是大非面前与党中央保持高度一致，做到绝对忠诚、绝对纯洁、绝对可靠。要强化实干为民，传承苏区作风，坚持党的群众路线，坚持“四下基层”(信访接待下基层、现场办公下基层、调查研究下基层、宣传党的方针政策下基层)全心全意为群众办实事、办好事。要强化导向规则，正确选人用人，锻造一支有凝聚力、战斗力、执行力的干部队伍。要强化整风精神，严肃组织生活，自觉落实“三会一课”、民主生活会、民主评议党员等制度，严肃开展批评与自我批评，切实增强组织生活的吸引力和实效性。

全会强调，要从严从实抓好党内监督，筑牢全面从严治党保障。要切实提升党内监督意识，正确对待监督，主动接受监督，习惯在监督下开展工作。要切实强化党内监督责任，敢抓敢管，勇于监督，织密党内监督责任这张大网。要切实增强党内监督实效,认真贯彻省委“五抓五看”(看有没有抓加强教育,看有没有抓制度建设,看有没有抓“一把手”,看有没有抓查处,看有没有抓部署、检查、落实)和市委“两个责任”清单要求,进一步提高制度约束力和执行力,推动党内监督特别是党委主体责任有效落实。

全会要求,必须压实全面从严治党责任,巩固发展良好政治生态。要全面落实从严治党责任,推动落实管党治党责任由“软任务”变成“硬约束”。要切实当好示范表率,从县委常委会做起,自觉遵守党章,带头执行“准则”“条例”,以领导干部模范行动推动全体党员严格遵守和执行各项党内法规。要认真抓好党的建设各项任务,牢固树立“围绕发展抓党建、抓好党建促发展”的理念,坚持党建工作与经济社会发展同谋划、同部署、同考核,以全面从严治党的新成效取信于民。

全会号召,全县各级党组织和广大党员干部要更加紧密地团结在以习近平总书记为核心的党中央周围,在省委、市委的坚强领导下,不忘初心,继续前进,以全面从严治党再上新台阶,推动上杭发展迈上新台阶,加快建设实力上杭、活力上杭、魅力上杭、和谐上杭,以优异成绩迎接中共十九大胜利召开。

〔组织工作〕

做好乡镇领导班子换届工作 2016年,县委组织部认真做好乡镇领导班子换届工作,优化领导班子结构、选好配强党政正职、推进干部交流轮岗,圆满完成党委换届工作。开展谈心谈话。3月初,县委组织部部长、分管干部工作的副部长深入各乡镇与各乡镇领导班子成员逐人见面谈心,宣传换届纪律,全面了解各乡镇领导班子的运行情况及班子成员的思想状况。人事调配期间,县委书记与年龄较大的科级领导干部进行谈心谈话,与各乡镇党政正职谈心谈话,与拟提名为乡镇党政正职的干部谈心谈话,教育引导广大干部正确对待进退留转,遵守组织人事工作纪律,自觉服从组织安排。改进民主推荐方式。对会议推荐、个别谈话推荐的先后顺序和参加推荐的人员范围等作适当调整。按照知情度、关联度和代表性确定参加推荐人员,先进行个别谈话推荐,根据个别谈话推荐结果,由考察组与当地党委沟通研究,提出会议推荐初步人选名单,进行选择推荐。统筹调剂领导职数。综合各乡镇所辖行政村和人口数量、经济社会发展、承担重点项目建设工作任务等实际情况,在不突破上届236名领导职数的前提下,各乡镇领导职数按上下2个以内浮动范围进行调整设置。全县22个乡镇共分4类,其中领导职数13名的乡镇5个、11名的乡镇6个、10名的乡镇6个、9名的乡镇5个。推进干部交流。按照“在同一乡镇同一层级任职10年及以上的领导班子成员必须交流;担任乡镇党政正职同一岗位5年及以上的一般应予交流”的原则,加大调整力度,调整面达到61%左右。新一届乡镇领导班子成员中,乡镇间交流69人,从县直机关交流到乡镇任职12人,选派到乡镇挂职任党委副书记19人、任科技副乡镇长20人。通过交流真正做到合理配置人才资源、优化班子结构、增强班子整体活力。优化班子结构。新一届乡镇领导班子成员中,女干部40人,少数民族干部16人,非中共党员9人,全日制大学以上学历78人,平均年龄39.14岁(其中纪委书记平均年龄31.25岁),具有2年以上乡镇工作经历220人,每个乡镇基本确保配备一定数量的女干部及1名本地籍干部;选用的党委书记、政府乡镇长均具有2年以上乡镇领导工作经历或3年以上乡镇工作经历,党委书记原则上由1970年以后出生的领导干部担任,平均年龄39.98岁(最年轻的34周岁),20人具有大学以上学历(8人具有研究生学历),政府乡镇长从1975年以后出生的优秀科级干部中选任,平均年龄37.12岁(最年轻的29周岁),21人具有大学以上学历(7人为全日制大学本科毕业)。调整后的乡镇领导班子成员结构更加合理,班子整体功能得到增强,凝聚力和战斗力得到进一步提高。

做好县委领导班子换届 2016年,配合市委干部考察组做好县级领导班子的推荐、考察等相关工作。按照市委审批的职数及差额比例,县委对除市委考察组提名考察以外的县委委员、纪委委员人选进行酝酿提名、考察审查。此次换届,提名县委委员候选人43名、候补委员候选人10名,纪委委员候选人30名;选举产生县委委员38名(含挂职常委1名)、候补委员8名,纪委委员27名。

拓宽事业编制干部任职渠道 2016年,按照中央、省、市要求,结合实际,制定《关于从“六类人员”中选配乡镇领导班子成员的工作方案》,通过资格审查、量化评分、严格考察、组织体检,从乡镇工作的事业编制人员(含参公管理人员,不含聘干、工勤身份人员,不含教育、卫生医疗机构人员)、村党组织书记、驻村第一书记中择优选任了26名乡镇领导班子副职。择优调任事业(参公事业)科级干部。对参公事业单位、事业单位现任领导干部个人学历、近5年年度考核和表彰奖励、任职资历等情况进行量化评分,按比例筛选拟调任人选,并全面考察其德与实绩,将2名事业编制领导干部调任乡镇政府班子副职。规范事业岗位职务任免。逐步将在事业单位任职的公务员、参公人员,以及在参公事业单位任职的公务员调整到相对应的党政机关任职,空缺的事业单位(含参公事业单位)领导职位,从优秀的事业(含参公事业)干部中选任或提任。2016年,公务员调整出事业单位(含参公事业单位)领导岗位4名,安排3名事业(含参公事业)干部到事业单位(含参公事业单位)任领导职务。择优选派乡镇科技副职。从县直部门具有中级及以上专业技术职称,或第一学历为研究生及以上并有2年以上工作经验,或第一学历为大专、本科并有4年以上工作经验(30岁以下的第一学历须为本科及以上),年龄原则上不超过40岁的干部中择优选派20名优秀事业身份干部到乡镇任科技副乡镇长。

做好人大代表、政协委员的推荐提名、考察审查工作　2016年,根据不得推荐提名或继续提名的九种情形〔凡政治上有问题的,严重损害国家和人民利益的,与敌对势力相勾结或接受国(境)外组织、个人参选资助或培训的,品行不端、道德败坏的,有行贿受贿、权钱交易行为的,因严重违纪违法被给予组织处理的,有拉票贿选或其他不正当竞争行为的,在身份上弄虚作假或身份与代表性不一致的,没有履职能力或当选后不尽责、履职意愿不强的〕和推荐提名五个不准(不准以个人推荐代替组织推荐,不能因为有人打招呼、批条子就不加甄别地推荐提名;不准将人大代表、政协委员作为荣誉进行分配;不准将推荐提名为人大代表、政协委员作为招商引资的条件;不准简单以资产规模、纳税情况、社会知名度代替人选标准;不准在人选推荐提名上搞利益交换),按人大代表、政协委员名额和结构比例要求推荐提名市、县人大代表候选人、政协委员初步人选,把好推荐提名关;成立县换届选举工作督导组,对市、县人大代表候选人、政协委员初步人选进行综合考察,作出结论性意见,把好身份认定关和组织考察关;对初步人选名单统一征求县纪检(监察)、法院、检察院、公安、计生、综治、信访等31个部门的意见,确保将政治过得硬、自身素质好、社会形象佳、履职能力强的优秀人士纳入到代表、委员的队伍中来,把好政治素质关。同时,指导乡镇做好人大换届工作。此次换届,提名县人大代表初步候选人540名,协商确定正式候选人359名,选出代表228名;提名乡镇代表初步候选人2858名,协商确定正式候选人1836名,选出代表1228名;县十七届人大一次会议选出市人大代表54名。提名县政协委员初步人选228名,确定委员211名;推荐中共党员市政协委员初步人选11名。

开展科级干部、党群系统一般干部年度考核工作　2016年,对全县98个领导班子和1002名科级干部进行了年度考核,对抽调参与重点项目工作与单位脱钩的18名科级干部进行了专项考核。有214名科级干部年度考核等次评定为优秀、3名科级干部年度考核不定等次。同时,结合年度考核,开展个别谈话全额定向推荐乡镇新一届领导班子成员初步人选和个别谈话推荐县管正副科级后备干部初步人选工作。党群系统一般干部度考核工作,根据优秀等次比例不超过20%的要求,严格控制各单位的优秀指标,按照先批后用的方式,首先由各单位申报优秀等次比例,经县委组织部部务会根据各单位受奖励、惩处及人数等实际情况进行统筹研究,确定优秀名额。同时,对于优秀名额的运用进行严格把关,真正实现把优秀等次评给优秀的干部。党群系统330位一般干部参加年度考核,67人被评定为优秀等次。

落实干部管理监督工作　2016年,制定《关于县直机关事业单位选调干部的若干规定》。严格控制县直机关(不含政法部门)新增行政编制人员,鼓励县直机关工作人员将行政、工资关系迁入乡镇到乡镇机关工作;对县直事业单位从乡镇选调工作人员的条件等作明确规定,在完成消编减编工作任务的同时,树立乡镇干部可通过取得优异工作成绩调入县直单位的良好导向,逐步打消乡镇干部频繁通过参加遴选考试离开乡镇的想法,进一步稳定乡镇干部队伍。实行乡镇领导班子成员履职情况季度跟踪制。换届后,成立跟踪考核组,深入到各乡镇,跟踪了解领导班子工作机制、制度建设、工作运行,领导班子成员工作分工、工作计划、工作推进及成效等情况以及存在的问题,听取对领导班子和干部队伍建设的意见、建议。摸清科级干部任职回避亲属关系,贯彻落实党政领导干部任职回避制度。要求全县科级干部填写“科级干部任职回避亲属关系调查表”,并要求各单位在今后出现新的任职回避亲属关系时,及时报县委组织部。继续开展“三超两乱”(超职数、超规格、超范围配备领导干部,乱设领导职务、乱立机构名目)整治工作。2016年,消化科级领导职数10名,科级非领导职数129名,除涉及机构改革的部门外,科级领导职数已有空缺;科级非领导职数统筹后,已全面消化。清理规范抽借人员。对不符合借用条件、不按程序借用、借用手续不完整、未经县组织人事部门同意借用以及抽借到期未返回所在单位工作的人员,要求其及时返回所在单位工作,并重申任何单位抽借乡镇工作人员均须按干部管理权限报经县组织人事部门批准,未经组织人事部门批准的,对借用的工作人员、分管领导、主要领导将进行严肃处理。强化换届风气督查。坚持教育在先、警示在先、预防在先,联合县纪委成立换届风气督查组,对换届风气监督进行周密部署,分时段、分单位、分部门落实责任和措施,努力营造风清气正的换届环境。做好干部出生年月认定工作。按照干部管理权限,结合实际,制定认定原则,并与县公安局、县教育局、县档案局建立联合工作机制,增强认定工作的可操作性,共完成166位科级干部的出生年月认定工作。

规范整理干部人事档案　2016年,做好科级干部档案专项审核收尾工作。再次对出生日期等有疑义的科级干部进行梳理,及时将完成调查取证人员相关材料进行归档。同时,对组织认定的166名出生日期与户籍登记不一致的人员,分批次进行再次梳理、核实、上报。开展科级以下公务员及参公人员干部人事档案专项审核工作。完成党群口公务员及参公人员干部人事档案共计186卷的初审及复审工作,协助完成政府口公务员及参公人员干部人事档案共计835卷的初审工作,其中审核出缺少党员材料人员95人(其中,党群口11人,政府口84人);年龄存疑人员249人(其中,党群口39人,含32人档案中最早材料与身份证的出生年月相差2个月以内;政府口210人,含143人档案中最早材料与身份证的出生年月相差2个月以内)。

扎实推进人才强县试点工作 2016年,制定出台《上杭县重点产业高层次人才引进培养暂行办法》《上杭县处级党政领导干部联系专家(优秀人才)制度》《中共上杭县委人才工作领导小组及成员单位职责和工作规则》等一系列人才工作政策文件,理顺人才工作运行机制。

加快建设省级金铜产业人才聚集基地 2月,省委人才办确定上杭县为省级金铜产业人才聚集基地建设单位。县以此为契机积极搭建载体,创造条件,多渠道引进培养重点产业高层次创业创新人才和急需紧缺人才,引进两院院士6人,国家“千人计划”专家5人,省“百人计划”专家1人。加快重点产业科研平台建设。12月,紫金铜业有限公司技术中心入选福建省第二十批省级企业技术中心,实现产学研有效对接,促进新产品、新项目落地上杭,推动产业转型升级。主动对接省、市高端人才聚集计划,做好各类人才奖项申报工作,紫金矿业集团王春团队顺利入选第五批“百人计划”专家(团队);方启学、李怡庆入选省引进高层次B类人才,徐加兴、王民军入选C类人才;甘永刚被推荐为福建省优秀科技工作者,省工科类青年专业人才15人。

加大高端人才引进培育力度 2016年,全县规模以上重点企业引进各类人才100余名,其中博士学历或具有高级专业技术职称20余人,硕士30余人;招聘154名大专以上毕业生充实到教育、卫生等部门;组织全县重点企业负责人40名赴清华大学参加“企业变革与创新管理”高级研修班学习;全县组织各类人才队伍培训200余次,8000余人次参加。

调整基层党组织设置 2016年,结合县人民政府机构改革,调整县直系统党委设置。新设立县发展和改革局党委、县文体广电新闻出版局党委、县市场监督管理局党委、县国资局党委。撤销县宣传系统党委、县财政系统党委。新设立县建筑企业党总支部(挂靠在县住建局),将县委非公党工委直属的13个党支部划归县建筑企业党总支部管理,进一步加强建筑企业党建工作。成立中共福建光源矿业集团有限公司委员会,进一步加强福建光源矿业集团有限公司党的建设工作。

县第十三次党代会召开 7月18日—20日,县第十三次党代会召开,选举产生新一届县委班子。选举产生市第五次党代会代表52人,其中各级党员领导干部代表36名,占69.2%;各类专业技术人员代表9名,占17.3%;各条战线先进模范人物代表7名,占13.5%;解放军、武警、消防代表零名。女党员15名,占28.8%;少数民族党员4名,占7.7%;归侨台籍党员零名;50岁以下(含50岁)党员40名,占76.9%;学历大专以上(含大专)47名,占90.4%;中学(含中专)5名,占9.6%。

深入实施基层党建“书记创新项目” 2016年,推进基层党建工作的探索实践,在全县深入开展“传承红色基因,践行‘两学一做’,聚力上杭发展”主题实践活动。实施基层党建“书记创新项目”,要求每个党委策划实施1个—2个基层党建创新项目,着力培育打造一批具有上杭特色的党建特色品牌。全县共启动实施基层党建“书记创新项目”63个,其中县法院党总支“支部+”红色党建品牌,成为全省唯一的“全国法院党建工作先进集体”;古田镇“115工作法”、南阳镇“343”流动党员教育管理机制、临城镇“双督”(上级督导督查下级、下级提醒督促上级)上下联动机制等经验做法分别在福建日报、闽西日报等媒体推介。

做好选派第二批干部驻村蹲点工作 2016年,选派60名干部(其中省派10人,市派18人,县派32人)参加第二批驻村蹲点工作。对软弱涣散村、贫困村、少数民族村实现全覆盖。建立健全县、乡两级督查、工作日志调阅制度,加强日常监督管理和工作交流。

扎实做好发展党员工作 2016年,全县新发展党员320名,完成市委组织部下达2016年指导性计划数的101.6%,其中高中以上学历270名,占84.4%;女性113名,占35.3%;35周岁以下249名,占77.8%。

开展集中推进非公企业和社会组织“两个覆盖”工作 2016年,新成立11个非公企业党组织,新增覆盖企业75家;新建社会组织党组织11个,新增覆盖社会组织36家。至年底,建立非公企业党组织104个,覆盖非公企业245家,党组织覆盖率为80.9%;建立社会组织党组织27个,覆盖社会组织54家,党组织覆盖率为84.4%。

选派贫困村党组织书记异地挂职锻炼 2016年,根据省委、市委的部署,开展党组织书记异地挂职锻炼工作,先后两批选派50名贫困村党组织书记到漳州、武平及周边乡镇挂职锻炼,其中漳州20名、武平18名、跨乡镇12名,确定挂职基地村11个,接收武平县22名村党支部书记到上杭县挂职锻炼。

加强党员教育服务管理 2016年,推进党员教育管理“十百千万”工程,开展农村党员使用技术培训,农村党员创业就业SYB培训和流动党员创业就业技能培训,不断提高农村党员整体素质,全县各基层党组织共举办各类培训班110余场次,培训党员1.2万多人。加强“党员e家”网络管理平台建设,成立中共上杭县“党员e家”总支部委员会,把全县1830名大学毕业生流动党员按流动地域,划分26个党支部进行归口管理。持续推进提升远程教育工作,以建设"数字上杭"为目标，共建立IPTV、网络等各类远程教育站点720多个，优化升级站点335个。

〔宣传工作〕

学习宣传中共十八届六中全会、习近平总书记系列重要讲话以及省、市、县党代会精神　2016年，全县深入学习宣传中共十八届六中全会、习近平总书记系列重要讲话以及省、市、县党代会精神。以党委(党组)中心组学习、座谈研讨会、专题讲座等各种形式，引导全体党员干部深入学习、深刻领会、准确把握六中全会、习近平总书记系列重要讲话以及省市县党代会精神的实质内涵。组织、宣传、党校理论骨干为主要成员的"巡回宣讲团"深入基层开展中共十八届六中全会、习近平总书记系列重要讲话以及省、市、县党代会精神巡回宣讲活动61场次，切实推动中共最新理论方针政策家喻户晓、深入人心。充分利用报刊、广播、电视、网络以及电子显示屏、户外大型广告等平台，通过开辟专题专栏，深入宣传报道全县各级各单位学习贯彻的新思路、新举措、新突破、新成绩，在全县大力营造学习宣传贯彻的良好氛围。

理论武装工作　2016年，全县理论武装工作以深入推进学习型党组织建设为目标，开展形式多样的理论学习活动，探索传承红色基因"上杭模式"，不断坚定广大党员干部的道路自信、理论自信、制度自信。以打造"红土学风"品牌为抓手，进一步健全和完善党委中心组学习制度，大力推广"十分钟微课堂"和"三学模式"(分层分类重点学、搭建平台灵活学、融入实践结合学)等学习载体，精心组织大讨论、学习论坛、理论研讨会等学习活动，有力推动各级党委中心组理论学习活动和"两学一做"学习教育的深入开展，全年共举办县委学习中心组学习(扩大)会20场，在全县党员干部中营造浓厚的学习氛围。坚持抓好"客家讲坛"和县委业余讲师团建设，把业余讲师团建设列入财政经费预算，及时完善补充业余讲师团专家库。全年，举办"客家讲坛"讲座活动14次，文化下乡、文艺巡回演出活动27场次。积极探索传承红色基因"上杭模式"，在全县党员干部中深入开展"传承红色基因，践行'两学一做'，聚力上杭发展"主题实践活动，不断坚定广大党员领导干部的理想信念，在红色基因的传承中筑起上杭的精神高地。

新闻舆论宣传　2016年，全县新闻舆论宣传工作紧紧围绕县委、县政府的中心工作，积极发挥网站、微博、微信、手机报、今日头条上杭客户端等新媒体的传播优势，全面打造官方"互联网+新媒体"舆论宣传全媒体矩阵，在县内各类媒体开辟"再上新台阶，建设新上杭""回眸十二五·展望十三五"、打好"三大战役""传承红色基因，践行'两学一做'，聚力上杭发展"主题教育实践活动、习近平总书记"七一"重要讲话精神、"喜迎党代会"等专题专栏，精心策划做好各类重大主题宣传活动，着力讲好"上杭故事"，为改革发展稳定大局持续提供强大正能量。全年，播发广电类新闻2200多条(篇)，推送发布网页、微信、手机新闻信息4100多条/篇，刊发评论文章20多(篇)，编辑发行《上杭乡讯》6期。县委报道组被福建日报评为2016年度优秀报道组。

对外宣传工作　2016年，县充分发挥"新古田会议"的后续效应，围绕打响红色、客家特色品牌，深入实施对外宣传"请进来"工程。加强沟通协作，主动对接中央、省、市主流媒体，办好新华网掌上上杭移动客户端、"今日头条"上杭发布、东南网上杭频道等栏目，在《海峡西岸》杂志推出《乘势而上话上杭》专栏，与东南网合作开设《魅力畲乡的红色印记》专题网页，与龙岩电视台共同摄制《上杭客家族谱演义》，坚持每月在《福建日报》《闽西日报》、龙岩电视台策划推出上杭专版(专栏)。全年，涉及上杭新闻信息在中央级媒体刊播110条(篇)，省级媒体刊播483条(篇)，在市级媒体刊播稿件861条(篇)，专题片"诗意院田　梦里老家"获得中国电视艺术家协会专题节目类一等奖。充分发挥上杭县作为客家祖地的"地缘"和"根文化"优势，以客家族谱、客家宗祠为纽带，积极开展"村对村、庙对庙、宗亲对宗亲"文化交流活动。2016年，到上杭县参观客家族谱博物馆、开展寻根谒祖活动的海内外乡亲达12万人次，成功举办李氏大宗祠万人春分祭祖、第八届海峡论坛·海峡客家(上杭)族谱文化风情节、台湾客家美食文化节等系列文化交流活动，上杭的形象塑造和品牌传播得到不断加强。

社会宣传工作　2016年，县社会宣传工作坚持价值引领，立足为民惠民，积极开展丰富多彩的群众性文化活动和以创建省级文明县城为龙头的精神文明创建活动。精心组织"身边好人""身边感动""善行义举""最美人物"推荐立榜活动，广泛开展"讲文明树新风""八不"(安全出行不违规、垃圾分类不落地、节俭用餐不浪费、红白善事不奢办、言谈举止不粗俗、文明上网不低俗、旅游观光不任性、经济生活不失信)行为规范、"梦娃"系列动画视频和善行无迹系列公益宣传活动以及各类志愿服务活动，先后推出阙银梅、陈易声和陈国洪、汪登法等一大批先进典型，在全县上下大力营造风正气顺、健康向上、凝心聚力的良好社会氛围；组织策划陈丕显诞辰100周年、建党95周年、长征胜利80周年系列纪念活动，举办文化科技卫生集中"三下乡"、袁洪亮《留住乡韵》作品座谈会和音乐晚会、"客韵流芳"木偶文化艺术节、畲族民俗文化节、片区农民文化体育节以及中国美协古田写生基地2016年度"走进上杭"采风写生、各类笔会、书法美术摄影作品展等丰富多彩的文化体育活动，编辑出版《院田古民居楹联集锦》《圣地的乡愁》《寄杭城》等一批上杭文学系列丛书，《木偶茶艺》获全省茶文化文艺调演活动最佳表演奖，文化上杭魅力不断凸显；完成张力雄将军、邱国光将军故居维修保护工作,申报第九批省级文物保护单位7处18点,完成第二批非物质文化遗产名录收集,公布第一批历史建筑(10处)、特色建筑(39处)保护名单,编印出版《上杭子弟兵长征口述史》《上杭红色掌故》等书籍和《雄关漫道铁儿郎—长征路上的上杭子弟兵》《刘忠将军》《永远的阿丕》等画册。扎实推进"诗意院田"AAAA景区项目建设,朦胧诗展示馆和知青老照片馆建成开馆,院田村入选"全国优选旅游项目名录"。庐丰树叶吹奏被列为省级非物质文化遗产,上杭客家肉圆制作技艺、上杭客家粽子制作技艺、华嵒的故事、才溪大刀舞、上杭竹刻、锡器制作、上杭萝卜干制作技艺等入选县第二批非物质文化遗产备选名录,上杭红色文化、非物质文化遗产保护传承进一步加强;完成79个行政村有线电视联网工程,实现有线电视网络全县344个行政村(居)全覆盖。全年,累计扶持30个薄弱村基层文化建设项目和8个乡村文体广电示范点建设,公共文化服务体系建设不断健全;全面完成2016年度县文化体制改革任务,成功签约总投资15亿元的中央苏区公园项目和总投资1.6亿美元黄金珠宝生产项目。

推进落实意识形态工作责任制 2016年,认真贯彻落实中央《党委(党组)意识形态工作责任制实施办法》以及省、市实施细则有关精神,出台《上杭县党委(党组)意识形态工作责任制实施细则》以及《上杭县党委(党组)意识形态工作责任制任务分解及考核评价办法》,按照属地管理、分级负责和谁主管谁负责的原则,明确各级党委(党组)领导班子对本地区本部门本单位意识形态工作负主体责任,党委(党组)书记为第一责任,并对"该干什么""该怎么干""要达到什么效果"等问题进行详细阐述,做到责任到人、"军令"到岗。建立党委(党组)意识形态工作责任制督查考核制度,并将督查结果列入执行党的纪律尤其是政治纪律和政治规矩的监督检查范围,纳入干部考核,纳入文明乡镇、文明单位测评指标体系,纳入县对乡镇、县直部门(单位)绩效考核指标体系,切实形成县委统一领导,党政齐抓共管、宣传部门组织协调、有关部门分工负责的工作格局,强力推动意识形态工作责任制落实落细、落地生根。2016年,在市对县(市、区)党委(党组)意识形态工作责任制落实考评中,上杭位居全市第一。

〔精神文明建设〕

公益广告"十进"活动传播文明观念 2016年,广泛开展讲文明树新风公益广告"十进"(公益广告进村镇、进社区、进学校、进企业、进车站、进特种行业、进公园景区、进重要路段、进重要场所、进媒体)活动,在上杭大道、紫金路等主要道路制作灯柱广告168块;路名广告112块;公交站亭广告38块;围栏广告72块;省、市级文明单位制作公益广告81块;建筑围挡公益广告12处437米1万余平方米;城区LED显示屏刊播公益广告372处;发放公益广告宣传资料3万份;网吧、KTV等特种行业张贴公益宣传画164张。

开展道德模范、身边好人推荐、评选活动 2016年,推荐身边好人候选人20余人,其中通贤镇村民阙银梅当选2月孝老爱亲福建好人;官庄畲族乡村民陈易声当选3月见义勇为福建好人;人民法院辅警陈国洪当选7月见义勇为福建好人;紫金矿业员工汪登法当选10月助人为乐福建好人。在龙岩市首届道德模范评选活动中,临城镇九洲村村民郭唐荣夫妇被表彰为"见义勇为模范",珊瑚乡下珊瑚村村民胡细妹被表彰为"孝老爱亲模范"。联合县妇联、县纪委、县直机关党工委等单位,以"五好文明家庭"创建、寻找"最美家庭"活动等群众性精神文明创建活动为切入点,积极寻找、培育"文明家庭",10月中旬举行全县"最美家庭"表彰大会,授予雷桂英等41户家庭为上杭县"最美家庭",其中才溪镇雷桂英家庭被确定为龙岩市"最美家庭"提名奖。

推行"八不"行为规范,争做文明上杭人活动 2016年,制作《推行"八不"行为规范,争做文明上杭人》等宣传资料各1万册,引导市民自觉摒弃生活陋习,养成良好生活习惯。制订《在全县推行"八不"行为规范,做文明公民活动的实施方案》,在单位、村镇、学校、社区、行业、志愿服务组织中广泛倡导"八不"行为规范,引导公民增强文明意识。12月2日,举行第二十三届城区精神文明共建活动暨"推行'八不'行为规范、争做文明上杭人"活动启动仪式,来自临江镇7个共建片区成员单位及阳光公益协会志愿者共500多人参加,倡导市民从我做起,从点滴做起,告别不文明行为。

省级文明县城创建 2016年12月29日—30日,市文明委受省文明委委托,对上杭县2016年度文明县城创建工作进行实地测评,测评工作围绕"培育和践行社会主义核心价值观""社风民风建设""基本公共服务保障"等测评指标,未成年人思想道德建设工作的"青少年宫""青少年科学工作室""青少年校外体育活动中心""爱国主义教育基地"等测评指标,随机抽取测评点进行测评。考评组总体对上杭县创省级文明县城工作表示满意,主要表现在各级领导高度重视,周密安排部署,各部门密切配合,形成强大合力,突出问题导向,联合督查整改到位。市文明委在上杭、长汀、连城3个县的测评成绩中,上杭位列第一,总体印象分满分4分,上杭县获3.8分高分。

文明单位创建 2016年,按照《福建省精神文明创建活动管理办法》,进一步规范文明单位的创建与管理,引导文明单位切实加强道德讲堂、志愿服务队伍、遵德守礼提示牌、文明餐桌行动、网络文明传播志愿服务活动等"五个一"建设,推动文明单位管理常态化。2016年,是申报第十三届(2015—2017年度)省、市级文明单位参评对象的初评年。县文明办将市委文明办修改后的《龙岩市文明单位测评体系(2016年版)》《龙岩市文明乡镇测评体系》和《龙岩市文明村测评体系》印发给各申报单位,以便各申报单位对照创建内容和测评标准,做好第十三届(2015—2017年度)省、市级文明单位的初评准备工作。

文明行业创建 2016年,大力提升窗口单位的服务能力和水平,使服务工作更加亲民惠民。建好用好道德讲堂,加强行业自律,提升干部职工思想道德素质,激发和调动各行各业广大干部职工爱岗敬业、"用诚敬做产品、用诚敬办事情"的积极性和主动性,带动和促进行业风气不断向善向上。加强优质服务常态、长效的机制建设,推动各公共服务行业进一步解决规范服务、优质服务问题。加强基层窗口、基础规范、基本技能3个重要环节建设。继续加强建设、交通、通信、卫生、公安、税务、工商、旅游、电力、市政等窗口服务行业行风建设,组织开展规范服务测评,大力整治诚信方面的突出问题,着力构建讲诚信的长效机制。

农村精神文明创建 2016年,认真贯彻全省农村精神文明建设工作经验交流会精神,深入分析上杭县农村精神文明建设面临的新形势、新问题、新任务。广泛开展城乡区域共建、结对帮扶挂钩、文明村、文明户、文明集镇等创建活动,扶持"农民之家""文化大户""科普服务站",丰富农民文化生活,夯实精神文明建设阵地基础。以"美丽乡村"为主题,实施家园清洁行动,突出抓好农村环境整治。开展"美德在农家""婚育新风进万家""生育文明·幸福家庭"等活动,提升乡风文明。开展城乡共建、军民共建、警民共建、企村共建、校村共建,坚持城乡一体、部门联动、依靠农民推动农村精神文明建设。

未成年人思想道德建设工作 5月24日,在县实验小学召开2015—2016年度"著名苏区好学生"暨"感动上杭·最美学生"表彰大会,大会表彰438名"著名苏区好学生";3名同学被评为"感动上杭·最美学生"。11月19日表彰上杭县首届"美德少年"20名,用"最美学生"的榜样力量点燃未成年人对真善美的向往,引导未成年人讲道德、尊道德、守道德,塑造美好心灵、提升道德素养、养成良好习惯。开展中华诵经典活动,以诵读经典为主要内容,让未成年人与书为友,感受民族文化源远流长,从经典中汲取民族精神的源头活水,获得古圣先贤的智慧之光,从而不断提升伦理道德和文明素养,提升传统文化的涵养。以庆祝中国共产党成立95周年为契机,通过组织未成年人广泛传唱歌颂党、歌颂祖国、歌颂中国梦的优秀歌曲,充分展示党的光辉历史和伟大成就,教育引导未成年人心向党、感党恩,自觉培育和践行社会主义核心价值观。开展优秀童谣征集推广传唱活动,向市文明委推荐成人创作作品4首,未成年人创作作品3首。9月27日,在县实验小学举行龙岩市向国旗敬礼启动仪式。市、县文明办、县教育局领导以及县实验小学全体师生2000多人参加"向国旗敬礼"启动仪式,增强未成年人对国家和民族的归属感、认同感、尊严感、荣誉感。

2016年,实现乡村学校少年宫的全覆盖,其中中央承建6所,自建15所。各乡村学校少年宫结合当地历史文化特点,形成"一宫一品"特色,湖洋中小将陶瓷艺术引入校园;庐丰中小开设树叶吹奏培训班;步云中小以花样跳绳为特色少年宫活动项目;白砂中小大力开展木偶制作和木偶表演兴趣班。

志愿服务活动 2016年,创新志愿服务品牌。茶地镇精神文明促进会是全省第一个经民政部门社团登记的乡级精神文明建设促进会,年初获得省委宣传部、省委组织部、省委文明办等9个部门联合表彰,被评为"最佳志愿服务组织",获得省志愿服务基金会2万元的活动资金扶持,并在2016年度全国、全省志愿服务项目大赛中分别获铜奖和银奖。6月16日,县召开义工协会成立大会,县义工协会第一届理事会和会员候选人出席大会,县级有关部门领导、龙岩及各县(市)义工协会代表、爱心企业代表参加了会议;7月16日,县义工协会环保志愿服务队成立,该志愿服务队在白砂镇和石壁寨风景区等地先后开展环保志愿服务活动,积极宣传环保知识及环保的重要性,用实际行动保护我们赖以生存的自然环境,美化我们的共同家园,为创建文明县城贡献力量。

〔统一战线工作〕

县委高度重视统战工作 2016年,县委常委会先后5次听取统战工作汇报,专题研究统战工作问题。成立以县委书记为组长,县委常委、统战部长和常务副县长为副组长的县委统一战线工作领导小组。8月,县委书记傅藏荣专题调研大统战工作,走访统战系统各单位,并主持召开座谈会,充分肯定近年来全县统一战线各领域取得的成绩,并对下一步做好统战工作提出明确要求。上杭县将统战理论政策纳入县委宣传计划和党校教学内容,通过培训辅导、专题讲座等形式,引导统战干部和统一战线成员牢固树立"四个意识",进一步凝聚共识、扩大共识,形成共同思想政治基础,做到思想上同心、目标上同向、行动上同行。

深化"红土同心"品牌建设 2016年,认真制定"红土同心提升工程"具体的工作方案,该方案被列为县"传承红色基因,践行'两学一做',聚力上杭发展"主题教育实践活动六个子项目之一。牵头做好"社会捐助脱贫"和"就学资助脱贫"两大扶贫项目,建立社会捐助脱贫工作联席会议制度,制定下发《上杭县社会捐助脱贫实施方案》,对全县社会捐助扶贫工作进行摸底,全面了解县统战系统单位、民政局、农业局、老促会、总工会、团县委、妇联、慈善总会、残联、红十字会等有关单位、社会群团组织扶贫项目情况，组织召开社会捐助与贫困户对接讨论会议，推动社会捐助脱贫工作中精准施策、精准帮扶。同时，通过下发《关于组织统一战线成员参与扶贫开发工作的通知》，向非公经济企业和非公经济人士发出倡议书，积极开展“红土同心·民企帮村”精准扶贫行动等，鼓励广大统一战线成员积极参与扶贫攻坚，为打赢脱贫攻坚战役贡献力量。

引导非公经济人士承担社会责任 2016年，积极动员非公经济人士、商会会员、优秀乡贤支持市光彩事业发展。2月，龙岩市光彩事业促进会成立，上杭县企业单位及企业家共向市光彩事业促进会捐款870万元，冠名基金1800万元，捐款额居全市首位。持续开展“同心·海西春雨光彩助学”活动，县统战系统单位共向56位贫困大学生发放助学金14.75万元。2016年，县各界人士共资助458名贫困学生178万元。积极开展“红土同心·民企帮村”精准扶贫行动，引导企业灵活运用产业扶贫、就业扶贫、就学扶贫、捐赠扶贫等帮扶方式，帮助贫困村、贫困户脱贫。争取市级商会及企业与上杭县蓝溪镇载厚村、珊瑚乡上珊瑚村和下珊瑚村等3个贫困村结对帮扶。促成太阳铜业有限公司、金秋老年服务有限公司及与福建优创农业有限公司分别与湖洋镇五坊村、官庄乡德康村、蛟洋镇达理村结对帮扶，并签订结对协议。优创农业公司通过“公司+农户+基地”的方式进行产业扶贫，吸纳17户贫困户种植生姜500亩，带动贫困户户均增加年收入1万元以上。太阳铜业公司为11个贫困户提供就业岗位，增加贫困户户均收入3万—3.6万元。金秋老年服务公司通过就学资助的方式，帮助贫困村5户家庭困难的子女圆梦，发放助学金1.5万元等。

商会组织建设 2016年，高度重视商会的健康发展，积极构建“亲”“清”政商关系。县委常委、统战部长蓝新先后3次带队前往广东、泉州、厦门、上海走访异地商会会员企业，开展非公经济调研，听取商会及会员企业的意见、建议，协调解决非公经济发展与商会建设中的突出问题。做好异地商会换届选举指导工作，泉州上杭商会于11月26日换届。做好会员企业项目跟踪服务，推进福建铭麟工贸有限公司年产5万吨过硫酸盐项目建设，帮助协调解决项目建设中的困难和问题。2016年，县工商联被评为国家级和省级“五好”工商联。

做好非公有制经济代表人士综合评价工作 2016年，按照闽委统《关于加强和改进非公有制经济代表人士综合评价工作的意见的通知》，对拟提名为市、县人大代表、政协委员候选人中非公经济代表人士，开展综合评价工作。组织县公安局、法院、检察院、税务部门、工商联等15个相关单位召开全县非公有制经济代表人士综合评价工作会议，全面部署和启动综合评价工作。按实事求是、客观公正的原则，对上杭县85位非公有制经济代表人士进行综合评价，推荐非公经济代表人士为市级人大代表人选3名、政协委员人选13名，县级人大代表人选17名、政协委员人选36名。

党外代表人士队伍建设 2016年，加大对党外代表人士培养选拔使用力度，扎实抓好党外代表人士队伍建设工作。会同组织部定期沟通交流全县党外干部工作情况和党外人士政治安排情况，积极参与党外干部的考核考察工作，并共同对拟入党的1名党外代表人士开展劝留工作。县、乡换届期间，县委对党外干部单列推荐，适当放宽党外后备干部的任职年限和年龄，确保党外不低于15%的要求列入县管后备干部。全年，有14名党外干部被提拔任用，其中副处级干部1人，正科级4人，副科级干部9人。至年底，全县有副科级以上党外领导干部51人，其中县处级党外领导干部3名，正科级16人，副科级32人。首次实现县政府工作部门有党外正职领导，24个县政府组成部门按1/3的规定比例配备9名党外领导干部。党外人大代表82人，占36%，其中人大常委中党外人士8人，占30.7%；党外政协委员127人，占60.2%，其中政协常委中党外人士23人，占65.7%，均实现按规定比例配备。

港澳台与海外统战工作 2016年，县委及时调整对台工作领导小组，制定出台《上杭县对台交流和对外开放体制改革实施方案》，形成由统战部牵头、各相关部门支持配合、各司其职的良好工作格局。全年，累计接待“台湾夏潮联合会福建学习营访问团”等到杭台胞292人次，其中团组19个275人，赴台1266人次(含各项交流考察)。充分发挥“客家祖地”的品牌优势，开展对台文化交流。6月，以“族谱缘·客家情”为主题的第八届海峡论坛·海峡客家(上杭)族谱文化风情节在上杭县顺利举办，两岸著名客家研究专家学者，客联会、宗亲会、太极拳协会等民间社团代表，两岸客家企业家代表近400人参加活动，其中台湾方面嘉宾175人，上杭县与台商签约4个投资项目，总投资达6000万美元。8月，“祖地寻源”台湾客家媒体祖地行一行到上杭参访，了解族谱在客家人迁徙中的特殊作用，来自海峡两岸的50多名客家记者、青年学生参加活动。9月，举办上杭县首届台湾美食文化节活动。认真开展侨务对台工作，借助省侨联“两岸一家亲”为主题的“两岸侨界交流周——走进台湾客家”活动，积极推介上杭县客家族谱、祠堂、祖墓等对台湾乡亲具有强大吸引力的客家元素，并就两岸客家文化进行深入的讨论和交流。建立健全服务台商维权机制，推动杭台经贸发展。坚持挂钩联系台资企业制度，积极帮助在杭台企协调解决生产发展中的困难，努力推进计划总投资6000多万元稳田台湾原创艺术村项目落户工作。做好龙岩喜润农业开发有限公司、上杭培阳农业发展有限公司、大地生机食品有限公司、名冠服装有限公司、宗亨工贸有限公司等台资企业项目跟踪服务。扎实开展杭台农业交流。2016年，协助中央、省、市统战部门圆满完成“香港新界闽籍社团联合访问团”“2016年香港闽西联会社会事务工作骨干培训班”“香港青少年红色之旅福建行”“澳门福建同乡会青年红色寻根之旅”“福建省港区政协委员联谊会访闽团”等接待任务，接待港澳同胞500多人次。积极搭建交流平台，引导和协助港澳同胞、海外华人华侨组建社团组织。6月，北美上杭同乡会成立大会在美国华盛顿举行，推选出首届理事会成员，老中青三代北美上杭人代表近300人参加活动。完善侨捐信息库，收集整理1978年以来海外侨胞、港澳同胞捐赠上杭县的各项社会公益事业项目，收集涉及教育、卫生、基建、慈善等方面的侨捐项目50余个、投资1050万元。积极落实《上杭县重点产业高层次人才（团队）引进培养暂行办法（试行）》，引进金铜加工界高尖端人才美籍博士1名，台大博士生1名。推荐省侨联青年总会常委1名，市侨商联合会会员1名。

民族宗教领域和谐稳定　2016年，落实中央和省、市、县少数民族项目67个，争取项目资金513万元，同比增加65万元。加强第二批中国少数民族特色村寨建设，做好第三批中国少数民族特色村寨的申报和项目建设工作。全年，落实少数民族特色村寨建设保护与发展项目5个、资金140万元。依法加强宗教事务管理，推进宗教事务管理的规范化和制度化建设。落实宗教场所安全责任制，稳妥处理宗教领域矛盾纠纷。及时组织县基督教“三自”爱国会做好负责人补选工作，推进规范化和制度化建设。引导宗教界人士积极参与社会主义新农村建设和捐资助学等公益慈善活动。

统战宣传信息调研　2016年，向上级各级部门报送信息650余条，其中被中央统战部采用1条，被省、市级刊物采用130余条，信息工作在全市排名第二。积极做好《中国统一战线》的征订工作，征订数居全市前列，连续3年被中央统战部宣传办评为《中国统一战线》宣传先进单位。认真做好统战调研工作，及时完成市委统战部和县委安排的调研课题。组织撰写《推进畲族文化传承发展的思考》《上杭县推进少数民族脱贫工作的研究》等调研文章，其中《深化杭台客家文化交流的思考》被省委统战部评为优秀论文，入编《福建省统战理论研究论文选》。

〔县直机关党工委工作〕

2016年，县直机关党工委负责管理县直机关（企业）18个党委，13个党总支，278个党支部，4688名党员；直属管理4个党总支，24个支部，490名党员。县直机关各党组织按照“创新、协调、绿色、开放、共享”五大理念，顺利完成机关党建“163”工作部署（把握“两学一做”学习教育“一条主线”；开展“传承红色基因，践行‘两学一做’，聚力上杭发展”主题教育实践活动，开展精准扶贫及在职党员进社区服务，做好“两代表一委员”候选人的推荐考察选举，开展纪念建党95周年系列活动，加强作风和反腐倡廉建设，推进文明和谐机关创建等“六项重点工作”；抓好党建绩效、党建目标管理和党委书记抓党建述职评议“三项考评”，为实现“四个率先”、打造“四个上杭”奠定坚实的政治组织基础）。

扎实开展“两学一做”学习教育　年初，工委做好“五个突出”（突出领导带头，突出红土特色，突出创先争优，突出问题导向，突出督导并举），先后在机关开展党员组织关系集中排查、党代会代表和党员违纪违法未给予相应处理情况排查清理、党费收缴等7项专项督查。加强培训，及时组织学习十八届六中全会及省、市、县党代会精神。全面督导完成15个县直党委的换届选举或新成立工作，共选举产生新一届县直党委领导班子成员118名、县直纪委委员67名。

开展主题教育实践活动　2016年，为全面贯彻执行县委《关于开展“传承红色基因，践行‘两学一做’，聚力上杭发展”主题教育实践活动的实施方案》精神，工委引领县直各党委着力打造培育“书记创新项目”，要求各党委对创新项目实行课题化设计、项目化管理、工程化推进。由党委书记直接领办，18个县直党委分别围绕基层组织建设中的9个方面重难点，结合单位实际实施18个创新项目。全年各重点项目共成立临时支部9个。

开展精准扶贫及在职党员进社区活动　2016年，结合“四下基层”（信访接待下基层、现场办公下基层、调查研究下基层、宣传党的方针政策下基层）和参与“项目落地、脱贫攻坚、生态环保”三大战役活动，工委健全机关党组织挂钩基层、党员干部联系群众的“双联”机制，做到责任到人，精准发力。工委把在职党员进社区与创建省级文明县城相结合，动员在职党员主动开展入户宣传、文明劝导、清洁家园等志愿服务，推动创建省级文明县城工作的开展。

做好“两代表一委员”候选人的推荐考察、选举工作　2016年，县直各党组织在时间紧、任务重的情况下，在提名推选中坚持依法按章办事，严把素质关、结构关、程序关，严肃换届纪律，保证推选的候选人比例合理、结构优化、素质过硬。工委直属共推荐选举产生9名县十三次党代会代表；向县委推荐5名市第五次党代会代表候选人初步人选；推荐考察临江镇第十七届人大代表候选人4人。

开展纪念建党95周年系列活动　2016年“七一”前夕，由县委、县政府主办，工委与县委组织部、宣传部联合举办“颂歌献给党”歌咏比赛，组织县直各党委1200多名党员参赛。同时，工委表彰先进基层党组织26个、优秀共产党员26人、优秀党务工作者30人。推荐省、市、县委表彰先进基层党组织21个、优秀共产党员31人、优秀党务工作者26人。其中,县人社局党总支获全省先进基层党组织殊荣。

加强作风和反腐倡廉建设 2016年,配合县纪委等部门开展《中国共产党廉洁自律准则》《中国共产党纪律处分条例》知识竞赛活动,做到党员干部全覆盖。对机关党员干部当"缠访户""闹访户""钉子户"及部门、行业"潜规则"进行排查整治。会同县效能办对党群系统单位的机关效能进行明察暗访,改进机关党员干部作风。

实施考评管理 2016年,组织实施23个党群系统单位的年度绩效管理考评及所有被考评单位的党建指标考评。会同县委党建办等部门对各党委2014—2015年度党建目标管理工作进行考评。在县直机关所有150多个一线服务窗口中开展"三亮四优五先锋"为主题的"红土先锋岗"创建活动,命名表彰33个岗位(集体),培育提升县供电公司运维检修部、县人民调解中心、县人社局社保中心等一批优质服务先锋岗。

〔县委党校工作〕

干训工作 2016年,县委党校会同县委组织部、县委统战部等有关部门制定科学的培训计划,根据干部岗位需求,本着"缺什么补什么,需要什么教什么"的办学原则,灵活设置主体班课程。全年,举办6期主体班次,培训党员干部254人,其中科级干部培训班3期,培训133人;股级干部培训班1期,培训45人;基层干部培训班1期,培训41人;党外干部培训班1期,培训35人。全年,组织6期主体班次200多名学员分别前往江西井冈山、江苏昆山、河北西柏坡等地开展异地培训。

专题培训 2016年,根据县直有关部门的需求,承办和对接各种专题培训班,以联合办班形式,开展"短小精专"专题培训,协助有关部门完成本系统对象接受再教育的任务。全年,承接县委组织部"入党积极分子培训班"4期,培训600多人;全县科级领导干部综合素质提升专题培训班,全县科级领导干部630多人参加培训;承接县农业局、县农机站"新型职业农民培训班"6期,培训330人。

打造精品特色课程 2016年,立足上杭历史,充分挖掘和利用县丰富的红色教育资源,以古田会议精神和毛泽东才溪乡调查精神为镜,以苏区好干部及其优良作风为镜,以上杭英烈及其可歌可泣的英雄事迹为镜,科学设计教学模块,打造出《闽西与中国革命》《红色上杭 永恒记忆》《调查研究工作的典范——毛泽东才溪乡调查》《红色才溪 建政典范》《古田会议 光耀千秋》《发扬古田精神,争做优秀干部》等精品特色专题课程。在全市党校系统第六届教学精品课比赛中邱群锋主讲的《红色才溪 建政典范》荣获二等奖。

推行领导干部上讲台制度 2016年,县委书记傅藏荣亲自带头到党校上党课,县委常委、组织部部长、党校校长徐峰,县委常委、宣传部部长张北阳,县委常委、统战部长蓝新,县委常委徐浩然等县领导陆续走进党校的课堂,面对面、心贴心地为党员干部授课,得到党员干部的一致好评。此外,县直有关部门领导也走进党校课堂为党校学员讲授本部门业务知识。

理论宣讲 2016年,组织教师围绕中央、省、市重要会议、重大决策和理论热点,结合党员集中教育活动,深入县直、乡镇、村(社区)、学校开展宣讲活动。全年,配合县委宣传部下基层宣讲十八届六中全会、省第十次党代会精神共62场次。

科研工作 2016年,党校注重提升科研质量,教研人员撰写论文21篇(含6篇调研课题),其中在省级以上刊物发表5篇,市级刊物发表10篇,县级刊物发表3篇。进一步推进科研成果应用转化,将2015年发表结项的4篇课题调研报告汇编成册,呈送县委、县政府领导参阅。稳步推进课题立项,2016年党校承担4项2015年度福建省党校、行政学院系统中国特色社会主义理论体系研究基地课题通过验收结项,其中《龙岩对接厦门自贸区建设的对策研究》《客家祖先崇拜在推进两岸关系和平发展中的作用研究》被评为福建省党校、行政学院系统"中国特色社会主义理论体系研究基地2015年度优秀成果",2016年连续第二年省级课题立项、结项均在全省县级党校中位列第一。同时,围绕"社会学、党史党建、文化学"等科研项目积极参与省、市课题的立项申报工作,其中《龙岩市养老服务业发展研究》《才溪苏区民主建设及其现实启示》《闽台始祖文化研究》3个课题获省级课题立项(全省列入立项课题的县级党校17个,25个课题)。参与由省委党校副校长刘大可负责牵头的《闽台始祖文化》课题的调研与撰写,课题组成员先后深入15个乡镇、17个姓氏研究会、数十个乡村开展田野调查,撰写十几万字的调查报告,较好发挥党校在当地学术研究中的骨干作用。加强学术交流。11月,常务副校长李兰香作为特邀嘉宾参加福建省委党校、行政学院系统举办的学习贯彻十八届六中全会精神理论研讨会暨2016年科研与决策咨询工作协作会议;12月,选派2名教师列席省委党校举办的闽台文化学术交流会议。发挥党校决策咨政作用。全年,党校向县委县政府呈送多份专报件,其中由王江月课题组负责的《当前影响我县干部工作积极性的因素和对策》、简宜钦课题组负责的《我县家庭农场发展的调查研究与思考》分别在县委政研室主编的《调查研究》第8期和第9期刊发,其中王江月课题组撰写的《当前影响我县干部工作积极性的因素和对策》这篇调研文章得到县委书记傅藏荣的重要批示。

对外培训 2016年,党校以"新古田会议"召开为契机,积极拓展对外培训业务,主动对接和承办全国各地党性教育培训班。全年党校共承接来自内蒙古、新疆、广东、广西、江西、江苏、宁德、厦门、漳州、泉州、南平等外培班68批次2990人次,实现培训实效与经济效益“双赢”,使党校成为讲好上杭故事、宣传上杭、提升上杭知名度和扩大影响力的一个重要窗口。

〔党史研究工作〕

党史研究成果　2016年,县委党史研究室重点加强对古田会议精神、才溪乡调查精神、新古田会议精神的研究与宣传;突出“毛泽东九到上杭与马克思主义中国化”“上杭与毛泽东思想的形成”专题研究;编著《为生民立命——毛泽东在上杭的思想成形与中国特色社会主义》《毛泽东九赴上杭与马克思主义中国化》两部专著。稳步推进《上杭地方党史二卷本(1949—1978)》编写,举办编写骨干培训班,特邀省、市党史专家作专题辅导,制订详细的编写规划。相关人员研究编写的同时,省党史专家也同步进行细致的审核、修改。

党史资料征编　2016年,推进党的代表大会和有关重要决策、重大事件、重要人物资料征编。征集有关革命根据地党史资料,重点加强民主主义革命时期和改革开放时期党史资料征集研究。加大口述史资料征集力度,在长征胜利80周年前夕,与县委宣传部、县图书馆共同编辑出版《上杭子弟兵长征口述史》《湘江战役中的上杭子弟兵》。

党史宣传工作　2016年,积极参与陈丕显诞辰100周年纪念活动,保质保量地完成陈丕显故居、陈丕显与龙田中学专题展方案起草、图片收集、展板设计等,获得曾庆红、王兆国中央领导同志的一致好评。认真筹办杭籍将军百年诞辰纪念活动,先后筹办刘忠将军诞辰110周年、王直将军诞辰100周年纪念活动,同时全力协助做好刘忠、王直将军回忆录的编辑出版。参与重大党史事件的纪念活动,在建党95周年之际,联合宣传部等部门,运用党史研究成果,整理上杭重大党史事件,以图文并茂形式,在镇中社区、江滨公园等处展出。在长征胜利80周年前夕,举办纪念座谈会,邀请省党史专家来杭举办《上杭子弟兵为长征作出的贡献》等专题讲座。办好党史内刊和党史群网站,全年编印《上杭党史通讯》4期、《上杭红色文化》2期,上杭红色文化网发布党史信息300条,举办红色文化讲坛,2016年度完成红色文化讲坛7期,邀请省、市党史专家到上杭开设讲座。

红色资源保护利用　2016年,继续完善上杭籍开国将军故居维修与保护工作,按照县委专题会议精神,加强宣传,明确职责,规范程序,严格把关。至年底,13位将军故居已竣工验收交付使用,蓝庭辉将军故居正在维修之中,黄鹄显将军故居正按程序办理和协调中。10位将军生平事迹在故居或学校展出,成为上杭县爱国主义和党史教育基地。充分发挥革命遗址功能,指导并协助乡镇加强对革命遗址的规划保护。会同相关部门就早康会议旧址现状,向县委、县政府提交《关于早康会议旧址的调查报告》,县委书记傅藏荣作出重要批示。至年底,早康会议旧址完成维修方案。配合文广新局编制原中央苏区革命文物保护3年规划,对全县106处革命旧址进行摸底比对,筛选出56个县保以上并具有重大影响和示范意义的革命旧址保护项目。参与县政协关于开展革命遗址调研工作,深入蛟洋、白砂、官庄、珊瑚等乡镇实地考察,对如何开发利用红色遗址、建设教育基地、红色旅游规划等方面提出针对性的意见建议。

〔信访工作〕

深化“法治信访”建设　2016年,继续推进信访工作制度改革,坚持将涉法涉诉问题与信访分离开来,导入司法渠道依法处理,同时加强与司法部门的工作衔接,配合做好疏导稳控工作,实现维护群众合法权益与维护司法权威相统一。全面推开通过法定途径分类处理信访投诉请求工作。信访部门分清来信来访性质、明确管辖,属于行政机关管辖的转送、交办到有权处理的行政机关处理,属于法定途径解决的引导信访人通过法定途径寻求解决;职能部门对职责范围内的信访事项,严格按照《信访条例》进行调查核实,查清事实,分别作出处理。健全完善矛盾纠纷多元化解机制。依托县人民调解中心,把信访工作与人民调解、行政调解、司法调解有机结合起来,把调解贯穿到化解信访矛盾的始终。依法维护信访秩序,严肃处理缠访闹访行为,形成依法理性反映诉求的正确导向。

推进“阳光信访”建设　2016年,全力推进“网上信访”,进一步完善县直、乡镇两级网上信访受理平台,做到信访部门与县直部门、乡镇的互联互通以及深度应用,实现信访信息全录入、业务全流转、办理全公开。强化信访公开听证工作,完善信访听证工作机制,确保信访听证公开、公平、公正,推动疑难复杂信访事项和信访积案的化解工作,有效维护群众合法权益。全年共举行2场次信访听证会,起到了良好的社会效果。

强化“责任信访”建设　2016年,在全县范围内深入开展创“三无”(无进京越级上访、无大规模集体上访、无因信访问题引发的极端恶性事件和舆论负面炒作)县乡村活动,进一步压实县直部门和乡镇、村(社区)及时就地化解信访问题的责任,及时就地解决群众合理诉求机制,形成一级抓一级、层层抓落实的工作格局,减少越级进京赴省到市上访。加强初信初访办理,按照信访工作七项机制要求,压实信访部门、职能部门在办理初信初访事项中的首办责任,及时就地解决群众合理合法诉求,防止矛盾累积,信访上行。强化信访工作责任,明确党政同责、一岗双责,健全“主要领导负总责、分管领导具体抓、其他领导一岗双责”领导体制,落实县、乡领导干部定期接访制,逐级传导责任,推动工作落实。2016年,县、乡镇领导参加接访1472人次,接待来访群众180批296人次,其中,县领导接待群众来访150批251人次,乡镇领导接待群众来访30批45人次。

打好信访积案化解攻坚战 2016年,全面落实党政领导包案制度,由县联席会议总召集人或召集人定期召集有关职能部门进行研究协调并督促落实。全年省、市交办的8件行政类信访积案全部得到化解。

2016年上杭县群众来信、来邮、来访统计表

表9

项目	2016年		2015年		对比增减			
					数量(件人次)		比例(%)	
群众来信、来邮	899件		990件		-91		-9.19	
群众来访	782批	1427人次	837批	1560人次	-55批	-133人次	-6.57	-8.53
其中集体来访	26批	465人次	32批	518人次	-6批	-53人次	-18.75	-10.23
信访合计	2326件人次		2550件人次		-224		-8.78	

说明:在信访总量2326件人次中,反映建议的87件人次,占3.74%;要求解决问题的1891件人次,占81.30%;检举揭发的20件人次,占0.86%;申诉类的68件人次,占2.92%;其他类的260件人次,占11.18%

〔老干部工作〕

2016年,全县老干部141人,其中:离休干部83人;1949年10月1日至1950年5月12日参加革命工作,享受供给制待遇的退休干部(简称"5·12"退休干部)20人;曾担副处以上实职(含军转地副团级以上)退休干部38人。

落实老干部政治待遇 2016年,坚持经常走访慰问老干部,做好老干部集中学习、参观、健康检查工作。做好每月老干部的阅文服务工作,组织老干部参加县委、县政府及相关单位的会议会务工作。全年,组织老干部参加县委、县政府各项重要会议18次共325人次。向老干部发出《民情意见建议登记表》103份,回收36份。每年为老干部订阅《闽西日报》《福建老年报》《家庭医生报》《特别关注》等学习资料,为全县老干部提供精神粮食。

落实老干部生活待遇 2016年,按照上级有关文件落实离休人员和"5·12"退休人员的相关经济待遇。离休干部每月发放1000元高龄护理费,为20名离休干部(因瘫痪等原因,生活长期完全不能自理)办理每月增发1100元高龄护理费。"5·12"退休干部每人每月发放400元的护理费、高龄补贴280元,其中3名(因瘫痪等原因,生活长期完全不能自理)办理每人每月增发600元的护理费。坚持为老干部每年开展一次健康体检。确定县城区3家医疗单位为老干部体检定点单位。组织工作人员入户走访、慰问老干部及时了解老干部的生活、身体状况,有问题及时反馈。全年,慰问看望生病老干部108人次,发放"两节"、生病住院慰问金22万余元。

加强离退休干部党员工作 2016年,全县有离退休干部党员2839人,单独成立离退休干部党支部25个,离退休党支部党员952人。12月16日经县委常委会议研究,同意县委老干部局局长兼任县委组织部副部长,同意成立中共上杭县委离退休干部委员会,离退休干部党工委作为县委常设的派出机构,挂靠在县委老干部局,党工委书记由县委老干部局局长兼任。

开展"展示阳光心态、助力上杭发展"主题系列活动 2016年,组织广大离退休干部广泛参与纪念红军长征胜利80周年系列活动,通过举办红色文化讲座、老干部代表座谈会和开展系列文体活动,充分挖掘红色记忆,传承红色基因。聘请林石金、陈益元等10位退休老干部,担任上杭县离退休干部红色宣讲员,聘期为2年。县老年大学制作红色组歌《永远革命不变心》,县老年人活动中心在7楼图书分馆设置红色书籍专柜,开展读红书活动,县直、乡镇广大离退休干部,热心传播好"红色声音"、讲好上杭"红色故事"。依托活动中心、老年大学以及涉老部门,从中挑选黄育祥、张喜生等8名热心、责任心强、经常活跃在网络上的离退休干部组建骨干网络宣传员队伍,借助"上杭新闻网""上杭网""龙岩市老年大学""闽西党旗红""福建老年报""福建离退休干部"等微信公众号及其主流媒体等多种渠道,引导离退休干部热情参与、积极发声,增添正能量。

县老年人活动中心 2016年10月8日上午,县老年人活动中心和老年大学竣工投入使用。县老年人活动中心总投资6600多万元,占地8007平方米,建筑面积17194平方米,建筑层数为地上9层、地下1层,建筑高度36.38米。中心由主楼跟裙楼两部分组成,主楼9层、裙楼3层。

内设球类活动室、老年大学教室、音乐类专业教室、美术、文学类专业教室、图书室等，是集休闲、娱乐、健身、交流于一体的综合性活动场所。12月，县老年人活动中心被省委老干部局授予“省级示范中心”荣誉称号。

办好老年大学　2016年，老年大学学员自发到县敬老院养心园为老人“爱心义演”，并自筹部分经费为敬老院的老人们送上礼包，得到敬老院老人和社会的好评。10月15日，“春晖合唱团”参加文化龙岩、魅力闽西2016群文十大活动“唱响中国梦”荣获二等奖。

〔关心下一代工作〕

青少年思想道德建设　2016年，县关工委利用革命老区丰富的红色资源，在青少年中进行革命传统、爱国主义、理想信念思想道德教育，引导青少年树立和践行社会主义核心价值观。5月24日，在上杭县实验小学召开2015—2016学年度全县“著名苏区好学生”暨“感动上杭·最美学生”表彰大会，表彰著名苏区好学生438名，“感动上杭·最美学生”3名，县四套班子领导出席表彰大会为获奖学生代表颁奖。开展践行《上杭县未成年人养成教育“十讲”“十不”守则》督查评估活动，对48所中小学进行评估考核，全面了解中小学团结教育和引导青少年践行“守则”的成效。开展党史国史宣传教育，以中国共产党成立95周年，红军长征胜利80周年为契机，开展党史国史学习教育系列活动。9月—11月，组织全县关工委成员带头学党史国史，举办党史国史知识竞赛。开展纪念陈丕显诞辰100周年系列活动，编著《陈丕显活在故乡人民心中》一书，为全县青少年学党史国史、自觉培育和践行社会主义核心价值观提供德育乡土教材。与县文明办、教育局、共青团、妇联联合开展“我的中国梦”主题教育实践活动、“学长征精神、做红色传人”活动。举办“学长征精神、做红色传人”主题征文比赛，收到各校选送的征文268篇，评出一等奖10篇，二等奖20篇，三等奖40篇。全县各级关工委配合中小学开展“学长征精神、做红色传人”主题班会、演讲比赛，组织青少年参观爱国主义教育基地、开展“寻访红色足迹”社会实践等系列活动，将“长征精神”从方方面面渗透到未成年人的成长过程当中。

开展法治宣传和关爱帮扶活动　2016年，积极参与社会治理，坚持关爱工作两手抓，一手抓法治宣传教育，一手抓关爱帮扶。全县各级关工委以提高青少年法治观念和法律素质为目标，配合政法、综治、公安、司法、教育等部门，在全县中小学开展第三届“关爱明天、普法先行”青少年普法教育活动，通过举办法制报告会、法律知识竞赛、演讲比赛、法制宣传图片展、书画展等形式，宣传《中华人民共和国宪法》《中华人民共和国未成年人保护法》《中华人民共和国预防未成年人犯罪法》《中华人民共和国义务教育法》《中华人民共和国交通安全法》等涉及未成年人的法律法规，提高广大青少年学法、知法、尊法、守法的自觉性。确定才溪中学、南阳中学、上杭县职业中专学校、上杭县实验小学、庐丰中心小学、稔田中心小学6所学校为第三届“关爱明天、普法先行”青少年普法宣传教育活动示范学校，发放《全国青少年普法教育读本》2000本。“12·4”法制宣传日活动中，印发《关爱后代　功利千秋》等宣传材料300份。全年，全县各级关工委配合相关部门开展普法教育125场次，发放宣传材料6000多份，受教育人数3.7万余人次。加强特殊群体青少年的关爱帮扶。协同社会各方面力量关心爱护青少年，特别对“五失”（失足、失管、失亲、失学、失业）青少年、留守儿童、残疾儿童、贫困青少年等特殊群体青少年，努力创造条件为他们办实事、做好事、解难事。9月，印发《关于组织全县关工委“五老”人员开展青少年毒品预防教育工作的通知》；发放《让我们的孩子远离毒品——致全县关工委“五老”同志的一封信》3000份，呼吁全县关工委“五老”积极投身禁毒宣传教育活动，教育青少年珍爱生命，远离毒品；组织各乡镇、村居关工委“五老”开展特殊群体青少年关爱帮扶工作，帮教失足青少年19人，成功转化15人。筹集资金，开展助孤助困和金秋助学活动。全年，全县各级关工委资助小学生198人、中学生216人、大学生203人，发放助学金55.49万元，受惠学生617人。积极融入民政部门牵头的农村留守儿童“全力监护、相伴成长”关爱保护专项行动，动员各乡镇、村居关工委“五老”人员与农村留守儿童结成关爱帮扶对子，印发《给农村留守儿童的一封信》，给予农村留守儿童精神上的鼓励。

助力农村青年就业创业　2016年，围绕新农村建设，发挥老科技工作者的作用，通过抓培训、建基地、树典型、搭平台，助力农村青年就业创业，助推脱贫攻坚工作。开展农村青年自主创业培训工作，实施“农村青年致富种子工程”。全年，各级关工委举办茶叶、果树、油茶、电商、养殖等各类技术培训班45期，受训青年2340人次。9月，县关工委组织林土茂等14名创业青年参加龙岩市第三期茶业新型职业农民研修班。加强青年创业基地的联系、指导工作，县关工委农科委成员每人挂钩联系1个—2个产业基地或青年创业示范点，联系帮扶了稔田红肉蜜柚、官庄油茶、步云茶叶、古田贵妃鸡养殖等9个农业产业基地，为产业基地创业青年提供技术、信息帮扶，助推青年就业创业。培育典型，树立青年创业标杆。1月，发放农村青年自主创业（种子工程）示范点补助金11.5万元（其中，上杭县省“农村青年致富种子工程”培养对象2名1.5万元、市农村青年自主创业先进标兵6名9万元、自主创业示范基地1名1万元），鼓励农村创业青年创新创业。4月1日，召开全县农村青年自主创业经验交流座谈会，总结交流农村青年自主创业的成功经验。县关工委常务副主任袁永贵撰写的自主创业先进标兵王福如的典型事迹《创业人生永不残缺,励志做个新农人》,发表在《中国火炬》2016年第2期。

学校、家庭、社会三结合教育协调发展 2016年,县关工委牵线搭桥,整合社会教育资源,协助学校开展家校共建、村校共建、警校共建、企校共建文明学校活动,促进学校教育、家庭教育和社会教育协调发展,优化育人环境。在上杭一中、上杭二中、太拔中学等11所中小学举办家庭教育报告会,受到家长的好评。11月20日,联合学校、公安、交通、安监、检察等部门在上杭一中召开警校共建联席会议,就学生上网、交通安全、法制教育、日常管理等问题进行深入讨论。

抓好基层基础建设 2016年,开展"基层工作深化年"和创"五好"关工委活动,全年创建乡镇关工委示范点9个、村居关工委示范点31个。调整充实县、乡镇、村居关工委班子,对全县344个村居关工委常务副主任进行重新确认,基层关工委力量进一步加强。加大对基层关工委建设的资金扶持,从1月起,对全县各行政村(居)关工委主持日常工作的常务副主任给予每人每月100元的固定补贴,并对镇、村关工委工作经费进行明确规定。

〔县委委员〕

书　记　谢海波(2016.6免)
　　　　傅藏荣(2016.6任)
副书记　傅藏荣(2016.6免)
　　　　王　波(2016.6任)
　　　　陈学良(2016.7免)
　　　　庄　莉(挂职,2016.7结束)
　　　　詹崇仁(2016.5任)
常　委　钟爱华(2016.7免)
　　　　吴锦添(2016.7免)
　　　　林英峰(2016.5免)
　　　　阙春林(2016.5免)
　　　　卢桢模(2016.7免)
　　　　梁八生(2016.5免)
　　　　杨　葵　徐　峰
　　　　徐浩然(2016.3挂职,时间1年)
　　　　胡长松(2016.5任)
　　　　张毓章(2016.5任)
　　　　蓝　新(2016.5任)
　　　　罗小洪(2016.5任)
　　　　胡　滨(2016.5任)
　　　　张北阳(2016.5任)
委　员　邱永南(至2016.7)
　　　　刘如才(至2016.7)
　　　　刘华春(至2016.7)
　　　　刘实民
　　　　刘清祥(至2016.7)
　　　　巫贞森(至2016.7)
　　　　陈思忠(至2016.7)
　　　　陈炳旺(至2016.7)
　　　　林火文(2016.6调出)
　　　　胡　冲(至2016.7)
　　　　胡金祥(至2016.7)
　　　　傅龙祥(至2016.7)
　　　　赖永生
　　　　雷日斌(至2016.7)
　　　　王尧华(2016.7任)
　　　　王安麒(2016.7任)
　　　　丘禄民(2016.7任)
　　　　吕丁武(2016.7任)
　　　　刘开元(2016.7任)
　　　　李永涛(2016.7任)
　　　　李德强(2016.7任)
　　　　张庆林(2016.7任)
　　　　陈丽琴(2016.7任)
　　　　陈晓明(2016.7任)
　　　　林英峰(2016.7任)
　　　　钟立新(2016.7任)
　　　　洪炳龙(2016.7任)
　　　　袁　静(2016.7任)
　　　　徐卫清(2016.7任)
　　　　郭夏媛(2016.7任)
　　　　黄从廷(2016.7任)
　　　　黄庆锋(2016.7任)
　　　　梁八生(2016.7任)
　　　　温文达(2016.7任)
　　　　蓝玉华(2016.7任)
　　　　赖育忠(2016.7任)
　　　　阙生华(2016.7任)
　　　　戴宇明(2016.7任)
候补委员　王尧华(至2016.7)
　　　　陈　华(至2016.7)
　　　　邱禄炎(至2016.7)
　　　　范文生(至2016.7)
　　　　黄荣太(至2016.7)
　　　　钟立新(至2016.7)
　　　　黄泰林(2016.7任)
　　　　黄裕珍(2016.7任)
　　　　黄清春(2016.7任)
　　　　刘玉梅(2016.7任)
　　　　廖新强(2016.7任)
　　　　林云志(2016.7任)
　　　　龚泽祥(2016.7任)
　　　　丘小林(2016.7任)

〔县委所属机构负责人〕

县委办公室
主　任　阙生华
副主任　陈天旺(2016.5免)
　　　　张春华　蓝　俊
　　　　阙荣才(2016.12免)
　　　　黄忠海(2016.5任,2016.9免)

机要局
局　长　伍志勇

组织部
部　长　吴锦添(2016.5免)
　　　　徐　峰(2016.5任)
副部长　傅林增　刘华春
　　　　丘禄民
　　　　邓玉蓉(2016.12兼)
部务会成员　陈兴昌
　　　　黎克森(2016.9免)

非公有制企业和社会组织党工委
书　记　吴锦添(2016.5免)
　　　　徐　峰(2016.5任)
常务副书记　李文涌

宣传部
部　长　卢桢模(2016.5免)
　　　　张北阳(2016.5任)
副部长　赖明章(2016.5免)
　　　　丘晓武

统一战线工作部
部　长　林英峰(2016.5免)
　　　　蓝　新(2016.5任)

副部长　江建林(2016.5免)
丘年春
钟育发(2016.5任)

政法委员会

书　记　阙春林(2016.5免)
张毓章(2016.5任)
副书记　钟洪章(2016.5免)
范朝元(挂职)
陈永文
李英荣(2016.5任)

社会管理综合治理委员会办公室

主　任　陈永文

机构编制委员会办公室

主　任　李怀玉
副主任　林玉民　华麟琳

事业单位登记管理局

局　长　刘学雄(2016.9任)

农村工作领导小组办公室

主　任　陈　华(兼,2016.5免)
王安麒(2016.5兼)

台湾工作办公室

主　任　钟德发
副主任　张曲波(2016.9免)
刘萍英(2016.9任,试用期1年)

县直机关工作委员会

书　记　吴锦添(2016.5免)
徐　峰(2016.5任)
常务副书记　华伦标
专职委员　凌德兴

县直机关武装部

部　长　赖瑞平

老干部局

局　长　邓玉蓉
副局长　袁友南　傅针峰

离退休干部工作委员会

书　记　邓玉蓉(2016.12任)
副书记　(缺)

精神文明建设办公室

主　任　曾广兴(2016.5免)
丘永南(2016.5任)
副主任　曹永标

信访局

局　长　林华昌(2016.5免)
丘佳涛(2016.5任)
副局长　梁伟龙

档案局(馆)

局(馆)长　陈道红(2016.9免)
赖建杭(2016.9任)
副局(馆)长　钟玉生

党校

校　长　吴锦添(2016.5免)
徐　峰(2016.5任)
常务副校长　李兰香(2016.9任)
副校长　傅小华(2016.9免)
丘景霞(2016.5任,试用期1年)
邱安业(2016.9任,试用期1年)

党史研究室

主　任　黄尔贤
副主任　(缺)

县委机关党委

书　记　郑志宾
副书记　池卫英(2016.9任)

县政府机关党委

书　记　田承映
副书记　袁秀芳

宣传系统党委(撤销)

副书记　黄琼芳(2016.9免)

教育系统党委

书　记　罗树贵(2016.9免)
黎克森(2016.9任)
副书记　范英平

经贸科技系统党委

书　记　张伟林(2016.5任)
副书记　罗五星(2016.9免)
林水仁(2016.5挂职,时间1年)

农业系统党委

书　记　林南桥
副书记　张寿英(2016.9任)

公安局党委

书　记　温松兴(2016.7免)
徐卫清(2016.7任)
副书记　陈　钧　李红震
张长金(至2016.11)

林业系统党委

书　记　华伦钟
副书记　郭　健

财政系统党委(撤销)

书　记　张志刚(2016.9免)

住房和城乡规划建设系统党委

书　记　巫贞森(2016.5任)
副书记　丘耀民

交通运输系统党委

书　记　王文威
副书记　池卫英(2016.9免)
林东珍(2016.9任)

卫生和计划生育系统党委

书　记　李朝淋
副书记　廖惠珍(2016.9任)

国有资产监督管理局党委(新设)

书　记　饶岩生(2016.9任)
副书记　丘荣发(2016.5挂职,时间1年)

文体广电新闻出版局党委(新设)

书　记　陈道红(2016.9任)
副书记　谢荣康(2016.5挂职,时间1年)

市场监督管理局党委(新设)

书　记　黄琼芳(2016.9任)
副书记　马壬生(2016.5挂职,时间1年)

发展和改革局党委(新设)

书　记　伍启文(2016.5任)
副书记　巫旺明(2016.9任)

地方税务局党委

书　记　林利添
副书记　石日红

紫金矿业集团股份有限公司党委

书　记　王建华
副书记　林水清　范文生

国网福建省上杭县供电公司党委

书　记　沈长火(2016.1免)
陈南辉(2016.1任,2016.10免)
陈志民(2016.10任)
副书记　苏立祥(2016.1免)
何海波(2016.1任,2016.10免)
陈南辉(2016.10任)

烟草专卖局机关党委(新设)

书　记　郑开强(2016.11任)
副书记　黄启斌(2016.11任)

县工业园区党委

书　记　赖福茂(2016.9免)
刘桃英(2016.9任)
副书记　刘桃英(2016.9免)

顾正海(2016.9免)
罗五星(2016.9任)

瓮福紫金公司党委
书　记　陈少平
副书记　向培云

光源矿业公司党委(新设)
书　记　胡建杭(2016.8任)
副书记　李松柏(2016.8任)

法院党组
书　记　洪炳龙

检察院党组
书　记　陈炳旺(2016.7免)
戴宇明(2016.7任)

县政府办公室党组
书　记　李德强
副书记　田承映

发展和改革局党组
书　记　邱禄炎

经济信息科学技术局党组
书　记　罗忠亮
副书记　胡　冲

教育局党组
书　记　傅龙祥(2016.5免)
黄从廷(2016.5任)
副书记　罗树贵(2016.9免)

民政局党组
书　记　何永生

司法局党组
书　记　伍启文(2016.5免)
刘　勇(2016.5任)

财政局党组
书　记　刘实民
副书记　张志刚

国有资产监督管理局党组
书　记　吴锡荣

人力资源和社会保障局党组
书　记　林日泉
副书记　邓卫江

环境保护局党组
书　记　刘玉梅

国土资源局党组
书　记　钟立新

住房和城乡规划建设局党组
书　记　巫贞森(2016.5免)
吕丁武(2016.5任)

交通运输局党组
书　记　张庆林
副书记　王文威

农业局党组
书　记　王安麒
副书记　陈　华(2016.5免)
林南桥

林业局党组
书　记　雷日斌
副书记　华伦钟

水利局党组
书　记　蓝善祥(2016.5免)
李文龙(2016.5任)

文体广电新闻出版局党组
书　记　陈晓明

卫生和计划生育局党组
书　记　黄庆锋
副书记　李朝淋

审计局党组
书　记　黄荣太

安全生产监督管理局党组
书　记　傅绍武

统计局党组
书　记　李国勤(2016.5免)
丘佳良(2016.5任)

市场监督管理局党组
书　记　郑红和
副书记　刘荣生

水电站库区移民开发局党组
书　记　罗开雄

旅游事业局党组
书　记　曾小勤

商务局党组
书　记　袁　静(2016.5免)
林云志(2016.5任)

工商业联合会党组
书　记　江建林(2016.5免)
钟育发(2016.5任)

总工会党组
书　记　赖永生

铜业局党组
书　记　伍相文

供销合作社联合社党组
书　记　蓝国锋(2016.5免)
李德林(2016.5任)

上杭工业园区管委会党组
书　记　黄仲华
副书记　赖福茂(2016.9免)

行政服务中心管委会党组
书　记　赖永跃

城市管理行政执法局党组
书　记　黄伟香

县医院党总支部
书　记　黄锦坤

中医院党支部
书　记　李维龙

疾病预防控制中心党支部
书　记　刘东明(2016.5任)

妇幼保健院党支部
书　记　林振华

〔工商联和参公群团机关负责人〕

工商业联合会(总商会)
主　席(会长)　蓝春金
副主席(副会长)　(缺)

总工会
主　席　林英峰(2016.5免)
蓝　新(2016.5任)
副主席　赖永生
陈建民(2016.9免)
严银英

共青团上杭县委
书　记　邱筱平(2016.5免)
刘开元(2016.5任)
副书记　陈丽琴(2016.5免)
罗兴洪(2016.5免)
李　兴(2016.5任，试用期1年)

妇女联合会
主　席　郭丽蓉(2016.5免)
陈丽琴(2016.5任)
副主席　胡　胜
蓝丽英(2016.5免)
朱丽萍(2016.5任)

科学技术协会
主　席　袁洪斌(2016.5免)
伍加禄(2016.5任)
副主席　郑国梁

归国华侨联合会
主　席　包晓冬

残疾人联合会
理事长　傅建勇

副理事长　李建辉

文学艺术界联合会

主　席　温文茂

副主席　李迎春(2016.5 挂职，时间1年)

红十字会

会　长　(缺)

常务副会长　凌文育

计划生育协会

会　长　张富英(兼,2016.12 退休)

常务专职副会长

陈德金(2016.9 免)

卢亮森(2016.9 任)

专职副会长　刘家辉(2016.5 任)

社会科学界联合会

专职主席(或副主席)　(缺)

〔乡镇党委负责人〕

临城镇党委

书　记　李文龙(2016.5 免)

黄裕珍(2016.5 任)

副书记　黄裕珍(2016.5 免)

郑荣华(2016.5 免)

李树兴

曹永忻(2016.5 任)

沈来发(2016.5 挂职)

蛟洋镇党委

书　记　吕丁武(2016.5 免)

丘小林(2016.5 任)

副书记　丘小林(2016.5 免)

张进云(2016.5 免)

李禄明(2016.5 免)

李德善(2016.5 免)

丘炳洪(挂职,2016.5 免)

赖树龙(2016.5 任)

华伦斌(2016.5 任)

邱能柱(2016.5 挂职)

古田镇党委

书　记　李永涛(2016.5 免)

赖育忠(2016.5 任)

副书记　李　波(2016.5 免)

李德坤

范志军(2016.5 免)

钟育庆(2016.5 任)

邹伟华(2016.5 挂职，2016.12 免)

张定卿(2016.12 挂职)

才溪镇党委

书　记　张伟林(2016.5 免)

温文达(2016.5 任)

副书记　温文达(2016.5 免)

曾宪琪(2016.5 免)

丘祥舜

陈天旺(2016.5 任)

郑志泉(2016.5 挂职)

南阳镇党委

书　记　廖新强

副书记　廖均兴(2016.5 免)

华伦斌(2016.5 免)

王永威

张志锋(2016.5 任)

钟树铭(2016.5 挂职)

临江镇党委

书　记　赖育忠(2016.5 免)

林荣焕(2016.5 任)

副书记　柯振祥

雷松春(2016.5 免)

周祺隆(2016.5 免)

田秋香(2016.5 任)

张春华(2016.5 挂职)

湖洋镇党委

书　记　龚泽祥

副书记　何应锋(2016.5 免)

马军球(2016.5 免)

郑启能(2016.5 免)

华　娟(2016.5 任)

罗子豪(2016.5 任)

白砂镇党委

书　记　刘　勇(2016.5 免)

黄泰林(2016.5 任)

副书记　黄泰林(2016.5 免)

赖建亮(2016.5 免)

华　娟(2016.5 免)

郭丽蓉(2016.5 任)

邓建康(2016.5 任)

庐丰畲族乡党委

书　记　蓝玉华

副书记　钟加樟(2016.5 免)

丘佳涛(2016.5 免)

丘佐民(2016.5 免)

蓝尚荣(2016.5 任)

罗建生(2016.5 任)

陈建洲(2016.5 挂职)

稔田镇党委

书　记　黄清春

副书记　林火文(2016.5 免)

丘文魁(2016.4 免)

赖树龙(2016.5 免)

龚南萍(2016.5 任)

李禄明(2016.5 任)

陈标钦(2016.5 挂职)

旧县镇党委

书　记　黄从廷(2016.5 免)

马浩泉(2016.5 任)

副书记　马浩泉(2016.5 免)

刘家辉(2016.5 免)

黄忠海(2016.5 免)

吴福田(2016.5 任)

李　凌(2016.5 任)

康宝富(2016.5 挂职)

中都镇党委

书　记　郭夏媛

副书记　吴瑞能

钟杭星(2016.5 免)

李　斌(2016.5 挂职)

官庄畲族乡党委

书　记　钟育发(2016.5 免)

钟乐云(2016.5 任)

副书记　钟乐云(2016.5 免)

蓝尚荣(2016.5 免)

蓝中健(2016.5 任)

钟杭星(2016.5 任)

王常胜(2016.5 挂职)

蓝溪镇党委

书　记　丘永南(2016.5 免)

卢启泉(2016.5 任)

副书记　张华灿(2016.5 免)

黄国威(2016.5 免)

杨文荣

谢开平(2016.5 任)

廖伟平(2016.5 挂职)

太拔镇党委

书　记　傅松英(2016.5 免)

黄宜洲(2016.5 任)

副书记　黄宜洲(2016.5 免)

邓文新(2016.5 免)

陈卫东(2016.5 免)

郭东亮(2016.5 任)

刘俊轩(2016.5任)
温有斌(2016.5挂职)

溪口镇党委
书　记　林荣焕(2016.5免)
李　波(2016.5任)
副书记　丘　剑(2016.5免)
钟铭昌(2016.5免)
龚新春(2016.5免)
曹昌星(2016.5任)
张仰淮(2016.5任)
陈汀文(2016.5挂职)

通贤镇党委
书　记　温如坤
副书记　梁兰珍
蓝福辉(2016.4免)
谢开平(2016.4免)
丘文山(2016.4任)
黄增彩(2016.4挂)

下都镇党委
书　记　张福新
副书记　袁晓芳
刘来华(2016.5免)
丘毅春
刘双存(2016.5挂职)

茶地镇党委
书　记　丘佳良(2016.5免)
黄通明(2016.5任)
副书记　黄通明(2016.5免)
江祥武(2016.5免)
杨进汉(2016.5免)
邱筱平(2016.5任)
钟铭昌(2016.5任,2016.8免)

珊瑚乡党委
书　记　刘华荣(2016.5免)
阙镔锋(2016.5任)
副书记　阙镔锋(2016.5免)
吴天宝(2016.5免)
林亮标(2016.5免)
吴家锋(2016.5任)
丘海忠(2016.5挂职)
梁尚荣(2016.12任)

泮境乡党委
书　记　李英荣(2016.5免)
何应锋(2016.5任)
副书记　李德添(2016.5免)
张九功
杨进汉(2016.5任)

步云乡党委
书　记　林云志(2016.5免)
范杭荣(2016.5任)
副书记　范杭荣(2016.5免)
罗世远
傅友文(2016.5免)
袁立南(2016.5挂职)
杨进学(2016.12任)

·县人大常委会·

〔县人大常委会工作概况〕

2016年,县人大常委会围绕全县改革发展稳定大局,认真履行宪法和法律赋予的职权,充分发挥地方国家权力机关的积极作用。全年,共举行常委会会议10次,听取和审议"一府两院"及部门工作报告21项次,开展考察、执法检查和调研20项次,依法任免国家机关工作人员89人次。

〔依法监督〕

推进法治上杭建设　2016年,组织开展全县普法依法治理工作情况调研,促进县政府及有关部门改进社会治理方式,提高社会治理科学化水平,推动社会治理创新,扎实推进"平安上杭""法治上杭"建设。全县"六五"普法工作于2016年通过国家验收,被评为"全国法制宣传教育先进县"。依法作出关于开展第七个五年法治宣传教育的决议,为组织实施好法治宣传教育第七个五年规划提供遵循,有力促进全面依法治县工作的深入开展。组织开展安全生产法执法检查和道路交通安全法执法工作情况调研,针对检查、调研中发现的问题,提出建议,推进全社会提高安全生产法治意识,推动县政府及相关部门依法行政、强化安全生产监管,保持安全生产的良好局面。

维护司法公正　2016年,开展对县法院落实错案责任追究制和县检察院落实执法过错责任追究制工作情况调研,督促县法院、检察院进一步理顺机制,落实和完善办案责任追究制的各项措施,自觉接受县人大及其常委会的法律监督,主动接受社会各界的监督,依法行使好审判权、检察权,努力实现"让人民群众在每一个司法案件中感受到公平正义"的目标。积极发挥人大信访工作优势和作用,不断完善信访工作机制,畅通群众诉求渠道。全年,受理群众来信来访45件次,加大信访件转办交办督办力度,有效化解社会矛盾,努力维护人民群众的合法权益,促进社会和谐稳定。

加强对国家工作人员的监督　2016年,注重把任免权与监督权相结合,对人的监督与对事的监督相结合。坚持拟任人员到会作任职表态发言,电视台进行全程录播,将表态内容摘登在宣传媒体上,让被任命人员公开接受监督、认真践行诺言、依法履行职责。制定出台关于宪法宣誓组织工作的若干规定,组织常委会任命的国家工作人员向宪法宣誓16人次,激励国家工作人员忠于宪法、遵守宪法、维护宪法。严格实行"两院"(法院、检察院)拟任人员任前考核、法律知识考试制度,对人大任命的审判员、检察员、人民陪审员2015年度述职报告进行审查,督促"两院"进一步加强法官和检察官队伍建设,促进司法机关工作人员不断增强接受监督意识,提高依法履职水平。

〔服务大局〕

促进国民经济持续健康发展　2016年,开展计划、预算初审调查,为县人民代表大会审查批准计划、预算提供依据。听取和审议执行情况报告,加强跟踪监督,促进计划、预算依法有效执行。在审查批准决算时,认真听取审计工作报告,严格督促有关部门和单位及时整改审计发现的问题。组织开展政府投资项目监管情况调研,推动县政府进一步规范决策程序,提高政府投资项目决策水平。

强化政府债务举借和使用的监管,要求县政府严格依法举借债务,加强债务监督管理,增强财政资金使用效果,资本、资产、资金运作取得突破,推进县域经济健康快速发展。

促进重点难点工作有序开展　2016年,围绕项目落地攻坚战役的决策部署,组织部分市、县人大代表考察项目落地情况,提出建议意见,推动重点项目建设,项目落地攻坚战役有序推进。组织开展全县禁毒工作情况调研,听取和审议全县禁毒工作情况报告,要求县政府及有关部门采取有效措施,严厉打击涉麻涉毒违法犯罪行为,坚决遏制毒品问题多发态势,确保人民幸福安康、社会和谐稳定。

促进城市规划建设进一步规范　2016年,审议通过新修编的《县城总体规划(2015—2030)》,对规划实施提出审议意见,要求县政府及各部门、各单位切实维护规划的权威性和严肃性,加强规划宣传引导,加强规划体系建设,加强规划执法监管,严格依法执行规划,坚持一张蓝图干到底,一任接着一任干,发挥规划的龙头作用,推进江滨宜居城市建设和城市经济发展。

〔保障民生〕

全力助推脱贫攻坚工作　2016年,开展全县脱贫攻坚工作情况调研,就脱贫攻坚工作存在的困难和问题,要求县政府及相关部门进一步加强宣传引导,增强脱贫信心;强化责任意识,提高帮扶实效;抓好产业扶贫,实现长效增收;完善工作机制,保障精准脱贫;强化督查考核,确保落实到位。县政府及有关部门切实把脱贫攻坚作为重要政治任务和第一民生工程,制定"4810"(扶贫开发重点乡镇摘帽4条措施:基础设施建设、旧村复垦、生产发展扶贫、鼓励财政增收;贫困脱贫8条措施:财政补助、资产运作、土地流转、开展光伏扶贫、招商引资、"三资"管理、旧村复垦、基础设施建设;贫困户脱贫10措施:生产扶持脱贫、建房补助脱贫、就学资助脱贫、就业辅助脱贫、医疗援助脱贫、科技帮扶脱贫、社会捐助脱贫、金融助推脱贫、结对扶助脱贫、政府兜底脱贫)脱贫政策措施,整合资源,补齐短板,全力打好脱贫攻坚战。2016年,全县完成4163户10153人的减贫任务和2884人的造福工程扶贫搬迁任务,脱贫攻坚战役初显成效。

高度重视文化旅游产业发展　2016年,开展全县文化旅游产业发展情况调研,全面了解掌握全县文化旅游产业发展情况并提出建议。推进县政府及有关部门整合文化旅游资源,着力打造以客家文化之旅、历史文化之旅、"生态黄金"之旅为核心内容的三大文化旅游精品,助推文化旅游产业发展。

积极关注少数民族乡村建设　2016年,开展少数民族乡村全面建成小康社会情况调研,针对上杭县少数民族乡村全面建成小康社会工作中存在的问题,提出加强指导帮扶、推动民族乡村经济发展,改善民生、加快民族乡村建设和社会各项事业的发展,传承好保护好民族文化、推动少数民族文化建设等建议,要求县政府及相关部门加大投入,加快发展少数民族乡村经济,大力打造畲乡文化特色品牌,加快推进上杭县少数民族乡村全面建成小康社会的步伐。

〔代表工作〕

2016年,坚持常委会组成人员联系代表制度,定期向代表寄送文件资料,畅通代表知情知政渠道。指导乡镇人大健全规范代表议政室、代表活动室等活动场所建设,组织代表参加各种形式的学习培训,切实提高代表履职能力。认真总结代表履职经验,搭建代表活动新平台,加大对各级代表积极履职的宣传力度,生动展示代表履职风采,努力形成全社会尊重代表法律地位、支持代表依法履职的良好风气,增强代表履职的使命感和荣誉感。充分发挥代表作用,坚持邀请代表列席常委会会议制度,确保每个乡镇1年内有2名以上县代表列席会议;组织代表开展集中考察,参加常委会的监督、调研、检查等活动。全年有县人大代表200多人次参加常委会的各项活动。组织市代表跨县区考察、县代表跨乡镇交叉考察,拓宽代表履职渠道。召开代表建议交办会,开展代表建议办理答复工作情况检查,并对办理落实情况进行跟踪检查。县十六届人大五次会议以来265件代表建议均已办结,代表对承办单位的办理答复表示满意和基本满意的达98.9%。

〔换届选举〕

2016年,县乡两级人大换届选举是在地方组织法、选举法、代表法作出修改后举行的首次换届选举,县人大常委会高度重视,提前谋划,深入开展调研,周密制定方案,广泛宣传发动,精心安排部署,加强业务培训,强化督促指导,严格遵守法律规定,严肃换届纪律,严明换届风气,严把代表政治关、素质关、结构关,做到依法依规、于法周全。全县131个县代表选区选出的228名县人大代表、575个乡镇代表选区选出的1228名乡镇人大代表,具有广泛性和代表性,结构更趋合理,素质明显提高。《人民代表报》《法制日报》《福建法治报》《福建日报》《闽西日报》及人民政坛、人民网、福建电视台、龙岩电视台等新闻媒体集中采访报道上杭县县乡两级人大换届选举工作的成功做法及良好效果。

〔县十七届人大一次会议〕

12月25日—29日,县第十七届人民代表大会第一次会议在县城召开,228名代表出席会议。会议听取和审议县十六届人大常委会主任陈思忠作的县人大常委会工作报告、县人民政府代县长王波作的县人民政府工作报告、县人民法院院长洪炳龙作的县人民法院工作报告、县人民检察院代检察长戴宇明作的县人民检察院工作报告。代表们还认真审议县2016年国民经济和社会发展计划执行情况与2017年县国民经济和社会发展计划草案的报告、县2016年预算执行情况和2017年预算草案的报告、县政府关于县十六届人大五次会议代表建议意见办理落实情况的报告,通过县人大常委会、县政府、县法院、县检察院、预算、计划等6个报告的决议。

大会选举梁八生为县十七届人大常委会主任,张跃龙、李维广、蔡永华、刘如才为县十七届人大常委会副主任;选举王波为上杭县人民政府县长,胡滨、王尧华、李永涛、袁静、阙生华、卢家荣、徐卫清、林谷丰、朱冠东为县人民政府副县长;选举洪炳龙为县人民法院院长,戴宇明为县人民检察院检察长;选举廖金钦等26人为县十七届人大常委会委员;选举林国耀等54人为龙岩市第五届人民代表大会代表;表决通过刘如才等7人为县人大财政经济委员会组成人员。县委书记傅藏荣在会上作重要讲话,对新形势下进一步发挥县人大及其常委会、人大代表作用,推进全县民主法治建设等提出了具体要求。

大会收到代表建议、批评和意见305条,全部由县人大常委会转给县政府及有关部门、单位和组织办理,并要求在3个月内负责答复代表。

〔县十七届人大常委会领导和常委会委员〕

主　任　梁八生
副主任　张跃龙
　　　　李维广(兼职)
　　　　蔡永华　刘如才
委　员(按姓名笔画排列):
　　　　卢海苗　丘树金
　　　　丘律行　丘禄民
　　　　华祥斌　刘荣善
　　　　刘鉴滨　严银英
　　　　巫寿全　李　兴
　　　　杨平娥　邱伟华
　　　　何丽珍　陈曾见
　　　　林建文　罗友良
　　　　罗庆明　罗德洪
　　　　周祺隆　胡　胜
　　　　黄文金　黄尔昌
　　　　曾昭春　蓝立英
　　　　蓝德荣　廖金钦

〔县人大常委会所属机构负责人〕

县人大办公室
主　任　蓝德荣(2016.11免)
　　　　廖金钦(2016.11任)
副主任　张志锋(2016.5免)
　　　　石树辉(2016.5免)
　　　　罗友良(2016.11任)
　　　　刘复浩(2016.11任)

法制委员会
主　任　林建文(2016.11免)
　　　　曾昭春(2016.11任)
副主任　廖伟平(2016.11免)
　　　　刘鉴滨(2016.11任)

教科文卫委员会
主　任　黄尔昌
副主任　陈碧英(2016.11免)
　　　　林桂兰(2016.11任)

农经委员会
主　任　罗庆明
副主任　林桂兰(2016.11免)
　　　　陈碧英(2016.11任)

财经委员会
主　任　刘荣善
副主任　丘律行

代表联络委员会
主　任　曾昭春(2016.11免)
　　　　丘伟华(2016.11任)
副主任　丘伟华(2016.11免)
　　　　廖伟平(2016.11任)

城建环保委员会
主　任　罗德洪(2016.11免)
　　　　蓝德荣(2016.11任)
副主任　陈曾见(2016.11免)
　　　　林桂兰(2016.11任)

侨台委员会
主　任　黄　林(2016.11免)
　　　　林建文(2016.11任)
副主任　李　新(2016.11免)
　　　　陈曾见(2016.11任)

信访室
主　任　黄　林(2016.11免)
　　　　卢海苗(2016.11任)

〔乡镇人大主席〕

临江镇　曹永忻(2016.5免)
　　　　周祺隆(2016.5提名为人大主席候选人)
临城镇　傅国庆(2016.5免)
　　　　郑荣华(2016.5提名为人大主席候选人)
湖洋镇　张铭功(2016.5免)
　　　　范志军(2016.5提名为人大主席候选人)
中都镇　林水仁(2016.5免)
　　　　李德善(2016.5提名为人大主席候选人)
下都镇　罗宝生
庐丰畲族乡　蓝旺文(2016.5免)
　　　　李俊业(2016.5提名为人大主席候选人)
蓝溪镇　赖林松
稔田镇　曹昌星(2016.5免)
　　　　何发平(2016.5提名为人大主席候选人)
茶地镇　吴祥林(2016.5免)
　　　　温寿玉(2016.5提名为人大主席候选人)
溪口镇　阙占优(2016.5免)
　　　　黄国威(2016.5提名为人大主席候选人)
太拔镇　丘荣发(2016.5免)
　　　　曾宪琪(2016.5提名为人大主席候选人)
泮境乡　郑子福(2016.5免)
　　　　江　勇(2016.5提名为人大主席候选人)
白砂镇　谢荣康(2016.5免)
　　　　赖建亮(2016.5提名为人大主席候选人)
蛟洋镇　邹良辉(2016.5免)
　　　　张进云(2016.5提名为人大主席候选人)
古田镇　马壬生(2016.5免)
　　　　傅友文(2016.5提名为人大主席候选人)

步云乡　何发平(2016.5免)
游明德(2016.5提名为人大主席候选人)
旧县镇　张鹏善
才溪镇　吴福田(2016.5免)
王瑞华(2016.5提名为人大主席候选人)
通贤镇　刘彪贤(2016.5免)
邱文魁(2016.5提名为人大主席候选人)
南阳镇　黄兆平
官庄畲族乡　王瑞华(2016.5免)
石树辉(2016.5提名为人大主席候选人)
珊瑚乡　温寿玉(2016.5免)
林亮标(2016.5提名为人大主席候选人)

·县人民政府·

〔政务纪要〕

2016年,上杭县实现地区生产总值276.5亿元,增长8.6%。规模以上工业总产值441.6亿元,增长15.9%。三次产业比从上年12.5:56.5:31调整为12.8:54.8:32.4。财政总收入31.7亿元,增长2.5%,其中地方级财政收入22.9亿元,增长10.3%。500万元以上固定资产投资257.3亿元,增长17.8%。社会消费品零售总额85.7亿元,增长15.8%,实际利用外资3845万美元,增长9.9%。城乡居民人均可支配收入分别为33019元、14074元,分别增长8%、9%。获得福建省"县域经济实力十强县、县域经济发展十佳县"两项荣誉;顺利通过国家级生态县考核验收;被列为第三批国家新型城镇化综合试点地区;被评为"全国法治宣传教育先进县"、福建省森林县城;蝉联"全国双拥模范县"。

主导产业加快发展　2016年,发挥紫金"龙头"带动作用,不断拉长做细产业链,初步形成铜产业、稀贵金属、循环经济三条产业链。成功举办第十一届中国铜加工行业发展论坛,现场签约项目13个。紫金山金铜矿浮选厂、紫金铜业节能减排综合技术改造等项目实现竣工;鸿航卫浴、太阳铜业船用电缆及数据缆、铜杆系列产品等项目加快推进。全年金铜产业实现产值400.2亿元,增长17.4%。军民融合有新进展,与部队及军工集团所属企业签订合作项目3个,在谈项目8个,海装上海局与上杭县签订军民融合共建协议。建筑产业新设立施工承包企业9家,新晋升二级总承包企业1家,县外迁入总承包企业1家,全县有资质建筑施工企业93家。建筑企业签订合同总额520亿元,增长5%。实现建筑施工总产值393.5亿元,增长12.9%,其中,在地产值117.1亿元,增长9%。成立紫金矿业建设有限公司,正在申报矿山施工总承包特级资质。绿色建筑示范项目和县职专绿色建筑项目加快推进。福建绿科建设公司完成一期注资5000万元,正在筹备并购重组提升资质的工作。

农业经济稳步增长　2016年,全年农林牧渔业总产值59.7亿元,增长3.9%。粮食播种面积47.3万亩,种植烤烟4.8万亩,种植蔬菜23.4万亩。实施现代农业项目41个,总投资8.96亿元,新增设施农业面积220亩,润农食用菌生产加工、富康铁皮石斛生产基地等项目竣工。实现林下经济产值18.3亿元,惠及林农5.9万人。新增农业龙头企业38家、家庭农场322家、农民专业合作社42家,认定新型农民303人。规模以上农产品加工业实现产值13.7亿元,增长10%。下都镇(沙田柚)被农业部认定为第六批全国一村一品示范镇。

服务业持续壮大　2016年,新增A级物流企业1家,全年净增限上企业25家、总数达234家,实现服务业增加值89.5亿元,增长11.4%;电子商务蓬勃发展,首家跨境电商欧壹国际正式营业,阿里巴巴农村淘宝、京东、供销电商、邮政电商、淘实惠等电商平台相继落户,县内现有电子商务法人企业182家,实现电子商务交易额21亿元。旅游及文化创意依托红色文化、客家文化、民俗文化和生态资源优势,加大资源整合开发力度,促进文化创意与旅游融合发展,古田和才溪景区提升工程、"诗意院田"古村落保护与开发、梅花山国家生态旅游示范区建设等项目加快推进。全年接待游客520万人次,增长15.6%;实现旅游收入28.6亿元,增长24.3%。

"三大战役"有力有效　2016年,"三大战役"持续推进。项目落地战役。全县110个攻坚项目完成投资70.3亿元,完成年度投资计划的101.9%。"谋划一批"项目281个,列入市项目谋划库49个,完成市任务的163.3%,居全市第一。"签约一批"项目55个,完成市任务的220%,居全市第三。"开工一批"中,110个攻坚项目开工82个,54个市攻坚项目开工30个,完成市任务的136.4%,居全市第三。"建成一批"中,110个攻坚项目中建成49个,54个市攻坚项目竣工29个,完成市任务的362.5%,居全市第一。"增资一批"完成增资38.4亿元,完成市任务的187.9%。其中,工业技改项目完成增资22.3亿元,专项基金项目完成增资16.2亿元。脱贫攻坚战役。全县精准识别扶贫开发重点乡镇4个、贫困村50个、建档立卡贫困户7298户19926人。"千人挂钩、万人脱贫、共奔小康"活动扎实推进,实现贫困乡镇、贫困村、贫困户挂钩帮扶全覆盖。制定出台"4810"精准脱贫措施,县财政补助每个贫困乡镇50万元用于发展生产性增收项目,为每个贫困村提供20万元扶贫资金和25万元基础设施建设专项补助资金;对全县4026名挂钩干部进行精准培训,全面提升挂钩帮扶实效。发放扶贫小额信贷516户2605万元,超额完成市下达上杭县任务数。全年完成4219户10477人的减贫任务和2884人的造福工程扶贫搬迁任务。生态环保战役。45个生态环保攻坚项目完成投资6.4亿元,占年度任务的82%。汀江流域水污染综合整治项目列入国家开发银行第一批重点生态环保基金项目,争取到位项目扶持资金1亿元。持续推进养殖业污染治理工作,全县关闭拆除养殖场3581户、75.6万平方米,境内重点流域水质稳中有升。扎实抓好城乡生活污水、垃圾处理设施建设和提升改造,城区生活污水处理率达88.5%,乡(镇)污水收集处理率达60%。重点抓好紫金山矿区、蛟洋工业集中区、县工业园区等区域安全环保专项整治,全县淘汰黄标车1076辆,城区及工业园区空气环境质量监测结果均达到或优于国家二级标准,达标率100%。完成水土流失综合治理7.4万亩、造林绿化3.2万亩。成为福建省首批国家重点生态功能示范区转移支付县。

供给侧结构性改革 2016年,实施新一轮技改专项行动和工业强基工程,引导过剩行业转型发展,全县16个市级工业重点项目完成固定资产投资17.7亿元;加大合理购房消费支持力度,科学控制商品房项目供地投放规模,积极消化商品房库存;稳步推进金融去杠杆,充分发挥"助保贷""过桥贷款"及国有资本贷款担保功能,设立2亿元产业发展基金,着力破解中小企业融资难题;出台金融支持产业转型升级实施意见,通过举办"政银企担"对接会、"手拉手"供需见面会等,积极帮助企业降低成本;扎实抓好"补短板"投资工程包项目,争取市级投资工程包项目29个,完成投资36.1亿元。

城乡建设 2016年,完成《县城总体规划(2013—2030)》修编以及新型城镇化发展规划编制工作,实现集镇与村庄规划全覆盖。26个城建项目完成投资16.1亿元,张滩大桥及接线工程建成通车,城市中轴线顺利贯通;江滨西路改造二期、杭川公园、罗星塔公园、城区停车场等城建项目进展顺利;"15分钟生活圈"规划、环城公路和沿汀江慢步道建设前期工作加快推进;城市绿化覆盖率达41.6%。特色小镇建设。启动新型城镇化和美丽乡村建设3年行动计划,成立新型城镇化和美丽乡村建设融资平台;加大特色小镇申报创建工作,古田镇被列为第一批国家特色小镇创建镇,蛟洋、庐丰、才溪、官庄等4个乡镇完成概念规划、创建方案编制,申报省级特色小镇;全县21个乡镇通过或达到国家级生态乡镇创建要求,312个行政村通过市级以上生态村命名,其中99个村通过省级生态村命名。美丽乡村建设。全县21个村列入美丽乡村建设,共策划基础设施项目120个,总投资4.8亿元;继续开展"千村整治、百村示范"建设,24个村共策划整治项目166个,总投资7400多万元;中都镇罗溪村、田背村、兴坊村入选中国传统村落名录。

社会保障 2016年,在全省率先实施健康扶贫保险和大病医保"三保合一"(整合城镇职工基本医疗保险、城镇居民基本医疗保险、新型农村合作医疗保险)均衡化政策,在全市率先执行提高贫困户住院报销比例政策,为防止因病致贫返贫提供多重保障。全年开展职业技能培训3801人,实现城镇新增就业2025人。加快社区老年人日间照料中心、农村敬老院建设,在全市率先实行县财投资建设农村幸福院政策,新建农村幸福院28座。县老年人活动中心建成并投入使用;闽西古田光荣院项目建设稳步推进。

社会事业 2016年,在全市率先实施普通高中教育免费政策;启动小学扩容工程和学前教育"三年行动计划",重建校舍项目5个,新建校舍面积7834平方米。稳步推进医药卫生体制和县级公立医院改革,县医院、妇幼保健院整体搬迁工程完成投资2.3亿元,蛟洋、湖洋等6个卫生院建设进度加快。公共文化体育设施建设力度加大,成立"上杭客家木偶艺术传习中心",县体育中心、水上运动基地等项目建设有序推进。

社会治理 2016年,推行"一村一法律顾问,一社区一法律诊所"工作制度,全县344个村(社区)全部设立了公共法律服务工作站和服务点,实现村居法律顾问全覆盖。完善提升"1345"调解工作体系,全县387个人民调解组织,排查矛盾纠纷调解1376件,成功率达99.7%。食品药品安全监管水平持续提升。创新危险化学品应急管理机制,危险化学品应急处置"一图一卡一册"在全省推广,企业安全生产主体责任和部门监管责任进一步落实,安全生产形势稳定。

〔重点项目实施情况〕

华润五丰食用菌生产加工项目 2016年年底,完成主体厂房框架建设,推进设备安装调试。

鸿航有色金属及五金水暖卫浴产品生产项目 至2016年年底,4#厂房产线投产,推进9#职工宿舍楼装修。

紫金山金铜矿浮选厂建设项目 2016年,项目竣工投产。

紫金山金铜矿含铜酸性废水综合利用 2016年,完成铜矿湿法厂膏体浓密机工程和环保处理系统改造升级、废水收集储存系统、新屋下废水收集系统建设和井子里废水收集系统、大岩里掘进、环赤水截洪沟工程。

紫金铜冶炼工程挖潜增效项目 2016年,项目竣工投产。

省级工业园区基础设施建设工程 2016年,上杭工业园区完成杭宁路、龙达路一期和I7-03地块工程,推进I6-01/02地块平整工程。蛟洋工业集中区完成金盐项目、过硫酸项目"三通一平",推进环境应急池土石方工程。

太阳铜业船用电缆及数据缆生产项目 2016年,竣工投产。

紫金铜业固体废弃物综合回收利用工程项目 2016年,竣工投产。

思康有机氟/硅新型合成材料产业化项目 2016年,完成设备定制,推进厂房建设。

梅花山路建设(一期)　2016年，推进A标路基挖填方工程、隧道工程和B标路基、桥涵工程。

县通乡二级公路升级改造项目　2016年，才庄线竣工，大中线(庐丰至中都段)正推进路基、桥涵等工程，黄太线正推进桥涵工程和征地工作。

新一轮农村电网升级改造项目　2016年，麒龙110千伏变电站三期扩建工程、220千伏龙翔变110千伏送出工程、110千伏郭车变2号主变增容工程、尧埔35千伏变电站2号主变扩建工程竣工；推进白砂35千伏变电站2号主变扩建输变电工程、太古—中都变35千伏线路改造工程、上杭碧田—回龙35千伏线路开断进官庄变线路工程等工程建设。

张滩大桥及南北接线工程　2016年，大桥及北接线已竣工，推进B标及绿化工程。

建设路(东侧)道路改造安置小区建设项目　2016年，T2、T3、T4幢主体结构封顶推进T1幢24层框架。

杭川公园建设项目　2016年，推进凉亭和绿化工程。

上杭—江两河生态环境综合整治及保护工程　2016年，完成养殖业拆除3581户，建成南阳镇、下都镇、泮境乡污水厂建设，南阳镇、稔田镇、下都镇、才溪镇乡镇垃圾处理厂，推进城区污水厂二期工程建设和南部新区污水管网工程前期工作。

县医院整体搬迁项目　2016年，门诊楼、医技楼封顶，推进培训楼屋面构造物浇筑、感染科楼二层模板，病房楼地下室工程。

体育中心建设项目　2016年，完成多功能馆初验，推进体育场“三通一平”。

妇幼保健院整体搬迁建设项目　2016年，推进电梯、空调等设备安装及室内外装修。

民办实验中学新校区建设项目　2016年，竣工投入使用。

旧县片区烟区水源工程　2016年，南山水库开始清表，进坝公路开始施工和清表工作；完成铁东水库改造施工招标，推进施工便道工程；新坊水库已进场施工。

汀江上杭防洪工程(一期)　2016年，实施基础和边坡工程。

富康铁皮石斛生产基地　2016年，完成管理房和展示中心主体工程、基地主干道等配套设施建设，林下种植铁皮石斛102亩，大棚培育100亩。

田农智能化温控大棚生产项目　2016年，完成立柱放样60亩，浇筑大棚立柱30亩，搭建育苗棚1亩。

紫金山罗卜岭铜矿采选工程　2016年，完成项目可研编制、尾矿库备案、该矿段矿产资源勘探详查报告编制及审查等工作，推进安全、环保、地灾等评价、岩土详勘等工作。

紫金彩坑尾矿库建设项目　2016年，完成项目备案批复、安评、地灾评价以及一期林地报批，正推进一期土地报批、岩土工程详勘、环评等前期工作。

中车重型矿用装备制造及矿山工程服务基地项目　2016年，二七公司与紫金建设公司签署车辆试用协议；矿用自卸首台样车已在紫金金铜矿山完成样机测试；推进二七公司销售分公司的设立以及总装生产车间的建设选址和论证等有关工作。

三一重工矿山机械设备研发产业基地项目　2016年，项目暂缓。

矿山安全环保用品生产项目　2016年，完成办公场所及展厅装修等工作，正在内蒙古进行EMC项目(合同能源管理模式)技术的研发、推广和应用。

铭麟过硫酸盐(铵、钠、钾)生产项目　2016年，完成综合大楼、成品仓库和冷却车间框架建设，推进主体厂房建设。

紫金金盐系列产品生产项目　2016年，推进新选址的“三通一平”工作，准备进行厂区基础设施建设。

紫金铜业节能减排综合技术改造项目　2016年，项目竣工投产。

铜杆系列产品生产项目　2016年，竣工投产。

华能国际上杭茫荡洋风电场项目　2016年，完成林地报批，推进风力发电机组主机及基础环保设备招标工作。

紫金顺安综合物流园　2016年，完成项目备案，推进用地预审、环评、安评报批、征地等工作。

“诗意院田”历史文化古村落保护与旅游发展项目　2016年，古民居周边平改坡完成17栋，漫游步道和景区道路绿化美化工程完成预算审核，推进太拔集镇至院田道路改造项目征地及招标，游客服务中心、荷坪新村、旅游公厕及停车场建设。

步云国家生态旅游示范区提升工程(一期)　2016年，索道项目正推进立柱基础建设；游客服务中心推进施工图审核阶段；安置小区推进项目立项、设计、用地报批等前期工作；古田至步云公路改造工程完成施工图送审；步云35千伏变电站和电力线路廊道工程推进项目核准。

上杭时迅智慧农村云计算项目(一期)　2016年，农村云应用正在联调测试；行政服务中心政务云项目的实施测试申请验收中；残联信息服务平台的开发测试和部署。

帝豪时代广场二期工程　2016年，推进一期景观工程施工和二期SOHO九、十层梁板施工工程。

古田客家风情街项目　2016年，推进征地和用地报批等工作。

紫金山矿区迳美村造福工程　2016年，征迁公司和测绘公司进驻，正推进征迁补偿方案制定和安置地征地工作。

下道湖整村搬迁项目　2016年，推进搬迁安置方案审批和安置小区征迁工作。

临江楼片区改造工程　2016年，“郎官第”先行开工；完成项目规划选址意见书及规划红线图、用地预审等前期工作，正推进项目立项审批。

江滨西路改造二期　2016年，完成部分路基和基础换填，推进电力专项改造。

城区备用水源管网工程 2016年,完成稳压井基础和部分主体建设,推进征地工作和供水管网铺设。

三环路道路建设二期工程 2016年,完成项目立项、环评、林地报批、土地预审、工程规划许可证等工作,推进征迁和工程招投标。城区污水处理厂二期扩建工程完成氧化沟与二沉池的部分配套管网安装、主体混凝土浇捣建设、细隔栏和脱泥机房的设备采购及其配套管网安装。

上杭青少年水上运动中心建设项目 2016年,推进综合楼浇捣六层楼板和游泳池地面施工。

中央苏区主题公园 9月7日,在厦门第十九届中国国际投资贸易洽谈会签订投资协议书,推进营业执照办理。

碘精深加工生产项目 2016年,因医药工业公司正在改制,近期没有对外投资计划,正寻找新的招商对象。

水上机场建设项目 2016年,完成可研初稿,推进项目选址工作。

东门广场城市综合体 8月15日,进行公开拍卖,由福建省碧桂园房地产开发有限公司以21090万元竞得,完成部分地质勘察孔、临时用电箱式变压器基础、设计总平面及方案文本初稿、立项批复等,推进环评、施工许可证办理等工作。

西门城市综合体 2016年,推进重新招商。

福建紫金铜业与代傲金工合作项目 2016年,紫金矿业集团董事会审议,表决不通过。

有色金属现货交易市场 2016年,推进与龙岩市建隆金属材料有限公司洽谈对接。

上杭水库建设项目 2016年,白砂锦绣水库大坝枢纽工程完成施工招标,进行征地拆迁工作;洋境乌石水库初设完成修改,省烟草公司已复审通过;稔田镇马岌背水库完成初步设计市水利局评审;官庄乡横山头水库、蛟洋松光礤水库正推进可研专题编制。

保税仓项目 2016年,配合海关和国检部门在古田选择合适办公场所,待上级部门同意后入驻;海关与国检同意在紫金铜业设立自用保税仓库。

金古田养生养老基地 2016年,推进征地工作。

紫金山矿山旅游公路(旧县水东—紫金山) 2016年,完成施工图设计,正推进工程招投标。

石壁寨客家缘主题公园 2016年,推进项目策划。

节能保温材料生产项目 2016年,完成项目备案、设备采购招标,推进主体厂房建设。

磷石膏综合利用 2016年,完成可行性报告编制,推进成立新公司,推进项目备案、安评、环评等前期工作。

磷酸盐精深加工项目95%聚磷酸产品项目 3月,竣工投产;6月聚磷酸铵项目竣工。

客家缘前庭广场 2016年,推进招商等前期工作。

绿色建筑产业基地 2016年,完成规划初稿,推进征地工作。

〔为民办实事项目实施情况〕

全面改善义务教育薄弱学校基本办学条件 完成。

实施城乡幼儿园扩容工程 因该项目建设用地问题,改到其他地点建设。

实施文化广电惠民工程 完成。

提升基层医疗单位服务能力建设 完成。

治理"餐桌污染",建设"食品放心工程" 完成。

实施上杭县残疾人"安居工程"和康复托养设施项目 完成。

提高城乡居民社会保障水平 完成。

实施"三农"综合保险工程 完成。

实施造福工程危房改造 完成。

实施农村水利基础设施建设 完成。

实施农村水土流失综合治理工程 完成。

实施道路交通安全隐患整治工程 完成。

实施"平安上杭"安防畅通工程 完成。

实施罗星塔公园建设项目 完成。

实施城区停车场建设项目 完成。

〔法制工作〕

2016年,县对依法行政和法治政府建设工作进行全面部署,建立完善县对县直单位的依法行政考核指标体系,健全考核机制,将依法行政成效作为衡量政府各部门领导班子和领导干部工作实绩重要内容,纳入政府绩效考核体系。深化行政执法改革,推动行政执法公正、文明,加快推进综合执法。对因行政体制改革新设立的市场监督管理局,将原来食品药品、工商、质检分头执法的执法主体进行整合,经过严格的行政执法资格专业考试,统一换发市场监督管理体系行政执法证件,在市场监管领域推行综合执法。完善行政执法程序、健全行政执法人员管理制度。严格实行行政执法人员持证上岗和资格管理制度,对全县各乡镇和县直各部门的行政执法人员进行严格清理,未经执法资格考试合格,不得授予执法资格,不得从事执法活动。健全行政裁量权基准制度,对裁量范围、种类、幅度进行严格规范。重大执法决定严格执行法制审核,认真做好事中事后监管工作。健全依法决策机制,强化行政权力的制约和监督,进一步简政放权,深化行政审批制度改革。完善权力清单、责任清单制度,做好负面清单制度试点工作,并根据法律法规规章和部门职能的变化适时调整,实行动态管理。进一步清理规范前置审批和行政审批中介服务,对保留行政审批中介服务实行清单管理并向社会公布,推进中介服务行业公平竞争。加强对行政审批服务事项下放后的承接、落实工作的督导检查。改进规范性文件管理，2016年，审查各类政府文件、会议纪要200多件，保证政府各项工作的依法开展。同时，加强规范性备案和清理工作，对2014年以前县政府制定的规范性文件进行清理，对仍然需要执行的246件规范性文件决定保留，对主要内容明显不适应经济社会发展需要，或与国家法律、法规、规章和国家、省、市现行政策不相适应，或被新的规范性文件所替代的116件规范性文件决定废止(或失效)。强化复议、诉讼工作，健全依法有效化解矛盾纠纷机制，2016年，受理处理行政复议申请16件，参与以县政府为被申请人的行政复议案件3件。

〔政府督查工作〕

2016年，政府督查工作充分发挥督查职能作用，全年对县召开的35场会议做好会风督查，现场办公督办19次，会同县委督查室、效能办以及有关单位对全县22个乡镇以及县直各单位及各省、市驻杭单位开展督查16次。

突出政府重大决策，抓督查促落实　2016年，对省、市政府工作报告涉及我县工作任务和县政府全年工作安排、全县经济形势分析会等进行分解下发，明确目标任务、完成时限、承办单位、负责人和分管领导，不定期督促检查，每季度通报一次进展情况，促进各项任务的落实。对县政府常务会议和县长专题会议议定事项，迅速挂网通知各承办单位，要求抓好落实，按时报告办理情况，每半月汇总整理一次并以督查通报形式向有关领导和部门反馈。同时适时组织开展实地督查，通报工作进展情况，对办理落实工作与会议要求存在差距的部门、单位点名批评，并指明存在的问题，提出切实抓好落实的要求。编发《督查通报》93期，做到查前先督、查后再督。对2016年全县重点为民办实事项目每月开展一次督查，编发《督查通报》9期，呈县领导参阅，及时解决项目进展过程中出现的问题。2016年，组织撰写督查调研文章一篇《2016年全县重点为民办实事项目上半年专题调研报告》，为领导决策提供依据。

突出领导批示和交办事项，抓督查促落实　2016年，对领导批示件(含上级来文、部门请示报告、群众来信等)通过督查网系统转办给承办单位，明确责任领导、主办和协办单位、具体责任人和办结时限，并及时通知承办单位2个工作日内签收；做好领导批办件的跟踪落实工作，要求承办单位在15个工作日内经单位主要领导审定后通过督查网反馈办理情况，并每半个月汇总整理一次呈县政府主要领导阅示，对连续2个反馈周期工作无进展的单位和部门，要求其书面说明原因，并列入重点督办事项。全年督办县政府领导批办事项1923件，省、市有关部门、有关领导转办信访件12件，做到事事有结果、件件有回音。

突出做好建议和提案办理工作　2016年，县政府始终坚持把办好代表建议、委员提案作为自觉接受人大、政协监督，密切政群关系，改进政府工作，促进决策科学化、民主化的主要大事来抓。督查室在办理工作中，以办理及时、代表满意为目标，创新办理方法、拓宽办理渠道，坚持责任落实、办前办后走访、重点建议领导包案、三级审核、公开办理复函等工作制度，加大督办力度，开展联合督查，通报办理情况，保证代表建议、委员提案的顺利办理。2016年，县政府承办的262件县人大代表建议和214件县政协提案全部办复，办结率为100%，代表满意率也逐年提升。2016年，县政府督查室再次被评委县“优秀提案办理单位”。

做好“三大战役”督查工作　2016年，全县实施项目落实攻坚战役、脱贫攻坚战役、生态环保攻坚战役“三大战役”，其中生态环保战役由县政府督查室牵头负责督查推动，全年开展综合大型督查3次，小型督查43次，取得明显成效，黄标车治理全面完成省、市任务、通过国家生态县考核验收(全市仅有长汀、漳平、上杭3个县市通过验收)，畜禽养殖业污染防治、工业污染防治等工作进一步改善。

〔县行政服务中心工作〕

2016年，认真落实深化行政审批制度改革和项目落地攻坚战役要求，深入践行“标准化建设、个性化服务、人性化管理”建设目标，有效地推进各有权部门落实行政审批制度改革，推动政府职能加快转变，确保行政审批和公共服务提速提效，为企业和群众营造一个规范、高效、廉洁的政务服务环境，助推经济和社会各项事业稳步发展，实现授权率达93.3%，审批环节从受理到决定精简至4个工作日以内，承诺时限压缩至法定时限的50%以内。全年，办件33.85万件，当日办结率92.52%，预约办件数648件，绿色通道办件数140件，按时办结率100%，满意度100%。

全力推进“三集中、三到位”改革　2016年，全县具有行政审批和公共服务职能的44个单位，除县统计局因行政审批和公共服务事项取消经申请暂时撤出行政服务中心、台办因省级下放停泊点台湾居民延长居留期限审批暂无法承接未进驻行政服务中心外，其余单位均进驻行政服务中心或设立分中心。根据市级“五规范”事项目录和上杭县公布的行政审批和公共服务事项目录，除县农业局“动物及动物产品检疫”经县政府批准不进驻中心窗口办理外，其余事项均进驻中心或分中心办理。推进职能归并。全县各有权部门均按照要求单独设置或增挂行政审批股，严格落实领导到窗口现场审签制度，确保办件不流回后方股室或单位办理，进驻事项统一使用行政审批专用章，做到一个窗口对外、一站式审批、一个股室办理、一个领导审签、一个专用章办结。垂管部门积极向上争取增设行政审批股，履行本部门的全部审批职能。3月底,县国税局、地税局将办税大厅整体进驻县行政服务中心,设立国地税联合办税服务厅,是全省山区地市首家国地税联合办税大厅进驻中心运行。以“一人双机双网双系统”为主要手段,为纳税人提供税务登记办理、发票代开、纳税申报、发票发售等业务,共同印制“办税指南”“一次性告知卡”,开通微信预约服务功能,实现业务、人才、技术、培训、宣传“五个深度融合”,彻底解决纳税人办税“两头跑”“多次跑”的问题,有效提升服务质量和纳税人满意度。

2016年,全力推行全流程网上办事大厅建设,组织各单位严格按照市级“五个规范”要求,梳理行政审批和公共服务事项,编制办理事项服务指南。将梳理好的审批和公共服务事项录入“龙岩市行政权力和公共服务事项管理”系统,实行动态管理和监督,同时在省网上办事大厅和龙岩市公共服务网对外公开。6月,所有进驻单位完成网上办事大厅审批平台上线工作;8月,完成与省网上办事大厅数据对接。乡镇网上办事大厅建设,与县委编办密切配合,对各乡镇的办理事项目录进行统一和规范。组织民政、人社、公安、住建、国土、林业、农业、残联等县直部门制作乡镇行政审批和公共服务事项的“五个规范”办理规程。至年底,全县各乡镇网上办事大厅开始上线运作。

加大联合会审力度,打好项目前期审批攻坚战 2016年,建立健全联合会审机制,成立以县政府常务副县长任组长的项目前期联合会审领导小组,领导小组办公室设在行政服务中心管委会,负责召集相关部门召开联合会审会议,及时协调解决审批中出现的各类问题,建立项目前期联合会审工作机制,明确职责分工,缩小审批范围、简化审批环节、减少申报材料,创新提前介入、预约申请、跟踪回访等服务方式,强化项目源头监管。设立“重点项目受理窗口”,提供项目审批申报登记、统一编码、权利告知、办理反馈的“一窗式”服务,建立审批进度跟踪台账,组织协调审批联合辅导。在项目可研、规划选址、土地预审、环评等文件编制初期和相关审批材料准备过程中主动提前介入,组织相关部门指导业主做好前期准备工作。定期召开项目联审会议,全年召开联审工作会议20次,办理审批项目102个,完成审批项目79个。制作《项目前期联合会审挂牌作战图》,对项目审批进度进行挂牌公示,实时更新,动态管理,让各审批部门对项目审批进度一目了然,督促项目审批窗口及时跟进。优化投资项目审批,实施阶段性并联审批。进一步优化项目审批流程,建立项目立项、方案设计和用地审批、施工图设计和施工许可四个阶段的并联审批操作细则,实行“一窗式”受理和“一号通”审批,坚持“一门受理、抄送相关、并联审批、限时办结、统一送达、全程监督”原则,优化审批流程,简化审批环节。10月1日起对投资项目实施阶段性并联审批,实现各审批部门信息共享,提高联合审批效率。

强化监管,作风建设实现新跨越 2016年,坚持办件抽查制度,提高审批服务质量。每月抽查一半以上进驻单位窗口办件情况,每2个月完成一轮所有窗口单位办件抽查,及时通报办件抽查情况,督促整改。坚持每周电话回访,提升群众满意度。每周抽查5个窗口10个办件进行电话回访,主要回访是否一次性告知、是否来回跑、服务态度好坏等,进行群众满意度调查。全年,电话回访办件450件,未出现不满意办件。加强电子监督管理。运用行政审批电子监察系统根据事先设定的办理程序和承诺时期,对窗口办件情况进行实时监控跟踪。当办理事项承诺时间即将到期时,系统会提醒窗口人员抓紧办结;办理事项承诺时间超期未办结时,县效能办立即对该事项的办理情况进行跟踪调查,责令限期办理。

〔公共资源配置服务〕

2016年,县行政服务中心完成交易项目397个(宗),项目总金额约10.94亿元,节约资金约1.08亿元,节约率9.87%。其中,政府采购类交易项目135个,交易总额约1.90亿元;工程建设类交易项目260个,交易总额约6.92亿元;受理拍卖土地2宗,交易总额2.12亿元。

〔县长　副县长〕

县　长　傅藏荣(2016.6免)
王　波(2016.6代,12任)

副县长　詹崇仁(2016.5免)
张毓章(2016.5免)
蓝　新(2016.5免)
陈在慧(2016.7免)
王尧华
罗小洪(2016.5免)
胡　滨
李永涛(2016.5任)
袁　静(2016.5任)
阙生华(2016.5任)
卢家荣(2016.5任)
林谷丰(挂职)
徐卫清(2016.7任)

科技副县长　朱冠东(时间2年,从2016年9月至2018年9月)

副调研员　黄金招

〔县政府所属机构负责人〕

县政府办公室

主　任　李德强

副主任　林志坚
李俊业(2016.5免)
蓝中健(2016.5免)
张定卿
梁尚荣(2016.12免)
何升东(2016.5任)
林东平(2016.5任,2016.6免)

机关效能建设领导小组办公室(挂牌)

主　任　李德强(兼)

专职副主任　江莉生

外事侨务办公室(挂牌)

主　任　张定卿(2016.1兼)

法制办公室（挂牌）
主　任　（缺）
发展和改革局
局　长　邱禄炎
副局长　郑国栋（2016.5免）
郑永苏　赖　群
廖忠元
傅松英（2016.5任）
物价局（挂牌）
局　长　郑国栋（兼，2016.5免）
傅松英（2016.5兼）
粮食局（挂牌）
局　长　郑永苏（兼）
政府投资项目评审中心（工程咨询中心）
主　任　谢新标
重点项目开发建设管理办公室
主　任　刘如洲（2016.5任）
经济信息科学技术局
局　长　胡　冲
副局长　华炳生（2016.9免）
黄文学　池宝发
彭绪荣　刘开香
国防动员委员会支前办公室（挂牌）
主　任　张伟林（2016.5任）
知识产权局（挂牌）
局　长　罗忠亮（兼）
卫生和计划生育局
局　长　黄庆锋
副局长　李朝淋
陈德金（兼，2016.9免）
江　燕（2016.9免）
林　雄
王寿联（2016.9免）
陈开新　唐良丰
疾病预防控制中心
主　任　王寿联
卫生监督所
所　长　陈武龙（兼，2016.5免）
陈清章（2016.5任）
教育局
局　长　傅龙祥（2016.5免）
黄从廷（2016.5任）
副局长　温利平　林华春
吕新文（挂）
高四华（挂职）
李春生（2016.5任）
教师进修学校
校　长　黄旸庆
副校长　蓝　海（2016.5免）
高四华　赖茂忠
邱日荣（2016.5任，2016.11免）
教育督导室
主　任　吕新文
副主任　华　杰
电大工作站
站　长　梁兴东（2016.5免）
蓝　海（2016.5任）
民族与宗教事务局
局　长　钟伟鹏（2016.5免）
钟加樟（2016.5任）
副局长　蓝仰林
监察局
局　长　陈国铭
副局长　卢家荣（2016.6免）
黄炳养
黄立明（2016.6任）
公安局
局　长　温松兴（2016.7免）
徐卫清（2016.7任）
副局长　林新发　袁建阳
江建权　汤春康
林友文（挂职，时间2年）
李福民（兼）
徐卫清（2016.1挂，2016.7免）
政　委　陈　钧
督察长　温松兴（2016.7免）
徐卫清（2016.7任）
副督察长　丁勇先
政工室
主　任　黄启亮
指挥中心
主　任　罗占峰
教导员　李聪伶
国内安全保卫大队
队　长　简彧明
教导员　张敬乔
刑事侦查大队
队　长　陈文亮
教导员　赖兆龙
交通管理大队
队　长　张春生
教导员　陈杭生
治安管理大队
队　长　石建锋
教导员　刘　平
法制大队
队　长　李维东
教导员　（缺）
经济犯罪侦查大队
队　长　江小芳
教导员　吴绍川
出入境管理大队
队　长　阙国忠
教导员　何晓亮
公共信息网络安全监察大队
队　长　丘禄荣
教导员　（缺）
禁毒大队
队　长　陈金华
教导员　傅文新
警务保障室
主　任　林清辉
监察室
主　任　江华富
看守所
所　长　陈　栋
教导员　刘冠东
拘留所
所　长　何夏阳
教导员　阙善金
城关派出所
所　长　丘有良
教导员　赖伟平
城郊派出所
所　长　蓝荣进
教导员　田承维
湖洋派出所
所　长　王碧辉
教导员　（缺）
中都派出所
所　长　李小生
教导员　（缺）
下都派出所
所　长　刘双存
教导员　（缺）
珊瑚派出所
所　长　（缺）
教导员　（缺）

官庄派出所
所　长　王常胜
教导员　胡晓勇
南阳派出所
所　长　傅文新
教导员　黄增彩
通贤派出所
所　长　(缺)
教导员　黄　希
才溪派出所
所　长　郑志泉
教导员　刘文强
旧县派出所
所　长　康宝富
教导员　李清文
步云派出所
所　长　何家昌
教导员　(缺)
古田派出所
所　长　李福民
教导员　邹伟华
蛟洋派出所
所　长　张元铭
教导员　(缺)
白砂派出所
所　长　郭维海
教导员　王志强
泮境派出所
所　长　梁建东
教导员　(缺)
茶地派出所
所　长　(缺)
教导员　(缺)
溪口派出所
所　长　(缺)
教导员　(缺)
太拔派出所
所　长　温有斌
教导员　(缺)
庐丰派出所
所　长　曹茂昌
教导员　(缺)
蓝溪派出所
所　长　(缺)
教导员　(缺)
稔田派出所
所　长　陈标钦
教导员　(缺)
紫金山派出所
所　长　张朝进
教导员　江忠诚

公安局森林分局
局　长　李国梁
教导员　吕卫南
临城森林派出所
所　长　李晓群
教导员　(缺)
稔田森林派出所
所　长　钟龙生
教导员　(缺)
中都森林派出所
所　长　袁汉洪
教导员　高顺坤
溪口森林派出所
所　长　赖洪勇
教导员　(缺)
古田森林派出所
所　长　张世武
教导员　陈振禄
才溪森林派出所
所　长　林加雄
教导员　唐祖祥
白砂森林派出所
所　长　江锦煌
教导员　(缺)

民政局
局　长　何永生
副局长　罗永通(2016.5免)
张秉仁(2016.5免)
佘兆兴(2016.9免)
张华灿(2016.5任)
邱文勇(2016.5任，试用期1年)
吴祥林(2016.5挂职，时间1年)
黄　林(2016.11任)
革命老根据地建设办公室(挂牌)
主　任　张秉仁

老龄工作委员会办公室
主　任　何永生(兼)
副主任　胡碧田(2016.5任，试用期1年)

司法局
局　长　伍启文(2016.5免)
刘　勇(2016.5任)
副局长　张尚平　马　剑
傅国庆(2016.5挂职，时间1年)

财政局
局　长　刘实民
副局长　罗庆荷
张志刚(2016.9免)
邹昌霖
总会计师　罗巨先

人力资源和社会保障局
局　长　邓卫江
副局长　丘晓燕　郭伟龙
廖金钦(2016.11免)
伍宪芳　黄立彪
李胜千

公务员局(挂牌)
局　长　林日泉
机关事业单位社会保险管理中心
主　任　刘喜华

国土资源局
局　长　钟立新
副局长　康有富　黄兆洪
丘文清
廖均兴(2016.5任)
蓝旺文(2016.5挂职，时间1年)

不动产登记局(挂牌)
局　长　廖均兴(2016.5兼)
国土资源监察大队
队　长　张力辉(2016.5免)
土地收购储备中心
主　任　游宝堂
不动产登记中心
主　任　丘德文(2016.5任)

环境保护局
局　长　刘玉梅
副局长　张晓佳(2016.5免)
陈荣葵
赖君渊(聘任,时间2年)
许　斌
陈利羊(2016.5任，试用期1年)
雷松春(2016.5挂职，时间1年)

住房和城乡规划建设局
局　长　巫贞森(2016.5免)

吕丁武(2016.5 任)
副局长　陈志光　李　鹏
阙水冰
肖兴招(2016.9 挂职，时间 1 年)
傅晓刚(2016.12 挂职)
总工程师　张　军

人民防空办公室(挂牌)
主　任　(缺)

城市管理行政执法局
局　长　傅晓刚(2016.5 免)
黄伟香(2016.5 任)

交通运输局
局　长　张庆林
副局长　饶岩生(2016.9 免)
郑霖基
刘学伟(聘任,时间2年)
谢春祥

国防动员委员会交通战备办公室(挂牌)
主　任　王文威

运输管理所
所　长　黄盛庭

交通综合执法大队
队　长　曾德胜

农业局
局　长　陈　华(2016.5 免)
王安麒(2016.5 任)
副局长　张子炎　阙师坤
丘敏祥　林南桥
曾纪华
郑子福(2016.5 挂职，时间 1 年)
总畜牧(兽医)师　赖　燕

林业局
局　长　雷日斌
副局长　谢元胜　华伦钟
丘　剑(2016.5 任)
张铭功(2016.5 挂职，时间 1 年)

国家森林公园管理处
主　任　邱日荣(2016.5 免)
黄胜生(2016.5 任)

森林防火指挥部办公室
主　任　邱日荣(2016.9 挂职，时间 1 年)

水利局
局　长　蓝善祥(2016.5 免)
李文龙(2016.5 任)
副局长　钟先茂　蓝建利
赖希强
阙占优(2016.5 挂职，时间 1 年)

防汛抗旱指挥部办公室
主　任　伍慧群

水土保持办公室
主　任　林小英

商务局
局　长　袁　静(2016.5 免)
林云志(2016.5 任)
副局长　刘志强　黄广福
马　剑(2016.5 挂职，时间至 2016 年 12 月)
李立明(2016.6 挂职，时间 1 年)

文体广电新闻出版局
局　长　陈晓明
副局长　孙　辉　胡小涌
钟佰炜
张锋育(2016.5 挂职，时间 1 年)

文化市场综合执法大队
队　长　陈文斌

审计局
局　长　黄荣太
副局长　周文隆　徐世栋
总审计师　黄先华

安全生产监督管理局
局　长　傅绍武
副局长　何升东(2016.5 免)
袁庶斌　谢步开
郑启能(2016.5 挂职，时间 1 年)
江祥武(2016.5 挂职，时间 1 年)

安全生产委员会办公室(挂牌)
主　任　傅绍武(兼)

统计局
局　长　李国勤(2016.5 免)
李焕昌(2016.5 任)
副局长　李焕昌(2016.5 免)
李水玉

国有资产监督管理局
局　长　吴锡荣
副局长　谢琴英　刘贞寿
罗永洪(挂职)

市场监督管理局
局　长　刘荣生
副局长　沈占辉　梁顺兴
黄涛元　罗寿光
林康堂(2016.5 免)
郭兆华
市场监管专员　黄建军

食品药品监督管理局(挂牌)
局　长　沈占辉(兼)

食品安全委员会办公室(挂牌)
主　任　梁顺兴(兼)

工商行政管理局(挂牌)
局　长　黄涛元(兼)

质量技术监督局(挂牌)
局　长　罗寿光(兼)

执法大队
队　长　陈志林

城区监督所
所　长　詹晓麟
政治指导员　丘文光

城郊监督所
所　长　李茂荣
政治指导员　丁　秩

古田监督所
所　长　蓝开喜
政治指导员　袁立南

蛟洋监督所
所　长　刘文辉

才溪监督所
所　长　张振林
政治指导员　张　毅

庐丰监督所
所　长　蓝晓春
政治指导员　郭启仁

蓝溪监督所
所　长　廖龙昌

官庄监督所
所　长　黄杭军

上杭工业园区管委会
主　任　黄仲华
副主任　游明德(2016.5 免)
顾正海(2016.5 任,试用期 1 年)

行政服务中心管委会
主　任　赖永跃

副主任 罗友良(2016.11免)
廖志新(2016.12任)

县行政学校

校 长 胡 滨(2016.12任)
常务副校长 李兰香(2016.12任)

地方志编纂委员会

主 任 李兰香(2016.9免)
刘昌发(2016.9任)
副主任 丘立平

旅游事业局

局 长 曾小勤
副局长 李瑞平
赖建杭(2016.9免)
钟华荣(2016.9任,试用期1年)

供销合作社联合社

主 任 蓝国锋(2016.5免)
李德林(2016.5任)
副主任 丘锦荣
李近荣(2016.5免)
李培东(2016.9任,试用期1年)

水电站库区移民开发局

局 长 罗开雄
副局长 谢顺良(2016.9免)
刘昌发(2016.9免)
丘瑜成
黄河裕(2016.9任,试用期1年)
林绍进(2016.9任,试用期1年)

铜业局

局 长 伍相文
副局长 袁禄华(2016.5免)
廖新莲(挂,2016.5免)
林庆广(挂)
李近荣(2016.5任)
黄庆鹏(2016.11免)

农业机械管理站

站 长 李德林(2016.5免)
张力辉(2016.5任)

农业开发办公室

主 任 李永生(2016.9免)
钟华祥(2016.9任)

地震办公室

主 任 廖明东

二轻集体工业联社

主 任 陈冬华
副主任 罗永洪
廖新莲(2016.5任,试用期1年)

才溪纪念馆

馆 长
副馆长 王志灯 苏发茂

铁路建设办公室

主 任 陈晓丹
副主任 杨云洪

稀土工业局

局 长 王发英

农村党员干部现代远程教育网络中心

主 任 刘复浩(2016.11免)

烟草专卖局(公司)

局长(经理) 郑开强(2016.5免)
副局长 陈建良(2016.1免)
副经理 黄启斌 高友峰

国家统计局上杭调查队

队 长 刘新明
副队长 曹贵盛

国家税务局

局 长 黄京容
副局长 林志生 翁远星
谢万胜

地方税务局

局 长 林利添
副局长 石日红 赖日文
张亮声

人民银行上杭县支行

行 长 丘可东
副行长 郭 骅
黄际林(2016.10任)

中国银行监督委员会龙岩分局上杭办事处

主 任 郭洪清
副主任 梁在东

农业发展银行上杭县支行

行 长 吴富源(2016.3免)
吴晓明(2016.5任)
副行长 赖仕龙

中国农业银行股份有限公司上杭县支行

行 长 傅智彪
副行长 张振旺(2016.6免)
张超明(2016.6任)
行长助理 钟志华(2016.7任)
袁茂源(2016.7任)

工商银行股份有限公司上杭县支行

行 长 曾友新
副行长 傅清华
傅荣烜(2016.2任)

建设银行股份有限公司上杭支行

行 长 沈兴生
副行长 孔祥梅 李启卿

中国银行股份有限公司上杭支行

行 长 蒙贤丰
副行长 傅 燊 丘瑜永

上杭农村商业银行股份有限公司

董事长 袁秀英
行 长 廖桥生
监事长 刘春迪
副行长 游广芬 张学铭
行长助理 林桂珍

兴业银行股份有限公司上杭支行

行 长 练文锋
副行长 胡钟林

中国人寿保险股份有限公司上杭县支公司

经 理 朱昌浩
副经理 郭秀红
经理助理 蓝前裕

中国人民财产保险股份有限公司上杭县支公司

经 理 廖发珍
副经理 张和林 杜小平

中国邮政集团公司福建上杭县分公司

总经理 钟集兆(2016.4任)
副总经理 傅增寿

中国邮政储蓄银行上杭县支行

行 长 王立顺

福建广电网络集团上杭分公司

总经理 赖初源
副总经理 阙文铭

中国电信股份有限公司上杭分公司

总经理 王立茂
副总经理 丘尚维

中国移动通信集团福建有限公司上杭分公司

总经理 廖志松
副经理 刘金城
总经理助理 李文明

中国联合网络通信有限公司上杭县分公司

总经理　廖耿宇
总经理助理　杨开文

龙岩市公路局上杭分局

局　长　曾纪明
副局长　赖伟强　黄良春　王华生

气象局

局　长　林逢春
副局长　邱华英
　　张　宇(2016.9任)

水文局

局　长　项和杰

〔乡镇政府负责人〕

临城镇

镇　长　黄裕珍(2016.5免)
　　曹永忻(2016.5任)
副镇长　邓建康(2016.5免)
　　郑建梅(2016.5免)
　　丘有德(挂职,2016.5免;2016.5任)
　　阙辉财(2016.5任)
　　黄庆华(2016.5任)
　　严开锋(2016.5任)
科技副镇长　张　智(2016.5任)

蛟洋镇

镇　长　丘小林(2016.5免)
　　赖树龙(2016.5任)
副镇长　丘念明(2016.5免)
　　张志强(2016.5免)
　　罗前英(挂职,2016.5免)
　　傅明祥(2016.5任)
　　张进兰(2016.5任,2016.9免)
　　伍传熙(2016.5任)
　　魏安剑(2016.5任)
　　黄庆鹏(2016.11任)
科技副镇长　张璐桢(2016.5免)
　　李培东(2016.5免)
　　蓝锦荣(2016.5任)

古田镇

镇　长　李　波(2016.5免)
　　李德坤(2016.5任)
副镇长　赖宗鹤(2016.5免)
　　张志雄(挂职,2016.5免)
　　谢德明(2016.5任)
　　傅锋生(2016.5任)
　　胡华新(2016.5任)
　　谢林烽(2016.5任)
科技副镇长　陈尚斌(2016.5免)
　　钟德庆(2016.5任)

才溪镇

镇　长　温文达(2016.5免)
　　陈天旺(2016.5任)
副镇长　林家金(2016.5免)
　　吴如粮(2016.5免)
　　周维奎(2016.5任)
　　张志强(2016.5任)
　　赖永莲(2016.5任)
　　黄森发(2016.5任)
镇长科技助理　罗永辉(2016.5免)
　　邱国安(2016.5任)

南阳镇

镇　长　廖均兴(2016.5免)
　　张志锋(2016.5任)
副镇长　黄庆华(挂职,2016.5免)
　　蓝宁平(2016.5任)
　　张纪锦(2016.5任)
　　王如永(2016.5任)
　　张　洁(2016.5任)
科技副镇长　王如永(2016.5免)
　　袁柏林(2016.5任)

临江镇

镇　长　柯振祥
副镇长　李德忠(挂职,2016.5免)
　　丘灿贤
　　李德忠(2016.5任)
　　丘文栋(2016.5任)
镇长科技助理　温永连(2016.5免)
科技副镇长　杨　军(2016.5任)

湖洋镇

镇　长　何应锋(2016.5免)
　　华　娟(2016.5任)
副镇长　陈仁河(2016.5免)
　　钟攀华(2016.5免)
　　何其来(2016.5任)
　　郭振民(2016.5任)
　　孔令权(2016.5任)
科技副镇长　曾志山(2016.5免)
　　陈钦贤(2016.5任)

白砂镇

镇　长　黄泰林(2016.5免)
　　郭丽蓉(2016.5任)
副镇长　周万寿(2016.5免)
　　曾　智
　　钟攀华(2016.5任)
　　袁　洪(2016.5任)
镇长科技助理　马水松(2016.5免)
　　罗何英(2016.5任)

庐丰畲族乡

乡　长　钟加樟(2016.5免)
　　蓝尚荣(2016.5任)
副乡长　陈林生(2016.5免)
　　陈福如(2016.5免)
　　陈仁河(2016.5任)
　　周万寿(2016.5任)
　　张定豪(2016.5任)
科技副乡长　邱万翔(2016.5任)

稔田镇

镇　长　林火文(2016.5免)
　　龚南萍(2016.5任)
副镇长　赖长才
　　廖吕红(2016.5免)
　　黄胜宝(2016.5任)
　　王汉锋(2016.5任)
科技副镇长　张斌荣(2016.5任)

旧县镇

镇　长　马浩泉(2016.5免)
　　吴福田(2016.5任)
副镇长　李　凌(2016.5免)
　　周维奎(2016.5免)
　　刘俊轩(挂职,2016.5免)
　　陈连生(2016.5任)
　　廖吕红(2016.5任)
　　胡文进(2016.5任)
镇长科技助理　陈道宏(2016.5免)
科技副镇长　曹盛鑫(2016.5任)

中都镇

镇　长　詹秋生
副镇长　蓝仰宗
　　赖永莲(挂职,2016.5免)
　　兰伟雄(2016.5任)
科技副镇长　李俊禄(2016.5免)
　　张志玲(2016.5任)

官庄畲族乡

乡　长　钟乐云(2016.5免)
　　蓝中健(2016.5任)
副乡长　李晓娟(2016.5免)
　　陈　伟

邓文丰(挂职,2016.5免)
蓝昌九(2016.5任)
科技副乡长 张炜斌(2016.5免)
钟栋标(2016.5任)
林秋敏(2016.11挂职,时间1年)

蓝溪镇

镇　长 张华灿(2016.5免)
谢开平(2016.5任)
副镇长 田秋香(2016.5免)
廖志新(2016.5免)
温清平(2016.5任)
陈震平(2016.5任)
科技副镇长 李文强(2016.5免)

太拔镇

镇　长 黄宜洲(2016.5免)
郭东亮(2016.5任)
副镇长 李选周(2016.5免)
郑晓明(2016.5任)
邱日荣(2016.11任)
镇长科技助理 李宁平(2016.5免)
科技副镇长 李耀生(2016.5任)

溪口镇

镇　长 丘　剑(2016.5免)
曹昌星(2016.5任)
副镇长 郭兆淳(2016.5免)
温清平(2016.5免)
蓝满英
张树华(2016.5任)
镇长科技助理 钟华祥(2016.5免)
科技副镇长 吴福埧(2016.5任)

通贤镇

镇　长 梁兰珍
副镇长 李福诚(2016.4免)
何其来(挂,2016.4免)
黎树发(2016.4任)
刘成达(2016.5任)
科技副镇长 丘启东(2016.4免)
巫伟峰(2016.5任)

下都镇

镇　长 袁晓芳
副镇长 何志强(2016.5免)
郑德英(挂职,2016.5免)
刘发源(2016.5任)
陈锦华(2016.5任)
科技副镇长 林绍进(2016.5免)

茶地镇

镇　长 黄通明(2016.5免)
邱筱平(2016.5任)
副镇长 吴景营
陈华兴(2016.5免)
黎树发(2016.4免)
张晓丽(挂职,2016.5免)
吴福昌(2016.5任)
丘福辉(2016.5任)
科技副镇长 陈华盛(2016.5任)

珊瑚乡

乡　长 阙镔锋(2016.5免)
傅晓刚(2016.5任,2016.12免)
梁尚荣(2016.12任)
副乡长 刘闽强(2016.5免)
蓝宁平(挂职,2016.5免)
陈耀钦(2016.5任)
范秋香(2016.5任)
科技副乡长 阙文靖(2016.5任)

泮境乡

乡　长 李春生(2016.5免)
张九功(2016.5任)
副乡长 黄胜宝(2016.5免)
蓝晓东(2016.5免)
谢毕锋(2016.5任)
廖雪荣(2016.5任)
科技副乡长 陈丽云(2016.5免)
巫珍珍(2016.5任)

步云乡

乡　长 范杭荣(2016.5免)
廖志新(2016.5任,2016.12免)
杨进学(2016.12任)
副乡长 谢德明(挂职,2016.5免)
傅秋兰(2016.5任)
张志雄(2016.5任)
科技副乡长 江禧贵(2016.5免)
张敬平(2016.5任)

·县政协·

〔协商议政有序开展〕

政治协商凝聚发展合力　2016年,县政协领导通过列席县委常委(扩大)会议、参加县政府常务会议,对事关上杭县经济社会发展中的一些重大问题进行协商。在政协全会上组织委员对县“一府两院”工作报告和其他报告等进行认真协商讨论,在县城规划、产业发展、客家文化的传承与保护、农村环境整治、学前教育、社会保障、乡镇政协工作等方面提出许多有决策参考价值的建议意见。在县政协十二届一次全会上,县委书记傅藏荣现场对《开发深陂水库库区,打造“杭川西湖”》等6篇委员发言材料作出批示,并要求分管领导、责任单位将有关结果在规定时间内向政协委员反馈并报傅藏荣书记。县长王波对县十二届政协一次会议期间简报作出批示,要求县政府办公室将各位委员建议分类整理,并分解至相关职能部门。积极向市政协报送大会发言材料,向市政协五届一次全会报送4篇大会发言材料,其中《加强上杭民间民俗文艺保护与传承的建议》《让贫困户在“家门口”就业创业实现脱贫的建议》被采用。

专题协商促进科学决策　2016年,县政协贯彻落实中办《关于加强人民政协协商民主建设的实施意见》,选择一些涉及县经济社会发展的重大问题,组织相关领域的政协委员、专家学者通过深入调研、论证分析,在形成成熟意见建议的基础上召开专题协商会,邀请县委、县政府及有关部门进行面对面协商,会后及时将协商情况报告县委、县政府。6月,县政协召开“城乡食品安全监管工作”专题协商会,委员们根据城乡食品安全监管调查报告情况,围绕乡村食品安全监管队伍建设、农村流动酒家监管、恢复乡镇猪(牛)定点屠宰、城市小区二次供水监管、“菜篮子”工程建设等方面的问题提出建议意见,相关部门、乡镇认真作出回应,达成共识,取得较好效果。

提案协商提升办理质量　2016年,建立由政协提案委员会、提案承办单位、提案者、县委督查室和县政府督查室组成的"四位一体"提案办理协商机制。采取座谈会、调研考察等形式,组织提案人与提案承办单位面对面沟通协商,听取提案承办单位提案办理工作情况汇报,提案人对承办单位提案办理情况提出建议意见,并协调处理提案办理过程中存在的问题和困难,推动提案办理工作的落实。组织委员,县委、县政府督查室到提案涉及较多的住建、交通、商务、农业、旅游、食药监局等承办单位,召开提案办理工作协商座谈会,经过协商讨论,提案所提的问题得到有效落实和解决,进一步提高提案办理实效。针对《全面推进农村幸福院建设的建议》提案,县政协组织提案者与相关单位沟通协商后,县委、县政府将农村幸福院建设项目列入县"十三五"发展养老规划,2016年在全省率先出台《关于加快农村幸福院建设实施方案》,全县实施农村幸福院建项目27个,投入补助资金621万元。

〔民主监督扎实有力〕

提案办理增强工作实效　2016年,通过提案督查办来实施监督,不断创新提案办理机制。县政协十一届五次会议期间,收到提案209件,立案195件,提案办复率达100%。关于"进一步加大重大疾病和慢性病救助力度的几点建议"得到采纳,县委、县政府决定2016年在全省率先实施大病医保"三保合一",制定出台《上杭县健康扶贫保险实施方案》,对建档立卡贫困人员提高医保报销比例,并给予住院补贴和民政救助。

民主评议促进作风转变　2016年,推荐36名政治觉悟高、履职能力强的县政协委员,担任19个单位党风廉政监督员、机关效能监督员和行风评议员,定期调查了解相关单位和人员履行职能、兑现承诺、遵纪守法、廉政勤政等情况,对存在的问题提出批评和建议,有效发挥政协的民主监督作用。推荐5个委员担任人民陪审员,旁听县法院有关案件的公开审理,促进司法公正落实。

〔建言献策一心为民〕

调研考察服务发展　2016年,县政协组织政协委员开展"农村饮水安全情况"等20次专题调研,形成调研考察报告16篇呈送县委、县政府,15篇得到县委或县政府主要领导的批示。8月,县委书记傅藏荣指示由县政协牵头对临城镇深陂水库进行调研,县政协及时组织相关部门深入实地察看了解深陂水库库区,聘请专业人员对整个深陂水库及周边进行航拍,制作深陂水库全景效果图,并召开"开发深陂水库库区,建设休闲旅游综合体"项目座谈会,邀请县发改局、旅游局、住建局、交通局、水利局等相关单位负责人参加并进行专题讨论,充分听取各方面建议意见,形成《专题调研报告》呈报县委、县政府。

积极参与中心工作　2016年,县政协牵头组织政协机关干部和县直有关部门单位深入白砂镇、蓝溪镇、步云乡、泮境乡、珊瑚乡等5个乡镇,慰问困难群众,帮助挂钩联系的乡村做好综治维稳、计划生育、防汛抗灾、新农村建设等工作。为挂钩乡村落实帮扶项目资金50多万元,走访慰问困难户60多户。

2016年,县政协领导参与瓦子街二期维修保护工程项目、南门大桥改造、县实验中学建设、紫金彩坑尾矿库建设等重点项目建设,经常深入项目建设一线调研,发现、研究、解决项目建设过程中的一些问题,确保各有关项目有序推进。县政协机关抽出专门人员(不脱产)全力做好县重点项目张滩大桥及其南北道路接线工程项目建设,进一步促进县域经济发展。

〔联谊交流彰显特色〕

拓展联谊增进交流　2016年,政协常委会注重发挥政协组织优势,做好联谊工作。派员参加三省九县(区)、全省、全市政协工作会议等,进一步交流政协工作经验、开阔视野、创新工作。做好与兄弟政协组织的交流联系,热情接待到上杭县参观、考察的全国政协副主席陈元、卢展工、马飚等国家级政协团组3批,上海、广东等省级政协团组5批,浙江丽水等市级政协团组9批,扬州邗江区、将乐、武平、连城等县级政协团组15批。同时,县政协组织考察团到广东、广西、浙江、上海等地学习其他地区先进做法和成功经验。发挥上杭客家祖地的优势,拓展海内外客家联谊工作,增强台湾同胞、港澳同胞、海外侨胞的凝聚力和向心力。编辑出版《上杭客家》第17期,派员参加世界客属恳亲大会、世界客属公祭客家母亲河大典、中华福建闽西客家文化交流协会成立大会等活动,指导、协助各姓氏宗亲举办联谊活动。

文史工作成绩斐然　2016年,积极征集文史资料,编辑出版《上杭文史资料》第39辑,该书内容丰富,图文并茂,融史料性、可读性、统战性于一体,具有一定的文史价值。协助市政协做好《闽西文史资料》第15辑等文史资料的征编工作。

〔自身建设全面提升〕

全面提升政协队伍素质　2016年,举办常委会专题学习3次、界别委员小组活动12场次、乡镇政协工委辖区内委员学习会40多场次,出版宣传栏4期,编印政协信息13期,进一步提升委员的综合素质和履职能力。组织一批委员和专家到珊瑚乡开展"科技、文化、卫生"三下乡活动,开设信息咨询,热情为农民朋友释疑解惑,发放科普宣传资料1000余份;为群众送上精彩的文艺表演;县名医现场坐诊,开展义诊200余人次。制定奖励激励机制,对委员履职情况进行统计、汇总、考核,作为政协委员评先表彰及换届留任的重要依据。表彰2015年度优秀政协委员28人,优秀提案8件,优秀调研文章15篇,先进乡镇政协工委8个。

充分发挥乡镇工委作用　2016年,各乡镇政协工委履行职能,围绕当地党委、政府的中心工作和人民群众关注的热点难点问题,组织辖区内政协委员开展考察调研,收集社情民意,积极撰写提案,为促进乡镇经济社会发展作出积极贡献。上杭县乡镇政协工委全年组织调研考察活动70多次,提供社情民意30多条,有力促进美丽乡村建设、农村环境整治等工作开展。

〔县政协十二届委员会领导及常委会组成人员〕

主　席　林英峰

副主席　阙春林　黄晓兰　胡金祥

常　委　王锦红　包晓冬　朱丽萍　刘开香　刘华春　刘学雄　张　兴　张可贵　李春生　邱加宏　邱年春　邱廷有　陈国铭　林　威　林红英　罗庆荷　胡春英　饶兴阶　袁晓帆　郭秀红　郭洪清　黄学流　黄金林　曹贵盛　傅建勇　谢步开　蓝赞玉　阙师坤　阙招秀　廖志新

秘书长　黄其华

〔县政协所属机构负责人〕

县政协办公室

主　任　黄其华

副主任　李金玉

经济科技与台港澳侨委员会

主　任　陈　华

副主任　梁世庆

文教卫体委员会

主　任　郭建强

副主任　陈德金

提案委员会

主　任　沈来发

副主任　蓝丽英

社会法制与民族宗教委员会

主　任　梁　俊

副主任　刘加茂

文史与学习宣传委员会

主　任　胡春英

副主任　温云远

·中共上杭县纪律检查委员会·

〔强化纪律规矩意识〕

2016年,县纪检监察机关按照“六个一”(一册严纪律、一本夯责任、一点造示范、一台营氛围、一课敲警钟、一查形震慑)要求,实行“一人一册”,建立谈话函询档案。2016年,全县廉政谈话函询188人,给予党纪政纪轻处分158人,党纪政纪重处分58人,移送司法机关处理8人。全面推进信访办理“零暂存”,按照“五类方式”(拟立案类、初步核实类、暂存类、留存类、了结类)严格处置问题线索,杜绝“放纵养案”,全年纪检监察机关受理各类信访举报259件,检控类初信初访信访举报173件,其中初步核实类127件、谈话函询类46件,全面完成检控类初信初访信访件办理“零暂存”工作。开展问题线索大起底。综合运用对数种违反廉洁纪律错误的处理意见,对原县卫生局局长何某某受贿部分进行认真排查,处理34名违反廉洁纪律错误的党员干部;会同有关部门深入开展未受到纪律处分的涉刑涉诉党员和国家工作人员专项清理,处理行政处罚案件、刑事判决、不起诉人员中未受到纪律处分的党员227人,取得良好的政治效果和法纪效果。切实加强党规党纪宣传教育,在县电视台播放15期党政一把手、纪委书记访谈节目,开设党纪政纪知识解读专栏并分10期解读。

〔压紧压实“两个责任”〕

2016年,县纪检监察机关认真落实省委“五抓五看”(看有没有抓加强教育,看有没有抓制度建设,看有没有抓“一把手”,看有没有抓查处,看有没有抓部署、检查、落实)要求,压紧压实“两个责任”(党风廉政建设主体责任和监督责任)。通过调研督查、走访约谈、专题报告、责任追究和通报曝光等形式,把压力传导到全县各级党组织,推动基层主体责任和监督责任刚性落实。促进责任落实规范化。牵住党风廉政建设“牛鼻子”,协助县委制定出台落实党委主体责任的实施办法以及“两个责任”清单,使主体责任和监督责任内容更加清晰、目标更加明确、追责更加规范。改进责任制检查方式。由县委常委、党员副县长带队检查党风廉政建设责任制落实情况,下发问题清单,督促整改落实,并开展问题整改“回头看”。进一步完善《落实党风廉政建设责任制通知书》制度,全年寄送《通知书》22份、约谈33人。对履行“两个责任”不力的10名责任人进行问责,其中追究主体责任8人、监督责任2人,给予党纪政纪处分8人。

〔持续推进作风建设〕

2016年,县纪检监察机关深入抓好中央“八项规定”精神贯彻落实。启动“1+X”专项督查,紧盯重要节点,看住“关键少数”,严肃查处顶风违纪行为。全年查处违反中央八项规定精神案件35起,给予党纪政纪处分22人,组织处理18人,下发通报5期通报7人,持续释放力度不减、越往后执纪越严的信号。深化落实市委《关于在全市党员干部中纠正不良习气树立清风正气的意见》,集中开展部门行业“潜规则”排查,治理党员、干部当“缠访户、闹访户”“钉子户”“老赖”等3种不良行为,开展公款存储集中整治“回头看”,强化纪律和规矩意识。全县排查出部门行业“潜规则”27条,重点整治卫生、水利系统及社区盖章收费等潜规则;排查出存在“三种不良行为”的党员干部69人；纠正处理275名存在不良习气的党员干部，给予党纪政纪处分31人、组织处理1人。着力加强干部队伍作风建设。制定出台《关于推动干部担当作为的实施办法（试行）》《上杭县开展工作松弛专项整治活动实施方案》，既正向激励干部，鼓励干部积极投身到项目一线、征迁工作一线及重点项目多的乡镇（岗位）建功立业、展现作为；又反向严惩为官不为，对不愿为、不敢为、不善为、乱作为等四大类为官不为问题进行专项整治，激发干部干事创业的热情。

〔严肃执纪审查〕

2016年，县纪委监察机关坚持把执纪审查摆在突出位置，坚决遏制腐败蔓延。全年，县纪检监察机关立案275件，比升71.9%，结案275件，结案率100%，其中经济大案22件、乡科级干部案件8件；给予党纪政纪处分253人，移送司法机关处理8人。加大力度查处侵害群众利益的不正之风和腐败问题。结合扶贫资金专项检查和县、乡换届，出台《上杭县精准扶贫工作问责暂行办法》，开展“雨露计划”专项检查，涉农资金“最后一公里”专项督查，严惩小官贪腐等违纪违法行为。全年共查处侵害群众利益的不正之风和腐败问题48起、处理126人。充分发挥反腐败协调小组、经济责任审计联席会的作用，强化与法院、检察、公安、审计等部门的协作，实现执纪审查“快查快结”。全年县纪委综合运用协作成果，处理12人。切实转变执纪审查方式，大力推进“执纪审查片区协作”机制，加大对基层执纪审查工作的指导，构建分级模式。全年乡镇自办案件58件；县直纪检组自办案件3件，实现零的突破。

〔坚决遏制换届不正之风〕

2016年，县纪委监察机关多次召开严肃换届纪律大会，对严明换届纪律进行部署。印发换届纪律宣传册2.8万余份，确保党员及代表人手一份，着力宣传换届正风肃纪和换届纪律要求。组织党员干部及全体代表观看湖南衡阳、四川南充、辽宁拉票贿选案件警示录，敲响“警示钟”，绷紧“纪律弦”。组建15个换届风气巡回督导组，及时全面了解乡镇换届情况。严把换届廉洁审核关，在县、乡换届期间，县纪委共审查市、县党代表、人大代表、政协委员1450人，否决3人；梳理审核县管干部1081人、可继续提名的县管干部189人，建议不宜使用的干部18名，有力确保了换届风清气正。

〔强化自身建设〕

2016年，结合纪检监察体制改革，规范设置9个内设机构。继续推进县纪委派驻机构全覆盖，新增统计、环保、安监3个纪检组，至年底全县有派驻机构28个。强化自身监督，切实加强对乡镇纪委、派驻机构以及执纪办案人员的监督约束，坚决防止“灯下黑”。选优配强县、乡纪委班子，新一届乡镇纪委书记平均年龄31.3岁、下降9岁，第一学历为大学本科及以上占90.9%、上升60.9%。畅通退出渠道，用好个人事项填报情况核查和党风廉政建设情况审查成果，对不适合从事纪检监察工作人员坚决予以调离。多措并举提高执纪本领，扎实开展“两学一做”学习教育，出台基层纪委目标管理考评细则，组织纪检监察干部集中培训5次，选派1名年轻干部到农村驻村蹲点，安排22个乡镇纪委书记分3批次到县纪委监察局机关跟班学习2个月，抽调纪检组长35人次当专项督查组长或到县纪委办案点当监管组长，进一步提高监督执纪问责水平。

〔县纪委、监察局负责人〕

书　记　钟爱华（2016.5免）
　　　　胡长松（2016.5任）
副书记、监察局局长　陈国铭
副书记　丘树金（2016.7任）
常　委　陈丰贤　袁元勤
　　　　吴传旺
　　　　林小丽（2016.7任）
　　　　龚南萍（2016.5免）
监察局副局长　黄炳养
　　　　黄立明（2016.6任）
　　　　卢家荣（2016.6免）

〔县纪检监察机关各室负责人〕

办公室
主　任　陈丽珍
第一纪检监察室
主　任　黄立明（2016.5免）
　　　　曾庆炎（2016.5任）
第二纪检监察室
主　任　丘建东（2016.5任）
第三纪检监察室
主　任　郭胜初
案件审理室
主　任　陈国銮
信访室
主　任　黄　勤
组织和宣传部
部　长　卢亮森（2016.3任，2016.10免）
党风政风监督室
主　任　江　勇（2016.5免）
　　　　张前富（2016.5任）
案件监督管理室
主　任　李晓丹（2016.5任）

〔县直和乡镇纪委负责人〕

县直机关纪工委
书　记　徐丽春（2016.5免）
　　　　陈芳芳（2016.5任）
法院
纪检组长　赖建华
检察院
纪检组长　林　轼
公安局
纪委书记　丁勇先
政府办
纪检组长　黄寿标
发改局
纪检组长　黄兴环

经信局

纪检组长　蓝海洲

水利局

纪检组长　阙碧文

教育局

纪检组长　刘祥霖(2016.5免)
丘方玲(2016.5任)

民政局

纪检组长　蓝梅英

财政局

纪检组长　罗育传

人社局

纪检组长　谢子书

国土局

纪检组长　袁卫群(2016.5免)
李晓娟(2016.5任)

住建局

纪检组长　池伟升

交通运输局

纪检组长　赖晓东

行政服务中心

纪检组长　阙寿洪

农业局

纪检组长　陈小斌

林业局

纪检组长　郑建强

文体广新局

纪检组长　朱　凌

市场监督管理局

纪检组长　陈洪源

卫计局

纪检组长　杨进学(2016.12免)

审计局

纪检组长　廖金明

统计局

纪检组长　李维汉(2016.6任)

环保局

纪检组长　钟东荣(2016.6任)

安监局

纪检组长　袁思成(2016.6任)

商务局

纪检组长　谢恩逢

国资局

纪检组长　丘生贤

县工业园区管委会

纪检组长　刘桃英(2016.11免)
张　皓(2016.11任)

国税局

纪检组长　吴晓雄

地税局

纪检组长　林丽霞(2016.11免)
陈　斌(2016.11任)

电力公司

纪委书记　曾纪锋

烟草局

纪委书记　林朝晖(2016.8任)

紫金系统

纪委书记　范文生

瓮福紫金

纪委书记　向培云

临江镇

纪委书记　丘方玲(2016.5免)
孙贵飞(2016.5任)

临城镇

纪委书记　罗子恩(2016.5免)
蓝秀英(2016.5任)

湖洋镇

纪委书记　李　丹(2016.5任)

中都镇

纪委书记　张唐玉(2016.5免)
曾柏涵(2016.5任)

下都镇

纪委书记　阙晓明(2016.5任)

庐丰畲族乡

纪委书记　孙贵飞(2016.5免)
邱朗音(2016.5任)

蓝溪镇

纪委书记　李维汉(2016.5免)
高　芳(2016.5任)

稔田镇

纪委书记　黄晓明

茶地镇

纪委书记　高赠金(2016.5任)

溪口镇

纪委书记　张清文(2016.5免)
温祺华(2016.5任)

太拔镇

纪委书记　曾庆炎(2016.5免)
陈俊华(2016.5任)

泮境乡

纪委书记　钟东荣(2016.5免)
刘艳萍(2016.5任)

白砂镇

纪委书记　罗国鹏

蛟洋镇

纪委书记　李德善(2016.5免)
林伟程(2016.5任)

古田镇

纪委书记　林小丽(2016.5免)
许晓文(2016.5任)

步云乡

纪委书记　蓝秀英(2016.5免)
刘翔飞(2016.5任)

南阳镇

纪委书记　王永威(2016.5免)
陈　燕(2016.5任)

通贤镇

纪委书记　丘建东(2016.4免)
李鑫崇(2016.4任)

才溪镇

纪委书记　廖邓旎

旧县镇

纪委书记　袁思成(2016.5免)
张唐玉(2016.5任)

官庄畲族乡

纪委书记　钟育庆(2016.5免)
马　斌(2016.5任)

珊瑚乡

纪委书记　吴天宝(2016.5免)
阙癸东(2016.5任)

《政党　政权　政协》撰审人员

撰稿人：陈盛华　李林燕
傅建生　陈秋婷
张文涛　周俊彬
袁志先　刘龙生
林建英　阙凌峰
高恩堂　葛晓源
严开慧　梁伟龙
李宝辉　陈红玉
卢海苗　胡发荣
郭穗甜　温云远
江　劼　林小丽
罗同鹏

审稿人：苏发茂　丘禄民
傅林增　刘华春
张北阳　丘永南
钟育发　华伦标
黄尔贤　李兰香
丘佳涛　邓玉蓉

张昌林　廖金钦　黄其华　陈国铭
李德强　赖永跃

责任编辑：蓝晓东

经济管理

·宏观管理·

〔发展和改革工作概况〕

2016年,县发改局牵头负责的项目落地攻坚战役获全市综合类奖二等奖,“五个一批”项目、“七大领域”会战获全市单项类二等奖,被县委、县政府评为“七大领域”、生态环保攻坚战役优胜单位和“三大战役”优秀服务单位;医药卫生体制改革工作获全市一等奖;省重点项目按时开竣工率全市第一,每万元投资产出GDP、全社会固定资产投资增长率、央企对接工作全市第二,文化产业增加值增长率全市第三;被县委、县政府评为2011—2015年全县法治宣传教育工作先进单位;中共上杭县发展和改革局机关支部委员会被县委评为全县先进基层党组织。

〔计划规划编制〕

2016年,编制完成《2016年上杭县国民经济与社会发展计划(草案)》《上杭县生态文明示范区实施方案》《上杭县产城融合城乡统筹新型城镇化试点方案》《上杭县领导干部带头策划重大项目工作机制》《上杭县推进供给侧结构性改革工作方案》《上杭县实施创新驱动发展战略建设创新型县实施方案》《上杭县2016年项目工作考评办法》等规划、政策性文件,并报县委、县政府下发执行。

〔经济运行分析〕

2016年,会同相关部门加强对主要经济指标、项目落地、国家专项建设基金、工程包、固定资产投资等跟踪分析调度,及时发现县经济在适应“新常态”和“十三五”规划实施过程中出现的新矛盾、新问题,每月召开经济形势分析联席会议,书面分析经济运行报告,提出需要关注的突出问题及对策建议,当好县委、县政府决策参谋助手,各项经济社会主要指标完成情况总体良好。

〔项目建设工作〕

项目落地攻坚战役 2016年,围绕“五个一批”“七大领域”工作任务目标,健全四级协调机制,发挥牵头抓总作用,全力推进项目落地攻坚战役工作。110个攻坚项目完成投资70.32亿元,完成年度投资计划的101.91%,实现新开工项目69个、新竣工或部分竣工项目46个。

能源领域会战 2016年,协调推进西气东输三线工程上杭段工程建设,率先在全市完成境内管道焊接连通,西气东输三线10月中旬试投产;推动西气东输三线管输天然气在上杭县的下游开发利用,协调推进上杭县昆润管道天然气项目建设;协调推进华能国际龙岩上杭茫荡洋风电场项目建设,上杭县第一个可再生能源风力发电项目开工;启动新一轮农村电网升级改造项目,率先在全市完成充电桩基础设施建设规划并开工建设,实现充电桩基础设施建设零的突破。能源领域会战在全市考评中位居全市第二。

固定资产投资项目 2016年,全社会固定资产投资完成255亿元,比增17.8%,增长率位居全市第二。

投资工程包项目 2016年,申报实施2批共48个补短板项目,第一批29个工程包项目完成投资26.3亿元,完成市下达任务的107%;第二批19个工程包项目完成投资13.4亿元,完成市下达任务的150%。

国家专项建设基金重大项目 2016年,7批18个国家专项建设基金项目累计完成投资38.28亿元,拉动社会投资140亿元,专项基金综合考评全市第二,其中2016年争取国家专项建设基金重大项目3批次10个项目,专项基金4.89亿元。

以工代赈项目 2016年,申报实施以工代赈项目1个、以工代赈省财配套资金项目4个,项目总投资286万元,争取补助资金85万元,改建道路5.5公里,受益覆盖人口达0.9万人。

“6·18”项目对接 2016年,对接第十四届“6·18”项目134项,项目总投资23.8亿元,对接项目个数和投资额均位居全市第二。征集发布企业技术需求30项。4个项目在龙岩市项目成果推介暨签约仪式现场签约，签约投资21.83亿元，签约项目总投资数位居全市第一。134项对接项目开工124项，开工率92.5%。

〔政民外招商活动〕

2016年，重点推动与央企、军工集团、省属企业对接合作，多次赴北京、河南、武汉等地进行沟通、对接、推介、洽谈项目，开展政民外招商活动。全年，新增对接央企项目3个、军民融合项目2个；洽谈民企项目2个；新签约省属企业对接项目2个。央企对接工作考评位居全市第二。

〔领导带头策划重大项目〕

2016年，出台《上杭县领导干部带头策划重大项目工作机制》，规定县委、县政府领导每人每年谋划项目2个以上；县人大、县政协领导每人每年谋划项目1个以上；县直经济社会管理及服务单位主要负责人每人每年谋划生产性项目2个以上；各乡镇主要负责人和其他县直单位主要负责人每人每年谋划项目1个以上。全县参与策划项目的领导干部151人，年度策划项目204个以上。

〔特色小镇建设〕

2016年，上杭县入选全省四个第三国家新型城镇化综合试点地区之一。古田镇在全市首个被列为国家和省级第一批特色小镇，策划建设项目24个，总投资52.56亿元，当年完成投资5.03亿元。

〔项目资金争取〕

2016年，全县累计落实可参照执行西部地区政策93项，落实项目324个，争取政策补助资金15.92亿元，落实项目数和争取资金量位居全市第二；争取中央、省级预算内各类项目71个，落实项目扶持资金1.03亿元。

〔经济体制改革〕

医药卫生体制改革　2016年，制定印发《上杭县县级公立医院管理委员会工作规程》《上杭县医疗联合体建设实施方案》《上杭县推进分级诊疗制度建设实施方案》《上杭县县级公立医院院长目标年薪制实施办法》《上杭县级公立医院院长目标管理考核方案》等文件，在全市率先实行建档立卡贫困人员（脱贫对象除外）城乡居民基本医疗保险参保及报销优惠政策，率先实行健康扶贫政策，率先实行大病医保“三保合一”均衡化政策，率先将医患纠纷处置工作列入乡镇党政领导综治责任考评，医药卫生体制改革工作获全市一等奖。

企业改制上市　2016年，7家企业入选2016年省级重点上市挂牌后备企业名单，上杭建润电业有限公司获得股转公司受理函并在新三板挂牌上市，上杭县田农农业有限公司实现海交所挂牌交易，兴杭国投、紫金矿业分别发行公司债40亿元、80亿元。

行政审批制度改革　2016年，承接规范省、市取消、调整、下放、委托行政权力和公共服务各类事项共计9项；清理规范前置审批、中介服务事项，保留前置审批5项、调整10项，保留中介服务2项、调整1项；建立全流程网上办事大厅，实现项目赋码、并联审批、网上审批等全流程网上审批办结，全年审批、核准、备案项目136个；改革创新节能审查机制，率先在全市建立节能评审专家库，出台《上杭县节能专家库管理暂行办法》。

经济社会事业和生态文明体制改革　2016年，牵头负责的43项经济社会体制改革领域改革要点和19项生态文明体制改革领域改革要点均全部完成，完成率100%，任务数和完成率均居全县8个专项改革小组前列。上杭县被列为国家重点生态功能区，获得生态补偿资金1亿元。

公务用车制度改革　2016年，牵头制定县公务用车改革具体实施方案并报市车改办首个获批实施，年底实现全县封车。

·物价管理·

〔物价工作情况〕

2016年，加强对市场价格的监管力度，规范收费行为，开展价格法律法规宣传，整顿和规范市场价格秩序，努力保持价格总水平的基本稳定，全年居民消费价格指数控制在3.0%以内，稳定在1.7%左右。

做好价格监测预警　2016年，指定专人负责采价，对粮、油、肉、禽、蛋、菜等25个品种的居民生活必需品和生产资料的价格进行监测，密切关注价格变动对群众生活的影响。每月5日、15日、25日上报监测数据，实现与市局联网，为领导决策提供参考。继续开展“价比三家”信息服务，推进民生商品价格信息发布工作，发挥移动网络等媒体作用。

强化收费管理　2016年，贯彻落实上级各项收费政策。根据《福建省物价局　福建省财政厅贯彻国家发改委　财政部关于取消收费许可证制度加强事中事后监管的通知》，开展2015年度行政事业性收费情况报告工作，将县本级2016年有资质的行政事业性收费单位名单在县政府门户网站予以公布，注明未经公布的单位无权征收行政事业性收费，接受社会各界监督。做好收费信息录入和统计工作。根据《福建省物价局关于开展全省涉企收费政策落实情况督查的通知》精神，在全县范围内开展2015年以来涉企收费政策落实情况全面督查工作。开展公立医院医药价格改革评估工作，对4家公立医院改革前后的主要指标进行对比分析，通过对比反映出县内公立医院药品收入有所下降，药占比降幅比率较大，诊查收入、护理费收入、手术收入有所增长。门诊次均费用、每床日次均费用，出院者平均医药费用控费情况通过计算对比反映出次均费用增幅不大,药品费均有所下降,每门急诊人次检查费、化验费有所下降,有效地破除"以药补医"机制。根据本次公立医院调整医疗服务项目相关指标数据,上杭县医药价格矛盾得以缓解。

价格监督检查 2016年,加强对市场价格的监管和巡查,组织开展景区门票、医疗服务价格、机动车检测等检查,立案查处价格违法案件1件,实施经济制裁29.58万元;联合市物价检查分局在全县范围内开展涉企收费、药品价格等检查,规范市场价格收费行为。发挥"12358"价格举报平台的作用,及时受理价格举报案件,全年共受理各类举报投诉案件18件,办结率为100%,做到件件有着落,事事有回音。继续做好明码标价工作,到农贸市场、超市开展明码标价检查,引导经营者诚信经营。

拓展价格鉴证业务 2016年,受理各类价格鉴证业务210件,总金额320万元。

成本调查和成本监审工作 2016年,做好农户种植意向、农户存粮情况、购买农资情况调查及晚稻、烤烟成本预测的专项调查,形成成本调查报告10份。开展上杭县鑫源自来水有限公司供水定价成本监审、上杭县实验中学生均培养成本监审、上杭县佳波污水处理有限公司上杭县城市污水处理运营成本监审、上杭县中阳管道天然气有限公司天然气运营成本监审、上杭县晟新食品有限公司生猪定点屠宰加工服务成本监审工作,为政府决策提供价格依据。

〔实行居民阶梯水价〕

2016年10月1日起,上杭县城区自来水实行居民阶梯价格:对已实行一户一表的居民生活用水实行三级阶梯式计量水价(累进制),各级水价级差按1:1.5:2进行核实。第一级水量基数0—25吨/户·月(计价水量按照3人/户计算,按户人口每增1人另加5吨),价格为0.9元/吨;第二级水量基数25吨—40吨/户·月(计价水量按照3人/户计算,按户人口每增1人另加5吨),价格为1.35元/吨;第三级水量40吨/户·月以上(计价水量按照3人/户计算,按户人口每增1人另加5吨),价格为1.8元/吨。对尚未实行一户一表而无法实行阶梯式计量水价的居民生活用水,实行季节性加价,每年6月—10月,按居民生活用水基础水价加价20%,促进一户一表的改造。

〔调整污水处理费收费标准〕

2017年1月1日起,县城区污水处理收费标准调整为:居民污水处理收费标准由0.80元/吨调整至0.85元/吨;其他行业用水污水处理收费标准由1.0元/吨调整至1.2元/吨;特种行业用水污水处理收费标准由1.2元/吨调整至1.4元/吨。

〔调整定点屠宰加工服务费标准〕

2016年12月1日起,定点屠宰加工服务费(含牛)由41.5元/头调整为56元/头。

〔调整上杭县管道天然气销售价格〕

2017年1月1日起,上杭县管道天然气销售价格调整为:居民用气销售价格为4.45元/立方米;非居民用气最高销售价格为5元/立方米,燃气经营企业可在不超过最高销售价格的前提下与用户协商确定具体销售价格。

·国土资源管理·

〔土地现状〕

2016年,全县土地总面积2854.47平方公里(428.17万亩)。按照全国最新土地分类标准,全县各类土地面积分别为:耕地43.33万亩,其中基本农田保护区38.05万亩,保护率88.45%,占土地总面积的10.12%;园地3.48万亩,占0.81%;林地330.24万亩,占77.13%;草地10.47万亩,占2.44%;城镇村及工矿用地15.46万亩,占3.61%;交通运输用地5.61万亩,占1.30%;水域及水利设施用地9.82万亩,占2.29%;其他土地9.75万亩,占2.27%。全县人均耕地0.86亩。

〔国土资源管理〕

法律法规宣传工作 2016年,围绕"4·22"地球日、"5·12"防灾减灾日、6月安全生产宣传月、"6·25"全国土地日、"8·29"测绘宣传日、"12·4"法制宣传日等节日宣传主题,开展街头法律咨询、张贴宣传标语、发送手机短信、制作专题电视新闻、组织有奖法律知识竞赛、硬笔书法比赛等多种形式宣传土地政策法规,有效增强广大干部群众珍惜保护耕地,节约集约用地的意识和执法守法观念,营造合法用地、依法管地的良好氛围。

信访工作 2016年,按照信访工作抓预防、抓排查、抓化解、抓查处、抓责任的要求,建立健全分级负责、定期接访、包案化解、限时办结的信访工作责任制和每季度一次信访情况分析通报制度;严格落实依法处理信访事项"路线图",加强信访"四有"工程建设,开展国土资源矛盾纠纷排查化解,全县国土资源信访形势总体上趋于平稳,信访件数量逐年下降,全年未发生涉及国土资源问题引发的到市赴省进京的群体性上访和非正常上访事件。全年,受理"12336"国土资源违法举报电话9起,均在规定期限内办理反馈;受理群众来信59件,来访19批41人次,来信来访(不含重复信访件)78件,办结反馈率100%。全年没有省、市挂牌督办的信访件。

行政审批工作 2016年,实行首问责任制、承诺服务制、一次性告知制、限时办结制、错事追究制、AB岗制度等，制订各项事项的办事流程，规范行政审批事项办理规程，对各类报件按即办件、承诺件、联办件、补办件、退回件、上报件、不予受理件等“七件制”分类处理，行政审批工作整体运行顺畅。推进行政审批“三集中、三到位”改革，加强窗口规范化建设，推进“一站式”服务。国土资源行政审批窗口全年办理和受理行政审批申请1716件，办结率100%，实现“零差错”，以优质服务赢得办事群众肯定，被县行政服务中心评为月度“红旗窗口”6次，窗口工作人员5人次被评为“服务标兵”，群众企业赠送锦旗6幅，2016年被授予“红土先锋岗”荣誉称号。行政审批档案管理规范、整齐，数据资料全部及时、准确录入县行政服务中心接办件系统或及时上报。

不动产统一登记工作 2016年，成立上杭县不动产登记局和上杭县不动产登记中心，将所涉及的住房和城乡规划建设局、国土资源局、林业局等相关部门的不动产登记职责整合到县不动产登记局和不动产登记中心（农村土地承包经营权登记为5年过渡期）。各项工作职责和人员全部划转整合到位。7月5日，颁发县内首本房地产类不动产权证书，开始“停旧发新”；10月28日，颁发首本林权类不动产权证书。至年底，依法颁发不动产权证书证明2744本（不动产权证书1339本、不动产登记证明1405本），合计产权登记面积85.35万平方米。同时，登记抵押金额8.93亿元，登记交易金额76.36亿元。各种档案信息查询、查封、租赁备案等3599件。林权登记工作走在全市前列。

〔保障建设发展用地〕

重点项目用地报批保障情况 2016年，全县共获省政府批准19个批次（含5个单独选址）、42个项目用地，总面积2359.56亩，其中耕地800.88亩。批准项目中，省重点项目8个、市重点项目5个、县重点攻坚项目22个（含8个省重点和5个市重点）、其他一般项目20个。省重点项目紫金彩坑尾矿库工程（一期）用地获省政府批准，批准尾矿库工程用地在全省属首例；紫金山金铜矿含铜酸性废水综合利用项目用地亦首次以国有土地按农用地转用报批获省国土资源厅审核通过。

执行项目供地制度 2016年，全县公开出让国有建设用地15宗（其中工业用地6宗、公共设施用地2宗、经营性用地7宗），总面积371亩，出让价款2.37亿元。其中，项目落地攻坚战役中重点项目东门商业综合体供地项目成功进行土地公开拍卖出让，出让面积4.07万平方米，出让价款2.1亿元。

征迁工作 2016年，全县110个落地攻坚项目中需制订征地政策的8个重点项目全面完成政策制定工作，全力推进重点项目征地拆迁，全年共完成土地征收4701亩，支付补偿金1.19亿元；房屋拆迁102户108栋，征收集体建设用地36.32亩、建构筑物面积3.94万平方米，支付补偿金1.89亿元。

〔耕地保护与农村土地整治〕

耕地保护 2016年，实施2014年土地整理、土地综合整治、基本农田防护工程、耕地保护配套工程项目29个，总规模1.08万亩，总投资4245.88万元。2016年度竣工并通过验收项目23个，总规模7918.32亩，新增耕地66.52亩，超额完成市级下达的高标准农田建设任务。全年，实施县级土地整治项目69个，通过省、市级验收项目69个，可新增耕地2724.84亩。

农村土地整治旧村复垦 2016年，竣工完成省、市验收项目9个，新增耕地538.3亩，完成增减挂钩指标508.46亩。2010—2013年，69个旧村复垦项目全部通过省国土资源厅增减挂钩指标结算，结算增减挂钩指标面积1832.7亩。全年，立项14个乡镇旧村复垦项目，规模面积456亩。

建设用地项目规划调整完善 2016年，项目预审112宗，包括古武高速、紫金矿业彩坑尾矿库、紫金山含铜酸性废水综合利用等重点项目。2016年，规划调整的项目25宗，包括上杭三环路道路建设项目、青少年水上运动训练基地项目等，面积共计28.68公顷；规划修改项目2宗，分别为紫金山含铜酸性废水综合利用项目和紫金矿业彩坑尾矿库工程（一期）项目，面积49.48公顷，有效保障各类重点工程报批进程。

〔节约集约利用土地资源〕

推进土地整治省级试点 2016年，省发改委下发《福建省推进新型城镇化工作联席会议办公室关于印发上杭县土地整治省级新型城镇化试点方案的通知》（闽发改规划〔2016〕378号），原则同意《上杭县土地整治省级新型城镇化试点方案》。《上杭县土地整治规划（2011—2020年）》获评审通过。

土地复垦工作 2016年，组织评审土地复垦方案14宗，包括白砂嫩洋变质砂岩石料矿等13宗矿山评审，县医院整体搬迁建设项目1宗临时用地评审。

农村地籍和房屋调查 2016年，完成土地登记发证865本（2016年7月县不动产登记中心成立前）；2016年12月，白砂镇朋新村、岭背村、樟黄村3个村农村地籍和房屋调查试点工作通过市级验收。

基础测绘工作 2016年，完成数字上杭地理空间框架建设技术设计书及技术支持单位项目的招标及数字上杭地理空间框架建设的资金申请工作，向省测绘地理信息局申请地理空间框架建设资金扶持工作，各测绘资质单位的换证及年度报告、测绘资质单位的测绘活动及测绘成果质量的日常管理、测绘统计直报、测绘成果汇交等工作；完成上杭县域1∶1000正射影像图工作，数字上杭地理空间框架建设有序推进。

土地变更调查 2016年,做好2016年土地变更调查基础性工作,全面完成2015年度的土地变更调查和遥感监测工作,成果资料上报并通过上级验收。

〔国土资源执法监管〕

城乡土地“两违”整治 2016年,支持配合乡镇开展县乡联合执法11次,拆除违法占用耕地和违反镇村规划的建筑61宗,总面积1.93万平方米(其中,结合生态环保攻坚战拆除养猪场26宗,1.1万平方米);以县土地执法领导小组办公室名义向各乡镇下发要求开展违法用地专项整治行动书面通知44次。开展无证矿山督查检查31次,累计出动217人次,打击关闭无证非法采矿3宗,通过强力整治,全县无证非法采矿关闭率达100%,矿业管理秩序趋于平稳。

案件查处 2016年,立案查处违法占地案件136宗,其中卫片执法检查案件27宗。占地总面积12.08万平方米,其中立案拆除50宗,面积2.03万平方米;作没收处理85宗,面积10.06万平方米,收取罚款157.7万元。

日常巡查 2016年,落实县、乡镇、村三级土地矿产日常巡查责任制和“每周二报”制度,结合实施国土资源手机移动执法,全年组织开展巡查5290余次,参与人员6000余人次,制止违法用地行为55次。

·统计管理·

〔统计工作基本情况〕

2016年,县统计局完成农业普查、统计调查、统计服务、统计法制、统计基础建设及绩效评估等工作,在市统计局对县(区)统计局各专业考评中综合考评第一,分项考评中,5个专业获第一,5个专业获第二。

2016年,全县列入统计的年销售收入2000万元以上规模工业84家、资质以上建筑业91家和房地产开发企业19家、限额以上批发零售住宿餐饮业限上法人206家,限上产业、个体56家(批发业年销售额2000万元以上、零售业年销售额500万元以上、餐饮业和住宿业年销售额200万元以上)、年营业收入1000万元或年末从业人员50人以上规模服务业18家,计划总投资500万元以上固定资产投资项目330个。

〔第三次全国农业普查工作〕

2016年,开展第三次全国农业普查工作。第三次全国农业普查标准时点为2016年12月31日24时,时期资料为2016年度资料,普查对象涉及全县10.5万农户、2500余个规模经营户、1800余个经营单位,行业范围涵盖农作物种植业、林业、畜牧业、渔业和农林牧渔服务业。2016年,统计局全员参与县第三次全国农业普查增聘4名高校毕业生作为辅助调查员,并从县农业局、林业局、水利局、调查队抽调5名业务骨干集中办公。落实县农普办普查工作总经费638.31万元,2016年到位110万元。全县选调“两员”1661人,其中普查指导员372人,普查员1289人。2016年11月14日—15日,召开全县农业普查工作动员部署暨业务培训会,集中培训各乡镇业务骨干,并由县农普办业务骨干分片、分批次直接到各乡镇授课,扎实抓好乡镇、村级普查指导员、普查人员业务培训。县政府将农业普查工作列入重点项目进行考核,对参与普查工作的县、乡普查办工作人员按各阶段工作进行考核奖励。会同县调查队开展以“农业普查 福到农家”为主题的第七届中国统计开放日活动,制作大型户外广告2个,租用LED宣传车环城宣传1天,在县电视台黄金时段开展为期半年的普查宣传标语口号滚动播放,制作普查专门手提资料带1600个,印制宣传信封16万份,编制农普简报15期,组织乡镇、村张贴宣传标语、口号3000余个。通过手机铃声、电话彩铃、短信、宣传专栏、网站、微信等平台,全方位多渠道宣传农业普查的目的意义、对象、内容、范围及登记方法等知识,营造全民了解普查、支持普查的浓厚氛围。按每个小区150户住户标准和不重不漏原则,全县共划分普查区345个、普查小区1392个,普查区、普查小区地图绘制工作在12月中旬全部完成。2016年12月1日—12月30日,县农普办组织各乡镇开展普查清查摸底工作,普查员逐家逐户进行摸底调查,摸清全县普通农户、规模户、农业生产经营单位及农业主要指标数据。同时,开展数据质量督查工作3次,开展不同普查主题试点5场次,组织做好数据审核、比对、修正、录入工作。

〔统计调查工作〕

常规统计调查 2016年,县统计局执行各专业统计调查制度,组织、指导统计调查对象完成农业、工业、建筑业、房地产开发、保障性安居工程、服务业、固定资产投资、贸易、住宿、餐饮、人口、就业、劳动工资、能源消费、社会科技、文化产业、“正统网”等统计调查工作月报、季报、年报工作任务,完成综合统计和GDP核算工作,统全统准各行各业数据,全县主要经济指标增速基本进入全市前三位,其中GDP第一,规模工业增加值第二,农业总产值第三,社会消费品零售总额第二,固定资产投资第二。

其他专项调查和监测统计 2016年,完成人口抽样调查、文化产业调查、高新技术产业调查、“四众”企业专项调查、基本公共服务体系建设情况调查、非公人才资源抽样、个体商户电子商务交易情况调查等专项调查工作。

〔统计服务工作〕

统计预测预警工作 2016年,县统计局围绕县委、县政府重大战略部署,密切关注经济运行中热点亮点和难点,加强统计调查监测,加强经济数据分析研判，开展重点领域进度分析、综合分析、专题分析，撰写61篇统计分析调研文章，编印《监测与建议》13期、《上杭统计》19期、《上杭如何争创全县"十强"的对策思考》、8月和11月对全县经济形势的分析和预测，以及《2016年绩效指标完成情况统计分析》等4篇统计分析得到县委傅藏荣书记重要批示，发挥决策参考作用。

创办"上杭统计"微信公众号 2016年6月，县统计局创办"上杭统计"微信公众号，实行点对点精准统计服务。每月15日公布主要经济指标完成情况及在市排位情况，每月25日通报当月存在问题及相应对策建议。即时发布统计工作动态，交流统计工作经验，普及统计有关业务知识，成为多元统计资讯平台。

统计信息资料共享 2016年，县统计局做好全县主要经济数据收集、整理、编印和公布工作，每月15日前编印《上杭县统计月报》，完成《2016上杭统计提要》《上杭统计》《上杭县2016年国民经济和社会发展情况统计公报》年度资料，分月在县政府一楼展示本市各县和上杭县各乡镇主要经济指标完成情况，做好《上杭县十二次党代会以来经济社会发展成果系列统计分析》。做好政府信息公开工作，加强"中国——上杭网"统计局子网站和门户网站建设，对网站内容进行调整更新充实完善，确保可以公开的文件通知、工作信息、工作图片和数据资料第一时间与社会各界共享，将历年纸质版统计年鉴全部以电子版形式在统计外网进行公布，方便统计用户实时查询使用。

政府绩效考核工作 2016年，县统计局履行绩效考核牵头部门工作职责，以市对县绩效考核作为工作重点，时刻密切跟踪关注各项考核指标进展情况，着力强化各项考核指标的统计基础工作，精心指导部门和乡镇加强统计数据的分析和各项工作的调度。做好县对部门、县对乡镇绩效考评方案及细则起草、业务培训、指标收集、检查评比等工作。

〔统计法治工作〕

统计法制队伍建设 2016年3月，组织法规工作分管领导及专业人员参加市统计局"数据造假、以数谋私"专项治理工作培训；9月，组织各专业干部参加市统计局统计法律知识培训班；10月，县统计局按省、市要求举办全县统计法治培训班，各乡镇统计站负责人和各相关部门统计负责人参加学习培训；11月，组织全局干部职工参加全县2016年学法考试。加大统计法制宣传力度，在"9·23"全国统计开放日、"12·4"全国法制宣传日及农业普查工作中，重点加强农业普查条例和农业普查有关知识宣传教育。

统计执法工作 2016年，统计综合执法检查31家，立案2起，其中警告1起，警告并罚款3000元1起。

〔基层基础工作〕

统计业务培训 2016年6月，针对县乡换届后统计分管领导及统计人员调整，为使新领导新统计人员尽快熟悉统计业务，以县政府名义组织开展1期全县统计综合业务培训班。协助相关部门做好专题指导培训，协助经信科技局做好工业、科技统计培训，协助商务局做好限上贸易业、正统网业务培训，协助住建局做好建筑业统计培训，全年组织县直单位、乡镇统计分管领导、基层统计人员等，先后开展20余场次业务培训。

新上岗统计人员跟班学习 2016年，为确保乡镇新上岗统计人员尽快熟悉统计业务，实行跟班学习制，先后有太拔、步云、南阳、茶地、溪口5个乡镇6位新接手统计工作人员到县统计局跟班学习。

乡镇统计绩效考评 2016年，组织对各乡镇统计站基层统计规范化建设、统计报表、法律法规宣传、提供咨询服务、组织领导、其他工作等6项内容进行绩效量化考核。评定临城、中都、蓝溪、稔田、官庄、泮境6个乡镇为统计工作绩效优胜单位。

"四上企业"、固定资产投资统计项目入库统计 2016年，新入库规模以上工业企业1家，限额以上批发零售企业11家，资质建筑企业4家，固定资产投资统计项目459个，电子商务与服务业外包平台企业数98家。

·统计调查·

〔居民收支调查〕

2016年，上杭县城镇居民人均可支配收入为33019元，比增8.0%；农村居民人均可支配收入为14074元，比增9.0%。

〔第三次农业普查遥感测量工作〕

2016年3月，成立上杭调查队第三次全国农业普查遥感调查工作领导小组，调查队主要领导负总责，分管领导、各股室人员各司其职。本次农业普查遥感测量共抽中普查区20个，涉及14个乡镇，20个村，其中夏播面积无人机测量抽中3个普查区。农作物春、夏播种面积遥感野外测量工作共耗时14天，数据处理耗时8个多月，完成上万块自然地块的数据采集和处理工作。

〔价格调查〕

2016年，全县居民消费价格同比上涨1.9%，比2015年涨幅高0.2个百分点，比全年控价目标上涨3.0%低1.1个百分点。全县限额以下商业实现销售额56.3亿元，比上年增长12.0%，居全市第四位；限额以下商业实现零售额38.8亿元，比上年增长8.7%，居全市第三位。

〔专项调查〕

政府绩效管理公众评议调查

2016年12月,组织开展2016年度县对乡镇党委、政府和县直机关事业单位绩效公众评议调查。对乡镇党委、政府的调查内容涉及经济工作、就业情况、市场物价、治安状况、环境保护、食品安全、机关办事效率、廉洁行政等方面,调查对象为县直党群政府部门主要领导、村两委干部、人大代表和政协委员、企业经营者、村(居)民等5大类,每个乡镇调查有效样本150个;对县直机关事业单位的调查内容有履行职责、依法办事、廉政建设、优质服务等5方面内容,每个单位调查有效样本150个。调查结果为县委、县政府绩效管理提供重要依据。

〔统计优质服务〕

2016年,利用调查数据,做好进度性主要调查指标分析和季度经济形势分析工作,为党委、政府及时、准确了解全县"两个收入"、CPI、稻谷、生猪生产及限下商业销售额等调查指标完成情况提供翔实的分析资料。全年被福建调查总队市、县动态栏目采用43条,党建工作栏目采用20条,纪检工作栏目采用11条,法制工作栏目采用3条。

2016年,上杭调查队被市委、市政府授予2012—2015年度市级文明单位,荣获上杭县2015年度绩效管理考核优胜奖,被上杭县委县政府授予2015年项目工作特别贡献奖。

〔统计法制〕

统计法制基础 2016年,严格执行各项调查制度和统计调查业务流程规范,全面推行行政义务告知制,全年共下发统计调查行政义务告知书137份。

统计普法宣传 2016年,利用统计法颁布纪念日、宪法日等节日,宣传统计法。9月,与县统计局在县人民广场联合举办以"农业普查,福到农家"为主题的宣传活动。

统计执法检查 2016年,对35家企业开展执法检查,发出责令改正通知书9份,上报市队统计违法案源线索3起。

·市场监督管理·

〔市场监督管理情况〕

2016年,上杭县市场监督管理局围绕全县发展大局,适应体制调整和机构改革要求,强化职能运用,激活市场主体活力,服务县内产业转型升级,保障人民"舌尖上的安全"。2016年,市场监管机制逐步完善,市场秩序进一步规范。全年,立案查处各类市场违法违章案件165件,罚没款233.55万元,罚没入库200.71万元。

〔服务地方经济发展〕

推进商事登记制度改革 2016年,全面落实注册资本登记制度改革措施,简化住所登记(经营场所)手续,取消工商登记对住所(经营场所)经营条件和功能的限制,降低创业成本。实行"一照一码"登记制度改革、"五证合一"登记制度改革、个体工商户营业执照和税务登记证"两证整合"改革,进一步优化营商环境,激活市场活力。2016年,全县新增市场主体3812户(其中,内资企业742户、个体工商户2070户),比增18%;注册资本44.19亿元,比增12.5%,市场主体总量达2.36万户,注册资本(金)累计276亿元。

开展标准化工作改革 2016年,加强标准化建设工作,全年订立企业产品和服务标准18项,企业自我声明公开18项,备案率100%,废除过期企业标准1条。接受企业有关标准化咨询20余次,指导县优生活家政服务有限公司申报省家政服务业标准化试点单位。

推进"双随机"抽查工作 2016年,开展双随机抽查工作。建立20类市场主体名录库及执法检查人员库(其中工商类8类),制定双随机抽查事项清单,依法公开随机抽查事项,明确抽查依据、抽查主体、抽查内容、抽查方式,及时公布抽查结果和查处情况。

做好市场主体年报公示工作 2016年,规范公示企业登记、备案信息和市场主体年报信息,发挥企业信息公示在促进企业诚信自律,创造良好市场经营环境中的作用。2015年度内资企业年报率为90.5%,个体工商户年报率为91%,农民专业合作社年报率为93%。

牵头全省"一张网"建设 2016年,着力推进上杭县建设国家企业信用信息公示系统(福建)工作(简称"全省一张网"),及时牵头做好信息的采集录入工作,推进国家企业信用信息公示系统建设,共有25个部门录入上传信息1086条。

加快有色金属产品质量检验中心建设 2016年,完成有色金属产品质量检验中心实验室装修工程,采购21台大型仪器、13台小型仪器设备、22台件辅助设备。仪器设备陆续进场,处于仪器设备接收和安装调试准备阶段。

帮助中小企业解决融资难问题 2016年,严格执行《动产抵押登记办法》的有关规定,进一步规范动产抵押登记程序,多渠道促进银企对接,简化办事程序,帮助企业特别是涉农企业、中小企业、个体工商户和农业生产者解决融资困难的问题,服务地方经济发展。全年全县办理动产抵押登记28份,融资金额1.72亿元。

开展燃煤锅炉节能环保综合提升综合工程工作 2016年,办理锅炉状态变更拆除登记49台,报废注销登记25台,完成能效检测合格11台,其余13台申报市特检分院安排能效检测。完成特种设备状态变更注销登记3台,完成生物质燃料锅炉技改2台。

〔商标品牌建设〕

2016年,推进商标品牌名牌战略,新增商标注册申请291件,获得商标注册226件。获市知名商标认定9件,上报省著名商标认定申请7件(获公示6件)、驰名商标认定申请1件,上报地理标志证明商标“上杭石潭鸡”注册申请1件。至年底全县累计有注册商标3105件,知名商标40件,著名商标28件,驰名商标1件。

〔质量强县工作〕

2016年,开展以“提升供给质量,建设质量强国”为主题的“质量月”集中宣传活动,围绕“创新、协调、绿色、开放、共享”的五大发展理念,向企业和群众宣传普及质量安全知识以及相关政策法规。活动中,共发放宣传资料2600余份、发送“质量月”宣传短信2万条。组织紫金矿业、瓮福紫金、福建紫金铜业、太阳铜业等企业开展质量月活动。开展以“提升消费品质量,改善消费品供给”为主题的2016年消费品质量提升专项行动。以验配眼镜、休闲服装、木制家具等16类消费品为重点,摸清企业底数,开展消费品质量状况集中调查,逐步建立完善消费品生产企业产品质量档案,全面推进消费品标准和质量提升。配合省、市质监局对上杭县热轧带肋钢筋和水泥产品生产许可获证企业进行检查,做好工业产品监督抽检工作。

〔为民办实事〕

完善食品可追溯体系建设 2016年10月,提请组建上杭县食品安全应急指挥中心,将食品安全信息化监管平台的各个子模块功能接入到统一的食品安全应急指挥中心,实现各个子平台系统之间的数据交互和信息共享,打造一个“预警、预案、呈现、通信、会商、指挥、发布、追溯、执法、分析”为一体的综合性食品安全指挥管理平台。

推进“明厨亮灶”工程 2016年,“明厨亮灶”工程项目完成全县100家学校、幼儿园食堂,40家中型以上餐饮服务单位的“明厨亮灶”建设。完成40个大中型以上餐馆和100家学校的摄像头安装联网工作,实现实时监控功能。

推进“治理餐桌污染,建设食品放心工程” 2016年,建设10个食品安全快速检测室。至年底,项目完成食品检测仪采购、人员培训,并开展检测工作。

强化消费维权工作 2016年,投诉举报台共受理消费咨询投诉举报345件,其中接受消费咨询124件,比增12.7%,受理消费投诉183件,比增138.79%,受理群众举报38件,比增40.74%,依据群众投诉举报发现违法经营行为并进行立案查办21件。消费诉求处置率中的咨询回复率100%,诉求办结率99.37%,调解成功率90.16%,“诉转案”线索处置率96.83%;投诉回访满意率达90.67%;流通领域商品质量抽检完成率100%。

〔食品药品安全〕

落实食品安全责任 2016年,与各乡镇政府和各部门签订《2016年度食品安全责任书》,出台《上杭县人民政府办公室关于印发2016年度县对乡镇食品安全考评工作方案的通知》,进一步健全责任追究体制,实行约谈制度和责任倒查追究。建立食品安全监管涉稳隐患问题排查化解机制。根据《中共上杭县办公室 上杭县人民政府办公室关于分解落实上杭县重点涉稳隐患问题化解责任的通知》要求,组织农业局、卫生和计划生育局,各乡镇党委、政府等责任单位开展食品安全监管问题排查化解工作。完善食品药品应急管理体制。根据龙岩市《突发公共事件总体应急预案》和市食品药品监督管理局《食品药品安全事件防范应对规程(试行)》等规章制度要求,成立上杭县食品药品安全突发事件应急处置突击队。制定印发《食品药品与公共安全事件防范应急规程(试行)》《上杭县食品药品舆情信息(突发应急事件)监测和应对处置管理办法(试行)》,进一步完善食品安全应急处置机制。落实上杭县食品安全有奖举报实施方案。制定《上杭县人民政府办公室关于印发上杭县食品药品违法行为举报奖励办法的通知》。

开展省级食品安全示范街创建 2016年,根据省食安办、省食品药品监督管理局《关于开展创建省级食品安全示范街工作的通知》,全省创建两条省级食品安全示范街,上杭县古田镇古田街是其中之一。县市场监督管理局全面落实上级创建要求,推进食品经营户可追溯体系建设、食品经营户信息公示、餐饮服务单位厨房改造等工作。创建工作基本完成,餐饮服务示范方面通过市食药监局验收。

开展重大活动的食品安全保障活动 2016年,完成重大活动食品安全保障24起,出动保障人员365人次。

深化食品药品专项检查 2016年,开展春节期间食品药品安全迎春行动、农村食品安全扫雷专项行动等9次食品药品专项检查行动。

·审计监督·

〔审计工作情况〕

2016年,县审计机关全年完成审计和审计调查项目56个,查出主要问题金额42.24亿元,其中管理不规范金额36.44亿元、违规金额5.80亿元。审计促进整改落实有关问题金额2835万元。完成政府投资建设工程竣工结算审计项目291个,其中工程竣工结算项目150个,送审金额7.66亿元,审减金额6379.25万元,审定金额7.03亿元,综合审减率为8.32%;备案审核项目141个,送审金额8586.02万元,备案核定金额8491.9万元。提出审计建议103条,发表审计宣传信息60篇。全年向县纪委、司法机关等部门移送审计案件线索7起,移送金额281.75万元,移送处理7人;向县纪委报送1+X专项整治审计发现问题6起。

2016年,县审计局继续对城发公司、交通投资公司、工贸公司、兴诚实业公司、兴杭国投公司、蛟洋工业集中区、县工业园区、县南门大桥建设指挥部、县张滩大桥建设指挥部等9个重点项目单位派驻审计组,实现审计监督关口前移。全年,为派驻单位提出有关加强建设项目财政资金管理、节约政府投资建设资金支出、提高财政资金使用效益的审计合理化建议意见70余条,防止损失浪费资金1000余万元。

2016年,县审计局配合县纪检监察、财政等部门开展相关工作的监督检查,主要包括参与对县重点项目的专项督查,工程建设领域专项治理,保障房政策落实执行情况和保障房建设工程跟踪审计监督,公款存储、"三公"经费及会议费支出和有关中央八项规定政策落实情况检查,党风廉政建设、政府采购监督等多项工作。审计严格将财政资金使用,专项资金的规范管理、领导干部经济责任的履行情况,贯彻落实中央"八项规定"和"三公"经费与会议费的支出、公款存储等等,纳入重点监督范围,努力实现审计监督的全覆盖。审计突出对征地拆迁、惠民资金、扶贫资金、工程建设等重点领域的监督,着力解决群众身边的不正之风和腐败问题,积极发挥审计的反腐"利剑"作用,促进财政资金使用更加合理与节约,发挥好财政资金的使用效益。

2016年,被审计署中国时代经济出版社评为"2016年度审计通联工作先进集体";在审计系统年度考评中,审计统计和审计宣传获全省优秀表彰(全省未排名),审计统计获全市第一名,优秀审计项目获全市第三名。县对县直部门绩效考评2015年度获得优秀奖。

〔本级预算执行和其他财政收支审计〕

2016年,深化财政审计,开展部门预算绩效管理和监督,全面审计2015年度县财政局组织县本级预算执行及其他财政收支情况,以及对公安局、林业局、统计局、安监局、农业开发办、民政局等单位2015年财政预算执行开展审计工作,并强化对其下属重点单位和重要专项资金的延伸审计或审计调查,完成对"社会保障和就业支出(代码208)"科目审计。对2014年度县本级预算执行和其他财政收支审计查出问题的落实情况进行检查。受县政府委托就各部门、各单位落实整改情况,向县人大常委会作出专门的报告。审计发现县本级和部门预算执行和其他财政收支中还存在如下管理不规范的问题:国有资本经营预算不够完善,财政存量资金规模比较大,县财政预算收入部分未及时缴入金库,支出预算管理方面存在将部分专项资金拨入财政专户挂账等。2015年度6个部门预算执行和其他财政收支审计发现的问题主要是:部分单位存在超预算支出、违规扩大开支范围;专项资金管理不规范,存在挤占、滞留专项资金;财务内控制度不健全,现金管理存在漏洞、原始凭证报销手续不规范;会计基础工作薄弱、会计核算不规范等问题。审计为财政部门和被审计单位改进和加强管理,提高财政资金使用效益提出针对性意见与建议,并依照审计程序依法进行处理处罚,分别出具审计报告或下达审计决定。督促被审计单位做好整改。

〔领导干部经济责任审计〕

2016年,受县纪委、县委组织部、县监察局委托,开展对县林业局局长、森林公安分局局长、安监局局长,上杭三中校长,茶地镇原党委书记、镇长,旧县镇原党委书记、镇长和官庄乡原党委书记、镇长共7个单位10名领导干部任期经济责任审计。从审计结果看,被审计领导干部在任期内基本能履行好本职务应当履行的经济责任,遵守有关廉洁从政规定。审计未发现被审计领导存在严重违反财经法律法规的问题。但在审计中发现所在单位存在一些违反财经法律法规问题,审计区别情况,对被审计领导对该问题分别应承担领导责任还是主管责任依规进行明确界定,并责令所在单位对存在的问题进行整改、纠正。

〔专项审计和审计调查〕

政策落实跟踪审计 2016年,根据审计署统一部署和省厅、市局统一安排,全年深入县内22个部门单位,对中央、省、市、县重大政策措施落实情况进行跟踪审计,监督检查相关部门落实稳增长、促改革、调结构、惠民生、防风险等政策措施的具体部署、执行进度、实际效果等情况。

扶贫资金专项审计 2016年,根据市审计局统一安排部署,派出审计组到漳平市开展精准扶贫资金专项审计。专门指派审计人员全程配合永定审计组对上杭县的精准扶贫资金专项审计工作。

"上杭县2015年度涉农资金'最后一公里'专项督查" 2016年,对"森林生态效益补偿资金""林下经济利用资金"情况进行专项检查,抽查6个乡镇,18个行政村,入户360户,抽查项目5个,抽查国有林场1个。

城镇保障性安居工程跟踪审计 2016年,对保障性安居工程及配套基础设施的计划、投资、建设、分配、运营等情况进行审计,重点是保障性住房的分配和管理情况,对住房与城乡规划建设和财政等部门进行重点审计,并延伸调查49个村84户农村危房改造家庭。

世界银行贷款福建农村公路项目审计 2016年,根据审计署和省审计厅的安排部署,对世行贷款福建农村公路项目的项目管理部门上杭县交通运输局和相关农村公路改建项目2015年度财务收支和项目执行情况进行审计。

〔开展部门、村级财政财务收支专项审计〕

2016 年,受市审计局委托开展对新罗区纪委监察局 2013 年以来财政收支审计;对才溪镇岭和村、蛟洋镇坪埔村、临城镇城东村、临城镇城南村等 4 个村开展财政资金收支及管理情况专项审计;对县交通执法大队、太拔镇、珊瑚乡 2015 年度财务收支审计。审计发现村级财务支出方面存在的主要问题是:挤占、挪用专项资金问题较为突出;村集体基金资金、固定资产管理存在较大漏洞;违规列支招待费,以虚假工程项目套取财政资金用于招待费等支出;违规发放节假日活动纪念品、超范围发放定额补贴及无依据发放误工补贴;内控制度存在较大漏洞,会计核算较为混乱,原始凭证不合规、报销手续不规范;工程建设项目管理不规范等。

〔固定资产投资审计〕

2016 年,加强对政府投资建设工程事前、事中和事后全过程的审计跟踪监督。全年完成政府投资建设工程竣工结算审计项目 291 个,其中工程竣工结算审计项目 150 个,送审金额 7.66 亿元,审减金额 6379.25 万元,审定金额 7.03 亿元,综合审减率为 8.32%;备案审核项目 141 个,送审金额 8586.02 万元,备案核定金额 8491.9 万元。政府投资结算审计发现的主要问题:存在违规进行招投标或未经招投标确定施工单位;预算未经评审或预算评审价格与招标价格、结算价格选用标准不一致;工程管理混乱,签证不及时事后补签,竣工图未严格按现场实际施工进行编制,部分签证存在重复多计现象;扩大建设规模、投资超合同造价,工程造价增加未按规定程序审批等。

·安全生产监督管理·

〔安全生产总体情况〕

2016 年,全县共发生生产安全事故 9 起,死亡 10 人(其中,铁路运输业 1 起死亡 1 人不列入县控指标。生产经营性道路运输业 2 起死亡 3 人,商贸制造业 3 起死亡 3 人,交通行业、水利行业、采矿业各发生 1 起死亡 1 人)。生产安全事故死亡人数控制在市政府下达的年度目标责任范围内,全县安全生产形势总体稳定。上杭县获 2016 年市政府安全生产目标责任考评一等奖。县安监局被省安监局评为县级安全生产执法机构规范化建设优秀单位。上杭县安全培训办班点获 2016 年全市安全培训二等奖。

〔安全生产责任制落实〕

2016 年,牢固树立安全生产"红线"意识和"底线"思维,全面落实党政同责、一岗双责、齐抓共管、失职追责责任体系。完善每月 5 日安全生产集中检查活动,每月由县领导带队开展专项检查;县委常委会和县政府常务会各召开 4 次专题会,听取安全生产工作情况汇报;县领导 5 次召开全县安全生产工作会议,对全县安全生产工作作出周密的安排部署。7 月 1 日—10 日,县四套班子领导带队开展全县安全生产综合督查;11 月 22 日—29 日,县政府组织 4 个督查组对各乡镇、县安全生产单列考核单位安全生产工作落实情况进行督查,确保安全生产各项工作部署落实到位。

〔安全生产宣传教育〕

2016 年,发挥联办县广播电视台的优势,合作拍摄非煤矿山、标准化建设的专题节目;相继播出烟花爆竹、《中华人民共和国职业病防治法》、春运、酒驾危害、消防等方面安全知识,全面报道安全生产工作,营造全民"关注安全,关爱生命"的浓厚氛围。2016 年,全县安全生产信息报道取得好成绩,《中国安全生产报》采用 6 篇,中国安全生产网采用 49 篇,省安监局网采用 181 篇,居全省第三;市安监局网采用 210 篇,居全市第一;上杭新闻网采用 76 篇。11 月 3 日,福建电视台公共频道《安全直通车》栏目记者到上杭县拍摄危险化学品从业单位"一图一卡一册"工作情况专题片,并于 11 月 13 日和 19 日在省台播出。围绕"强化安全发展观念,提升全民安全素质"主题,6 月—7 月开展"杭川安全发展行""身边隐患随手拍"、安全生产宣讲、安全发展访谈、"守护生命"安全知识竞赛、安全生产有奖征文等 10 项安全生产月系列活动。全县设立安全生产宣传咨询点 48 个,参加活动近万人次,发放各种安全生产宣传材料 8 万多份。

〔安全生产大检查〕

2016 年 4 月 15 日至 5 月 15 日,在全县开展为期 1 个月的安全生产大检查和打非治违专项行动。8 月—11 月,在全县开展为期 4 个月的安全生产教育培训、应急救援 2 个专项整治。10 月—12 月在全县集中开展安全生产大检查工作。2016 年,全县共检查单位 5649 家次,排查出安全隐患 5936 条,落实隐患治理资金 629.5 万元,共计处罚款 500.84 万元,下发指令书 282 份,关闭取缔企业 2 家,行政处罚 20 起,其中暂扣或吊销证照 1 起,行政拘留 2 人。县政府与福建省安全生产科学研究院签订政府购买服务合同,对县工业园区和蛟洋工业区企业进行全覆盖安全生产综合检查,为全市首创。

〔强化本质安全建设〕

2016 年,上杭县 100% 完成市定 644 家安全生产标准化创建任务,其中一级达标 6 家,居全市第一;二级达标 31 家，居全市第二；三级达标 607 家。全县 9602 家个体工商户开展安标创建工作。全县 3 个乡镇(才溪、临江、古田)获得“省级安全社区”命名，数量居全市第一。上杭县紫金山金铜矿成为国家和福建省非煤矿山“机械化换人、自动化减人”试点示范企业，企业机械化、大型化、智能化水平不断提升。

〔危险化学品从业单位“一图一卡一册”〕

2016 年，县安监局在全县探索建立危险化学品从业单位“一图一卡一册”工作，得到中办调研组和省安监局的充分肯定。10 月 17 日，省安监局印发《福建省安全生产监督管理局关于印发危险化学品从业单位“一图一卡一册”推广实施方案》。11 月，省公共频道《安全直通车》栏目全面报道此项经验，在全省推广。

〔非煤矿山安全生产风险分级管理工作〕

2016 年，紫金山金铜矿进一步落实企业主体责任，提升安全生产标准化创建水平，提高安全监管科学化水平。11 月，全省非煤矿山安全生产风险分级管理现场培训班在紫金山金铜矿召开，紫金山金铜矿的创新做法在全省推广。

·国有资产管理·

〔国有资产管理情况〕

2016 年，全县国有资产总量 454.57 亿元，其中行政事业单位资产 52.57 亿元；企业国有资产 199.77 亿元(含部门管理的企业资产，不含紫金矿业，参股控股企业以国有出资比例计算)；紫金矿业国有股 A、H 股市值 202.23 亿元。

〔助推产业转型升级〕

优化重组清景铜箔公司股权 2016 年，凸显国有资本有序进退，发挥国有资本的产业引导作用，通过产权交易中心，公开转让工贸公司持有清景铜箔公司 45% 的国有股权，实现福建清景铜箔有限公司股权优化重组。

合作设立福建绿科建设有限公司 2016 年，大力发展混合所有制经济，鼓励国有资本、非公有资本等交叉持股、相互融合，推动企业股权多元化改革。由上杭县城市建设发展有限公司持股 35% 和广东启光绿色建筑有限公司共同设立福建绿科建设有限公司。

〔资产运营质量提升〕

完成帝豪广场回购资产交接 2016 年，帝豪广场项目回购资产包括办公用房面积 9749.11 平方米，公寓 44 套面积 4949.8 平方米，车位 57 个，回购总价款 3246 万元，回购资产按现值评估价值近 1 亿元。

理顺古田山庄产权关系 2016 年，配合市审计局，对古蛟新区的投入及资产进行专项审计。做好古田山庄整体资产清查核算，测算市、县两级对古田山庄的出资比例，核实确认总投入为 3.64 亿元，其中市政府出资额为 1.63 亿元，上杭县政府出资额为 2.01 亿元。

协调矾头电站资产划转 2016 年，主动与市财政局国有资产管理中心(矾头电站产权所有人)协调，将矾头电站附属设施无偿划转至上杭县，划转房屋 19 栋，占地面积 68120.3 平方米，建筑面积 43144.22 平方米，帮助南阳镇“美丽乡村”建设和矾头村“后进支部”建设。

〔拓宽资金融通渠道〕

2016 年，国投公司注册发行第二期非上市公司企业债 20 亿元，期限 5 年，票面利率 3.28%，用于替换到期的银行贷款，节约利息 4000 万元/年，延长还款期限 3 年至 5 年。国有企业发挥其资产优势、功能优势，对接银行金融机构，开展项目贷款，通过互相担保、相互拆借等办法，筹措建设资金。城发公司以较低的资金成本，融资 6.68 亿元，平均年化利率 3.9%；工贸公司以资产抵押等形式，融资 2 亿元，交通建设公司取得项目贷款 1.5 亿元。国有企业通过担保、允许政策银行入股等形式，共对接国家专项建设资金贷款 9 笔 2.09 亿元。国投公司充分发挥应急资金作用，全年累计滚动使用 53 次，累计周转金额达 4.92 亿元，防范和化解 29 家企业的资金链风险。

·兴杭国投·

〔闽西兴杭公司国有资产投资经营有限公司工作情况〕

2016 年，闽西兴杭公司国有资产投资经营有限公司(简称国投公司)总资产 350.58 亿元，有全资、控股和参股企业 19 家，是上市企业紫金矿业的第一大股东，业务范围涉及矿产冶金、水利电力、高速公路、金融等领域。2016 年，归属母公司净利润 3.38 亿元，公司总收入 4.43 亿元，增长 1.37%，较好实现国有资产的保值增值目标。2016 年，被希望工程龙岩市基金管理办公室授予“希望工程贡献奖”；被中共上杭县国有资产监督管理局委员会评为“先进基层党组织”。

融资工作 2016 年，公司全面畅通融资渠道，继续开展公司债、企业债、黄金租赁、短期融资券、结构化融资、信托产品等创新业务，不断降低融资成本，确保上杭县重点项目工程如期顺利实施。

股权投资 2016 年，投入 5000

万元参与兴业创新资本与漳州片仔癀公司共同成立的“兴证—片仔癀”基金，寻求低风险高回报的项目投资；5月，由公司与上杭县财政局共同出资，设立总规模20亿元的“上杭县产业发展基金”，拟成立规模5亿元的子基金，推动全县产业转型升级和中小企业加快发展。

助力扶贫，文明创建 2016年，帮助上杭县50个县定贫困村发展生产，公司负责运营贫困村帮扶资金，确保该资金年化收益12%，如期实现脱贫攻坚目标；公司负责统一运营管理62个革命基点村建制村“以奖代补”项目帮扶资金，村年度收益统一按12%计算，增加革命基点村的长久性收益，用于村集体公益事业建设。

2016年，服务企业，支持上杭县实体经济发展，继续成立规模为5000万元的上杭县企业应急资金，全年企业应急资金累计滚动使用53次，累计周转金额达4.92亿元，防范和化解29家企业的资金链风险。有效缓解县域企业的流动资金周转困境，防范和化解企业资金链断裂风险。

·城市建设发展·

〔城发公司工作情况〕

2016年，城发公司作为业主代建的续建、新建项目40多个，累计完成项目建安投资4.7亿元，其中新开工项目有县医院总体搬迁、龙岩市青少年水上运动训练基地、江滨西路（西环路-南门大桥段）改造工程、上杭大道一期白改黑工程、二环路金山路完善工程等15个；续建项目有张滩大桥及其接线工程、建设路东侧道路改造安置小区建设工程、杭川公园等25个；张滩大桥、南门大桥桥头改造、上杭大道一期白改黑工程等建成通车，全民健身活动中心多功能体育馆、黄竹保障性住房、二环路人行天桥等投入使用，其他项目建设快速推进。

〔融资工作〕

2016年，公司对接各家银行，挖掘可行项目进行融资，以争取政策性融资为主，获得授信额度10亿元，共计融资5.68亿元。其中，以基准贷款利率下浮15.4%向农业发展银行融资3.6亿元，并以1.2%年贷款利率分别向农业发展银行及国家开发银行争取国家重点项目专项建设基金6800万元及1000万元，在保障项目建设资金的同时，以优惠的融资利率为财政节约1085万元的利息支出。

〔资产盘活工作〕

2016年，经过资产盘活，公司实现房产销售收入2068万元，主要有黄竹保障性住房销售42套住宅，实现销售收入790万元；紫金南路安置房销售5套住宅及2个杂物间，实现销售收入371万元；东环小区安置房销售住宅45套、杂物间45个，实现销售收入769万元。

·兴诚实业·

〔兴诚实业工作情况〕

2016年，县兴诚实业有限公司总资产达10亿元，全年资产营运收入3228万元（含县农商行股金分红款），国有资产保值增值率109%；安全生产考核良好，全年无安全生产事故。2016年，中共上杭县兴诚实业有限公司支部委员会获中共上杭县国有资产监督管理局委员会颁发的“先进基层党组织”称号；8月，获希望工程龙岩市基金管理办公室的颁发“希望工程捐赠证书”。

加强国有资产管理，确保国有资产保值增值 2016年，建立资产清册，梳理资产性质，对无效资产进行核销或制定综合开发方案；建立资产数据库，实行网络化管理，提高工作效率；积极盘活资产，接手第四批“非转经”包含原药监局、人社局等资产，并及时盘活，实现收益；加强巡查力度，确保资产完整性和安全性。受电商和经济下行影响，实体经济受到冲击，对房屋租赁市场价格形成较大压力，在充分权衡社会影响、维护公司利益及承租户实际情况下，通过创新租金缴交方式、提出“整体维稳、局部微调”的调租方案等措施，留住大部分承租户，维护县域房屋租赁市场及社会的稳定。

做好担保，为县域重点项目建设提供资金保障 2016年，通过不断扩大子公司县兴诚贸易有限公司业务规模，壮大现金流量，公司得到金融机构一定规模的授信，为县城发公司、交投公司提供6.5亿元的贷款担保，为上杭县经济发展和城市基础设施建设提供资金保障，发挥资产的整体效益优势。

建立脱贫攻坚战役投融资平台 2016年，成立县扶贫开发投融资平台公司，承担全县扶贫开发的投融资任务，2017年1月核补发放地方政府债券资金508万元和专项建设基金254万元共计762万元，直接下拨到各乡、镇、村218户508位贫困农户手中。

组建兴诚物业公司 2016年5月，注资200万元成立县兴诚物业管理有限公司，取得物业服务企业三级资质证书，可承接相应范围内的物业管理业务。

·工贸实业·

〔工贸实业工作情况〕

2016年，县工贸实业发展有限公司（以下简称工贸公司）总资产3.18亿元，净资产1.66亿元，营业收入406万元，净利润90.02万元。

国有资产运营管理 2016年，加强对子公司的资产管理，做好县委、县政府关于工业园区和工贸公司实行“一套人马,两块牌子”合署办公的决策,开拓思路,主动作为。欣杭电商参与政府采购等相关工作,降低政府采购成本,确保政府采购有序开展,全年比财政预算节省327万元,实现营业额近3000万元。欣杭物业管理有限公司以“高标准、高质量”的要求为行政服务中心及园区各企业提供优质服务,为县公共资源配置中心提供可靠的服务和保障工作,年业务收入约150万元。产业服务中心大楼入驻县行政服务中心管理、资源配置交易中心、不动产登记中心、农村淘宝、欧壹国际电子商务有限公司、金铜产业集群窗口服务平台、汽车经营,出租率达60%,为繁荣小区域经济作出重要贡献。

项目建设 2016年,做好县科技创业园和不动产登记中心装修,按照公开招投标程序组织实施,并按期提供使用。加快办理白云石矿采矿权证,落实生产经营管理。跟进稀土公司项目的推动工作。

融资贷款 2016年,按照县委、县政府关于工业园以地养园、自求平衡的发展机制,推进园区发展建设。全年争取金融机构贷款7500万元,其中向兴业银行融资贷款5000万元,农业银行融资贷款2500万元,累计完成自主融资6.3亿元。

《经济管理》撰审人员

撰 稿 人: 陈济明 范海英 江 建 肖玲英 林兰蕾 曹鑫元 陈从安 郑沛才 吴祥宗 李 婷 周金凤 胡辛茹 叶 平

审 稿 人: 邱禄炎 傅松英 钟立新 李焕昌 刘新明 刘荣生 黄荣太 袁庶斌 吴锡荣 林 聪 李德林 周桂青 黄仲华

责任编辑: 袁发昌

城乡规划建设管理

·综　述·

〔城乡建设发展情况〕

基础设施建设　2016年，城市中轴线全线贯通。随着张滩大桥接线工程竣工通车，上杭大道北起高速互通、南至客家缘文化中心全长5.5公里全线贯通。年底，《上杭县城总体规划（2015—2030）》修编通过县人大审议报市政府审批。2016年，全县城市基础设施建设投入12.81亿元（固定资产投资数据），组织实施江滨西路（西环路—南门大桥段）改造工程、帝豪时代广场配套道路完善工程、二环路（金岗路至金山路段）、金山路（北环路至二环路）完善工程、上杭大道一期白改黑工程（对混凝土路面实施沥青改造，简称“白改黑”）、东二环小学周边道路工程一标段工程、解放路（和平路至东环路段）修缮工程、工商大厦东侧道路修复工程、金秋大厦东侧道路修复工程、临江楼片区维修保护工程、张滩大桥及其接线工程B标段等项目。改造延伸供水管12公里（城区供水管网新建改建，不包含备用水源），用水普及率达98.35%。城区公园绿地面积达179.54公顷，人均公园绿地面积15.54平方米。建成区绿地面积540.18公顷，建成区绿地率40.31%；城区绿化覆盖面积574.3441公顷，绿化覆盖率为42.86%。铺设燃气管道约8公里。

建筑产业　2016年，全县共有资质建筑施工企业105家，其中一级20家，二级40家，三级42家，劳务资质企业3家；资质建筑中介服务企业4家（产值、税收统计在服务业）；资质建筑工业化企业4家（四家预拌砼资质企业，产值税收统计在工业企业）；独立园林绿化资质企业9家（产值、税收统计在文化产业）。全年，完成建筑业总产值393.5亿元，约占全市建筑业总产值的53.6%，同比增长12.9%，其中省外产值286.2亿元，占总产值的72.73%，总产值居全市第一。同时，上杭县有7家企业获评省优秀建筑企业，8家企业获评市优秀企业；有2家企业列入福建省房屋建筑和市政基础设施工程总承包试点企业；全市率先推进绿色建筑和建筑工业化发展，“中国建筑之乡”的品牌效益进一步提升。

房地产业管理　2016年，房地产市场稳步发展，全年完成房地产投资3.62亿元，县房管所投入11万元维修公房230幢（次），全年收取公房租金约75万元。

·城乡规划·

〔城市规划与管理〕

2016年，深化城市规划编制工作。完成《上杭县城总体规划（2015—2030）》，年底通过县人大审议。落实专项规划编制工作，完成《上杭县绿地景观空间导向规划》《上杭县中心城区电动汽车充电基础设施专项规划》《上杭县中心城区教育专项规划》《上杭县暴雨强度公式修编及设计雨型研究》《上杭县城市景观风貌专项规划》《上杭县近期建设规划（2016—2020）》等。

2016年，严格执行“一书二证”规划管理制度，深化建设项目公示制度。全年完成项目审定方案通知书19个，出具红线图47份，出具用地规划设计条件通知书与红线图36份，全年核发建设项目选址意见书12件，选址用地面积约51.85万平方米；核发建设项目用地规划许可证25件，用地面积约94.31万平方米；核发建设工程规划许可证28件，建筑规模约32.84万平方米。做好群众来信来访工作，书面答复群众投诉和信访转办的相关反馈材料35件。

按照《上杭县城市规划区危险住房处置管理办法（试行）》，规范城区危房改建审批，从2014年8月出台政策至2016年年底已受理9批次，经现场踏看及联审通过审批112户；根据《上杭县城市规划区经审批超高超层建设违章历史遗留问题处置意见》，至年底完成处罚6户。

〔新农村规划建设〕

2016年，在实现乡镇总体规划和

村庄规划全覆盖的基础上,完成旧县镇总体规划和21个市级美丽乡村行动规划修编工作。上杭县列入全省“千村整治、百村示范”村庄24个,策划实施166个整治项目。整治效果得到省住建厅委托的第三方评估机构的充分肯定,同时涌现出一批如旧县镇石院村、溪口镇陈屋村、通贤镇周源村环境整洁、自然生态和富有地域特色的宜居村庄。扶持古田镇国家历史文化名镇、古田国家红色特色小镇建设;加快才溪省级历史文化名镇建设;组织申报历史文化名镇、传统村落命名,其中古田镇列入全国特色小镇创建,才溪镇申报成为省级历史文化名镇,中都镇罗溪村、田背村、兴坊村成功列入第四批中国传统村落名录。县域农村乡镇生活垃圾污水处理厂、生活垃圾中转站基本建成,率先在全市实现建成全覆盖。全年完成农村贫困家庭危房改造任务1040户,农村危改工作经验在全省专题会议上作经验交流。城乡公共服务设施更加完善,农村垃圾、污水治理全面推进,村容村貌明显改观。

·城乡建设·

〔城市基础设施建设〕

2016年,县城市基础设施建设投入12.81亿元(固定资产投资数据),组织实施江滨西路(西环路-南门大桥段)改造工程、帝豪时代广场配套道路完善工程、二环路(金岗路至金山路段)、金山路(北环路至二环路)完善工程、上杭大道一期白改黑工程、东二环小学周边道路工程一标段工程、解放路(和平路至东环路段)修缮工程、中华路(东环路至夫人宫段)修缮工程、工商大厦东侧道路修复工程、金秋大厦东侧道路修复工程、临江楼片区维修保护工程、张滩大桥及其接线工程B标段等项目。

江滨西路(南门大桥至西环路段)改造工程 该工程总长671米,宽24米(5+7+7+5)路形布置,按城市次干路30公里/小时,双向四车道设计,完善道路配套市政管线及沿线景观绿化提升,停车场建设等。

帝豪时代广场配套道路完善工程 该工程东起北环路口,终点止于二环路,全长561米,城市支路,道路红线宽度10米,设计时速20公里/小时,实施内容包括路基及沥青路面、综合管网工程、交通工程及照明工程等。

二环路(金岗路至金山路段)、金山路(北环路至二环路)完善工程 二环路(金岗路至金山路段)长度约835米,金山路(北环路至二环路)道路长度约880米,项目现状实施22.5米机动车道和各4米绿化边分带,非机动车道和人行道尚未实施。本次主要工程为完善非机动车道和人行道,完善交叉口设计,路面“白改黑”,并完善市政管线、绿化、照明等。

上杭大道一期白改黑工程 该工程南起现有二环路,与二环路成十字形平面交叉,北至上杭县高速公路收费广场,为城市主干道,全长1489米,远期规划道路红线宽度50米,实施现状道路34.5米“白改黑”及标线工程。

东二环小学周边道路工程一标段工程 东二环小学周边道路起于东二环路,沿规划绕东二环小学,全长512.44米,其中小学南北侧1#路K0+000-K0+216.604〔从这条路的起点(K0+000)到0千米加216.604米处的路段〕。路宽10米(机动车道7米+人行道2×1.5米),小学东西侧2#路K0+000—K0+295.844,路宽5米(机动车与非机动车混合车道),配套实施市政管网、照明及绿化等附属设施,其中一标段工程,由1#路K0+183.965—K0+295.840段和2#路K0+000—K0+216.604段组成,全长328.479米。

解放路(和平路至东环路段)修缮工程 解放路修缮工程西接和平路,东至东环路,全长343米,主要实施道路工程及雨污、电力、通信管道预埋,路灯安装等工程。

中华路(东环路至夫人宫段)修缮工程 中华路修缮工程西接东环路,东至夫人宫,全长428米,主要实施道路工程及雨污、电力、通信管道预埋,路灯安装等工程。

县工商大厦北侧道路修复工程 道路全长约114米,路幅宽18米,改造内容为改造1026平方米砼路面、铺设1026平方米人行道,配套雨污管网、安装路灯及电力通信管线入地等附属设施。

金秋大厦东侧道路修复工程 道路全长约266米,改造内容为改造3015平方米砼路面修复、配套排水管网、安装路灯等附属设施。

临江楼片区维修保护工程 2016年,启动县级文物保护单位郎官第的维修保护工程。郎官第占地578平方米,建筑面积658平方米,完成门厅上、中、下面厅及墙面、屋面等主体修缮工程,投资345万元。

张滩大桥及其接线工程 2016年10月,张滩大桥及接线工程竣工通车,上杭大道城市中轴线北起高速互通、南至客家缘文化中心全长6.4公里全线贯通。张滩大桥桥长330米,桥宽35米,两边接线工程1300米,道路宽度50米,双向六车道,设计时速为40公里/小时,配套建设排水,绿化照明,交通等附属工程。

〔临江楼前榕树复植〕

2016年10月21日23时50分,受22号台风“海马”影响(上杭气象局2016年10月21日20时30分发布气象信息为阵风8级—11级,且风向特殊),临江楼前古榕树(小叶红榕)无法抗衡台风,整株坍塌。经市级林业、园林专家会诊分析,该树树龄约360年,其树体中空腐朽2/3,无法供应养分。榕树坍塌受到社会的广泛关注,县委、县政府领导高度重视,当即指示进行清除并实施复植,尽快恢复原有景观。上杭县庐丰乡丰乐村村民蓝锦祥得知消息后,与县园林管理所联系，表示愿意无偿捐赠其自家种植多年的榕树。经实地察看，该树树种为小叶红榕，与原树种完全一致，树龄约40年，地径约1米，树干粗壮、健康，长势优良，树形、神韵与原树比对相似。经请示有关县领导，同意庐丰乡丰乐村村民蓝锦祥捐赠榕树作为临江楼前榕树复植移栽植株。根据上杭县气候条件，移栽时间确定在农历十月"小阳春"小气候之前，即公历11月下旬以前。

经竞争性谈判及组织专家组评审，福建诚和园林有限公司的移植方案被评审专家组选中，确定该公司为榕树移植施工单位。通过修建临时施工便道，对原损毁树根的清除、清运，外调土方回填树穴并拌有机肥及树穴消毒处理，而后前往庐丰乡丰乐村截枝、起挖、运输，于11月18日完成移植和支护，至年底长势良好。

〔市政维护管理〕

2016年，指派专人负责管理、完善上杭县市政地下管线信息系统，有效减少盲目施工、破路现象，确保道路开挖安全、有序。

2016年，完成上杭县数字城管委派案件559起，做好文明县城创建公共文明指数测评准备工作，并会同县路道安全办公室、交管大队对城区车流量大以及学校周边路段的停车位、交通标识、标线和安全设施进行排查和维护。

2016年，零星市政工程维护作业项目进行县内企业公开招标。零星市政工程维护作业工程经费（2016年4月至2017年2月）投入279.87万元，其中，养护巡查1800公里，3.78万元；道路及设施养护维修132.53万元；交通标志标线及指示牌的维护与设立113.70万元；城市排水设施管理与养护（包括雨污水管道及检查井疏浚、检查设施管理、病害处置与修复）29.86万元。全年更换县城区道路各类损坏井盖、板盖241个，更换损坏雨水箅109个，共计10.46万元；修复破损路面约2855平方米，82.58万元；修复破损人行道约1655平方米，20.39万元；修复破损路沿石约375米，5.25万元（主要是北环路、建设路、人民路、紫金南路、瓦子街、和平路、振兴路、城北一路、二环路、东二环路）；更换及维修污水管道约45米，5.48万元。

〔城市公共服务事业〕

天然气建设 2016年，天然气储气能力为6万立方米，供气总量为265万立方米，最高日供气量为1.0万立方米，燃气普及率为98.1%。燃气管道建设8公里。

城区垃圾处理等设施建设 2016年，按创建国家级生态县的要求，加强对县生活垃圾填埋场的监管及渗滤液处理站的运行管理，完成渗滤液处理站周边场地绿化（种植樱花、桂花、茶花等花苗共170棵）、场地硬化550平方米。

园林绿化 2016年，县遭遇2015年底的极端严寒天气，大量行道树受冻，园林所抢抓工期在春季一个月内完成城区共1702株受冻行道树的修剪工作。在上杭大道一二期等重要绿地节点增植同安红三角梅、在高速出口增设固定花坛1座，提升绿地内花化彩化香化景观效果。继续抓好城区公共绿地修剪、施肥、保洁等日常养护工作。2016年度汛情多发，累计在东江滨、南江滨绿地组织大规模清淤5次，投入资金3万余元。协同执法局对市民侵占绿地现象进行执法19件。完成张滩大桥接线绿化工程、杭川公园绿化工程监理工作。

2016年，城区公园绿地面积达179.54公顷，比2015年新增公园绿地5.06公顷，人均公园绿地面积15.54平方米。建成区绿地面积540.18公顷，建成区绿地率40.31%；城区绿化覆盖面积574.3441公顷，绿化覆盖率为42.86%。

工业园区基础设施建设 2016年，园区道路、排污、排水、绿化、亮化、美化等基础设施建设有序推进，基本完成杭富路、杭宁路（江南路至龙达路）、龙达路I期（杭富路至腾达段路）、江南路衔接及江南路（腾达路至杭宁路段）工程，继续推进、龙达路II期（I6、I7地块路网工程段）、龙飞路II期（黄竹路至铜城路）、杭美路及永美路等项目建设。通过道路铺设等基础设施、边坡绿化及植补恢复和生态修复完成水土流失治理面积约250亩；完成土石方平整约25万立方米。

〔农村生活垃圾治理〕

2016年，加大农村牛活垃圾治理力度，将农村垃圾治理成效列入年度县政府对乡镇环保目标考评和效能督察内容，对各乡镇政府实行生活垃圾治理目标责任制管理，下达年度工作目标，明确工作任务，各乡镇把农村生活垃圾处理工作纳入重要工作内容，做到"一把手"亲自抓、负总责，分管领导具体抓，对因推进生活垃圾处理工作不力的乡镇、村进行问责，同时定期组织有关人员对农村生活垃圾治理工作进行检查、监督，并对检查情况进行通报，促进生活垃圾治理工作的长效运行，农村环境卫生状况得到有效改善。全县农村乡镇基本完成乡镇生活垃圾转运站建设任务；结合县农村实际出台《上杭县农村家园清洁三年行动实施方案》（杭政〔2016〕76号），在按市、县、乡镇各1/3，保证保洁员工资在1万元/人·年的基础上，县财按7.5元/人·年的标准给予垃圾运行管理费用补助；对竣工验收的生活垃圾转运站，除省级补助外，县财政再对每座生活垃圾转运站给予30万元补助；对垃圾治理较好的乡镇通过"以奖代补"的形式给予5万元—15万元的奖励等，农村生活垃圾治理工作得到显著改善。

·城区给排水·

〔管网改造〕

2016年,完成工业园区标准厂房给水及消防DE63-110pvc管道3293米铺设;完成西南村耙头山至深陂DE63-160pvc管道12505米铺设;完成工业区新建道路DN150-200球墨管2960米铺设;完成南岗工业区光华路DN150-DN200球墨管1300米铺设;完成金山电站龙江亭段DE1000PE管614米铺设;完成张滩大桥及南北道路DN300-800球墨管3791米铺设,以上工程总投资约1307万元。

〔水表安装与管网维护〕

2016年,完成农械厂集资楼、中医院集资楼、驷马桥A区集资楼、广源职工集资楼水表出户安装78户,对在建住宅小区(帝豪时代广场、二环路廉租房三期)实行一户一表、终端收费626户,同时制定签订相关供用水协议,规范小区供用水管理,全年新增安装入户899户,管网维护抢修2330次,故障水表更换和维修1922架次。

〔污水处理〕

2016年,处理城区污水1082万吨,城区污水处理率达89%以上。共计减排COD(化学需氧量)约1436.4吨;BOD5(生化需氧量)约523.1吨;H3-N(氢化物)约229.9吨;总磷约16.8吨,年污泥排放总量1196吨,较好地完成了上级减排任务。各项指标均符合《国家城市生活污水处理厂排放标准》的一级B标准。

〔水质监管〕

2016年,城区用水办不定期对制水企业进行突击检查,加强制水环节监管,要求各水厂提高自检能力,完善水质检测体系,建立水质报告制度,密切关注水质变动情况,加强水质跟踪监管。县疾控中心对水源水、出厂水、末梢水每月2次抽样检测,供水企业严格按照国家生活饮用水卫生标准,对出厂水质、管网末梢水每天进行检测,对出厂水ph值、余氯、浑浊度实行每小时检测记录,每半个月做1次全面分析,同时在上杭网、电视台、微信等平台领域公布水质检测情况,自觉接受广大群众监督。

〔县城区备用水源建设〕

2016年1月,县城区备用水源项目开工建设,至年底完成铺设供水管网1公里(含跨河段)及稳压井1座。

〔污水处理厂二期扩建工程建设〕

2016年3月,污水处理厂二期扩建工程开工建设,12月竣工,并投入试运行。

2016年上杭县鑫源自来水有限公司出厂水质情况统计表

表10 单位:%

月份	项目								
	浑浊度	色度	臭和味	肉眼可见物	二氧化氯	细菌总数	总大肠菌群	耐热大肠菌群	CODMn
1月	100	100	100	100	100	100	100	100	100
2月	100	100	100	100	100	100	100	100	100
3月	100	100	100	100	100	100	100	100	100
4月	100	100	100	100	100	100	100	100	100
5月	100	100	100	100	100	100	100	100	100
6月	100	100	100	100	100	100	100	100	100
7月	100	100	100	100	100	100	100	100	100
8月	100	100	100	100	100	100	100	100	100
9月	100	100	100	100	100	100	100	100	100
10月	100	100	100	100	100	100	100	100	100
11月	100	100	100	100	100	100	100	100	100
12月	100	100	100	100	100	100	100	100	100

·城市管理行政执法·

〔城建环保项目建设〕

2016年，推进西环路一中操场西侧停车场、建设路（县中医院北侧）生态停车场、县信访局北侧停车场、东环小区停车场项目建设。西环路一中操场西侧停车场占地面积392平方米，建成停车位15个，累计完成投资180万元；建设路（县中医院北侧）生态停车场占地面积1200平方米，建成停车位25个，累计完成投资300万元；信访局北侧停车场：停车场占地面积1500平方米，建成停车位45个，充电桩7个，累计完成投资540万元；东环小区停车场包含在东环小区经济适用房12#楼西侧新建停车场1处，新增停车位12个，占地面积230平方米，以及对东环小区西侧道路破损路面进行维修，迁移路灯1盏、新安装4盏。

〔生态环保项目建设〕

2016年，对城区建筑工地、道路扬尘，实行严格监管，做到谁污染、谁付费。加强城市道路清扫、保洁的监管，增加道路扬尘洒水面积和频次，减少城区扬尘污染。实施县生活垃圾无害化处理场渗滤液达标排放在线监测设备和实验室建设，完成调节池封盖HDPE防渗膜（雨污分流）除臭设备工程建设设计方案，协调环保、住建等部门论证渗滤液膜处理设备扩容方案（原设计日处理140吨渗滤液，全年日处理70吨设备）。

〔“两违”综合整治〕

2016年3月，全县围绕服务“三大战役”开展“亮剑行动”，共拆除违建面积66.25万平方米，完成全年任务数的130%，有效遏制各乡镇违法占用耕地、林地行为。2016年，全县共拆除“两违”（违法用地和违法建设）1404宗，拆除违章建筑面积156.21万平方米，达年度目标任务的306%，完成“两违”拆除率居全市第一，为全县财政节约拆补资金约1.5亿元，有效利用拆后土地面积149.54万平方米，拆后利用率达98.07%。

2016年，荣获全省“两违”综合治理表现突出单位称号；获得龙岩市“两违”专项整治工作综合考评一等奖。

2016年11月21日，“两违”专项整治现场

〔市容市貌综合管理〕

2016年，开展建筑垃圾专项整治，严厉查处建筑垃圾弃土运输过程中的各类违法违章行为，重点抓好龙翔大道、二环路、上杭大道等道路“滴撒漏”违规行为。发放300余份通告，查处10余处工地滴洒漏污染路面案件；开展户外广告专项整治，拆除破旧、破损、老化的广告牌、不规范的店招店牌、布幔、条幅1000余块，面积2万多平方米；开展移动推拉篷专项整治，对城区振兴路、二环路、江滨路、金岗山、金山商业城等地段的推拉帐篷行为开展集中整治，全年发放《整改通知书》20份，拆除移动推拉篷20个；规范管理各类摊点，在城区规划设置23处临时经营点对流动摊点进行疏导。

〔环境卫生管理〕

2016年，全县城区清扫保洁面积约128万平方米/日，全年共收集清运垃圾量约5万吨，洒水车实行早中晚间洒水作业方式，增加洒水密度，全年洒水量约2万吨，全面保障城区环境卫生整洁。

2016年，县生活垃圾无害化处理场严格按照生活垃圾卫生填埋操作规程作业，每日做好垃圾进场检测、称重、分单元填埋作业、摊铺压实、消毒、覆盖等，做到控制污染，减少对周边环境的影响，日处理生活垃圾约130吨，全年处理生活垃圾约4.8万吨，城市生活垃圾无害化处理率达99%以上。渗滤液处理站采用生化处理+MBR膜+NF膜+RO膜处理工艺，由县环卫所管理运行，按操作规程规范作业，实行全天24小时运行，日处理渗滤液量约60吨，全年共处理垃圾渗滤液18568吨，处理后出水达到《生活垃圾填埋场污染控制标准》（GB16889-2008）表2排放标准排放。

〔市场服务管理〕

2016年，加强目标管理综合考评日常巡查监管，实行定人定岗岗位责任制。加强市场消防、水电安全工作的排查整改,水电班组每月不定期对市场消防、水电安全进行排查,更换各市场的消防灭火器,更新城东市场和东门市场照明线路和节能灯具,确保市场用电安全。针对东门市场消防设施地下管道多处漏水,市场消防栓用水无法正常接通使用问题,投入2万余元对该市场消防管道进行维修改造,确保消费者及市场管理人员的生命财产安全。

〔城区路灯维护管理〕

2016年,严格实行夜间巡查制度,保证城区1.5万余盏路灯、200余处夜景和200余公里路灯线路正常运行。对城区达到使用年限,存在安全隐患的路灯照明设施进行升级改造。完成二环路、金岗山路、立新路、上杭大道张滩大桥南北接线工程路灯增亮及电缆改造工程。全年,共接到报修维护电话400余次,处置率达100%,亮灯率达98%以上。

〔县数字城管监督指挥中心运行〕

2016年,"数字城管"系统整合利用平安上杭、数字城管共1981个视频监控平台,实时采集城市管理信息。全年共上报案件31748件,立案31042件,结案29444件,结案率为99.7%。整个系统实现城市管理科学化、数字化、信息化、高效化,先后组织力量对"雨水井盖问题""环境卫生问题""数字化城市管理事部件权属问题""部分道路市政公用设施权属问题"等众多涉及城市管理各个方面的课题展开深入细致的普查和调研。

〔应急队伍规范化建设〕

2016年,成立由60人组成的上杭县抢险救灾应急队伍,该队伍由素质高、战斗力强、听指挥、能打硬战的退伍军人组成。抢险救灾应急队伍协同县人武部、消防大队做好抢险救灾演练工作,提升自身抢险救灾能力,做好"尼伯特""莫兰蒂"等超强台风的防御工作,切实把县委、县府下达的应急抢险任务落到实处,保障群众的生命财产安全。

〔城区公共自行车项目建设〕

2016年,县公共自行车项目累计完成投资49.8万元,在江滨路人民广场、东方花园、江滨西路安阑桥、北环路街心公园、杭永路紫金公园等5处公共自行车租赁点投入75辆自行车,上杭县公共自行车项目是全市运行公共自行车服务系统的首次尝试。

江滨路人民广场公共自行车租赁点

·勘测设计·

〔城乡规划测绘工作〕

2016年,完成城区地形图修测约7.27平方公里,主要有:县城规划区周边区域1:500地形图修测;完成城区建设项目规划放样、核样共20个。

·建筑业·

〔建筑业发展与管理〕

2016年,完成建筑业总产值393.5亿元,约占全市建筑业总产值的53.6%,比增12.9%,其中省外产值286.2亿元,占总产值的72.73%,总产值居全市第一。

2016年,新设立施工总承包企业9家;晋升二级总承包企业1家,县外迁入总承包企业1家,至年底全县共有资质建筑施工企业105家,其中一级20家、二级40家、三级42家,劳务资质企业3家。全县有资质建筑中介服务企业4家(产值、税收统计在服务业);资质建筑工业企业4家(4家预拌砼资质企业,产值、税收统计在工业企业);独立园林绿化资质企业9家(产值、税收统计在文化产业)。

2016年,上杭县新报建55个工程项目(其中房建工程51个项目、市政工程4个项目);全县重大危险源共27处(其中深基坑2处,塔吊10台,施工升降机15台);召开建筑施工质量安全经济形势分析会4次;组织领导带队安全检查12次,例行日常质量安全检查157次,排查隐患942起,整改901起,整改率95.6%。加强项目现场监督管理,对项目经理、总监实施违规记分,全年对项目经理记分150人次,共记1371.76分,总监记分146人次,共记996分。至年底,县在建房屋建筑和市政公用工程未出现质量安全事故,质量安全处于受控状态。

〔整顿规范建筑市场〕

2016年,重视抓好房屋建筑和市政工程招投标监管工作,健全完善工程项目招投标管理机制,全年受理房建市政工程项目备案约79个,预算造价约4.55亿元。

〔拓展建筑市场〕

2016年,上杭县继续发挥“中国建筑之乡”品牌效益,通过强强联合、协作互补等形式,不断拓展市场空间,在巩固本地、广东市场及矿山市场的基础上,向更高、更大、更远的市场拓展。2016年,省外产值286.2亿元,占总产值的72.73%。

·房地产业·

〔保障性住房建设〕

2016年,配租公租房(含廉租房)472套,其中驷马桥A区33套,二环路小区141套,黄竹保障性住房小区153套,紫金矿业自筹资金建设的紫金保障性住宅小区配租145套。配售黄竹经济适用房42套。

〔房地产开发〕

房地产开发 2016年,实施帝豪时代广场、御江花园、建设路安置小区等3个房地产开发项目,已完成投资3.62亿元。商品房销售金额5.21亿元,销售面积13.84万平方米,商品住宅销售891套,新建商品房平均销售价格5086元/平方米。

〔县直公房管理〕

2016年,县房管所管理的直管公房158处,全年投入11万元维修公房219幢(次),收取公房租金约75万元。

·人民防空·

〔人防宣传教育〕

2016年,以赠阅人防杂志,深入项目单位人防办事窗口人员面对面向业主、办事群众宣传解释人防法规及收费政策;以福建省人民防空知识网络竞赛为抓手,做好新修改的《福建省人民防空条例》的宣传学习工作;在局网站人防专栏,刊登人防知识、政策、法规等方式,增进社会各界人防认知度,通过多渠道、多方式加大人防宣传力度,形成全社会关心人防、理解人防、支持人防、参与人防建设的良好氛围和环境。

〔“9·18”警报试鸣〕

2016年9月18日上午10时30分,城区的8台警报器按规定鸣放预先警报、空袭警报和解除警报,鸣响率100%,音响覆盖率95%以上。

〔人防行政审批和易地建设费征收〕

2016年,办理人防建该审批事项46项,其中审批易地建设防空地下室事项25项(包括8项减免事项),收取人防易地建设费1404.28万元,超额完成计划任务,减免人防易地建设费共73.26万元;严格执行统一缴费制度,由县行政服务中心收费窗口全额收取后,转入县财政专户;办理人防工程竣工验收备案3项,完成建设防空地下室竣工面积7332.11平方米;办理易地防空地下室竣工5项;人防工程质量监督备案3项;防空地下室设计文件防护专项审核告知书1项;受地质条件等因素限制就地不修建防空地下室审核转报龙岩6件。

2016年,开始承接市级下放人防工程质量监督工作,由行政审批股负责人防工程质量监督的申报、监理备案和竣工验收备案等工作,由县建设工程质量安全监督站负责人防工程专项质量监督工作。

〔人防工程建设与管理〕

2016年,做好帝豪时代广场、龙岩市委党校迁建等9项在建人防工程的跟踪服务和质量监督。街心花园公共人防工程和紫金南路广场公共人防工程均投入使用。

〔人防建设专项规划编制工作〕

2016年,启动《上杭县人防专项规划(2015—2030年)》编制相关工作。与上海结建民防建筑设计有限公司签订县人防专项规划编制合同,至年底完成初稿。

《城乡规划建设管理》撰审人员

撰 稿 人:邱晓晴 廖文龙 陈 琴
审 稿 人:吕丁武 傅晓刚 邱加宏
责任编辑:王冬英

环境保护　生态建设

·环境保护·

〔环境质量〕

2016年,县城区、县工业园区、蛟洋工业区空气环境质量均达到或优于国家环境空气质量二级标准,达标率100%。汀江(上杭段)涧头水站、水西大桥、李家坪大桥和南蛇渡大桥4个省控考核断面中,涧头水站、南蛇渡大桥目标水质达到Ⅲ类,2016年达标比例为100%;李家坪大桥、水西大桥断面目标水质达到Ⅱ类,全年综合水质总体评价为Ⅱ类,达标比例为100%。城区生活饮用水源地横滩取水点、石禾仓水库以及20个乡镇集镇水源点水质均达到或优于Ⅱ类水质标准,达标比例为100%。2016年,市控城头坪断面水质达标率为50%,市控清陵塔断面水质达标率为100%。声环境质量达到或优于二类区域环境质量标准。

〔环评审批〕

2016年,共审批环评文件项目93个,其中登记表审批项目45个,报告表审批项目35个、报告书审批项目3个、审查上报类10个。环保竣工验收合格项目51个。准予发放排放污染物许可证的项目共11个。协调完成紫金铜业综合物料回收技改扩产项目、金萃福3D硬金生产、紫金山金铜矿铜浮选厂、鸿航科技有色金属生产、蛟洋天然气气化站项目、德尔科技精细化工、铭磷化工等一批省、市重点项目的环评审批,完成蛟洋工业园区规划环评、思康有机氟化工等项目环评评审工作,完成紫金山金铜联合开发项目国家级环保竣工验收和紫金山金铜矿资源综合利用项目、紫金铜业年产28万吨挖潜技改项目、翁福紫金化工股份有限公司磷酸磷铵项目增设氟硅酸钠装置项目等环保竣工验收工作。

〔环境监测〕

2016年,县环境监测站根据工作重点共出具各类环境监测数据9933组。水环境方面"一江两河"国控、省控、市控8个断面,出具数据1800余组;饮用水源地横滩取水点、石禾仓水库及乡镇集镇饮用水水源地,出具数据1280余组。环境空气质量方面城区监测点环境保护局、黄金冶炼厂,项目为二氧化硫、二氧化氮、PM_{10}(可吸入颗粒物,通常把粒径在10微米以下的颗粒物称为PM10),共出具120组监测数据。完成县城区83次降雨监测,测值范围pH3.39~6.82。完成21个乡镇38个水质考核断面及6个背景断面监测,监测因子为COD〔化学需氧量(Chemical Oxygen Demand)〕、总磷、氨氮,出具数据450组。完成国、省、市控重点污染源企业监视性监测、在线监控设备比对监测及养殖场等监督性监测,出具数据5600余组。完成汀江干流回龙、三潭渡口、涧头、南蛇渡水质自动监测站在线比对、异常值手工监测比对、每月密码样考核等,出具数据600余组。新建完成稔田九曲里、溪口石铭渠道水质自动监测站建设和城区空气自动监测站建设,监测数据与上级环保部门联网。

〔环境执法〕

2016年,完成清理违规建设项目24个,完成率达100%,共检查企业846家次,出动执法人员1900多人次,立案处罚57起,处罚金额约281万元,实行行政拘留5起,查封、扣押8起,停产限产19起,按日计罚1起,申请法院强制执行5起,下达限期整改通知书33份。全年,排污费申报企业190家,核定审批190家,其中未生产6家,政策性免征1家,排污费为零的企业8家。收费企业数达175家,征收排污费601.22万元。2016年,成立农村环境监察临时中队,从4月26日开始,在全县范围集中开展为期6个月的专项行动,养殖业环境违法行为查处力度空前,检查、巡查养殖场188家,立案查处8起,移送公安部门1起,在县广播电视台陆续曝光13期次。全年拆除禁养区生猪养殖场(户)3581家,拆除面积75.58万平方米,削减生猪30.24万头。受理群众环境信访投诉举报283件,妥善处理率100%。

〔重点区域监管〕

2016年，督促紫金山金铜矿落实企业主体责任，加大巡查力度，提高防范应对极端气候的抗环境风险能力。县环境监测站每周对矿区外排水进行水质监视性监测，密切关注矿区外排水质变化情况。蛟洋片区环境监察中队对片区开展环境监察现场检查224次，出动监察执法人员820人，下达整改通知1份，责令改正违法行为决定书12份，立案处罚32起，处罚金额约62万元，执行查封查扣企业1起，移送公安行政拘留5起。加强对紫金铜业、瓮福紫金化工、金山黄金冶炼、龙氟化工以及瓮福蓝天氟化工等5家重点企业的日常环境监管。妥善处理坪埔村及小和村村民反映毛竹林枯黄、枯死现象信访事件，将环境监管情况及重点污染源企业环境监测数据在蛟洋工业区及村部信息公开栏公示，做好向周边群众宣传解释工作，争取群众支持理解。

〔生态环保攻坚项目〕

2016年，《上杭县生态环保攻坚战役实施方案》涉及的工业污染控制、城乡环保基础设施建设、农村环境保护、环境监管、水环境综合治理修复类项目45个，总投资26亿元，年度投资约7.8亿元，累计完成投资约6.41亿元，完成年度计划投资占82.06%；其中市下达县生态环保攻坚项目8个，年度计划投资约1.76亿元，累计完成投资约2.17亿元，完成投资额的123%。完成淘汰黄标车1097辆，超额完成市下达任务1042辆。积极向上争取中央、省、市生态环保项目资金，向国开行争取第一批生态环保重点基金1亿元；争取汀江——韩江流域2016年生态补偿资金6430万元，用汀江流域水环境综合整治。

·创建生态县·

〔国家级生态县创建工作〕

2016年10月，上杭县通过国家生态县考核验收。全县除临江镇不要求参加评选生态乡镇外，其余21个乡镇均通过省级生态乡镇命名，其中古田、步云、稔田等18个乡镇通过或达到国家级生态乡镇创建要求。全县331个行政村中有312个村通过市级以上生态村命名，其中99个村通过省级生态村命名。

·防震减灾·

〔防震减灾工作概况〕

2016年，县地震工作以防震减灾为核心，开展防震减灾宣传工作，提高全县人民的防震减灾意识和能力。7月，县地震科普宣传教育基地挂牌成立；8月，县第二实验小学和教师进修学校附属小学被龙岩市地震局与龙岩市教育局联合授予“防震减灾科普示范学校”；10月，结合地震预警系统建设工程，在地震办完成建设小型地震科普馆；12月，临城镇城北社区（紫金小区）被中国地震局认定为“地震安全示范社区”。上杭县防震减灾工作在2016年度全市防震减灾综合评比中获得第一名。

〔监测预报工作〕

2016年，更新“三网一员”（地震宏观测报网、地震灾情速报网、地震知识宣传网；防震减灾助理员）队伍并开展培训工作，将群测群防工作延伸至每一个村居。同时，对“地震应急第一响应人”进行地震业务知识培训，并向参训人员分发“三网一员工作手册”。2016年，开展宏观观测点运行管理情况检查，加强规范地震异常处置机制，及时上报并处理各类异常情况。加强地震监测设施建设和保护工作，对全县3个地震微震台（下都镇吉安村、蓝溪镇冯石村、临城镇九仙湖）、1个地震强震台（上杭职业中专学校）开展巡查和维护工作；位于临城镇璜岗村的“GPS基准站”和北斗框架网基准站建成并开始运行。加快推进地震预警系统建设，相关设备在县地震办安装完成，确定县教师进修学校附属小学和上杭县职业中专学校为地震预警系统接入试点学校。

〔震害防御工作〕

2016年，加强地震应急避难场所建设。全年建成古田、才溪、蓝溪、南阳、中都5个地震应急避难场所，各地震应急避难场所均配备应急供水、供电、应急厕所、应急淋浴、应急停车、应急指挥等设施设备。

〔应急救援管理工作〕

2016年，修订完善《上杭县地震应急预案》，制定相应的地震应急处置流程图。把防震减灾知识纳入学校安全教育内容，组织中小学校、幼儿园积极开展地震应急疏散演练118次。组织上杭供电公司、中国移动上杭分公司等大型企业开展地震应急演练3次。对县地震应急专业救援队、青年志愿者地震应急救援骨干队、紫金山金铜矿矿山救护队等救援队伍开展地震应急培训和演练各1次。

〔防震减灾宣传〕

2016年，成立县地震科普知识宣讲团及防震减灾志愿服务队；开展防震减灾宣传教育“五进”（进农村、进学校、进社区、进机关、进企业）活动。通过分发宣传资料、观看科普电影、开展讲座、召开培训会等多种形式做好全县防震减灾科普宣传工作，把

《福建省防震减灾条例》纳入公职人员学法考试内容。

《环境保护　生态建设》撰审人员

撰 稿 人：刘天祥　沈政雄
审 稿 人：雷松春　廖明东
责任编辑：王冬英

交通运输

·综　述·

〔交通运输业发展情况〕

2016年,上杭县境内公路总里程3631.29公里,其中高速公路119.53公里(其中龙长线29.8公里、永武线53.6公里、蛟城线36.13公里),国道202.43公里(其中G205线78.27公里、G319线25.78公里、G358线42.68公里、G357线52.50公里,G358线水西段至东门大桥连接线3.2公里),县道425.03公里,乡道1156.9公里,村道1695公里。专用公路(林场、旅游、工业区)32.4公里。近年来,上杭县大力实施县道晋级改造,至年底,县道才溪至官庄公路13.495公里按二级公路标准完成改造全线通车,通行条件得到进一步改善,公路交通网络日臻完善。

2016年年底,全县有运输企业37家,其中客运企业1家,旅游运输企业1家,出租汽车和公交运输企业1家,普货运输企业34家(其中4家同时兼营危货运输业务);客运站20家,农村候车亭203个;机动车维修企业46家;机动车驾驶员培训学校7家,其中汽车驾驶员培训机构6个(一级1家,二级1家,三级4家),摩托车驾驶员培训机构2个(其中一家兼汽车驾驶员培训业务)。教学场地面积11.47万平方米(其中汽车培训教学场地11.05万平方米,摩托车培训教学场地0.42万平方米),培训合格机动车驾驶员4692名(不含摩托车驾驶员)。全县共有持证上岗从业人员2707人(其中普通货物运输从业人员1507人,危险货物运输从业人员296人,维修从业人员321人,教练员583人)。

2016年,全县共有营运客车145辆2971座,其中大型客车(31座及其以上)24辆1021座;中型客车(16座—30座)95辆1766座;小型客车(8座—15座)6辆84座;出租汽车20辆100座。全县共有营运货车865辆16369吨(其中危险化学品运输车辆77辆1699吨)。

全年,道路客货运输周转量58371万吨公里,比增(上年客货运输周转量调整为54512万吨公里)7.08%。

公共交通　2016年,城区共有公交车33辆858座,5条公交线路全长62.6公里。5条公交线路共设停靠站166个,其中站亭38个,站牌128个(含临时牌23个)。

内河渡口　2016年,全县有内河渡口2个(运行:涧头渡口;停运:矶头渡口),渡船1艘,渡工4人。

2016年上杭县营业性车辆货运情况表

表11

企业名称	类　别	货车辆数(辆)	吨位数(吨)	货运量(万吨)	货运周转量(万吨/公里)
福建紫金顺安物流有限公司	普货危货	32	1057.00	106.70	3752.00
福建上杭鸿运物流有限公司	普　货	40	1292.00	130.50	4586.00
上杭县紫金物流有限责任公司	普　货	15	489.00	49.00	1736.00
福建上杭宇泰物流有限公司	普货危货	29	1044.00	105.00	3706.00
福建省上杭县闽杭物流有限公司	普　货	32	1035.00	104.50	3674.00
福建省上杭县麒麟矿业建设有限公司	普　货	9	248.00	26.00	880.00

续表11

企业名称	类别	货车辆数（辆）	吨位数（吨）	货运量（万吨）	货运周转量（万吨/公里）
福建省星星物流有限公司	普货	14	420.00	42.40	1491.00
上杭龙洲物流有限公司	普货	1	1.50	0.15	5.30
福建沙金物流有限公司	普货	2	1.50	0.15	5.30
上杭县龙鑫混凝土有限公司	普货	15	261.00	26.00	926.50
福建荣通达物流有限公司	普货	8	300.00	30.00	1065.00
福建平稳物流有限公司	普货	1	1.50	0.15	5.30
上杭县福诚物流有限公司	普货	1	1.50	0.15	5.30
龙岩市上杭县金羊劳务服务有限公司	普货	1	1.50	0.15	5.30
龙岩市求实贸易有限公司	普货	1	1.50	0.15	5.30
上杭县欣诚物流有限公司	普货	8	135.00	13.60	479.00
上杭县泓源物流有限公司	普货	1	1.00	0.90	3.50
上杭县顺安汽车运输有限公司	普货	344	5264.00	532.00	18788.00
上杭县顺发运输有限公司	普货危货	183	2519.00	254.00	8993.20
紫金矿业集团股份有限公司	普货危货	12	48.00	4.80	170.00
福建省上杭县闽运物流有限公司	普货	0	0	0	0
上杭县联合物流有限公司	普货	18	488.00	49.20	1732.00
上杭县盛发物流有限公司	普货	34	659.00	66.50	2339.00
上杭县新顺安物流有限公司	普货	67	1132.00	114.00	4018.00
合计		868	16401.00	1656.00	58371.00

〔交通基础设施建设〕

2016年，完成交通基础设施项目建设投资5.26亿元，占年度投资计划的117.4%。

厦蓉高速公路(上杭段)扩容建设项目 2016年，完成红线内征地、房屋征迁、坟墓迁移、杆线迁改任务。项目全长11.6公里。

永杭高速公路(上杭段)建设项目 2016年，完成投资3100万元，占年度投资计划的103.33%。项目全长48公里。

古田梅花山路一期工程项目 2016年，完成投资1.578亿元，占年度投资计划的112.7%。项目全长8.147公里，按二级公路双向四车道标准建设，项目计划投资3.9542亿元，建设工期2015—2017年。

新罗岩下山至古田五龙公路项目 2016年，完成投资6300万元，占年度投资计划的210%。项目全长约3.25公里，按二级公路标准设计，估算投资2.07亿元。项目比原计划提前开工建设。

县道才溪至官庄公路晋级改造项目 项目全长13.495公里，按二级公路标准建设，总投资2.0311亿元。项目于2016年8月完工通车。全年，完成投资7100万元，占年度投资计划的177.5%。

大中线晋级改造(庐丰至中都段)项目 2016年，完成投资7150万元，占年度投资计划的143%。项目全长13.602公里，按二级公路标准建设，总投资1.2382亿元。项目建设正在实施中。

县道黄太线晋级改造项目 2016年，完成投资6350万元，占年度计划的107.5%。项目建设正在实施中。项目全长7.533公里，按三级公路标准建设，总投资1.2812亿元，计划工期2015—2017年。

矶头大桥撤渡建桥项目 2016年，完成投资880万元，占年度投资计划的110%。项目全长192米，宽7.5米。

危桥改造项目 2016年，完成官庄乡濯坑桥，南阳镇蜈蚣桥，古田镇李下坑桥，下都镇砂睦桥，白砂镇树坑桥、上村桥，临城镇沙头角桥等10座危桥改造，完成投资1300万元，占投资任务数的110%。

〔交通建设项目前期工作〕

2016年，完成县道大中线(大池至溪口段)晋级改造项目和太拔至院田道路晋级改造项目的施工图修编、中都至下都道路晋级改造项目和古田至步云道路晋级改造项目的施工图修编、临城黄竹至中都富光道路建设项目的工程可行性研究报告编制等前期工作。

〔交通运输体制改革创新工作〕

农村公路上杭灾毁保险在全省推行 2016年,上杭县首创和不断完善的农村公路灾毁保险,有效解决农村公路灾毁设施修复与重建资金筹措难题,使农村公路灾毁设施得到及时修复重建,保障农村公路安全畅通的典型先进经验在全省推广。

2014年11月14日,省委常委、常务副省长张志南在《上杭县建立农村公路保险机制情况介绍》上批示:“农村公路灾毁保险”上杭县的做法可否在全省推广,论证并听取各方意见后提出建议。2015年,龙岩市交通运输局发出文件在全市推行农村公路综合保险,2015年,龙岩市农村公路综合保险投保费用共1210万元,保险公司共赔付2255万元,赔付率达186%。2016年8月2日,省政府发出《关于全省推行农村公路灾毁保险的指导意见》,在福建全省推行农村公路灾毁保险,2016年全省约有5.09万公里农村公路纳入灾毁保险投保里程。

率先提出优先选聘适岗贫困村民为乡村公路养护工人 2016年,在全市率先提出在贫困人员中选聘农村公路乡村道养护工人思路,被列为县委、县政府精准扶贫“就业辅助脱贫——岗位性开发脱贫”措施。该措施得到上级交通运输主管部门的高度重视,市交通运输局发出《转发上杭县人民政府办公室关于在贫困人员中选聘农村公路乡村道养护工人的通知》,在全市推行。规定聘任贫困人员须占本乡镇养护工人的50%以上,并列入2016年县对乡镇年终绩效考评内容。2016年,全县共选聘贫困村民180人,占新选聘养护工人数的53.9%。

·公　路·

〔农村公路建设〕

基础网络与自然村通路项目 2016年,完成湖洋镇上罗村濑溪—上罗4.2公里、五坊村湖洋—龙山3公里,通贤镇周源村通贤—周源1公里,南阳镇南阳村南阳—官余1.6公里、豪东村黄麻凹—豪东1.5公里,蛟洋镇文都村华家—文都3.5公里,茶地镇翁基村竹马—翁基1.2公里等20公里基础网络项目建设任务。完成临城镇石砌村石砌—羊头里1公里、六甲村良田—新寨2.4公里、竹沙凹—寨上1.2公里、新塘村宫边—坝头1.9公里,中都镇陈和村陈和—流光1公里、古基村古基—石墩上1.6公里、军联村盐正—大坪1.1公里,白砂镇梧田村坪尾—塘背0.8公里,庐丰畲族乡丰济村村部—长丰头2.1公里,步云乡兴隆村丘山—松岐2.6公里、灯笼坑—丰仁1.2公里,旧县镇石院村上角—岗子背0.6公里等30公里自然村通路项目建设任务,全年完成投资3630万元,占年度计划的103.7%。

农村公路安保工程建设项目 2016年,实施才溪镇境内县道X636才涂线K0+000—K31+937路段31.937公里、旧县镇境内县道X632合旧线K0+000Z—K2+740路段2.740公里、旧县镇境内县道X632合旧线K2+740—K8+185路段5.445公里、白砂镇境内X632合旧线K8+185—K15+404路段7.219公里、白砂镇境内X632合旧线K15+404—K18+820路段3.416公里总计50.757公里农村公路防撞墙、片石砼护墩、安全警示标志等安保工程建设任务,完成投资376万元,占投资计划数的125%。

农村公路交叉路口安全隐患治理项目 2016年,实施国道205线南阳镇境内段往下车路口、湖洋镇境内段往迳口路口、白砂镇军桥村境内段往泮境路口等204处农村公路交叉路口安全设施(包括减速坎、凹凸镜、减速带、警示标志、警示柱、防护栏等)建设任务,完成投资102万元,占投资计划数的204%。

〔农村公路养护管理〕

完善县乡村三级养护机制　进一步落实养护责任 2016年,县道实行承包与专业养护相结合养护模式,确保县道安全畅通。乡道以乡镇交管站与交通局派驻乡镇养护站统一管理,将集镇区、村级保洁与乡道养护统一管理,实行“责任竖牌”制度,按“五定”(定人员、定经费、定养护里程、定养护质量、定奖罚)承包要求养护。村道推行“县乡指导、村级主导、全民参与”的“岭头模式”养护。

加强农村公路安全隐患整治和安保工程建设 2016年,实施农村公路安保工程建设28公里和农村公路交叉路口设施建设204处,有效改善农村公路通行环境,保障农村群众出行安全。

及时修复重建灾毁设施 在2016年各次强台风中,养护所及各乡镇养护人员加大路面巡查力度,排查各辖区道路安全隐患,及时清除溜方65处,修复路面掏空21处,修复桥涵损毁多处,保障农村公路安全畅通。

实施标准化管理　加强养护质量检查考评 2016年,养护所每月对县道养护承包人和中都道班进行考核,考评结果与工资挂钩。每半年及年终对乡镇养护质量进行考评,考评结果与下拨养护经费挂钩。养护质量考评优秀乡镇年终给予奖励,并以养护通报形式将考核结果印发至各乡镇、县道养护承包人及养护工人手中,表扬先进,鞭策后进,促进养护质量提高。将乡村道养护管理考评列入县委、县政府对乡镇党委、政府年度绩效目标考评内容。印发实施《2016年农村公路养护管理工作目标管理考评方案》,每半年组织开展1次乡村道养护管理检查考评。全县乡村道养护质量考评好路率达97.53%,保障农村公路安全畅通。

〔农村公路路政管理〕

2016年,县交通综合行政执法大队加大路域环境整治力度,扎实开展公路路面巡查,以治理超限超载为重点,有序展开路政执法活动,全年,共出动路政巡查车辆1113辆次,出动人员5090人次,共立案查处违法违规案件556起,有效维护路产路权。

〔国省道公路养护〕

2016年,完成国省道公路养护工作量2086万元,其中小修养护工作量954万元,专案工程工号22个、工程量1132万元;全局干线优良路率为100%。

小修养护工作 2016年,公路分局继续加强小修养护管理,保证养护资金、人力、物力足额投入。实行技术人员包片、包班干部、站长负责制,月初将生产任务下达到站,再分解到个人,坚持月工程验收和季度全面检查,全面推行班站定额管理计量支付。健全和完善公路养护目标管理绩效考核办法,强化激励和约束机制,制定每月绿化和保洁考核办法,每月对绿化和保洁进行专项评比考核,并落实奖惩机制,促进养护管理上水平。为提高小修养护质量,继续做好所管养路面日常保洁,实行机械和人工相结合保洁,确保路容路貌干净整洁,针对沥青路面特性,班站水车定期冲洗路面,及时清洗交叉路口路面污染,消除路面污渍。各站及时做好边沟、桥涵等排水系统清淤和桥涵路缘石、水沟墙等结构物局部缺损的修复工作。全年,完成路面清扫12.1万平方米、清理桥梁9790米、清理涵洞4.18万米、清理边沟80.1万米。加强接缝养护和裂缝处治等预防性养护,完成清灌缝31.7公里,裂缝处治1.25万米。

专案工程管理 2016年,分局实施技术人员分片分项目具体负责模式,保证各工程项目有专人负责,为每个工程项目配备施工人员,确保按技术规范施工。抓好工序控制管理,做好各道工序质量自检,执行质量追究责任制度,提高工程管理人员责任心,确保各项工作按时完成。2016年完成G205线、S308、S309、G319线路面挖补工程,G205线、G319线、X631线、X634线水毁修复工程,实施Y013线郭车桥改建工程、G205线石圳大桥加固工程、X613线水泥路面重铺工程等专案工程项目任务。

防汛保畅通 2016年,针对降雨比常年同期偏多,防汛形势尤为严峻情况,分局按照省、市防汛抗旱工作电视电话会议要求,树立防大汛、抗大灾思想,坚持"安全第一、常备不懈、预防为主、全力抢险"的防汛工作方针。加强公路安全隐患排查,重点加强对高边坡、高挡墙、桥梁涵洞、临水临崖、易结冰路段以及事故多发、危险路段的道路交通安全隐患排查,做到早预防、早发现、早处置,确保全年公路安全畅通。全年,发现较大安全隐患临水高路堤5处,高边坡路段2处,在G319线,G205线出现路面中缝扩大现象,都及时进行填缝处理,防止雨水渗入。强化落实值班值守责任。分局机关和各站严格落实领导带班和24小时在岗值班制度,提前安排好节假日值班留守人员。入汛以来,面对国、省道出现多处溜塌方险情,分局及时根据市、县防指发布的汛期应急响应等级,适时启动防汛应急预案和应急措施,组织人员力量、机械设备赶赴现场清除公路路障。全年,共清除道路溜塌方5万余立方米。

国省道绿化养护 在往年绿化基础上,各站上足劳力和机械,做好苗木的除草、浇水、施肥、除病虫害等日常养护管理工作,确保苗木成活率。对S309线安乡路段进行绿化改造提升。对老化的密植夹竹桃铲除改植草皮,稔田化厚村路段增加沿线的绿化美观效果。2016年,在国省道沿线主要补植香樟、无患子、栾树、红叶李、木芙蓉、红叶石楠等观叶观花植物,共种植各类乔木853株,球灌类585株,密植苗木1.1万株,草皮4.2万余平方米,有机肥施肥40吨,投入资金45万余元。

〔国省道路政管理〕

2016年,公路分局共上路巡查1069人次,303车次,纠正制止各类路政违章549起,查处损坏路产案件48起,办理路政审批14件,非公路标志年审4起,发放路政宣传材料8400份,信息报送28次,函告县交通综合行政执法大队重大违法违章行为14起,收取路政赔(补)偿费51.55万元(其中损路赔补偿费26.4万元、占用费25.15万元)。

路政执法队伍建设 2016年,分局组织路政人员学习有关路政管理文件,建立路政巡查台账,落实福建省公路路政许可文书和监督检查文书制作要求。7月底,组织路政人员参加市公路局路政许可业务培训及军训,进一步规范执法行为。加强信息化建设,路政人员应用路政综合管理平台系统处理各项内外业工作。全年未发生一起行政复议、行政诉讼案件和公路"三乱"(公路上乱设卡、乱罚款、乱收费)行为。

公路保护宣传工作 2016年,分局组织路政人员走进挂钩的临城镇城南社区、白砂镇大田村开展"依法治路、规范许可"便民服务宣传。到县客运站参加"青春志愿行、温暖回家路"为主题的春运志愿服务活动。5月,围绕"爱护桥梁、保障安全"主题开展路政宣传月活动,9月—11月,加强超限运输管理规定的宣传,全年悬挂宣传横幅8条,设立活动式展板6面,发放"爱护桥梁、保障安全"卡通宣传笔记本2000本、宣传材料8400份,开展集镇宣传7次、学校宣传6次,流动广播宣传13天,LED显示屏、路面电子显示屏滚动宣传1个月,短信宣传4万余条,刷新墙体宣传标语22条共计约1800余平方米,信息报送28次。

深化联合执法协作机制　开展路域环境综合整治　2016年,分局继续加强与有关部门及沿线地方政府的联动机制,定期召开联席会议,及时通报工作动态,不定期开展公路路域环境联合专项整治行动,进一步提升路容路貌。2月中旬,联合相关部门对309线5处废品收购站进行集中清理,4月对S308线华家集镇路段开展整治,5月对蓝溪集镇路段6处违章搭盖开展专项整治,6月中旬对辖区内沿线未经审批设立的非公路标志牌进行专项拆除,进一步改善路域环境。8月,安排路政人员进驻郭车超限运输检测站,开展超限运输专项整治行动。针对永杭高速未经审批在公路上增设平面交叉道口、在公路建筑控制区内修建建筑物等违法行为联合走访,发放责令改正通知书。全年,共联合开展专项整治行动16次,参加人员167人次,拆除违章搭盖11座85平方米,非公路标志67座509.15平方米,清理堆积物12处358平方米,治理滴撒漏污染公路车辆9次,函告县交通综合行政执法大队重大违章建筑、违章搭盖案件12起、污染公路案件1起、在公路上增设平面交叉道口1起。

消除安全隐患　确保公路行车安全　2016年,按照"全覆盖、零容忍、重实效"原则,开展"安全生产月""平安公路""平安单位"等专项活动,及时发现各类安全隐患,限期整改,在国省干线及南阳服务区悬挂安全生产标语,利用公路可变情报板向公众宣贯道路交通安全知识。全年,完成市级为民办实事1处、县级20处,更换轮廓标374根,道口标60根。针对雨水较多的情况,路政人员第一时间奔赴清障路段维持交通秩序,督促各站对危险路段设置警示标志和禁行标志,确保雨季公路畅通安全。5月—6月,协助各站利用高空作业车,及时对沿线存在安全隐患的路树枯枝进行截枝、清除,共清除、修剪行道树98棵。

·铁　路·

〔赣龙铁路扩能工程〕

2015年12月26日,连接赣南闽西中央苏区的赣瑞龙铁路开通后,全年主要解决赣龙铁路扩能工程的遗留问题。

2月2日,赣龙复线铁路有限公司会同龙岩市铁办、上杭县铁办、古田镇政府和相关当事人在上杭铁办古田驻地对下郭车村剩余4户房屋开裂补偿问题进行协商,达成补偿协议,境内施工造成群众房屋开裂补偿问题全部解决。4月6日,省铁办会同赣龙复线铁路有限公司、龙岩市铁办在上杭县铁办召开上杭赣龙征迁遗留问题专题协调会,上杭县铁办、古田镇政府、石笋村委及中铁五局等有关人员参加会议。会议就赣龙铁路石笋山隧道建设造成古田镇石笋村石笋溪水源减少,影响农田灌溉补偿进行协商,对补偿方案达成一致意见。4月26日,签订补偿协议。4月27日,省铁办会同赣龙复线铁路有限公司、龙岩市铁办在上杭县铁办召开专题协调会,上杭县铁办、古田镇政府、上郭车村委及中铁五局等有关人员参加会议。会议就赣龙铁路扩能改造工程阳明山隧道建设施工影响古田镇上杭能群建材有限公司、能群建材有限公司白云分公司生产、生活用水及上郭车村农田灌溉用水补偿问题进行协商,对补偿方案达成一致意见。6月,分别签署协议。

〔赣瑞龙铁路配套工程〕

赣瑞龙铁路配套工程依托古田会址站开发建设　2016年,主要建设项目包括:站前大道、新站南路框架涵、站前广场(安置地A标段土石方工程、综合管网、市政道路,广场铺装、绿化、景观、照明、商业建筑)及边坡支护工程。相关工程建设基本与铁路开通同步投入使用,全年主要进行工程结算扫尾和站前广场雕塑设计施工等后续工程。全年,完成投资约730万元,至年底累计完成投资约8784万元。

站前广场雕塑工程　该工程采用设计施工一体化模式,由厦门市典博文化艺术有限公司实施建设,实施范围包括雕塑方案、泥稿制作、泥稿放大、铸铜锻造、运输及安装、基础及底座等,人物材质为铸黄铜,旗为锻不锈钢。4月25日动工,12月30日竣工验收,总投资127万元。该雕塑两个主题,正面主题"成功从古田开始",背面主题"星星之火可以燎原"。雕塑底座长8.1米、宽2.9米,9人组成;雕塑前红旗4.9米,后红旗连同底

古田会议会址站前广场雕塑

座高 7.1 米。

〔龙岩至梅州至龙川快速铁路前期工作〕

2016 年 1 月,时任县委书记谢海波、县人大常委会主任陈思忠等率领工作组赴京拜访中铁设计咨询公司、杭籍开国将军、老红军、杭籍全国人大代表,请求其支持龙岩至梅州至龙川快速铁路项目选用经上杭的北方案,与蕉岭县、武平县交流项目前期工作,一并争取龙岩至梅州至龙川快速铁路项目选用北方案。4 月 20 日,福建省与广东省对龙川至梅州至龙岩铁路走向采取经过上杭县的北方案达成初步共识。7 月 22 日,设计单位中铁设计咨询公司根据两省领导对接会议精神对预可研进行完善,推荐经上杭的北方案作为贯通方案、南方案做同精度比选方案,并向两省征求意见。福建省发改委行文同意将经上杭的北方案作为贯通方案。10 月,龙岩市把龙岩至梅州至龙川铁路作为杭(福)广高铁项目组成部分委托铁四院开展相关研究。

·运输业·

〔铁路运输〕

2016 年,赣龙铁路上杭火车站运行货运完成装车数 14599 车,卸车数 28115 车,发送货物 24.24 万吨,接发列车数 11277 次;紫金铁路货场年运量完成 170 万吨,比增 13.57%;古田会址站接发列车 20175 列,客发 175930 人。

〔公路运输〕

2016 年,全县有客运班线 56 条,日发 389 班次。其中,跨省班线 6 条,日发 9 班;跨地(市)班线 9 条,日发 14 班;跨县班线 20 条,日发 92 班;县境内班线 21 条,日发 274 班。

〔农村公路场站〕

2016 年,全县有客运站 20 个(其中,上杭汽车站为二级站,南阳、官庄、通贤、官余、湖洋、蓝溪、稔田、坪埔、蛟洋、中都 10 个客运站为 5 级站,才溪、旧县、古田、下都、太拔、溪口、庐丰、步云、步云虎园 9 个客运站为简易客运站),有农村候车亭 203 个。

〔农村客运事业发展情况〕

2016 年,农村客运班线通达乡镇 22 个,通达率 100%;通达行政村 331 个,通达率 100%,通过采取延伸班线和预约班车等方式实现全县 100%行政村通班车目标。

〔客货运输管理〕

2016 年,全面落实一岗双责和安全生产责任制,开展“道路运输平安年”活动和隐患排查治理攻坚战,共组织 326 人次对全县 60 多家企业开展拉网式检查,重点检查客运、危货运输等重点领域。在春运、“五一”、清明、端午和汛期等重点时段,组织人员对全县道路运输客货企业开展安全生产工作专项督查,对排查出来的安全隐患发出整改通知书限期整改。全年,共出动人员 677 人次,发出整改通知 35 份,落实隐患整改 35 条。加大春运工作力度,完善协调机制,加强运输组织,落实各项安全生产制度和措施,开展“情满旅途”活动,保障群众在春运期间安全便捷出行。春运期间,共投入客车 121 台,总座位 2706 座,协议借调外援车辆 50 辆次,累计发班 15663 班次(其中,加班 145 班,包车 68 班),运送旅客 98741 人次,实现安全生产无事故目标。严格运输市场准入制度,严禁不符合经营条件的业户进入道路运输市场,认真审查道路运输企业行政许可条件和从业人员资质要求,新增货运企业 3 家。大力发展道路旅客运输。全年,新增和更新客运车辆 10 辆 322 座。整合车辆动态监控平台资源,加强对车辆运营过程的动态监管,对超速、超员、离线和疲劳驾驶等严重交通违法行为从重从严处罚。加强汽车客运站安全监督,认真执行《汽车客运站安全生产规范》和《汽车客运站安全管理规定》,执行“三不进站、六不出站”(无关人员不进站,无关车辆不进站,易燃、易爆、易腐蚀等危险物品不进站;客车超载,天气恶劣不宜行车不出站,安全例检不合格车辆不出站,驾驶员资格不符不出站,客车证件不齐全不出站,出站登记表未经审核签字不出站,乘客、驾驶员未系安全带和驾驶员不作安全承诺不出站)要求,确保客运车辆出站安全。开展道路运输企业质量信誉考核工作,完成 2 家客运企业、14 家货运企业质量信誉考核工作。全面开展道路运输企业安全生产标准化建设达标创建工作。完成辖区全部道路运输企业三级达标创建工作。大力引导支持企业壮大发展。推广交通物流信息交易平台的对接使用,推动货运物流进入“互联网+交通物流”新时代,实现“一单式”货物运输格局,13 家货运企业实现对接福建省交通物流交易平台。引导企业大力发展甩挂运输,提高运输效益,2016 年有挂车 97 辆,总吨位 4193 吨。引导企业与金融部门合作,开展货车信贷按揭业务,更新节能环保车辆,促进货运业健康发展。

〔道路危险化学品运输管理〕

2016 年,落实交通运输主管部门的安全监管职责和运输企业安全生产主体责任,有效预防危险货物运输事故发生,从 4 月中旬至 5 月底在全县范围内开展道路危险货物运输专项整治行动,县交通运输局组织县运输管理所和县交通综合行政执法大队等责任单位联合县公安交警,对辖区 4 家危货运输企业开展全面检查,共组织检查组 4 个,出动人员 35 人次,发现和整治隐患 3 个,保障上杭县危险化学品运输安全。

〔公共交通行业管理〕

2016年,进一步优化公交网络,提升城市公交服务能力。对1路、2路和4路公交车线网进行优化,增设紫金恒星站、金鑫路口站、金山社区站;将1路公交线路延伸至上杭工业区福建省鸿航科技股份有限公司,增设鸿航科技站,方便企业员工上下班。合理安排运行班次。督促县宏达公共交通有限公司加强公交车运营调度,合理安排公交车运行班次,增加市民上下班、学生上学放学等高峰时段的公交车运行班次,提高公交车到站准时率,缩短班次间隔时间,将原来10分钟—15分钟/班调整为10分钟—12分钟/班。全年公交客运量达到394.92万人次,基本满足市民乘坐公交出行需求。

〔出租汽车行业管理〕

2016年,加大出租汽车行业管理力度,根据《出租汽车服务质量信誉考核办法》规定,完成上杭县出租汽车企业质量信誉考核工作。全年,出租汽车客运量约8.616万人次。

〔机动车维修行业管理〕

2016年,坚持每季度对一、二类维修企业开展一次安全生产检查,全年共出动51人次,检查一、二类维修企业17家、三类维修企业27家,消除安全生产隐患4起。严格行政许可审批制度,全年新增维修企业1家。开展维修企业质量信誉考核工作,全年完成44家维修企业质量信誉考核工作。全面开展维修企业安全生产标准化建设达标创建工作,全年完成3家维修企业安全生产标准三级达标证书到期换证工作。

〔机动车驾驶员培训行业管理〕

2016年,加强驾驶员培训机构上报培训学员的监督管理,分别对培训学员的3个学习科目及培训记录进行审核,全年共培训合格学员4692人。加强对驾培公司的安全生产检查,全年共出动检查车辆120辆次,出动检查人员360人次,消除安全隐患9起。全年完成6家驾培机构质量信誉考核工作。

·交通安全·

〔道路交通安全管理〕

2016年,利用现有科技手段,全县客车、公交车、出租车、旅游包车、危货运输车、12吨以上重型货车全部安装卫星动态监控系统,安装率达100%。县交通运输局设立监控站,并与省、市交通运输主管部门联网,对全县重点车辆实施动态监控。开展节前安全生产大检查。在元旦、春节、“五一”、中秋、“十一”等重大节假日前,开展安全大检查。开展汛期和防台风安全生产工作。结合第14号台风“莫兰蒂”、17号台风“鲇鱼”防御工作,县运管所组织开展对运输企业行车安全、客运线路尤其是农村客运线道路状况进行检查,提前做好特殊路段车辆运行安全防范措施。开展“安全生产月”系列活动。县运管所组织运输企业有关人员集中学习习近平总书记和李克强总理对安全生产的系列指示和有关文件,观看《安全生产责任重于泰山》警示片,以“平安交通”为主线,继续开展“道路交通安全综合整治”“三年提升工程”和“道路运输平安年”活动。开展应急演练活动。龙洲股份有限公司上杭分公司、上杭宏达公共交通有限公司、岩运中石化上杭加油站于6月22日在上杭客运站内开展消防应急救援实战演练。上杭县紫金矿业金铜矿和紫金顺安等危货运输企业于6月28日在紫金山举行危化品运输泄漏事故应急演练。全面完成安全生产标准化建设三年提升工程任务。县交通运输局督促指导10家运输企业通过三级安全生产标准验收。开展物流安全管理专项整治。召开全县物流安全管理工作联席会议,县直综治、交通运输、公安、安监等7个部门负责人参加会议,议定《上杭县物流安全管理工作联系会议各成员单位工作职责任务》。做好G20杭州峰会期间物流安全管理工作。全年道路交通安全生产形势稳定有序,未发生较大道路交通安全生产责任事故。

〔水上交通安全管理〕

2016年初,召开全县水上交通安全工作会议,县政府与水域乡镇政府签订2016年水上交通安全管理责任书15份,督促水域乡镇与行政村签订责任书81份,行政村与渡工、船员签订安全承诺书80份,落实“三长”(县长、乡镇长、村主任)责任制、四级安全管理制度和水上交通安全各项措施。落实渡口安全检查和水域安全巡查制度,县、乡、村每月至少开展1次至2次的渡口安全检查和水域安全巡查。开展水上交通安全责任情况大检查,强化春节、清明节、“五一”节期间及汛期、台风期间等重点时段检查,发现安全隐患及时整改。地方海事处组织30多人次对涧头渡口及官庄回龙、临城九洲、旧县、湖洋碧田、庐丰中坊等10个重点水域和15个涉水乡镇进行巡查检查,执行渡工持证上岗制度,渡工持证率100%。采取措施保障船舶安全生产,取缔“三无”(无船名和船号、无船籍港、无船舶证书)船舶,同时加强采砂船管理。坚持水上交通安全联席会议制度,定期召开有县政府分管领导、交通运输局领导、海事处长、水域乡镇长参加的水上交通安全联席会议。全年组织执法人员310多人次对涧头坝等渡口及官庄、临城、旧县、湖洋、庐丰等15个水域乡镇进行检查,对全县渡船及采运砂船舶进行逐艘检查,发现并整治安全隐患5个。地方海事人员每次对水域乡镇进行水上交通安全检查时,都向有关人员发放水上交通安全工作告知书,提示有关人员做好水上交通安全工作。建立和实施有关乡镇政府、县直各有关单位年度水上交通安全管理目标考评奖惩制度,对年度内辖区水上交通安全无事故且目标管理考评达标乡镇给予奖励。对所在乡镇及责任部门水上交通安全管理发现重大安全隐患且整改措施不力的,根据有关规定给予惩罚。全年未发生水上交通安全责任事故。

〔交通工程建设安全管理〕

2016年,县交通运输局执行《关于加强二级公路改建工程项目施工、监理单位合同履约与质量安全管理的实施细则》,与项目责任人签订质量安全管理责任状,落实安全生产“一岗双责”责任,开展项目施工安全生产监管,加大合同履约监管力度,采取约谈企业法人等方式,督促施工企业限期治理质量安全隐患。执行定时与不定时相结合的安全生产检查制度,每月开展一次在建交通项目质量与安全生产大检查,由分管领导带队分组对在建县道晋级改造、危桥改造、农村公路安保工程建设项目进行检查,发现安全生产隐患进行详细记录,向施工单位发出整改通知要求限期整改,并进行跟踪督查、确保整改到位。县交通运输局对每月检查情况及隐患整改情况以文件形式进行通报,督促存在质量安全隐患施工企业加强质量安全管理。加强汛期安全施工监管。2016年,县交通运输局在汛期和台风来临之前组织90多人次分成2个检查组分别对古田梅花山路、县道才庄线、大中线(庐丰至中都段)、黄太线晋级改建项目和危桥改造项目、农村公路安保工程项目进行防汛安全大检查,发现并督促整治交通工程安全隐患30个。全年,未发生较大交通工程安全质量事故。

·综合交通行政执法·

〔综合交通执法队伍建设〕

2016年,执法队伍得到加强。通过事业单位招聘考试录用执法人员4人;执法装备得到更新改善。通过租赁1辆特种执法车辆,县交通综合行政执法大队已有6辆执法车;更新采购15台执法记录仪;为4名新上岗人员采购全套执法服装和执法装备(包括强光手电、执法记录仪等),为6位执法人员采购更新部分执法服装;自筹资金为未配备执法单兵装备PDA人员采购11部执法单兵装备PDA;更新采购8台电脑等办公设备;重新为全体执法人员采购新式执法反光标志服。执法经费得到有效保障。县财政将县交通综合行政执法大队所有人员工资、福利等纳入县财政统筹。不断加大执法人员培训力度。组织相关人员参加省市组织的各类学习培训,对大队人员进行队列训练、案件交流分析会、执法记录仪使用培训,以及交通运输系统典型案例警示教育学习等学习培训工作。加强大队信息化建设。大队交通综合行政执法案件均使用省交通厅统一开发的交通综合行政执法案件处理系统办理,并及时将执法案件卷宗电子档案上传执法信息系统,大队执法案件扫描上传率达100%;督促各中队人员加大对执法车信息化设备的使用效率,加强PDA使用频次,鼓励执法人员使用PDA办理交通执法案件。

〔落实执法制度〕

2016年,县交通综合行政执法大队将各项执法制度汇总刊印《上杭县交通综合行政执法大队制度汇编》,在实际应用过程中不断加以修改、完善,根据各项执法制度开展各项交通执法工作。各项执法统计报表及时报送。根据各股室职能,将相应报表由各职能股室明确到人,由专人负责报送,做到及时、准确、完整上报执法统计报表。落实案卷评查制度。成立上杭县交通综合行政执法大队案卷评查工作领导小组,根据案卷评查制度每季度组织对所办理的案卷进行评查,促进案件办理质量提升,确保办理案件主体合法、事实清楚、证据充分、适用法律准确、程序合法、裁量适当、文书制作规范,降低甚至不发生要求行政复议或行政诉讼案件。执法过程接受社会各界监督。严格执行职责分离和罚缴分离制度,将交通综合行政执法工作全部实行阳光操作,在县交通综合行政执法大队违法违章处理中心公布交通综合行政执法强制代履行流程图、交通综合行政执法监督检查流程图、交通综合行政执法强制措施流程图、交通综合行政执法行政处罚流程图;通过上杭电视台、县交通综合行政执法大队公开栏、监督台及互联网等平台面向社会公布县交通综合行政执法大队的举报、投诉电话、邮箱,畅通各项投诉、监督、举报渠道;县交通综合行政执法大队各项执法案件全部通过执法信息系统办理,每月办理的执法案件均在县交通综合行政执法大队公示栏和上杭县政府信息公示网站、上杭县交通运输局网站上公示,把交通综合行政执法工作置于社会各界和广大人民群众监督之中。根据县交通综合行政执法大队重大案件报备制度,将办理的重大案件及时向市支队及县交通运输局报备,全年向市支队和县交通运输局报备24起重大案件。

〔规范执法行为〕

2016年,按照“疏堵结合、标本兼治、综合治理、依法监督”原则,按照“三定”方案明确职责,对公路路政(包括路产路权保护、治超)、道路运政(包括客运、货运、非法营运、维修、驾培、出租车、租赁和场站等)、水路业务(水路运政、港政、航政、地方海事)等开展执法勤务巡查,并注重加强对道路、水域和重点执法区域的勤务巡查,确保每月公路执法监督巡查不少于18天。及时抄告各项执法信息。根据上级各部门抄告的执法信息及时转抄相关管理单位和部门,共同对违法违章行为进行安全监管;及时将日常办理的执法案件和在执法过程中发现的问题抄告相关部门,确保出现的问题能得到及时解决。全年向市交通执法支队、县运输管理所、龙岩市公路局上杭分局、紫金矿业等单位抄送执法信息44份。强化部门执法联勤联动机制。根据省交通运输厅、市交通运输局有关公安与交通运输部门五大协作机制要求,由政府牵头组织县公安与交通运输部门成立工作协作机制,与龙岩市公路局上杭公路分局、县地方海事处、县公安局交通警察大队、县运输管理所及各乡镇交管站等建立工作联动机制,并加强与县法院、工商、城市行政执法局、安监、住建等部门沟通协作,加强联动执法,加大执法力度,加强信息沟通,共同打击各类交通违法违章行为。全年,与县交警大队、上杭公路分局、县运输管理所、城市行政管理执法局等部门开展联合执法50余次,向法院申请强制执行交通综合行政执法案件2起。

〔运政路政执法〕

2016年,加大运政执法力度,全年出动执法车辆1113辆次,出动人员5090人次,检查客运企业119家次、检查货运企业203家次、检查维修企业27家次、检查驾校27家次,检查危货企业101家次,共立案查处"非法客运""非法出租"等案件57起,有效规范运输市场秩序。加大路政执法力度,开展公路建筑控制区巡查,加大路域环境整治力度。以治理超限超载为重点,有序展开路政监督执法工作,全年共立案查处违法违规案件556起,有效维护路产路权。

〔水上交通执法〕

2016年,加大内河海事执法力度,建立辖区渡口、船舶和从业人员的基础信息台账,根据渡口巡查制度要求,每月至少巡查2次,汛期不定时巡查,全年共检查渡口42处次,并经常对辖区捞沙船、淘金船等水上船舶开展安全巡查检查。

《交通运输》撰审人员

撰 稿 人:田承堂 郑 鹏 巫跃龙
审 稿 人:张庆林 赖伟强 陈晓丹
责任编辑:钟梅娇

财政　税务

·综　述·

〔全县财政收支情况〕

2016年,全县财政总收入完成31.72亿元,比增0.77亿元,增长2.49%,其中地方级财政收入完成22.93亿元,比增2.14亿元,增长10.29%。全县一般预算支出43.6亿元(含省市专项支出11.97亿元),比增2.41亿元,增长5.85%,其中县本级一般预算支出29.05亿元。全县政府性基金收入2.94亿元,减少1.39亿元,减幅32.10%;政府性基金支出4.12亿元,减少1.97亿元,减幅32.35%。在市对县的绩效考评指标中,地方财政收入和财政支出进度指标得分全市排名第一。

2016年度上杭县一般预算收支总表

表12　　　单位:万元

预算科目	决算数	预算科目	决算数
一、税收收入	113739	一、一般公共服务支出	35546
增值税	23280	二、外交支出	—
其中:改征增值税	6503	三、国防支出	—
营业税	8165	四、公共安全支出	—
企业所得税	23238	五、教育支出	95497
企业所得税退税	0	六、科学技术支出	8482
个人所得税	16289	七、文化体育与传媒支出	5456
资源税	23558	八、社会保障和就业支出	35686
城市维护建设税	3169	九、医疗卫生与计划生育支出	70381
房产税	3030	十、节能环保支出	24961
印花税	2677	十一、城乡社区支出	39337
城镇土地使用税	1195	十二、农林水支出	66417
土地增值税	2983	十三、交通运输支出	5922
车船税	1007	十四、资源勘探信息等支出	9592
耕地占用税	413	十五、商业服务业等支出	2342
契税	1970	十六、金融支出	460
烟叶税	2765	十七、援助其他地区支出	—

续表12

预算科目	决算数	预算科目	决算数
其他税收收入	0	十八、国土海洋气象等支出	1884
二、非税收入	115566	十九、住房保障支出	2278
专项收入	10857	二十、粮油物资储备支出	722
行政事业性收费收入	5086	二十一、其他支出	29876
罚没收入	3138	二十二、债务付息支出	1088
国有资本经营收入	89722	其中:地方政府一般债券付息支出	1088
国有资源(资产)有偿使用收入	4831	二十三、债务发行费用支出	46
其他收入	1932	—	—
三、上年结余	14650	—	—
四、上级补助收入	166282	—	—
合　　计	410237	全年支出合计	435973

〔乡镇财政收支情况〕

2016年,乡镇财政总收入完成56299万元,比增42042万元,增幅294.89%。其中:国税征收部门完成50657万元,比增43093万元,增幅569.71%;地税征收部门完成5642万元,比减1051万元,减幅15.7%。国税征收情况出现大幅增长,主要原因是受营改增政策影响。

乡镇财政本级收入概况　2016年,乡镇财政本级收入完成7183万元,比增55万元,增幅0.77%。

乡镇财政收支结余情况　2016年,乡镇财政本级一般预算收入7183万元,定额补助收入4972万元,专项补助收入7692万元,转移支付补助收入6454万元(其中,计生税费改革转移支付专项补助241万元,村级各大员补助489万元,村级组织运转和村干部工资补助3505万元,政策性增资补助2219万元),上年结余2271万元,收入总计28572万元。一般预算支出24618万元,上解支出1164万元(其中,定额上解900万元,超收分成上解264万元),支出合计25782万元,年终滚存结余2790万元,全年结余519万元。

乡镇财政专户资金概况　2016年,乡镇财政专户资金收入7602万元,比减12727万元,减少62.61%,乡镇财政专户资金支出12524万元,比减2374万元,减少15.94%,全年收支出现赤字4922万元,全县滚存结余赤字为24467万元,收支较大变化的原因是2015年对历年暂存和暂付款项进行清理,虚增部分收入和支出。

2016年乡镇财政收支结余情况表

表13　　单位:万元

乡镇	收入			支出			滚存结余			当年结余		
	合计	预算内本级收入	乡镇专户资金收入	合计	预算内支出	乡镇专户资金支出	合计	预算内结余	乡镇专户资金结余	合计	预算内结余	乡镇专户资金结余
合计	14785	7183	7602	37143	24620	12523	-21677	2790	-24467	-4403	519	-4922
临江	2069	1384	685	1512	832	680	902	448	454	138	134	4
临城	1335	677	658	2445	1648	797	404	231	173	-179	-40	-139
湖洋	273	222	51	1633	1196	437	-866	86	-952	-331	54	-385
中都	488	166	322	1725	1121	604	146	127	19	-296	-14	-282
下都	422	83	339	798	739	59	-89	231	-320	336	57	279
庐丰	367	162	205	2143	2048	95	18	-101	119	6	-104	110

续表13

乡镇	收入			支出			滚存结余			当年结余		
	合计	预算内本级收入	乡镇专户资金收入	合计	预算内支出	乡镇专户资金支出	合计	预算内结余	乡镇专户资金结余	合计	预算内结余	乡镇专户资金结余
茶地	371	69	302	1278	789	489	-244	140	-384	-151	36	-187
泮境	218	108	110	1143	664	479	-975	72	-1047	-352	17	-369
蓝溪	123	108	15	1510	1307	203	-2118	-1164	-954	-312	-124	-188
稔田	758	238	520	1815	1302	513	310	302	8	140	133	7
太拔	463	134	329	1204	880	324	97	323	-226	66	61	5
溪口	168	138	30	1122	603	519	-941	147	-1088	-280	209	-489
白砂	278	257	21	1440	1021	419	-1313	645	-1958	-237	161	-398
蛟洋	707	414	293	1995	1410	585	-330	615	-945	-472	-180	-292
古田	1621	1106	515	2481	2079	402	-1384	1294	-2678	-24	-137	113
步云	209	116	93	897	529	368	-4004	-368	-3636	-209	66	-275
旧县	1783	244	1539	3126	1131	1995	-1327	524	-1851	-228	229	-457
才溪	1500	601	899	1835	917	918	811	776	35	49	68	-19
通贤	373	305	68	1341	1016	325	-424	480	-904	-148	108	-256
南阳	297	295	2	2387	1206	1181	-5527	-888	-4639	-1157	22	-1179
官庄	897	299	598	2663	1535	1128	-4510	-1058	-3452	-624	-94	-530
珊瑚	65	57	8	650	647	3	-313	-72	-241	-138	-143	5

〔税收收入情况〕

2016年,全县实现税务总收入256391.9万元,比上年增收14078.93万元,比增5.81%,其中国税部门组织税收入库63591.9万元,地方税务部门组织税收入库192800万元。地税部门其他非税收入入库47300万元。

·财　　政·

〔财政工作情况〕

服务“三大战役”　2016年,财政继续拨付政府投资项目资金6.05亿元,保障“三大战役”(项目落地、脱贫攻坚、生态环保)提升工程的顺利实施,安排重大项目策划工作经费1000万元。

财政票据电子化管理　2016年,全县共核销160个用票单位的财政票据35.19万份(其中,电子票据18.51万份,手工票据16.68万份)。

会计从业资格人员管理　2016年,全县报名会计专业技术资格初、中级职称人数569人(其中,初级344人,中级225人)。行政服务中心财政局窗口共受理484件承诺件,其中,申报、审批、发放会计从业资格证311本,办理会计从业人员调转152人次,办理会计人员职称、学历变更12人次,办理会计人员遗失补办9件。

财政投资评审　2016年,完成评审项目82个,比增15个,送审投资总额14.98亿元,审定投资总额13.64亿元,节省财政资金1.34亿元,平均审减率为8.95%,比上年下降4个百分点。

支持工业企业发展　2016年,安排中小企业发展资金10500万元,设立企业应急专项资金1亿元,为29家企业应急转贷54笔次,周转资金5.02亿元,全年实际兑付各项优惠政策款10045万元;安排科技三项资金230万元、中小企业科技创新资金90万元、科技奖励资金182.20万元,用于科技含量高的技术开发成果的转化;及时兑现外贸出口企业奖励金759.99万元;兑现6家商业银行及相关监管部门奖励金220万元。

〔促进公共事业发展〕

加快推进教育事业发展　2016年,一般预算教育支出8.55亿元,其中:安排5282.89万元落实义务教育阶段学校生均公用经费、寄宿生生活补助、中等职业学校国家助学金、中等职业学校免学费资金、城乡低保家庭入园幼儿保教费补助经费、普通高中学生助学金、少数民族学生助学金及特殊教育学校学生“两免一补”(免学费、免教科书、补助寄宿生生活费)经费等;安排拨付教育专项资金3000万元用于幼儿园改扩建和城区教育扩容工程;投入2000万元用于中小学教育教学设施设备、寄宿制学校生活设施、学校运动场改造建设;安排2529万元继续实施全面改革、校安长效机制建设。

加快推进文体事业发展　2016年,财政文化体育与传媒支出5368.95万元,继续改善文化活动场所和设施,提高和丰富全县群众文化体育水平。

推进“平安上杭”建设　2016年,公共安全安排支出2.06亿元;综治经费安排支出1303.8万元;筹措资金支持平安上杭建设,全年共安排平安上杭治安监控建设及畅通安防红绿灯工程建设资金1269.19万元,保证为民办实事资金支出需要。

支持计划生育工作　2016年,继续落实各项计生政策,全年共安排计生专项资金2148.44万元,保证计生宣传、计生工作稳定开展、流动人口管理、孕前优生健康检查试点等资金需要。

继续做好生态县创建工作　2016年,全县除临江镇不要求参加评选生态乡镇外,其余21个乡镇均通过省级生态乡镇命名,达到生态乡镇全覆盖,其中古田、步云、稔田等18个乡镇通过或达到国家级生态乡镇创建要求。全县331个行政村中有312个村通过市级以上生态村命名,其中99个村通过省级生态村命名。2016年,全县通过国家级生态县验收。

〔落实支农惠农政策〕

推进“美丽乡村”建设　2016年,县财政投入1070万元继续加大美丽上杭新农村党建综合示范点和12个重点培育村项目建设。启动实施庐丰乡中坊村、古田镇竹岭村、白砂镇朋新村等18个美丽乡村“千村整治、百村示范”工程,主要实施“三旧房屋”(旧城镇、旧厂房、旧村居)整治、垃圾处理、污水治理、村道硬化美化和村庄绿化,全年下拨美丽乡村“千村整治、百村示范”工程“以奖代补”补助资金1370万元;拨付“六江两溪”(闽江、九江、敖江、汀江、晋江、龙江,木兰溪、交溪)流域内乡镇污水处理设施建设“以奖代补”资金735万元;汀江—韩江流域生态补偿资金6050万元;农村生活垃圾转运系统“以奖代补”资金180万元;建制行政村保洁员补助633万元;下拨黄潭河流域工业、养殖业污染整治专项经费8066.47万元。

落实强农惠农政策　2016年,兑付各项支农强农惠农政策资金5368.48万元,其中农村公园201万元,机耕路258.46万元,农业产业化258.46万元,家庭农(林)场135万元,设施农业县级配套补助263.2万元,农民专业合作社示范社及销售奖补329万元,土地流转20万元,标渠、泵站、节水灌溉、小山塘、村级水利管护等各项水利项目1802.6万元,“三农”保险(含水稻、烤烟)506万元。加大精准扶贫投入力度,全年县财安排造福工程县级配套、贫困乡镇村、基点村项目帮扶资金3689.9万元,会同有关部门制定出台设施农业贷款担保办法,破解农业企业融资难、担保难瓶颈。全县村级公益事业一事一议完工项目154个(普惠制项目122个、重点项目29个、美丽乡村项目3个),受益村民人数21.35万人,完成项目总投资3750万元,其中财政奖补资金2436万元。

全面实施农村公路综合保险　2016年,县财政投入农村公路综合保险资金334万元,对全县县乡村道路3257公里实行综合保险,确保县乡村道路发生灾害时能够及时得到修复,保证道路畅通。

〔支持社会保障工作〕

2016年,县财预算安排城乡居民养老保险补助基金2866万元,为全县城乡60周岁以上68830人发放养老补助金9725.58万元,支付2362人死亡丧葬金516.01万元;安排364.62万元用于支持残疾人事业;安排100万元用于城乡困难群众临时生活救济;拨付390.54万元支持殡葬改革;拨付1029.56万元落实退役士兵和现役军人优抚安置政策;拨付888.5万元自然灾害生活救济金和灾后重建资金。建立80周岁以上老年人(含离、退休人员)高龄津贴制度(100元/人·月),安排1476.77万元为全县12913名80周岁以上老年人发放高龄生活补贴,按300元/人·月标准为百岁老人发放营养补贴。继续深化医药卫生体制改革。2016年,将城乡居民合作医疗保险人均筹资标准提高到540元/人,其中政府补助标准由380元/人·年提高到420元/人·年,县财政安排城乡居民合作医疗补助资金3609.88万元;安排638.92万元专项资金为54243名困难群体代缴城乡居民合作医疗保险;安排294万元专项资金用于城乡困难人员医疗救助;全年,县级财政预算安排500万元用于基层医疗卫生机构基础设施建设、设备购置和医技人员培训培养等;将基本公共卫生服务均费标准由原来的人均40元提高到45元,安排配套经费334.8万元;安排109.92万元专项资金用于疾病预防控制、卫生监督、妇幼保健等公共卫生机构的设备购置和基础设施建设;安排县医院各项补助资金2282.66万元、中医院各项补助资金807.34万元,落实政府对公立医院的定项补助政策,支持公立医院改革试点。同时,安排115万元专项资金用于推动医疗卫生机构中医药服务能力提升工程项目建设;安排18500万元专项资金用于县三级医院和县妇幼保健院整体搬迁工程建设。

保障性住房建设　2016年,政府投资项目预算安排2311万元用于保障性住房建设,争取省市补助资金491万元用于公共租赁住房建设。

加大城市公交运行和农村客运补贴 2016年,拨补城市公交运行补贴678.23万元,农村客运补贴253.22万元。

〔全县行政事业单位资产监管〕

2016年,继续做好行政、事业单位国有资产管理,按照国有资产处置程序,完成国有资产转让、报废、调拨等资产处置,督促各单位将处置收入依法上缴国库。全年累计办理资产转让1笔,共计9.98万元;资产调拨14笔,共计334.79万元;报废60笔,共计2300.98万元。

〔国库集中支付工作〕

2016年,办理134个预算单位国库支付资金25.37亿元,比增1.01亿元,其中直接支付资金25.02亿元,占支付总额的98.6%;授权支付资金0.35亿元,占支付总额的1.4%。直接支付比例比上年同期增加0.7个百分点。完成11个乡镇国库集中支付试点改革工作。

〔政府采购监督管理工作〕

2016年,共受理各单位政府采购项目640批次(其中公开招标139次,竞争性谈判18次,网上询价采购483次),政府采购规模2.21亿元,实际采购金额2.04亿元,节约资金0.17亿元,政府采购综合节约率7.69%。

为进一步做好政府采购监督管理工作,4月22日县政府印发《上杭县政府集中采购目录及限额标准》。7月,经向社会公开征集,通过单位推荐和个人自荐,在2014年原有县级政府采购评审专家库基础上进一步优化调整上杭县政府采购评审专家库成员,共有186位专业人士被聘任为上杭县政府采购评审专家。

〔财政资金监管〕

开展会计监督检查 2016年,组织检查人员通过盘点库存现金、银行账户核对、抽查会计凭证,查阅其他有关资料的方法对县司法局等5个县直行政事业单位及古田镇等2个乡镇政府等单位的财务管理、会计核算、财政资金使用情况,乡镇、村级财务管理和财务收支情况等进行检查。同时,将会计监督检查与扶贫专项资金检查、会计从业资格检查及政府采购管理有机结合,将重点延伸到中央、省、市下达的专项资金使用情况,较好地规范财经秩序,净化经济环境,发挥财政监督工作在维护财经法纪、保障财政资金安全的作用。

加强旧村复垦资金监管 2016年,按旧村复垦实施进度拨付农村土地整治旧村复垦资金0.42亿元,通过专户管理、专账核算以及“收支两条线”管理,确保农村土地整治旧村复垦资金专款专用。

预算绩效管理 2016年,继续推进预算绩效管理工作:全县批复绩效目标191个,项目金额77856.36万元。并对所有设定绩效目标的财政资金开展绩效监控,作为预算执行的重要组成部分。

组织开展预算绩效评价 2016年,对城区教育重点工程等309个项目开展绩效自评,项目总金额78751.5万元。为提升评价质量,不断完善指标体系,并借助中介机构和专家力量等各种措施提升评价工作水平。

财政支出重点绩效评价 2016年,委托上杭安永(联合)会计师事务所对2015年企业发展资金及现代农业等4个项目开展财政支出重点绩效评价,项目总金额25419.4万元;对养殖业污染治理等10个项目组织实施业务股室重点绩效评价,项目总金额19075万元。

评价结果反馈应用 2016年,建立绩效评价结果反馈与整改制度,及时将绩效评价结果反馈到主管部门和预算执行单位。建立绩效管理与预算编制结合机制,完善预算绩效管理制度,制定《上杭县财政支出绩效评价管理办法》,不断完善预算绩效管理制度,保障预算绩效管理工作规范、有序开展。

企业财务信息质量管理 2016年,组织2015年度企业财务决算汇总和2016年度月份财务快报编制和分析,确保信息质量的时效性和数据准确性。全年完成纳入2015年度汇编的23家企业财务会计报告的审核、编制、上报。

〔乡镇财政管理〕

2016年,制定2016—2020年乡镇财政预算管理体制,新一轮乡镇财政预算管理体制合理划分县乡政府间支出责任,理顺收入划分关系,实现财力和事权相匹配,建立事权与支出责任相适应的财税管理制度。引导乡镇政府改进预算管理,合理安排预算,改变县财政“大包大揽”现状,明确乡镇支出责任,核定乡镇支出总额,逐步将乡镇支出纳入预算管理和国库集中支付范围,提高财政资金使用效率。

·国家税务·

〔国税收入情况〕

2016年,县国税局共组织各项税收收入63591.90万元,增收8979.64万元,增长16.44%,占年度计划60500万元的105.11%,提前15天完成全年收入任务,增幅居全市第三,快于县域经济增长,分别比全省、全市国税系统平均增幅高出2.84个百分点和11.63个百分点。

全年,推送并完成纳税评估133户次,入库税款1659万元,清理欠税525户次入库4233万元,企业所得税汇算清缴入库1596万元,免、抵、调库收入1087.27万元。

2016 年上杭县国税局组织各项税收收入情况表

表 14　　单位：万元

项　目	全年累计入库额(万元)	比上年度增减(万元)	百分比
合　计	63591.90	8979.28	16.44
增值税	51641.57	12919.06	33.36
消费税	40.28	-4.83	-10.70
企业所得税	9727.10	-4004.19	-29.16
利息个人所得税	0.17	-0.02	-12.25
车购税	2182.79	69.26	3.28

〔营改增工作〕

2016 年 5 月 1 日起，生活服务业、建筑业、金融业、房地产业纳入营改增。县国税局对内组织 5 期全员专题培训、4 期“窗口人员”专项培训；244 户一般纳税人分 4 期进行了系统培训。经过与县地税局数据比对，确认本地管征户 2198 户，外来经营户 23 户。全年完成税种登记 2102 户、定额核定 1150 户、税库银三方协议签订 954 户、发行安装增值税发票升级版 333 户，发行安装委托地税代征增值税代开税控盘 12 个。2016 年营改增以来，入库税收 1.29 亿元。国税局撰写的《龙岩市对全面推开营改增反映良好但仍存在一些问题》被国务院办公厅《专报信息》采用，并获得国务院领导批示。

〔推进国地税合作〕

国地税联合办税服务厅启用以来，采用“一人双机双网双系统”，开设 30 个办税窗口，为纳税人提供办理税务登记、发票代开、纳税申报、发票发售等业务，实现国地税业务同窗通办，解决纳税人“多头跑”“多头找”、资料重复报送等问题。至年底，联合办税厅共受理国税、地税涉税业务 94902 件(次)，纳税人同时办理涉及国地税双方业务 31872 件(次)，约占总量的 33.5%，平均为纳税人节约每次办税时间约 13 分钟—15 分钟，通过现场对纳税人采样调查，点赞率达 98.43%。国地税共管户纳税人到税务机关办税次数从月均 2.9 次，减少到月均 1.2 次，报送涉税资料减少近 50%，实现“1+1<2”的降本效果和“1+1>2”的工作效能聚合效应。国地税联合稽查、联合开展外管证管理、协同实施风险应对等经验作法分别得到国家税务总局、省国税局、地方党政的批示肯定，并得到人民网、新华网、网易新闻、中国税务报等主流媒体多次关注报道。

〔依法治税〕

2016 年，县内稽查查补入库税款 226 万元，县外稽查补税 780 万元。查实一企业虚开 3 份普通发票收购谷皮抵扣进项税额事实，补征税款 19 万元并处以一倍罚款。扎实抓好利用黄金交易虚开增值税专用发票违法犯罪行为，查处涉“黄金票”案企业 1 户，补缴增值税 23 万元，滞纳金 10 万元。2016 年，县国税局被确定为“龙岩市法治税务示范基地”。

〔优化纳税服务〕

2016 年，建立国税微信公众号平台、税企微信群，让纳税人及时掌握税收动态、税情变化，并在线为纳税人答疑解惑。推行自助办税，加强网上申报宣传辅导，网上申报面达 94%。深化便民办税春风行动，开展延时服务 2100 多人次，预约服务 460 多人次。举办 6 期纳税人培训，参训 1.3 万余人次。开展跨省税收大讲堂活动，组织业务骨干赴广东东莞对外

2016 年 10 月 14 日—17 日，由上杭县人民政府牵头，上杭县国地税在全省率先开展跨省税收大讲堂活动

出建安企业纳税人进行培训,共发放税收宣传材料700余份,现场解答纳税人问题18个。

〔落实优惠政策〕

2016年,做好资源综合利用、软件产品、民政福利企业的减免退税工作,全年办理即征即退增值税款575万元。落实小微企业税收优惠,减免税额2027万元,政策受惠面100%。落实固定资产设备加速折旧优惠政策,减征企业所得税223万元。全年农林牧渔项目所得减免42户,减免税额600万元。

·地方税务·

〔地税收入情况〕

2016年,县地税局组织各项收入19.28亿元,减收3.47亿元,下降15.25%,其中税收收入14.54亿元,减收4.23亿元,下降22.5%。分级次看,中央级收入5.33亿元,减收1.2亿元,下降18.38%;县级收入8.73亿元,减收3.5亿元,下降26.82%。分行业看,采矿业缴纳税收4.93亿元,占地税局税收收入的33.91%;建筑业缴纳税收1.61亿元,占地税局税收收入的11%;房地产业缴纳税收0.99亿元,占地税局税收收入的6.81%。组织非税收入4.73亿元,增长18.84%。

2016年上杭县地税局组织各项收入情况表

表15

项　目	全年累计入库税额(万元)	比上年增减(%)	项　目	全年累计入库税额(万元)	比上年增减(%)
税收收入合计	145444	-22.50	非税收入合计	47321	18.84
营业税	12989	-52.80	教育费附加	1893	-8.90
企业所得税	47789	-45.60	地方教育附加	1262	-8.80
个人所得税	40722	93.30	文化事业建设费	1	-75.30
资源税	23558	-27.40	基本养老保险费	19602	7.70
城市维护建设税	3169	-7.00	失业保险费	1257	-21.30
房产税	3030	1.70	医疗保险费	20037	56.40
印花税	2677	13.90	工伤保险费	1675	4.40
城镇土地使用税	1195	14.20	生育保险费	659	2.90
土地增值税	2984	23.60	罚没收入	33	156.60
车船税	1007	8.50	工会经费	246	0.00
耕地占用税	413	9.10	地方水利建设基金收入	64	4.40
契税	2780	34.90	残疾人就业保障金收入	401	11.60
烟叶税	2765	-16.50	价格调节基金	191	-82.10

〔税收征管〕

2016年,县地税局继续将组织收入摆在突出位置,坚守组织收入原则,以管理性增收弥补经济性和政策性双重减收,使组织收入贴近上杭税源实际和经济状况,提升收入质量。开展税收分析,加强重点税源监控和管理,全面掌控税源存量、摸清税源变量、挖掘税源增量,掌握收入主动权;强化征管手段,广泛运用第三方信息,实行“以地控税,以税节地”,强化土地增值税清算审核,深入挖掘潜在税源,排查税收流失风险;助推总部经济发展,鼓励持有限售股的法人、自然人在县内证券机构开户,鼓励个人所得税回县缴纳,完善外出建筑企业沟通机制,联合国税组建服务团队到外出企业聚集地开展政策辅导,引导企业所得税回流。全年,挖潜增收2.76亿元,一定程度上弥补多重减收因素叠加造成的收入缺口。

〔税收执法〕

2016年,县地税局落实“七五”普法规划,开展法治税务建设,完善重大行政决策体系,强化规范性文件的审查与备案;配合开展税务行政审批制度改革,健全执法风险等级评估和内控防范机制,规范权力运行。加强税务稽查,开展税警三方协作和国地税联合入户检查,严厉查处涉税违法行为,推行“阳光稽查、柔性执法”,运用说理式执法文书,有效提升稽查办案质效。全年,组织入库稽查收入2047.76万元。强化纳税评估,发挥专职纳税评估机构作用,集中力量开展单项税种评估、专门行业评估和重点税源评估,同时加强与国税部门协作开展联合评估,追缴税款287.67万元。化解涉税争议,规范执法程序和行为,从源头上预防税费争议,开展税费争议分析研判,做好行政复议与应诉工作的事前指导和监督,强化权利救济,提升行政复议、应诉工作的规范化水平。强化法制宣传,依托税收宣传月和国家宪法日,广泛开展形式多样、内容丰富的税法宣传活动,举办独具特色的营改增主题广场演出宣传活动,提升宣传实效,县地税局被中共福建省委宣传部、福建省司法厅、福建省依法治省领导小组办公室联合评为“2011—2015年全省法制宣传教育先进单位”。

〔规费管理〕

2016年,围绕规费“五率”(覆盖率、参缴率、入库率、清欠率、缴费率)指标,全面落实税费征管“十同”(同登记、同辅导、同宣传、同申报、同管理、同服务、同评估、同检查、同分析、同强调)要求,加强申报缴费基数和征管基础管理,开展费源调查,努力挖掘费源潜力,及时采取针对性措施清理欠费,促进社保费收入增长。全年,组织社会保险费收入4.32亿元,同比增收8367万元,增长24.13%,其中基本养老保险费1.96亿元,增长7.69%;失业保险费1257万元,下降21.29%;医疗保险费2亿元,增长56.25%;工伤保险费1675万元,增长4.43%;生育保险费659万元,增长2.81%。

〔服务产业〕

2016年,围绕地方“三大战役”和供给侧改革,从“三去一降一补”(去库存、去杠杆,降成本,补短板)出发,发挥税收政策的引导作用,落实促进民间投资持续健康发展、扩大消费需求、促进居民住房合理消费、促进对外贸易、鼓励“大众创业、万众创新”等税收优惠政策,为地方经济发展和产业改革提供充足动力。至年底,减免相关营业税及附征税费499.02万元;减免增值税及附征税费348.56万元;减免契税1149.57万元;落实小微企业所得税优惠政策98.35万元;研发费用加计扣除减征1246万元。

〔服务纳税户〕

2016年,联合国税共建国地税联合办税服务厅,通过优化和整合办税服务资源,统一规划设置、统一办税标识、统一设施使用,力促服务空间的深度融合,实现纳税人“取一个号、到一个窗、办两家事”,制定统一适用的工作规范、工作纪律、考核办法、应急预案、维权办法等管理制度,达到纳税人缴税成本“1+1<2”、税务机关工作效能“1+1>2”的管理效能聚合效果。为纳税人节约办税时间14分钟/次。持续推进“便民办税春风行动”,落实“马上就办,办就办好”,拓展网上办税业务,使企业网上申报率达70%以上;全面实行“免单、免填单、简化填单”服务;全面推行小规模纳税人简并征期、简化纳税申报程序等办法,减轻纳税人负担;联合国税共建纳税人学堂,针对纳税人的特点及业务需求,提供涉税业务个性化辅导服务,提高纳税人办税能力;建立24小时自助办税服务厅、税企沟通QQ群,为纳税人提供全天候的办税服务。开展“星级办税服务厅(窗口)”和“市级文明服务之星”争创活动,以典型引导促进服务水平整体提升。县局办税服务厅被市委文明办和市地税局联合评定为“五星级办税服务厅”;古田分局、才溪分局办税服务厅被评定为“四星级办税服务厅”。

〔深化税收改革〕

2016年,围绕税制改革总要求,深化国地税合作,率先共建联合办税服务厅,实现所有涉税业务的“一窗通办”;建立征管手段互补、人才资源互助机制,实现国地税资源“一同布局”;推动政府建立税收共治格局,实现涉税信息“一站交互”;推进稽查合作,共建联合办公场所,实现税收执法“一次进户”;联合开展税收宣传,实现税收宣传“一口发声”。相关的经验做法得到了上级部门的充分肯定,以及人民网、新华网、中国税务报等主流媒体的多次报道。全力铺开营改增试点,扎实做好税源清理、管户移交和增值税委托代征工作,确保营改增前后工作顺利衔接和过渡,累计建立重点税源企业台账273户,清理入库营业税1392.13万元。全面落实资源税改革,深入重点税源企业摸底调查,准确测算税率,确定折算率、换算比,开展改革效应分析和评估,为上级部门和地方党政决策提供科学依据。

《财政　税务》撰审人员

撰 稿 人: 蓝　军　马春桥　周晓东
审 稿 人: 刘实民　黄京容　林利添
责任编辑: 钟梅娇

国内外贸易

·综 述·

〔国内外贸易情况〕

2016年,继续扶持商贸流通业发展。批发零售业、交通运输业等传统产业保持较快发展,由工业衍生的贸易龙头企业福建紫金贸易落户运营,进一步壮大上杭县第三产业总量。现代物流、电子商务、家政服务等新兴产业迅速崛起,为上杭县第三产业发展注入新的活力。特别是电商交易额再创新高,电商消费模式深入农村,一批特色农产品通过电商从农村走向城市。阿里巴巴农村淘宝、京东、供销电商、邮政电商、淘实惠等平台在县内正常运营,建成一批乡镇电商服务中心和村级电商服务站。欧壹国际电子商务有限公司落户上杭县,成为上杭县首家跨境电商企业。

至年底,全县第三产业增加值完成89.52亿元,可比增长14.68%,排名全市第三;全县实现社会消费品零售总额85.69亿元,比增15.8%,排名全市第二;限上企业净增26家;电子商务交易额达到21.04亿元。

2016年,居民消费价格总指数101.9%,比减0.2个百分点。

2016年,全县实现进出口总额17.35亿美元,比增15.98%,其中出口3.86亿美元,比增26.14%;进口13.49亿美元,比增13.36%,进口总量居全市首位。全县新批外商投资企业5家,合同外资6761万美元;实际利用外资3845万美元,实际利用外资排名全市并列第三。

·国内贸易管理·

〔副食品基地建设〕

2016年年初,制定出台《2016年“菜篮子”工程建设实施方案》,全年下拨198万元“菜篮子”建设资金到乡镇、基地,用于支持乡镇农贸市场、基地生产项目建设。福欣牧业等9家县副食品调控基地完成新改扩建项目。白砂、庐丰、下都、通贤完成集贸市场、商品交易市场改造建设。

2016年,继续在临城、古田、蛟洋、湖洋、庐丰、步云6个乡镇划定常年蔬菜基地保护区地块14块,面积4000亩;建立蔬菜基地保护责任制并制定有关管理办法,切实做好常年蔬菜基地保护区的管理工作。至年底,建立省、市、县副食品直控基地18个;完成25吨蔬菜储备任务;完成生猪活体储备1120头;完成禽蛋储备40吨。

〔酒类流通管理〕

2016年,继续实行酒类流通备案登记和追根溯源制度。至年底,累计办理酒类流通备案登记类5件,酒类流通备案变更登记类2件。

〔牲畜定点屠宰管理〕

2016年,继续加大对生猪肉品追溯体系建设,强化管理力度,完善管理制度,严格规范屠工依法经营行为。生猪进场屠宰47279头,定点屠宰率100%;肉牛定点屠宰4437头,定点屠宰率达100%。开展打击私屠滥宰强化肉品卫生安全专项治理行动,全年共出动肉品执法协查10多次,确保上市畜产品检疫率达100%。全年没有发现不合格肉品上市交易。

〔成品油零售经营监督管理〕

2016年,全面推进成品油市场专项整治工作。全县共出动车辆623台次,执法人员1833多人次,关闭黑流动加油点2家;汽(柴)油质量抽样检测30家,合格30家;检定加油机50台次,查处加油机违法作弊案件1起;下达责令整改指令书6份,没收无合法、齐全手续的成品油64.79吨;破获非法运输成品油案件4起,涉案成品油约125吨,涉案金额约50余万元,查处问题车辆4辆,打击走私成品油工作取得显著战果。

〔商贸服务业会战工作〕

市对县项目 至2016年年底,上杭县5个项目全部开工,其中“诗意院田”历史文化古村落保护与旅游发展项目、步云国家生态旅游示范区提升工程(一期)、太拔镇院田村国家传统村落旅游景区开发建设项目、步云索道旅游等4个项目按序时节点顺利推进;紫金顺安物流项目正在推进。商贸服务业领域会战累计完成投资约5.15亿元,完成市下达计划任务的153.42%,考评全市排名第二。

县对部门项目 2016年,县对部门商贸服务业领域会战项目9个,其中竣工有年产3万吨蔬菜瓜果冷链物流项目、阿里巴巴农村淘宝项目、欧壹国际电子商务有限公司跨境电商项目。开工有紫金顺安综合物流园项目、帝豪时代广场二期工程、"诗意院田"历史文化古村落保护与旅游发展项目、步云国家生态旅游示范区提升工程(一期)、上杭时讯智慧农村云计算项目(一期)。上杭县东二环农贸市场项目尚未开工。累计完成投资约5.49亿元,占全年计划投资的106.34%。

〔经济合作交流〕

2016年,持续加强与福州、莆田、泉州、厦门、南平、三明等地的联络与交流,相互开展经济联系与往来,主动接受产业转移和项目对接,形成更加紧密的经济协作关系。

加强省际协作。北京二七轨道交通装备有限公司、上海警备区、崇明县闽西革命老区考察团、上海市崇明县中心医院、佛山福建省商会、广东省龙岩商会、广东省地产建筑金融商会、梅州福建省商会等7家商会、上海复旦大学药学院先后到上杭县交流协作。

·粮食流通·

〔落实粮食安全行政首长责任制〕

2016年起,对粮食安全行政首长责任制实行考核,根据《龙岩市人民政府办公室关于印发龙岩市落实粮食安全行政首长责任制考核办法的通知》和《龙岩市人民政府办公室关于开展2016年度粮食安全行政首长责任制考核工作的通知》,县政府办印发《上杭县落实粮食安全行政首长责任制考核办法的通知》及《上杭县人民政府办公室关于分解落实2016年度市对县粮食安全行政首长责任制考核目标任务的通知》,把粮食安全责任制考核目标任务分解到有关责任部门和配合部门,并列入县对乡镇绩效考评指标。经各部门分工协作,对应市级相关部门考核要求,全力做好上杭县任务措施落实。

2016年,粮食购销企业的粮食收购继续分三部分,按储备粮订单直接补贴政策收购粮食、按优质稻订单补贴政策收购粮食和按市场价直接向农户收购余粮。续续执行省政府出台的储备粮食订单直接补贴政策和县政府出台的优质稻订单补贴政策,对用于储备粮扩储、轮换的粮源和用于地产粮食品牌创建的优质稻粮源实行订单直接补贴收购。省、市、县政府下达各级储备粮订单补贴收购计划1787.5万公斤,县优质稻订单收购300万公斤。县政府下达除临江镇、步云乡、古田镇外18个乡镇各级储备粮订单收购计划1787.5万公斤(其中省级900万公斤、市级450万公斤、县级437.5万公斤),下达临城、湖洋、中都、庐丰、白砂、蛟洋、南阳等7个乡镇优质稻订单300万公斤,由国有粮食购销企业与农户订单收购。订单粮食除按市价收购外再给予政府补贴:储备订单收购和优质稻订单收购均每50公斤另加直接补贴12元和15元,均在收购时随粮款一并给付卖粮户。同时国家继续对农民实行粮食收购最低价保护政策,早籼稻和中晚籼稻市场价低于每50公斤133元和138元时,仍由国有粮食购销企业按每50公斤133元和138元收购。落实订单补贴政策,使种粮农民得到实惠,全县售粮农户增收订单补贴资金519万元(其中储备粮订单补贴429万元,优质稻订单补贴90万元)。为抓好粮食订单收购和市场粮食收购工作,粮食购销企业继续做到收购任务(计划)、收购仓容、收购资金、收购人员、服务措施五到位。在服务措施上继续采取增设临时收购点、走村入户上门收购和委托代理收购等形式,方便农民卖粮,并采取边收购边结算边付款的一条龙服务程序保证农民及时领取粮款和补贴款;在收购价格上,实行最低保护价基础上随行就市,及时调整收购价格;在收购质量上,把好入库验质关,依质论价,做到好粮好价。全年收购粮食3778.8万公斤,其中省、市、县级储备订单收购1897.5万公斤,优质稻订单收购300万公斤,完成计划的106%;县内市场粮收购497.5万公斤,县外采购1083.8万公斤。

〔粮食购销情况〕

2016年,国有粮食购销企业粮食总购进2395万公斤,比上年减少1341.1万公斤,比减35.9%;粮食总销售4906.1万公斤,比上年增加657.7万公斤,比增15.48%。2016年连续14年实现国有粮食企业收支盈余。

〔粮食安全体系建设〕

粮食储保 2016年,全县国有粮食企业粮食平均库存量7415万公斤。粮食企业继续常年开展仓库"一符四无"(账实相符,无虫害、无霉变、无鼠雀、无事故)粮仓活动,坚持保管员3天一小查、7天一大查、风雨随时查、每月站库会查制度,及时发现和消除隐患。4月、10月,组织开展春秋季全县粮油安全大普查,做到有仓必到,有粮必查,查必彻底。经普查鉴定,全县有"一符四无"站(库)47个、仓容8810万公斤、粮食7212万公斤,均占鉴定数的100%,上杭县继续达到"一符四无"粮仓标准。4月初,上杭县按照上级粮食部门要求开展全国统一口径的粮食清仓查库工作,组织对上杭县3月31日时点的粮食库存进行自查,达到有仓必到、有粮必查、查必彻底的要求。经清查,上杭县国有粮食企业各类粮食库存达到账账相符、账实相符,质量合格,粮情安全。2016年省粮食局对各设区市晚季收购环节粮食卫生质量进行抽查,上杭县被抽检2家企业,样品4份,代表数量1060吨,合格率为100%。

粮食储备与风险基金 2016年,新增县级储备粮160万公斤。县政府批准轮换县级储备粮277.5万公斤,将2013年入储的277.5万公斤县级储备粮全部通过龙岩市五丰粮油交易信息服务有限公司电子竞价平台公开竞价出库,8月初夏粮一登场就开始组织当年地产粮新增入储和轮换入储,至9月底全部入储到位。年末库存县级储备粮和动态储备油规模100%到位。对各级储备粮油管理上,继续做到专仓储存,专人保管,专账管理,地点落实,数量落实,品种落实,确保应急时调得动、用得上。继续执行县级粮食风险基金制度,年底县粮食风险基金累计到位742万元。

实施危仓老库维修改造 2016年,争取到危仓老库维修改造中央财政补助资金960万元,加上县本级财政配套254万元及国有粮食企业自筹资金,对全县各乡镇共20处收纳库和储备库进行维修改造和功能提升建设。上杭县汀江粮食购销有限责任公司所属的庐丰安乡等10处粮食收纳库进行维修改造,购置包含通风机、清理机、输送机、汽车衡等功能提升设备;上杭县杭川粮食购销有限责任公司所属的旧县等8处粮食收纳库进行维修改造,购置包含通风机、清理机、输送机、汽车衡等功能提升设备;上杭县粮食储备直属库所属的坪埔、南岗、庐丰等3处粮食储备库进行维修改造,购置包含通风机、呼吸器、输送机、补仓机、伸缩机、扒谷机等功能提升设备和坪埔库信息化建设项目。该项目于5月18日开工,年底全面竣工验收,共维修改造和功能提升20个库点粮食仓库容量10475万公斤,收储服务设施进一步完善。

〔粮食订单收购和粮食购销市场化〕

2016年,继续对省、市、县级新增和轮换等所需储备粮粮源实行订单收购,订单收购实行最低限价以上随行就市收购的同时,政府再给予卖粮户每50公斤直接补贴12元,补贴资金按“谁用粮、谁拿钱”原则分别由各级财政支出;继续对国有粮食购销企业用于上杭“山田禾”粮食品牌经营粮源的优质稻实行订单计划收购,在最低限价以上随行就市收购的同时县财政再给予每50公斤直接补贴15元;此外粮食均按最低限价以上随行就市收购。继续实行“三放开”粮食购销政策,放开粮食购销价格,国有粮食企业继续按市场供求规律自行确定购销价格,自主经营,自负盈亏;放开粮食市场,实行粮食市场经营主体多元化,凡按规定取得经营资格的单位、集体和个体均可参与粮食购销经营;放开粮食零售市场,继续常年开放粮食集贸市场,鼓励农民自产自销粮食。

粮食销售 2016年,国有粮食购销企业继续采取灵活营销措施,适时抓好粮食销售。上半年,结合准备夏收仓容进行清仓备库,减轻库存压力,及时做好粮食销售,共销售粮食277.5万公斤,销往县外277.5万公斤;7月—12月,结合入库,减少装卸次数及保管、运杂等费用,边购边销粮食3822.3万公斤,销往县外龙岩、厦门等地共计3822.3万公斤。

2016年上杭县粮食购销库存表

表16 单位:万公斤

项目	期初库存	粮食收购				粮食销售			其他支出	期末库存
		合计	其中			合计	其中			
			县内订单	县内市价	县外采购		县内	县外		
实绩	1156.1	3478.8	1897.5	497.5	1083.8	3822.3	—	3822.3	—	812.6

说明:本表系国有粮食企业购销存数;“粮食收购与销售”不包括系统内的县内购销;“期末库存”系指2016年12月底止的经营周转库存数,不包括中央、省、市、县级储备粮食

〔军粮供应服务〕

2016年,执行国家和省、市军粮供应管理法规,根据军粮需求计划做好军粮筹措、调运和供应工作,保证按时按质按量按品种供应军粮,并在“八一”期间开展军粮供应回访和慰问工作,提高优质服务水平。

〔国有粮食品牌建设〕

2016年,继续打造国有粮食企业产业化经营品牌,重点做好省著名商标“山田禾”粮食品牌建设。与农业技术推广站协作,建立“山田禾”品牌优质稻生产基地,在白砂、南阳、庐丰等乡镇建立优质稻核心示范区2000

亩,带动种植约30万亩;与中国科学院城市环境研究所合作,在临城、庐丰等乡镇建立富硒稻生产科技示范基地500亩,同时通过基地引进推广抗病、高产、质优的特优175、特优航1号等优质稻种植"五统一"(统一品种、统一育苗、统一机耕机收、统一植保、统一农田基础设施管护)管理,以及免耕抛栽、测土配方施肥等新技术,促进品种调优、增产增收。在收购环节坚持验质把关提高收购质量。在收购网点公布质量标准,所有收购入库的粮食首先按照国家标准验质把关,确保"山田禾"稻谷符合优质稻质量指标。2016年,经市粮油质量检测站监测,全县国有粮食购销企业收购的地产"山田禾"稻谷100%达到国标三等以上,其中80%达到国标二等以上。开展收购加工联营,国有粮食购销企业与龙岩嘉丰米业公司和县内三晶米业、都瑞康米业等单位开展购加联营协作,引进先进的加工工艺与设备,开展"山田禾"粮食精深加工,深受广大消费者欢迎,在上杭、龙岩等地超市、专卖店"山田禾"产品供不应求,品牌知名度日益扩大。

〔粮食流通监管〕

粮食流通监督检查 2016年,继续开展粮食流通监督检查。上半年,结合粮食收购资格许可证年审,组织对城区范围内粮食加工和经营企业执行经营台账和报送报表制度情况的检查,督促具备粮食收购资格单位落实执行粮食收购质量标准和价格政策承诺,共12家单位签订承诺书并在收购场所公示,接受社会监督。8月—12月粮食收购期间,重点开展粮食收购监督检查,维护粮食收购秩序。定期不定期对粮食加工、储存、销售及粮食生产单位进行质量跟踪检查,同时,对重点单位粮油质量进行抽样监测,分别开展原粮卫生抽检、储备粮品质检测、军供政策性用粮质量抽检、加工与销售单位成品粮油抽检和生产环节稻谷质量普查等,共抽样检测各类粮食样品94个批次,代表粮食数量7232吨均符合相关标准。全年,上杭县没有发现粮油质量安全事故。

粮食行政许可 2016年,继续根据《粮食流通管理条例》及其相关规定,实行粮食收购准入制度,核发或年度检查审核通过粮食收购资格证12家(县粮食储备直属库、杭川粮食购销有限责任公司、汀江粮食购销有限责任公司、杭香粮食加工场、都瑞康米业有限公司、茂强粮食专业合作社、龙岩傲农饲料有限公司、峰面桥粮食加工场、永城粮食加工场、三晶粮食加工厂、南华米业加工场、善都粮食专业合作社)。原有收购资格单位审核注销1家(杭龙粮食饲料加工场),新增1家资格审核通过单位(龙岩傲农饲料有限公司)。

粮食流通统计 2016年,县粮食局对全社会开展粮食流通统计,全县列入统计重点单位共12家,其中国有粮食企业3家(县杭川粮食购销公司、汀江粮食购销公司、粮食储备直属库),非国有重点经营单位9家(杭香粮食加工场、都瑞康米业有限公司、茂强粮食专业合作社、龙岩傲农饲料有限公司、峰面桥粮食加工场、永城粮食加工场、三晶粮食加工厂、南华米业加工场、善都粮食专业合作社)。年末,非国有重点粮食经营企业商品粮食总购进1043.1万公斤,总销售1289.9万公斤,年末库存150.2万公斤。

粮食供需平衡调查 1月—3月,开展上杭县2015年度粮食供需平衡调查,调查粮食企业12家,其中国有粮食企业3家,其他非国有加工企业4家、转化企业2家、经营企业3家。口粮、口油消费固定点城镇居民调查户22户,家庭常住人口69人;农村居民调查户32户,家庭常住人口133人。全县社会粮食供需平衡调查情况:粮食产量再创新高。2015年全县稻谷种植面积41.60万亩,产量18.17万吨,分别比增0.56%、1.14%,平均亩产436公斤。粮食生产稳定发展,粮食总产量的提高,可供商品量也随之增加。根据固定调查样本户数据测算,当年全县粮食商品量约10.43万吨,商品率53.21%,比降2.18个百分点。受人口增长因素影响,居民口粮消费总量小幅增长。2015年城乡居民口粮消费总量11.96万吨,比增0.12%,占全社会口粮消费总量的42.1%,其中城镇居民口粮消费5.15万吨,同比增加0.28万吨,比增9.29%;农村居民口粮消费6.8万吨,同比减少0.16万吨,比减2.25%。城乡居民口粮消费"双增双减",主要是城镇化建设加快,农民进城安置及农村劳动力转移增多,农村常住人口减少所致。市场主体多元化,社会粮食流通活跃。截止2015年底,全县批准入市的收购主体12家,其中国有粮食企业3家、其他经济组织9家。粮食经济人队伍约80多家。多元市场主体参与粮食流通,搞活粮食市场。上杭县与省内外市场粮食贸易活跃,全县县外采购粮食16.18万吨。从市场主体分析,国有粮食企业承担政府粮食收储,发挥着粮食安全重要保障作用,非国有粮食经营企业是粮食收购、加工、销售和承担品种调剂的主力军,个体零售粮店和超市在全县粮油供应上继续唱"主角"。转化用粮逐年增加,需求总量上升较快。2015年,全县规模养殖业运行平稳,提供肉禽蛋产量8.77万吨,与上年持平,当年饲料用粮达13.75万吨,其中玉米9.99万吨,豆粕3.76万吨。由于上杭县粮食种植以水稻为主,饲料用粮(主要是玉米、豆粕)缺口仍以外采解决,在粮食总需求中约占45.28%。

骨干粮食厂店 2016年,为增强粮食安全应急能力,继续确定2家定点骨干粮食加工厂(三晶粮食加工厂、峰面桥粮食加工厂)、2家定点骨干粮店(城区粮贸粮油批发部、城区军民粮油店)。正常情况下,骨干粮食加工厂和骨干粮店自主经营;非正常情况下,骨干粮食加工厂按照政府要求,接受国有粮食部门委托加工,以应紧急要求;骨干粮店继续承担协助政府平抑粮价、稳定市场供应任务。应急加工费按市场加工费加倍上浮,应急供应粮食手续费按市场正常销售手续费加倍上浮,上浮部分由县财政据实核拨。全年,未发生非正常情况,2家定点骨干粮食加工厂和2家定点骨干粮店均自主经营。

·供销合作·

〔供销合作社经营情况〕

商品购进 2016年,全县供销社系统农产品购进15.68亿元,占年计划的108.1%;再生资源购进9265万元,占年计划的123.9%。

商品销售 2016年,全县供销社系统实现商品销售总额27.86亿元,占年计划25.17亿元的110.69%,其中售给农民的生产资料2.43亿元,占年计划的102.6%,消费品零售额21.61亿元,占年计划110.7%,其他销售3.82亿元。

经济效益 全年,实现利润956.41万元,占年计划923万元的103.62%。

〔为农服务工作〕

农资冬储 2016年,全县供销社系统按照"分级储备、分级管理"原则,抓好化肥品种结构调整,科学合理储肥储药,确保春耕生产用肥需求。冬储期间共储备化肥15045吨,完成计划9600吨的156.72%,其中优质肥7259吨,小化肥7786吨;共储备农药1215吨,比增12.08%;农药械7.5万件,比增15.38%;农(地)膜147吨,比增30.09%;抛秧盘41余万片,比增3%。

农资供应 2016年,按照现代营销模式创新经营机制,建立健全服务网络,开展农资连锁配送经营,推进农资现代流通。全县建成县级农资配送中心1个,乡镇农资配送分部21个,村级农资连锁店(站)135个,农资配送率达85%以上。全年,共销售农资2.43亿元,销售各种化肥10.23万吨,其中氮肥4.9万吨、磷肥2.8万吨、钾肥0.59万吨、复合肥1.94万吨、农药1264吨、农地膜498.5吨。

农资科技服务 2016年,注重庄稼医院规范化建设,构建技物结合的农资科技服务平台,向农民介绍推广新品种、新化肥、新农药和农作物栽培新技术,指导农民科学施肥合理用药。至年底,全县建成庄稼医院11个(其中新型庄稼医院2个,省级庄稼医院1个)。建立健全农资商品质量企业法人负责制、农资质量承诺制,杜绝"三无"(无生产日期、无质量合格证、无生产厂名称)商品流入供销社渠道,维护农民合法权益,净化系统农资供应市场。

〔农民专业合作社发展情况〕

2016年,新发展农民专业合作社42家,其中获得县级示范社7家,市级示范社5家,省级示范社2家,国家级示范社1家,至年底,全县农民专业合作社364家,县级示范社57家,市级示范社32家,省级示范社18家,国家级示范社9家,注册成立联合社2家。

规范化建设 2016年,指导农民专业合作社示范社进行规范化、标准化、品牌化建设。按照典型示范社考评标准要求,规范章程、股金登记、民主管理等制度,建立健全会计账簿、财务管理制度、盈余分配制度,建立良好的内部积累和风险保障机制,建立健全生产记录制度。开展无公害产品、绿色食品、有机食品生产基地和地理标志产品等相关认证,实行统一质量安全标准、统一生产技术规程、统一农业投入品供应。

培训引导工作 2016年,组织选送上杭县茶米香农业等理事长及财务管理人员参加省市培训24人次。全年各农民专业合作社共开展专业技术培训12场次,受训人员737人次。上杭县诚福果品专业合作社免费组织举办农业标准化生产种植管理相关技术培训班3期,培训人员320人次,其中贫困户参加培训人员36人次。

〔农村现代流通服务网络建设〕

2016年,以提高经营服务网络覆盖面为重点,构建连锁化、标准化、信息化网络终端,通过实施新网工程项目,整合资源,对传统的经营网络进行升级改造,初步形成一个比较完整的县、乡、村三级农资、日用消费品、烟花爆竹配送销售网络。2016年,建设再生资源交易市场(中都)1个,建成连锁经营网点6个,按照全国总社行业先进水平标准改造提升网点5个。

2016年,县供销电子商务有限公司投资150多万元设立农特产品展销配送中心和网上商城直销中心,经营服务面积达350平方米,在阿里巴巴、淘宝网、微商城、供销e家等互联网平台开设"上杭县农特产品展销商城"店铺,实行实体店供销与网上商城线上线下一体化经营。入驻公司的县内主要农特产品生产专业合作社及公司100多家,进驻特色农产品250多种,全年实现交易额1449万余元。

〔农民专业合作社参与精准扶贫〕

2016年,县供销社发动农民专业合作社开展"农民专业合作社+贫困农户"精准扶贫工作,为贫困农户提供产前、产中、产后系列化服务,帮助和带动贫困户增收致富。全年专业合作社帮扶贫困户共668户,其中,国家级示范社诚福果品专业合作社和县级示范社同福鸽业专业合作社被评为2016年龙岩市农民专业合作社精准扶贫先进单位。

·市场服务管理·

〔市场服务中心工作情况〕

日常监管 2016年，市场服务中心（以下简称中心）办公室督查组每月不定期对各市场所的卫生保洁、交易秩序、车辆停放、员工队伍、票据管理、收费情况等进行跟踪检查，并将日常检查测评结果和年终目标管理综合考评相挂钩，发现问题及时整改。各所在日常市场服务管理工作中实行定人定岗的岗位责任制，并与每位员工签订《岗位职责责任书》，确保管理责任、安全责任分解落实到人；做到组长带队，一日一巡查，一月一整治，实现管理与整治相结合的长效管理机制。

安全管理 各市场所依法查验入场食品经营者许可证，明确其食品安全管理责任和义务。加强对肉摊、熟食摊的监管，要求肉摊经营户需持证（牲畜产品检验合格证和检疫检验合格证）入场经营；熟食摊（店）有防尘防蝇罩和规范的取拿工具，且熟食摊经营户需取得健康证后才可上岗经营。城区农贸市场猪肉摊经营户按规定使用“溯源电子秤”。针对肉摊经营户反映的电子秤在使用过程中经常出现电源不稳，一些配件容易烧坏和电子秤无法充电现象，中心协调县商务局投资近1.6万元对城东、东门肉摊电子秤电源进行升级改造。年底，城区所属城东、东门、南岗3个农贸市场的41户猪肉摊经营户全部按规定使用“溯源电子秤”。为解决快速检测果蔬农残问题，年底，中心在东门市场设立农残检测室。

调整市场布局 通过实地调查研究，对东门市场场内行业布局进行调整，增设河鱼区，将原临江路摆放的河鱼摊点、山货摊点安排进场经营；将市场西侧小巷道路硬化，引导自产自销活禽至此区域摆放经营，既解决市场小无法安排活禽区域问题，又保证农贸市场生熟分区卫生要求；增设蔬菜自产自销区域，要求自产自销经营户在指定位置经营，严禁占道经营。将东门市场北侧外坪原自产自销区域及市场南侧乱摆摊设点区域进行重新规划，布局为摩托车停放区，划设停车标志线，在停车坪进出口设置斜坡通道，便于车辆通行；安排专人进行车辆管理，引导经营户、消费者车辆分区停放。针对场外车辆乱停放造成和平路严重拥堵现象，联合城管中队多次进行整治，确保和平路交通畅通。

环境卫生管理 各市场所指定专人负责场内卫生工作，要求人员到岗到位、保洁清扫责任到位。按照“谁主管、谁负责、谁失分、谁担责”要求，对经营户进行卫生宣传，发放宣传材料，确保经营户做到摊、店前“三包”（包环境卫生、包绿化、包市容秩序）。

完善市场基础设施 2016年，为完善水果批发市场周边路网基础设施，协调城发公司做好该路段道路硬化、路灯铺设。做好东门市场排水照明系统，设立统一的不锈钢摊位牌照架、场内分布示意图等基础设施完善工作；重新规划建设河鱼区域排水管道，对原排水系统进行维护清理，完善场内公共照明系统，新增节能灯30余盏。全年，中心共投入16.78万元对市场水电、消防、排污等基础设施进行维修改造。

市场两费收入 2016年，收入完成416万元，完成预期目标。同时，对特困户、残疾人等弱势群体经营户继续实行摊位费减免优惠政策，全年共减免摊位费5289元。

员工培训录用 2016年，县市场服务中心（以下简称“中心”）坚持每季度召开一次员工思想政治工作座谈会，围绕城区市场服务管理工作实际，增强员工服务意识。11月，结合工作实际，组织中层以上干部职工到新罗、连城、长汀、武平等周边地区市场服务中心考察交流，汲取其先进的服务管理经验，提高市场服务管理工作水平。2016年合同期满后的富余人员择优续聘工作。采取公开考试方式，选取成绩排名前8名人员作为续聘人员进行公示。

·服务业·

〔物流业发展情况〕

2016年，上杭县新注册登记物流企业20家，年底全县共有物流企业97家（包括24个邮电支局、邮电代办所和县邮政局）。主要业务包括普通货物仓储、专用货物运输、企业物流供应链管理咨询、经济信息咨询、代办货物托运、货物配送代理、代办火车、海运、空运运输的联络业务、自营和代理各类商品的进出口业务等，注册资本合计3.19亿元。

2016年上杭县新增物流企业情况表

表17　　单位：万元

名　　称	地　　址	经营范围（依法须经批准的项目，经相关部门批准后方可开展经营活动）	注册资本
上杭县申通快递有限公司古田分公司	上杭县古田镇彩眉小区25号	承接隶属公司委托的快递收发业务及相关咨询服务	—

续表17

名　　称	地　　址	经营范围(依法须经批准的项目,经相关部门批准后方可开展经营活动)	注册资本
上杭县申通快递有限公司蛟洋分公司	上杭县蛟洋镇坪埔村蛟龙路54号	承接隶属公司委托的快递收发业务及相关咨询服务	—
上杭建航物流有限公司南岗分公司	上杭县临城镇南岗工业园区1号厂房	普通货物运输和仓储	—
山东广信峰通物流有限公司龙岩分公司	上杭县临城镇上吴新路9巷1号	普通货运(凭许可证经营);搬运装卸、货运代理、货运配载、运输信息服务、仓储理货	—
上杭县联合物流有限公司	上杭县临城镇工业园区18号	普通货物运输及仓储服务	500
上杭县申通快递有限公司北环路分公司	上杭县临城镇北环路206号	承接隶属公司委托的快递收发业务及相关咨询服务	—
龙岩市急速达快递有限公司上杭县分公司	上杭县临城镇金岗新路73号	承接隶属企业委托的国内快递、国际快递的联络业务;普通货运;货物运输代理;装卸搬运	—
龙岩上杭鑫速达物流有限公司金岗山分公司	上杭县临江镇金岗山右四巷1号	承接隶属公司委托的国内货运代理服务(不含水路货运代理),货物仓储(不含危险化学品及监控化学品)、装卸服务、配送服务(不含运输),国内快递联络业务	—
上杭县百盛通物流有限公司	上杭县临城镇南岗工业区3号厂房	货物运输代理服务;货物仓储配送服务;货物存贮、装卸、中转服务;网络代购代销服务;快递用品销售	210
上杭县新顺安物流有限公司	上杭县临城镇水西村205国道旁	普通货运;货物专用运输(集装箱、罐式)	500
福建省龙岩市鑫恒泰船务有限公司	上杭县临江镇瓦子街1号楼118店	船舶技术和维护服务;货物运输代理和仓储;船员管理服务;船舶管理服务	100
上杭县盛发物流有限公司	福建省龙岩市上杭县临城镇西陂村矸子坑移民区	普通货物运输;货物专用运输(集装箱、冷藏保鲜、罐式);大件货物运输;货车维修;汽车租赁服务;汽车销售;机动车事务代理服务	500
上杭县翔通货物装卸服务有限公司	上杭县蛟洋镇坪埔开发区	普通货物装卸服务;装卸劳务服务;建筑劳务服务;家政服务	300
龙岩市永定区诚合汽车运输有限公司上杭分公司	上杭县蛟洋镇坪埔村保障性住房	普通货运;货物专用运输(集装箱);货物专用运输(罐式)	300
龙岩市汇联旅游客运有限公司上杭分公司	福建省龙岩市上杭县临城镇龙翔大道黄竹路工业区2楼208室	省际(旅游)包车客运;市际(旅游)包车客运;汽车租赁;县际(县内)班车客运	—
福建省上杭县闽运物流有限公司	上杭县临城镇城南村琴岗路12号-3	普通货运;货物专用运输(集装箱);货物专用运输(罐式);大型物件运输	500
龙岩上杭鑫速达物流有限公司东环分公司	龙岩市上杭县临江镇振兴路东环小区1号楼第3杂物间	承接隶属公司委托的国内货运代理服务(不含水路货运代理),货物仓储(不含危险化学品及监控化学品)、装卸服务、配送服务(不含运输),国内快递联络业务	—
龙岩市锦绣前程物流有限公司	龙岩市上杭县临城镇城北村大唐1组17号	道路货物运输;货物装卸;货物运输代理	100
上杭县诚德物流有限公司	上杭县蛟洋镇坪埔村蛟龙路22号	货物运输代理服务;货物仓储配送服务;货物存储、装卸、中转服务;工业废渣(不含危险品)运输;矿产品运输、销售	300

续表17

名　　称	地　　址	经营范围(依法须经批准的项目,经相关部门批准后方可开展经营活动)	注册资本
福建省上杭县鑫基物流有限公司	福建省上杭县临城镇南岗工业区龙顺路2号	普通货运;货物专用运输(集装箱);货物专用运输(罐式);普通货物运输代理;普通货物仓储;包装服务;装卸、搬运服务;代理机动车登记业务;物流信息咨询服务;日用百货、汽车零配件、汽车装饰用品的销售;汽车信息咨询服务	50

〔居民服务业情况〕

2016年,全县共有持照居民服务业经营户1558户,从业人员3891人,注册资金23836.7万元,其中新开业333户,从业人员834人,注册资金4358万元。

2016年上杭县注册资金前10位居民服务业情况表

表18　　单位:万元

名　　称	经营场所(依法须经批准的项目,经相关部门批准后方可开展经营活动)	注册资金
上杭县亿申保洁服务有限公司	保洁服务;道路、公共广场、水域清扫保洁;生活及建筑垃圾清运、处理;园林绿化工程施工;市政设备、环境卫生设备维修;土方清基;房屋拆除(不含爆破)	500
上杭县中博教育咨询有限公司	教育信息咨询服务;企业管理咨询服务;文化艺术活动策划服务;体育赛事活动策划服务;健身器材、服装批发及零售;商务信息咨询服务(证券、期货、认证咨询除外)	300
龙岩市上杭县联信劳务服务有限公司	为设备操作、看护、巡检、保洁、包装、搬运提供劳务服务;机械设备租赁;机械作业服务	150
上杭县保河河道清理服务有限公司	河道清理(河面清理水菜花、水葫芦;水下污染处理服务)	100
龙岩市虫不乐有害生物防治服务有限公司	园林有害生物防治服务;害虫防治服务;灭鼠及防治服务	100
上杭县华宇汽车服务有限公司	机动车维修服务;二手汽车买卖及信息咨询服务;代理申请机动车年检、登记和业务;汽车、吊车租赁;机动车拖吊施救服务;汽车代驾服务;汽车饰品、汽车零配件批发;商务信息咨询服务(证券、期货、认证咨询除外)	100
上杭县鑫辰家政服务有限公司	家政服务、保洁服务、建筑物清洗服务、广告牌清洗服务;互联网上批发、零售家用电器、家具、机械设备、五金交电、电子产品、办公文体用品、日用百货、家居用品、服装鞋帽、工艺礼品(不含文物)、农副产品、工业产品、预包装食品、散装食品、农产品	100
龙岩诚悦汽车服务有限公司	机动车维修服务;二手汽车买卖及信息咨询服务;代理申请机动车年检、登记和业务;汽车、吊车租赁;机动车拖吊施救服务;汽车代驾服务;汽车饰品、汽车零配件批发;商务信息咨询服务(证券、期货、认证咨询除外)	100
上杭主岛形象设计有限公司	个人形象设计服务;理发及美容服务;美容美发用品、饰品、服装批发兼零售;企业管理咨询服务;国内的各类广告的设计、制作、代理及发布	60
上杭县景翔种养土地流转农民专业合作社	为本社成员提供土地承包经营权流转服务或土地承包经营权托管服务;组织成员开展果蔬、苗木的种植及鸡、鸭、鱼的养殖;组织成员收购、加工、销售成员生产的产品;组织采购、供应成员种植和养殖所需的农业生产资料;开展种植和养殖有关的技术培训、技术交流和咨询服务	60

〔个体私营餐饮业情况〕

2016年,全县共有持照餐饮业经营户1899户,从业人员3976人,注册资金12827万元,其中新开业410户,从业人员936人,注册资金3086万元。

2016年上杭县新增主要个体餐饮业情况表

表19　　单位:万元

名　称	经营场所	注册资金(万元)
上杭县南阳御家湾农家乐	上杭县南阳镇下车村下陈坑路30号	30
上杭县小坪农家乐餐馆	上杭县临城镇城北村小坪组老吴岔健明农场	20
上杭县蛟洋镇伟如烤鱼排挡	上杭县蛟洋镇坪埔村天翼营业厅二楼	15
上杭县食全食美中式快餐店	上杭县临江镇北环路475号	30
上杭县伍记小龙虾排档	上杭县临江镇江滨路8号	20
上杭县乡村土灶农家餐馆	上杭县临城镇富古村岖坑山	20
上杭县南阳渔香园山庄	上杭县南阳镇下车村陈坑自然村石背角陈坑路2号	80
上杭县松花生态农庄	上杭县官庄乡龙牌村界牌头60号	20
上杭县稔田枫源农家乐	上杭县稔田镇丰朗村澎竹高	20
上杭县迷你延吉烤肉店	上杭县临城镇北环路邮政楼1号店	15
上杭县九八时尚音乐休闲吧	上杭县临城镇北环东路5-60号	40
上杭县饭桶餐饮店	上杭县临江镇江滨路110号	20
上杭县新风田原农庄	上杭县官庄乡新风村塅上下上坝	20
上杭县玛格利塔比萨店	上杭县临江镇北大路17、19号	50
上杭县杨军饭店	上杭县临江镇江滨路314-3号	20
上杭县古田镇畲家贵妃农庄	上杭县古田镇苏家陂村	80
上杭县一闻香迷宗蟹饭店	福建省龙岩市上杭县临江镇建设路紫金财富中心冠超市二楼	80
上杭县酒点半火锅店	上杭县临江镇江滨路106号一、二楼	20
上杭县古田彩虹休闲吧	上杭县古田镇溪背村围屋路21号	20
上杭县熊宝宝私房烘焙店	上杭县临江镇立新路交东巷3号一层	50

·对外经济贸易·

〔出口企业经营情况〕

2016年,全县实现进出口总额17.35亿美元,比增15.9%,其中出口3.86亿美元,比增26%,出口总量排名全市第三;进口13.49亿美元,比增13%,进口总量居全市首位。全县新批外商投资企业5家,合同外资6761万美元;实际利用外资3845万美元,比增9.9%,实际利用外资排名全市并列第三。

从出口地区看,出口市场分布在欧洲、美洲和亚洲;从贸易方式看,外贸出口主要是一般贸易;从出口类型看,主要出口产品为电子类、化工类产品,工艺品、服装等。

〔服务出口企业情况〕

2016年,制订外经贸工作奖励扶持办法,继续补贴出口信用保险保费,提高出口积极性,对上杭县地产品出口企业实行出口信用保险区域统保。加大重点企业扶持力度。摸清紫金铜业、瓮福紫金、建润电业、龙氟化工等出口企业生产经营情况。上杭县生产企业出口总额持续增长,全年生产性出口企业出口总值1.73亿美元,占全县出口总值的44.82%。对重点出口企业继续开展重点服务,由专人全程跟踪负责。工作人员定期深入企业,主动送政策送服务,及时了解掌握企业订单、经营状况和存在的困难,帮助协调解决企业在出口退税、结汇、融资、报关、检验检疫等方面的问题。全年共为18家公司办理自营进出口权,壮大出口企业队伍,有自营进出口权的企业达到65家,有出口实绩企业12家。对上级组织的各类展会,出台扶持政策,支持鼓励出口企业多元化拓展国际市场。通过组织企业参加广交会、华交会、东南亚等境内外展会,稳定传统市场,开拓新兴市场,扩大出口贸易总额。

《国内外贸易》撰审人员

撰 稿 人： 邓婕婕　郭建明

审 稿 人： 林云志　钟永芳　丘启亮　李翠梅　曹鑫元

责任编辑： 钟梅娇　李德林　李志耀　刘荣生

法　治

·政法委及综治·

〔政法综治工作情况〕

突出服务大局,法治保障更加有力　2016年,全县政法综治系统围绕县委、县政府工作大局,切实履行职责使命,为上杭县经济社会发展创造安定稳定的社会环境。全年,县法院受理各类案件7835件,审结6837件,同比上升6.15%和8.08%。县检察院立案侦查职务犯罪案件11件12人,涉案金额740余万元,批捕各类刑事犯罪嫌疑人199人、起诉680人。公安部门严厉打击各类违法犯罪活动,全县共立刑事案件1561起,同比下降21.52%,其中,立"八类"(杀人、放火、伤害、爆炸、绑架、劫持、强奸、抢劫)严重暴力案件48起,同比下降20%。查处治安案件4379起,同比上升75%。完成各级安保任务55次,其中三级以上警卫任务6次。反邪战线深入开展无邪教创建示范工程活动,连续17年保持邪教人员"零进京、零聚集、零插播"。司法行政部门全面推行"一村一法律顾问,一社区一法律诊所"工作机制,在全县22个乡镇、344个村(社区)全部设立公共法律服务工作站和服务点,实现村居法律顾问全覆盖。信访部门积极推进信访事项化解,受理群众信访2550件人次,同比下降2.45%;到市上访28批84人次,同比减少1批14人次。

突出联动融合,社会治理更加到位　2016年,持续推进"三化一龙头"(治安防控立体化、城乡社区服务管理网格化、矛盾纠纷调解多元化,以落实综治责任为龙头)建设,着力搭平台、补短板、抓亮点。扭住综治维稳责任龙头,实行重点涉稳隐患化解责任分工制度,对上杭县18类重点涉稳隐患问题明确化解和稳控责任;推进治安防控立体化,连续7年把"平安上杭"安防畅通监控系统列入为民办实事项目;实现矛盾纠纷调解多元化,全县各级调解组织成功调解矛盾纠纷1372件,通过非诉讼非对抗方式有效促进矛盾纠纷化解;推动社区服务管理网格化,推广城市社区网格化全覆盖。围绕群众反映的突出问题,在全县组织开展严重精神障碍患者肇事肇祸、电信诈骗和涉众型金融犯罪、寄递物流、危险物品监管、毒品犯罪、执行难等"六个专项治理"活动,全县共摸排出严重精神障碍患者259人,以奖代补监护协议签订率达95%以上;立电信诈骗案236起,同比下降12.59%,破35起,同比上升45.83%。寄递物流行业建立"一车一档""一人一档"管理制度。危险物品"一体化"监管工作改革扎实推进,全县6家重大危险源企业全部完成分级评审备案。制定《上杭县禁毒工作十项措施》,查处涉毒刑事案件42起,查获嫌疑人53人,抓获吸毒人员252人,禁毒工作考评居全市第1名。清理执行积案4793件,取得较好的社会效果。

突出激励带动,平安共建更加深入　2016年,以激励为导向,全面推行平安建设共建共享机制,全力打造"红土平安"。连续第6年开展"平安乡村"创建活动,及时发放2015年度平安乡村奖励金905万元。2011—2015年,全县累计获评"平安乡镇"34个次、"平安村(社区)"853个次,累计奖励4112万元,各项指标均居全市第一。2016年,县制定出台《上杭县守法家庭大病医保报销奖励办法》,对守法家庭的大病患者,将按市级规定的大病医保报销比例给予增加10%的奖励。才溪、南阳、稔田、旧县等乡镇制订乡镇级平安村奖励办法,扩大平安创建活动受益面,进一步调动干部群众的创建热情,形成平安建设人人参与、平安成果人人共享的浓厚氛围。

突出能力提升,队伍建设更加扎实　2016年,政法系统多项工作走在全市前列。县法院创新"法庭支部+"工作模式,荣获"全国法院党建工作先进集体"称号。县公安局推进执法规范化和队伍正规化建设,连续10年获评全市公安机关优胜单位,被评为全国公安机关执法示范单位。县司法局扎实推动"法治上杭"建设,全力推进"六五"普法工作,上杭县被评为"六五普法全国先进县"。县法院林建才被评为全省优秀法官,县检察院王康被评为全省优秀检察官,县公安局傅文辉被评为全省十佳执法业务标兵,县司法局张元河被评为全省六五普法工作先进个人。此外,全县政法系统获县级以上集体表彰75次、个人表彰132人次。62名业务骨干成为首批员额制法官、检察官(其中法官38名、检察官24名)并进行宪法宣誓。

·公　安·

〔公安工作情况〕

国内安全保卫　2016年,围绕G20杭州峰会、厦门投洽会、十八届六中全会、全国"两会"等重大节点安保维稳工作,认真分析上杭县社会维稳形势,强化情报信息预知预警,社会大局持续保持稳定。强化国保情报信息工作,搜集敌、政、社情方面情报信息269条,形成研判报告14份。完善网络舆情应对机制,落实巡查监控责任,全力确保重要时期网络安全,发现、处置涉及上杭的网上涉稳信息和属地网站有害信息500条,编发互联网信息150期。做好信访维稳工作,受理来信来访108件,息诉率98%。全年,围绕重点工程、工业园区建设、征地拆迁、劳资纠纷、联宗祭祖、环境保护等领域开展矛盾纠纷大排查大调处,排查各类矛盾纠纷118起,未发生因矛盾纠纷引发的恶性案件和影响大的群体性事件。

强化刑事犯罪打击　2016年,立刑事案件1561起,同比下降21.52%;破年内案件683起,破案率43.75%,同比上升2.43%。抓获各类违法犯罪嫌疑人597人,其中刑事拘留390人、逮捕264人、移送起诉666人。

严打整治和公安行政管理　2016年,深入推进打黑除恶专项斗争,移送起诉九类涉黑涉恶犯罪嫌疑人115人。全面推进毒品问题专项治理,查处涉毒刑事案件43起,查获涉毒嫌疑人53人,抓获吸毒人员251人,执行强制戒毒24人,抓获涉毒逃犯5人,捣毁非法制造麻黄碱窝点3个,缴获冰毒23.84克、曲马多700余粒、制毒原料5000多公斤。加大电信诈骗防范力度,立电信诈骗类案件235起,止付电信诈骗资金5笔,止付总金额4万余元,破获电信网络新型违法犯罪案件33起,抓获犯罪嫌疑人17人,摧毁电信诈骗犯罪团伙2个。查处治安案件3940起,查处违法人员2734人次,其中治安拘留619人、罚款843人。破获涉枪涉爆案件53起,其中非法持有枪支弹药案件33起,非法制贩枪支弹药刑事案19起,非法制贩爆炸物品刑事案1起,非法采矿刑事案1起,收缴钢珠2452粒、气步枪子弹1952枚、烟花爆竹1426件。加强道路交通安全监管,全年共发生一般程序处理的交通事故211起,下降4.95%;死亡46人,上升84%;受伤186人,下降15.07%;财产损失98.95万元,下降52.92%,交通安全形势平稳。全年,查处各类严重交通违法行为59970起。

〔夯实公安基层基础〕

2016年,以科技强警为支撑,全面提升动态化、信息化条件下公安基层基础工作水平。

派出所业务用房建设　2016年,新建拘留所和珊瑚、旧县所并投入使用。

社会治安防控体系建设　2016年,以城市综合报警与监控系统建设为突破口,全面带动技术防范工作整体部署。重点健全完善"三大卡口""六张网"建设,2010年以来安装完成七期平安城市监控建设,累计安装完成1289路高清晰摄像机、50套高清晰治安卡口、14处红绿灯智能交通工程,基本实现对所有乡镇集镇主要交通路口和城区、县际出入口等治安管理重点防范部位的全天候、全方位监控。

〔专项行动〕

"红土安民"专项行动　2016年,开展"红土安民"专项行动,全县刑事破案数327起,"两盗"犯罪案件破案135起,破电信网络新型犯罪案件14起,立八类暴力犯罪案件19起,破21起,立六类涉黑涉恶犯罪5起破11起;查处涉枪涉爆类刑事案件26起,破获毒品案件15起,抓获毒品犯罪嫌疑人22人,查获吸毒人员61人,查处"五项十类"严重交通违法行为15493起,查获侦破网络违法犯罪10起案件,查处"三非"行政案件8起,抓获历年逃犯21名。

"红土飓风"专项行动　2016年,开展"红土飓风"专项行动,破获"盗抢骗"犯罪案件93起,破获电信网络新型犯罪20起,立八类严重暴力犯罪36起,破36起,立六类涉黑涉恶案件15起,破14起,抓获网上在逃人员15人,提起公诉534起,破获现行命案4起;破禁毒案件41起,抓获犯罪嫌疑人76名,查处吸毒人员219名,缴获毒品16.03千克,制毒物品804.05千克,破获省督案件4起,抓获本地上网涉毒在逃人员5名;查处涉赌刑事案件51起,涉黄刑事案件3起,四黑四害刑事案件39起,治安拘留559人,查处治安案件4063起,查处涉枪涉爆案件52起;查处打击网络违法犯罪14起,抓获16人;查处"五类十项"严重交通违法行为49618起;打击恶意逃废债18起,起诉18人,抓获15人,打击非法传销5起,抓获10人,查获走私成品油161.79吨。

〔消防大队工作情况〕

2016年,武警上杭县消防大队编制为副团级单位,下设3个现役中队。配备执勤战斗车10辆(其中泡沫水罐消防车3辆,水罐消防车4辆,抢险救援车2辆,德国马基路斯云梯消防车1辆)。全年,大队共接警173起,出动消防车210辆次,消防官兵1380人次,抢救被困人员42人,疏散138人,抢救财产价值3700万元。

2016年,消防大队将"微型站"建

设纳入强化消防基础工作的重点,以社会单位志愿消防队、乡镇专职队、村级义务队、派出所民警队等为依托,采取典型站点引路,推动辖区微型消防站建站工作。全县设有消控室的消防安全重点单位58家,建成微型消防站58家;全县有11个社区,建成微型消防站11个。

〔消防站改造建设〕

2016年7月28日,中共上杭县委召开议军会议,讨论上杭大队南岗中队营房改建议题,同意对南岗消防中队营房实施原址重建。10月9日,上杭县政府召开专题协调会,研究并原则通过南岗消防中队业务用房重建方案。12月28日,南岗消防站重建工程正式启动。

上杭大队南岗中队营房位于上杭县南岗新塘路1号,始建于1984年,占地面积5960平方米,原建筑面积2125.73平方米,2015年3月经上杭县住建局房屋鉴定中心鉴定为D类危房。

〔消防排查与整治〕

2016年,组织开展"今冬明春火灾防控""'红土飓风'3+N""夏季消防检查综合整治""电气火灾防范专项整治""电动车火灾防范专项整治"等消防安全专项行动,检查单位1806家,发现火灾隐患1505处,督促整改火灾隐患1489处,下发责令改正通知书956份,下发行政处罚决定书58份,下发临时查封决定书16份,责令"三停"单位12家,罚款48.2万元,拘留1人,确定重大火灾隐患单位3家,均整改完毕,有效消除火灾隐患。2016年,在全县范围推广独立式感烟火灾探测报警器的应用。全县推广安装独立式感烟火灾探测报警器1722个。

〔拥政爱民〕

2016年,古田老农李家林入深山"寻野味"遭毒蛇咬伤导致昏迷,上杭消防大队古田中队官兵来回跋涉10余公里山路,将老农成功救出,送医院救治后脱离生命危险,该事迹在中央电视台报道宣传。

2016年,大队官兵为帮扶的2名贫困学生家庭,送去慰问品和助学金。大队官兵帮助打扫、冲洗街道30余次,为打造文明城市做出应有的贡献。深入辖区中小学校等单位开展消防安全教育100多次,受教育数万人次。

〔消防宣传〕

2016年,开放消防站6次,发放宣传材料2000余份,举办消防知识讲座和培训8场,培训4000余人,组织消防安全疏散逃生演练8次。编制《上杭县网格化管理工作防火检查指导手册》并印刷2000余册分送到各乡镇、社区和行政村网格化管理员手中。《指导手册》基本覆盖全县22个乡镇的"大网格"、342个行政村(社区)的"中网格"和1200多个村民小组的"小网格"。

·检　察·

〔检察工作情况〕

反贪污贿赂　2016年,初查涉嫌贪污贿赂犯罪案件线索13件,立案侦查11件12人。其中,贪污犯罪2人、受贿犯罪3人、挪用公款犯罪5人、行贿犯罪1人、1人同时犯贪污罪和挪用公款罪;立案侦查副处级干部1人(龙岩市检察院交办)。侦查终结并移送审查起诉5件6人,法院判决13件15人(含往年案件),为国家和集体挽回经济损失12万余元。

反渎职侵权　2016年,初查各类渎职侵权犯罪线索3件,立案侦查涉嫌玩忽职守犯罪案件1件1人。

审查逮捕　2016年,受理公安机关提请审查逮捕195件275人,经审查批准逮捕147件200人,不捕62人,提前介入重大、疑难案件的侦查活动2件次,改变案件定性9件。

审查起诉　2016年,受理公安机关移送审查起诉519件655人,经审查向法院提起公诉499件614人,不起诉54人,移送其他检察院审查起诉5件9人,移送单位撤回8件8人。受理本院自侦部门移送审查起诉5件6人,经审查向法院提起公诉8件9人。

生态资源检察　2016年,受理森林公安提请审查逮捕5件5人,经审查批准逮捕3件3人,不捕1人。受理森林公安移送审查起诉35件40人,经审查向法院提起公诉41件47人,不起诉2人。

刑事执行检察　2016年,针对刑事执行检察工作中发现的问题,发出纠正违法通知书8份、检察建议书9份,均得到纠正和采纳。对13名在押人员启动羁押必要性审查程序,建议办案机关变更强制措施12件12人,采纳11件11人。

控申举报检察　2016年,受理各类信访94件,其中举报类信访14件,控告类信访72件,申诉类信访8件。本院办理27件,转其他机关办理67件。

民事行政检察　2016年,办理民事行政检察案件9件,其中发出再审检察建议1份,尚未采纳;发出执行监督检察建议1件,已采纳;向行政机关发出督促其向法院申请执行的检察建议2件,已采纳;发出诉讼违法监督检察建议2件,已采纳;发出督促行政机关履行职责检察建议2件,已采纳;终结审查处理1件。

宣传工作　2016年,编发《主要检务工作》6期,《检察信息》12期。信息被省、市检察院采用89条。宣传稿件和调研文章被市级以上刊物采用106篇,其中调研文章被国家级刊物采用1篇。在龙岩电视台播出检察专题节目1期,在上杭电视台播出检察专题节目2期。

〔服务经济社会发展〕

2016年,县人民检察院依法批捕

破坏市场经济秩序犯罪 6 人，提起公诉 69 人。为工程建设单位和重大政府采购项目提供行贿犯罪档案查询 967 件次。开展打击和预防扶贫开发领域职务犯罪专项工作，立案该领域职务犯罪案件 3 件 3 人。联合法院、公安、环保等相关部门建立环境行政执法与司法联动协作机制。完善“专业化法律监督+恢复性司法实践+社会化综合治理”工作机制，开展破坏环境资源犯罪专项立案监督活动，依法惩治盗伐滥伐林木、非法占用农用地等破坏环境资源犯罪；督促毁林犯罪嫌疑人补植复绿 1637 亩、缴纳生态恢复补偿金 68 万元。

〔依法打击刑事犯罪〕

2016 年，县人民检察院认真履行批捕、起诉职责，批捕各类刑事犯罪嫌疑人 203 人、起诉 670 人。依法严惩杀人、抢劫等严重暴力犯罪和盗窃、抢夺等多发性侵财犯罪，批捕 69 人、起诉 99 人。积极参与涉麻涉毒、涉枪涉爆、新型电信网络诈骗等专项整治工作，依法批捕涉麻涉毒犯罪 34 人，起诉 35 人。开展危害食品药品安全犯罪专项立案监督活动，起诉制售有毒有害食品、假药劣药等食品药品安全领域犯罪 25 人，保障人民群众“舌尖上”的安全。

〔社会治安综合治理〕

2016 年，县人民检察院推进涉法涉诉信访工作机制改革，完善多元化纠纷解决机制，落实检察长接待、下访巡访等工作，及时妥善办理群众信访 94 件，主动做好矛盾纠纷排查和化解工作。加强国家司法救助工作，对 3 名生活陷入困境的刑事被害人或其近亲属予以救助，传递司法人文关怀。开通远程视频接访系统，实现跨越千里的“面对面”接访。落实宽严相济刑事政策，办理刑事和解案件 8 件，对轻微刑事犯罪依法不批捕 48 人、不起诉 34 人。选派 10 名干警担任城区中小学校法制副校长或辅导员，会同县教育局、司法局开展为期 3 年的“法治进校园”巡讲活动，依法保护未成年人合法权益。发挥职能服务和保障县乡两级人大、县政协换届选举工作，协助做好 5000 余名候选人资格审查，依程序建议组织部门取消 9 名候选人资格。

〔推进反腐倡廉建设〕

2016 年，县人民检察院立案侦查职务犯罪案件 12 件 13 人，其中涉及医疗卫生、扶贫开发等民生领域 6 人、工程建设领域 2 人、涉农领域 1 人、其他领域 4 人。查办的贪污贿赂案件涉案总金额 760 余万元，其中 20 万元以上大案 7 件 8 人。认真撰写惩防职务犯罪年度报告，剖析发案特点，提出对策建议，为推进反腐倡廉提供参考，报告得到县委书记批示肯定。根据上级院的统一部署和自侦部门查办案件中发现的问题，分别在危险废物监管环节、工程建设领域立项开展预防调查 2 件，开展案例分析 6 件，向有关单位发出检察建议 4 件。开展警示教育宣传 15 次，受教育人数 700 余人。积极参与省检察院开展的“廉能量 · 微传递”H5 廉政微片评选活动，以老一辈革命家陈丕显为原型制作的 H5 微片《权力不为私利谋》获得优秀廉政作品称号。

〔强化诉讼活动监督〕

2016 年，县人民检察院强化刑事诉讼监督，对事实不清、证据不足的，不批捕 15 人、不起诉 22 人；监督侦查机关立案 7 件，纠正漏捕 10 人，纠正漏诉 7 人，追诉漏罪 10 起；对侦查活动中的违法情形提出纠正意见 10 件；审查刑事裁判 539 件，对认为确有错误的刑事判决，提出抗诉 4 件，法院审结改判 1 件。强化民事行政检察，构建多元化监督格局，综合运用督促起诉、检察建议等方式，办理各类民事行政检察案件 9 件；开展督促催缴防空地下室易地建设费专项活动，督促催缴到位 200 余万元。强化刑事执行监督，监督纠正刑事执行和监管活动违法情形 9 件次、社区服刑人员脱管漏管 3 人；约谈在押人员 160 余人次，为 2 名在押人员申请办理法律援助，维护在押人员合法权益；开展集中清理判处实刑罪犯未执行刑罚专项检察活动和财产刑执行专项检察活动，防止刑事判决“打白条”。

〔强化内外监督制约〕

2016 年，县人民检察院始终坚持党的领导，自觉接受人大及其常委会监督，主动报告重要工作和履职情况。认真办理县人大常委会交办、转办群众信访 2 件，均及时办结反馈。完善与人大代表、政协委员、人民监督员日常联络机制，注重听取社会各界意见建议，不断改进工作。新建检察服务大厅，综合控申举报、律师接待、法律咨询、案件信息查询等功能，受理案件查询、申请阅卷等 129 次，安排阅卷 94 件次，为律师和来访群众提供高效便捷的“一站式”服务。依托案件信息公开网对社会发布重要案件信息和案件程序性信息 738 件、公开生效法律文书 483 份，消除司法神秘化。着力打造包括门户网站、微信、微博、“今日头条”客户端为一体的全方位新媒体体系，及时发布检察动态信息 500 余条。联合县法院、公安局制定《上杭县涉案财物管理实施细则》，进一步规范刑事诉讼涉案财物的管理和处置。完善案件质量评查机制，将评查结果纳入个人执法档案和年终绩效考评，共评查案件 169 件，法律文书 643 份，纠正不规范、瑕疵等情形 68 处。

〔打造过硬检察队伍〕

2016 年，县人民检察院通过专题学习讨论、重温入党誓词、瞻仰革命旧址、邀请专家讲党史课、举办主题演讲比赛、道德讲堂、深入社区服务等形式，抓紧抓好“两学一做”学习教育，引导党员自觉锤炼党性修养，坚定理想信念，提高思想认识水平。积极稳妥开展司法体制改革，完成首批 24 名检察官入额工作，并进行宪法宣誓活动。深入开展“传帮带”、岗位练兵、业务技能竞赛等活动,先后选送41人次参加各类业务培训和技能竞赛。坚持典型引领,深化创先争优,连续6届获省级“文明单位”称号,青年检察官先锋队被评为省级“青年文明号”,控申举报窗口连续3届被最高检授予“全国检察机关文明接待室”称号,10个集体、15人次获上级表彰。认真落实“两个责任”和“一岗双责”,持之以恒贯彻中央八项规定精神,严格执行《检察人员八小时外行为禁令》等规定要求,切实把纪律和规矩挺在前面。连续5年开展“廉政文化进机关”活动,增强干警廉洁从检意识,营造风清气正良好氛围。党风廉政建设的经验做法得到省院领导批示并转发。

〔县人民检察院负责人〕

上杭县人民检察院负责人名表

表20

姓　名	籍　贯	职　务	任职时间	职　级
戴宇明	福建新罗	党组书记、检察长	2016.7—	副处
陈炳旺	福建新罗	党组书记、检察长	2011.7—2016.7	副处
刘伟东	福建上杭	党组专职副书记	2012.7—	正科
李彪麒	福建上杭	党组副书记、副检察长	2012.7—	副处级职级
郭鸿麒	福建上杭	党组成员、副检察长	2002.8—	副处级职级
钟汉桥	福建长汀	党组成员、副检察长	2010.12—	正科
林　轼	福建上杭	党组成员、纪检组长	2010.12—	正科
李建红	福建上杭	党组成员、政治处主任	2010.12—	正科
林伟红	福建上杭	党组成员、公诉科长	2010.12—	正科
谢详明	福建上杭	检委会专职委员	2010.12—	正科级职级

·法　　院·

〔审判工作概况〕

2016年,受理案件7835件,审结6837件,分别同比上升6.15%和8.08%,结案率87.26%。

〔刑事审判工作〕

2016年,县人民法院共受理刑事案件590件725人,审结559件663人,给予刑事处罚571人,同比增长28.31%,免予刑罚15人。其中,适用普通程序232件,占案件总数的41.5%;简易程序327件,占案件总数的58.5%。刑事案件中盗窃63件89人;交通肇事30件30人;危险驾驶罪123件123人;掩饰、隐瞒犯罪所得3件5人;涉及枪支、爆炸物犯罪51件53人;寻衅滋事12件22人;故意毁坏财物11件11人;开设赌场36件44人;故意伤害39件60人;诈骗8件8人;信用卡诈骗罪15件15人;合同诈骗2件2人;抢劫2件2人;强奸3件4人;涉毒犯罪31件33人;贪污6件6人;职务侵占4件4人;受贿8件9人;行贿1件1人;挪用资金2件3人;挪用公款2件3人;非法经营17件18人;聚众斗殴5件8人;非法拘禁2件2人;妨害公务5件8人;生产销售假药17件19人;生产销售有毒有害食品2件4人;组织、领导传销活动罪1件1人;失火罪7件7人;涉林木刑事案件17件20人;非法占用农地2件4人;审结刑事附带民事案件19件,涉案标的425.32万元。全年审理的案件中,判处5年以上有期徒刑20人,3年以上5年以下有期徒刑40人,3年以下有期徒刑137人,拘役80人,判处缓刑283人。

〔民商事审判工作〕

2016年,县人民法院共受理各类民商事案件3469件,同比下降3.37%,审结3094件,同比下降3.7%,其中调解、撤诉结案1386件,调撤率为44.8%。已结案件中,婚姻家庭、继承纠纷类案件450件(其中离婚案件384件);合同纠纷案件2131件,诉讼标的3.63亿元;权属、侵权纠纷类案件513件,诉讼标的2432.1万元。

2016年,应对新形势开展金融部门不良贷款专项审判活动,涉案标的1亿元。保持指导人民调解工作全覆盖,调解民商事案件786件。推进司法救助与法律援助无缝衔接,对经济确有困难的案件当事人缓、减、免交诉讼费34.7万元,拨付司法救助金

50万元。完善案件繁简分流机制，简易程序适用率达82.45%。

〔行政审判工作〕

2016年，县人民法院共受理行政诉讼案件50件，审结37件，审查行政非诉执行案件324件。已结案件中，撤销全部行政决定2件，变更行政决定1件，确认违法或无效2件，驳回诉讼请求19件，驳回起诉2件，原告主动撤诉1件。2016年，完善行政非诉执行案件“裁执分离”新机制，与县公安局、交通执法大队、卫生和计划生育局等13个单位召开执法规范化调研座谈会，发出司法建议6条，邀请行政机关工作人员268人次旁听典型行政案件审理，形成行政审判、建议、培训三位一体的良性互动格局。

〔执行工作〕

2016年，县人民法院共受理各类执行案件3387件，执结2815件，同比上升27.04%和38.53%，执结标的5.04亿元。

2016年，狠抓执行清案结案工作，开展执行攻坚“雷霆”行动、年底执行大会战行动，重点突破“六类案件”，落实“十个一”措施，打组合拳、出重拳，推进执行清积。将全县划分为6个片区网格，成立6个“1+1+1+N”执行组，分期开展涉民生、涉金融、涉企业、涉公职等专项执行，持续开展“清晨执行”“午间执行”，形成“分段分轨集约”执行机制，执结民生六类案件184件，标的额5310.5万元；执结涉公职主体案件20件，到位标的351万元；执结金融案件52件，到位标的8236万元。推进执行联动，与辖区公安、国土、工商、银行等单位建立执行协作机制，在查控、布控、信用惩戒上做到快、准、狠，通过“点对点”查控机制，高效查询被执行人的银行账户、房产、身份及车辆等信息22.6万次，涉及被执行人5314人，网络冻结、划扣资产约5135万元，与交警联合开展“限制过户”查控，查封车辆120辆。加强信息化执行，建立执行远程视频指挥调度系统、司法信息集控中心，实时远程指挥。全面实施网络司法拍卖，成功拍卖被执行物25件，总成交金额1424.98万元。加大采取强制措施力度，实现拘留措施常态化，对拒不履行生效裁决行为的坚决打击，司法拘留40人，追究拒执罪1人，追究帮助规避执行判处伪造证据罪的4人，移送公安机关线索4条。加强信用惩戒，发布失信人员名单6293人次，通过在电视台、报纸、微博、微信发布“老赖榜”、广场户外电子屏滚动曝光，开展“执行进乡村”活动，张贴、散发督促执行公告2600余份。开展强制腾房行动，腾房7000余平方米。

〔社会治安综合治理工作〕

2016年，贯彻“联乡挂村保稳定”部署，走访群众167人次，就地化解矛盾纠纷17件。主动靠前服务，配合做好村、乡级两委候选人资格审查2165人次，及时化解影响换届选举的宗姓干扰和历史遗留等问题。延伸法制教育触角，指派8名干警担任中小学法制副校长和辅导员，开展预防青少年犯罪法制教育21场次。推进“12345”政务平台建设，办理信访件21件。坚持院领导轮值接访和法官带案下访，接待来访群众146人次，受理信访案件106件。

〔品牌创建〕

2016年，以提炼亮点品牌为要求，创新工作机制，弘扬红土司法闪光点。创新“法庭支部+”工作模式，拓展支部书记职责运行，实行“五区三化”运行机制，以“红土法官连心卡”“法官民情调查簿”搭建为民“连心桥”，在全国民主法治示范村五龙村等5个村试点支部法律咨询委员，为无讼无访村居创建精准施策。建立微信服务平台，实行差异化、定制化、便捷化服务，构建矛盾调解的“快车道”。古田法庭获评全省政法系统“十佳百优”基层政法单位，“支部+”创建工作被省高院简报刊发。传承才溪乡调查精神，推行“红土法官调查”工作法，创新“多层次调查、多元化调解、多形式回访”的家事审判新模式，家事案件调撤率位居全市前列。创新人大代表联合化解机制，在全市首创与省人大代表联合设立“家事纠纷联合调处室”，开展预约代表调解。策划制作完成首部家事审判题材微电影《初心》，深度展示家事审判新经验。围绕打造“中国绿色矿都”，以生态巡回审判点、矿区法律工作站、绿色矿业生态司法功能展览示范区为载体，建立“点、站、区”生态矿业司法服务机制。设立生态司法文化长廊，全面展示生态品牌创建工作，获县委领导肯定。

〔信息化建设〕

2016年，全面改建升级诉讼服务大厅，形成“两厅十窗口六室”的综合服务中心，建立“一站式服务、一体化运行”的诉讼服务体系。推进数字化建设，全面升级高清监控，建成司法信息管理集控中心和17个科技法庭，高标准落实“八个看得见”。紧跟新媒体时代步伐，开通微博、微信公众号、入驻“今日头条”、腾讯企鹅媒体平台，获评“全省法院信息化建设先进集体”。

〔司法改革〕

2016年，在3个法庭全面推行办案责任制改革，建立“1+1+1”审判团队，明确审判权力、管理监督、考评、保障及责任追究机制。成立法官考评委员会、案件质量评定委员会，促进审判责任落实。9月，全面启动法官入额考核工作，以“优化资源、补齐短板、逐步推进”原则完成法官入额考核和法官职务等级套改，首批入额法官38名。全力做好与单独职务序列配套的薪酬制度、省以下法院人财物统一管理等改革的准备工作。改革后结案数增长11.54%，法官人均结案数增长10.59%，一审改判率下降61.54%。

〔队伍建设〕

2016年,深化与最高法院国家赔偿办党支部共建平台建设,全力提升党建工作,获“全国法院党建工作先进集体”称号。创新述廉方式,在全市率先开门邀请代表委员、纪检、组织部门参加领导干部述廉专题会,发出《家庭助廉倡议书》,组织明察暗访、审务督察12次,发布督查通报4期。发出《典型领跑行动倡议书》,设立“杭川法苑办案之星”,激发干警创先争优。涌现出“福建好人”陈国洪、全省优秀法官林建才、三季办案之星张南生等先进典型。积极支持干警开展司法实务难点和热点研究,在市级以上刊物发表调研文章25篇。

〔接受监督工作〕

2016年,牢固树立政治意识和大局观念,始终把法院工作置于党的领导之下。自觉接受人大及其常委会监督,积极向人大及其常委会报告重大工作部署和依法履职情况,全力配合人大常委会案件督办、专项调研检查活动。规范和完善代表意见建议交办、督办、反馈机制,依法妥善处理人大交办、督办信访件25件。加强与代表经常性联络,邀请代表旁听重大案件审理、参与调解、执行体验等活动,并向人大常委会委员及各乡镇主席团赠阅《人民法院报》《法院信息》《杭川法苑》等工作材料,听取意见建议。扩大司法民主,密切与政协、工商联、无党派人士和人民团体的沟通联系,通报工作。邀请检察长列席审委会参与重大疑难案件讨论,认真回复检察机关提出的检察建议。加强陪审员的培训、管理和保障,陪审案件700件,陪审率98.02%。

〔县人民法院负责人〕

上杭县人民法院负责人名表

表21

姓　名	籍　贯	职　务	任职时间	职　级
洪炳龙	福建武平	党组书记 院长	 2015.12—	副处
郭晓华	福建上杭	党组副书记 副院长	2012.7— 2012.8—	正科
罗洪崖	福建上杭	党组成员 党组专职副书记	2002.9— 2012.7—	正科
邱福琴	福建上杭	党组成员 副院长	 2002.9—	正科
廖彩云(女)	福建上杭	党组成员 政治处主任	 2003.1—	正科
赖建华	福建上杭	党组成员 纪检组长	2012.7— 2012.7—	正科
李维贵	福建上杭	党组成员 审判委员会专职委员	2002.9— 2010.2—	正科
王彬芳	福建上杭	党组成员 古田法庭庭长	2012.7—	正科
田承于	福建上杭	审判委员会专职委员	2010.2—	正科
郭盛元	福建上杭	党组成员 副院长	2010.12—2016.5 2012.8—2016.5	正科
程　敏(挂职)	福建新罗	党组成员 副院长	2014.10—2016.10	副科

·司法行政·

〔司法行政工作〕

2016年,在全省率先启动"七五"普法工作。3月,福建省创建"青少年维权岗"活动组委会,命名上杭县法律援助中心为"2014—2015年度省级青少年维权岗"。5月,在第八次全国法治宣传教育工作会议上,上杭县被表彰为"2011—2015年度法治宣传教育工作全国先进集体"。8月,县司法局参加全市政法系统"防控风险、补齐短板、创新机制、破解难题"工作案事例评选活动荣获十佳优秀奖。9月,县司法局被中华全国人民调解员协会评为"2016年度人民调解先进单位"。

〔司法局大楼建成启用〕

2016年9月8日,县司法局迁入新大楼办公。新办公大楼位于上杭县供销大厦7层和9层至12层,共5层,合计4065平方米。总投资约1996万元,其中购房经费1500万元,改造装修经费496万元。

〔普法依法治理〕

2016年,组织全县公职人员及村(社区)主干和六大员约1.3万余人参加2016年度学法考试。10月12日,组织12名拟提拔转任人员在县司法局参加任前法律知识考试,推进领导干部带头学法用法工作,不断提高依法执政、依法行政的意识和能力。12月4日,围绕"大力弘扬宪法精神,协调推进'四个全面'战略布局"这一主题在县人民广场开展"12·4"国家宪法日集中宣传。县委宣传部、政法委、司法局等单位和部门结合各自工作职能,通过发放法律宣传资料、现场解答法律咨询、法治文艺演出等形式开展法治宣传。

〔人民调解〕

2016年,全县共有人民调解组织387个,续聘14位法官为人民调解指导员,加强指导基层人民调解工作。加大宣传力度,配合福建电视台综合频道《调解有一套》栏目组采编工作,全年播出11期,扩大上杭县人民调解工作影响面。2016年,全县各级调解组织排查矛盾纠纷1376件,调解1376件,调解率100%;调解成功1372件,成功率达99.71%;履行1372件,履行率100%。防止群体性上访11件952人,防止群体性械斗9件536人,防止民转刑8件41人,避免和挽回经济损失3571.16万元。

〔社区矫正〕

2016年,全县共接收社区服刑人员396人,解除社区矫正412人,年末在册人员399人,其中缓刑374人,假释19人,暂予监外执行6人。给予社区服刑人员警告49人次,提请公安机关给予治安拘留5人,提请人民法院撤销缓刑1人,执行收监1人。受法院、检察院、监狱等机关委托,办理案件评估120件。矫正期间,正常死亡2人。在册社区服刑人员全部设立"电子围栏",定位手机配比率达98.7%。

〔安置帮教〕

2016年,推进刑满释放人员无缝衔接,加强落实帮教措施。建立教育基地2个,社区服务基地95个,指导就业基地5个。全年,共衔接刑满释放人员464人。2016年,在册刑满释放人员2887人,其中监狱669人,看守所568人,解除社区矫正1639人,解除劳教11人,安置帮教率100%。

〔法律援助〕

2016年,县法律援助中心共组织办理各类法律援助案件480件,其中民事案件383件,刑事案件97件;受援人涉及残疾人23人,老年人79人,未成年人108人,妇女76人,农民工58人,各类贫困者136人。全县"148"接待群众来访2100人次,为当事人提供上门服务1800次,解决当事人纠纷980件,移送至有关部门处理110件,为当事人避免和挽回经济损失1800万元。

〔法律服务〕

2016年,全面推动"一村一法律顾问,一社区一法律诊所"工作。10月底,全县22个乡镇和344个村(社区)全部设立公共法律服务工作站和服务点,并聘请律师担任法律顾问,在全市率先实现全县村居法律顾问100%全覆盖。

2016年,全县20位律师、3位基层法律工作者为全县12个社区、332村担任法律顾问,共入村(社区)了解社情民意1823次、提供法律咨询1823次、解答咨询3347人次、提供法律意见314个、提供法律援助6件、制定审查修改合同4件、开展法制宣传279次、举办培训班5期,参与指导调解纠纷276件、处置突发事件和群体性事件3件。全年,各律师事务所共办理各类案件1044件,担任法律顾问96家,解答法律咨询3245人次。县中心法律服务所代理各类案件198件,担任法律顾问2家。公证处办理各类公证744件。

《法治》撰审人员

撰稿人:阙源隆　张秋琼
罗春洪　罗小丽
刘健寿　许　磊
审稿人:李英荣　陈　钧
戴宇明　王彬芳
刘　勇　王立泰
责任编辑:袁发昌

军　事

·上杭县人民武装部·

〔武装部工作情况〕

2016年,县人武部突出改革强军核心内容,坚持铸魂育人、聚焦中心、主动作为,军事训练、国防动员、兵员征集、军民共建等主要工作取得新成效。扎实抓好"两学一做"学习教育,持续推进改革强军主题教育,把强军目标学习宣传贯彻不断引向深入,着力把握精髓要义、增强认知认同、强化行动自觉。牢固确立战斗力这个唯一标准,把务军备战作为党委领导的主业。突出抓好重要目标防卫、保交护路、支前保障、抢救抢修等内容演练,重点抓好民兵应急分队实兵实装演练。围绕"编齐配强基本队伍,建立健全基层组织,探索落实基本制度"的具体要求,抓实基干民兵"三类队伍"14个民兵基层党组织建设,优化组合各行政村(社区)民兵营连部党支部,实现民兵分队党组织的全维覆盖,并通过开展党日活动联抓、思想教育联做、人才培养联手、重大任务联动的"四联"活动,促进党管武装末端落实。

〔改革强军主题教育〕

2016年,对照新形势下军委总部对省军区武装系统职能使命的"五部定位",开展理论宣讲、专题讲座、改革座谈等教育实践活动,组织"新体制新职能新使命"大讨论,强化全体干部职工忠实履行国防动员和后备力量建设职责使命,引导广大干部职工拥护改革、支持改革,坚决服从改革大局,牢固树立与改革强军要求相适应的思维方式和思想观念。

〔持续开展全民国防教育活动〕

2016年9月,县人武部开展以"传承红色基因,共建巩固国防"为主题的第16个全民国防教育日活动,到泮境乡开展学传统、爱传统、讲传统进校园活动,促使学生们用好上杭革命史,不断根植党的创新理论在全社会落地生根。引导群众树立居安思危的忧患意识,增强群众依法履行国防义务的责任感,在全社会形成关心国防、支持国防、建设国防的良好局面。

〔民兵组织整顿工作〕

2016年,民兵组织整顿工作采取优化方案、分级组建、广域抽组、以网聚兵的办法,把全县基干民兵编为应急、支援、储备3类队伍,进一步优化组织结构,提高建设质量,提升以核心能力为重点的多样化军事任务能力。

〔征兵工作〕

2016年夏秋季征兵工作,坚持以提高兵员质量为核心,严格贯彻落实《福建省征兵工作条例》《上杭县征兵工作奖惩措施》,圆满完成市下达的征兵任务。县征兵办被推荐表彰为全省征兵工作先进单位。

〔民兵军事训练〕

2016年,牢固树立战斗力这个唯一的根本标准,严格落实年度民兵军事训练计划,抓好各类分队的组训,积极研究探索新时期民兵军事训练的方法路子,严密组训、科学施训,民兵军事训练质量效益有质的突破,民兵队伍军事素质明显提高,完成年度民兵军事训练任务。

〔军民融合发展〕

2016年,发挥人武部的桥梁和纽带作用,建立健全军民融合机构,完善沟通协调机制,深入贯彻军民融合发展战略,找准上杭经济建设需要与发挥部队优势的结合点,在最符合驻地实际、最能满足群众需要、最能发挥自身优势的项目上投入力量,形成强大合力。11月,协调完成上杭县政府与海军装备部上海军代局举行"军民融合,产业合作"签约。

〔终止有偿服务〕

2016年,按照中央军委下达的军队停止有偿服务的文件要求,采取召集租户集中传达、个别登门、法律后援的方式,要求到期项目租户按照时间节点签订租赁终止协议,上交租赁项目,未到期项目协调有关单位转交地方托管,全面停止相关项目的租赁工作。

〔县人武部负责人〕

上杭县人武部负责人名表

表 22

姓　名	籍　贯	职　务	任职时间	军　衔	职　级
肖光喜	江西永丰	部长	2014.3—	上校	正团
杨　葵	湖南华容	政治委员	2013.3—	上校	正团
郭毅置	福建龙海	副部长兼军事科长	2014.3—	中校	副团
徐丰盛	福建武平	政工科长	2012.3—	中校	正营
吴建平	江西资溪	后勤科长	2010.5—	中校	正营

·森林武警·

〔军事训练〕

2016 年,大队加强军事训练,实战化步伐加快推进。7 月,大队三中队参加支队建制班军事比武取得 4 项单科目成绩第一和总评第一的优异成绩,并代表总队参加武警森林部队建制班军事比武,同森林部队十个大单位同台竞技,取得较好成绩。

〔军地两用人才培训〕

2016 年,大队依托学校教育资源,开展学习成才活动。与县职业中专结成“共建对子”,开展军地“两用人才”培训。全年,共 12 人取得计算机等级证书,10 人取得建筑师资格证书。

〔战备与防火灭火工作〕

2016 年,大队严格落实战备制度,先后组织 11 次灭火作战紧急出动、17 次抢险救灾和 15 次营门防袭击演练,提升部队快速反应能力。大队本着以训为战的理念,大力抓实战化训练,设置不同任务环境,研究高效灭火战法,提升部队战斗力。全年,先后出动官兵 200 人次,完成灭火作战任务 7 次,全部当日扑灭。出动官兵 400 余人次,深入驻地乡镇、村庄、街道、社区,开展防火宣传勤务 20 余次,发放防火宣传单 3000 余份,车辆移动广播宣传 20 台次。

〔靠前驻防〕

2016 年 1 月 1 日至 4 月 30 日,大队针对春防和秋冬防任务需要,出动 11 名官兵进驻古田实施靠前驻防,配合林业部门开展重点目标和林区的防火宣传与进山入林徒步巡护等勤务。备勤期间,驻防官兵共出动 50 人次,动用车辆 10 台次,行程 100 余公里,发放传单 1600 余份,制止野外违规用火 6 起,消除火灾隐患 13 处,实现驻防任务区域零火灾。

〔双拥工作〕

2016 年,大队通过县希望工程办公室联系确定 9 名贫困失学儿童资助对象,大队官兵全年累计捐款近 1.5 万元。每月组织官兵到县光荣院、敬老院为老人清理卫生、修剪指甲、理发剪发,与老人共度节日。派出官兵参加县烈士纪念日公祭、上杭客家文化节开幕仪式等活动。同县职专建立共建关系,派出 24 名官兵为职专 800 余名学生军训。全年,大队先后为上杭县城清扫冲洗街道 13 次,到上杭敬老院做好事送慰问品 20 次,慰问五保户 9 次。

·武警大队·

〔思想政治教育〕

2016 年,持续开展“两学一做”,推进以“读红色书籍、讲传统故事、唱革命歌曲、看优秀影视、当红军传人”为主要内容的读书学习活动,在干部队伍中开展培育“传统道德、社会公德、家庭美德、人品官德”教育学习活动,着力建设一支过硬的基层干部队伍。结合新兵来队和“七一”“八一”等时机探访古田会议旧址、临江楼、才溪乡调查纪念馆等红色旧址,用好上杭丰富的红色资源,教育官兵弘扬光荣传统,争当红军传人。

〔执行任务情况〕

2016 年,大队所属上杭县中队主要担负上杭县看守所外围武装警戒任务和武装押解、驻地抢险救援、反恐处突、警卫安保以及上级赋予的其他临时勤务。中队在看守所扩建期间及时调整兵力部署,整治安全隐患,担负的看守固定勤务安全无事故。全年完成武装押解勤务7起,担负“尼伯特”台风抢险救援及各类救援备勤任务5起,日常保持常态化备勤,随时准备处置驻地发生的各类突发事件。

〔拥政爱民工作〕

2016年,大队继续秉承“把驻地当故乡,视人民为父母”的理念,开展以“爱人民、为人民、学人民”为主题的拥政爱民活动。结合3月学雷锋活动月,广泛开展助民劳动,与上杭县社会福利中心和养心园敬老院长期保持联络,组织官兵为老人打扫卫生、义务巡诊、送去慰问品,3次赴才溪看望慰问老红军林攀隆,接受革命前辈的谆谆教导。结合“八一”建军节,开展军事文化宣传周活动,促进军民互相融合,共建美丽上杭。

《军事》撰审人员

撰 稿 人:黄俊雷 邱熠煌 郑经军
审 稿 人:郭毅置 黄华平 刘丽伟
责任编辑:袁发昌

机构编制　人力资源社会保障

·机构编制管理·

〔机构编制管理工作〕

加强体制改革　推进职能转变　2016年,推进纪检监察体制改革,成立中共上杭县委巡察工作领导小组,提出巡察办公室和巡察组的组建方案,强化执纪监督职能。理顺纪检监察机关的职能,调整内设机构规范设置为9个,突出主业主责。配合做好司法体制改革工作,对县法院、检察院机构编制和实有人员情况开展调查,认真填报,确保数据真实准确。优化整合妇幼保健和计划生育技术服务资源,调整整合县乡两级卫生计生管理机构和卫生计生技术服务机构职能。推进公立医院改革和法人治理结构试点工作,在对县医院、中医院试行用编备案制的基础上,对全县医疗系统新招聘人员探索试行占编不入编的招聘方式,放开招聘自主权,医疗系统可根据实际需求自主先行招聘专业技术岗位人员,再报机构编制部门备案。

严格控编减编　盘活编制资源　2016年,按照财政供养人员只减不增的要求,加强机构编制管理和创新,严格控制编制,严守人员编制红线,严肃机构编制纪律。落实《关于做好全县控编减编工作的意见》,明确要求行政编制不突破上级机构编制部门分配下达的总额,事业编制不得突破2012年底总数;规定各部门提请研究涉及机构编制事项必须征求机构编制部门意见,原则上不新增机构和编制,不提高机构规格,严禁突击进人。整合资源、精简机构、深挖潜力,向改革要编制,对职能已经消失或弱化的单位,撤、并、调多管齐下。全年,事业单位机构撤销31个,收回(核销)编制93名,其中撤销22个乡镇广播电视站,收回编制36名;结合乡镇卫生计生改革,收回编制22名;撤销"上杭县企业投资发展服务中心"和"上杭县科学技术实验站",县企业投资发展服务中心1名财政核拨事业编制及现有人员划入县节能监察(监测)中心,县科学技术实验站1名财政核拨事业编制及现有人员划入县知识产权办公室;撤销"上杭县希望工程服务站"(编制1名)和"上杭县人工影响天气工作站"(编制3名),共4名核拨事业编制收回;撤销"驻榕办",核销经费自理编制3名;撤销"演出管理站"(编制1名)、"音像发行站"(编制1名)、"军粮供应服务中心"(编制1名)、"旅游公司"(编制3名)等公益职能弱化事业单位,核销其经费自给事业编制共6名,现有人员按有关规定予以分流安置;撤销"上杭县人才中心村主干专项事业"和"上杭县人才中心本科生专项事业"机构,收回编制21名;收回"县广播电视发射台"2名空编。

至年底,行政编制(含政法专项编制)1774名,没有突破省下达的行政编制总额,无自定的党政群机关行政编制和政法专项编制;事业编制8620名,与2012年底8634名相比,减少14名,其中教育机构教师编制4034名,与2012年底持平,实有教师4881人比2012年底减少188人。

创新教师管理　缓解供需矛盾　2016年,为解决全县中小学教师结构性超编严重而需求又不断加大的实际,县委发文继续执行2013年10月制定出台富余学科教师分流工作意见,对今年急需补充的全县中小学102名年轻教师,除政策性接收、已签订委培协议21名外,其余81名实行编外聘用招聘方式,为今后补充年轻教师留出空间。同时,对全县教师系统新招聘人员探索试行占编不入编管理制度。

支持民生和重点领域工作　提供体制机制保障　2016年,调整充实"三大战役"相关工作机构。在服务项目落地战役方面,成立"上杭县原中央苏区政策研究对接办公室",撤销"上杭县信息中心",原7名编制及现有人员(其中医改办1名)一并划入县原中央苏区政策研究对接办公室,另外再调剂3名财政核拨事业编制(其中从价格认证中心调剂1名),调剂后县原中央苏区政策研究对接办公室编制共10名;在服务脱贫攻坚战役方面,成立"上杭县扶贫开发中心",撤销"上杭县小额信贷扶贫中心”,原2名编制及现有人员一并划入县扶贫开发中心,再调剂2名财政核拨事业编制,调剂后该中心编制共4名;在服务生态环保战役方面,成立“上杭县环境教育与监控中心”,调剂财政核拨事业编制2名(调剂后共5名),专门用于县环境宣传教育与监控工作;推进烟花爆竹安全监管职能划转,将烟花爆竹安全监管职能由县公安局划入县安监局,并从县本级精减的财政核拨事业编制中调剂2名编制到重大危险源监控中心,专门用于烟花爆竹安全监管工作,增加烟花爆竹的监管力量;坚持计划生育基本国策,加强医疗卫生工作,深化医药卫生体制改革,优化配置医疗卫生和计划生育服务资源,提高出生人口素质和人民健康水平,整合上杭县妇幼保健院与上杭县计划生育服务站,新组建上杭县妇幼保健院(加挂上杭县计划生育服务中心牌子),实现卫生、计生优势互补。

〔简政放权工作〕

推进前置审批和中介服务清理工作 2016年,积极开展清理规范并公布前置审批和中介服务事项,全面清理后,前置审批保留180项,调整25项,行政审批中介服务保留85项,调整33项。

梳理和编制乡镇政府权责清单 2016年,按照省市部署,全面梳理编制乡镇现有权责事项,逐项提出取消、保留或调整意见。按时公布乡镇政府权责清单共计264项,县直部门委托、下放乡镇事项共计13项,县直部门派驻机构包括林业工作站、司法所、国土资源所、公安派出所和市场监管所等事项共计777项,为乡镇政府切实做到“法定职责必须为、法无授权不可为”奠定良好的基础。

承接上级下放审批服务事项 2016年,对保留、承接的行政审批事项纳入到网上办事大厅进行办理,取消的事项予以撤出网上审批系统,开展审批、下放事项“回头看”工作,确保下放的事项承接到位。全年共承接下放(委托)事项共16项,其中行政许可11项、行政确认2项、公共服务3项;取消审批和服务事项共37项;对应调整审批和服务事项共6项,增列事项5项。

强化行政审批事中事后监管工作 2016年,要求各单位按照“谁审批、谁监管”“谁主管、谁监管”原则,制定细化本单位的实施方案,建立随机抽查事项清单,随机抽取检查对象、随机选派执法检查人员的“双随机”抽查机制,切实落实监管责任。积极探索“互联网+监管”网上监管模式,要求各部门通过门户网站公开、公示本部门行政许可办件情况和行政处罚等信息,加强信息共享和信用约束,推进诚信体系建设,加强联合惩戒力度。

〔事业单位登记管理〕

2016年,开展统一社会信用代码赋码发证、事业单位法人变更登记及年度报告公示。截至年底,上杭县完成90家统一社会信用代码证书申领工作(其中机关单位73家,群团组织9家,机关所属的事业单位2家,其他6家),224家事业单位全部换发新版证书。登记事业单位234个,其中教育类65个,卫生类52个,其他类117个,于5月3日在中国—上杭(电子政务版)—事业单位信息公示专栏,分为教育、卫生、其他3类公示。

〔中文域名注册登记管理〕

2016年,将中文域名注册费用纳入县财政预算,对280个村、(居)委会免费域名和即将到期的机关、事业单位域名进行续费。完成中文域名注册的机关事业单位域名480个,完成279个村(居)委会免费域名注册,注册成功的中文域名共有759个。会同县数字办积极做好党政机关、事业单位网站开办资格复核,及时清理没有通过资格复核及未提交网站开办资格复核的党政机关、事业单位网站域名。推进党政机关和事业单位网站标识的申请和使用工作,全年提交标识申请单位372个(网站申报率63%),领取标识的单位342个(网站挂标率62%),有自建网站的单位基本完成统一挂标。

·人力资源·

〔人事人才工作情况〕

高校毕业生就业 2016年,牵头做好高校毕业生就业工作,组织实施高校毕业生“三支一扶”计划。全年,全县接收“三支一扶”高校毕业生29人(其中省级11人,市级18人),把他们及时派遣到乡镇服务单位。同时协助做好村干部计划、志愿服务计划、服务社区计划等工作。

公务员登记和培训 2016年,继续实施与完善县级以下公务员职务与职级并行制度,对8位公务员的职级晋升给予确认。完成2015年度27个新录用公务员试用期满转正定级和2016年6名新录用公务员(含参照公务员管理工作人员)的考试录用工作。

干部考核奖惩 2016年,完成全县行政机关事业单位2015年度考核审核工作。考核对象8893人,其中优秀1189人,称职(合格)7546人,基本称职(基本合格)5人,不称职(不合格)5人,不定等次143人;未参加考核5人,不属考核对象0人。

专业技术人员队伍建设 2016年,贯彻落实《事业单位人事管理条例》,着力解决专业技术人员职称评审和职务聘任之间的矛盾,做好事业单位岗位聘用管理工作。全年,共推荐晋升卫生高级职务31人,教授级高工2人,高级工程师42人,主任记者1人,正高级教师3人。

〔人事制度改革〕

事业单位人员聘用制度改革 2016年,完善机关事业单位公开招聘制度,有序组织开展2016年度县机关事业单位公开遴选及招聘工作人员工作,全年新招聘事业单位工作人员189人(含教师102人,81人待3年后入编),同时遴选12名优秀干部到县直事业单位工作。

人才引进制度改革　2016年,通过专项招聘补充上杭县急需专业人才,上杭一中通过面试考核招聘4名985、211等院校优秀高校毕业生;县医院通过省人社厅举办的校园招聘会,考核招聘7名临床医学本科毕业生。

规范公务员津贴补贴　2016年,对全县15个事业单位绩效工资项目和标准执行情况、国家规定津贴、补贴执行情况以及在补发绩效工资过程中重复发放绩效工资和津补贴等情况进行检查,全年未发现有违规发放绩效工资和津补贴情况。

〔军转干部安置〕

2016年,全县接收安置3名军队转业干部,全部安排到县直机关。贯彻落实国家和省的解困维稳政策,在春节和"八一"建军节期间组织慰问部分生活困难的企业军转干部,确保企业军转干部的稳定。

〔退休管理工作〕

2016年,审批退休230人(其中干部退休143人,工人退休87人),死亡抚恤70人。发放高龄补贴224人,发放护理费46人。从2016年7月起,调整提高全县离休干部离休费(含5.12干部),调整后人均增资439元。

2016年,根据闽人社文〔2016〕277号文件精神,改革后(2014年10月1日后)符合原有加发退休费条件的中小学、全日制普通高等院校、党校老师,长期从事农业技术推广工作的专业技术人员以及在2014年10月1日前获得省部级以上劳模、有重大贡献的高级专家荣誉称号的人员,发放一次性补贴,全年审批发放216人次,其中省部级劳模7名,农技人员7名,中小学教师202名。

重新推荐各乡镇退休干部专(协)管员,下拨各乡镇、社区老干部活动经费5万余元。

·劳动就业·

〔劳务供需见面会〕

2016年2月4日(农历正月初八),县2016年新春劳务供需见面会暨高校毕业生新春供需见面会,以及第四届建筑人才招聘会在县社会保障服务中心广场举行。88家用工企业提供236个工种2632个就业岗位,吸引5000余名求职者进场,1000余名求职者现场与用工单位签订就业协议。当日,举办上杭县人力资源和社会保障局春风行动暨再就业援助月活动专场,共发放就业政策明白卡和《创业上杭、跨越发展(政策汇编)》《创业小知识》和各种就业创业优惠政策等宣传材料1万余份;同时设置城乡居民社会养老保险、城乡一体化医疗保险、工伤生育保险、劳动保障维权等各项政策宣传咨询服务台,为劳动者提供现场就业创业、职业培训、社会保障、劳动维权、争议仲裁等宣传服务咨询达1000人次,发放各类宣传资料5000余份。

〔劳动就业与再就业〕

2016年,县城镇登记失业率2.66%,低于市定指标1.64个百分点;全年实现城镇新增就业2025人,完成指标的101.25%;全年促进下岗失业人员实现再就业1316人,完成指标的101.23%;共帮助435名城镇就业困难对象实现再就业,完成指标的101.16%。全年,共受理审核通过69名创业者共727万元的创业担保贷款申请,并发放贴息12.08万元。2016年,做好就业困难人员社保补贴工作,按个人实际缴纳养老保险或医疗保险金额的50%给予补贴,发放就业困难人员社保补贴共176.57万元。促进就业困难人员灵活就业。

2016年,出台《关于印发〈上杭县创业担保贷款贴息实施办法〉的通知》,将贷款额度由最高10万元提高至30万元,按央行同期限贷款基准利率上浮不超过3个百分点(含)以内予以据实贴息。同时,对在调整优化产业结构过程中不裁员、少裁员的,稳定就业岗位并符合政策范围和

2016年2月,新春劳务见面供需会

基本条件的,按该企业及其职工上年度实际缴纳失业保险费总额的50%给予稳岗补贴。全年,受理审核通过上杭光源工贸等6家企业共43.92万元稳岗补贴申请。

〔职业技能培训〕

2016年,创新工作方式,在全省率先尝试以政府购买服务的形式,对创业培训和职业技能培训机构实行政府向社会公开招标方式选择认定。全年通过公开招标确定2家创业培训定点机构和8家职业技能培训定点机构。同时,对参加职业技能培训并获得证书的参训人员,除按省规定给予350元—2000元的职业培训补贴的基础上,由县级财政对培训机构给予配套增加补助,分别增加补助300元—1500元。

·社会保障·

〔社会保障服务中心工作〕

2016年,社会保障服务中心承接上级下放行政权力事项6项,调整2项行政审批事项为内部审批,取消行政审批事项3项,调整后中心共有行政审批事项10项,公共服务事项15大项(35小项),所有事项均已入驻办事大厅。同时,开展道德讲堂、窗口服务标兵评选等活动,提高窗口工作人员服务水平。中心自2014年3月开始启用服务评价系统以来,群众满意度达99.82%。

12月,上杭县社会保障服务中心被人社部评为"全国人力资源和社保障系统优质服务窗口"(2014—2016年度)。

〔企事业职工基本养老保险〕

2016年,参加企事业职工基本养老保险单位1956家,企业参保人数49752人,占下达任务数46800人的106.31%,征收基金1.95亿元;离退休人数6167人,与上年同期相比增加6.21%,支付离退休费1.55亿元。机关事业养老保险参保单位295个,参保职工覆盖人数达到14325人(其中,执行机关事业养老保险制度11433人,执行企业养老保险制度2892人),征收基金2.48亿元,统筹退休人员5356人,按时足额发放养老保险待遇2.39亿元,代发放离休人员72人离休金637万元。规范退休管理,全面落实退休审核审批公示制度,健全养老金发放监督机制,严查虚报冒领行为。全年,个人账户建账和对账单打印发放人数3.7万人,个人账户建账完成率和个人账户对账单打印发放完成率100%。配合地税部门抓好企业职工基本养老保险扩面征缴工作,强化省级劳动保障优质服务窗口建设,为城镇灵活就业人员和下岗失业人员提供参保缴费和养老保险接续工作。

〔企业退休人员社会化管理〕

2016年,按照闽政〔2016〕36号做好企业退休人员养老金待遇调整工作,确保规定时间全部补发到企业退休人员手中。全县列入企业退休人员调整对象5807人,共补发676.71万元,人均月增144.7元,其中普调对象5668人,人均调整143.41元,70周岁以上139人,人均月增197.8元。

〔城乡居民社会养老保险〕

2016年,县城乡居民参保缴费人数15.04万人,缴费率96.1%。平均每月领取养老金人数6.88万人,发放金额共9725.57万元,发放率达100%。其中,领取丧葬补助金人数2402人,发放金额共513.8万元。2016年,对已参加城乡居民养老保险并在县人力资源公共服务中心办理求职登记的建档立卡贫困户,按不低于最低标准养老保险费(当前为100元)的50%给予社保补贴,补贴期限最长不超过3年,距领取城乡居民养老保险待遇不足5年的贫困家庭劳动力可延长至60周岁。2016年各乡镇有2362人申请该项补贴。

〔城镇职工基本医疗保险〕

2016年,城镇职工基本医疗保险参保4.5万人;征收基金2.055亿元(其中统筹基金9043.15万元,个人账户11507.05万元);支出1.56亿元(其中统筹基金6942.31万元,个人账户8699.71万元)。累计结余基金2.32亿元(其中统筹基金28316.23万元,个人账户基金8699.71万元。)

2016年,核报医疗费5329人次,办理门诊特殊病种3412人次。

〔城乡居民合作医疗保险〕

2016年度,城乡居民基本医疗保险参保人数为42.96万人,参保率99.9%。人均筹资标准540元(其中个人缴费120元/人年,政府补助420元/人年),征收基金2.33亿元。全年,共补偿655457人次,补偿金额为1.96亿元。其中,住院补偿67885人次,补偿金额1.62亿万元;普通门诊补偿442611人次,补偿金额984.68万元;门诊特殊病种补偿144961人次,补偿金额2435.93万元。

〔被征地农民社会保障〕

2016年,全县共有被征地农民19384人,月平均发放人数4752人,全年发放被征地养老保障金859.79万元。

2016年1月1日起,提高被征地农民养老保障待遇水平,自愿不缴费不建立个人账户的保障对象,发放标准提高到143元/月;自愿缴费建立个人账户的保障对象,发放标准提高到200元/月;村(社区)定补干部缴费档次提高到2000元;缴费档次2000元的,县、乡两级政府补助1200元/人;缴费档次在1300元—1900元的,县、乡两级政府补助700元/人。2016年7月1日起将城乡居民社会养老保险基础养老金提高到125元/月,丧葬补助金从2017年1月1日起提高到2500元。

〔失业保险〕

2016年,加大失业人员保障力度。根据国家和省市有关精神,及时做好失业保险征缴费率下调工作(由3%调至2%)。做好失业保险金发放和代缴医疗保险费工作,确保失业人员按时足额领取失业保险金,扩大社会保险覆盖面。2016年,全县失业保险参保人数为33108人,共征收失业保险基金1596.82万元;共为5151人次下岗失业人员按时足额发放失业保险金426.27万元,代缴医疗保险费94.17万元。

〔工伤生育保险〕

2016年,全县工伤保险参保单位1569家,参保人数54408人,完成市下达实名参保任务人数的107.1%;征收基金1668.48万元,与上年同期相比增加3.98%;工伤团体保险,参保户数147户,参保人数6621人,征收基金214.66万元;支付355起工伤保险待遇1247.4万元。生育保险参保职工38734人,征收基金667.39万元,支付生育保险待遇748.65万元。

〔推进"全民参保登记计划"〕

2016年,上杭县被省、市确定为全省第二批全民参保登记试点县。全县应入户调查人数为12.31万人,至年底,全县22个乡镇入户调查率为100%,信息录入率为100%,全面完成上级布置的"全民参保登记计划"工作任务。

〔落实医疗援助扶贫〕

在全省率先实施健康扶贫工程 2016年10月11日,上杭县在全省率先出台《上杭县健康扶贫保险实施方案》(杭政办〔2016〕257号)。"健康扶贫"保险由商业医疗保险和住院津贴保险两项组成,2016年1月—10月,健康扶贫保险共有1898人享受政策,报销金额近500万元。

在全省率先实现大病医保"三保合一"均衡化 2016年,上杭县人民政府出台《关于印发上杭县大病医保"三保合一"均衡化实施方案的通知》(杭政〔2016〕131号),从2017年1月1日起实行大病医保"三保合一"均衡化。全县城乡居民大病保险报销比例享受城镇职工医保商业补充保险报销比例同等待遇,即城乡居民大病保险报销比例提高到90%。每人每年城乡居民基本医疗保险基金最高支付限额为20万元。

在全市率先兑现提高贫困人员住院报销比例政策 2016年,执行市级出台的精准扶贫建档立卡户的贫困人员住院报销比例提高5%及大病保险封顶线从20万提高到30万的医保政策。2016年,享受该政策人数5643人,报销金额为104万元,是全市第一个兑现此项政策的县。

〔落实就业辅助脱贫〕

2016年,继续将贫困劳动力纳入"就业创业证"登记范围和创业担保贷款、社保补贴、职业技能培训、创业培训等就业创业优惠政策的享受范围,2016—2018年,每年计划征集100个就业扶贫公益性岗位,帮助"建档立卡"贫困户就地就近就业。2016年,加大职业技能培训力度,全年共组织开展劳动力职业技能培训2699人,其中为贫困劳动力开展家政服务员等职业技能培训173人。

〔无力参保和未参保高龄职工老年生活保障金发放工作〕

2016年,落实《福建省解决未参保高龄职工老年生活保障和特殊困难人员基本医疗保险的实施办法》(闽人社文〔2013〕139号),全年无力参保发放人数90人,发放保障金51.22万元,未参保高龄职工发放人数40人,发放保障金21.7万元。

〔80周岁以上老年人高龄津贴发放工作〕

2016年,继续对上杭县户籍80周岁以上老年人每人每月发放高龄津贴100元(含离、退休人员),管理工作由县、乡、村三级劳动保障部门负责;每月发放、建立高龄津贴信息管理系统、领取资格认证工作由县社保中心负责。全年,享受80周岁以

2016年11月18日,全县人力资源和社会保障业务知识专题培训

上老年人高龄津贴人数为12909人,发放金额1476.81万元。

·劳动维权·

〔劳动关系与劳动监察〕

2016年,上杭县劳动合同签订率达96.7%。全县共受理涉及劳资纠纷的信访、投诉、举报等案件96件,涉及劳动者463人,劳资纠纷款651.29万元。向司法机关移送拒不支付劳动报酬类案件2件,涉及劳动者74人,涉及欠薪金额13.7万元。

〔劳动人事争议仲裁〕

2016年,劳动争议仲裁受理案件75起,其中仲裁裁决59起,仲裁调解16起,共涉及人数218人,涉案金额256.2万元。集体争议案件3件,涉及人数114人,不予受理6件。

《机构编制　人力资源社会保障》类撰审人员

撰 稿 人:邱兴伟　郑贵彬
审 稿 人:李怀玉　邓卫江
责任编辑:王冬英

民政　民族宗教

·民　　政·

〔城乡低保〕

2016年,上杭县完善城乡低保信息管理系统,健全低保家庭审批材料一户一档制度,严格按"精准认定、精准核对、精准建档、精准发放及精准管理"规范城乡低保业务,做好低保对象认定及复核工作,实行应保尽保,动态管理。2016年1月起,提高城乡低保保障标准。集中供养特困人员供养标准从645元/月·人提高为806元/月·人,分散供养特困人员供养标准从537元/月·人提高为672元/月·人;农村低保保障标准从家庭年人均收入2650元提高到3210元。城市低保保障标准从月人均收入492元提高为517元。2016年,全县城市低保222户274人,发放城市低保金223.32万元,月人均补助679元;农村低保2287户6127人,全年发放农村低保金1408.9万元,月人均补助191.6元;农村五保对象2107人,全年发放农村五保供养金1556.2万元,月人均补助741元。对全县80周岁以上低保老年人按每人每月100元标准发放高龄补贴,全年共发放35.63万元。

2016年,县民政局牵头会同县直相关部门开展全县五保对象全面复核工作。县公安局负责核对农村五保对象有无法定赡养、抚养、扶养义务人;县残联负责核对农村五保对象中重残人员;县民政局负责核对16周岁以下五保对象有无领取孤儿补助金,通过核查清理取消不符合五保条件对象107人,月减发五保供养金6.12万元。开展农村低保家庭收入及财产情况联合核查工作,取消不符合农村低保条件对象4464户11271人。

2016年,县民政局制定兜底脱贫实施方案,对建档立卡贫困户完全丧失劳动能力、无法通过开发性扶贫措施实现脱贫的贫困人口,且家庭年人均收入低于保障标准条件贫困家庭全部纳入农村低保,实行兜底脱贫。全县2291户6147人农村低保全部纳入建档立卡贫困户。

〔救灾救济工作〕

2016年,上杭县受"3·23""4·26""6·16"洪涝灾害影响,共致25455人受灾,部分乡镇农作物受灾、水利、交通设施及农村住房倒损,直接经济损失7280万元。其中,民房倒损195户796间,一般受损367户651间,房屋受损492万元,房屋受灾因灾转移人口818人。县、乡民政部门做好灾民安置、查灾核灾、受灾数据统计、灾后重建户台账工作。2016年,新出台《上杭县农村住房灾后恢复重建实施方案》,提高农村住房灾后重建补助标准,一般重建户每户补助标准为3.6万元、贫困重建户每户补助标准为4.5万元。全年,完成175户灾后重建任务,发放灾后重建补助金674.1万元,灾后重建户2017年春节前均搬入新居。

2016年6月,县救灾物资储备仓库建设项目竣工验收投入使用。下拨49万元扶持8个乡镇级避灾示范点及镇西、镇南社区避灾示范点建设。开展第八个全国防灾减灾日上街宣传活动及创建"全国综合减灾示范社区"活动。12月,临江镇镇西社区荣获国家减灾委员会、民政部授予的"2016年全国综合减灾示范社区"荣誉称号。

〔全国"救急难"综合试点工作〕

2016年,上杭县继续推进全国"救急难"综合试点工作。10月,通过省民政厅(代表国家民政部)对上杭县全国"救急难"综合试点工作考评验收。

2016年,新出台《上杭县临时救助实施办法》,将临时救助对象覆盖到全体居民,即遭遇突发事件、意外伤害、重大疾病或其他特殊原因导致基本生活陷入困境,其他社会救助制度暂时无法覆盖或救助后基本生活暂时仍有严重困难的家庭或个人。同时,降低贫困对象、重度残疾人、困境儿童救助准入门槛,提高救助标准。全年县级审批"救急难"137人次

71.5万元。县级审批发放临时救助款1661人次412.91万元;下拨乡镇审批临时救助款40万元。12月,审批新增精减退职老职工40%救济对象7人,截至2016年年底,全县精减退职老职工40%救济对象有105人。

〔社会福利〕

2016年,全县有电脑福利彩票投注站34家,"快三游戏"专营店19家,刮刮乐中心站1家,中福在线销售厅1家,全年销售彩票收入2136.5万元,筹集县级公益金180万元。全年,县利用中央及省、市福彩公益金补助及县财政投入资金建设农村幸福院28座;经市、县筹资补助5个行政村新建骨灰堂5座。

2016年,做好新增孤儿资料审核、上报、生活补助金发放、收养登记日常管理工作。全县有在册孤儿102人,每人每月享受基本生活补贴800元(民政部补助600元,紫金矿业捐赠200元);办理孤儿收养登记8例。做好重残人员生活补贴、护理补贴审批及发放工作,全县有重残人员6700余人,全年发放生活补贴284.7万余元,护理补贴515.2万余元;做好留守儿童、留守妇女、留守老人摸排统计工作,全县22个乡镇共摸排留守儿童4109名,留守妇女1490名,留守老人7146名。

2016年,上杭县婚姻登记中心保持"国家3A级婚姻登记机关"荣誉,被省文明委评为"第八届文明行业创建竞赛活动示范点"。为方便服务新婚夫妻婚检、孕检,12月19日起,县婚姻登记中心搬迁与婚育健康中心合署办公。全年,办理婚姻登记7028对,其中结婚登记4904对,离婚登记1136对,补领婚姻登记证988对,涉外婚姻登记25对。

做好流浪乞讨人员救助工作。全年,救助乞讨人员810人次5.98万元,帮助寻亲及护送返乡16人。

〔优抚工作〕

2016年,审批生活困难优抚对象156人次、发放资金33.41万元;审批重点优抚对象个人一次性门诊补助2052人、发放补助金36.94万元;审批重点优抚对象个人申请医疗补助140人次,发放补助金25.13万元;审批重点困难优抚对象个人申请住房补助6人,发放补助金2.55万元;"八一"春节期间慰问优抚对象1616人,发放慰问金52.92万元;做好烈士子女身份核查清退及全县革命烈士证明书换补证工作,经核查清退不符合享受条件683人,向各乡镇发放新的革命烈士证明书104人;发放城镇义务兵家庭优待金每人每年12230元;农村义务兵家庭优待金每人每年12912元,全年累计发放义务兵家庭优待金及大学生入伍一次性奖励金581.09万元,发放全县优抚对象定期抚恤金及生活补助4458人,发放资金2900余万元。投入零散烈士纪念设施及零散烈士墓抢救保护资金30.78万元。

〔复退安置〕

2016年,上杭县符合安置条件春季转业士官3名,全部安置在县直全额拨款事业单位。

〔殡葬管理〕

2016年,继续实行免费火化制度。全年,完成火化2989具,火化区火化率达100%,红岭子公墓售出墓地154座,安葬190座。改善殡葬服务基础建设,完成火化尾气处理技术改造设备安装调试,正式投入运行。

〔民间组织登记管理〕

2016年,上杭县按省、市部署开展行业协会商会与行政机关脱钩工作。对43家行业协会商会进行摸底排查,清理在职公务员行业协会商会任职、兼职情况;推进社会组织"三证合一"(就是将企业依次申请的工商营业执照、组织机构代码证和税务登记证三证合为一证)登记制度改革及统一代码赋码工作,年内完成535家社会组织统一社会信用代码赋码;规范社会组织登记、变更、注销工作,全年办理社会团体成立登记5个,变更登记18个,注销登记1个,民办非企业单位成立登记6个,变更登记2个,非公募基金会成立登记1个,全年有县级社会团体450个,民办非企业单位104个,非公募基金会1个。全年完成391个社会组织年检工作,社团年检合格率100%;开展社会组织党建工作,2016年,社会组织单独组建党支部4个,联合组建10个,覆盖社会组织34个,兼合式组建党小组57个,选派党建工作指导员10个。

〔区划地名界线管理〕

2016年,上杭县开展行政区划调研工作,向市级报送《龙岩市上杭县2013年、2014年、2015年分县统计表》;继续开展上杭县第二次全国地名普查工作,完成数据入库;做好全县范围内街、路、巷牌等地名标志管护,对上杭县碧桂园房地产开发有限公司申请"碧桂园·御龙湾"及旧县镇人民政府申请"上杭县旧县镇全坊新村"进行命名备案登记;深入开展"平安边界共建"活动,完成县内7条68.5公里乡级界线及1个三乡镇交会点界桩联检工作,维护县边界地区和谐稳定。

〔老龄工作〕

2016年,1月起,给予建成的12个城市社区居家养老服务中心(站)每年运营补助2万元(原补助5000元);临城镇城北社区老年人日间照料中心项目启动建设,建成后使当地老年人特别是半失能老年人享受"白天入托接受照顾及参与活动,晚上回家享受家庭生活"服务。

2016年,继续开展百岁老人慰问活动,县委书记傅藏荣、县长王波深入通贤镇、旧县镇看望慰问百岁老人,送"盛世寿星"牌匾及慰问金。县老龄办为2016年新增百岁老人专门定制带座便器轮椅。敬老节期间,在县老年人活动中心广场开展以"敬老爱老全民行动”为主题大型文艺会演。县老年学会动员老年人参与全国“健康老龄化:医疗模式和生活方式的转型”征文活动,撰写论文29篇,18篇文章获得全国优秀论文奖。

2016年,继续对上杭县户籍80周岁及以上老人每人每月发放高龄津贴100元(含离、退休人员),100周岁及以上每人每月发放高龄津贴300元,全县有80周岁及以上老人12831人,全年发放高龄津贴1494.87万元。继续落实老年人优惠政策,全年办理老年人优待证1350张。

2016年,全县有百岁寿星26人(其中男4人、女22人),比上年增加7人。年龄最大的是通贤镇岭头村李细兰(女,1902年1月出生),114岁。

〔基层政权与社区建设〕

2016年,支持社区改善办公用房条件,推进临城镇城东社区综合服务站建设;深入推进农村社区建设及城市社区协商示范点工作,确定才溪镇溪北村为省定农村社区建设示范村,临江镇镇东、镇南居委会为城市社区协商示范点,才溪镇溪北村为农村社区协商示范点;开展市级3个农村社区(通贤乡通贤村、庐丰乡丰康村、蛟洋镇桃源村)建设试点村建设工作;完成高校毕业生服务社区年度考核工作及2016年8名高校毕业生服务社区招聘工作。做好离任村(居)主干养老补助资金发放工作,全年发放养老补助金2706人次89.67万元。

〔老区扶贫建设〕

2016年,出台《上杭县人民政府关于做好62个革命基点村建制村以奖代补项目帮扶资金集中委托闽西兴杭国投公司统一运营的通知》,2016年起至2020年止,82个革命基点村建制村县财政每年安排“以奖代补”帮扶资金10万元,不直接下拨至村,由闽西兴杭国投公司统一运营管理,村年度收益统一按12%计算(闽西兴杭国投公司确保8%,县财政补助4%),每年利息收入返还革命基点村建制村,增加村财收入。

2016年,向省老区办申报重点扶持项目4个,涉及补助资金111万元;申报革命遗址维修保护项目2个——白砂镇早康村“早康会议”旧址及稔田镇永安楼革命遗址维修保护项目,补助资金各20万元;申报科技示范项目1个——才溪镇溪西村葡萄二次结果示范种植推广项目。

2016年,有35个革命基点村完成道路硬化37.33公里,补助资金186.65万元;有34个革命基点村新开农田机耕道85.6公里,补助资金108.7万元;县财政补助全县82个革命基点村1万元村级运转经费,帮助解决办公经费短缺问题;在10个革命基点村建立市、县两级毛竹丰产示范基地,实施面积近2万亩,新开竹山便道12.5公里、新建蓄水池4个和烤烟房8个。

2016年10月起,革命“五老”(指我国抗日战争、解放战争时期为党做过贡献,如今尚健在的老同志。他们分别是老地下党员、老游击队员、老交通员、老接头户、老苏区干部)人员生活定期补助标准由930元/月·人提高为1030元/月·人。

〔选配乡镇养老救助协理员〕

2016年,上杭县根据《福建省民政厅印发关于“十三五”期间购买乡镇(街道)养老救助协理员岗位方案的通知》要求,县民政局通过向社会公开招考,择优录取,于5月中旬完成22名乡镇养老救助协理员招聘工作。

〔实施“银龄安康保险”〕

2016年,县民政局与中国人寿上杭分公司联合实施“银龄安康保险”。投入33.78万元,为全县80周岁以上老人、60周岁至79周岁优抚对象及城乡特困供养人员共16891人,每人投保“银龄安康保险”一份,每人每年保费20元,受投保对象意外伤害住院给予每人每日津贴补助20元,意外身故或伤残给予保险补助3000元。

〔上杭县再次荣获“全国双拥模范县”称号〕

2016年7月29日,全国双拥模范城(县)命名暨双拥模范单位及个人表彰大会在北京举行。上杭县再次被评为“全国双拥模范县”,喜获“两连冠”。县委常委、县人武部政委杨葵,县委常委、政法委书记张毓章在福州分会场受奖。

创建全国双拥模范城(县)4年为一届,本届评选从2012年起至2015年止,考评内容包含组织领导坚强有力、宣传教育广泛深入、军民融合有效推进、拥军工作扎实有效、拥政爱民成果显著、政策法规落到实处、双拥活动坚持经常、军民共建富有成效、军政军民关系融洽、群众满意度测评和加分项目共11项81条。2015年,上杭县以高分顺利通过“全国双拥模范县”(拥军优属、拥军爱民)考评验收。

〔在全省率先实行县财资金投入农村幸福院建设〕

2016年3月,县出台《关于加快推进农村幸福院建设的实施方案》。“十三五”期间,县财政每年投入460万元建设农村幸福院,规划到2020年全县344个村(居)60%建有农村幸福院。2016年,上杭县按照“八个有”即有固定场地、有设施设备、有服务内容、有人员队伍、有管理制度、有筹资渠道、有统一标识、有消防设备规范要求,实施完成农村幸福院建设项目28个(其中县项目21个,省市项目7个),每座补助资金23万元。

〔在全市率先实行社会化发放民政资金〕

2016年1月,上杭县在全市率先实行由上杭农商银行按月直接发放低保金到农户银行账户。上杭县城乡低保规范管理的做法,获得龙岩市民政局肯定并全市推广。4月1日起,将全县所有涉及民生资金,包括义务兵优待费、退役安置费、抚恤优待补助金、高龄补贴金、"五老"人员及残疾人补助金等均实行社会化发放。

〔在全市率先引进社区居家养老专业化服务〕

2016年12月30日,经公开招标,上杭县在全市率先引进社区居家养老专业化服务组织(南京禾康智慧养老产业有限公司)落地服务,搭建"968962"为老服务信息平台,采取"线上+线下"运行模式,承接政府购买居家养老服务,打造"15分钟居家养老服务圈",同时整合社区医疗资源,打造社区医养结合服务中心。

·慈善事业·

〔慈善救助工作〕

2016年,上杭县成功募集善款893.7万元,实施多项"顺民意、贴民心、解民忧"慈善救助活动,累计支出善款834.8万元,直接受益1095人次。

2016年,继续开展"慈善爱心屋"捐建工程,建成28栋慈善爱心屋;开展"金秋圆梦助学""跟踪帮扶助学"活动及与县民政局、县妇联联合开展"春蕾圆梦·捐资助学"活动,全年助学活动支出501.3万元;发放大病救助金86.03万元,帮助215名贫困家庭患者;支出17.5万元困难补助金,帮助困难家庭516户。开展"慈善春节送温暖"现场派送活动,在县江滨广场为城区近500户低保户发放食用油、香菇、面条等年货共6.8万元。"慈善日"前后,市、县慈善总会联合开展"情暖困难群众——抚慰救助慰问活动"。慰问县内百岁老人、孤寡老人、特困重病患者、当年遭受天灾人祸特困家庭共100人,发放慰问金10万元。全年,累计慰问161人,发放慰问金近11万元;为18名在校高中孤儿争取助孤上学经费每人1200元;筹资55.7万元开展敬老助老活动。

2016年,联合各类公益慈善组织开展《中华人民共和国慈善法》及"中华慈善日"专题宣传,发放宣传手册3000份,环保购物袋1000个;9月5日,联合阳光公益、县演艺中心在瓦子街举办"慈满天下　善助万家"文艺晚会;协助福建电视台"慈善福建"栏目组,拍摄《慈善爱心屋　寒士俱欢颜》专题片。

·民族宗教·

〔民族宗教工作情况〕

2016年,全县有2个民族乡、40个民族行政村、205个民族自然村,少数民族人口4.2万多人,有18个少数民族(以畲族为主),少数民族人口千人以上的乡镇有11个。

2016年,全县有依法登记的宗教团体3个,即天主教爱国会、基督教"三自"(自治、自养、自传)爱国运动委员会和佛教协会,龙岩市天主教爱国会办公地点设在上杭,经依法登记的宗教活动场所有73处(含2处试登记场所)。

〔民族经济稳步发展〕

2016年,落实扶持民族乡村发展的优惠政策措施,对民族乡村发展农业产业、"五通"工程及教育、卫生、文化等公共基础设施建设优先给予扶持。全年,落实少数民族补助资金513万元、项目67个,其中:其中中央民族补助资金238万元、项目19个,省级民族补助资金79万元、项目10个,市级民族补助资金116万元、项目14个,县级少数民族补助资金80万元、项目24个。加强各级少数民族项目资金使用管理情况的监管,开展2014—2015年度中央、省级少数民族扶贫资金管理使用情况自查,接受相关部门检查。

2016年,配合实施少数民族特色经济发展扶持增收工程和精准扶贫工作,组织民族村的10名农村淘宝电商代表参加由省委统战部、省商务厅、省民宗厅联合举办的"福建八闽电商行——走进少数民族电子商务大讲堂"培训活动。与庐丰畲族乡政府联合举办"淘实惠"农村电商走进少数民族乡村培训班1期。

〔民族乡村脱贫攻坚工作〕

2016年,落实民族乡村脱贫工作,全县40个民族村有10个贫困村,其中省级1个(庐丰畲族乡丰济村),市级2个(下都镇吉安村、官庄畲族乡贵和村),县级7个(临城镇石砌村、湖洋镇新坊村、庐丰畲族乡丰乐村和扶洋村、南阳镇涂坑村、官庄畲族乡德康村和新民村)。全年,落实(官庄畲族乡新民村)帮扶项目1个、资金12万元。全县户主为少数民族贫困户474户1374人,涉及20个乡镇,至年底脱贫361户900人。全年,做好官庄畲族乡福泉村13户贫困户的挂钩帮扶工作,每户2000元以上帮扶资金落实到位。

〔民族团结进步事业〕

2016年,与民族乡联合举办"三月三"庆祝活动。完成古田镇苏家陂村、临江镇东南民族社区创建第四批全国民族团结进步试点社区申报工作。9月,上杭县少数民族树叶吹奏队参加由省委统战部、省民宗厅联合,在宁德福安市举办的"福建省少数民族文化展示周"活动,受到上级领导的充分肯定。上杭县2所民族中学和2所民族中心小学参加全省民族文化进校园现场经验交流会,其中庐丰民族中心小学在现场作PPT展示交流。10月,官庄民族中学组队参加福建省板鞋竞速交流赛并荣获3

项团体赛二等奖，2 项个人赛二等奖和 1 项个人赛三等奖。

〔民族政策执行〕

2016 年，办理少数民族成分更改初审业务 7 人次。落实少数民族中考生加分政策，为县内外 337 名符合条件的上杭籍少数民族中考生办理加分审核手续。争取省民宗厅、市民宗局 2017 年春节慰问资金 9.4 万元、慰问少数民族贫困户 127 户、民族中学和民族中心小学少数民族贫困学生 60 名。2016 年，落实省、市少数民族“造福工程”改造 123 人，资金 18.45 万元。

〔挂钩帮扶民族村(社区)〕

2016 年，与临江镇东南社区、临江镇镇中社区、官庄畲族乡七里村、新民村、福泉村、回龙村、官庄村、才溪镇才民村等 8 个村(社区)开展共建活动。帮助共建或挂钩村(社区)协调解决发展资金 68 万元、文明共建经费 0.1 万元，与 13 户贫困户开展结对帮扶活动，帮助贫困大学生 3 名。

〔创建民族特色村寨〕

2016 年，落实少数民族特色村寨建设保护与发展项目 5 个、投入资金 140 万元。加强对庐丰畲族乡丰康村、官庄畲族乡树人村、古田镇苏家陂村 3 个少数民族特色村寨创建指导；做好庐丰畲族乡丰康村和官庄畲族乡树人村第二批中国少数民族特色村寨命名挂牌申报工作。2016 年，官庄畲族乡福泉村和璜头村、太拔镇坵辉村列入第三批中国少数民族特色村寨创建试点村。

〔夯实宗教工作基础〕

2016 年，继续开展“宗教政策法规学习月”活动。做好佛教教职人员僧服和鞋袜的发放工作，共发放僧服、鞋袜 27 套，其中备案教职 14 个、未备案教职 13 个。做好佛教场所铜牌发放工作，64 处登记佛教场所挂国家宗教局统一制作的宗教活动场所铜牌。6 月，基督教三自会在南门基督教堂举办为期 3 天的义工培训班。继续落实宗教场所“安全工程”和宗教安全稳定目标责任，开展“安全生产”活动月，建立宗教场所安全监管随机抽查机制，对部分场所进行随机抽查，做到宗教安全工作常抓不懈，全年宗教领域无安全事故。

〔宗教慈善活动〕

2016 年，开展宗教慈善公益活动。5 月，由上杭镇龙寺牵头，以“净化汀江、美丽上杭”为主题，14 家佛教场所联合在官庄汀江河畔举办汀江民间放生法会，价值 1.5 万元的鱼苗被放生汀江。8 月，举办宗教界扶持贫困大学生助学金发放仪式，募集资金 2.3 万元、资助贫困大学生 23 名。9 月，结合“宗教慈善周”，佛教界开展“敬老助残”活动，由上杭镇龙寺牵头，来自县内的 15 家佛教活动场所联合，前往官庄、才溪、通贤、南阳等 8 个乡镇敬老院开展重阳敬老助残活动，发放慰问物资，约合人民币 2.2 元。

〔宗教服务工作〕

2016 年，加强宗教服务引导，为宗教界解决各种实际困难问题 20 多个。配合县 604 台搬迁办，完成对上杭东竺寺骨灰堂征迁工作；与多部门沟通协助县基督教在江滨西路改造重点项目中做好古建筑“清新楼”的保护工作；协调县基督教会班子调整和过渡工作；协助宗教场所争取修缮经费、变更管理组织负责人、更换印章、登记证遗失补办、施工建设合同把关等。

《民政　民族宗教》类撰审人员

撰 稿 人：黄洪辉　陈晓英
　　　　　陈美琴
审 稿 人：何永生　钟加章
责任编辑：王冬英

教育　卫生计生

·教　育·

〔教育事业规模〕

2016年,全县有幼儿班591个,招生6638人,在园幼儿19475人,学前三年幼儿入园率达97.05%,学前一年幼儿入园率达99.94%;完小56所,教学点65个,招生4696人,完成任务100%,在校生24670人;七年级招生3441人,完成任务100%,初中在校生10735人;高一招生2224人,完成任务98.2%,高中在校生6820人;职校1所,招生1123人,完成任务149.7%,在校生2896人;特殊教育学校1所,在校生127人;上杭电大工作站招生249人,居全市第一。

〔教育项目建设〕

校舍安全长效机制和"全面改薄"　2016年,投入5000万元,全面推进中小学校校舍安全长效机制和"全面改薄"项目,规划建筑面积2.22万平方米,涉及10所学校校舍建设,实际完成新建校舍7434平方米,其中完成教学及辅助房6100平方米,完成生活用房1334平方米;投资9000万元,实施民办实验中学新校区第一期工程建设项目,全面竣工并投入使用;投入3000万实施职业中专学校绿色建筑教学实训基地项目。启动农村小学扩容工程,解决生源反弹后学位不足问题。

农村教学点办学条件标准化建设　2016年,按照省教育厅新修订的"教育强县"标准,投入831.41万元配齐配足教学生活设施设备、教学仪器、图书资料、信息技术装备、教育数字平台资源,其中投入488.41万元配备小学数学科学、中学理科教学仪器,投入343万元配备中小学音乐美术器材,实现所有农村教学点办学条件标准化配置。

学前教育"三年行动计划"项目　2016年,利用闲置并安全的校舍进行学前教育扩容,投入1800万元改善农村幼儿园、小学附设幼儿园(班)的办园条件,扩大幼儿园(班)布点的覆盖面。

智慧教室建设　2016年,投入172万元,实施上杭教育网城乡升级改造和网络安全建设工程,推进"三通两平台"建设任务,投入200万元补齐"校校通"短板、"班班通"设备支撑工程,协同推进教育信息化应用,投入180万元做好城区小学五年级、初中七年级智慧课堂教学模式和信息技术与教育教学深度融合,提高学校现代化装备水平,提升教育教学基础设施建设品位。

〔教师队伍建设〕

师德师风　2016年,成立县中小学教师师德师风建设工作领导小组,开展"重师德、强素质、育新人"和"有理想信念、有道德情操、有扎实学识、有仁爱之心"等师德师风教育系列活动。邱廷建、温华盛2人被认定为省级名师,钟世文等4人被评为市第四届"杰出人民教师",罗荣汶等17人被评为龙岩市优秀教师、优秀教育工作者;推荐职业中专学校吴永康等4名教师参评龙岩市"最美教师",举办第32个教师节表彰大会,表彰全县优秀教师、优秀教育工作者共300名,树立一批师德师风先进典型,涌现一批省、市级名师和学科带头人。

体制机制　2016年,贯彻落实县委、县府《关于进一步深化改革推进教育现代化建设的意见》,出台《教育局机关干部挂钩学校制度》《上杭县中小学教学质量监测和奖励方案》《教育系统干部职工请假制度》《上杭县教育局机关干部职工考勤管理规定》等推进教育领域综合改革的一系列措施,调动教师工作积极性;做好教职工增补工作,全年招聘中小学(含职专、幼儿园、特殊教育)教师78名,缓解教师年龄结构老化和学科结构矛盾;招聘4名"985工程""211工程"优秀高校毕业生到上杭一中从教;实施义务教育阶段学校教师校际交流试点工作,选派318名教师(其中小学、幼儿教师有195人,中学教师123人)参加校际交流,占应交流人数的11.73%;实施中小学富余教师分流政策,中小学富余教师办理提前退休39人、自主创业6人。组织城区学校面向农村中小学、幼儿园教师遴选考试工作，共遴选 90 人，缓解城区学校师资较紧问题；推进城区义务教育阶段学校和幼儿园师资均衡配置，完成上杭三中、上杭四中、上杭五中等城区初中教师均衡配置电脑派位工作。

业务培训　2016 年，抓好中小学教师和校长参加国家、省、市级各类培训；组织新任教师参加岗前培训；抓好“中小学名师名校长培养工程”的实施；继续抓好教学点教师培训工作，组织全县各校骨干教师及校级管理人员 200 人次，参加由省教育学院和市教育局组织的骨干教师及管理人员培训；组织全县各校分管“信息技术应用能力提升工程”的校级领导、各校工作坊坊主、县中小学教师信息技术应用能力提升工程执行办全体人员等近 150 人进行培训；组织新任中小学教师 99 人参加新任教师岗前培训；抓好“送培下乡”“名师送教”等活动的常态开展，全年，“请进来”县外专家、“名师”、教授讲学 60 多人次，受益教师 2600 多人，另 26 位名师、骨干教师深入全县农村中小学校开展“送教下乡”活动。

〔实施素质教育〕

规范办学行为　2016 年，加强教育教学常规督查，规范中小学办学行为。严格执行国家课程计划，切实减轻中小学生过重课业和心理负担，推进教育以人为本、科学发展。

深化课程改革　2016 年，持续推进义务教育阶段学校“先学后教，高效课堂”课改实验，提高义务教育阶段实施新课程教学水平和课堂教学质量；推进高中新课程实验工作，促进高中学校内涵提升。

青少年思想道德建设工作　2016 年，把立德树人作为教育的根本任务，加强社会主义核心价值观教育，传承中华优秀传统文化；深入开展“我的中国梦”“社会主义核心价值观”“纪念陈丕显同志诞辰 100 周年”主题征文及红色主题系列教育实践活动；组织全县中小学校开展评选和学习“美德少年”“诚信之星”“诚信教育活动工作先进个人”“节约用水，保护水资源”主题征文等活动，编印《节约用水，保护水资源》主体征文汇编；发挥课堂主渠道作用，开展法制进课堂活动，举办法制专题讲座、图片展、征文活动等形式多样的法制教育；投入资金 25.8 万元新建“上杭县中小学毒品预防教育社会实践基地”，开展毒品预防教育；做好中小学生校外实践基地二期规划，从基地长远发展与现实需要考虑，基地服务对象向农村中学延伸，全年接收中小学生 8000 余人参加校外综合实践活动。

〔学校安全稳定工作〕

2016 年，树立“以人为本，安全发展”的理念，坚持“安全第一，预防为主，综合治理”的方针和“夯实基础、抓住重点、强化教育、治理隐患、保住平安”的工作思路，深入开展校舍主体、构筑物及在建工程安全隐患清剿战役，做好学校消防安全工作，做好汛期安全有关工作，加强汛期值班，组织学校认真做好防汛备汛工作；落实学校安全保卫制度，做好学校及周边环境综合治理，构建平安和谐校园；认真做好校车安全管理，全面做好学校饮食卫生安全和季节性传染病防控工作；高考、中考期间联合卫生、疾控部门对全县高、初中学校开展学校食堂和食品卫生安全专项检查；完善隐患排查治理体系、治安防控体系建设，努力构建校园安全文化，增强师生自救自护和应对突发事故(件)能力。

〔教育惠民政策〕

2016 年，落实义务教育阶段公办学校学生免费提供教科书、作业本政策，共免教科书费达 397.59 万元，受益学生 3.54 万人次；配送免费作业本总计 112.55 万元。继续落实义务教育免除学杂费和公用经费补助(含寄宿生公用经费补助及小规模小学公用经费补助)政策，全年下拨资金 3791.32 万元，受益学生 10.08 万人次。继续实行农村义务教育学校寄宿生“营养改善工程”，全年下达寄宿生营养改善补助费 1053 万元，受益学生 1.98 万人次。认真落实国家助学金制度，发放学前教育政府助学金 115.86 万元，受益幼儿 953 人次；发放高中学生国家助学金 145.72 万元，受益学生 1387 人次；发放少数民族助学金 29.82 万元，受益学生 758 人次；对中职学校学生实行免除学费及发放生活补助费政策，全年发放中职助学金 30.54 万元，受益学生 306 人次；上杭农商行办理生源地信用助学贷款 1185 人(其中首贷 426 人)，发放贷款金额 790.72 万元。做好社会助学工作，多渠道筹集助学资金。据不完全统计，2016 年社会机构资助贫困学生共 735 人，资助金额约 168.23 万元。落实进城经商务工人员子女在流入地免费接受义务教育政策，2016 年秋季城区义务教育阶段公办学校共计接收 1089 名进城经商务工人员子女就读；上杭县开始实施公办普通高中免费教育，下半年免除上杭县学籍公办普通高中学生学费、课本费、住宿费共计 859 万多元，受益学生 6782 人。

〔职业教育〕

2016 年，全县中职招生任务为 750 人，实际招生 1123 人，完成率为 149.7%。创新办学模式，始终把“学会做人、学会技能、学会创业”作为培养目标，全力服务当地经济发展。上杭职专与紫金矿业集团、同源建筑公司等企业开展校企合作办学，开设建筑类、财会、金属压力加工、计算机应用、学前教育、机电技术应用、汽车运用与维修、工业分析与检验、化工工艺等专业；与福建工程学院、闽南师范大学(原漳州师院)分别联办小自考大专建筑工程施工专业、学前教育专业，实现中职与高职学校衔接办学；与厦门城市学院、福建教育学院联办“五年制”大专班，实现中高职无缝对接。加强专业师资队伍建设，职校专任教师合格率占65%,"双师型"教师达84人。切实推进基础能力建设,现有建筑、金属压力加工、机电、汽车、计算机、教育、财会商贸七大类实训基地,其中建筑和金属压力加工两个为国家级实训基地。2016年,上杭县职业中专通过中等职业学校省级示范校验收。

〔学前教育〕

2016年,通过改建闲置校舍,增设3所农村小学附属幼儿园及5个教学点附属幼儿班。加强保教常规督查管理,充分发挥示范园示范辐射作用,开展片区幼教教研活动,开展全员岗位练兵、乡镇公办园幼教教学观摩评优等活动,提升办园质量。加强师资进修培训,提高幼教素质,通过外出进修学习、暑期全员培训、新任教师培训、省级专家送培下乡、幼教教研员送教下乡等形式,提高幼教师资素质。加强民办园管理,规范办园行为。开展民办幼儿园年度检查工作,做好低收费民办幼儿园补助申报工作,联合交管等部门做好中小学幼儿园专用校车运行方案审核、标牌发放及交通安全管理等工作。

〔教育督导情况〕

推进义务教育均衡发展 2016年,县委、县政府出台《中共上杭县委 上杭县人民政府关于进一步深化教育改革推进教育现代化的意见》,组织协调并及时统筹解决城乡教育均衡发展中遇到的困难和问题,督促指导各乡镇加强对义务教育均衡发展工作的领导,努力构建上杭教育均衡发展的新局面。10月,《福建教育》以《凝心聚力 攻坚克难 打造亮点》为题,对持续推进义务教育均衡发展工作给予肯定。

开展学校绩效考核和中小学幼儿园素质教育目标管理评估 2016年,制定下发《上杭县中小学幼儿园绩效考核暨素质教育目标管理督导评估实施方案》,评估范围从中小学延伸至幼儿园、特殊学校、实践基地,实现评估范围全覆盖。对61所中小学、县直幼儿园及特殊学校、实践基地等单位进行绩效考核暨素质教育目标管理督导评估,分小学、初中、高中、幼教、单列考评、中职招生六个奖项进行表彰。

落实督导责任区和责任督学挂牌督导工作 2016年,加大对专兼职督学培训力度。组织督学参加2016年全省教育督导人员高级研修班培训,开展县督导责任区2次随机督导,组织开展全面改薄、整治校园欺凌、整治中小学教师有偿家教等专项督导,促进全县学校管理、办学行为进一步规范。

深化督政完善乡镇政府教育督导评估 2016年,向县绩效管理评估领导小组提交《上杭县对乡镇人民政府2016年教育工作督导评估细则》,将乡镇党委、政府重视教育,积极筹措教育经费、乡镇自有资金投入教育、依法整治校园周边环境、办好一所独立设置的公办中心幼儿园、中小学教学成绩等内容列入县对乡镇党委、政府绩效管理。

·卫生计生·

〔卫生事业发展情况〕

2016年,全县有公立医疗卫生机构33个,其中县直医疗卫生单位11个(其中二级甲等医院2个),中心卫生院6个,乡镇卫生院15个,社区卫生服务中心1个;民营医院3家,个体诊所17家,村卫生所(室)526个,在岗乡村医生648人。全县开设床位1875张,工作人员2506人,其中卫技人员2013人,卫技人员中有高级职称121人,中级职称387人,初级职称1060人。全县医疗业务用房14.8万平方米,生活用房7.15万平方米,医疗设备1.99亿元。全县医疗单位业务收入2.91亿元(医疗收入1.85亿元,药品收入1.06亿元),其他收入527.71万元。

〔医药卫生体制改革〕

深化公立医院综合改革 2016年,上杭县建立县级公立医院管委会工作规程,明确会议制度、工作程序等规范和要求。由县长兼县医管委主任,多次主持召开县医管委会议并研究出台公立医院院长绩效年薪制、分级诊疗制度和县医联体建设等配套政策。

推进相关配套改革 2016年,学习长汀县基层医改先进经验,探索实施"一归口、三下放"管理。实施医师多点执业试点,促进区域医疗卫生人才有序流动。开展医养结合新模式试点,启动实施白砂镇中心卫生院医养结合项目建设。实施"龙岩市互联网+分级诊疗"高清视频门诊。建立分级诊疗制度,逐步取消县医联体内医保二次起付线,有效减轻农村群众看病就医负担。

〔公共卫生体系建设〕

2016年,加大农村和城区医疗卫生服务设施建设。完成庐丰畲族乡卫生院门诊综合楼、茶地镇卫生院职工周转房、南阳镇卫生院职工周转房和辅助用房及垃圾污水处理、稔田镇卫生院职工周转房4个项目建设,新增用房面积4150平方米,总投资630万元。2016年,继续推进县医院和妇幼保健院整体搬迁项目,县医院门诊楼、医技楼、培训楼完成主体框架建设,完成投资2.15亿元;妇幼保健院综合大楼进入装修阶段,完成投资5000万元;启动实施白砂镇中心卫生院康复医养结合项目、蛟洋镇中心卫生院医技综合楼、蓝溪镇中心卫生院门诊综合楼、湖洋镇卫生院病房综合楼、下都镇卫生院门诊病房综合楼以及溪口镇卫生院门诊病房楼建设。

〔医疗安全质量管理〕

2016年,加强医疗安全和医疗质量监管,开展医疗质量、院感管理检查,确保医疗安全工作职责明确、管理到位。落实住院医师规范化培训和全科医师培训制度,强化医疗业务培训,提升医疗服务能力和水平;强化麻醉药品、精神药品督查,未发现有违规使用行为;落实市小型医疗机构医疗废物“小箱进大箱”制度,委托龙岩市绿洲环境科技有限公司统一集中处置,医疗废物集中无害化处置覆盖率达100%;落实医疗机构未被污染输液袋(瓶)回收处置,医疗机构未被污染输液袋(瓶)统一交由市卫计委指定具有资质企业上门收集处理。医疗废水处置项目建设顺利推进,完成医疗废水项目建设并投入使用19家。开展医患矛盾纠纷排查,公立医疗机构医疗责任保险投保率达100%;开展“平安医院”建设,坚决打击破坏医院秩序违法行为,营造和谐医疗服务环境。2016年,全县未发生重大医疗安全事故,县医院被评为“福建省食品安全风险监测工作先进单位”。

〔“建设群众满意的乡镇卫生院”活动取得新进展〕

2016年,为贯彻落实深化医药卫生体制改革精神,全面推进“服务好、质量好、医德好、群众满意”的“三好一满意”活动在基层扎实开展,加强乡镇卫生院内涵建设,提高服务能力,构建和谐医患关系,县卫计主管部门将“建设群众满意的乡镇卫生院”活动与基本公共卫生服务项目工作有机结合,开展以方便看病就医、内部管理规范有序、完善服务功能、群众满意信任、医疗质量管理、护理院感管理、基本公共卫生、财务管理等8个方面为主要内容的创建活动。12月14日,经省卫生和计划生育委员会考评推荐,临城镇、官庄畲族乡、古田镇3所(中心)卫生院,被国家卫计委确认为“2015—2016年度群众满意的乡镇卫生院”予以公示。庐丰畲族乡卫生院通过县级考评。

〔卫生人才引进〕

2016年,上杭县各有关部门联合制定面向全国医学院校和医疗机构卫生专业人才招聘方案,县财安排专项资金用于人才引进、培养和招聘,并专门到相关高校直接招聘紧缺急需专业本科以上应届毕业生8名;定向福建医科大学、福建中医药大学、莆田学院为县级医院培养本科临床医学人才20名;定向漳州卫生职业学校为乡镇卫生院培养大专学历临床医学人才19名;面向社会招聘本科学历执业医师2名(为乡镇卫生院服务5年)。

〔乡村医生队伍建设〕

2016年,县政府办转发县卫计局等部门《关于进一步加强乡村医生队伍建设实施方案》,明确建立乡村医生退出机制和乡村医生养老保障等有关政策,从2017年1月1日起执行。一是乡村医生可自愿选择参加企业职工基本养老保险,其中男性未满60周岁、女性未满55周岁乡村医生,可以灵活就业人员身份参加企业职工基本养老保险,其缴费额由县财政给予补助50%,政府补助缴费年限以最高15年为限。二是老年乡村医生享受养老生活补助,对年满60周岁在岗或已退岗乡村医生(含六七十年代赤脚医生),在乡村医生工作岗位累计满15年,由县财政按月发放农村居民低保标准养老生活补助,未满15年按年限比例递减。乡村医生养老生活补助标准随农村低保标准变化同步调整。

〔疾病预防控制〕

2016年,县疾控中心加强重点传染病监测和防控工作,全县无甲类传染病病例报告,报告乙、丙类传染病3635例,其中病毒性肝炎185例,手足口病2621例,结核病138例,流行性腮腺炎45例,梅毒145例,淋病49例,其他感染性腹泻323例,痢疾44例,急性出血性结膜炎23例,伤寒(副伤寒)9例,疟疾1例,艾滋病6例,流感44例,斑疹伤寒1例,猩红热1例,传染病总发病率976.61/10万,控制在规定的范围内。全年预防接种免疫规划疫苗14.40万剂次;全县开展脊髓灰质炎和含麻疹疫苗查漏补种活动,脊髓灰质炎补种接种率达97.71%,含麻疹类疫苗补种接种率达98.76%。

〔妇幼健康服务工作〕

加强儿童、孕产妇系统管理　2016年,全县孕产妇保健产前检查率95.41%、系统管理率91.16%、住院分娩率100%、孕产妇死亡率零;全县7岁以下儿童健康管理率96.32%、3岁以下儿童系统管理率95.18%、5岁以下儿童死亡率4.48‰、婴儿死亡率2.56‰、高危儿检出率2.87%、高危儿管理率100%。

推进妇幼公共卫生项目　2016年,实施农村孕产妇住院分娩补助为民办实事项目,全年补助5883人,补助金额235.32万元;落实城乡妇女增补叶酸预防神经管缺陷项目,全县农村适龄妇女免费增补叶酸4566人,服用率100%;完成城乡已婚低保妇女常见妇女病检查3300人,农村妇女宫颈癌检查项目3560人;完成新婚夫妇和计划怀孕夫妇地中海贫血筛查303对;做好血样采集和彩色超声初筛工作,完成农村孕妇和城市低保孕妇免费产前筛查血样采集4845人,超声初筛3152人,高风险孕妇随访跟踪率达到100%;做好预防艾滋病、梅毒和乙肝母婴传播工作,孕产妇艾滋病病毒检测率97.67%(阳性率0.01%)、孕产妇梅毒检测率97.6%(梅毒感染率0.03%)、产妇乙肝表抗检测率97.5%(产妇乙肝表抗阳性率6.31%)。

优化整合妇幼保健与计划生育技术服务资源　2016年,完成县妇幼保健院与县计划生育服务站整合,组建“上杭县妇幼保健院”(加挂计划生育服务中心牌子)。9月,完成乡镇卫生与计划生育服务机构整合,将乡镇人口和计划生育办公室更名为卫生和计划生育办公室,撤销乡镇计划生育服务所,设立乡镇卫生和计划生育服务中心,原计划生育服务所承担的放取宫内节育器,孕14周以内终止妊娠等计划生育服务职能划入乡镇(中心)卫生院。

建立“一站式”服务机制 2016年,县妇儿工委牵头将原县计生服务站大楼改为县婚育健康中心,将县民政局婚姻登记中心搬迁至县婚育健康中心一楼,实现“婚姻登记—婚检—孕前优检”一站式服务。

〔简政放权工作〕

2016年,全县卫生计生领域有行政审批和公共服务事项51项,全部进驻县行政服务中心统一办理,全年累计办理各类行政审批办件1418件。

〔卫生监督工作〕

公共场所卫生监督 2016年,对全县公共场所卫生监督单位进行建档,建档率100%。公共场所应监督户数408户,监督频次大于1次以上户数408户,监督覆盖率100%。

生活饮用水卫生监督 2016年,对市政供水、农村集中式供水、农村学校自建设施供水进行监督检查,生活饮用水应监督户数23户,集中式供水单位11户,二次供水12户。监督频次大于1次以上户数23户,监督覆盖率100%。对检查中发现存在问题的,下达监督意见书,限期进行整改,确保生活饮用水安全卫生。

学校卫生监督 2016年,全县列入卫生监督学校数80个(其中,小学55个,初级中学16个,高级中学9个),保健室19个,医务室27个,取得执业医(护)资格且注册卫技人员29人,保健教师21人,学生宿舍2495间,学生集体食堂80个。县卫生监督所、县疾病控制中心及县教育局工作人员联合组织开展现场监督抽检,抽检17所学校环境卫生,12所学校生活饮用水卫生,12所学校卫生综合管理评价,涵盖学校卫生各个组成部分,发现并督促整改问题48项。

集中式餐饮具消毒单位卫生监督 2016年,加强餐饮具消毒单位监督管理和抽检监测,加大对集中餐饮具消毒单位巡查力度,创新对集中餐饮具消毒单位卫生监督管理模式。每季度对辖区内持证餐饮具消毒单位进行监督检查并进行现场抽检,全年抽检餐饮具集中消毒企业12家,132件,合格产品126件,合格率95.45%。对2家因抽检不合格餐饮具消毒单位进行处罚,罚金3500元;发出卫生监督意见书要求整改5家。

加大医疗卫生监督执法检查 2016年,加强对上杭县辖区内医疗机构和药品经营单位进行监督检查。共查各级各类医疗机构和药品经营单位645家。严厉打击未取得医疗机构执业许可证而擅自开展诊疗活动、聘用非卫生技术人员行医、超出登记范围开展诊疗活动行为,打击非法行医2起、没收违法所得3000元,共处罚金11500元。

医疗卫生和传染病防治重点监督检查 2016年,对全县医疗卫生单位传染病防治工作进行监督检查,重点做好人感染H7N9禽流感传染病防控工作专项监督检查和对医疗机构、疾控中心和采供血机构医疗废物处置监督检查,以及加强对医院消毒隔离制度执行情况监督检查。处罚因违反《医疗废物管理条例》有关规定医疗机构2家,共处罚金8000元,全年专项监督检查预防接种单位25家,发出卫生监督意见书要求整改5家;消毒产品和传染病防治监督检查27家,发出卫生监督意见书要求整改6家。

放射卫生监督 2016年,全县医疗卫生单位获准医学影像科目28家(步云卫生院未获取),运行正常X射线装置和工作场所设备21家。新建X射线装置有茶地镇卫生院;有工作场所,放射诊疗设备宜报废并未运行有原县计生服务站及湖洋、泮境、溪口、稔田4个乡镇(中心)卫生院;有工作场所,放射诊疗设备可运行,但缺乏放射工作人员有珊瑚乡卫生院。取得放射诊疗许可证21家,未申请有茶地镇卫生院,全年校验有21家。2016年,有放射工作人员健康体检61人/2a,个人剂量监测65人(其中4人为导诊护士),性能和防护检测22家29台(套)X射线放射装置。

〔中医药工作〕

2016年,县加强基层中医特色专科建设,建设基层中医综合诊疗服务区18个,省级中医馆建设项目6个。县中医院实施中医“三名”(名医、名科、名院)工程项目,开设中医护理门诊,在全县率先开展无痛胃肠镜技术,拥有国家、省、市中医特色专科4个。

〔参加龙岩市岗位练兵和技能竞赛活动取得佳绩〕

2016年,上杭县代表队参加龙岩市“竞技练兵,展我风采”为主题基层卫生岗位练兵和技能竞赛活动,获“全市优秀组织奖”,李炳康荣获全科医疗城市组一等奖,并被授予“龙岩市最美职工”称号;彭辉英获全科医疗农村组二等奖,李晓菁获社区护理组二等奖,均被授予“2016年全市基层卫生技能标兵”称号;郭峰、罗石兰、黄毓芳3人获团体三等奖。

〔计划生育工作情况〕

2016年,全县人口出生(不含补报)9374人,出生率17.67‰。政策内出生8674人,政策符合率92.53%,出生性别比为114.26∶100。全县查处“两非”案件立案26例,结案26例,其中重大案件1例。依法征收社会抚养费1385万元,申请法院强制执行221例,司法拘留12人,强制征收社会抚养费286.8万元,有1800名拒不缴纳社会抚养费违法生育当事人被录入“黑名单”和纳入征信系统。2016年,上杭县被福建省人口和计划生育领导小组评为2016年度全省计划生育工作先进县。(本条目及其他

计划生育条目中的数据均为县卫生和计划生育局统计数据,其统计年度为2015年10月至2016年9月)

〔稳妥实施全面两孩政策〕

2016年1月1日,福建省全面两孩政策正式实施。为做好政策衔接工作,上杭县制定《上杭县卫生和计划生育局关于做好〈福建省一、二孩生育服务登记〉的通知》,明确从2016年1月1日起全面实施一、二孩生育登记制度,组织全县计生办证人员培训,督促乡镇及时更新计生政务、村务公开内容,指导乡镇做好一、二孩生育服务登记和办理再生育服务证等相关政策的落实。

〔计划生育特殊家庭帮扶在行动〕

2016年,更新完善特殊家庭摸底资料,建立"一户一档"个案资料,实行动态管理,确定每一个特殊困难家庭由1名镇级计生干部和1名村级志愿者负责跟踪做好帮扶服务。组织人员入户进行调查家庭状况及需求,填写帮扶对象登记表。经核实,全县共有扶助女方满45周岁独生子女死亡30户、女方满49周岁独生子女被依法鉴定为三级以上伤残家庭13户,全年发放扶助金110.26万元,其中发放计划生育特殊家庭在册贫困户26户,每户一次性补助1万元。

〔创建医养结合服务中心——养心园〕

2016年,依托临城镇养心园建成医养结合服务中心,探索创建"零距离、微负担、个性化"医养结合服务新模式。

养心园医养结合服务中心处于紫金公园东边,建筑面积700平方米,设施设备齐全,内设床位200张,有护士7人,护工22人。2016年,入住120余人,其中符合条件在养心园养老的计生家庭老人有25人。养心园医养结合服务中心以政府购买服务方式,享受"一免两补四优先"(落实计生家庭免费保健;疗养补助,托养补助;"失独"家庭优先;独生子女伤残家庭优先;农村独生子女或二女户家庭优先;节育手术并发症患者优先)。对临城镇精准扶贫对象的医养生活费实行补助政策,入住养心园的失独或二级以上伤残的夫妻可享受每人每月500元补助;入住养心园的农村独生子女户或二女户夫妻可享受每人每月300元补助;入住养心园的三级以上计划生育手术并发症患者可享受每人每月500元补助。

《教育　卫生计生》撰审人员

撰 稿 人: 熊永富　黄钦庚　王　政
审 稿 人: 林华春　黄庆锋
责任编辑: 袁发昌

文化体育　广播影视

·文　化·

〔文化事业发展情况〕

设施建设　2016年,县进一步完善客家缘文化中心项目。客家族谱博物馆功能区完成装修并投入使用;演艺中心非遗展厅完成布展并对外开放;县博物馆新馆陈列布展工作完成70%施工任务;华嵒纪念馆建设、图书馆新馆装修工作开始启动。实施文体惠民工程,实施8个乡村文体广电示范点建设;在南阳镇射山村、县公安局和县老年活动中心设立3个分馆,在上杭大酒店、县行政服务中心增设2处百姓读书吧;在太拔院田村建成“知青老照片馆”。

文化活动　2016年,积极开展群众文化、文艺演出活动。举办“文化上杭2016群文十大活动”;举办“百姓演艺台”“袁洪亮作品音乐会”“族谱缘·客家情”文艺展演、木偶戏《智取大名府》、纪念红军长征胜利80周年“让胜利的红旗高高飘扬”专题文艺晚会等演出22场。在节假日期间,举办赏石文化交流会、书画展、游园活动、文艺会演等。精心指导庐丰和官庄2个畲族乡开展“三月三”畲族民俗文化活动。县文化馆举办广场舞、排舞、少儿舞蹈培训班;县图书馆邀请社会各界知名人士开展客家讲坛进校园、进军营、进机关活动,全年举办客家讲坛和红色文化讲坛20期,举办展览、影视播放、征文比赛、幼儿手工、经典诵读等各类阅读推广活动近200场次。为纪念红军长征胜利80周年,毛泽东才溪乡调查纪念馆、县博物馆举办相关专题展、临时展、巡回展、在线展120余场次。毛泽东才溪乡调查纪念馆编撰出版“才溪籍开国将军系列画册”;县博物馆编印《雄关漫道铁儿郎——长征路上的上杭子弟兵》宣传册页1万份,专题片光盘5000个。客家族谱博物馆举办“客家姓氏源流”“闽西文化景观——古建筑”“情满汀江”和“绿叶对根的情义”“铁血长征——福建儿女长征史迹”和“青色草原——博尔塔拉民族风情展”等展览。组织开展文艺下乡、文艺演出进社区、进机关活动,全年举办木偶公益巡演50场;古田五龙民俗广场全年组织演出100余场;实施农村电影放映工程,全县331个行政村放映电影3972场次;出版《百姓故事报》12期3.6万份。全年,县博物馆、毛泽东才溪乡调查纪念馆、客家族谱博物馆、县图书馆接待各类参观人员、读者约200余万人次。

文化创意产业　2016年,主动融入旅游文化产业发展大局,协助组建上杭县文化旅游发展集团。以客家缘文化中心为阵地,成功举办“袁洪亮作品音乐会”“第八届海峡论坛·海峡客家(上杭)族谱文化风情节”,引进东方歌舞剧团到上杭举办大型环球音乐会《东方之声》,举办首届台湾美食文化节,进一步提升上杭县影响力度和知名度。精心策划客家族都品牌、石壁寨主题公园、拥军爱民模范乡品牌、上杭金铜(铜雕像)品牌、体育中心健身休闲品牌、上杭“东方明珠”(广电中心)等中长期文化旅游创意项目。积极融入“诗意院田”文化旅游产业品牌打造,深入挖掘当地知青文化,建成“知青老照片馆”,有效丰富景区文化内涵。

文化遗产保护　2016年,县博物馆、毛泽东才溪乡调查纪念馆、客家族谱博物馆征集各类文物1800余件(套、册)。按照新标准完成“全国第一次可移动文物普查”整改在线数据报送工作,完成可移动文物在线登录34538件(套)。做好官田李氏大宗祠的抬升与维修立项及方案编制,以及全国重点文物保护单位临江楼、毛泽东才溪乡调查旧址群的保护规划编制工作;向上争取600余万元,用于县博物馆、客家族谱博物馆馆藏文物预防性保护、文物修复和相关文物单位的管理及文物点的抢救性维修工作。全年,巡查不可移动文物28次68处,完成5个单位生产标准化建设的自评工作。申报第九批省级文物保护单位7处18点,公布县第十一批、第十二批县级文物保护单位24处30点。公布县第二批非物质文化遗产名录11项。庐丰树叶吹奏成功申报为省级非物质文化遗产;积极推进闽西(上杭)傀儡戏申报国家非遗项目,协助北京导演组做好专题片拍摄工作。

文化市场管理　2016年,开展平安文化市场集中整治、"八闽出击"打非治违等专项行动;与系统单位签订安全生产责任状,与文化市场经营单位签订安全生产责任体系"五落实五到位"(落实"党政同责"要求,董事长、党组织书记、总经理对本企业安全生产工作共同承担领导责任。落实安全生产"一岗双责",所有领导班子成员对分管范围内安全生产工作承担相应职责。落实安全生产组织领导机构,成立安全生产委员会,由董事长或总经理担任主任。落实安全管理力量,依法设置安全生产管理机构,配齐配强注册安全工程师等专业安全管理人员。落实安全生产报告制度,定期向董事会、业绩考核部门报告安全生产情况,并向社会公示。安全责任到位、安全投入到位、安全培训到位、安全管理到位、应急救援到位)规定承诺书;注重加强对文化经营单位、歌舞娱乐市场、文艺演出团体、网吧等的监督检查。全年,出动执法人员1700余次,检查网吧、娱乐场所、演出场所等文化经营场所300余家次。会同工商、公安等部门出动检查人员1758人次,先后开展了扫黄打非"清源""净网""秋风""护苗"4个专项行动,收缴非法出版物3104余册(张),清除网上有害信息135条。强化行政审批管理。全年,受理办件85件,其中即办件48件,承诺件37件,办结率100%。

〔举办"文化上杭2016群文十大活动"〕

2016年,上杭县举办全县性原创歌曲、舞蹈、合唱、戏曲、小品、美术、诗歌、吉他、故事、灯谜等10项群众参与性强、形式多样、内容丰富的"文化上杭2016群文十大活动",并选送优秀节目参加市赛,获得一等奖作品4个、二等奖作品5个,三等奖作品4个,优秀奖作品3个。

举办文化上杭2016群文十大活动

〔国家统计局福建调查总队"苏区调查精神教育实践基地"挂牌〕

2016年3月27日,国家统计局福建调查总队"苏区调查精神教育实践基地"挂牌仪式在毛泽东才溪乡调查纪念馆举行。福建调查总队党组成员、副总队长林昭利和人事教育处、机关党委负责人、才溪镇党委书记张伟林等出席共建仪式,并参观毛泽东才溪乡调查纪念馆,与该馆馆长陈春连就如何发挥好基地作用交换了意见建议。

〔临江楼被认定为第五批省级爱国主义教育基地〕

2016年4月,上杭临江楼被中共福建省委宣传部命名为第五批"福建省爱国主义教育基地",是此次全省公布命名的10家单位之一,也是龙岩市唯一一家入选单位。

临江楼位于上杭县城临江路52号,始建于清朝末期。1929年10月,在闽西地方指导革命工作的毛泽东居住在临江楼,并在此写下《采桑子·重阳》名篇。2013年,临江楼由国务院核定公布为第七批全国重点文物保护单位。2016年,接待参观游客36.5万人次,其中青少年学生21.64万人次。

〔县客家木偶艺术传习中心获财政部"优秀基层戏曲院团"奖励〕

2016年9月,福建省财政厅下达中央文化产业发展专项资金,上杭县客家木偶艺术传习中心获得优秀基层戏曲院团奖励50万元。

〔举办袁洪亮作品音乐会暨从艺50周年座谈会〕

2016年5月7日—8日,袁洪亮作品音乐会暨从艺50周年座谈会在客家缘文化中心举办,省人大常委会原副主任袁锦贵,省政协原副主席、省音乐家协会原主席王耀华,市人大常委会副主任杨闽,市政协副主席陈晓东等领导莅临上杭县指导并观看音乐会演出、参加相关座谈会。

座谈会上,县委书记谢海波对袁洪亮十年如一日,扎根基层、初心不改、潜心创作,用坚持不懈的努力和客家文化的自信,深入挖掘整理客家音乐,对客家民间艺术进行了深入研

2016 年 5 月 7 日,袁洪亮作品音乐会在客家缘文化中心举办

究的精神给予充分肯定。他所著的《留住乡韵》这本书更是为上杭、龙岩的文化界乃至全省在如何保护和传承闽西文化音乐方面提供一个很好的借鉴窗口。号召全县文艺工作者要坚守文化追求,牢记社会责任,自觉深入基层、深入群众,汲取民间智慧的营养,激发创作的热情和活力,创作出更多的优秀作品。同时,谢海波代表县委、县政府向袁洪亮颁授“守望文化、德艺双馨”牌匾。

〔举办第八届海峡论坛·海峡客家(上杭)族谱文化风情节〕

2016 年 6 月 12 日—14 日,由龙岩市人民政府、台湾世界客属总会、台湾“中华海峡两岸客家文经交流协会”联合主办,上杭县人民政府、龙岩市台办、台湾联合大学客家学院承办的第八届海峡论坛·海峡客家(上杭)族谱文化风情节在上杭县客家缘文化中心成功举办。活动邀请两岸著名客家研究专家学者,客联会、宗亲会、太极拳协会等民间社团组织代表,两岸客家企业家代表等 400 多人参加,其中台湾地区参加活动的嘉宾约 175 人。第八届海峡客家族谱文化风情节以“族谱缘·客家情”为主题,分别举办客家族谱展、客家族谱论坛,开展两岸族谱对接、上杭客家文化考察、杭台太极文化交流、客家民俗文艺展演、孙中山丘逢甲《同心》雕像揭幕仪式、投资上杭项目推介会等系列活动。

〔中国东方歌舞团大型环球经典音乐会在上杭县开展慰问演出〕

2016 年 8 月 3 日,中国东方歌舞团大型环球经典音乐会“东方之声”在县客家缘演艺中心成功举办。上杭县是著名的革命老区,也是红军长征的出发地之一,此次音乐会以“重走长征路 唱响东方情”为主题,分为“幸福的微笑”“难忘的岁月”“民族的脊梁”3 个乐章,演奏《雪绒花》《共青团之歌》《十送红军》《映山红》《过雪山草地》等众多脍炙人口的经典红色歌曲。

〔纪念中国工农红军长征胜利 80 周年文艺晚会〕

2016 年是中国工农红军长征胜利 80 周年。10 月 20 日晚,由中共上杭县委、县人民政府主办,县委宣传部、县文化广电新闻出版局承办的纪念红军长征胜利 80 周年文艺晚会在瓦子街广场成功举办。晚会以“让胜利的红旗永远高高飘扬”为主题,运用情景剧、木偶、歌舞、小品、快板等表演形式,展示上杭人民当年支援红军、支援革命的壮丽历史画卷和新时期上杭人民在党的领导下谋发展奔小康的革命情怀。

〔举办纪念中国工农红军长征胜利 80 周年系列活动〕

2016 年,为纪念红军长征胜利 80 周年,县各文博单位举办“红军长征与才溪儿女”“铁血长征——福建儿女长征史迹展”“雄关漫道铁儿郎——长征路上的上杭子弟兵”等专

2016 年 8 月 3 日,中国东方歌舞团大型环球经典音乐会在县客家缘演艺中心举行

题展、临时展、巡回展、在线展120余场次。毛泽东才溪乡调查纪念馆编撰出版“才溪籍开国将军系列画册”；县博物馆编印《雄关漫道铁儿郎——长征路上的上杭子弟兵》宣传册页1万份，专题片光盘5000个。

〔县政府公布第十一批、第十二批县级文物保护单位〕

2016年10月26日，上杭县人民政府公布县第十一批县级文物保护单位及保护范围。院田李氏民居（奠攸居、迎川至、廓有其容、瑞气遥临）、院田凌霄阁、石牌黄氏民居（北辰高拱）、苏康大夫第、豪坑述德堂、三坪江氏宗祠等6处古迹被列为第十一批县级文物保护单位。

同年12月23日，上杭县人民政府公布县第十二批县级文物保护单位及保护范围。四军第二纵队司令部旧址（瑞吉堂）、红四军第一纵队政治部旧址（树滋堂）、红四军第三纵队司令部（其勤堂）、红四军第三纵队政治部旧址、赖坊红军街、八甲红军旧居（八斗堂）、五龙红军旧址（崇德堂）、红四军八大会址（大忠庙）、傅柏翠故居、朱德旧居（临江清心楼）、中共才溪第一党支部成立旧址（汉章堂）、障云山兵工厂旧址、红军福建军区南阳后方基地旧址群（留守处、兵工厂、制药厂、被服厂）、袁子钦故居、陈海涵故居、黄炜华故居、王集成故居、刘忠故居等18处旧址被列为第十二批县级文物保护单位。

〔县政府公布县第二批非物质文化遗产项目〕

2016年12月29日，上杭县人民政府公布第二批县级非物质文化遗产名录，杭梅（乌梅）制作技艺、上杭萝卜干制作技艺、南阳花灯、才溪大刀舞、湖洋陶瓷制作技艺、客家船灯制作技艺、庐丰香灯龙表演、上杭客家肉圆制作技艺、梨岭客家山歌、梨岭木桐号子、上杭竹板歌等11项技艺入选县第二批非物质文化遗产名录。

〔出版物市场监管〕

2016年，完成35家出版发行单位、6家印刷企业2016年度全市出版发行单位年度核验工作；完成11家出版单位、3家印刷企业全国新闻出版统计工作。做好2016年印刷复制发行监管工作，全年出动执法人员180人次，检查印制复制企业60家次。组织开展2016年春季中小学教辅材料印刷发行的专项检查行动，出动检查人员84人次，检查印刷复印单位12家次、出版物经营场所16家次。做好一次性内部资料性出版物的审批报备工作，全年在本地以内刊书号出版《上杭百姓故事报》《杭川警务》《紫金矿业科技》等各类不同性质的出版物20余种。

〔一次性内部资料出版物审批〕

2016年一次性内部资料性出版物审批情况表

表23

书　名	委印单位	承印单位	准印证号	批准时间
上杭百姓故事	上杭县文化馆	龙达文化印刷厂	杭新出2016内书第1号	1月29日
清新珊瑚	上杭县珊瑚乡上珊瑚村民委员会	龙岩东方彩印有限公司	杭新出2016内书第2号	1月29日
上杭百姓故事	上杭县文化馆	龙达文化印刷厂	杭新出2016内书第3号	2月26日
紫金矿业科技	紫金矿业集团	龙岩驰远工贸有限公司	杭新出2016内书第4号	3月9日
上杭百姓故事	上杭县文化馆	龙达文化印刷厂	杭新出2016内书第5号	3月24日
上杭红色文化	上杭红色文化研究会	龙岩弘力彩印包装有限公司	杭新出2016内书第6号	3月29日
蓝溪镇志	蓝溪镇文化站	上杭县上华彩色印刷厂	杭新出2016内书第7号	4月14日
上杭百姓故事	上杭县文化馆	龙达文化印刷厂	杭新出2016内书第8号	4月27日
通贤中学志	上杭县通贤中学	龙岩市日升彩印公司	杭新出2016内书第9号	5月18日
上杭县第三次全国经济普查年鉴	上杭县统计局	龙岩海德宝印刷有限公司	杭新出2016内书第10号	5月18日

续表23

书　名	委印单位	承印单位	准印证号	批准时间
上杭百姓故事	上杭县文化馆	龙达文化印刷厂	杭新出2016内书第11号	6月1日
丹厓集	上杭县旅游局	龙岩东方彩印有限公司	杭新出2016内书第12号	6月23日
上杭百姓故事	上杭县文化馆	龙达文化印刷厂	杭新出2016内书第13号	7月4日
紫金矿业科技	紫金矿业集团股份有限公司	厦门市竞成印刷有限公司	杭新出2016内书第14号	7月13日
武术	上杭县太拔中心小学	龙岩市闽希票印有限公司	杭新出2016内书第15号	7月26日
上杭百姓故事	上杭县文化馆	龙达文化印刷厂	杭新出2016内书第16号	7月26日
红土地之光	上杭县古田中心小学	龙岩市日升彩印公司	杭新出2016内书第17号	8月4日
畲乡神韵	上杭县官庄中心小学	龙岩市日升彩印公司	杭新出2016内书第18号	8月4日
陶瓷	上杭县湖洋中心小学	龙岩市日升彩印公司	杭新出2016内书第19号	8月4日
上杭党史通讯	上杭红色文化研究会	龙岩弘力彩印包装有限公司	杭新出2016内书第20号	8月9日
上杭党史通讯	上杭红色文化研究会	龙岩弘力彩印包装有限公司	杭新出2016内书第21号	8月9日
上杭红色掌故	上杭红色文化研究会	龙岩弘力彩印包装有限公司	杭新出2016内书第22号	8月12日
下郭车村志	上杭县下郭车村民委员会	龙岩东方彩印有限公司	杭新出2016内书第23号	8月22日
上杭百姓故事	上杭县文化馆	龙达文化印刷厂	杭新出2016内书第24号	9月1日
上杭百姓故事	上杭县文化馆	龙达文化印刷厂	杭新出2016内书第25号	9月29日
紫金矿业科技	紫金矿业集团股份有限公司	厦门市竞成印刷有限公司	杭新出2016内书第26号	9月29日
中共上杭县委党校志	中共上杭县委党校	上杭县腾达工贸经营部	杭新出2016内书第27号	10月24日
上杭红色文化	上杭红色文化研究会	龙岩弘力彩印包装有限公司	杭新出2016内书第28号	10月24日
上杭县统计年鉴	上杭县统计局	龙岩海德宝印刷有限公司	杭新出2016内书第29号	10月24日
上杭县广播电视志	上杭县广播电视台	上杭县上华彩色印刷厂	杭新出2016内书第30号	11月8日
上杭百姓故事	上杭县文化馆	龙达文化印刷厂	杭新出2016内书第31号	11月8日
上杭百姓故事	上杭县文化馆	龙达文化印刷厂	杭新出2016内书第32号	12月6日
上杭客家	上杭客家联谊会	龙岩东方彩印有限公司	杭新出2016内书第33号	12月6日
上杭文史资料	上杭县政协文史与宣传委员会	上杭县腾达工贸经营部	杭新出2016内书第34号	12月15日

·档　案·

〔档案监督指导〕

2016年，县档案局加大监督指导力度，创新监督指导的方式和内容，主动联系各有关单位，采取上门指导、跟踪服务、接受电话及网络咨询等方式，指导全县档案工作。业务人员深入基层督导档案资料收集、整理情况，切实促进各乡镇、各单位抓好文件材料的归档工作的进度，从源头上保证档案材料的完整、齐全和安全。2016年，为配合县脱贫攻坚指挥部办公室做好脱贫攻坚档案的收集整理工作。与农业局联合转发市档案局、农业局《关于做好精准扶贫档案工作的通知》，并在庐丰畲族乡举办一期扶贫档案工作培训班。

〔档案安全管理工作〕

2016年，县档案局严格按照“八防”（防火、防盗、防潮湿、防高温、防鼠、防虫、防水、防污染）要求，完善安全管理制度，落实安全保管措施，确保档案的绝对安全和有效利用。针对上半年大暴雨多，降水量大，防汛形势严峻的实际情况，及时将上级档案部门的通知转发各基层档案室，对重点隐患单位通过电话跟踪落实，派出人员现场检查等办法，确实消除档案安全管理隐患，确保档案安全。

〔档案执法检查〕

开展乡镇专项执法检查　6月，在全县范围内开展乡镇档案执法检查活动，采取乡镇自查和重点检查相结合的办法对全县22个乡镇进行全面的检查，对乡镇如何巩固达标创建成果，提高档案工作水平提出具体指导意见。

开展双随机抽查工作　按照省、市关于推进简政放权深化审改工作的部署安排，结合上杭县实际，抓好“双随机”（随机抽取对象、随机选派执法人员）抽查机制的落实。在制定下发推广随机抽查规范事中事后监管实施方案和制度的基础上，按照有关要求完成2016年度“档案随机抽查执法人员及检查对象名单”抽取工作，执法人员开展乡镇档案工作专项执法检查和档案安全保密专项督查活动，重点检查《中华人民共和国档案法》《福建省档案条例》和省、市《关于进一步加强和改进新形势下档案工作的实施意见》贯彻落实情况。通过召开座谈会、实地查看等形式加强检查，发现问题，提出整改意见，督促有关单位和乡（镇）抓好整改落实，有效提升监管实效和依法治档水平。

〔档案资料征集接收〕

2016年，围绕民生需求，在库容紧张的情况下，千方百计整理库房腾出库容接收群众急需的民生档案，全年接收进馆文书档案101卷6807件，购置书籍资料74册。

〔档案利用工作〕

2016年，全面推行便民措施，不断简化工作流程，完善服务平台，拓展服务领域，优质高效地为各级领导和各单位决策提供信息参考，为人民群众解决实际难题。全年，接待社会各界查档人员2477次，提供档案3498卷（册），复印档案资料4624页；为老年人、残疾人、外地利用者提供代理查阅服务、代理邮寄档案复制件等证明材料。加强档案信息资源的深度开发，指导各乡镇、各单位开发利用档案信息资源开展编研工作，编制年鉴、组织机构沿革、大事记、数字汇集等多种编研资料，为领导决策、单位工作考查等方面提供有效服务。

〔新馆建设〕

2016年，完成新馆消防分项目验收，启动新馆二次装修项目，完成新馆的招投标并于6月进场施工。全年，完成施工工程量约30%；精心编制新馆智能化、数字化档案馆、密集柜等分项目采购方案，完成密集柜、不锈钢档案消毒杀虫机的政府采购；加强对项目进度和质量的跟踪落实，加强与代建方和施工方的联系沟通，在加快推进项目建设进度的同时确保施工质量和安全。

〔乡村记忆档案工作〕

2015年10月，省档案局确定上杭县才溪镇岭和村为“乡村记忆档案”示范项目。为积极主动推动“乡村记忆档案”示范项目建设，成立了上杭县“乡村记忆档案”项目领导小组及办公室，负责“乡村记忆档案”项目建设的组织协调。到岭和村实地考察，制订方案，指导该村制定“乡村记忆档案”示范项目建设实施方案。及时与省档案局、示范村签订项目建设协议，省补助资金6万元及时下拨到村。2016年，帮助岭和村建立村档案室，购置2组铁质档案柜，收集整理文书档案、选举档案、会计档案、土地档案等纸质档案100多卷，照片档案56张，并对永久文书档案和照片档案进行扫描实现数字化。

〔市人大档案专项执法检查组对县档案工作开展执法检查〕

2016年3月1日，市人大执法检查组对上杭县贯彻实施《中华人民共和国档案法》以及《福建省档案条例》进行执法检查。执法检查组一行深入稔田镇、临江镇、庐丰畲族乡、移民开发局和新馆建设工地，检查上杭县贯彻实施档案法律法规情况。认为上杭县各级各部门认真贯彻“一法一例”，抓住机遇，狠抓落实，全县档案事业取得长足发展，执法检查组对全县的档案工作予以充分肯定。

·新闻出版志鉴编纂·

〔新闻报道〕

2016年,县委报道组围绕县红色、客家、生态、金色等特色资源,在《福建日报》《闽西日报》刊出通讯报道1280多条,向《人民日报》《光明日报》等中央媒体提供新闻稿件500多条,进一步打响上杭品牌。配合福建日报策划稔田槐猪认养扶贫模式;在上级媒体报道海峡客家(上杭)风情节、第十一届中国铜加工行业发展论坛等重大活动中,邀请人民日报、新华社、光明日报、经济日报、中新社、福建日报、闽西日报等媒体记者到上杭采访报道;配合举办中央和部分行业类媒体采编记者采访团、全国网络媒体走进原中央苏区核心区域等大型采访活动。2016年,通讯稿件《认养上杭槐猪,换种方式扶贫》获福建新闻奖报纸通讯类一等奖,获得第二届中国报业新闻社会活动案例评选特等奖,第二十三届全国省、市、区党报好新闻一等奖。县委报道组被福建日报社评为2016年度优秀报道组。

〔《上杭年鉴(2016)》出版〕

2016年12月,由上杭县人民政府主办,上杭县地方志编纂委员会编纂的《上杭年鉴(2016)》由海峡出版发行集团鹭江出版社出版,这是上杭出版的第22部年鉴。该年鉴设23个部类、152个分类、827个条目,约80万字,全面、系统、翔实地记载2015年上杭县着力转变作风,全面深化改革,促进转型升级,围绕打造金铜产业产值和国有资产总量"两个千亿"、争创福建经济实力十强县、全面建成小康社会的工作目标、建设美丽上杭等方面的新进展、新面貌、新经验和新问题。该年鉴旨在"资政、教化、存史",服务、科研、交流。

〔《上杭县志(清乾隆十八年)》校注本出版〕

2016年6月,清乾隆十八年上杭县知县赵成纂修、唐鉴荣校注、县长傅藏荣作序的《上杭县志(清乾隆十八年)》校注本由海峡出版发行集团鹭江出版社出版。

《上杭县志(清乾隆十八年)》全书设8卷46万字。校注本对文字进行规范,增加注释,使之成为一部明白易懂的县情教育读本,对推进上杭文化强县建设以及推动该县经济、旅游和海内外乡亲寻根谒祖发挥积极作用。

〔《蛟洋镇志》出版〕

2016年1月,《蛟洋镇志》由方志出版社出版。该志采用"述、记、志、传、图、表、录"等体裁,全书设22章120节114万字。全面系统记述蛟洋的自然、经济、政治、文化、社会等历史与现状。该志史料丰富、结构严谨、条理清楚,是蛟洋的一部百科全书。

〔《临江镇志》出版〕

2016年7月,临江镇第一部镇志《临江镇志》由海峡出版发行集团鹭江出版社出版。该志采用"述、记、志、传、图、表、录"等体裁,全书设22章99节70万字。

《临江镇志》全面系统记述临江的自然、经济、政治、文化、社会等历史与现状,是临江人民开拓创业的光辉写照。《临江镇志》的出版必将对推进美丽临江产生"资治、教化、存史"的积极作用,同时亦是知乡爱乡和进行革命传统教育的好教材。

〔《蓝溪镇志》出版〕

2016年3月,《蓝溪镇志》出版。该志采用"述、记、志、传、图、表、录"等体裁,全书设26章133节78万字。全面系统记述蓝溪的自然、经济、政治、文化、社会等历史与现状。该志记录了蓝溪人民自力更生、艰苦奋斗的创业历程,再现蓝溪人民开拓进取、敢为人先的创新理念,是一部通观全局、文约事丰的资治之书、教化之篇、存史之册。

〔《上杭县统计年鉴(2016)》出版〕

2016年9月,《上杭县统计年鉴(2016)》出版,该书由县统计局、国家统计局上杭调查队承编,经龙岩市文化与出版局批准。该鉴是一部综合反映国民经济和社会发展情况的资料性年刊,主要收录上杭县2015年和新中国成立以来重要年份经济社会发展的主要统计数据,以及全省各县(市、区)2015年的主要统计数据。全书内容涵盖县域经济、国民经济核算、人口与劳动力、固定资产投资、人民生活、财政、金融、保险、农业、工业、建筑业、交通运输、邮电业、国内贸易、外经、旅游、科技、教育、文化、体育、卫生、社会福利与其他社会事业、物价指数,各乡镇主要经济指标、新中国成立以来主要经济指标、全市各县(市、区)主要经济指标、全省各县市主要经济指标、全省苏区县市资料等内容。

·古田会议纪念馆·

〔古田会议纪念馆工作情况〕

2016年,古田会议纪念馆以"新古田会议"为契机,以提升国家一级博物馆建设水平和项目带动战略为抓手,紧紧围绕把古田打造成全党全军全国各族人民"铸魂"圣地的目标,立足纪念馆职能,主动靠前,扎实做好收藏管理、旧址保护、科学研究、宣传展示等各项工作。加强机关党建,深入开展“两学一做”学习教育，完成三个专题的集中学习讨论，开好专题民主生活会。结合馆情实际，开展“助力‘三大战役’服务闽西发展”主题实践活动，认真完成精准扶贫、项目落地、生态环保工作。认真落实全国文明单位和龙岩市创建全国文明城市要求，积极开展创建精神文明各项活动。

2016年，该馆继续保留“全国文明单位”“全国爱国主义教育示范基地”“国家一级博物馆”荣誉称号。

〔开展社会交流〕

2016年，古田会议纪念馆积极开展基地共建活动，与各单位、各高等院校密切联系、紧密合作。分别与中央国家机关、中国民主同盟、东部战区空军、火箭军、武警工程大学等签订“中央国家机关爱国主义教育基地”“民盟中央传统教育基地”“东部战区空军‘四有’新一代革命军人教育基地”“火箭军‘理想信念教育’基地”“中央军委后勤保障部工程兵科研三所教育基地”“武警工程大学古田政治理论教学实践基地”“山东大学党建实践基地”“福建省马克思主义新闻观国情教育实践基地（龙岩基地）”等教学基地。全年，先后为73891部队、武警工程大学等部队、单位举办专题讲座近200场次；该馆加强与古田会议代表后代的联络工作，邀请朱德、罗瑞卿、张云龙、韩伟、萧劲光、张鼎丞、刘亚楼、周士第、洪学智、李天佑等革命先辈的后代或亲属参加古田会议人物周年系列展。

〔宣传展览工作〕

2016年，古田会议馆启动古田会议人物周年系列展，推出朱德、罗瑞卿、韩伟、杨业功、谭政、刘型、张赤男等人物生平事迹展。与民间收藏家杨少武合作举办“家国天下——精品匾额展”；与福建博物院合作举办“绿叶对根的情谊——华人华侨奉献展”；与福建省革命历史纪念馆合作举办“长征从闽西出发”主题展览；与晋江市博物馆合作举办“长征从这里出发”主题展览；与火箭军合作举办“古田会议——建党建军的纲领性文献”；与市纪委联合举办“苏区精神　廉政丰碑”专题展等10个临时专题展览；协助中央电视台《新闻联播》栏目摄制《长征路　新故事——古田专题》；协助电视连续剧《绝命后卫师》剧组做好相关工作；协助中央电视台军事节目中心录制《我爱唱军歌》节目；协助共产党员电视栏目拍摄全国党员教育系列节目《岁月荣光》；协助福建电视台《新闻启示录》拍摄“保护红色资源、传承红色基因（古田专题）”；协助山东广播电视台拍摄纪念红军长征胜利80周年专题片《千秋功业》；协助厦门广播电视集团拍摄长征大型系列专题片。全年，该馆接待观众290万余人次，提供讲解服务5000多场次，其中重要接待150多批次，完成全国人大常委会副委员长张宝文，全国政协副主席王正伟、马飚、卢展工等多位党和国家领导人的参观接待任务。

〔文物资料收集整理〕

2016年，古田会议馆完善日常可移动文物工作，规范文物藏品的管理，根据省、市普查办的业务要求对馆所登录数据进行多次复审；开展文物收藏工作，全年通过“5·18”博物馆日，党和国家领导人签名，老一辈革命家亲属、收藏家、艺术家捐赠等方式共征集藏品418件；做好入库藏品数据录入工作，完成2015年新征集藏品（除铜钱、家具外）大部分藏品图片数据的采集工作，初步完成部分账册登记工作；做好“预防性保护”和“文物修复”两个项目跟踪落实；登录入库图书1132册，分类装订500多册期刊杂志和1800多份报纸；手动录入馆藏珍贵资料4.6万余字，扫描馆藏珍贵文献资料和回忆文章1000余卷；购藏《中央革命根据地历史资料文库》《红藏：进步期刊总汇（1915—1949）》等革命史书籍1000余册；收录电子档案资料184GB；整理编辑《古田会议精神讲稿》。

〔科学研究工作〕

2016年，完成《红色虎岗》、古田会议资料研究丛书书号申请事宜；及时做好馆刊《古田军号》和《古田会议纪念馆通讯》的编辑出版工作，编印出版《古田会议纪念馆通讯》3期、《古田军号》3期；完成古田会议资料研究丛书《古田会议文物图集》、《古田会议文献资料》《见证古田会议》的编纂工作。

〔文物安全保卫工作〕

2016年，古田会议馆加强安防设施建设，完善微型消防站建设，邀请上杭森林消防武警及古田游客中心进行微型消防站人员为主的消防培训，强化本馆干部职工的消防安全防范意识。组织全馆干部职工开展交通安全及安防、消防知识教育培训，进行2次消防应急演练。加强安全保卫。及时督促安防、消防设施维保单位每月对设施进行安全检查。加强自身的巡查力度，做到一周一小查，一月两大查，对于安全隐患，发现一处整改一处，确保无安全事故发生，同时做好重要接待安保及重要活动期间的秩序维护工作。加强安全管理，落实工作职责，贯彻“谁主管，谁负责”的原则，坚持旧址管理中心领导带班、观众参观登记、夜间巡查等制度，坚持实行24小时值班，做到工作交接班有记录，切实做到防微杜渐、防患于未然。

〔实施项目带动发展战略〕

2016年，古田会议馆认真落实政治部旧址（松荫堂）、司令部旧址（中兴堂）及军医处旧址（吉兴堂）周边改造项目。委托龙岩雅竹建筑设计公司完成红四军前委机关暨政治部旧址、红四军司令部旧址及红四军军医处旧址周边环境风貌整治概念图和效果图设计。规划陈列馆改扩建项目和红四军纪念园项目，做好纪念馆扩建和红四军纪念园项目前期工作,聘请武汉轻工设计院对两个项目进行概念设计,并组织专家对方案进行评审,修改方案上报市委、市政府研究。落实推进协成店周边环境风貌整治项目,聘请上海复旦设计研究院对协成店周边环境整治提升项目进行设计。

〔省部军级领导瞻仰古田会议会址〕

2016年,到古田瞻仰古田会议会址和参观纪念馆的省部军级以上领导共有130多人次,主要有(以参观时间先后为序):全国红色旅游协调小组办公室副巡视员王树茂,中共中央党校学术委员会主任郑必坚,中央国家机关工委副书记陈存根,中央国家机关工委委员、宣传部部长刘涛,紫光阁杂志社社长闪伟强,火箭军某部队政委陆艳先、副部长王志强、副部长马卫中、副政委李大军、后勤部部长孟峰玉、装备部部长杨小明,财政部副部长刘昆,环保部副部长李干杰,省委常委、常务副省长张志南,福建省政府副省长郑晓松,江西省政府副省长郑为文,广东省政府副省长许瑞生,广西壮族自治区政府副主席黄世勇,文化部部长雒树刚,文化部部长助理于群,福建省副省长李红,国家机关工委《紫光阁》杂志总编辑彭宏,全国人大常委会副委员长、民盟中央主席张宝文,福建省人大常委会副主任彭锦清,中央统战部副部长、国家民族事务委员会党组书记巴特尔,福建省政府副省长洪捷序,国家民委办公厅主任张京泽、研究室副主任马国华,武警工程大学政委李吟少将、副政委宋晶少将、训练部部长李宏伟少将、政治部主任沈德富少将,国家机关事务管理局副局长赵峰涛,全国政协副主席马飚,全国政协委员、中国美术家协会主席刘大为,全国政协常委、中国文联副主席覃志刚,省政协副主席陈向先,山东省委常委、青岛市委书记李群,省委常委、统战部长雷春美,南京炮兵学院院长于超,全国政协委员、朱德元帅外孙、解放军装备学院原副院长刘建少将,解放军原装备指挥技术学院副政委胡增军少将,解放军装备学院训练部部长赵洪利少将,朱德元帅外孙刘武大校,韩伟中将之子韩京京,中国人民解放军信息工程大学密码工程学院院长贾学东,中国人民解放军后勤学院副政委徐贵忠、训练部副部长丛景涛、纪委副书记史西龙,福建省副省长、公安厅厅长王惠敏,农业部总农艺师孙中华、水利部副部长田学斌,水利部农水司司长王爱国,全国人大农委调研室副巡视员陈亚奎,东部战区空军政委谢乐辉,民盟中央宣传部部长曲伟,中央文献研究室主任冷溶,开国大将罗瑞卿之子、解放军总装备部后勤部原副政委、罗箭少将,全国人大委员会委员、内务司法委副主任委员李慎明,中央党史研究室主任曲青山,张云龙将军之子张晓剑将军,北京大学党委副书记叶静漪,中央文明办二局局长吴向东,国家旅游局副局长魏洪涛,中国华电集团公司董事长、党组书记赵建国,全国政协副主席卢展工,青海省政协副主席鲍义志,瑞典韦姆兰省菲利普斯塔德市市长帕·格鲁伯格,中央文明办秘书局局长张朝生,国家禁毒委、人社部副部长张义珍等。

·体　育·

〔体育事业发展概况〕

设施建设　2016年,县加快推进体育中心项目建设,全民健身活动中心(多功能馆)完成建设并投入使用;综合体育场项目基本完成征迁工作;县水上运动中心项目有序推进,大楼封顶并开始砌墙,游泳池开始墙体浇捣。继续实施乡村文体设施提升改造扶持机制,全年扶持30个薄弱村文体设施建设。

全民健身活动　2016年,发放文体惠民卡3000余张,各体育场馆开放使用率得到不断提高;举办各类体育赛事,先后举办"重走长征路"千人健步走、龙岩市(上杭站)第三届羽毛球文化节、第十一届(东南)片区农民文化体育节、第八届中华长寿杯足球赛、中国广场舞民间争霸赛等体育健身活动;县体育总会大力推广健身气功、柔力球、健身走等项目,依托协会在春节、劳动节、国庆节等节假日开展形式多样的全民健身活动,补助19个单项协会活动经费57万元(每个协会每年3万元),指导各协会开展各类体育比赛及健身活动80余次。

竞技体育　2016年,积极向上输送优秀运动苗子,向省拳击队输送1人,向市体校输送运动员17人;积极备战省年度锦标赛,县少体校运动员参加省级以上运动竞赛获金牌17枚、银牌23枚、铜牌13枚;县少体校"高水平体育后备人才基地"顺利通过国家体育总局评审。

〔举办第十一届片区农民文化体育节〕

2016年9月22日,县第十一届(东南)片区农民文化体育节在茶地镇举行。此次活动由茶地镇党委、政府主办,庐丰、稔田、太拔、溪口、中都和下都等乡镇党委、政府共同协办。活动以"扶贫、生态、禁毒"为主题,以农民为主角,结合当前农村重点工作进行编排,举办了广场舞、篮球、拔河、单手举板车轮、抓泥鳅、扎香菇袋等农民朋友喜爱的趣味体育运动。

〔举办"重走长征路"千人健步走接力活动启动仪式〕

2016年6月11日,由国家体育总局、福建省体育局主办的全民健身健步走接力活动在古田镇举办,1000多人参加健身活动。

2016 年 6 月 11 日，全民健身健步走接力活动在古田启动

〔举办第八届中华“长寿杯”足球赛〕

2016 年 10 月 15 日，由中国足球协会主办、县足球协会承办的第八届“中华长寿杯”足球赛在上杭二中开赛，这是上杭县首次承办中国足协的全国性赛事，运动员来自全国各地 16 支参赛队伍。原中国足球协会常务副主席兼秘书长王俊生、中国足球协会副主席容志行、中国足协元老联谊会秘书长韩重德等足球元老莅临观看指导比赛。整场比赛历时 7 天，共进行 40 场赛事。

2016 年 11 月 15 日，中国广场舞民间争霸赛福建海选赛在上杭古田启动

〔“谁是舞王”中国广场舞民间争霸赛福建海选赛启动仪式〕

2016 年 11 月 15 日，由国家体育总局社会体育指导中心、中央电视台体育频道、中国社会体育指导员协会主办，龙岩市体育局、龙岩市电视台、上杭县文体广新局共同承办的《谁是舞王》中国广场舞民间争霸赛福建海选赛在龙岩市上杭县古田会址启动。上杭县广场舞爱好者表演《长征》《舞动中国》等节目。

〔参加省级以上运动竞赛获奖情况〕

2016 年上杭运动员参加省级以上运动竞赛获奖情况表

表 24

姓　名	代表单位	竞赛名称	时间	竞赛地点	参赛项目	成绩
林　丹	国家	里约奥运会	9 月	里约	男子单打	第四
陈　敏	福建	全国击剑冠军赛	3 月	云南邵通	男子花剑团体	第三
陈　敏	福建	全国击剑冠军赛总决赛	8 月	福建泉州	男子花剑个人	第二
陈　敏	福建	全国击剑冠军赛（2016—2017）赛季	12 月	江苏扬州	男子花剑个人	第六
陈　敏	福建	全国击剑冠军赛（2016—2017）赛季	12 月	江苏扬州	男子花剑团体	第四
陈　敏	福建	全国击剑锦标赛	9 月	安徽合肥	男子花剑团体	第一
王威发	福建	全国击剑冠军赛	3 月	云南	男子花剑团体	第三
王威发	福建	全国击剑冠军赛	3 月	云南	男子花剑个人	第六
王威发	福建	全国青年击剑锦标赛第二站	12 月	青岛	男子花剑团体	第七

续表24

姓　名	代表单位	竞赛名称	时间	竞赛地点	参赛项目	成绩
徐　甜	福建	全国击剑锦标赛	10月	山东潍坊	女子重剑团体	第四
林隆彪	福建	全国蹦床冠军赛	6月	海宁	男子团体	第四
林隆彪	福建	全国蹦床锦标赛	9月	天津	男子团体	第六
袁俊超	福建	全国跆拳道锦标赛	4月	河北	男子 54KG	第二
江美婷	福建	全国青少年女子水球锦标赛	8月	四川	女子水球锦标赛	第二
江美婷	福建	全国女子水球锦标赛	4月	上海	水球锦标赛	第七
梁聪涛	龙岩	福建省锦标赛	7月	泉州	男子儿童花剑个人	第一
龚晓锋	龙岩	福建省锦标赛	7月	泉州	男子少年重剑个人	第一
徐　甜	龙岩	福建省锦标赛	7月	泉州	女子少年重剑个人	第一
龚晓锋	龙岩	福建省锦标赛	7月	泉州	男子少年重剑团体	第二
梁文希	龙岩	福建省锦标赛	7月	泉州	男子儿童花剑团体	第二
江康隆	龙岩	福建省锦标赛	7月	泉州	男子儿童花剑团体	第二
郭飞奕	龙岩	福建省锦标赛	7月	泉州	男子儿童花剑团体	第二
饶建鹏	龙岩	福建省锦标赛	7月	泉州	男子儿童重剑团体	第四
黄浩鹏	龙岩	福建省锦标赛	7月	泉州	男子儿童重剑团体	第四
陈书明	龙岩	福建省锦标赛	7月	泉州	男子儿童重剑团体	第四
温杭鸿	龙岩	福建省锦标赛	7月	泉州	男子少年重剑团体	第四
黄坤和	龙岩	福建省锦标赛	7月	泉州	男子少年重剑团体	第四
梁聪涛	龙岩	福建省锦标赛	7月	泉州	男子儿童花剑团体	第一
黄浩鹏	龙岩	福建省锦标赛	7月	泉州	男子儿童花剑团体	第一
王育豪	龙岩	福建省锦标赛	7月	泉州	男子儿童花剑团体	第一
蔡明辉	龙岩	福建省锦标赛	7月	泉州	男子儿童花剑团体	第一
张静萱	龙岩	福建省锦标赛	7月	泉州	女子儿童重剑团体	第五
陈颖欣	龙岩	福建省锦标赛	7月	泉州	女子儿童花剑团体	第五
李奕涵	龙岩	福建省锦标赛	7月	泉州	女子儿童花剑团体	第五
郭富钰	龙岩	福建省锦标赛	7月	泉州	女子儿童花剑团体	第五
蓝林伟	龙岩	福建省锦标赛	7月	泉州	女子儿童花剑团体	第五
李　昌	龙岩	福建省锦标赛	7月	泉州	男子少年花剑个人	第八
梁文希	龙岩	福建省锦标赛	7月	泉州	男子儿童花剑个人	第八
谢昆晟	龙岩	福建省锦标赛	7月	宁德	男子 44 公斤	第三
罗长龙	龙岩	福建省锦标赛	7月	宁德	男子 49 公斤	第五
钟国权	龙岩	福建省锦标赛	7月	宁德	男子 64 公斤	第五
张利椿	龙岩	福建省锦标赛	7月	宁德	男子 66 公斤	第五
黄杨帆	龙岩	福建省锦标赛	7月	宁德	男子 48 公斤	第五
朱娴杰	龙岩	福建省锦标赛	7月	宁德	女子 42 公斤	第五
肖睿敏	龙岩	福建省锦标赛	7月	宁德	男子 64 公斤	第三
张嘉怡	龙岩	福建省锦标赛	7月	龙岩	女子双打	第三
吴槐昌	龙岩	福建省锦标赛	7月	龙岩	男子双打	第四

续表24

姓　名	代表单位	竞赛名称	时间	竞赛地点	参赛项目	成绩
孔令威	龙岩	福建省锦标赛	8月	漳州	团体	第二
孔令威	龙岩	福建省锦标赛	8月	漳州	个人全能	第三
孔令威	龙岩	福建省锦标赛	8月	漳州	自由体操	第四
孔令威	龙岩	福建省锦标赛	8月	漳州	吊环	第四
孔令威	龙岩	福建省锦标赛	8月	漳州	跳马	第一
孔令威	龙岩	福建省锦标赛	8月	漳州	双杠	第四
孔令威	龙岩	福建省锦标赛	8月	漳州	单杠	第四
蓝新涛	龙岩	福建省锦标赛	8月	漳州	团体	第二
蓝新涛	龙岩	福建省锦标赛	8月	漳州	个人全能	第二
蓝新涛	龙岩	福建省锦标赛	8月	漳州	自由体操	第一
蓝新涛	龙岩	福建省锦标赛	8月	漳州	山羊	第六
蓝新涛	龙岩	福建省锦标赛	8月	漳州	吊环	第一
蓝新涛	龙岩	福建省锦标赛	8月	漳州	跳马	第五
蓝新涛	龙岩	福建省锦标赛	8月	漳州	双杠	第四
蓝新涛	龙岩	福建省锦标赛	8月	漳州	单杠	第二
郑珊源	龙岩	福建省锦标赛	8月	漳州	团体	第二
郑珊源	龙岩	福建省锦标赛	8月	漳州	个人全能	第六
郑珊源	龙岩	福建省锦标赛	8月	漳州	自由体操	第三
郑珊源	龙岩	福建省锦标赛	8月	漳州	山羊	第四
郑珊源	龙岩	福建省锦标赛	8月	漳州	双杠	第三
饶洪瑞	龙岩	福建省锦标赛	8月	漳州	团体	第二
黄苑葭	龙岩	福建省锦标赛	8月	漳州	跳马	第四
林　颖	龙岩	福建省锦标赛	8月	漳州	团体	第三
袁　玥	龙岩	福建省锦标赛	7月	泉州	福建省 op 帆船锦标赛 队赛第三名	第三
邱毅强	龙岩	福建省锦标赛	8月	福州	男子轻量级单人双桨 2000 米	第六
郑桂鸿	龙岩	福建省锦标赛	8月	福州	男子公开级双人单桨 2000 米	第二
蒋闻杰	龙岩	福建省锦标赛	8月	福州	男子轻量级双人双桨 2000 米	第三
蒋闻杰	龙岩	福建省锦标赛	8月	福州	男子轻量级双人单桨 2000 米	第一
黄文杰	龙岩	福建省锦标赛	8月	福州	男子丙组单人双桨 2000 米	第一
黄富鑫	龙岩	福建省锦标赛	8月	福州	男子丙组单人双桨 2000 米	第三
邹丽扬	龙岩	福建省锦标赛	8月	福州	女子公开级单人双桨 2000 米	第六
邹丽扬	龙岩	福建省锦标赛	8月	福州	女子公开级双人双桨 2000 米	第二
雷金瓶	龙岩	福建省锦标赛	8月	福州	女子轻量级双人双桨 2000 米	第一
丘钰婷	龙岩	福建省锦标赛	8月	福州	女子丙组单人双桨 2000 米	第三
陈振宇	龙岩	福建省锦标赛	8月	福州	男甲单人皮划艇 1000 米	第一
陈振宇	龙岩	福建省锦标赛	8月	福州	男甲双人皮划艇 1000 米	第二
罗清庸	龙岩	福建省锦标赛	8月	福州	男乙双人皮划艇 1000 米	第四
蓝荣昌	龙岩	福建省锦标赛	8月	福州	男乙单人皮划艇 200 米	第一

续表24

姓　名	代表单位	竞赛名称	时间	竞赛地点	参赛项目	成绩
邱丽潘	龙岩	福建省锦标赛	8月	福州	女甲单人皮划艇500米	第一
邱丽潘	龙岩	福建省锦标赛	8月	福州	女甲双人皮划艇501米	第一
蓝慧琼	龙岩	福建省锦标赛	8月	福州	女乙单人皮划艇500米	第六
范秀玲	龙岩	福建省锦标赛	8月	福州	女乙单人皮划艇200米	第二
范秀玲	龙岩	福建省锦标赛	8月	福州	女乙双人皮划艇500米	第一
林夏莲	龙岩	福建省锦标赛	8月	福州	女乙单人皮划艇500米	第二
刘　煜	龙岩	福建省锦标赛	8月	漳州	男子甲组皮艇	第一
周　滨	龙岩	福建省锦标赛	8月	漳州	男子甲组划艇	第一
黄榕华	龙岩	福建省锦标赛	8月	漳州	男子甲组划艇	第一
黄伟龙	龙岩	福建省锦标赛	8月	漳州	男子乙组皮艇	第二
苏杭伟	龙岩	福建省锦标赛	8月	漳州	男子乙组皮艇	第二
林　鸿	龙岩	福建省锦标赛	8月	漳州	男子乙组划艇	第一
杨进伟	龙岩	福建省锦标赛	8月	漳州	男子丙组皮艇	第一

·广播影视·

〔广播影视事业建设〕

2016年，做好“广播村村响”运维工作，完成2016年度县级为民办实事项目79个行政村有线电视联网工作，实现全县344个行政村(居)有线电视村村通。完成广播电视节目无线数字化覆盖工程，16套中央、省、市、县电视节目正式开播。大力开展整治非法卫星地面接收设施、打击治理“黑广播”违法犯罪等专项行动。做好元旦、春节、全国“两会”和G20峰会等重要时期广播电视安全传输播出工作。继续实施农村电影放映工程，全县331个行政村全年放映电影3972场次。积极探索农村电影放映新模式，新增中都镇亲睦村、茶地镇翁基村为全省农村电影放映工程室外转室内固定放映试点村。做好微电影《光影沉浮》拍摄工作。

〔广播电视新闻宣传〕

唱响发展主旋律　2016年，坚持围绕中心，服务大局，紧紧围绕县委、县政府中心工作进行宣传报道，在《上杭新闻》《杭川新时空》《美丽上杭》《上杭方言故事汇》等本地主打栏目精心推出《全力打好三大战役，打出上杭气势水平》《传承红色基因、践行“两学一做”、聚力上杭发展》《关注换届选举年》《贯彻党代会、建设新上杭》《再上新台阶、建设新上杭》及第八届海峡论坛·海峡客家(上杭)族谱文化风情节等系列报道，为全县各项事业的发展营造良好的舆论氛围。

引领社会新风尚　2016年，继续办好民生类栏目《杭川新时空》、新闻评论《观点致胜》、本土客家方言《上杭方言故事汇》、文化民俗类栏目《客家人》等，让新闻节目更加贴近实际、贴近生活、贴近群众。强化主流媒体社会责任意识，推出《小燕婷需要拯救，爱心与时间赛跑》《救助小乾航　我们在行动》《李建霖：等待救助的年

奖牌

轻生命》等，倡导捐资助济精神，传递社会正能量。

主动融合新媒体　2016年，在推出全市首个县级新闻手机报《上杭新闻信息》的同时，主动适应媒体发展的新常态，注册官方微信“上杭广电”“福建微上杭”、官方微博“上杭声音”等，用户数量发展到6万人，实现广告年收入10万元，成为上杭县最具权威、影响力的官方公众订阅号。同时，官方微信“上杭广电”在全市率先实现24小时同步实时直播广播频率“102.4兆赫”（上杭人民广播电台）和电视频道“上杭新闻综合”的全部节目内容，实现把广播和电视装进上杭人的口袋，感受指尖上的上杭台。

推动外宣新提升　2016年，做好与中央、省、市等主流媒体的对接，上送播出有关经济建设和各项事业成就与经验的报道300多条，供稿量居全省、全市前列，连续第五年被福建省广播影视集团授予“全省新闻供稿十强县级台”称号，多数新闻作品分别被中国广播电视协会、中国电视艺术家协会、福建省新闻工作者协会授予全国创优新闻节目奖项、福建新闻奖等省级以上新闻荣誉，电视专题片《诗意院田》荣获中国电视艺术家协会全国电视专题一等奖。

〔上杭县广播电视台被评为“全省新闻供稿十强县级台”〕

2016年5月，上杭县广播电视台被福建省广播影视集团授予“全省新闻供稿十强县级台”称号，是该台连续五年获得此荣誉。

〔上杭县广电新闻作品获得省级以上荣誉〕

2016年，县广播电视台注重加强与中央、省、市等主流媒体的对接，积极报送播出有关经济建设和各项事业成就与经验的报道信息，全年新闻方面被央视采用9条、省级媒体采用256条、市级媒体采用798条；广播信息方面被央广采用3条、省广播采用128条、市广播采用329条。2015年度，10个专题报道中有3个被市文广新局、市广播电视协会评为一等奖、7个被评为二等奖，电视专题片《诗意院田》荣获中国电视艺术家协会全国电视专题一等奖。

2016年11月8日《上杭县广播电视志》首发式在县广播电视台举行

〔上杭县广播电视台成立“杭川记者站”〕

2016年4月，上杭县广播电视台成立“杭川记者站”，旨在进一步强化县委、县政府时政新闻宣传工作及密切与本台编委会新闻策划之间的信息沟通，第一时间将县委、县政府主要领导的声音传播到杭川大地的千家万户。

〔福建省首部县级广电志《上杭县广播电视志》出版〕

2016年11月8日，《上杭县广播电视志》首发式暨县广播电视台建台65周年座谈会在县广播电视台举行，县委常委、宣传部长张北阳，副县长卢家荣及县文体广新局、方志委、广播电视台等县直有关单位负责人，广电系统老领导、老员工代表参加活动。

《上杭县广播电视志》于2014年开始编纂，历时两年半，是上杭历史上第一部广播电视专业志，也是福建省首部县级广播电视部门志。全书设6章23节，采用序、述、记、志、图、表、录等体裁，系统地回顾半个多世纪以来上杭广电事业的发展历程，反映上杭广电事业在各个历史时期所取得的成就经验。

《文化体育　广播影视》撰审人员

撰 稿 人： 曾衍琪　江梓洪　肖玲英　林斯乾　曹长森

审 稿 人： 陈晓明　赖建杭　李焕昌　林斯乾　洪武子

责任编辑： 蓝晓东

旅　　游

·综　　述·

〔旅游工作情况〕

2016年,旅游经济实现平稳发展。全年,接待游客520万人次,旅游收入28.6亿元。

规划编制　2016年,指导“大古田”景区发展总体规划、古田核心景区控制性详细规划、官庄旅游总体规划、下都乡库区“水乡渔村”旅游专项规划工作和稔田镇、庐丰畲族乡等特色小镇规划工作。《“大古田”景区发展总体规划》《古田核心景区控制性详细规划》《院田古村落旅游发展总体规划》修编和修建性详规等完成编制并通过评审。

宣传推介　2016年,采取线上线下两个渠道开展旅游宣传推介工作。线上主要利用“上杭网”“上杭旅游”以及省、市旅游网站、旅游微信平台等新媒体制作播放黄金之旅、乡村休闲专题片、“清新福建·美丽乡村”(院田古村落、湖洋观音井百果园)等电视专题片,加强上杭旅游的宣传推介,线下主要是开展乡村旅游文化节、采摘节等节庆主题活动,持续制造旅游热点,提升旅游知名度和美誉度;参与省、市组织的“清新福建”动车合福线、赣瑞龙线、向莆线等动车组旅游推介活动;参与国家和省旅游部门在北京、上海、广州、武汉、厦门等地举办的旅游博览会、推介会、产品展销会等活动;举办纪念“5·19”旅游日暨上杭县第四届乡村旅游文化节活动,承办“12·29”走进梅州“清新福建·欢乐龙岩”旅游推介会。

行业管理　2016年,提升旅游从业人员综合素质。组织参加全省旅游管理干部培训班、举办全县建档立卡贫困户乡村旅游从业人员培训班、承办龙岩市旅游行业消防安全知识培训暨应急演练现场会等,培训旅游行业各类从业人员200多人。开展评选活动,营造和谐旅游发展环境。组织“全国中小学生传承红色故事”大赛、“清新福建　星光灿烂”文明旅游系列评选、上杭县文明诚信旅游企业活动。开展旅游市场整顿规范、道路交通安全综合整治、“打非治违”“安全生产集中日”、节假日旅游安全等专项检查20次,出动执法检查人员116人次,查找消除安全隐患39处;开展旅游企业安全生产标准化和服务质量标准化建设,古田旅游集团有限公司被评为省级旅游标准化试点单位。

〔旅游项目建设〕

重点项目建设　2016年,旅游重点项目完成投资1.92亿元,紫金山旅游公路完成施工图设计;“诗意院田”古村落保护与开发项目完成旅游总体规划修编和详规编制,完成游客中心、生态停车场、旅游公厕、旅游步道等建设项目施工图设计、工程预算、财政预审以及招投标工作,其中游客中心和生态停车场进入施工阶段;步云梅花山国家生态旅游示范区提升工程(一期)进展顺利,其中索道工程正进行中站房和下站房基建和部分支撑架桩基工作,中央苏区主题公园项目已于“9·8”厦门投洽会上签约,投资方注册成立龙岩苏区文化产业发展有限公司,并完成税务登记和银行开户等前期准备工作。

省级为民办实事项目建设　2016年,全县各景区景点、旅游特色村等新建或改建10座旅游厕所,完成厕所革命任务。组织实施“上杭县旅游百企百村帮扶专项行动”,共有3家景区、2家星级酒店、3家乡村旅游经营单位和1家旅游规划公司通过包村、项目开发等方式,帮助全县9个全国旅游扶贫重点村开展脱贫攻坚工作。

旅游品牌建设　2016年,按相关行业标准深入开展省级乡村旅游特色村建设。中都镇兴坊村、溪口镇大丰村、蓝溪镇黄潭村等创建旅游特色村取得成效,经专家组实地检查验收,评定为省级乡村旅游特色村;评定4户“海峡客家乡村旅游示范户”和10家乡村旅游“农家乐”;推进A级景区提质增效,古田旅游区于10月9日被评为全国“旅游服务最佳景区”,古田旅游集团有限公司被评为全国旅游先进单位。

〔上杭县9个贫困村入选全国乡村旅游扶贫重点村〕

2016年9月29日，由国家旅游局、国家发改委、国务院扶贫办等10多个部门和单位共同制定并印发的《乡村旅游扶贫工程行动方案》中，上杭县步云乡桂和村、才溪镇溪东村、蓝溪镇岐滩村、庐丰畲族乡丰济村、稔田镇大燕村、珊瑚乡上珊瑚村、通贤乡岭头村、溪口镇双华村、太拔镇太拔村等9个建档立卡贫困村入选全国乡村旅游扶贫重点村名单。

〔龙岩市旅游行业消防安全知识培训暨应急演练现场会在上杭县举办〕

2016年6月24日下午，龙岩市旅游行业消防安全知识培训暨应急演练现场会在上杭县紫金大酒店举办。此次活动由龙岩市旅游局、安监局主办，上杭县旅游局、紫金大酒店承办，市、县消防部门领导及专业技术人员到现场指导，全县各A级旅游景区、旅行社、星级饭店分管安全工作领导、安全工作具体负责人以及紫金大酒店员工共计100余人参加此次活动。

〔县旅游局承办“清新福建　欢乐龙岩”梅州旅游推介会〕

2016年12月29日，由龙岩市旅游局主办，上杭县旅游局承办的“清新福建　欢乐龙岩”梅州旅游推介会在梅州市昌盛豪生大酒店举行。本次旅游推介会受到梅州市旅游行业和市民的热情参与，推介会推出极具闽西特色的“圣地红”“生态绿”“客家彩”和红色之旅、生态之旅、客家之旅、黄金之旅等旅游产品。

·红色旅游·

〔“古田会议旧址”入选“我最向往的党史纪念地”〕

2016年7月中旬，由人民日报社、中央党史研究室、全国红色旅游工作协调小组共同主办的“我最向往的党史纪念地”评选结果揭晓，上杭县“古田会议旧址”综合排名第三，成为福建省唯一进入榜单的党史纪念地。

〔古田旅游区入选国家旅游局假日旅游“红榜”名单〕

2016年10月9日，国家旅游局发布“十一”假日旅游“红黑榜”，集中表扬一批最佳景区、优秀旅行社、优秀导游、优秀旅游工作人员和文明游客，同时也对假日期间厕所革命滞后、环境脏乱、管理混乱、服务恶劣的旅游经营单位和从业人员以及不文明游客进行曝光。其中，福建省5个景区入选，上杭古田旅游区被授予红榜中的“旅游服务最佳景区”称号。

〔古田旅游集团有限公司被评定为全省首批旅游标准化试点企业〕

2016年12月19日，经省旅游局和质量技术监督局遴选，龙岩市古田旅游集团有限公司被评定为全省首批旅游标准化试点企业。

古田旅游区从2014年3月开展旅游标准化试点创建工作，经过3年多人力、财力、精力上连续不断地投入，景区在服务、管理、信誉、理念、品牌等方面的软实力得到显著提升，近年来未发生一起旅游事故，整体满意度持续走高。

〔全国红色旅游与自驾休闲旅游高峰论坛和重走长征路十二省自驾行活动启动仪式在古田镇举行〕

2016年9月5日下午，“成功从古田开始”纪念长征胜利80周年——重走长征路十二省自驾行活动启动仪式在古田镇举行。活动以福建省龙岩市古田镇为集结出发地，沿1934年10月中国工农红军长征的路线，以现代自驾旅行的方式重走长征路。此次活动全程6200公里，联合来自福建、广东、江西、湖南、广西、贵州、云南、四川、甘肃、陕西等省、市的自驾协会、自驾俱乐部，以县县接力的方式共同参与。活动人员将沿着革命先辈的足迹，踏上征途再出发，于9月底在革命圣地延安会师。

同日上午，全国红色旅游与自驾休闲旅游高峰论坛在梅花山华南虎园举行。全国红色旅游协调小组办公室副主任胡呈军、中央文献研究室科研部副主任韩洪洪、福建省旅游局副局长吴立官和来自红军长征沿线的12个省、市旅游部门和自驾游爱好者近100人参加此次活动。

〔中航直升机在古田景区举行飞行表演〕

2016年8月22日，为纪念红军长征胜利80周年，中航“直升机万里行”走进龙岩，在上杭县古田旅游区古田会议纪念馆馆前广场举办直升机展和飞行表演活动。此次活动有2辆直升机轮流起降飞行表演，市、县有关领导和古田红色资源保护与发展管理中心、古田会议纪念馆、古田旅游集团有限公司管理层等100多人试乘直升机飞行体验，整个活动持续3个小时，现场观众约5000余人。

〔电影《毛泽东在才溪》主题歌曲MV在才溪景区拍摄〕

2016年3月19日，电影《毛泽东

在才溪》主题歌曲 MV 在县才溪景区拍摄。曾经在纪念毛泽东才溪乡调查 80 周年原创歌曲征集活动中脱颖而出的歌曲《天下百姓》再次被选中，作为革命题材电影《毛泽东在才溪》的主题曲录制成 MV 进行宣传推广。

·生态旅游·

〔太拔镇院田村国家传统村落旅游景区开发建设项目入选"2016 年全国优选旅游项目名录"〕

2016 年 5 月中旬，国家旅游局联合国家开发银行、中国进出口银行、中国工商银行、中国农业银行等 10 家银行，从全国选定 747 个项目进入《2016 全国优选旅游项目名录》。其中，福建省共有 26 个项目入榜，龙岩市占 4 个，上杭县太拔镇院田村国家传统村落旅游景区开发建设项目入榜。

上杭县太拔镇院田村国家传统村落旅游景区保护开发项目计划投资 3.9 亿元，在保护古村落原貌的基础上完善旅游基础设施和公共服务设施，打造"诗意院田"。

〔官庄畲族乡和庐丰畲族乡举办"三月三"畲乡文化旅游节系列活动〕

2016 年 4 月 9 日，官庄畲族乡和庐丰畲族乡分别举办"三月三"畲乡文化旅游节系列活动。官庄畲族乡举行盛大的祭拜仪式和大型《梦寻山哈》歌舞表演，并邀请武平特技人员表演"上刀山、下油锅、走锥板"等节目。在庐丰畲族乡丰济村，来自广东、广西、浙江、江西、贵州及香港、台湾等地的蓝氏宗亲祭祀团、民俗文化爱好者和社会各界人士万余人云集畲乡，共同感受民族文化和浓郁独特的畲乡风情。

〔湖洋观音井第二届杭梅采摘节〕

2016 年 4 月 28 日，上杭县湖洋镇政府、县农业局、县旅游事业局、县休闲农业与乡村旅游协会等单位在湖洋镇观音井百果园举办第二届杭梅"采摘节"活动。此活动吸引 600 多名游客现场体验采摘乐趣。

〔太拔镇院田村朦胧诗展示馆和知青老照片馆开馆〕

2016 年 10 月 20 日，太拔镇院田村举办朦胧诗展示馆和知青老照片馆揭牌仪式。县委常委罗小洪和来自省、市、县作家代表 100 多人参加相关活动。朦胧诗展示馆内展出舒婷、顾城、杨炼等当代朦胧诗派代表诗人的作品，知青老照片展馆展示当年厦门知青上山下乡到上杭前后的老照片。

〔县举办 2016 年建档立卡贫困户乡村旅游业务培训班〕

2016 年 11 月 18 日，县旅游局在四星级乡村旅游经营单位——添福山庄，举办建档立卡贫困户乡村旅游培训班，来自全县 13 个乡镇推荐的建档立卡贫困户，共 95 人参加培训。

〔县乡村旅游特色村和旅游厕所等项目接受市局专家组评定验收〕

2016 年 12 月 7 日，由龙岩市旅游局组织的专家评定验收组对上杭县乡村旅游特色村和旅游厕所等旅游建设项目进行验收。验收组深入蓝溪镇黄潭村，对该村在旅游资源、环境、住宿、餐馆、购物商店、线路、特色活动等子项目逐一评定。同时，对蓝溪镇黄潭村、稔田大燕村小坑子农庄、湖洋观音井梅园和龙嶂山乡村旅游点等的旅游厕所建设项目一并进行验收。此次县乡村旅游特色村和旅游厕所等项目市局专家组评定结果为优良。

《旅　游》撰审人员

撰 稿 人：王　强
审 稿 人：曾小勤
责任编辑：王冬英

招商引资　涉台事务

·招商引资·

〔招商引资工作情况〕

产业链招商　2016年，主要以金铜产业链、金属产业链、循环经济产业链招商。全年，引进低氧铜杆生产项目、电力电缆制造、高档电解铜箔扩建等金铜产业链项目；引进恒星珠宝、华昌珠宝、东方珠宝等金属产业链项目，黄金珠宝产业园初具雏形。引进超纯氨电子气项目、装饰石膏板项目、透水砖及新型墙体材料等循环经济产业链项目。

精准招商与抱团招商　2016年，组织县内相关企业有针对性的组团招商，通过以商招商方式，精准对接安徽铜陵铜工艺品生产项目；考察广东江门水暖卫浴产业、对接宁德时代新能源有限公司，寻找产业合作发展契机。

主题招商与专业招商　2016年，充分利用“6·18”项目成果交易会、“9·8”国际投资贸易洽谈会、“11·8”海峡两岸机械产业博览会暨第九届中国龙岩投资项目洽谈会、北京项目对接招商等大型活动，开展厦门部分杭籍企业家座谈会、华昌珠宝实地调研座谈会、新材料新产业新动能座谈会，洽谈、签约一批项目。

驻点招商　2016年，选派2名干部到上海开展驻点招商工作，多次对接意向客商到上杭考察，洽谈军民融合产业园、古田大吴地生态村、中美生姜研究院等7个项目。

服务业招商　2016年，以商贸流通为龙头的三产招商和现代设施农业招商方面取得新突破。对商贸流通类项目以年度税收额度为标准认定招商项目，主要推动古田富康铁皮石斛和樱花种植、庐丰金花茶种植等现代设施农林业项目发展。

市对县招商引资项目完成情况　2016年，完成18个新签约亿元以上项目，总投资86.5亿元，其中10亿以上3个，总投资53.95亿元；新增工商登记注册资本3000万元以上10个；新开工亿元以上项目7个，总投资24.04亿元；新竣工亿元以上项目6个，总投资16.04亿元。

县对乡镇部门招商引资项目完成情况　2016年，全县共新签约项目49个，总投资90.6亿元，其中工业类项目21个，总投资39.13亿元，占43%；农业类项目8个，总投资14.54亿元，占16%；服务业类项目20个，占41%。

新开工项目情况　2016年，新开工项目33个，总投资32亿元，其中工业类项目12个，总投资9.34亿元；农业类项目8个；服务业类项目13个。

新竣工项目情况　2016年，新竣工项目22个，总投资15.4亿元，其中工业类项目10个，总投资7.43亿元；农业类项目3个，总投资3.08亿元；服务业类项目9个。

〔改善投资环境〕

2016年，继续强化服务，提升项目服务水平，对有意向投资客商提供政策、产业等咨询服务，对一些重点项目继续实行“容缺审批”和联动审批，限时办结，所缺材料办理后限时补齐，共同营造良好投资环境。继续执行“一个项目、一个联系领导、一个责任单位、一个责任人”的跟踪服务责任制。同时，对引进项目落户提供“一条龙”服务，推进项目联审联批联办和限时办结制度。

2016年，商务窗口共受理办件65件，其中即办件8件，承诺件46件，上报件11件。

2016年，继续实行项目联合预审制度。对建材助磨剂项目、磷酸铵、透水砖与新型材料等7个入驻项目进行联合预审。继续优化审批流程，外商投资企业审批事项的工商登记由前置许可改后置许可；进一步规范外商投资企业审批行为，按照“一站式审批，一个窗口对外”的要求办理行政审批事项。

〔山海协作和对口帮扶支援工作〕

2016年，厦门同安区拨付给上杭县龙厦山海协作对口帮扶资金100万元，根据上杭县与厦门同安区签署的山海协作协议规定，资金主要用于扶持建设5个村级文化活动中心项目。

·涉台事务·

2016年7月18日,第八届海峡论坛·海峡客家(上杭)族谱文化风情节现场

〔涉台工作情况〕

杭台交流 2016年,接待到上杭的台胞320人次,其中团组23个302人,赴台1266人次(含各项交流考察)。

到上杭交流 1月8日,台湾苗栗县丘氏宗亲会丘正堂一行20余人到上杭寻根谒祖;3月10日,台湾云林县斗六镇农会到上杭参观考察;4月8日,彰化县员林镇永靖乡一行与官庄畲族乡人民政府开展结对交流;4月11日,台湾张氏宗亲会一行20人到上杭祭祖;6月13日,台北上杭同乡会,蓝氏宗亲会,李、钟、廖、黄、张等姓氏到上杭进行族谱对接;7月18日,第八届海峡论坛·海峡客家(上杭)族谱文化风情节活动签约嘉宾、台湾原芳食品有限公司董事长张宏政一行15人到上杭参观考察;8月8日,祖地寻源——台湾客家媒体祖地行一行51人到上杭参访客家族谱馆、李氏大宗祠和邱氏大宗祠;11月9日,2016海峡两岸(龙岩)青年创业合作发展论坛台湾嘉宾一行24人到上杭参观考察;11月13日,台湾林氏宗亲林盛明、林政男、林政吉等3位代表到上杭寻根谒祖,此次是台湾林氏宗亲会与上杭县林氏宗亲会的首次对接。

入岛交流 4月23日—29日,市台办副主任周任昌和上杭县委常委、统战部部长、县总工会主席林英峰率客家族谱文化交流团一行6人专程赴台湾邀请参加第八届海峡论坛嘉宾;4月23日—29日,县委副书记庄莉率团5人赴台湾学习考察休闲农业与乡村旅游和文化创意项目;9月10日—15日,县一中高级教师、福建省劳动模范代表张秋萍随福建省劳动模范代表团赴台湾参访;10月24日—30日,上杭林氏首次赴台开展交流;11月21日—27日,台办主任钟德发随龙岩市龙台交流协会基层交流团赴台湾开展基层交流;12月下旬,上杭职专张先琳赴台参加管理干部类师资闽台联合培训班。

两岸农业合作 2016年,稔田镇政府与龙岩喜润农业开发有限公司签订有机柠檬深加工项目,总投资5200万元。至年底,签订5000多亩山地租赁协议,种植柠檬树600多亩,其中大燕村300多亩,官田村300多亩。育苗10万株。上杭培阳农业发展有限公司柠檬深加工项目,总投资6500万元。种植柠檬树300多亩,育苗10多万株。

对台宣传 6月12日—14日,第八届海峡论坛·海峡客家(上杭)族谱文化风情节在上杭客家缘文化中心举行。邀请台湾嘉宾近170名出席本次活动。

《招商引资 涉台事务》撰审人员

撰 稿 人:邓婕婕 蓝梅芬
审 稿 人:林云志 钟德发
责任编辑:钟梅娇

科学技术　数字信息

·科　技·

〔科技项目申报、实施和管理〕

2016年，组织和指导相关企业申报市级以上科技计划项目9个(其中省区域发展项目2个、省星火项目1个、市级科技项目6个)，继续实施2016年国家、省、市科技项目，向上争取资金350万元。继续做好本级科技计划项目立项和管理工作，及时发布县科技计划项目申报指南、组织开展专家评审、现场调研考评，全年实施科技型企业技术创新资金项目7个，农业、社会事业等科技项目41个，下达资助经费320万元。获省科技计划项目立项3个，分别为区域发展项目2个，星火计划项目1个，争取市级以上科技计划项目资助资金280万元。及时组织和指导紫金矿业等4家企业申报2017年度省科技计划项目6个，其中区域发展项目1个、创新资金项目1个、星火计划项目2个、对外技术合作项目2个。

〔科技品牌建设〕

2016年，完成组建上杭县有色金属技术研究院，为打造绿色矿都提供技术、人才支撑；筛选推荐紫金铜业有限公司、福建龙氟化工有限公司等2家企业申报省级企业技术中心；推荐福建龙氟化工有限公司、上杭建润电业有限公司等2家企业申报省级企业工程技术研究中心；全年新认定省级企业技术中心1家、市级企业技术中心1家。以龙岩印象杭川文化传媒有限公司为依托建设的杭川众创空间，被市科技局确认为市级众创空间。

〔高新技术项目〕

2016年，高新技术企业培育取得新突破。组织和推荐7家企业申报高新技术企业认定或复审，全年有6家企业通过高新技术企业认定，至年底上杭县共有国家级高新技术企业10家，比增66.7%，新增认定数量和增幅均居全市第二。全年，分别有4家企业列入省级科技小巨人领军企业培育发展库、7家企业列入市科技小巨人领军企业培育发展库。动员和组织12家企业参加省、市创新创业大赛。上杭县福建亿瑞电力科技有限公司、福建希望生物科技有限公司分别获省赛三等奖、优胜奖；福建优创农业有限公司、福建希望生物科技有限公司分别获市赛的二、三等奖，获奖企业数和名次均居全市前列。

高新技术企业

〔知识产权工作〕

2016年,全县申请专利1876件,比增62.14%,其中发明专利323件,实用新型专利1262件,外观设计专利291件;全县共授权专利890件,居全市第二位,比增80.16%,其中发明专利25件,实用新型专利725件,外观设计专利140件。每万人拥有有效发明专利3.12件,居全市第三位。实施"创新驱动"发展战略,紫金矿业、紫金铜业、福建紫金铜业、福建优创油脂、龙氟化工等一批注重自主创新、拥有自主知识产权的科技型企业不断涌现,形成有色金属(金铜产业)、新材料(稀土产业)、高端制造(矿山机械装备制造产业)等为核心的知识产权集群。知识产权工作专项资金占县财政一般预算支出比例达0.07%,居全市第一位。

〔科技兴农惠民〕

2016年,组织实施省科技项目2项(农业和社发方面),获得资助经费105万元;制定下发上杭县科技项目申报指南,安排科技计划项目230万元(农业、社会事业、工业)。继续参加文化、科技、卫生"三下乡"活动,通过农业科技专家现场答疑、现场指导,发放宣传资料3000多份;做好以"创新引领、共享发展"为主题的科技活动周相关工作。

〔专利工作〕

2016年,专利申请量为1876件(其中发明323件、实用新型1262件、外观设计291件),专利授权量为919件(其中发明专利23件,实用新型743件,外观设计153件)。全县有效发明专利116件,每万人拥有有效发明专利3.12件,居全市第三。全年奖励2015年度授权专利182.2万元。紫金矿业顺利通过国家级知识产权优势企业复审,3家第四批专利试点企业顺利通过市知识产权局复审,6家企业获得市第五批知识产权试点企业。3项发明专利获市专利奖一、二、三等奖。全年,获得省、市专利产业化支持项目3项。

〔获国家、省、市专利奖项目〕

2016年上杭县获龙岩市专利奖项目表

表25

专利名称	专利号	专利权人	发明人	获奖等级
含铜低品位金矿资源综合利用工艺	ZL201410085135.2	紫金矿业集团股份有限公司	谭希发、沈贤德、巫銮东	一等奖
一种高弹性锡磷青铜合金箔材的制备方法	ZL201110171904.7	福建紫金铜业有限公司	罗仁昆、王矿金	二等奖
一种草食家畜禽的散养大棚	ZL201520366103.X	龙岩市福欣牧业发展有限公司	雷金荣、傅庆华	三等奖

〔被国家、省、市确认的知识产权优势企业和试点企业〕

2016年上杭县被确认的龙岩市知识产权试点企业

表26

时间	类别	单位名称
2016年6月	2016年度市知识产权试点单位	福建清景铜箔有限公司 福建优创油脂有限公司 福建时迅信息科技有限公司 福建紫金铜业有限公司 福建亿瑞电力科技有限公司 福建上杭太阳铜业有限公司

〔授权专利〕

2016年上杭县获授权专利情况表

表27

专利名称	专利权人	发明人	专利号	专利类型
一种菜板	邓清玉	邓清玉	ZL201520511641.3	实用新型
一种截止阀衬氟模具	邓清玉	邓清玉	ZL201520502348.0	实用新型
一种误踩油门变刹车系统的电路控制系统	黄文年	黄文年	ZL201520665199.X	实用新型
一种车辆油门踩踏速度检测装置	黄文年	黄文年	ZL201520665229.7	实用新型
一种误踩油门变刹车系统的油门离合结构	黄文年	黄文年	ZL201520665260.0	实用新型
一种防误踩油门变刹车系统的齿轮联动机构	黄文年	黄文年	ZL201520665541.6	实用新型
一种汽车油门与刹车联动分离装置	黄文年	黄文年	ZL201520665478.6	实用新型
一种改进型鼠标	邓清玉	邓清玉	ZL201520716126.9	实用新型
一种连续蒸煮机	福建丰农尚品实业有限公司	陈宣年	ZL201520680692.9	实用新型
一种搅拌夹层锅	福建丰农尚品实业有限公司	陈宣年	ZL201520681015.9	实用新型
竹笋熟食的生产系统	福建丰农尚品实业有限公司	陈宣年	ZL201520680542.8	实用新型
屏幕保护套	黄庆喜	黄庆喜	ZL201420109607.9	实用新型
散热护屏套	黄庆喜	黄庆喜	ZL201520727819.8	实用新型
一种并联式灭菌锅	福建丰农尚品实业有限公司	陈宣年	ZL201520680984.2	实用新型
一种道路排水系统	上杭县创星环境技术开发有限公司	陈猛、官翠华	ZL201520667893.5	实用新型
一种防盗降噪井盖	上杭县创星环境技术开发有限公司	陈猛	ZL201520649929.7	实用新型
太阳能发电机	龙岩金太阳光电科技有限公司	温学明	ZL201520642745.8	实用新型
雪地车	上杭县意杭民工业产品设计服务有限公司	不公告设计人	ZL201530188942.2	外观设计
一种便于排除瓶内空气的水瓶	邓清玉	邓清玉	ZL201520520553.X	实用新型
一种可多样型实用性折叠桌	蓝伟斌	蓝伟斌	ZL201520436727.4	实用新型

续表27

专利名称	专利权人	发明人	专利号	专利类型
一种杯子	邓清玉	邓清玉	ZL201520716100.4	实用新型
一种改进型杯子	邓清玉	邓清玉	ZL201520716101.9	实用新型
设有照明单元的舞台喷雾装置	上杭县晟炬文化传播有限公司	蓝玉	ZL201520525776.5	实用新型
简易舞台喷雾装置	上杭县晟炬文化传播有限公司	蓝玉	ZL201520525785.4	实用新型
设有滑动板的舞台道具支撑架	上杭县晟炬文化传播有限公司	蓝玉	ZL201520527414.X	实用新型
设有限位卡子的舞台道具支撑架	上杭县晟炬文化传播有限公司	蓝玉	ZL201520529801.7	实用新型
简易舞台道具放置装置	上杭县晟炬文化传播有限公司	蓝玉	ZL201520540733.4	实用新型
舞台道具放置台	上杭县晟炬文化传播有限公司	蓝玉	ZL201520542067.8	实用新型
设有防静电膜的舞台道具放置台	上杭县晟炬文化传播有限公司	蓝玉	ZL201520542171.7	实用新型
一种农作物种子筛选器	上杭县强鑫设计服务有限公司	林天照、其他发明人请求不公开姓名	ZL201520539578.4	实用新型
一种提物车	上杭县强鑫设计服务有限公司	钟强	ZL201520538486.4	实用新型
一种可调光的上悬窗	邓清玉	邓清玉	ZL201520740798.3	实用新型
设有一阶凹陷的舞台灯	上杭县晟炬文化传播有限公司	蓝玉	ZL201520527981.5	实用新型
涂有反光涂层的舞台道具装置	上杭县晟炬文化传播有限公司	蓝玉	ZL201520523373.7	实用新型
一种鼠标	邓清玉	邓清玉	ZL201520716236.5	实用新型
一种高效防火舞台	上杭县晟炬文化传播有限公司	蓝玉	ZL201520506818.0	实用新型
移动式音响结构	上杭县晟炬文化传播有限公司	蓝玉	ZL201520543061.2	实用新型
围巾(3)	上杭县宾文广告设计服务有限公司	不公告设计人	ZL201530266831.9	外观设计
围巾(4)	上杭县宾文广告设计服务有限公司	不公告设计人	ZL201530266872.8	外观设计
围巾	上杭县宾文广告设计服务有限公司	不公告设计人	ZL201530266890.6	外观设计
行李箱	上杭县意杭民工业产品设计服务有限公司	不公告设计人	ZL201530243623.7	外观设计

续表27

专利名称	专利权人	发明人	专利号	专利类型
背包(瘦甲虫)	刘小箐	刘小箐	ZL201530262858.0	外观设计
腰包(蜥蜴)	刘小箐	刘小箐	ZL201530273109.8	外观设计
双肩背包(瓢虫)	刘小箐	刘小箐	ZL201530273110.0	外观设计
壁纸(2)	上杭县民周特工业产品设计服务有限公司	不公告设计人	ZL201530263076.9	外观设计
壁纸(7)	上杭县民周特工业产品设计服务有限公司	不公告设计人	ZL201530266626.2	外观设计
壁纸(10)	上杭县民周特工业产品设计服务有限公司	不公告设计人	ZL201530266661.4	外观设计
地毯(蔓藤)	上杭县意志城设计服务有限公司	不公告设计人	ZL201530271817.8	外观设计
地毯(宫廷富贵)	上杭县意志城设计服务有限公司	不公告设计人	ZL201530271836.0	外观设计
地毯(格调)	上杭县意志城设计服务有限公司	不公告设计人	ZL201530271838.X	外观设计
地毯(CRQ1)	上杭县意志城设计服务有限公司	不公告设计人	ZL201530271839.4	外观设计
条纹地毯	上杭县意志城设计服务有限公司	不公告设计人	ZL201530274403.0	外观设计
地毯	上杭县强鑫设计服务有限公司	不公告设计人	ZL201530276632.6	外观设计
合页(LS01)	余兆生	余兆生	ZL201530289785.4	外观设计
网络测试仪	万维	万维	ZL201530366176.4	外观设计
音乐播放器(5)	上杭县意杭民工业产品设计服务有限公司	不公告设计人	ZL201530249193.X	外观设计
路由器	上杭县宾文广告设计服务有限公司	不公告设计人	ZL201530219456.2	外观设计
光盘盒(精华篇)	邱德辉	邱德辉	ZL201530246632.1	外观设计
鼠标垫(5)	上杭县意杭民工业产品设计服务有限公司	不公告设计人	ZL201530262853.8	外观设计
鼠标垫(2)	上杭县意杭民工业产品设计服务有限公司	不公告设计人	ZL201530262891.3	外观设计
鸟巢	上杭县民周特工业产品设计服务有限公司	不公告设计人	ZL201530237639.7	外观设计
一种酒架	上杭县强鑫设计服务有限公司	不公告发明人	ZL201520538364.5	实用新型
一种走廊照明地毯	上杭县晟炬文化传播有限公司	蓝玉	ZL201520516662.4	实用新型

续表27

专利名称	专利权人	发明人	专利号	专利类型
设有耐磨层的走廊照明地毯	上杭县晟炬文化传播有限公司	蓝玉	ZL201520520426.X	实用新型
设有滑轮的舞台道具升降装置	上杭县晟炬文化传播有限公司	蓝玉	ZL201520527170.5	实用新型
舞台道具支撑架	上杭县晟炬文化传播有限公司	蓝玉	ZL201520528104.X	实用新型
舞台幕帘	上杭县晟炬文化传播有限公司	蓝玉	ZL201520522787.8	实用新型
简易防火舞台	上杭县晟炬文化传播有限公司	蓝玉	ZL201520507042.4	实用新型
设有散热鳍片的舞台照明设备	上杭县晟炬文化传播有限公司	蓝玉	ZL201520530409.4	实用新型
设有反光条的舞台道具树	上杭县晟炬文化传播有限公司	蓝玉	ZL201520525602.9	实用新型
一种导热跳舞毯	上杭县晟炬文化传播有限公司	蓝玉	ZL201520544119.5	实用新型
设有光源本体的舞台喷雾装置	上杭县晟炬文化传播有限公司	蓝玉	ZL201520523395.3	实用新型
一种误踩油门变刹车系统	黄文年	黄文年	ZL201520665497.9	实用新型
设有锯齿结构的防火舞台	上杭县晟炬文化传播有限公司	蓝玉	ZL201520503024.9	实用新型
设有防磨层的舞台组合支撑架	上杭县晟炬文化传播有限公司	蓝玉	ZL201520548480.5	实用新型
舞台照明装置	上杭县晟炬文化传播有限公司	蓝玉	ZL201520529864.2	实用新型
设有圆孔的同频合路器	上杭县中山炜设计服务有限公司	不公告发明人	ZL201520629525.1	实用新型
一种盖缝组件及使用该盖缝组件的石膏板隔墙	丘杭	丘杭	ZL201520793218.7	实用新型
一种高效工业废水末端水除砷设备	紫金铜业有限公司	刘长东、田文金、林锦富、肖青、丘逢杭	ZL201410619470.6	发明专利
一种推拉窗下轨道	钟如庆	钟如庆	ZL201520702298.0	实用新型
从低品位含铜难处理金矿氨氰浸出矿浆中电积提金的工艺	紫金矿业集团股份有限公司	陈景河、蓝碧波、穆国红、伍赠玲、衷水平	ZL201310096189.4	发明专利
一种氟化工企业防渗防腐基础设施的施工方法	福建瓮福蓝天氟化工有限公司	何勇岗、冯胜波、刘松林、包立华	ZL201310696664.1	发明专利

续表27

专利名称	专利权人	发明人	专利号	专利类型
抗脱锌挤压拉制黄铜管的配方及其生产方法	龙岩市鸿航金属科技有限公司	曾华文	ZL201310560734.0	发明专利
升降台结构	上杭县意志城设计服务有限公司	不公告发明人	ZL201520661337.7	实用新型
一种简易射灯结构	上杭县中山炜设计服务有限公司	不公告发明人	ZL201520630091.7	实用新型
太阳能锅炉系统	上杭县强鑫设计服务有限公司	不公告发明人	ZL201520661318.4	实用新型
一种用于食品加工的烤炉	蓝玉	蓝玉	ZL201520885513.5	实用新型
一种手动式食品打孔装置	蓝玉	蓝玉	ZL201520885368.0	实用新型
一种用于放置生蚝的盘子	邓清玉	邓清玉	ZL201520787596.4	实用新型
一种放置生蚝的盘子	邓清玉	邓清玉	ZL201520787639.9	实用新型
一种水果榨汁加工设备	蓝玉	蓝玉	ZL201520885244.2	实用新型
一种用于碳烤生蚝的烤架	邓清玉	邓清玉	ZL201520787564.4	实用新型
一种用于碳烤生蚝的烤盘	邓清玉	邓清玉	ZL201520787621.9	实用新型
一种自动加料和刷料的食品烧烤机	蓝玉	蓝玉	ZL201520885269.2	实用新型
一种蔬果清洗机	蓝玉	蓝玉	ZL201520885215.6	实用新型
一种食品循环蒸发浓缩装置	蓝玉	蓝玉	ZL201520885366.1	实用新型
一种食品加工用搅拌装置	蓝玉	蓝玉	ZL201520885447.1	实用新型
一种食品研磨机	蓝玉	蓝玉	ZL201520885446.7	实用新型
一种食品原料筛分机	蓝玉	蓝玉	ZL201520885402.4	实用新型
一种食品自动包装机	蓝玉	蓝玉	ZL201520885365.7	实用新型
一种冰箱	邓清玉	邓清玉	ZL201520795642.5	实用新型
一种荧光动力配电柜	福建亿瑞电力科技有限公司	邱进坤	ZL201520936727.0	实用新型
一种卡接式动力配电柜	福建亿瑞电力科技有限公司	邱进坤	ZL201520935404.X	实用新型
一种高效除硼造渣剂,其制备方法及除硼造渣的方法	福建兴朝阳硅材料股份有限公司	谢兴源、杨凤炳、李伟生、龚炳生	ZL201310718123.4	发明专利
一种基于电力设备的智能驱鸟装置	福建省龙岩市上杭县城南村中营贰路二十八号	曾凯涛	ZL201520931945.5	实用新型
一种电力设备用驱鸟器	蓝灿玉	蓝灿玉	ZL201520947024.8	实用新型
快速高效的手工扎烟架	兰金隆	兰金隆	ZL201520952156.X	实用新型
一种电力设备用安全鞋	蓝灿玉	蓝灿玉	ZL201520943514.0	实用新型
一种高空电力设备灭火装置	曾凯涛	曾凯涛	ZL201520931068.1	实用新型

续表27

专利名称	专利权人	发明人	专利号	专利类型
一种高空电力自动灭火装置	曾凯涛	曾凯涛	ZL201520931166.5	实用新型
一种能自动灭火的配电柜	曾凯涛	曾凯涛	ZL201520941403.6	实用新型
一种可清除电力设备积雪及灰尘的清理装置	曾凯涛	曾凯涛	ZL201520941466.1	实用新型
一种可快速清除电力设备积雪及灰尘的清理装置	曾凯涛	曾凯涛	ZL201520941482.0	实用新型
一种具有自动清除积雪功能的配电箱	曾凯涛	曾凯涛	ZL201520931004.1	实用新型
一种用于电力设备的自动锁紧检测扳手	曾凯涛	曾凯涛	ZL201520941341.9	实用新型
一种方便实用的电力检修工人用螺丝刀	蓝灿玉	蓝灿玉	ZL201520946786.6	实用新型
一种多用便捷电力设备检修工具	蓝灿玉	蓝灿玉	ZL201520951390.0	实用新型
一种高压电力塔抗震基座	蓝灿玉	蓝灿玉	ZL201520945562.3	实用新型
一种电力设备用电缆沟排水装置	蓝灿玉	蓝灿玉	ZL201520946797.4	实用新型
一种电力设备用电缆沟排水装置	蓝灿玉	蓝灿玉	ZL201520942947.4	实用新型
一种具有驱鸟功能的电线杆	曾凯涛	曾凯涛	ZL201520931248.X	实用新型
一种电线杆立杆装置	蓝灿玉	蓝灿玉	ZL201520946888.8	实用新型
一种具有报警功能的防攀爬电力护栏	曾凯涛	曾凯涛	ZL201520932176.0	实用新型
一种方便拆卸和组装的电力围栏	蓝灿玉	蓝灿玉	ZL201520947023.3	实用新型
可快速安装拆卸的隧道建筑模板	陈东彩	陈东彩	ZL201520938972.5	实用新型
一种具有高稳定性的电力设备用支撑装置	曾凯涛	曾凯涛	ZL201520931036.1	实用新型
一种充分燃烧的燃煤锅炉	蓝灿玉	蓝灿玉	ZL201520944051.X	实用新型
一种可旋转电力设备状态标识牌	曾凯涛	曾凯涛	ZL201520941342.3	实用新型
一种电力设备检修警示牌	蓝灿玉	蓝灿玉	ZL201520944715.2	实用新型
一种电力设备滑移装置	蓝灿玉	蓝灿玉	ZL201520944751.9	实用新型
一种防爆锂电池箱	曾凯涛	曾凯涛	ZL201520932178.X	实用新型
一种智能锂电电瓶	王开发	王开发	ZL201520857907.X	实用新型

续表27

专利名称	专利权人	发明人	专利号	专利类型
一种具有防水功能且高效导电的电力设备用接地装置	曾凯涛	曾凯涛	ZL201520931856.0	实用新型
一种可调节的避雷针	曾凯涛	曾凯涛	ZL201520941561.1	实用新型
一种具有组合式防雷模块的电源防雷箱	曾凯涛	曾凯涛	ZL201520941625.8	实用新型
一种防水浸泡配电柜	曾凯涛	曾凯涛	ZL201520931318.1	实用新型
一种防止水浸泡的配电柜	曾凯涛	曾凯涛	ZL201520931168.4	实用新型
一种与生态结合的配电柜	蓝灿玉	蓝灿玉	ZL201520947103.9	实用新型
一种方便维修的电力储存柜	蓝灿玉	蓝灿玉	ZL201520947104.3	实用新型
一种方便检修的电力储存柜	蓝灿玉	蓝灿玉	ZL201520946997.X	实用新型
一种防尘通风性能好的配电柜	曾凯涛	曾凯涛	ZL201520931037.6	实用新型
一种具有散热功能的配电柜	曾凯涛	曾凯涛	ZL201520932268.9	实用新型
一种可自动散热的配电柜	曾凯涛	曾凯涛	ZL201520941549.0	实用新型
一种安全高效的户外电力设备柜	蓝灿玉	蓝灿玉	ZL201520945417.5	实用新型
一种可自动散热的配电柜	蓝灿玉	蓝灿玉	ZL201520947077.X	实用新型
一种电缆铺设装置	蓝灿玉	蓝灿玉	ZL201520942925.8	实用新型
一种电缆线盘放线支架	蓝灿玉	蓝灿玉	ZL201520944054.3	实用新型
一种电力设备状态标识牌	蓝灿玉	蓝灿玉	ZL201520946889.2	实用新型
灯(明装筒灯 B-MZTD-3)	周博文	周博文	ZL201530447949.1	外观设计
灯饰配件(B-TCZS-1)	周博文	周博文	ZL201530448197.0	外观设计
产品老化测试装置	上杭祥辉电子有限公司	吴中开、温云涛	ZL201310035148.4	发明专利
铜箔生产连体机及其锂离子电池用高黏结强度铜箔工艺	福建清景铜箔有限公司	郑金财、杨初坤、刘有坚、袁智斌	ZL201310075420.1	发明专利
横向推料机构	陈德升	陈德升	ZL201520919135.8	实用新型
一种内升降式照明箱	福建亿瑞电力科技有限公司	邱进坤	ZL201520936642.2	实用新型
一种太阳能照明箱	福建亿瑞电力科技有限公司	邱进坤	ZL201520935430.2	实用新型
氟化氢设备冷却水 PH 值自动调控装置	福建龙氟化工有限公司	雷游生、黄天梁、李卫东、林庆鑫、邱秋生、张文晖	ZL201520933880.8	实用新型
咬嘴	丘炬美	丘炬美	ZL201530223654.6	外观设计
卷线机	福建上杭太阳铜业有限公司	张长帅、钟俊云	ZL201520884669.1	实用新型

续表27

专利名称	专利权人	发明人	专利号	专利类型
氟化氢反应转炉应急抽气装置	福建龙氟化工有限公司	邱秋生、黄天梁、李卫东、雷游生、林庆鑫、张文晖	ZL201520815099.0	实用新型
一种智能通断电控制电路及安全插座	许荣林;东莞市炫彩光电科技有限公司	许荣林	ZL201520885707.5	实用新型
用于铜线电缆降温的冷却装置	福建上杭太阳铜业有限公司	林建文、张长帅	ZL201520884578.8	实用新型
一种线圈盘支架	福建上杭太阳铜业有限公司	徐长宝、黄祥铭	ZL201520884667.2	实用新型
降温槽	福建上杭太阳铜业有限公司	张新年、吴孔声	ZL201520884670.4	实用新型
蓝牙耳机	温中贵	温中贵	ZL201530414278.9	外观设计
油质沉淀过滤装置	福建优创油脂有限公司	华锋	ZL201520911912.4	实用新型
螺旋溜槽重选试验集成装置	紫金矿业集团股份有限公司	李广、鲁军、温建、岳丽琴、肖琴、闫军宁、廖桂琴、李俊萌	ZL201520869474.X	实用新型
油渣过滤装置	福建优创油脂有限公司	华锋	ZL201520887411.7	实用新型
含金活性炭快速装卸设备	紫金矿业集团股份有限公司	谢天泉、卢夏明、罗东华、黄宜卷、徐健	ZL201520867328.3	实用新型
可旋转的吊具	福建优创油脂有限公司	华锋	ZL201520887412.1	实用新型
茶籽油蒸炒装置	福建优创油脂有限公司	华锋	ZL201520887696.4	实用新型
一种露天矿山炮孔孔口堵塞装置	紫金矿业集团股份有限公司	刘清福	ZL201520867117.X	实用新型
矿石堆浸尾渣取样装置	紫金矿业集团股份有限公司	林炜、林少彬、肖良、黄宜卷、徐健	ZL201520867137.7	实用新型
一种无线电子围栏防盗器	丘振良	丘振良	ZL201520937443.3	实用新型
寻线仪(SY828-组件)	刘文寿	刘文寿	ZL201530509516.4	外观设计
扁钢丝的切断装置(2)	黄泉善	黄泉善	ZL201530402473.X	外观设计
扁钢丝的切断装置(1)	黄泉善	黄泉善	ZL201530402476.3	外观设计
扁钢丝的切断装置(3)	黄泉善	黄泉善	ZL201530402478.2	外观设计
一种利用含铜污泥生产阴极铜的方法	紫金矿业集团股份有限公司	巫銮东、沈贤德、谭希发、甘永刚、林斌、邓莉莉、丘财庆、龙翼	ZL201310307627.7	发明专利
一种含镓酸性溶液选择性富集制备富镓渣的方法	紫金矿业集团股份有限公司	黄中省、衷水平、王瑞永、伍赠玲、刘涛、邹来昌、陈景河	ZL201310576600.8	发明专利
含铜低品位金矿资源综合利用工艺	紫金矿业集团股份有限公司	谭希发、沈贤德、巫銮东	ZL201410085135.2	发明专利

续表27

专利名称	专利权人	发明人	专利号	专利类型
矿山低浓度酸性废水无害化处理方法	紫金矿业集团股份有限公司	谭希发、沈贤德、巫銮东、林斌、朱秋华、简勇章	ZL201410400544.7	发明专利
一种生物处理硐坑水中铊的方法	紫金矿业集团股份有限公司	方荣茂、肖琴、沈青峰	ZL201410555271.3	发明专利
一种冬天使用的电力设备操作防静电绝缘安全鞋	蓝灿玉	蓝灿玉	ZL201520946788.5	实用新型
一种食品用热气流清洗机	蓝玉	蓝玉	ZL201520885307.4	实用新型
一种大型电力设备的移动装置	蓝灿玉	蓝灿玉	ZL201520945416.0	实用新型
一种防攀爬的电力围栏	曾凯涛	曾凯涛	ZL201520931799.6	实用新型
一种具有水循环的手动水轮机	曾凯涛	曾凯涛	ZL201520931633.4	实用新型
一种电力设备温度测试感应贴	蓝灿玉	蓝灿玉	ZL201520951432.0	实用新型
一种电力保护系统	蓝灿玉	蓝灿玉	ZL201520951431.6	实用新型
一种检测控制电路及LED智能停电灯	丘振良	丘振良	ZL201521061659.4	实用新型
吊灯(1818单)	吴瑞焱	吴瑞焱	ZL201530496787.0	外观设计
吊灯(1818三头)	吴瑞焱	吴瑞焱	ZL201530496904.3	外观设计
一种低成本刚玉坩埚造渣除硼的方法	福建兴朝阳硅材料股份有限公司	杨凤炳、谢兴源、李伟生、龚炳生	ZL201410008149.4	发明专利
一种食品搅拌机	蓝玉	蓝玉	ZL201520885400.5	实用新型
一种用于电力设备的电缆输送装置	曾凯涛	曾凯涛	ZL201520941548.6	实用新型
一种用于种植花卉的架子	俞桂周	俞桂周	ZL201620001995.8	实用新型
一种旋转花盆	俞桂周	俞桂周	ZL201620001996.2	实用新型
一种新型种植盆	俞桂周	俞桂周	ZL201620001997.7	实用新型
一种花盆	俞桂周	俞桂周	ZL201620001998.1	实用新型
一种便于转动的种植盆	俞桂周	俞桂周	ZL201620001999.6	实用新型
一种宠物屋	邓清玉	邓清玉	ZL201520994874.3	实用新型
一种脱水装置	俞桂周	俞桂周	ZL201520994877.7	实用新型
一种垃圾处理装置	俞桂周	俞桂周	ZL201520994888.5	实用新型
一种直尺	俞桂周	俞桂周	ZL201520994873.9	实用新型
一种具有检测食品功能的传送机构	蓝玉	蓝玉	ZL201620015625.X	实用新型
一种旗杆	俞桂周	俞桂周	ZL201520994920.X	实用新型

续表27

专利名称	专利权人	发明人	专利号	专利类型
一种推拉窗	俞桂周	俞桂周	ZL201520994884.7	实用新型
一种安全燃放多响爆竹的固定架	俞桂周	俞桂周	ZL201520994871.X	实用新型
一种用于固定爆竹的底座	俞桂周	俞桂周	ZL201520994867.3	实用新型
一种带照明功能的隔音罩	邓清玉	邓清玉	ZL201620003554.1	实用新型
一种鼠标隔音设备	邓清玉	邓清玉	ZL201620003556.0	实用新型
一种键盘和鼠标的一体式隔音罩	邓清玉	邓清玉	ZL201620003557.5	实用新型
烟叶定量扎捆器	龙岩市烟草公司上杭分公司	吴龙、罗也平、彭国华、江桂英、廖才莲	ZL201620063737.2	实用新型
绳子拉结装置(1)	黄泉善	黄泉善	ZL201530402475.9	外观设计
绳子拉结装置(2)	黄泉善	黄泉善	ZL201530402477.8	外观设计
绳子拉结装置(3)	黄泉善	黄泉善	ZL201530402494.1	外观设计
一种轨道车用分体式车轮	上杭县创星环境技术开发有限公司	凌燕、官清华	ZL201521113785.X	实用新型
一种 USB 充电插座	上杭县创星环境技术开发有限公司	陈欣仪、官清华	ZL201521115195.0	实用新型
纸巾架(01)	余兆生	余兆生	ZL201630009702.6	外观设计
一种办公桌	邓清玉	邓清玉	ZL201620003553.7	实用新型
一种高楼逃生电梯	上杭县创星环境技术开发有限公司	陈欣仪、官清华	ZL201521115146.7	实用新型
蹲便器坐便器防堵防溅罩杯	陈东彩	陈东彩	ZL201620038684.9	实用新型
智能充电面板	丘振良	丘振良	ZL201530471649.7	外观设计
吊灯(Y5016)	游添荣	游添荣	ZL201630023144.9	外观设计
一种台式电脑桌	邓清玉	邓清玉	ZL201620003559.4	实用新型
一种改进型电脑桌	邓清玉	邓清玉	ZL201620003552.2	实用新型
一种激波吹灰器	瓮福紫金化工股份有限公司	李辉德、钟溢民	ZL201620083787.7	实用新型
田间烟畦松土培土两用锄	兰金隆	兰金隆	ZL201620044583.2	实用新型
一种具有隔音功能的电脑桌	邓清玉	邓清玉	ZL201620003558.X	实用新型
加装烘衣箱的旅行车	上杭县鑫驰汽车修配厂	蓝艺河	ZL201520613589.2	实用新型
佛像(地藏王与阴灵 2)	黄天和	黄天和	ZL201630096382.2	外观设计
佛像(地藏王与阴灵 1)	黄天和	黄天和	ZL201630096383.7	外观设计
一种冶炼烟气制酸尾气脱硫再生系统	紫金铜业有限公司	刘长东、田文金、林锦富、肖青、丘逢杭	ZL201410619491.8	发明专利
一种电缆沟的排水装置	王明晟	王明晟	ZL201620120474.4	实用新型

续表27

专利名称	专利权人	发明人	专利号	专利类型
一种新型电力线缆铜丝矫直机	王明晟	王明晟	ZL201620127881.8	实用新型
一种便携式竹皮抛光机控制系统	李美春	李美春	ZL201620098188.2	实用新型
一种便捷式竹家具激光雕刻机	李美春	李美春	ZL201620098189.7	实用新型
一种低功率的毛竹开条机	李美春	李美春	ZL201620098261.6	实用新型
一种竹片成型机	李美春	李美春	ZL201620103802.X	实用新型
一种新型竹制品印花设备	李美春	李美春	ZL201620103444.2	实用新型
一种多方位竹条刻印机	李美春	李美春	ZL201620098260.1	实用新型
一种电线收线盒	王明晟	王明晟	ZL201620124034.6	实用新型
一种便于攀爬的电线杆	王明晟	王明晟	ZL201620120476.3	实用新型
一种电缆线管道安装固定管卡	王明晟	王明晟	ZL201620120470.6	实用新型
一种电力地下管网管理控制系统	王明晟	王明晟	ZL201620123854.3	实用新型
一种电力系统继电保护设备打印传输数据控制输出装置	王明晟	王明晟	ZL201620123841.6	实用新型
一种电力电缆	王明晟	王明晟	ZL201620123853.9	实用新型
一种电力设备噪音隔离安装板	王明晟	王明晟	ZL201620123844.X	实用新型
一种具有自动灭火功能的配电柜	王明晟	王明晟	ZL201620124127.9	实用新型
一种使用方便的电力电缆收放装置	王明晟	王明晟	ZL201620127836.2	实用新型
一种电力设备驱鸟装置	王明晟	王明晟	ZL201620123845.4	实用新型
一种可收纳充电线的充电器	王明晟	王明晟	ZL201620124125.X	实用新型
一种可智能调节照明亮度的路灯	王明晟	王明晟	ZL201620126791.7	实用新型
一种可自动清理的电力机箱	王明晟	王明晟	ZL201620126789.X	实用新型
灯饰配件(B-TCT5)	周博文	周博文	ZL201630115895.3	外观设计
灯饰配件(B-SZ2)	周博文	周博文	ZL201630115896.8	外观设计
灯(筒灯 B-GS1)	周博文	周博文	ZL201630121399.9	外观设计
烟苗移栽定距器	兰金隆	兰金隆	ZL201620154732.0	实用新型
一种皮带输送机的轻质垃圾收集装置	瓮福紫金化工股份有限公司	李辉德、吴建斌	ZL201620143497.7	实用新型
一种电力设备自动清雪装置	王明晟	王明晟	ZL201620123842.0	实用新型

续表27

专利名称	专利权人	发明人	专利号	专利类型
一种电力线缆单工位切割机	王明晟	王明晟	ZL201620123838.4	实用新型
一种竹篾自动打孔机	李美春	李美春	ZL201620166837.8	实用新型
一种新型电缆滚动放线装置	王明晟	王明晟	ZL201620127825.4	实用新型
一种电缆绕线装置	王明晟	王明晟	ZL201620120472.5	实用新型
一种电缆收线装置	王明晟	王明晟	ZL201620120471.0	实用新型
一种可调式电力检修照明装置	王明晟	王明晟	ZL201620126809.3	实用新型
一种用电器的输出电流、电压监测系统	王明晟	王明晟	ZL201620127873.3	实用新型
一种电力设备标签	王明晟	王明晟	ZL201620123851.X	实用新型
一种自动化电力开关	王明晟	王明晟	ZL201620130754.3	实用新型
一种安全性较高的电力用熔断保险	王明晟	王明晟	ZL201620120478.2	实用新型
一种电力用插板	王明晟	王明晟	ZL201620124035.0	实用新型
一种用于配电设备的防火防雷及处理系统	曾凯涛	曾凯涛	ZL201520941573.4	实用新型
一种便于检修的配电箱	王明晟	王明晟	ZL201620120475.9	实用新型
一种具有防潮除湿功能的室外电力柜	王明晟	王明晟	ZL201620124026.1	实用新型
一种散热防尘配电箱	王明晟	王明晟	ZL201620126788.5	实用新型
一种电力柜除雪装置	王明晟	王明晟	ZL201620123852.4	实用新型
一种电缆夹紧装置	王明晟	王明晟	ZL201620120473.X	实用新型
一种输电电力系统中电气柜智能除湿在线监测系统	王明晟	王明晟	ZL201620127834.3	实用新型
一种防结冰消防车	陈猛	陈猛	ZL201620189417.1	实用新型
一种竹制品线皮机	李美春	李美春	ZL201620108708.3	实用新型
一种自动化竹筒去青装置	李美春	李美春	ZL201620108707.9	实用新型
一种稳定轨道装置	陈猛	陈猛	ZL201620147055.X	实用新型
一种充气自立式垃圾袋	福建龙岩尔彬农业发展有限责任公司	曹尔彬、张镇华	ZL201620222107.5	实用新型
一种用于回收腐蚀性液体的应急车	陈猛	陈猛	ZL201620138768.X	实用新型
一种液压油管的收放装置	陈猛	陈猛	ZL201620138382.9	实用新型
一种具有压力发电融雪化冰功能的道路	陈猛	陈猛	ZL201620189614.3	实用新型
一种垃圾清扫机器人	陈猛	陈猛	ZL201620189402.5	实用新型

续表27

专利名称	专利权人	发明人	专利号	专利类型
一种真空泵	陈猛	陈猛	ZL201620139029.2	实用新型
灯饰配件(B-SZ1)	周博文	周博文	ZL201630116655.5	外观设计
简易烟苗移植定距滚轮	陈东彩	陈东彩	ZL201620154731.6	实用新型
一种医疗床	上杭县创星环境技术开发有限公司	官翠华、陈欣仪	ZL201521115036.0	实用新型
一种 USB 充电带	上杭县创星环境技术开发有限公司	陈欣仪、官清华	ZL201521115076.5	实用新型
水果盘(946-12)	陈喜贤	陈喜贤	ZL201630017601.3	外观设计
冰桶(950-10)	陈喜贤	陈喜贤	ZL201630017587.7	外观设计
一种便捷式农用铁铲	蓝玉	蓝玉	ZL201620212383.3	实用新型
一种背负式喷雾器的储液室	蓝玉	蓝玉	ZL201620166071.3	实用新型
一种调料均撒装置	蓝玉	蓝玉	ZL201620225457.7	实用新型
一种具有防反弹和避免夹伤的弹簧拉力器	蓝玉	蓝玉	ZL201620166060.5	实用新型
一种锅炉的废气处理装置	蓝玉	蓝玉	ZL201620166059.2	实用新型
一种竹制品激光雕刻机	李美春	李美春	ZL201620103929.1	实用新型
一种新型智能的竹子抛光机	李美春	李美春	ZL201620103445.7	实用新型
一种烘干效果更好的衣物烘干机	蓝玉	蓝玉	ZL201620166066.2	实用新型
一种节能型舞台专用聚光灯	蓝玉	蓝玉	ZL201620210406.7	实用新型
一种具有可智能监控和遥控功能的双向 LED 路灯	蓝玉	蓝玉	ZL201620166063.9	实用新型
一种病理载玻片自动烘干装置	蓝玉	蓝玉	ZL201620166053.5	实用新型
一种用于竹制品生产的原竹干燥机	李美春	李美春	ZL201620103532.2	实用新型
一种环境应急监测无人机	陈猛	陈猛	ZL201620085866.1	实用新型
一种电力系统中接地电阻的监测装置	王明晟	王明晟	ZL201620123839.9	实用新型
一种山体滑坡实时监测装置	陈猛	陈猛	ZL201620085790.2	实用新型
一种方便使用的夜用电力临时检修标志牌	王明晟	王明晟	ZL201620124033.1	实用新型
一种电力系统运行监测装置	王明晟	王明晟	ZL201620123840.1	实用新型
灯饰配件(B-TCT6-3)	周博文	周博文	ZL201630188016.X	外观设计
灯饰配件(B-TCT7-3)	周博文	周博文	ZL201630188017.4	外观设计

续表27

专利名称	专利权人	发明人	专利号	专利类型
一种从明矾石矿中提取氯化镓、氯化铝的方法	紫金矿业集团股份有限公司	衷水平、黄中省、王瑞永、伍赠玲、邹来昌、陈景河	ZL201410284731.3	发明专利
一种去除金属硅中杂质磷和硼的方法	福建兴朝阳硅材料股份有限公司	龚炳生、杨凤炳、谢兴源、伟生	ZL201310172330.4	发明专利
从废弃尾矿中综合回收金锌硫铁的选矿方法	紫金矿业集团股份有限公司	鲁军、廖德华、吴双桥、李广、田树国、温建	ZL201410352521.3	发明专利
从硫砷含量高的铜矿中选取铜精矿的方法	紫金矿业集团股份有限公司	陈晓芳、徐其红、崔丽凤、田树国、鲁军	ZL201410352506.9	发明专利
一种立体种植PVC管材结构	福建工航新型管业有限公司	邱群峰	ZL201620221185.3	实用新型
一种自动补水花盆	黄泉善	黄泉善	ZL201620178917.5	实用新型
一种用于剥海蛎的装置	黄泉善	黄泉善	ZL201620274807.9	实用新型
新型用于剥海蛎的装置	黄泉善	黄泉善	ZL201620274808.3	实用新型
新型剥海蛎的装置	黄泉善	黄泉善	ZL201620274809.8	实用新型
一种剥海蛎的装置	黄泉善	黄泉善	ZL201620274810.0	实用新型
一种新型智能的全竹鞋柜	李美春	李美春	ZL201620103396.7	实用新型
一种新型多用途全竹书架桌	李美春	李美春	ZL201620103315.3	实用新型
一种尿量仪校准装置	黄泉善	黄泉善	ZL201620180254.0	实用新型
一种松香聚合反应的氯化锌加料装置	黄泉善	黄泉善、石富华	ZL201620224931.4	实用新型
松香聚合反应的氯化锌新型加料装置	黄泉善	黄泉善	ZL201620224932.9	实用新型
一种用于松香聚合反应的氯化锌加料装置	黄泉善	黄泉善	ZL201620224933.3	实用新型
用于松香聚合反应的氯化锌新型加料装置	黄泉善	黄泉善	ZL201620224934.8	实用新型
一种松香聚合反应的氯化锌新型加料装置	黄泉善	黄泉善、石富华	ZL201620224936.7	实用新型
松香聚合反应的氯化锌自动加料装置	黄泉善	黄泉善	ZL201620224939.0	实用新型
一种工件清洗设备	黄泉善	黄泉善	ZL201620130618.4	实用新型
一种竹竿外节自动去除机	李美春	李美春	ZL201620103529.0	实用新型
一种便捷式竹家具骨架弯曲机	李美春	李美春	ZL201620098190.X	实用新型
一种高效竹片打孔装置	李美春	李美春	ZL201620098380.1	实用新型
一种刨篾机	李美春	李美春	ZL201620103318.7	实用新型
一种新型智能的锯竹机	李美春	李美春	ZL201620103397.1	实用新型

续表27

专利名称	专利权人	发明人	专利号	专利类型
一种防生化车	陈猛	陈猛	ZL201620243701.2	实用新型
一种适于远程作业的排水车	陈猛	陈猛	ZL201620243858.5	实用新型
一种便民服务车	陈猛	陈猛	ZL201620243918.3	实用新型
一种履带油罐车	陈猛	陈欣仪、陈东青、陈猛	ZL201620139037.7	实用新型
一种过滤式垃圾打捞船	陈猛	陈欣仪、官世威、陈猛	ZL201620243878.2	实用新型
一种履带车升降底盘	陈猛	陈欣仪、官世威、陈猛	ZL201620243026.3	实用新型
一种具有融雪化冰功能的道路	陈猛	陈欣仪、官世威、陈猛	ZL201620197443.9	实用新型
一种悬浮泵	陈猛	陈欣仪、官世威、陈猛	ZL201620243897.5	实用新型
一种定量包装商品中电线电缆长度的检验系统	黄泉善	黄泉善	ZL201620178918.X	实用新型
一种水冻商品净含量计量检验装置	黄泉善	黄泉善	ZL201620147804.9	实用新型
一种智能无线鼠标	黄泉善	黄泉善	ZL201620059326.6	实用新型
一种温度保险丝	黄泉善	黄泉善	ZL201620070339.3	实用新型
一种可连续生产金属半固态浆体的方法	林荣英	林荣英	ZL2015100468035	发明专利
一种便捷式播种机	蓝玉	蓝玉	ZL2016201660681	实用新型
一种花卉移植装置	蓝玉	蓝玉	ZL2016201660569	实用新型
一种安全性的便捷式镰刀	蓝玉	蓝玉	ZL2016201532039	实用新型
一种组合式种植用 PVC 型材结构	福建工航新型管业有限公司	邱群峰	ZL201620221471X	实用新型
一种磁悬浮盆栽	黄泉善	黄泉善	ZL2016203242007	实用新型
一种利用废弃食物制作养料的花盆	黄泉善	黄泉善	ZL201620353458X	实用新型
一种组合结构的种植用 PVC 管架结构	福建工航新型管业有限公司	邱群峰	ZL2016202212574	实用新型
一种种植用 PVC 管材结构	福建工航新型管业有限公司	邱群峰	ZL201620221400X	实用新型
一种自走式高效打药机	蓝玉	蓝玉	ZL201620166061X	实用新型
一种夜间骑行警示背包	黄泉善	黄泉善	ZL2016203441994	实用新型
取暖凳	黄泉善	黄泉善	ZL201620229248X	实用新型
新型可以取暖的凳子	黄泉善	黄泉善	ZL2016202292511	实用新型
新型取暖凳	黄泉善	黄泉善	ZL2016202292526	实用新型
一种可以取暖的凳子	黄泉善	黄泉善	ZL201620229255X	实用新型
一种取暖凳	黄泉善	黄泉善	ZL2016202292564	实用新型

续表27

专利名称	专利权人	发明人	专利号	专利类型
一种便于取放的展示柜	蓝玉	蓝玉	ZL2016201660709	实用新型
一种保温效果好的煎药机	蓝玉	蓝玉	ZL2016201547246	实用新型
一种家用污水处理装置	黄泉善	黄泉善	ZL2016203242647	实用新型
一种基于施工现场的除尘设备	蓝玉	蓝玉	ZL2016201660520	实用新型
一种氨气泄露快速收集装置	黄泉善	黄泉善	ZL2016203440455	实用新型
一种搅拌更均匀的搅拌机	蓝玉	蓝玉	ZL2016201660677	实用新型
一种具有减震功能的修车躺板	蓝玉	蓝玉	ZL2016201660573	实用新型
一种橙子分割器	黄泉善	黄泉善	ZL2016203308061	实用新型
一种竹板打孔机	李美春	李美春	ZL2016201035303	实用新型
一种竹筒去节机	李美春	李美春	ZL2016201039319	实用新型
一种小型竹板打孔装置	李美春	李美春	ZL2016200983784	实用新型
一种脚踏式竹子分段机	李美春	李美春	ZL2016200983799	实用新型
一种新型的高效率破篾机	李美春	李美春	ZL2016201033172	实用新型
一种高效率竹条切割机	李美春	李美春	ZL2016200982599	实用新型
一种用于竹制品生产的原竹分条机	李美春	李美春	ZL2016201034438	实用新型
一种新型智能的竹子拉丝机	李美春	李美春	ZL2016201033952	实用新型
一种竹筷一次性成型机	李美春	李美春	ZL2016201038049	实用新型
一种竹木制品压烫机	李美春	李美春	ZL2016201038034	实用新型
一种环保型垃圾桶	蓝玉	蓝玉	ZL2016201660624	实用新型
一种电缆放线架	蓝玉	蓝玉	ZL2016201660658	实用新型
一种械设备吊装架	蓝玉	蓝玉	ZL2016201660643	实用新型
一种采油废水处理装置	黄泉善	黄泉善	ZL2016203534607	实用新型
一种高度可调节的防撞护栏装置	黄泉善	黄泉善	ZL2016203242223	实用新型
一种果园专用喷药管结构	福建工航新型管业有限公司	邱群峰	ZL2016202213670	实用新型
一种竹制品高效烘干装置	李美春	李美春	ZL2016201039304	实用新型
一种烘干效果更好的茶叶烘干机	蓝玉	蓝玉	ZL2016201660696	实用新型
一种医用洗板机残留量检测系统	黄泉善	黄泉善	ZL2016203258132	实用新型
一种烟气汞在线监测系统	黄泉善	黄泉善	ZL2016203244619	实用新型
一种露点仪检定装置	黄泉善	黄泉善	ZL2016203258541	实用新型

续表27

专利名称	专利权人	发明人	专利号	专利类型
一种医用离心机转速测量系统	黄泉善	黄泉善	ZL2016203249561	实用新型
一种微柱凝胶检测仪控制系统	黄泉善	黄泉善	ZL201620324389X	实用新型
一种血型检测卡灌装机控制系统	黄泉善	黄泉善	ZL2016203244375	实用新型
一种除尘风机节能系统	黄泉善	黄泉善	ZL2016203242168	实用新型
一种储油罐自动监控系统	黄泉善	黄泉善	ZL2016203242172	实用新型
一种用于超市购物车防盗的地锁系统	黄泉善	黄泉善	ZL2016203307800	实用新型
一种借阅图书的计算机管理系统	蓝玉	蓝玉	ZL2016201660554	实用新型
一种电动汽车充电线缆防水橡胶护套	蓝玉	蓝玉	ZL2016201660588	实用新型
一种节能环保电动汽车充电桩	蓝玉	蓝玉	ZL2016201660728	实用新型
一种智能小区安防系统	黄泉善	黄泉善	ZL2016203244360	实用新型
台灯(TD-005)	周博文	周博文	ZL2016302280384	外观设计
台灯(TD-003)	周博文	周博文	ZL2016302280454	外观设计
台灯(TD-002)	周博文	周博文	ZL2016302280473	外观设计
台灯(TD-001)	周博文	周博文	ZL2016302280492	外观设计
一种多功能播种机	蓝玉	蓝玉	ZL201620166054X	实用新型
一种可折叠新型宠物航空箱	蓝灿玉	蓝灿玉	ZL2016203507243	实用新型
一种电力的太阳能鱼缸	王明晟	王明晟	ZL2016204039842	实用新型
一种输配电杆用驱鸟装置	王明晟	王明晟	ZL201620127824X	实用新型
一种航天用驱鸟设备	蓝灿玉	蓝灿玉	ZL2016203550718	实用新型
一种航空乘务人员专用行李箱	蓝灿玉	蓝灿玉	ZL2016203507258	实用新型
一种用于航空的应急呼吸装置	蓝灿玉	蓝灿玉	ZL2016203507239	实用新型
一种宇航员训练用的震荡机	蓝灿玉	蓝灿玉	ZL2016203507084	实用新型
一种用于舞台的无线控制转台装置	蓝玉	蓝玉	ZL2016203075983	实用新型
一种舞台用远程无线控制的摇头灯	蓝玉	蓝玉	ZL2016203076030	实用新型
一种用于舞台的高效率干冰机	蓝玉	蓝玉	ZL2016203075894	实用新型

续表27

专利名称	专利权人	发明人	专利号	专利类型
一种用于舞台的便捷式泡泡机	蓝玉	蓝玉	ZL2016203075998	实用新型
一种可远程控制的智能化数字水幕	蓝玉	蓝玉	ZL2016203076168	实用新型
一种用于航天航空废气回收利用冷凝管装置	蓝灿玉	蓝灿玉	ZL2016202664020	实用新型
一种搅拌装置	曾凯涛	曾凯涛	ZL2016202648210	实用新型
一种分级研磨机	曾凯涛	曾凯涛	ZL2016203694466	实用新型
一种精密碎石机	曾凯涛	曾凯涛	ZL2016202648032	实用新型
一种用于竹胶合板加工的涂胶机	李美春	李美春	ZL2016203023993	实用新型
一种智能的多功能竹子分选机	李美春	李美春	ZL201620302396X	实用新型
一种户外电力设备的灰尘和积雪清理装置	王明晟	王明晟	ZL2016201240280	实用新型
一种安全网清洗机	曾凯涛	曾凯涛	ZL2016202647947	实用新型
一种新型建筑自动切管机	曾凯涛	曾凯涛	ZL2016202648013	实用新型
一种钢制桥梁用高压电焊机	曾凯涛	曾凯涛	ZL2016203571803	实用新型
一种智能的多功能竹地板抛光机	李美春	李美春	ZL2016203023601	实用新型
一种建筑工程用气动螺丝刀	曾凯涛	曾凯涛	ZL2016202648259	实用新型
一种建筑工程便于携带式工具锤	曾凯涛	曾凯涛	ZL2016202648329	实用新型
一种智能的竹地板裁边机	李美春	李美春	ZL2016203023372	实用新型
一种用于竹地板加工的高效断条机	李美春	李美春	ZL2016203023438	实用新型
一种工形结构竹胶合板	李美春	李美春	ZL2016203023974	实用新型
一种生产竹地板的压板机	李美春	李美春	ZL2016203023349	实用新型
一种加工竹胶合板的压板机设备	李美春	李美春	ZL2016203023404	实用新型
一种智能的制作竹地板的压板机	李美春	李美春	ZL2016203023476	实用新型
一种竹胶合板辊压设备	李美春	李美春	ZL2016203023673	实用新型
一种竹胶合板预压设备	李美春	李美春	ZL2016203023921	实用新型
一种智能的制作竹地板的浸胶机	李美春	李美春	ZL2016203023508	实用新型

续表27

专利名称	专利权人	发明人	专利号	专利类型
一种智能的竹子外竹节修平装置	李美春	李美春	ZL2016203023461	实用新型
一种加工竹地板的蒸煮设备	李美春	李美春	ZL2016203023936	实用新型
一种用于竹地板生产的切割装置	李美春	李美春	ZL2016203023457	实用新型
一种河堤用淤泥处理设备	曾凯涛	曾凯涛	ZL2016203571860	实用新型
一种空心板挤压成型机	曾凯涛	曾凯涛	ZL2016202648193	实用新型
一种水泥发泡机	曾凯涛	曾凯涛	ZL2016203571409	实用新型
一种修路用的搅拌机装置	曾凯涛	曾凯涛	ZL2016203571926	实用新型
一种航天飞机场用的行李手推车	蓝灿玉	蓝灿玉	ZL2016203507262	实用新型
一种用于航空的智能行李架装置	蓝灿玉	蓝灿玉	ZL2016203507332	实用新型
一种多功能运料车	曾凯涛	曾凯涛	ZL2016202648121	实用新型
一种创新型小型无人飞行器	蓝灿玉	蓝灿玉	ZL2016202664054	实用新型
一种专用于航空航天的飞机起落架	蓝灿玉	蓝灿玉	ZL2016202663954	实用新型
一种航空飞机智能减震轮	蓝灿玉	蓝灿玉	ZL2016202663850	实用新型
一种安全稳定降落的直升机	蓝灿玉	蓝灿玉	ZL2016202663899	实用新型
一种用于海上搜救的四轴飞行器	蓝灿玉	蓝灿玉	ZL2016203507188	实用新型
一种航空导轨挂式送餐车	蓝灿玉	蓝灿玉	ZL2016203507101	实用新型
一种舒适安全的飞机座椅	蓝灿玉	蓝灿玉	ZL2016202730963	实用新型
一种航空新型多功能座椅	蓝灿玉	蓝灿玉	ZL2016203507169	实用新型
一种用于航空的儿童座椅装置	蓝灿玉	蓝灿玉	ZL201620350721X	实用新型
一种航空多功能椅	蓝灿玉	蓝灿玉	ZL2016203507281	实用新型
一种高效的用于航天航空的空气换气装置	蓝灿玉	蓝灿玉	ZL2016202663812	实用新型
一种航天飞机紧急减速装置	蓝灿玉	蓝灿玉	ZL2016202663992	实用新型
一种用于航空的自动报警安全门	蓝灿玉	蓝灿玉	ZL2016202664001	实用新型
一种用于航空航天的风能发电装置	蓝灿玉	蓝灿玉	ZL2016202663901	实用新型
一种航空航天专用的紧急预警系统	蓝灿玉	蓝灿玉	ZL2016202663935	实用新型
一种创新型多功能航空飞机	蓝灿玉	蓝灿玉	ZL2016202664088	实用新型

续表27

专利名称	专利权人	发明人	专利号	专利类型
一种安全稳定的登机梯	蓝灿玉	蓝灿玉	ZL2016202663827	实用新型
一种智能便捷安全的航天器	蓝灿玉	蓝灿玉	ZL201620266394X	实用新型
一种航天用空气净化器	蓝灿玉	蓝灿玉	ZL2016203507065	实用新型
一种航天座椅缓冲吸能装置	蓝灿玉	蓝灿玉	ZL2016203507173	实用新型
一种安全稳定的航天发射架	蓝灿玉	蓝灿玉	ZL2016202663808	实用新型
一种航空航天专用的航天器冷却池	蓝灿玉	蓝灿玉	ZL2016202664016	实用新型
组合式烟苗分层放置挑烟架	兰金隆	兰金隆	ZL2016203447933	实用新型
一种可移动式的电缆卷筒	王明晟	王明晟	ZL2016201268089	实用新型
一种可升降的电缆卷筒	王明晟	王明晟	ZL2016201268074	实用新型
一种新型灵活建筑吊装设备	曾凯涛	曾凯涛	ZL201620264823X	实用新型
一种高效率舞台吊杆机	蓝玉	蓝玉	ZL2016203075875	实用新型
一种智能的舞台幕布电动吊杆机	蓝玉	蓝玉	ZL2016203076079	实用新型
一种升降装置	曾凯涛	曾凯涛	ZL2016202648070	实用新型
一种电力智能省电的洗衣机	王明晟	王明晟	ZL2016204039772	实用新型
一种电力触摸式开关防熨烫过度的熨斗	王明晟	王明晟	ZL2016204039791	实用新型
一种手扶式压路机装置	曾凯涛	曾凯涛	ZL201620357188X	实用新型
一种混凝土凿毛机装置	曾凯涛	曾凯涛	ZL2016203571979	实用新型
一种路面用切割机	曾凯涛	曾凯涛	ZL2016202648225	实用新型
一种便携式多功能灌缝机	曾凯涛	曾凯涛	ZL201620357156X	实用新型
一种山林简易便携绳索桥	曾凯涛	曾凯涛	ZL2016203571945	实用新型
一种修路用的反光警示路锥	曾凯涛	曾凯涛	ZL201620357149X	实用新型
一种机场用便利式清扫车	蓝灿玉	蓝灿玉	ZL2016203507277	实用新型
一种用于水坝的应急排水装置	曾凯涛	曾凯涛	ZL2016203571733	实用新型
一种河堤口用回转式格栅除污设备	曾凯涛	曾凯涛	ZL2016203571540	实用新型
一种建筑外墙沉降缝的防水结构	曾凯涛	曾凯涛	ZL2016202647985	实用新型
一种防潮复合竹地板	李美春	李美春	ZL201620302332X	实用新型
一种书房生态吸音竹木板	李美春	李美春	ZL2016203023391	实用新型
一种不易变形的竹地板	李美春	李美春	ZL2016203023419	实用新型
一种复合型竹地板	李美春	李美春	ZL2016203023480	实用新型

续表27

专利名称	专利权人	发明人	专利号	专利类型
一种防水多层竹纤维板	李美春	李美春	ZL2016203023917	实用新型
一种体育运动软木地板	李美春	李美春	ZL2016203023387	实用新型
一种装修用竹地板	李美春	李美春	ZL201620302357X	实用新型
一种便于固定连接的多层竹地板	李美春	李美春	ZL2016203023955	实用新型
一种防静电竹木地板	李美春	李美春	ZL2016203024002	实用新型
一种智能化内墙粉刷机	曾凯涛	曾凯涛	ZL2016202648155	实用新型
一种自动式混凝土浇注机	曾凯涛	曾凯涛	ZL201620264830X	实用新型
一种新型手持破碎锤	曾凯涛	曾凯涛	ZL2016202648136	实用新型
一种多功能自动组装式魔方舞台	蓝玉	蓝玉	ZL2016203075979	实用新型
一种便捷式舞台架	蓝玉	蓝玉	ZL2016203076172	实用新型
一种变压器房内部消音墙	王明晟	王明晟	ZL2016201204778	实用新型
一种自动凿岩机	曾凯涛	曾凯涛	ZL2016202648297	实用新型
一种航空航天专用的飞机尾气净化装置	蓝灿玉	蓝灿玉	ZL201620266387X	实用新型
一种用于航空的尾气排放净化器	蓝灿玉	蓝灿玉	ZL2016202663988	实用新型
一种环保无噪音的电力发电机	王明晟	王明晟	ZL2016204039931	实用新型
一种高效节能用于航天航空的发动装置	蓝灿玉	蓝灿玉	ZL2016202663846	实用新型
一种航空航天专用的航天器燃烧循环装置	蓝灿玉	蓝灿玉	ZL201620266404X	实用新型
一种火箭推动器	蓝灿玉	蓝灿玉	ZL2016203507031	实用新型
一种可无线控制的投影升降架	蓝玉	蓝玉	ZL2016203076219	实用新型
一种智能的舞台用多功能聚光灯	蓝玉	蓝玉	ZL2016203076115	实用新型
一种智能的舞台聚光灯	蓝玉	蓝玉	ZL2016203076134	实用新型
一种便捷式舞台射灯	蓝玉	蓝玉	ZL2016203076242	实用新型
一种红外线感应舞台地埋灯	蓝玉	蓝玉	ZL2016203076007	实用新型
一种水坝夜间施工照明装置	曾凯涛	曾凯涛	ZL2016203571606	实用新型
一种工程用便捷探照灯	曾凯涛	曾凯涛	ZL2016202648206	实用新型
一种绿色能源智能化航空障碍灯	蓝灿玉	蓝灿玉	ZL2016203507046	实用新型

续表27

专利名称	专利权人	发明人	专利号	专利类型
一种机场用助航灯设备	蓝灿玉	蓝灿玉	ZL2016203507328	实用新型
一种便捷式摇头光束灯	蓝玉	蓝玉	ZL201620307588X	实用新型
一种大型多彩梦幻动态舞台	蓝玉	蓝玉	ZL2016203076187	实用新型
一种移动折叠的灯架装置	蓝玉	蓝玉	ZL2016203075860	实用新型
一种智能化的电动灯光吊杆	蓝玉	蓝玉	ZL2016203076098	实用新型
一种无线遥控舞台灯光收发器	蓝玉	蓝玉	ZL201620307595X	实用新型
一种航空航天专用的航天器燃烧室	蓝灿玉	蓝灿玉	ZL2016202663865	实用新型
一种电力可自动放取食物的微波炉	王明晟	王明晟	ZL2016204039734	实用新型
一种语音提醒的智能化电力微波炉	王明晟	王明晟	ZL2016204039753	实用新型
一种电力专用的安全方便电磁炉	王明晟	王明晟	ZL2016204039984	实用新型
一种电力智能加热的电热扇	王明晟	王明晟	ZL2016204039664	实用新型
一种具有降温功能的室外配电房	王明晟	王明晟	ZL2016201240257	实用新型
一种加工竹地板的高效烘干机	李美春	李美春	ZL2016203023584	实用新型
一种用于航天飞机推进器的检测设备	蓝灿玉	蓝灿玉	ZL2016203629414	实用新型
一种可拆卸的电力设备检测装置	王明晟	王明晟	ZL2016201241264	实用新型
一种全自动土木勘测仪	曾凯涛	曾凯涛	ZL2016202648117	实用新型
一种用于水坝安全监测的测量装置	曾凯涛	曾凯涛	ZL2016203571748	实用新型
一种新型高架线缆破损检测驱动车	王明晟	王明晟	ZL2016201278748	实用新型
一种水坝水底安全保障的探测装置	曾凯涛	曾凯涛	ZL2016203571432	实用新型
一种智能的竹地板指标检验机	李美春	李美春	ZL2016203023692	实用新型
一种电缆线局部检测装置	王明晟	王明晟	ZL2016203395248	实用新型
一种航空飞机场的安全检测设备	蓝灿玉	蓝灿玉	ZL201620350714X	实用新型

续表27

专利名称	专利权人	发明人	专利号	专利类型
一种智能 GPS 定位光纤配线箱	王明晟	王明晟	ZL2016204040110	实用新型
一种可调节式舞台投影幕	蓝玉	蓝玉	ZL2016203076257	实用新型
一种调节舞台现场效果的多功能烟火控制台	蓝玉	蓝玉	ZL2016203076064	实用新型
一种智能的舞台机械控制器	蓝玉	蓝玉	ZL2016203076308	实用新型
一种电力设备专用的自动温控配电箱	王明晟	王明晟	ZL2016204039999	实用新型
一种用于电力系统高压设备的无线控温系统	王明晟	王明晟	ZL2016201307558	实用新型
一种电力稳压专用的高安全性的稳压器	王明晟	王明晟	ZL201620404013X	实用新型
一种基于电力系统交互的自助复电装置	王明晟	王明晟	ZL2016201240276	实用新型
一种河堤用智能报警装置	曾凯涛	曾凯涛	ZL2016203571466	实用新型
一种水坝排洪广播扩音设备	曾凯涛	曾凯涛	ZL2016203571771	实用新型
一种电力设备高温预警装置	王明晟	王明晟	ZL2016203395252	实用新型
一种电力设备领域的新能源式多功能园林指示牌	王明晟	王明晟	ZL201620403997X	实用新型
一种智能的舞台专用数字音频处理器	蓝玉	蓝玉	ZL2016203076261	实用新型
一种废旧电缆清洁处理回收装置	王明晟	王明晟	ZL2016201240312	实用新型
一种电力带有监控功能的防盗变压器	王明晟	王明晟	ZL2016204039861	实用新型
一种可防电磁干扰的电力低压断路器	王明晟	王明晟	ZL2016204039965	实用新型
一种电力专用的定位警报熔断器	王明晟	王明晟	ZL2016204039946	实用新型
一种卫星用太阳能电池板	蓝灿玉	蓝灿玉	ZL2016203507120	实用新型
一种家庭专用的多功能电力插座	王明晟	王明晟	ZL2016204039895	实用新型
一种电力设备专用避雷针	王明晟	王明晟	ZL2016201238435	实用新型
一种万能式电力控制箱	王明晟	王明晟	ZL2016203395731	实用新型
一种电力故障自动报警的配电箱	王明晟	王明晟	ZL2016204039698	实用新型

续表27

专利名称	专利权人	发明人	专利号	专利类型
一种住宅专用的智能电力配电箱	王明晟	王明晟	ZL2016204040036	实用新型
一种电力设备的新型变电箱装置	王明晟	王明晟	ZL2016204040093	实用新型
一种智能电力输线装置	王明晟	王明晟	ZL2016203395233	实用新型
一种安全稳定的电力穿墙套管	王明晟	王明晟	ZL2016204039679	实用新型
一种输电线固定装置	王明晟	王明晟	ZL2016201278324	实用新型
一种具有清洁干燥功能的电力避雷器	王明晟	王明晟	ZL2016204039715	实用新型
一种为市电电网供电的太阳能发电系统	王明晟	王明晟	ZL201620127831X	实用新型
一种安全方便的发电机	王明晟	王明晟	ZL2016204039819	实用新型
一种创新型航天卫星太阳能电池板	蓝灿玉	蓝灿玉	ZL2016202663969	实用新型
一种创新型探测卫星地面信号接收器	蓝灿玉	蓝灿玉	ZL2016202663831	实用新型
一种智能的舞台调音控制台	蓝玉	蓝玉	ZL2016203076280	实用新型
一种机场用移频抗干扰器装置	蓝灿玉	蓝灿玉	ZL2016203507050	实用新型
一种防近视自动提醒的电视机	王明晟	王明晟	ZL2016204039857	实用新型
一种智能的舞台专用多功能音响箱	蓝玉	蓝玉	ZL2016203076204	实用新型
一种高音质的智能化操作的多动能音响	蓝玉	蓝玉	ZL2016203076295	实用新型
一种电力专用带显示器的音箱	王明晟	王明晟	ZL2016204039880	实用新型
一种智能的多功能舞台无线控制话筒	蓝玉	蓝玉	ZL2016203075926	实用新型
一种便携式舞台话筒支架装置	蓝玉	蓝玉	ZL2016203076191	实用新型
一种舞台专用智能的无线话筒	蓝玉	蓝玉	ZL2016203076312	实用新型
一种航天用的降噪减压耳机	蓝灿玉	蓝灿玉	ZL2016203507205	实用新型
一种智能化操作控制的舞台专用远程音箱	蓝玉	蓝玉	ZL2016203075911	实用新型

续表27

专利名称	专利权人	发明人	专利号	专利类型
一种智能的舞台专用多功能音响	蓝玉	蓝玉	ZL2016203075964	实用新型
一种智能的操作便捷的舞台远程音响	蓝玉	蓝玉	ZL2016203076026	实用新型
一种联网无线控制的多功能舞台音箱	蓝玉	蓝玉	ZL2016203076238	实用新型
一种智能定向发音的高音质音响	蓝玉	蓝玉	ZL2016203076223	实用新型
一种智能的多功能舞台功放器	蓝玉	蓝玉	ZL2016203075930	实用新型
一种多功能电气机柜	王明晟	王明晟	ZL2016203395214	实用新型
[外观设计]台灯(TD-006)	周博文	周博文	ZL2016302280365	外观设计
[外观设计]台灯(TD-004)	周博文	周博文	ZL2016302280416	外观设计
一种布袋除尘器的控制系统	瓮福紫金化工股份有限公司	李辉德	ZL2016201709630	实用新型
一种具有防护的冷热水开关	福建龙岩尔彬农业发展有限责任公司	曹尔彬	ZL2016202217455	实用新型
一种竹地板生产设备	李美春	李美春	ZL2016203023048	实用新型
一种制作竹胶合板的竹子涂胶器	李美春	李美春	ZL2016203023423	实用新型
一种电力设备领域的智能控温防绝缘故障的高压断路器	王明晟	王明晟	ZL2016204039823	实用新型
一种自带台灯功能式无线固定电话	蓝玉	蓝玉	ZL2016204323020	实用新型
一种智能的可无线联网的近程通讯对讲机设备	蓝玉	蓝玉	ZL2016204323073	实用新型
一种可视频式IC卡公用电话	蓝玉	蓝玉	ZL2016204323162	实用新型
活性焦脱硫高效洗涤组合系统	紫金铜业有限公司	罗仁昆、朱明辉、邓炳焜、熊兴民、李健昌	ZL2016202152249	实用新型
一种抗压式竹地板	李美春	李美春	ZL2016203023442	实用新型
一种带自动报警装置防盗的变压器	王明晟	王明晟	ZL2016204040040	实用新型
一种防尘式固定电话	蓝玉	蓝玉	ZL2016204323069	实用新型
一种智能的便于操作的多功能无线通讯设备	蓝玉	蓝玉	ZL2016204323105	实用新型
一种车载电台无线对讲机	蓝玉	蓝玉	ZL2016204323196	实用新型

续表27

专利名称	专利权人	发明人	专利号	专利类型
一种多功能式家庭可视频电话	蓝玉	蓝玉	ZL2016204323247	实用新型
一种机械零件的清洗装置	蓝玉	蓝玉	ZL2016201660732	实用新型
一种拼接式种植墙用PVC构件结构	福建工航新型管业有限公司	邱群峰	ZL2016202212396	实用新型
一种使用方便的地坪抛光平整机	曾凯涛	曾凯涛	ZL2016202648244	实用新型
一种工程用智能探照灯	曾凯涛	曾凯涛	ZL2016202648263	实用新型
一种电力专用的多样性散热变压器	王明晟	王明晟	ZL2016204040021	实用新型
一种通讯装置专用多功能检测器	蓝玉	蓝玉	ZL2016204323092	实用新型
一种用于通讯的故障检测装置	蓝玉	蓝玉	ZL2016204323228	实用新型
一种拼接式立柱种植PVC构件结构	福建工航新型管业有限公司	邱群峰	ZL2016202213632	实用新型
可拆卸式精准散叶打捆箱	龙岩市烟草公司上杭分公司	陈冰娜、吴龙	ZL2016202664266	实用新型
一种高效节能的竹胶合板热压装置	李美春	李美春	ZL2016203023368	实用新型
一种具有防雨避雷功能的电力隔离开关	王明晟	王明晟	ZL2016204039700	实用新型
一种无线摄像监控装置	蓝玉	蓝玉	ZL2016204323001	实用新型
一种便捷式对讲机	蓝玉	蓝玉	ZL2016204323035	实用新型
一种便捷式路由器	蓝玉	蓝玉	ZL2016204323209	实用新型
一种桥梁运输专用的高安全性运梁炮车	曾凯涛	曾凯涛	ZL2016204424214	实用新型
一种高效无噪音的家用电力吹风机	王明晟	王明晟	ZL2016204039912	实用新型
一种竹纤维板激光切割装置	李美春	李美春	ZL2016204325327	实用新型
一种玩具原料加工用的混色机	蓝灿玉	蓝灿玉	ZL2016204328611	实用新型
一种塑胶玩具碎料装置	蓝灿玉	蓝灿玉	ZL2016204328787	实用新型
一种搪胶玩具机械设备	蓝灿玉	蓝灿玉	ZL2016204328734	实用新型
一种用于玩具生产的封边机	蓝灿玉	蓝灿玉	ZL2016204328679	实用新型
一种用于玩具制造的旋转式塑料焊机	蓝灿玉	蓝灿玉	ZL2016204328698	实用新型

续表27

专利名称	专利权人	发明人	专利号	专利类型
一种竹纤维纺织用供料装置	李美春	李美春	ZL2016204325238	实用新型
一种用于电力的电缆放线装置	王明晟	王明晟	ZL2016203395229	实用新型
一种自动上料式竹碱纤维素冷却装置	李美春	李美春	ZL2016204325204	实用新型
一种天然竹纤维提取机	李美春	李美春	ZL2016204325261	实用新型
一种竹纤维精致梳理加工装置	李美春	李美春	ZL2016204325331	实用新型
一种制竹纤维用竹丝去胶装置	李美春	李美春	ZL2016204325312	实用新型
一种竹纤维粗加工制作机	李美春	李美春	ZL2016204325276	实用新型
一种制竹纤维用碱纤维素老成装置	李美春	李美春	ZL2016204325187	实用新型
一种制竹纤维用竹炭活化装置	李美春	李美春	ZL2016204325191	实用新型
一种用于玩具生产的开棉机构	蓝灿玉	蓝灿玉	ZL2016204328772	实用新型
一种警报式方便拆卸建筑安全围挡	曾凯涛	曾凯涛	ZL2016202647951	实用新型
一种电力专用的多功能台灯	王明晟	王明晟	ZL2016204039768	实用新型
一种智能化防疲劳的家用电力学习台灯	王明晟	王明晟	ZL2016204039838	实用新型
一种玩具用活塞式水枪	蓝灿玉	蓝灿玉	ZL2016204328556	实用新型
一种新型玩具用活塞式水枪	蓝灿玉	蓝灿玉	ZL2016204328700	实用新型
一种生产玩具用自动检测设备	蓝灿玉	蓝灿玉	ZL201620432865X	实用新型
一种玩具重金属检测仪器	蓝灿玉	蓝灿玉	ZL2016204328804	实用新型
一种玩具的安全检测装置	蓝灿玉	蓝灿玉	ZL2016204328683	实用新型
一种用于公交提示乘客下车装置	蓝玉	蓝玉	ZL2016204323213	实用新型
一种集信号增强与接收于一体的多功能天线通	蓝玉	蓝玉	ZL2016204323139	实用新型
一种自动回收电力电源绕线盘	王明晟	王明晟	ZL2016203396698	实用新型
一种种植用 PVC 型材结构	福建工航新型管业有限公司	邱群峰	ZL2016202212803	实用新型

续表27

专利名称	专利权人	发明人	专利号	专利类型
一种用于竹纤维提取的竹原料蒸煮装置	李美春	李美春	ZL2016204325172	实用新型
一种竹纤维加工用离心设备	李美春	李美春	ZL2016204325308	实用新型
一种玩具充棉机	蓝灿玉	蓝灿玉	ZL2016204328664	实用新型
一种堤坝建设用智能光电感应砂浆泵	曾凯涛	曾凯涛	ZL2016204424197	实用新型
一种电力可远程遥控型自动感应平移门	王明晟	王明晟	ZL2016204040055	实用新型
一种多自动式玩具车	蓝灿玉	蓝灿玉	ZL2016204328630	实用新型
一种玩具生产用的电烫机	蓝灿玉	蓝灿玉	ZL2016204328823	实用新型
一种修路专用的水泥路面抹光机	曾凯涛	曾凯涛	ZL2016204424248	实用新型
一种堤坝整修用智能安全感应防尘锯石机	曾凯涛	曾凯涛	ZL2016204424271	实用新型
一种建筑规格审计仪	曾凯涛	曾凯涛	ZL2016202648174	实用新型
一种循环式碱纤维素磺化装置	李美春	李美春	ZL2016204325223	实用新型
一种空气清新装置	汤铜华	汤铜华	ZL2016201058184	实用新型
一种高效安全的航天器姿态调整器	蓝灿玉	蓝灿玉	ZL2016202663916	实用新型
一种竹纤维干燥装置	李美春	李美春	ZL2016204325153	实用新型
一种竹纤维用烘干箱	李美春	李美春	ZL2016204325242	实用新型
一种道路整修用智能喷水防灰尘高效劈石机	曾凯涛	曾凯涛	ZL2016204424286	实用新型
一种搅拌式竹纤维碱化装置	李美春	李美春	ZL2016204325168	实用新型
一种竹纤维粉碎机	李美春	李美春	ZL2016204325257	实用新型
一种制竹纤维用碱化竹纤维压榨装置	李美春	李美春	ZL2016204325295	实用新型
取暖凳(1)	黄泉善	黄泉善	ZL2016300875643	外观设计
取暖凳(2)	黄泉善	黄泉善	ZL2016300875658	外观设计
取暖凳(3)	黄泉善	黄泉善	ZL2016300875662	外观设计
取暖凳(4)	黄泉善	黄泉善	ZL2016300875677	外观设计
取暖凳(5)	黄泉善	黄泉善	ZL2016300875681	外观设计
车载无线充电器(W22)	陈建林	陈建林	ZL2016301845772	外观设计
一种用于航天航空的自动收缩扶梯出仓装置	蓝灿玉	蓝灿玉	ZL2016202663973	实用新型

续表27

专利名称	专利权人	发明人	专利号	专利类型
一种鱼腥草的压汁装置	朱贵兴	朱贵兴	ZL2016204330560	实用新型
一种可升降的烘衣架	黄泉善	黄泉善	ZL2016202292545	实用新型
一种照片指纹识别打卡机	蓝玉	蓝玉	ZL2016204323016	实用新型
一种鱼腥草汁的新型压出装置	朱贵兴	朱贵兴	ZL2016204330575	实用新型
一种家用健康饮食温度恒温容器	福建省上杭县爱养生医疗设备有限公司	钟秋萍、曾广文、谢庆生	ZL201620158376X	实用新型
一种可触屏的智能化排队机	蓝玉	蓝玉	ZL2016204323054	实用新型
一种鱼腥草汁的压出装置	朱贵兴	朱贵兴	ZL2016204330626	实用新型
铡刀式多功能切菜盒	陈东彩	陈东彩	ZL2016204613574	实用新型
平板手机(侧耳3)	曾广文	不公告设计人	ZL2016301662447	外观设计
平板手机(侧耳2)	曾广文	不公告设计人	ZL2016301662451	外观设计
平板手机(侧耳1)	曾广文	不公告设计人	ZL2016301662466	外观设计
平板手机(侧耳)	曾广文	不公告设计人	ZL2016301662470	外观设计
一种衣服	俞龙洲	俞龙洲	ZL2016204613907	实用新型
一种可改变领口形状的上衣	俞龙洲	俞龙洲	ZL2016204613911	实用新型
一种可变换款式的T恤	俞龙洲	俞龙洲	ZL2016204613926	实用新型
一种平衡力训练玩具	蓝灿玉	蓝灿玉	ZL2016204328594	实用新型
一种语音播放玩具	蓝灿玉	蓝灿玉	ZL2016204328575	实用新型
一种脱金炭酸洗再生设备	紫金矿业集团股份有限公司	吴卫煌、林烽先	ZL2016202725147	实用新型
一种修建水坝专用的破碎机	曾凯涛	曾凯涛	ZL2016204424267	实用新型
一种全自动供料装置	巫建烽	巫建烽	ZL2016204633879	实用新型
新型水果切瓣器	朱贵兴	朱贵兴	ZL2016205007548	实用新型
新型用于水果的切瓣器	朱贵兴	朱贵兴	ZL2016205007529	实用新型
一种用于水果的切瓣器	朱贵兴	朱贵兴	ZL2016205007533	实用新型
一种便捷水果切瓣器	朱贵兴	朱贵兴	ZL2016205007815	实用新型
新型便捷水果切瓣器	朱贵兴	朱贵兴	ZL2016205007834	实用新型
一种水果切瓣装置	朱贵兴	朱贵兴	ZL2016205007849	实用新型
一种水果切瓣器	朱贵兴	朱贵兴	ZL2016205007552	实用新型
一种用于竹地板加工的切割机	李美春	李美春	ZL2016203023565	实用新型
一种用于胶合板生产的连续式双钢带热压机	李美春	李美春	ZL2016203023334	实用新型
鱼腥草汁的新型压出装置	朱贵兴	朱贵兴	ZL2016204330611	实用新型

续表27

专利名称	专利权人	发明人	专利号	专利类型
鱼腥草汁的压出装置	朱贵兴	朱贵兴	ZL201620433058X	实用新型
汽车雨刮器防护盒	陈东彩	陈东彩	ZL2016204958211	实用新型
一种应急休息车	官翠华	官翠华	ZL201620521757X	实用新型
一种玩具包装用封装机	蓝灿玉	蓝灿玉	ZL2016204328522	实用新型
一种用于玩具包装的收缩机	蓝灿玉	蓝灿玉	ZL201620432872X	实用新型
一种单侧侧卸式矿车用曲轨	陈猛	陈猛	ZL2016204403576	实用新型
一种新型汽油平板夯	曾凯涛	曾凯涛	ZL2016202648051	实用新型
一种质心测量装置	黄泉善	黄泉善	ZL2016203440436	实用新型
一种质心测量系统	黄泉善	黄泉善	ZL2016203440440	实用新型
一种土壤氡浓度测量电路	黄泉善	黄泉善	ZL2016203449356	实用新型
一种电动汽车无线充电系统	黄泉善	黄泉善	ZL2016201455564	实用新型
压蒜器(1)	朱贵兴	朱贵兴	ZL2016301800837	外观设计
压蒜器(2)	朱贵兴	朱贵兴	ZL2016301800822	外观设计
台灯(TD-008)	周博文	周博文	ZL2016303316364	外观设计
用含铜污泥生产铜精矿的方法	紫金矿业集团股份有限公司	陈兴章、贾超峰、沈贤德、巫銮东、邓莉莉	ZL2015101655217	发明专利
新型硫酸铝反应液的沉降系统	朱贵兴	朱贵兴	ZL2016205513094	实用新型
一种用于添加粉末状固体的加料斗	朱贵兴	朱贵兴	ZL2016205638051	实用新型
一种菜刀	巫建烽	巫建烽	ZL2016204559476	实用新型
一种西瓜刀	俞龙洲	俞龙洲	ZL2016204613860	实用新型
一种改进型西瓜刀	俞龙洲	俞龙洲	ZL201620461388X	实用新型
一种可分离西瓜肉与西瓜片的水果刀	俞龙洲	俞龙洲	ZL2016204613875	实用新型
一种建筑废料回收再加工制砖设备	黄春连	黄春连	ZL2016205284216	实用新型
一种多功能高效混凝土成型设备	黄春连	黄春连	ZL2016205230555	实用新型
一种硫酸铝反应液的沉降系统	朱贵兴	朱贵兴	ZL2016205513107	实用新型
一种硫酸铝反应液的沉降装置	朱贵兴	朱贵兴	ZL2016205513111	实用新型
一种单侧卸式矿车用曲轨	官翠华	官翠华	ZL2016205260141	实用新型
一种智能吊扇	黄泉善	黄泉善	ZL2016203243512	实用新型
一种燃气灶用防火支架	黄春连	黄春连	ZL2016205164638	实用新型

续表27

专利名称	专利权人	发明人	专利号	专利类型
一种煤粉去湿装置	瓮福紫金化工股份有限公司	张小玲	ZL2016205072091	实用新型
一种水池中矢量传感器自动校准装置	黄春连	黄春连	ZL2016205304169	实用新型
一种矢量水听器校准系统	黄春连	黄春连	ZL2016205315445	实用新型
一种营养液成分在线检测系统	黄春连	黄春连	ZL201620530414X	实用新型
一种智能摇表装置	黄春连	黄春连	ZL2016205315801	实用新型
温度保险丝焊接后的新型连续清洗装置	朱贵兴	朱贵兴	ZL2016205656045	实用新型
一种排插	俞龙洲	俞龙洲	ZL2016204723343	实用新型
一种智能远程调控门	黄春连	黄春连	ZL2016205164604	实用新型
鱼腥草汁的压出装置(8)	朱贵兴	朱贵兴	ZL2016301802565	外观设计
鱼腥草汁的压出装置(7)	朱贵兴	朱贵兴	ZL201630180257X	外观设计
鱼腥草汁的压出装置(6)	朱贵兴	朱贵兴	ZL2016301802584	外观设计
鱼腥草汁的压出装置(5)	朱贵兴	朱贵兴	ZL2016301802599	外观设计
鱼腥草汁的压出装置(4)	朱贵兴	朱贵兴	ZL2016301802601	外观设计
鱼腥草汁的压出装置(3)	朱贵兴	朱贵兴	ZL2016301802616	外观设计
鱼腥草汁的压出装置(2)	朱贵兴	朱贵兴	ZL2016301802620	外观设计
鱼腥草汁的压出装置(1)	朱贵兴	朱贵兴	ZL2016301802635	外观设计
水果切瓣器(7)	朱贵兴	朱贵兴	ZL2016302094658	外观设计
水果切瓣器(4)	朱贵兴	朱贵兴	ZL2016302094696	外观设计
水果切瓣器(3)	朱贵兴	朱贵兴	ZL2016302094713	外观设计
水果切瓣器(2)	朱贵兴	朱贵兴	ZL2016302094732	外观设计
芯轴研磨装置(4)	朱贵兴	朱贵兴	ZL2016302830539	外观设计
芯轴研磨装置(1)	朱贵兴	朱贵兴	ZL2016302830702	外观设计
芯轴研磨装置(2)	朱贵兴	朱贵兴	ZL2016302831014	外观设计
芯轴研磨装置(3)	朱贵兴	朱贵兴	ZL2016302831033	外观设计
台灯(TD007)	周博文	周博文	ZL2016303316379	外观设计
剥海蛎装置(1)	黄泉善	黄泉善	ZL2016301095297	外观设计
一种保健茶油的制备方法	福建优创油脂有限公司	华锋	ZL2015109809942	外观设计
便携式简易金属薄板折弯装置	福建龙岩尔彬农业发展有限责任公司	曹尔彬	ZL2015102217101	发明专利
一种含粉尘尾气的处理装置	朱贵兴	朱贵兴	ZL2016205683729	实用新型

续表27

专利名称	专利权人	发明人	专利号	专利类型
一种在小试反应釜中添加硫酸的加料装置	朱贵兴	朱贵兴	ZL2016205759588	实用新型
新型用于生物柴油预处理脱酸装置	朱贵兴	朱贵兴	ZL2016205756503	实用新型
一种用于生物柴油预处理脱酸装置	朱贵兴	朱贵兴	ZL2016205756522	实用新型
纵向鼎立简易起重器	福建龙岩尔彬农业发展有限责任公司	曹尔彬	ZL2015100708950	发明专利
一种灯头散热器的新型连续喷涂装置	朱贵兴	朱贵兴	ZL2016204330791	实用新型
温度保险丝焊接后的连续清洗装置	朱贵兴	朱贵兴	ZL2016205656115	实用新型
拉麦芽糖的装置(1)	黄春连	黄春连	ZL2016302075642	外观设计
拉麦芽糖的装置(2)	黄春连	黄春连	ZL2016302075657	外观设计
钢绞线连续喷涂的分叉装置(1)	朱贵兴	朱贵兴	ZL2016303407471	外观设计
止鼾带	袁元生	袁元生	ZL2016302395284	外观设计
拉麦芽糖的装置(3)	黄春连	黄春连	ZL2016302075676	外观设计
一种防止后视镜模糊的装置	曾永花	曾永花	ZL2016205954260	实用新型
一种排水车排水管用防护罩	陈猛	陈猛	ZL201620518114X	实用新型
一种灯具	巫建烽	巫建烽	ZL2016204633864	实用新型
一种脱硫塔液位计取压装置	瓮福紫金化工股份有限公司	李辉德、张小玲	ZL2016205653634	实用新型
一种方便安装的电力断路器	王明晟	王明晟	ZL2016204040106	实用新型
吹风筒(DF13)	唐露萍	唐露萍	ZL2016301604899	外观设计
吹风筒(DF12)	唐露萍	唐露萍	ZL2016301604901	外观设计
吹风筒(DF11)	唐露萍	唐露萍	ZL2016301604916	外观设计
一种高效快速且无残渣的电力榨汁机	王明晟	王明晟	ZL201620403972X	实用新型
一种新型的电饭煲设备	王明晟	王明晟	ZL2016204040002	实用新型
一种电力设备领域的智能自动化降温保护面包	王明晟	王明晟	ZL2016204040017	实用新型
一种电力设备领域的臭氧杀菌娱乐型足浴器	王明晟	王明晟	ZL2016204039876	实用新型
一种用于舞台的固定式泡泡机	蓝玉	蓝玉	ZL2016203075945	实用新型
一种河堤护栏喷浆机	曾凯涛	曾凯涛	ZL2016203571678	实用新型

续表27

专利名称	专利权人	发明人	专利号	专利类型
一种工程用钢筋切割机	曾凯涛	曾凯涛	ZL2016202648314	实用新型
一种建筑工程专用墙体打孔装置	曾凯涛	曾凯涛	ZL2016202647970	实用新型
一种修桥用混凝土开孔冲击钻	曾凯涛	曾凯涛	ZL2016203571894	实用新型
一种用于竹地板加工的抛光机	李美春	李美春	ZL2016203023599	实用新型
一种竹胶合板辊筒施胶设备	李美春	李美春	ZL2016203023353	实用新型
一种制竹纤维用碾压装置	李美春	李美春	ZL2016204325149	实用新型
一种玩具注塑成型机	蓝灿玉	蓝灿玉	ZL2016204328607	实用新型
一种海上救生球	陈猛	陈猛	ZL2016203589188	实用新型
一种河堤用污水处理装置	曾凯涛	曾凯涛	ZL2016203571625	实用新型
一种河堤用排水装置	曾凯涛	曾凯涛	ZL2016203571428	实用新型
一种便于搬运的悬浮泵	陈猛	陈猛	ZL2016203588575	实用新型
一种升降式舞台多方位射灯	蓝玉	蓝玉	ZL2016203075945	实用新型
一种用于舞台的轨道式吊灯	蓝玉	蓝玉	ZL201620307605X	实用新型
一种航天飞机用陀螺地平仪	蓝灿玉	蓝灿玉	ZL2016204328607	实用新型
一种航天航空专用应急雷达	蓝灿玉	蓝灿玉	ZL2016202663884	实用新型
一种可折叠便捷式扫码机	蓝玉	蓝玉	ZL2016204323177	实用新型
一种电力带有电路显示屏的智能配电柜	王明晟	王明晟	ZL2016204039787	实用新型
一种电力设备领域的适用于恶劣环境的环网柜	王明晟	王明晟	ZL2016204039645	实用新型
一种防倾倒装置	唐露萍	唐露萍	ZL2016203941872	实用新型
一种可连网的多功能头戴式耳机	蓝玉	蓝玉	ZL201620432311X	实用新型
一种智能的多功能舞台音箱	蓝玉	蓝玉	ZL2016203076011	实用新型
水果切瓣器(5)	朱贵兴	朱贵兴	ZL2016302094643	外观设计
水果切瓣器(8)	朱贵兴	朱贵兴	ZL2016302094677	外观设计
水果切瓣器(6)	朱贵兴	朱贵兴	ZL2016302094681	外观设计
管道安装装置(2)	黄泉善	黄泉善	ZL2016300821588	外观设计
矿泉水瓶	吴添娣	吴添娣	ZL201630223800X	外观设计
车载支架发射器	温中贵	温中贵	ZL2016301299951	外观设计
平板手机(背耳1)	曾广文	曾广文	ZL2016302201185	外观设计
平板手机(背耳4)	曾广文	曾广文	ZL201630220119X	外观设计

续表27

专利名称	专利权人	发明人	专利号	专利类型
平板手机(背耳3)	曾广文	曾广文	ZL2016302201202	外观设计
平板手机(背耳2)	曾广文	曾广文	ZL2016302201217	外观设计
平板手机(背耳)	曾广文	曾广文	ZL2016302201221	外观设计
平板手机(双耳)	曾广文	曾广文	ZL2016302428945	外观设计
平板手机(挂耳3)	曾广文	曾广文	ZL2016302428964	外观设计
平板手机(挂耳2)	曾广文	曾广文	ZL2016302428979	外观设计
平板手机(挂耳1)	曾广文	曾广文	ZL2016302428983	外观设计
平板手机(挂耳4)	曾广文	曾广文	ZL201630242905X	外观设计
苦笋剥皮装置(8)	朱贵兴	朱贵兴	ZL2016302259684	外观设计
苦笋剥皮装置(6)	朱贵兴	朱贵兴	ZL2016302259769	外观设计
苦笋剥皮装置(5)	朱贵兴	朱贵兴	ZL2016302259773	外观设计
苦笋剥皮装置(1)	朱贵兴	朱贵兴	ZL2016302259843	外观设计
烘衣架(1)	黄泉善	黄泉善	ZL2016300875605	外观设计
烘衣架(2)	黄泉善	黄泉善	ZL201630087561X	外观设计
烘衣架(3)	黄泉善	黄泉善	ZL2016300875624	外观设计
烘衣架(4)	黄泉善	黄泉善	ZL2016300875639	外观设计
加料斗(6)	黄泉善	黄泉善	ZL2016300853822	外观设计
加料斗(5)	黄泉善	黄泉善	ZL2016300853837	外观设计
加料斗(4)	黄泉善	黄泉善	ZL2016300853841	外观设计
加料斗(3)	黄泉善	黄泉善	ZL2016300853856	外观设计
加料斗(2)	黄泉善	黄泉善	ZL2016300853875	外观设计
加料斗(1)	黄泉善	黄泉善	ZL201630085388X	外观设计
抽油烟机(三星)	吴添娣	陈慧芳	ZL2016301724299	外观设计
抽油烟机(二星)	吴添娣	陈慧芳	ZL2016301724301	外观设计
抽油烟机(一星)	吴添娣	陈慧芳	ZL2016301724316	外观设计
LED灯(1-3系列)	丘茂连	丘茂连	ZL2016301910983	外观设计
美甲印章	唐露萍	唐露萍	ZL2016301910983	外观设计
剥海蛎装置(2)	黄泉善	黄泉善	ZL2016301095282	外观设计
新型电动拉麦芽糖的装置	黄春连	黄春连	ZL2016204951848	实用新型
一种电动拉麦芽糖的装置	黄春连	黄春连	ZL2016204951852	实用新型
新型手摇拉麦芽糖的装置	黄春连	黄春连	ZL2016204951867	实用新型
一种手摇拉麦芽糖的装置	黄春连	黄春连	ZL2016204951871	实用新型
一种可以防静电的滑滑梯	朱贵兴	朱贵兴	ZL2016206640307	实用新型
一种振动式垃圾筛选机	巫建烽	巫建烽	ZL2016204633845	实用新型

续表27

专利名称	专利权人	发明人	专利号	专利类型
一种用于温度保险丝焊接后的连续清洗装置	朱贵兴	朱贵兴	ZL2016206640307	实用新型
新型水果切瓣装置	朱贵兴	朱贵兴	ZL2016205007853	实用新型
一种航空航天专用的飞机机翼	蓝灿玉	蓝灿玉	ZL2016202664035	实用新型
一种用于卷收电线的装置	俞龙洲	俞龙洲	ZL2016204723324	实用新型
新型太阳伞底座	朱贵兴	朱贵兴	ZL2016207058436	实用新型
一种立式金属罐底量与浮顶质量测量系统	黄泉善	黄泉善	ZL2016203244356	实用新型
一种具有充电宝功能的眼镜	黄泉善	黄泉善	ZL2016203243175	实用新型
一种防丢失的优盘设备	黄泉善	黄泉善	ZL2016201293610	实用新型
一种可燃气体报警器检定装置	黄泉善	黄泉善	ZL2016203243300	实用新型
包装套(姜姑娘有料姜糖山茶油姜糖膏)	福建优创农业发展有限公司	苏方良、华锋、华祥斌	ZL2016303201360	外观设计
太阳伞底座(1)	朱贵兴	朱贵兴	ZL2016303067906	外观设计
太阳伞底座(2)	朱贵兴	朱贵兴	ZL2016303068326	外观设计
太阳伞桌	朱贵兴	朱贵兴	ZL2016303069085	外观设计
水果切瓣器(1)	朱贵兴	朱贵兴	ZL2016302094747	外观设计
包装盒(姜姑娘有料姜糖山茶油姜糖膏)	福建优创农业发展有限公司	苏方良、华锋、华祥斌	ZL2016303197882	外观设计
手提袋(姜姑娘有料姜糖山茶油姜糖膏)	福建优创农业发展有限公司	苏方良、华锋、华祥斌	ZL2016303197721	外观设计
苦笋剥皮装置(7)	朱贵兴	朱贵兴	ZL2016302259701	外观设计
钢绞线连续喷涂的分叉装置(2)	朱贵兴	朱贵兴	ZL2016303407486	外观设计
儿童沙滩漏斗(1)	朱贵兴	朱贵兴	ZL2016303265131	外观设计
儿童沙滩漏斗(2)	朱贵兴	朱贵兴	ZL2016303265146	外观设计
儿童沙滩漏斗(3)	朱贵兴	朱贵兴	ZL2016303265150	外观设计
儿童滑梯	朱贵兴	朱贵兴	ZL2016302910533	外观设计
外墙装修瓷砖填缝机	陈东彩	陈东彩	ZL2016206547083	实用新型
提耳可活动调节的挑烟架	兰金隆	兰金隆	ZL2016207411470	实用新型
新型压蒜器	朱贵兴	朱贵兴	ZL2016204327657	实用新型
一种排水车的伸缩管密封结构	陈猛	陈猛	ZL2016204410372	实用新型

续表27

专利名称	专利权人	发明人	专利号	专利类型
一种用于防护排水车排水管的防护罩	陈猛	陈猛	ZL201620518097X	实用新型
新型方便处理堵塞的儿童沙滩漏斗	朱贵兴	朱贵兴	ZL2016207480288	实用新型
一种声波驱鸟火箭发射架	蓝灿玉	蓝灿玉	ZL2016202663920	实用新型
一种压蒜器	朱贵兴	朱贵兴	ZL2016204327661	实用新型
一种近吸无臭便器	曹旭明	曹旭明	ZL2016204703867	实用新型
一种排水车稳定轨道的防护结构	官世威	陈欣仪、官翠华、官世威	ZL2016204783522	实用新型
一种远程排水车	官世威	陈欣仪、官翠华、官世威	ZL2016204784737	实用新型
手机香水旋转固定支架	张松坤	张松坤	ZL2016205492280	实用新型
一种防堵塞的儿童沙滩漏斗	朱贵兴	朱贵兴	ZL2016207480201	实用新型
一种组合式飞机餐餐盘	蓝灿玉	蓝灿玉	ZL2016203507192	实用新型
LED 植物灯	龙岩金太阳光电科技有限公司	温学明	ZL2016202726050	实用新型
橙汁的新型压榨器	朱贵兴	朱贵兴	ZL2016204327765	实用新型
一种安全井盖	官世威	陈猛、官世威	ZL2016205176781	实用新型
橙汁压榨器(4)	朱贵兴	朱贵兴	ZL2016301800856	外观设计
一种教学用电气实验台	王明晟	王明晟	ZL2016203395727	实用新型
一种单侧曲轨侧卸式矿车	陈猛	陈猛	ZL2016204410368	实用新型
树脂摆件水果盘	张定龙	张定龙	ZL2016304065607	外观设计
橙汁压榨器(2)	朱贵兴	朱贵兴	ZL2016301800875	外观设计
温度保险丝焊接后的连续清洗装置(1)	朱贵兴	朱贵兴	ZL2016302686491	外观设计
麻绳灯(5-8 头系列)	丘炜华	丘炜华	ZL2016302981416	外观设计
密沟治理法	陈仁河	林新兰、陈仁河	ZL2012102850340	发明专利
一种芯轴的研磨装置	朱贵兴	朱贵兴	ZL2016206466067	实用新型
一种芯轴的自动研磨装置	朱贵兴	朱贵兴	ZL2016206466086	实用新型
一种捞水上漂浮物的船	陈猛	陈猛	ZL2016204412999	实用新型
新型可升降的烘衣架	黄泉善	黄泉善	ZL2016207358873	实用新型
一种陀螺经纬仪校准装置	黄春连	黄春连	ZL2016206381139	实用新型
酒瓶	李彦淑	李彦淑	ZL2016304152427	外观设计
刮舌器	袁元生	袁元生	ZL2016303275010	外观设计
一种儿童数学教学玩具	蓝灿玉	蓝灿玉	ZL2016204328819	实用新型
一种便于切郡花的砧板	巫建烽	巫建烽	ZL2016204559495	实用新型

续表27

专利名称	专利权人	发明人	专利号	专利类型
一种远程控制的面包烘干机	黄春连	黄春连	ZL2016205481252	实用新型
一种用于生物柴油的反应装置	朱贵兴	朱贵兴	ZL2016205875199	实用新型
一种耐变形竹胶合板	李美春	李美春	ZL2016203023940	实用新型
橙汁压榨器	朱贵兴	朱贵兴	ZL2016204327727	实用新型

·数字信息·

〔工作情况〕

2016年,全县数字信息工作以提升"互联网+政务服务"、优化远程教育站点管理服务、加快云计算的电子政务应用、升级改造政务系统、政务公开与服务平台运维、强化网络安全等为重点,全县信息化工作继续走在全省、全市前列。推动县直机关和乡镇政务云与教育云应用试点;开展门户网站安全检测、政府网站普查等;做好视频会议系统管理,举办4期业务操作培训;实施全流程网上办事大厅建设、"十三五"信息化专项规划;做好县数据中心安全保障、政务公开和政务服务系统、网络督查管理、OA内网邮件系统运维,协同办公系统推广和业务培训、电子证照办理等。开展政民互动活动,邀请单位主要领导录播9期政民互动节目;提升优化"中国·上杭"网站群功能,不定期进行县直部门和乡镇子网站抽查,抽查情况全县通报,督促抓好整改落实;每月定期向省政府报送政府信息公开情况;制订"智慧上杭"行动方案并在县政府常务会议通过,智慧农村"云下乡"服务项目获得县政府审批,逐步实施"智慧上杭"相关项目建设。

〔电子政务〕

"中国·上杭"政府门户网站　2016年,进行网站优化升级。6月,完成ORACLE数据RAC部署,平滑迁移所有在原ORACLE数据库上的实例及数据,网站群所有应用包括全文检索服务器、商务通等服务器迁移到虚拟机上,配置新的数据库服务连接,除信息公开电子监察服务器未完成迁移外,其他应用均成功迁移。按照全国网站普查工作要求,调整大量无法保障的栏目,优化网站服务栏目,整合网站群资源,结合国家、省、市的不定期通报制度,制定县级工作措施,通报不合格网站并要求及时整改。管理制度得到完善,制定政府网站绩效考核方案,部署探索试用政府网站绩效考核系统,通过系统和具体考核指标对部门网站进行绩效考核。2016年,县政府门户网站绩效考评全省第六,全市第一。

数据中心信息安全管理　2016年,县级数据中心机房是全县电子政务信息化核心,配备大量政务网核心硬件设备、软件以及大院内附属的互联网设施,承载着国家、省、市、县政务网(含政务内网、外网)应用,包括"中国·上杭"门户网站平台(云平台)、上杭县网络督查系统(政务内网)、上杭县农村党员远程教育网络(互联网),上杭县行政审批与电子督察系统(外网受理,内网办理模式),以及上杭县数字化城市管理信息系统、上杭县公共资源配置中心系统等(政务外网)。中心机房配备网络防火墙3台、应用防火墙2台、链路负载均衡2台,入侵防御系统(IDS)1台、安全网关(SSL VPN)1台,安全隔离网闸1台、堡垒机1台、上网行为管理1台,安全硬件设备更加完备。云计算的电子政务公共平台(虚拟化平台)采用使用趋势科技无代理安全软件(Deep Security 9.0),传统物理机平台采用卡巴斯基企业级安全解决方案,基本覆盖中心所有服务器与终端。完善安全管理制度,与福建海峡信息科技有限公司签订安全服务合同,要求对方监测平台对"中国·上杭"网站群提供24小时在线安全监测服务,发现问题及时报告并处理,全年4次上门做机房全面安全检测服务,并出具书面报告,全年1次空调故障,及时组织联系承建方做好维修工作,以大功率风扇和大量冰块方式保障空调维修期间运行,确保空调运维期间信息安全;实行机房出入安全登记制度,无关或未经允许不得进入机房,做好机房日常值班安全巡查登记、机房报警系统与技术人员手机联网制度,将巡查情况及时处理并备案。

电子政务网建设　2016年,电子政务网建设主要基于电子政务公共平台来建设,具体分为电子政务外网接入、多个云应用(桌面云)推广和政务内网建设等。电子政务外网横向接入网与应用建设,完成约120家单位政务外网接入,各单位接入点配备1台千兆交换机、1台千兆防火墙,并为县数字城管系统和省网上信访信息系统配备虚拟桌面(VDI)代替传统PC,首次实现以"云计算"模式部署电子政务应用。推行政务网接入环境标准化建设,整治政务网接入环境"脏、乱、差"等顽症,保障政务网用户端的安全与稳定,完成发改局和住建局2个示范点建设。电子政务外网是全国性网络,正陆续推广多个国家级政务外网应用,10月底完成与国家电子政务外网对接工作,配合县发改部门部署"国家重大建设项目库政务外网系统"。

政民互动 2016年,邀请县直9个部门主要领导或分管领导,开展网上访谈录播9期,依托"中国·上杭"门户网站平台,整合在线办事、行政审批系统、梳理行政职权和便民事项,打造高效、便民、线上线下相结合、"一站式"政务服务专栏。政务服务专栏提供45个政府部门及企事业单位655项行政职权事项网上在线办理。公众只需通过互联网登录平台即可以办理相关事项,而且可以通过电脑、短信等渠道获取事项办理进度及相关情况。公众可通过政务服务平台实现全流程办理审批业务。县效能机关可通过电子监察系统进行效能监察,开展督查、督办、结果反馈。

全流程网上办事大厅建设 2016年,按照《龙岩市全流程网上办事大厅建设实施方案》要求,5月和7月分别完成县直部门、乡镇全流程网上办事大厅部署服务合同签订。投入300万元建设县级平台(其中软件200万元,智能终端硬件100万元),依托市级统一平台,部署行政审批、事项管理、电子监察、外网公共门户等子系统。139家单位共计3102个用户接入协同办公网;77家单位申请数字证书及电子印章,发放单位52个;县39个窗口单位及22个乡镇共完成3420项行政审批及公共服务事项;年度共受理64080件办件,办结63840件,办结率99.63%。实现公众外网申报行政审批和公共服务事项,内网推行"无纸化"协调审批,实现全流程"一站式"网上办事,全过程电子监察。

协同办公系统推广应用 2016年,做好市协同办公系统的应用推广工作,收集79个县直单位、22个乡镇接入协同办公系统所需材料并汇总上报龙岩市协同办;开展协调办公系统应用业务培训,组织全县接入应用单位集中培训1次,通过电话交流解疑80次以上,QQ群聊解答协同办公系统疑问及使用技术108条,全县所有接入协同办公系统单位基本能够操作应用。收集78家县直单位、22个乡镇的电子印章申请材料并汇总上报龙岩市机要局。

智慧上杭行动计划 2016年,制定智慧上杭行动计划。到2018年,上杭县信息化应用水平和社会经济效益进一步提高,以智慧化应用等重点项目为载体,通过完善智慧城市基础设施建设,农村云计算中心及配套设施布局,建成一批智慧城市示范性工程,初步形成具有区、县级特色亮点的智慧城乡信息化雏形;到2020年,通过智慧教育、智慧旅游、智慧医疗、数字城管、智慧民生、智慧产业等一批面向社会民生和经济产业的应用项目建设成果的带动,形成初具规模的智慧城乡基础框架,让全县人民共享智慧化建设成果。

政务应用系统运行维护 2016年,对视频会议、网络督查管理、内网邮件、协调办公系统等进行专人专职运行维护工作。全年,保障120余场次各级视频会议系统顺畅,组织2场次乡镇和县直相关单位视频会议系统操作人员业务技术培训。持续为内网邮件系统升级服务,对网络督查管理系统发布文件进行归档,内网邮件内存储优化升级扩容,满足当前电子邮件往来需要。举办协同办公系统应用业务培训,要求接入协同办公系统单位分管领导、具体收件人员务必掌握协同办公系统应用管理。首次将协同办公接入应用纳入县对县直单位和乡镇的年度绩效考评。

〔远程教育〕

2016年,制定下发接收站点量化考核制度,县、乡镇、村签订设备使用管理和维护协议,明确各级管理责任,实行站点定期开放制度,建立远程教育设备器材技术档案和设备维修台账,做到规范操作和定期维护。全年,对全县站点设备及运行情况组织2次检查,及时做好登记备案,对全县乡镇远程教育站点陈旧老化且无法正常使用的设备进行更换。完成中组部开展的农村党员远程教育"百村调研"来杭调研工作。

〔远教云〕

2016年,部署推广远程教育站点桌面云,全县远程教育乡镇站点360个,试点探索逐步推进接入云服务模式,选择古田镇、湖洋镇、白砂镇、才溪镇溪北村作为全县农村远程教育云模式试点,对湖洋镇文化站远教中心、文光村进行系统改造,分别给予该试点中心和村配送300台云终端和显示器设备,完成各远程教育站点的光片接入改造,推行古田、白砂"县、乡、村"应用系统试点,打通县、乡、村信息障碍,广大群众反映上线体验效果良好。

〔部门信息化〕

2016年,福建时迅智慧上杭农村云计算项目列为县项目落地攻坚战役之一,由县数字办牵头,经信科技局、商务局为责任单位落实,为项目推进策划4次现场经验交流和座谈会,协助公司做好项目策划和产品推介。实施建设教育云、政务云和残联智慧助残项目。

·邮　政·

〔经营管理情况〕

2016年,上杭邮政围绕集团公司"一体两翼"(电子商务发展模式线上线下为一体的综合便民服务平台,金融翼和寄递翼)工作设想,突出发展金融业务、加快发展包裹快递业务、大力发展农村电商业务,全年实现业务收入2975万元,比上年增加187万元,比增6.71%。通信时限达标率

98.85%，位于全省前列。

〔金融类业务发展情况〕

2016年，金融业务收入2087万元，比增7.3%；年末储蓄存款余额10.3亿元，全年累计净增储蓄余额1.46亿元，其中保险费收入296万元，个人理财23万元。上杭县邮政在发展代理金融业务时重视客户金融资产提升并致力于为客户提供方便快捷的资金结算服务，除提供公司、个人存取款业务外，继续大力发展代理保险、基金、理财、个人POS（销售信息终端）、电子银行及代发工资、代缴费等代收付业务。

〔邮务类业务发展情况〕

2016年，包裹快递收入152万元，电子商务等增值业务收入46万元，分销配送业务销售收入168万元，函件收入127万元，集邮收入119万元，报刊收入162万元。

包裹快递业务　2016年，包裹快递业务发展持续向好。包裹快递业务收入创新高，完成年计划的102.7%，全市排名第四，其中国内标快排第二、国际小包排第三。上门宣传江、浙、沪、粤、四川等优势线路、快包提速等利好优势，9月—10月百香果、花生、香菇、柚子等农产品寄递客户不断增加，快速地拉动日平台、月收入提升，“双11”“双12”期间，全力以赴做好营销、收寄、网运、投递、客服等全环节保障工作，包裹收寄量再创历史新高，各项运营指标明显提升。

电商分销专业　2016年，农村电商发展取得新进展。落实集团公司农村电商“十件实事”，加快推进“邮乐购”站点建设、品牌打造、批销代购等重点工作。全年，累计建成邮掌柜加盟商295户，乡镇邮乐购旗舰店6家，进货批发累计招商1个产品，交易额599笔23万元（全市排名第四），商品代购累计交易326笔2.96万元，完成下达任务的98%。

函件业务　2016年，通过勤跑单位，制作邮资封、明信片等创收82万元，制作新农保政策宣传手册创收7万元、制作并下发安全生产月联动项目宣传单1.8万枚、创收8.64万元。账单类共计收入约15万元，其中公积金账单收入8万元，医保账单收入4万元。

集邮业务　2016年，通过举办“金猴献春”集邮高端品鉴会，现场销售生肖邮品10.3万元。2016年，生肖贺岁邮品以生肖金银币、金银制品、贺年钱币册及总公司、省公司各种邮折、邮册等为主，形成高端、中档及低端三位一体的产品线，满足公关、收藏等不同群体市场需求。全年销售邮品18万元；销售2016巴西奥运会纪念币130套、长征胜利80周年金银币15套、长征胜利80周年邮品等收入36.8万元；开发《族谱缘客家情》邮册600本，创收10.5万元等。

报刊业务　2016年，全县实现报刊流转额591.82万元，增幅16.04%，其中党报党刊198.03万元、校园报刊100.36万元、行业报刊117.9万元、其他报刊收入175.53万元。

·电　信·

〔经营成效〕

2016年，中国电信上杭分公司（简称县电信分公司）坚持价值经营导向，按照“量质并重，规模发展”总体思路，落实经营重点工作，促进企业持续发展。县电信分公司全年完成固定资产投资1784万元，全业务收入累计完成6900万元，累计净增有线宽带9400户。

〔“全光县”建设〕

2016年，县电信分公司全年新增AP端口2.8万个，FTTH（光纤到户）通信能力达到9.1万个AP端口，FTTH用户累计到达数4.3万户，占97.10%，行政村光网络覆盖率达到97.9%，实现FTTH光纤覆盖行政村达327个，全面完成省公司下达“全光县”建设指标，实现“全光县”（全县所有电信宽带通过光纤线路进行传输）。

〔项目型业务〕

2016年，县电信分公司拓展项目型业务。先后完成紫金山金铜矿“环保E通”（环保监控检测业务）、上杭县公安局警务督查系统、紫金山金铜矿矿山水文演示等项目，开通茶地中学、实验中学等学校翼校通业务。签约七天酒店、尚客优大酒店等高清ITV（就是IPTV，通过宽带网络传输高清电视节目的一种方式）协议及100所学校、40家酒店手机看店业务。

〔网络优化〕

2016年，县电信分公司完成490个FDD-LTE基站（频分双工4G基站）、18个TD-LTE基站（正交频分复用4G基站）的开通。信号覆盖全县城区、集镇、高速和国道沿线以及古田、才溪、南阳、湖洋等经济发达行政村。完成512个OLTPON口（光接口）的扩容和开通；完成12组蓄电池组、3套开关电源的更新改造；完成上杭梅花山智慧旅游信息化项目、上杭公安警务督察系统项目等4个ICT（信息与通信技术服务）工程的施工和验收。

〔金牌宽带〕

2016年，县电信分公司加强服务管控，从系统中提取相应数据进行分析，每天对在途装移修工单时限及客户接触情况进行实时通报，宽带装维投诉率由年初的每月20件/万户左右下降到7件/万户左右。加强宽带装维接触率管控，将指标完成率与客调人员月度绩效挂钩，以金牌服务标准和指标，确保宽带障碍修复及时率，避免超时障碍和用户大面积投诉。

〔打非治违〕

2016年,县电信分公司针对农村居民私拉乱接产生的“三线交越”(电力、通信、广播电视线交叉跨越)乱象问题,组织队伍对城乡范围内的通信设施进行全面巡查,修复损坏人孔井盖、拆除破旧IC卡话亭,修复交接箱,对跨路线路进行升高,对违规搭挂线路进行清理。

·移　动·

〔经营情况〕

2016年,中国移动上杭分公司(简称上杭移动分公司)拥有移动用户总数超22万户,率先实现全县22个乡镇4G网络全覆盖,有4G移动通信站点数800多个,实现4G站点数超过2G站点数。家庭宽带网速实现全面提速,20M、50M带宽成为主流,100M带宽快速增长。2016年,上杭移动分公司被授予省级青年文明号、市级文明单位荣誉称号。

〔网络建设〕

2016年,大力推动4G站点网络建设,同时做好2/3G信号优化,巩固网络领先优势。全年新增4G站点近300个,存量4G站点达到800多个,城区、乡镇集市实现深度覆盖,行政村、高流量农村区域以及赣龙高铁等区域实现有效覆盖。

〔提供优质宽带服务〕

2016年,上杭移动分公司投入约1000万元推进全县宽带网络覆盖建设,重点针对城区全覆盖的宽带扩容和乡镇集镇、密集住宅区的宽带网络覆盖建设。

〔推进信息化建设〕

2016年,移动分公司配合政府推进“互联网+”战略,围绕“智慧城市”“数字上杭”项目,推出各种新产品和新服务,承接县政府的全流程网上办事大厅项目,为全县22个乡镇及行政服务中心政务内网进行扩容和升级改造;参与“平安城市”视频监控项目,有效助力“数字上杭”建设。

·联　通·

〔经营情况〕

2016年,中国联合网络通信有限公司上杭县分公司(简称上杭联通)以“聚焦资源,迅速推动4G发展上规模”为引领,充分发挥4G和宽带网络技术优势,通过行业信息化应用提升政府和企业经营管理水平;公司继续强化流量经营,提升成本效益,开展4G网络和乡镇宽带建设,按照省、市政府要求完成在网用户实名制补登工作。年底,手机用户规模发展到2.7万户;互联网接入1.3万户,4G网络用户规模同比增长150%。实现通信业务收入同比增长7%。

2016年上杭联通分公司网络覆盖情况表

表28

乡镇	2G	3G	4G	乡镇	2G	3G	4G
临城	45	123	101	步云	14	13	1
临江				太拔	14	14	1
古田	29	41	17	下都	13	15	1
蛟洋	32	37	8	官庄	11	11	1
旧县	14	20	3	稔田	14	15	1
南阳	30	33	3	溪口	12	16	2
白砂	27	31	4	庐丰	11	11	1
才溪	18	23	2	茶地	9	11	1
中都	19	19	2	通贤	10	13	1
湖洋	19	19	1	兰溪	7	8	1
泮境	6	6	1	珊瑚	5	5	1

〔通信保障能力持续增强〕

2016年,上杭联通全年投资近2000万元,着力加大4G移动基站的建设,全县基站总数增加至997个,同比增加443个,基本实现3G网络村村通、4G网络镇镇通;景区及主干道路沿线实现全覆盖,网络及网络能力得到大幅提升。公司继续进行城区光纤入户改造，实现城区内所有用户光纤到户和开展乡镇宽带建设，除步云、珊瑚外，全县其他20个乡镇实现光纤网络全覆盖。

〔提升客户满意度〕

2016年，上杭联通继续营造放心、和谐的消费环境，为提升用户感知，提供方便、快捷的通信业务需求。通过开通微信在线服务，增强在线处理能力，实现第一时间处理客户需求，切实提高客户满意度。全年自营厅整体满意率达99.65%，服务质量达标率98.98%。

·上杭网·

〔主要工作情况〕

2016年，上杭网开办的主要业务有：提供本土资讯，通过会员在论坛主动发帖形式，获取发生在上杭的最新消息；发布生活信息，开设如房产信息、婚恋交友、求职招聘、便民电话、二手交易和商家促销等栏目，让广大网民能在上杭网快捷方便的获取所需的实用生活信息；聚合兴趣圈子，倡导积极、健康、时尚生活方式，通过发现、汇聚各类有共同兴趣网友，经常性召集、举办各种有趣的线上线下活动，有摄影、骑行、收藏、文学、车友、户外、太极、摩托车、武术、足球等专门版块，让网友们能在本站找到志趣相投朋友，以此来丰富公众业余生活；发起公益活动，设立专门义工栏目，通过发起、呼吁并且影响广大有爱心的网友们参与进来，做好事、做善事，帮助需要帮助的人们；协作政务公开，教育、环保、计生、建设、交通、卫生、国土等部门先后进驻本站，城管、工商、公安、旅游等部门开设专门栏目或论坛版块，通过网络让网民表达诉求和观点，尽最大可能汇聚合民情民意，整理后传递至相关单位，以便给网友们答疑解惑，提供决策依据；运行电商平台，2014年12月，设置大型网购平台——赴墟网，面向闽粤赣边大客家地区，引入客家赴墟文化，销售有本土特色的农副特产品。上杭网www.364200.cn始建于2005年10月，是上杭面向公众的综合性生活门户网站，以本土生活信息为主要服务内容，以关注民生、服务百姓为宗旨，结合上杭地域和经济属性，突出文化内涵、健康生活、社会公益和正能量。

2016年年底，该网发展会员达6.6万名，日访问量超过10万，有微信公众号粉丝18.3万名，腾讯微博粉丝6.4万人，APP客户端安装用户约1.5万户，成为上杭链接世界、世界了解上杭的知名网络平台。

《科学技术　数字信息》撰审人员

撰 稿 人：许长远　邱贺祥　江俊玉　林灵茂　刘　敏　赖剑剑　张　兴
审 稿 人：池宝发　刘复浩　傅增寿　王立茂　廖志松　廖耿宇
责任编辑：钟梅娇

社会团体

·总工会·

〔基层工会组织建设〕

2016年,创新工会组织形式和组建方式,重点抓好新建企业、外资企业、建筑行业的工会组建和农民工、劳务派遣工入会工作。全年,上杭县有731家企业组建工会,建会率达到100%。

2016年,抓好职工50人以上的基层工会建设,着力抓好获得各类荣誉称号、具有一定影响力的先进基层工会,鼓励基层工会建功立业,充分发挥他们的示范、引领和带动作用。紫金矿业集团工会被确定为百家全国先进工会创建单位。

2016年,针对县、乡换届工会干部调整面大的状况,下发要求乡镇工会联合会换届选举的通知。先后举办县直机关工会干部和产业工会、工会联合会工会干部培训班,围绕工会工作干什么,怎么干开展业务培训,全年举办培训班6场,培训工会干部340余人次。

2016年,以职工代表大会制度为核心,全面推行民主管理工作。全县国有控股、企事业、民营经济、区域性、行业性企业共计647家建立职代会和其他形式的民主管理制度,召开职代会318次,审议薪酬、加班等各类制度、方案768件,25家企业建立董事会,其中7个工会主席进入董事会。

2016年,加强工会基层和基础规范化建设,密切工会与职工群众的联系,增强工会组织的凝聚力和吸引力,充分发挥优秀基层工会的引领示范作用。全年,县工业园区、临江镇、临城镇、湖洋镇、蛟洋镇等23个镇(区)全力推动工会联合会规范化建设。

2016年,把组建工会、创办职工帮扶中心、建设“职工之家”统一起来,做实做大职工之家品牌。以建家活动带动企业“双爱双评”“关爱职工、实现双赢”等各项活动的开展。

〔维权工作〕

2016年,做好企业工资集体协商签订工作,维护职工合法权益。全年,签订工资集体协商共112份,其中区域性23份,行业性3份,企业96份,覆盖企业621家,覆盖职工40276人。全年,参加劳动仲裁3件,调解劳动争议案件17件。做好信访工作,共接待职工群众来信来电来访15件31人次,协调化解信访案件15起。

2016年,切实维护职工的生命健康权益。重点排查紫金铜业、瓮福紫金化工有限公司等40余家企业职业卫生安全隐患,督促全县企业把安全生产宣传教育工作纳入重要工作来抓。发动203家企业2万余名职工参加“安康杯”竞赛活动。在全县矿山、冶炼和危化行业、企业推广“一法三卡”,为县重点企业职工制作安全检查提示卡、有毒有害化学物质信息卡、重大危险源(点)警示卡8000余份,在紫金铜业公司举办“一法三卡”安全知识竞赛和操作演练活动。2016年,县总工会被评为福建省“安康杯”竞赛优秀组织奖。

2016年,参与工伤事故调查处理。全年参与死亡事故调查6起。在参与事故调查过程中严格执行“四不放过”原则(事故原因不查清不放过、责任人员未处理不放过、整改措施未落实不放过、有关人员未受到教育不放过),有效维护职工合法权益。

〔帮扶工作〕

2016年,强化困难职工建档立卡工作。对全县在档困难职工进行入户走访,确保困难职工档案的精准性,确保帮扶措施、政策、资金落实到户、落实到人,真正实现精准帮扶。在档困难职工185户,困难职工在学子女档案128人,农民工档案64户。

2016年,开展“送岗位、送法律、送健康、送文化、送清凉”活动。与人社局、城建局、工业园区等单位联合搭建企业与求职人员的沟通交流平台,在城区举办2016年新春劳务供需见面会暨2016年高校毕业生新春供需见面会,引导城乡广大劳动者就近就地就业。全年开展法律宣传3次,发放《中华人民共和国劳动合同法》《中华人民共和国社会保险法》《中华人民共和国劳动者权益宣传册》《劳动政策法规选编》《农民工维权100问》等法律书籍、宣传资料近2000余册，服务群众咨询1000余次；与县文明办、团县委、县妇联等20家单位在瓦子街广场联合开展“弘扬雷锋精神·建设和谐上杭”主题志愿服务一条街活动，先后2次组织医疗志愿服务队，在瓦子街广场开展义诊活动，发放宣传资料500余份，义诊100余人；在元旦、春节期间，开展农民工送文化活动，请书法家到工业园区企业现场为农民工写春联500幅。进企业送温暖活动，走访困难企业10余家，慰问困难职工和一线职工270余人，发放慰问金25.6万元。

2016年，开展“金秋助学”活动，共资助困难职工在学子女69人，发放助学金共计23.5万元。

2016年，开展“百家单位、千名干部”连心帮扶行动。全年，调整安排77个县直机关、企事业单位结对连心帮扶77户困难职工，对帮扶户每年至少进行两次帮扶慰问，共帮扶困难职工、困难劳模、农民工482人，发放各项帮扶资金超60万元。此项工作获省肯定并批示在全省推广。

2016年，全县参加第九期职工医疗互助活动共计21877人，参加女职工特病互助4309人；补助住院职工1407余人次，发放补助金101.24万余元。

〔建功立业〕

2016年，联合相关部门单位在县级7个系统（行业）组织开展12场次职工技能大赛，指导紫金矿业工会举办本土企业10项职工技能竞赛，近2万名职工参加岗位练兵活动。继续开展“名师带高徒”活动，实现师徒结对356对。

2016年，在矿冶、电力、商贸、化工行业开展“节能减排达标竞赛”和“金点子”合理化建议活动，参与企业25家，参与职工群众1万余人，采纳实施合理化建议400余项，创造价值近1000多万元。

2016年，着力创建“工人先锋号”。紫金铜业有限公司闪速炉甲班等四家单位荣获龙岩市“工人先锋号”称号，县总工会命名县职工服务中心等10个县级“工人先锋号”。

〔劳动模范〕

2016年，配合县委、县政府做好省、市劳模的推荐评选工作，全县有紫金矿业集团有限公司紫金山金铜矿矿长陈兴章等14人被评为市劳动模范，“五一”期间与县电视台联合录制“劳动光荣”系列节目，集中宣传一批模范人物的先进事迹。

2016年，县扶持6个劳模创新工作室示范点，培育1家全国示范性劳模工作室（陈进周劳模工作室）。

〔女职工工作〕

2016年，在蛟洋工业园区举办“关爱女职工·关注女性健康”知识讲座，紫金铜业有限公司、瓮福紫金化工股份有限公司、龙氟化工有限公司等企业120余名女职工参加；5月，开展女职工建功立业座谈会，引领女职工建功立业；全年安排33名建档困难女农民工到县中医院进行免费体检。

〔职工文化建设〕

2016年，投入6万余元在县总工会新建“职工书屋”，同时推动自建、改建、扩建各类“职工书屋”和“电子书屋”10家。2016年，与县旅游局和县文体广电新闻出版局联合举办“传承红色基因·讲好上杭故事”职工技能竞赛，各产业工会、工会联合会、基层工会选送选手29位，评选出优胜者15名。“五一”期间，举办职工篮球友谊赛、气排球比赛、乒乓球团体友谊赛等活动。

〔自身建设〕

2016年，组织工会干部职工通过以会代训、到园区或基层工会举办培训班、参加上级工会举办的培训班等形式，提升干部职工自身素质，全年组织350余人次工会干部职工参加培训。

2016年，在省总工运信息、市总工运信息、《闽西日报》等刊发105条信息，在省市县工会网站刊发信息200余条，在县广播电视台播出信息38条。开通“上杭工会”官方微信平台，推送微信近200条，宣传工会重点工作和特色工作。

2016年，县总工会被省总工会授予“县级工会经审工作规范化建设A级单位”。

·共青团·

〔希望工程关爱帮扶活动〕

2016年，为旧县镇梅溪希望小学申请平安希望奖学金1.65万元，为上杭县官田电力希望小学、溪口电力希望小学申请希望小学修缮款2万元。

2016年，推进“希望工程·圆梦行动”助学活动。9月1日，团县委、县希望办在县行政办公大楼二楼会议室举行“希望工程2016·圆梦行动”捐赠仪式，筹集资金61.62万元，比上年增长30.1%；资助贫困大学新生145名，比上年增长30.6%。

〔服务青年就业创业〕

2016年4月21日，开展“奋斗的青春最美丽”创业青年分享会，为创业青年搭建沟通平台。5月14日，团县委联合县邮政储蓄银行开展青年小额贷款相关知识培训，并对在支柱产业、特色产业发展中有创业意愿、创业潜力和首次创业的大学生、农村青年进行摸底调查。至年底，为符合条件的青年发放创业资金贴息贷款60万元。6月8日，团县委召开农村青年创业小额贷款工作专题会议，向有创业意向的青年详细解答相关贷款知识。7月25日，团县委召开YBC青年创业服务座谈会，为创业青年提供学习培训、经验交流平台。推荐15

名优秀青年参加YBC培训,帮助238名创业青年申请2万元—10万元不等的小额贷款,全年累计发放小额贷款982万元。

2016年,联合县人社局、县广播电视台以"红土地上的返乡创业大学生"为主题,开展大学生创业典型专题系列采访活动,对7名创业青年的创业现状、特色亮点、创业历程进行经验推广。9月—10月,到中都、下都、官庄、珊瑚、茶地等乡镇对近20名返乡创业大学生进村走访、实地了解当前农村大学生创业的情况。

〔搭建团干部直接联系青年平台〕

2016年,推进团干部直接联系青年工作平台。8月,启动团干部直接联系青年工作平台。至年底,共添加专职团干部33人,按照1名团干部至少联系100名青年的要求,直接联系青年总计5224人,开展线上线下活动112次,上传照片252张,分享优秀文章24篇。

〔团属舆论阵地建设〕

2016年,利用共青团上杭县委官方网站、共青团上杭县委官方微博、共青团上杭县委微信公众号,在官网、微信、微博等平台开展"甜蜜骑行·爱在七夕""大手牵小手　点亮微心愿""乡村中国梦"等活动;在微信公众平台,通过"学长征精神　做红色传人""向国旗敬礼""红色基因　我们传承"等活动纪念抗战胜利80周年,将微信平台作为面向全县团员青年及时传递党团信息、倾听青年声音、分享青春故事、弘扬青春能量、服务青年需求的网上新平台。至年底,团县委官方微博粉丝数比上年同期增加3倍,微信公众平台粉丝数比上年同期增加5倍。

〔志愿服务活动〕

2016年1月25日,团县委组织青年志愿者在县汽车站开展"青春志愿行·温暖回家路"服务春运"暖冬行动"。3月1日,在瓦子街广场联合开展"弘扬雷锋精神·建设和谐上杭"主题志愿服务一条街活动。3月4日,组织青年志愿者到下都镇佛坑村开展以"助力精准扶贫·青年志愿者在行动"为主题的系列志愿服务活动。3月11日,组织志愿者开展"保护母亲河·生态青春行"植树活动暨全力打好"生态环保攻坚战役"宣誓活动。4月15日,组织青年志愿者到贫困村太拔镇罗坑村开展"助力精准扶贫·青年志愿者在行动"青年志愿服务活动。9月10日,组织志愿者前往庐丰乡敬老院及临城镇开展"情暖中秋·爱满杭川"慰问孤寡老人孤儿、残疾人活动。9月19日,组织志愿者围绕"创新放飞梦想　科技引领未来"活动主题参加2016年全国科普日宣传活动。10月17日第三个"扶贫日",组织志愿者在下都镇象栏村开展"同心同行·精准助贫"青年志愿者活动。12月2日,团县委组织志愿者共同开展创建文明县城志愿者活动。

〔开展青少年系列主题活动〕

2016年,以春节、"五四"、"六一"、清明、中秋、少先队建队日等节日为契机,在全县青少年中广泛开展"红色基因·我们传承"主题团队日活动,通过举办"爱心传递·青春驿站"儿童跳蚤市场公益活动、"红领巾相约中国梦——关注'十三五',当好小主人""红领巾相约中国梦——听党的话,做好少年"等主题活动,弘扬爱国主义精神和社会主义核心价值观。

〔青年文明号创建〕

2016年,开展"青年文明号"一条街、"青年文明号"示范月等活动,全年创建县国家税务局纳税服务科、县公安局才溪派出所、县气象台等3个市级青年文明号集体。推报龙岩市古田旅游有限公司、县交警大队城区中队、县公安局城关派出所等6个省(市)级青年文明号集体申报新一批升级青年文明号。至年底,全县共有国家级青年文明号3个,省级青年文明号12个,市级青年文明号26个。

〔维护青少年合法权益〕

2016年,组织县预防青少年违法犯罪领导小组成员单位开展各类符合青少年身心特点的法制宣传活动。1月22日,联合县公安局、县消防大队、县卫计局、临江镇司法所,在县城西小学开展"青春自护·平安春节"青少年自护教育活动;在寒暑假期间,组织各乡镇利用圩天等特殊时间开展青少年法制宣传教育,使青少年法制宣传教育工作覆盖各乡镇;6月25日,组织100余名团员青年参与县禁毒委主办的"珍爱生命·拒绝毒品"国际禁毒日健身跑活动和向团旗宣誓仪式活动。

2016年,开展"青少年维权岗"创建活动。3月,县城关派出所、县法律援助中心被认定为2014—2015年度省级"青少年维权岗"。至年底,全县共有国家级"青少年维权岗"1家、省级"青少年维权岗"3家,市级"青少年维权岗"2家。

·妇女联合会·

〔"三八"系列活动〕

2016年3月1日,县妇联联合县文明办、团县委等单位开展以"弘扬雷锋精神　建设和谐社会"为主题的巾帼维权志愿服务活动。3月4日上午,县妇联联合县司法、公安、法院等20家单位开展反对家庭暴力·创建平安家庭为主题的"三八"维权周宣传咨询服务活动。3月7日,县公安局、县妇联联合召开县第十四届"十佳警嫂"表彰会。3月8日,县妇联组织240余名巾帼环保志愿者在紫金公园开展"美丽上杭巾帼行"为主题的环保志愿活动。3月27日,临城镇党委、政府主办，县纪委、县妇联等多部门协办"在职党员进社区，服务基层添活力"文艺演。

〔"家庭建设年"活动〕

2016年，县妇联开展寻找"最美家庭"活动，其中许泉禄、周丽玲家庭，欧阳伦熬、曾新竹家庭被评为2016年福建省"最美家庭"；陈利新、胡细妹家庭被评为2016年福建省"最美家庭"提名家庭；廖志强、梁小梅家庭被评为"第十届福建省五好文明家庭标兵提名家庭"；胡细妹、陈利新家庭被评为龙岩市"最美家庭"；雷桂英、范富峰家庭被评为龙岩市"最美家庭"提名奖。5月25日，省、市、县三级妇联在上杭县联合开展家庭教育公益大讲堂。10月12日，县妇联、县文明办联合开展全县"最美家庭"表彰大会，表彰41户上杭县"最美家庭"。12月，县妇联和县关工委先后在上杭三中、上杭二中、上杭五中等学习开展家庭教育知识公益性讲座。

〔宣传工作〕

2016年，县妇联联合县广播电视台打造5分钟《红土情・巾帼颂》人物语录，宣传展示杭川大地各行各业的巾帼风采。节目从3月9日开播直至年底，共播出18个人物语录，取得良好的社会反响。同时，发挥"上杭妇联"微信公众号作用，及时更新和维护好"上杭妇女网"站内容，编撰《上杭妇讯》11期。

〔巾帼建功与双学双比活动〕

2016年，开展巾帼铸梦行动，引领妇女建新功立新业。围绕三大战役和"2+8"产业，持续深化"巾帼建功"和"双学双比"活动。上杭县聚胜农场被福建省妇联命名为2016年度福建省巾帼示范基地，上杭县优生活家政服务有限公司被福建省商务厅认定为2016年福建省示范性家政服务站。

〔妇女儿童维权工作〕

维权工作 2016年，完善维权工作机制，整合各部门资源，共同维护妇女儿童合法权益。3月，通过分发宣传材料、开办宣传专栏、播放宣传视频、举办专题讲座等形式宣传《反家庭暴力法》。县、乡妇联、村级妇代会层层建立信访投诉站和家庭暴力投诉点，与县残联、县看守所等单位共设立37个法律援助站。全年，县妇联共接待妇女来信来访18件次(其中，来信1件、来访16件、来电1件)，均得到及时处理。

〔"平安家庭"创建活动〕

2016年，继续推进"平安家庭"创建活动，结合"不让毒品进我家"、寻找"最美家庭"、创建"五好文明家庭"等活动，倡导以德治家、文明立家、平安保家、廉洁守家。11月26日，省"平安家庭"创建活动群众满意度调查组到上杭县开展群众满意度调查工作，随机抽查临江、临城的2个社区、2个村共计40户家庭开展入户走访谈话和问卷调查。全县"平安家庭"创建率达95%以上。

〔民生项目〕

国家级"两纲"示范县工作 2016年，上杭县被国务院妇儿工委办确定为"实施中国妇女儿童发展纲要国家级示范县"(2016—2020年)，是福建省获此荣誉的2个县(区)之一，也是龙岩市唯一获此殊荣的县(市、区)。督促实施国家级城乡接合部流动儿童预防接种服务站建设项目、省级降低孕产妇死亡率、提高产科服务水平项目和婚前医学检查和孕前优生健康检测整合项目等。1月，召开婚前医学检查与孕前优生健康检查整合项目推进会。4月19日，召开全县妇女儿童发展纲要中期评估督导及迎检部署会，全面安排部署中期评估及迎检工作。2016年，继续运行和管理好古田镇五龙村和临江镇东社区"儿童友好家园"，坚持每月开展1次以上活动。2016年，由中国人民解放军空军捐赠10万元建设的"儿童快乐家园"落户古田镇新生村，配置电脑、图书、文体用品、玩具等。

关爱儿童工作 1月10日，县妇联联合县儿童友好家园、博才教育在县妇女儿童活动中心二楼综合教室开展"弈趣飞扬"亲子棋艺大赛活动。2月，县妇儿工委成员单位团县委、公安局、卫计局在县城西小学联合开展以"青春自护・平安春节"为主题的青少年自护教育活动。4月10日，上杭县妇联携手咔哇咿童装公司、上杭义工俱乐部在泮境乡中心小学开展赞助老区儿童的爱心捐助活动，共捐助儿童20名。5月4日，县卫生和计划生育局、县计划生育协会、县妇联在上杭大酒店联合举办"0—3岁婴幼儿早期教育"知识讲座。12月4日，由县商务局、团县委、县妇联主办，县青年电子商务协会承办"用爱点亮你我的世界"为主题的电商杭货暖冬汇活动在瓦子街举行。持续实施"春蕾计划"，通过多方筹集"春蕾"助学款11.42万元，共资助198名贫困女童。争取龙岩市妇联"春蕾圆梦"扶持贫困女大学生3名(5000元/人)；争取省级"春蕾计划"扶持女大学生3名(5000元/人)。县妇联与厦门海关妇委会开展结对共建同行活动。2016年，厦门海关向上杭县捐赠衣服、童鞋、幼儿书包等价值达30余万元的爱心物资，并在泮境中心小学举行爱心物资发放仪式，为泮境中小、中幼共291名学生、贫困家庭、贫困妇女发放价值3万余元爱心物资。

关爱母亲服务行动 2016年，持续开展农村妇女"两癌"筛查工作，向上争取救助资金，慰问贫困母亲和"两癌"妇女58人，发放慰问金6.4万元；与县红十字会联合在全县开展"母亲健康1+1"募捐活动，筹集善款1.3万元；县妇儿工委办与县卫计局、县妇幼保健院联合开展"母亲健康快车"下基层活动，主要对象是为边远山区农村低保妇女和60岁以上老年妇女免费提供健康普查、义诊服务。

共发放宣传彩页、妇女两癌宣传册、预防艾滋病小册子800余份,为500多名妇女进行常规体检、妇科普检等相关检查,免费发放药品共计3000余元,受益群体2000余人。县妇联开展4期育婴师(月嫂)、家政服务员职业技能免费培训班,培训妇女总数约500人,并组织参训人员进行理论和技能考试,通过率80%以上。全县各乡镇组织开展的家政服务员、育婴师(月嫂)培训人数达1500多人。

2016年9月6日,杭籍企业家"9·8"恳谈会在厦门君泰酒店召开

〔队伍建设〕

2016年,继续开展"百村妇代会争先创优活动",加强党建带妇建,指导和加强"妇女之家"活动阵地建设。全年有117个村被评为"市级先进妇代会"。配合县、乡换届工作,各级妇联组织向同级党委推荐优秀女干部,发挥妇联组织培养选拔女干部的摇篮作用。指导完成22个乡镇妇联换届工作,共选举产生乡镇妇联执委154人,其中乡镇妇联主席22人、副主席25人。同时,加强对乡镇妇女工作的考评,并按考评等次下拨1.2万、1万元、0.8万元不等的乡镇妇联工作经费。指导完成对县直21个系统妇委会的换届和调整工作,配齐配强妇联基层组织。做好省妇女第十二次代表大会代表的推荐选举工作,全县有6名代表,其中省妇联执委2名。全年,为267名年满55周岁以上、曾任妇代主任20年以上的离任妇代会主任发放养老补助资金9.61万元。

·工商业联合会·

〔招商引资〕

2016年,县工商联充分发挥商会平台资源优势和各招商联络员的作用,引导商会会员回杭投资兴业,"回归工程"取得成效。全年杭籍企业家回杭投资项目15个,主要有油茶深加工项目、金古田养生养老服务项目、淘实惠农村电商服务平台等,总投资额约为11亿元。其中,油茶深加工项目,由厦门上杭商会常务副会长李辉选投资建设,该项目总投资额5000万,落户于南岗工业园区,10月28日与工商联签约。

2016年2月11日,上杭县2016年企业家新春座谈会在上航大酒店召开

〔服务企业〕

帮助企业解决困难 2016年,帮助会员上杭晟新食品有限公司协调调整生猪屠宰加工服务费,11月底,县物价局发文将生猪屠宰加工服务费从43.5元调整到56元。

民营企业专业队伍建设 2016年,福建同源建设有限公司、福建省恒基建设股份有限公司、福建尚达建设工程有限公司等企业共230余名专业技术人员申报高级、中级、初级职称评审,至年底有170名专业技术人员通过中级职称预审。

非公经济人士政治推荐工作 2016年,做好非公经济人士的政治推荐工作。向市工商联第五次会员代表大会推荐11名非公经济人士作为常执委人选,在市工商联(总商会)第五次会员代表大会上,陈生、雷祖云等4名非公经济人士当选为市工商联副主席,刘文洪、张可贵、蓝天辉等7名非公经济人士当选为市工商联执委。全县有81名非公经济人士当选委员、代表,其中第五届市政协委员15名,第十二届县政协委员42名;第五届市人大代表11名,第十七届县人大代表13名。

信息服务 2016年,充分利用县总商会网站，及时传递国家、省、市、县的各项惠企政策，宣传报道非公经济人士中的先进事迹等，宣扬杭商正能量。同时，向省、市工商联网站、上杭县新闻网等报送信息。截至年底，向省、市工商联网站、上杭县新闻网等报送信息162条。连续2年被福建省工商业联合会评为信息工作先进单位；连续3年在龙岩市工商联系统名列前茅。

〔光彩事业〕

2016年，县工商联积极引导非公企业和非公经济人士主动承担社会责任，回报社会。2月，市光彩事业促进会成立期间，全县企业单位及企业家共认捐现金876万元，冠名基金1800万元。据不完全统计，全年杭籍企业及企业家向县慈善会及各乡镇光彩基金会捐款1501.04万元。继续开展“同心·海西春雨光彩助学”活动，全年共有38名贫困学子获得省、市、县工商联、异地商会及外出企业家的资助，累计资助金额为16.4万元。

2016年，倡议动员非公企业及企业家践行“同心”思想，投身“红土同心·民企帮村”精准扶贫行动。福建上杭太阳铜业有限公司、福建优创农业发展有限公司、北京金色乐途(“亲亲我家”)网络科技有限公司等5家企业参与精准扶贫行动。其中，太阳铜业通过就业扶贫的方式为贫困户提供就业岗位，帮助贫困户增收，至年底该公司吸纳贫困人员11人；优创农业通过“公司+基地+农户”的模式，实施产业扶贫，建立生姜基地500亩，辐射带动贫困户种植生姜，增加贫困户经营性收入；“亲亲我家”将北京总部公司的网络客服转移到官庄畲族乡，吸纳贫困人员60人就业；瓮福紫金、紫金铜业分别派员到蛟洋镇邹坑村、达理村任第一支书。

〔异地商会建设〕

2016年，县工商联多次组织干部赴泉州指导上杭商会做好换届工作。12月10日，泉州市上杭商会召开第二届第一次会员大会暨第二届理监事会就职典礼，新一届商会会员共有91人。

〔争创“五好”县级工商联〕

2016年，县工商联扎实开展“领导班子好、会员发展好、商会建设好、作用发挥好、工作保障好”的“五好”县级工商联的创建工作，以“五好”县级工商联建设带动工商联基层组织建设的全面提升，再次被中华全国工商业联合会、福建省工商业联合会评为2016年度全国“五好”县级工商联及福建省2016年度“五好”县级工商联。

2016年8月25日，开展“同心·海西春雨光彩助学”活动

·科学技术协会·

〔主要工作情况〕

科普助推促脱贫 2016年，县园艺产业协会、临江镇镇中社区、通贤乌兔协会获中国科协“基层科普行动计划”项目表彰，共获奖补资金45万元。县贵妃鸡养殖协会、芳香农场等7个项目获市科协“基层科普行动计划”项目表彰，共获奖补资金4.8万元。通过协会、科普基地带动当地贫困户发展生产，增加收入。

2016年，开展“科普助推促脱贫”实用技术培训讲座系列活动。邀请专家在泮境、茶地、临城等乡镇举办花生、水果、再生稻、槐猪、乌兔等种养殖技术培训班，培训以贫困户和妇女为主的农户1000多人，壮大农村实用技术人才队伍，增加贫困户创业能力。县农学会、林学会等涉农协会和各乡(镇)科协组织开展“雨露计划”及各类农村实用技术培训工作，举办培训班20多期，培训2000多人，使参训贫困农户基本掌握1门—2门有一定科技含量的农业生产技术，提升贫困户的自我发展和创业就业能力。

举荐人才树典型 2016年，着力营造学术研究交流氛围，在学术交流中发现人才。在龙岩市科协第十四届学术年会上，上杭县推荐的论文获二等奖4篇，三等奖9篇，对优秀学术论文及时兑现奖励。

2016年，积极向有关部门举荐优秀科技人才，紫金矿业公司技术骨干俞金生获2014—2015年度“全国青年岗位能手”称号。紫金矿业公司甘永刚获第二十三届运盛青年科技奖并被评为福建省优秀科技工作者，衷水平获第八届紫金科技创新奖，通贤乌兔协会会长丁晓红被评为全国科普带头人，溪口镇农技站黄金生、临城镇蜜雪梨协会罗庆彬被评为龙岩市农村科普带头人，茶地镇水稻抗病育种协会会长陈进周被推荐为科学技术协会第九次全国代表。

科普宣传 2016年,制定《上杭县“十三五”全民科学素质行动计划纲要实施方案》,由县科协牵头,联合县文明办、团县委、紫金矿业集团公司等20多个单位,开展以“科普之光照杭川”为主题的科普大篷车进农村、进社区、进校园系列活动。9月10日—10月10日,联合县教育局、紫金地质矿产博物馆在紫金矿业学院内举办福建省流动科技馆巡展活动,参观人数达1万多人次。

2016年,与县广播电视台联办《科普新说》节目,在县电视台播放有关科协工作动态、科普活动内容共12次。督促各乡镇抓好村级科普宣传栏的管理,及时更新内容。县汀江环保协会、溪口镇科协、紫金矿业科协等县直学会、乡镇科协、企业科协根据各自的业务特点,通过设置咨询服务台,科普宣传展板,医疗专家现场义诊,发放科普宣传资料,科普讲座、培训等形式,为广大公众提供公共卫生、健康咨询、环境保护、食品药品安全、农村科学种养殖技术等多方面科普知识。

2016年,上报信息被省科协采用152条,市科协采用167条,居全市各县(市、区)前列。报送新闻报道被闽西日报采用4条、龙岩新闻联播采用2条,上杭新闻采用12条。

2016年,紫金矿业地质矿产博物馆被命名为全国科普教育基地、镇中社区被命名为全国科普示范社区。

〔承办全国科普日龙岩市主场活动〕

2016年9月19日,龙岩市暨上杭县全国科普日主场活动启动仪式在上杭县紫金地质矿产博物馆前隆重举行。市政协副主席李新春,市科协原主席温国能,县委书记傅藏荣,县委常委罗小洪等领导以及市、县学(协)专家、科普志愿者、中小学师生代表、社区居民共1000余人参加主场活动。活动现场组织名医义诊、科普咨询、展示科普宣传展板、发放科普宣传资料、播放科普大篷车视频;同时组织观看机器人表演、科普专题文艺会演;参观紫金地质矿产博物馆等科普活动。2016年,县科协被中国科协表彰为“2016年全国科普日活动优秀组织单位”和“2016年全国科普日特色活动优秀单位(‘科普助推促脱贫’实用技术培训活动)”。

〔组织青少年科技创新大赛创佳绩〕

2016年,精心组织中小学生参加青少年科技创新大赛,在省赛中获一等奖3项,全市4项被推荐到全国表彰的项目中有3项是上杭县推荐的,并分别获得全国二等奖。在龙岩市第九届青少年科技创新大赛中获一等奖12项,县科协对获奖的指导老师和学生给予近万元奖励。

·文学艺术界联合会·

〔主要工作情况〕

2016年,县着力推动文艺事业大发展大繁荣。3月,县文联工作业绩入编《中国文联年鉴(2016)》,是全省唯一入编的县级代表。12月,被省人社厅、省文联评为全省文联系统(2012—2015年)先进集体。

项目建设 2016年,县文联围绕重点项目建设要求,做好“诗意院田”历史文化古村落保护与旅游发展项目。明确院田为“中国朦胧诗发祥地”的定位,建成“朦胧诗展示馆”。8月28日,朦胧诗展示馆揭牌仪式在太拔镇院田村举行,并对游客开放。厦门知青代表谢春池,福建师范大学协和学院文化产业系主任伍明春,及龙岩、长汀等地作家参加揭牌仪式。朦胧诗展示馆内展出舒婷、顾城、杨炼等当代朦胧诗派代表诗人的作品,陈列有关朦胧诗的大量图片、文字资料以及其他实物。2016年,深入挖掘院田的历史文化,做好古民居内楹联的考证、补遗、注释、拍摄等工作,编辑出版《院田古民居楹联集锦》。举办“走进院田”主题写生采风活动和“诗意院田”书法美术摄影作品展,出版以诗意院田为主要内容的《杭川文艺》1期。

文艺活动 2016年,充分发挥文艺界人才多分布广的优势,开展系列服务各行业的活动。与县诚信促进会联办“诚信之光”新春书法笔会;与福建省文史研究馆、县委宣传部联办“墨韵心声”诗书画联展;与北京《艺衡》编辑部联办“载和堂”馆藏袁行霈书法作品展;与北京《艺衡》国学丛刊编辑部联办“素笺雅韵”清代学者信札展;与闽西书画院联办“翰墨颂辉煌”闽西书画院画师作品展;举办本土音乐家袁洪亮作品音乐会,是龙岩市史上首个个人作品音乐会。为纪念中国共产党建党95周年、红军长征胜利80周年,协助承办由中国作协、省文联、省作协主办,省音协、市委宣传部、市文联、市作协等协办的中国作家“重走长征路”暨福建作家艺术家闽西红土地采风活动。举办中国美术家协会古田写生基地2016年二批次画家“走进上杭”采风写生活动;举办“首届武术晚会”摄影赛;举办“墨彩文心”上杭县庆“三　八”女子美术笔会;举办纪念孙中山诞辰150周年“博爱之光”名家书画展。

品牌打造 2016年,服务全县工作大局,将本土品牌打造成新亮点。打造“华喦文化”品牌,配合县文体广新局做好筹建华喦纪念馆的相关事宜。打造“上杭诗群”品牌,组织开展上杭诗歌讲堂第一讲、第二讲,举行上杭文学丛书座谈会和熊永富诗集《风景里的月亮》作品座谈会。

基地建设 2016年,抓好中国美术家协会古田写生基地建设。分别于5月和8月举行古田写生基地2016年画家“走进上杭”采风写生活动，组织20多位中国美术家协会会员参加采风写生活动，宣传上杭县红色文化、客家风情、绿色景观。抓好福建省特色文艺示范基地“上杭国画创作基地”建设，组织采风写生、笔会、作品交流座谈会等形式，提升国画创作能力。2016年，福建文学杂志社在上杭县创设文学创作基地。

服务作者 2016年，县文联利用微信，搭建文艺信息传递平台，上杭美协群、上杭书协群、上杭摄影家协会群、上杭作协群、上杭音协群、杭籍新生代美术群等各协会微信群；由上杭企业家李辉选出资设立李辉选文学奖，是龙岩市首个由个人出资设立的文学奖。首届评奖活动面向龙岩市作者，奖项涵盖诗歌、小说、散文、文学评论等。本届文学奖邀请国内著名作家、评论家作为终审评委，有9位龙岩本土作家分别获得诗歌、小说、散文冠军奖和优秀奖，最高奖项获得者分别获得5000元奖励。

〔2016年上杭县文艺创作主要成果〕

2016年上杭县文艺创作主要成果情况表

表29

作品名称	作　者	文艺门类	发表、出版、展览、演出、获奖情况
《上杭诗群作品选》	谢　冕 李迎春 李伯庠 凌　一 林华春 温文茂 李野平	文学	入编2016年12月《福建文学》
“诗意院田　梦里老家”专题片解说词。	李迎春	文学	获中国电视艺术家协会专题节目类一等奖
中篇小说《大名府》	李迎春	文学	获第八届福建省百花文艺奖三等奖
诗歌《生命中的红色畅想》	李迎春	文学	获省作协、省福建文学、省福建文学院联合举办的纪念长征胜利80周年征文优秀奖
诗集	熊永富	文学	出版诗集《风景里的月亮》
作品《江风》(外二首)	熊永富	文学	发表于《福建文学》2016年第6期
《阳光透过玻璃窗》	熊永富	文学	发表于《西部》2016年第12期
阳光心田	丘仰文	文学	发表于2016年第2期中国金融文学
诗歌选	蓝朝金	文学	连续4期被刊登在《福建日报》专栏《每月新人》
国画《一树粉黛芳菲浓》	何美玲	美术	入选万年浦江全国中国画花鸟作品展
国画《白鹇修竹》	何美玲	美术	入选第3届“八荒神通”哈尔滨美术双年展
国画	谢天茂	美术	获福建省第3届“意之大者”写意画优秀奖
国画《雄关漫道》	林挽澜	美术	入选纪念红军长征胜利80周年福建省美术作品邀请展
国画《红色山风》	林挽澜	美术	入选纪念红军长征胜利80周年福建省美术作品邀请展
行书条幅	温文茂	书法	入选“翰墨颂辉煌”纪念中国共产党成立95周年福建省书法家邀请展作品集
书法作品	邹泉生	书法	获龙岩市第2届“中国梦　劳动美”职工书画摄影展书法类二等奖
书法作品	邹泉生	书法	“纪念中国人民抗日战争暨世界反法西斯战争胜利70周年福建省群众文化书法大赛”铜奖

续表29

作品名称	作　者	文艺门类	发表、出版、展览、演出、获奖情况
《围屋秋韵》《一桥飞架南北》	丘开勇	摄影	入选"俯瞰八闽"航拍摄影展
《瞻仰》	简晓金	摄影	入选由中共福建省委宣传部、福建省文联主办的"弘扬长征精神　纪念中国工农红军长征胜利80周年——福建美术书法摄影展"
《插秧》	赖锦发	摄影	获2016年第一届塞尔维亚摄影大赛优秀奖

·侨　联·

〔主要工作情况〕

联络联谊　2016年，加强涉外接待工作。利用春节、清明、端午、中秋等海外华人华侨回乡探亲高峰，登门拜访回杭海外乡亲，与他们进行交流沟通，巩固亲情乡谊。春节期间，接待港澳侨胞和海外华人华侨20余人次；春分清明期间，与客联会、姓氏宗亲会对接，接待1000余名来自中国港澳台地区以及新加坡、泰国、美国等地的李、丘、廖、黄、张氏等乡亲回乡探亲、祭祀；4月—12月，分别接待到上杭商讨北美上杭同乡会成立事宜的梁瑞凤、丘承、林晨等；接待到中国作学术交流的美国侨胞陈珊博士一行；接待北美上杭同乡会理事、加籍华人肖英，北美上杭同乡会理事、美国国美银行副总裁林继耕博士及国际人士、美国著名肿瘤专家郑德友博士等。梁瑞凤博士还就组建"上杭经贸团"访美事宜与商务局进行商讨，并与林继耕博士在上杭一中、湖洋中学为学子们进行精彩的演讲。在涉外接待中，深入了解他们在海外的发展情况，交流思想和看法，向他们详细介绍上杭县的发展情况，陪同他们参观客家族谱馆、瓦子街、古田会议会址等。引导他们带领更多的华人华侨新生代回家乡探亲访友、考察观光，增强家乡的认同感。

加强横向联谊，做好沟通交流。3月，接待广东清远市侨联一行15人来杭开展基层侨联组织建设交流活动，就基层侨联组织的发展及运作等问题进行交流和探讨；7月，承办龙岩市侨联委员(上杭片区)活动，各县市区侨联主席及片区市侨联委员一行30余人参加。委员们参观福建清景铜箔、大地生机等外资企业，并围绕"如何更好地做好侨联工作"进行探讨；8月，南靖县、平和县侨联一行4人到杭开展"两学一做"学习教育，并就如何更好地开展侨联工作进行探讨，相互交流经验，拓展工作视野。

海外社团　2016年6月25日，由美国乡亲梁瑞凤为发起人，经过近一年的筹备的北美上杭同乡会暨北美上杭一中校友会在美国华盛顿正式成立。县政协党组书记林英峰、侨联主席包晓冬、上杭一中校长温利平赴美参加成立庆典，130余名北美上杭乡亲和嘉宾出席大会。7月2日，北美上杭同乡会加拿大多伦多分会在加拿大多伦多成立。随后，北美上杭同乡会8个分会相继成立。

群众工作　2016年，慰问贫困侨17户、侨界代表人士亲属6人、基层侨联工作者10人、老侨务工作者4人，发放慰问金近2万元。

侨情调查　2016年，在全县范围内开展贫困归侨侨眷家庭调查统计，共调查统计贫困归侨侨眷家庭53户。为解决部分贫困侨的家庭生活等实际困难，积极向上争取贫困侨财政救助专项资金指标9人，发放救助资金1200元/人。

参政议政　2016年，在县人大、政协换届之际，推荐人大代表、政协委员侨界人选10人；引导侨界政协委员对侨界群众关心的热点难点问题开展调查研究，收集侨情民意，并在县第十二届一次政协会上提交提案8件。

维护侨益　2016年，不定期组织干部职工、分会主席、侨联委员及归

2016年6月25日，北美上杭同乡会暨上杭一中校友会在美国华盛顿成立

侨、侨眷代表学习侨法，增强他们的法律观念和“学侨法、用侨法、护侨益”的自觉性。分别于3月、9月、12月，在瓦子街、蓝溪镇、江滨公园开展侨法宣传，营造全社会爱侨护侨的良好氛围。

推荐人才 2016年，做好海外高层次人才推荐工作。发放海外高层次人才信息登记表，对全县的海外高层次人才进行摸底，完善人员信息资料，收集到人员信息20人，筛选出符合条件的12人报送组织人事部门，进一步深化侨务引智工作。

2016年，推荐香港友邦保险（国际）有限公司资深区域总监王英为省侨联青年总会常委，推荐临城镇大学生村官王琨为省侨联青年总会委员，并邀请他们参加12月18日在厦门举行的省侨界青年联合会换届大会；推荐廖洪恩等12人加入省侨联青年人才联谊会。

“侨帮侨”爱心助学 2016年，做好即将结束大学生活走向社会的“陈祖昌先生爱心助学”受助对象的跟踪落实工作，并在春节假期召开座谈会，了解受助学生今后的计划，引导受助学生常怀感恩之心，积极回报社会。发放第四批助学金7500元给3名受助大学生。

配合调研 2016年，配合《龙岩华侨史》调研组在上杭开展侨史资料的查找论证工作。配合中国侨联原主席林兆枢一行到上杭县调研客家文化的保护和传承工作，陪同前往稔田镇官田村李氏大宗祠及城区客家族谱博物馆进行考察。

民情收集 2016年，共收集民情5条（含海外2条），均按时进行处理和反馈。7月，根据美籍华人何某的反映，及时处理其亲属与邻里纠纷的司法鉴定和调解。10月，根据美籍华人孔某的反映，及时为其办理出生公证。

建言献策 2016年，在省、市统战工作调研和市、县群团工作调研活动中，提出建议意见3条；响应省、市侨联开展的“献一策”活动，组织工作人员及侨界人士撰写并提交“献一策”文章10篇。

·残疾人联合会·

〔主要工作情况〕

数据动态更新工作 2016年，开展全县残疾人基本服务状况和需求信息动态更新工作，共完成344个社区（村）调查，应调查持证残疾人26008人。截至9月10日，全县完成调查人数26008人，入户率达到95.14%，完成数据录入23829份，完成率100%。

残疾人康复工作 2016年，为286名贫困白内障患者实施免费复明手术，免费金额42.9万元；继续开展精神病人防治康复，为贫困精神病患者提供服药救助198人，每例补助600元；实施儿童（0—6周岁）救助工程100例（其中，孤独症儿童训练10例，智力儿童训练21例，听力语言儿童训练15例，脑瘫儿童训练54例）；免费为残疾人免费配备助听器37只；免费为残疾人装配矫形器18例；免费为残疾人安装假肢2例；免费向残疾人发放轮椅、拐杖、助行器、站立架、坐姿椅、护理床、助视器等辅助器具805件。

残疾人教育就业工作 2016年，扶助9名残疾人、13名在校残疾人大学生、9名低保户残疾人子女、7名在册贫困残疾人子女上大学，扶持资金7.35万元。

加强对残疾人职业技术培训。2016年，举办3期农村残疾人实用技术培训班，培训200名残疾人及残疾人家属，推荐5名残疾人参加省、市举办的电商培训。做好按比例安排残疾人就业工作，核定按比例安排残疾人就业204人；征缴残疾人就业保障金330多万元。做好省委、省政府为民办实事项目，完成扶持残疾人家庭创业就业69人，扶持资金34.5万元；做好省残联、省财政厅关于扶持残疾人就业创业5个文件落实，共发放扶持残疾人就业创业专项资金25.48万元，其中奖励超比例安排残疾人就业2家企业，奖励资金7.2万元；补贴集中安置残疾人就业2家企业，补贴资金6.11万元；为58名自主就业创业残疾人补助社会保险金12.18万元；建立1家残疾人电商创业就业示范基地，安置5名残疾人就业，辐射带动20名残疾人从事电商创业。

残疾人扶贫工作 2016年，继续做好农村贫困残疾人“安居工程”项目。完成150户农村贫困残疾人建房的收尾工作，至11月底共发放扶助资金150户456万元，并及时做好各项资料的收集。充分利用省级康复扶贫资金，扶持帮助农村贫困残疾人就业创业，至年底共扶持60户发放资金28.2万元。

2016年，完成省委、省政府为民办实事项目残疾人“居家护理”235人，“机构托养”39名，发放护理、托养补助金66.5万元；为98名残疾人提供机动燃油补贴2.55万元；对残疾人大病给予救助，有53名残疾人得到10.63万元的医疗救助。

残疾人种养殖工作 做好农村种养殖基地工作。2016年，上杭县同福鸽业专业合作社、上杭县圆中圆种植基地、龙岩市佳家品农业有限公司被市残联确定为“龙岩市残疾人种养基地”。3个基地共安置6名残疾人就业，辐射带动60多户残疾人户发展种养殖。继续做好扶持残疾人种养殖户工作，全年扶持32户养殖肉鸽；扶持8户养殖珍珠鸡；扶持19户养殖乌兔；扶持20户养殖绿壳蛋鸡，下发扶持资金30.76万元。

残疾人信访维权工作 2016年，共接待来信7件、来访21人次，无出现残疾人集体上访和重大信访案件。

〔残疾人康复和托养设施建设项目〕

2016年，县残疾人康复托养设施

建设项目选址在临城镇水西村看守所附近,占地面积3796平方米,建筑面积8158.14平方米,项目总投资预算为2210万元。项目于8月动工兴建,工程主要分3个区域施工。至年底,C区封顶,A区3层主体梁板砼浇筑完成及土方回填,B区基础土方回填完成。全年,争取资金1050万元,完成投资850万元。

〔农村贫困残疾人“安居工程”〕

2016年,完成150户农村贫困残疾人“安居工程”建设,至年底已搬迁入住110户,下拨资金246万元(每户3万元,其中有6户4万元)全部转入个人账户。

2015年7月,在县政府的牵头下,实施农村贫困残疾人“安居工程”项目,由紫金矿业集团股份有限公司捐建450万元,计划用2年时间完成150户农村贫困残疾人无房户、危房户建房任务,2015年完成82户。

〔残疾人信息化建设〕

2016年11月3日,县残联推出全省首个残疾人专属APP应用平台“启能宝”。上杭县残疾人可通过“启能宝”应用精准获取各类助残惠残政策、提交残疾人服务需求、查找服务机构网点、寻求服务咨询等功能,至年底,“启能宝”安装激活3319个,共收到280条需求。县残联各相关股室给予及时详细回复。残疾人通过“启能宝”发送需求,有4人获得省级康复扶贫项目扶持,22人解决了辅具需求。

·红十字会·

〔人道救助工作〕

红十字博爱送万家活动 2016年春节前夕,县红十字会工作人员深入旧县镇梅溪村、才溪镇岭和村、通贤镇岭头村开展“红十字博爱送万家活动”活动,将上级下拨价值3000元的10份“博爱送万家”慰问物资送到贫困户家里,受益困难群众10户。

“大病救助”工作 2016年,继续做好2015年度城乡困难居民红十字大病救助后续工作,共受理省级大病救助申请134份,发放救助金119.4万元。受理市级大病救助申请14份,发放救助金1.9万元。受理中国红十字基金会救助贫困白血病儿童的“小天使基金”申请3份,受理中国红十字基金会救助先天性心脏病儿童的“天使阳光基金”申请2份。针对重特大疾病患者、家庭贫困但又不符合省、市“大病救助”申请条件的对象,县红十字会通过自筹资金形式开展人道救助,全年救助13人次,救助金额共计1.5500万元。

生命救助工程 2016年,县红十字会做好无偿献血、捐献造血干细胞、遗体(器官)的宣传动员服务等工作,印发遗体(器官)捐献、无偿献血等宣传资料各5000份,对有意向捐献遗体(器官)的对象耐心做好思想工作,主动上门服务,详细讲解遗体捐献的相关知识及其办理的具体程序。春节前,县红十字会工作人员看望慰问2名遗体捐献者的家属,并送上慰问金和慰问品。

〔应急救护工作〕

普及应急救护知识 2016年,抓住“博爱周”、安全生产月、世界急救日等契机,县红十字会先后深入临江镇镇中社区、紫金矿业等单位开展应急救护知识普及活动;依托上杭职专、实验小学2个体验式生命教育示范校和中小学生课外综合实践基地在青少年中普及救护知识,共计普及1万余人。此外,与县总工会联合发文至50个企业,倡议企业职工参加“安康杯”竞赛活动的同时积极参与应急救护培训。

急救员培训 2016年,积极推动应急救护培训进机关、进学校、进企业、进社区、进农村活动,针对高危行业和重点人群开展救护培训,分别为县总工会、建润电业有限公司、县电力公司、金山水电站、白砂国有林场等单位一线员工和红十字志愿者开展应急救护培训活动,经过理论和操作考核,共有339人取得急救员证。

推广“掌上学堂” 2016年,县红十字会推广简便易学、与国际接轨的红十字急救掌上学堂手机应用软件。利用应急救护培训、“5·8”世界红十字日、“世界急救日”“安全生产月”宣传活动等发放掌上学堂宣传折页近1000份,通过出宣传栏、悬挂横幅等途径加大“红十字急救掌上学堂”的宣传,全年开展推广活动11场次、推广红十字急救网上学堂2场次。

开展地震应急演练 7月28日,县红十字会联合县地震办在紫金小区开展地震应急演练。红十字会工作人员通过现场讲解心肺复苏、创伤包扎等应急救护技能并进行演示,小区保安、居民及红十字志愿者共150余人参加实操训练。

〔志愿服务工作〕

开展志愿服务活动 2016年春节前夕,组织志愿者10余人前往才溪、通贤、南阳、珊瑚4个乡镇和残疾人康复医院、养心园护理院开展春节慰问活动。为贫困家庭和残障病人、敬老院老人送去棉被、食用油、糖果等价值近万元的慰问品,慰问人数达160余人次。3月5日,县红十字志愿者开展“家园清洁行动”,20余名红十字志愿者来到县紫金公园开展卫生大扫除。在公园每条道上拾捡果皮、烟头、塑料等垃圾。母亲节当天,县红十字志愿者20余人穿上醒目的红十字马夹走上街头,开展康乃馨义卖活动。义卖所得10769元全部用于救助贫困多胞胎家庭。

志愿者组织建设 2016年,县红十字会共组建古田景区应急救援队、乡村志愿服务队、青少年志愿服务队、人道救助志愿服务队等4支志愿服务队,至年底共有登记注册红十字志愿者62人。2016年，人道救助志愿服务队被龙岩市红十字会表彰为“优秀志愿服务组织”；张建良、赖巧云被龙岩市红十字会表彰为“优秀红十字志愿者”；张建良被龙岩市红十字会授予“三星级红十字志愿者”称号；邱春生、邱文英、蓝于风、江珑、黄浩钧等5人被龙岩市红十字会授予“二星级红十字志愿者”称号；汪登法、傅河洪、陈育华、赖地高、王惠英、郭汀兰等6人被龙岩市红十字会授予“一星级红十字志愿者”称号。

〔募捐筹资工作〕

力争紫金矿业支持 2016年，县红十字会利用区域优势，力争紫金矿业集团股份有限公司支持。与该公司联合制定《关于在全县范围内开展群众性救护培训工作的实施方案》，该公司资助2万元用于应急救护培训工作。

投放红十字募捐箱 2016年，县红十字会在县民政局婚姻登记办、县博物馆、上航大酒店等场所投放红十字募捐箱3台，全年共募集善款3699元。

推广手机短信捐赠平台 2016年，县红十字会积极探索新媒体筹资方式，利用各种宣传纪念活动、应急救护培训、志愿服务活动时机，向公众推介“1069999359”手机短信捐赠平台（手机用户发送“2”至“1069999359”即可向福建省红十字会捐款2元），全年开展推广活动6场次。

筹集爱心物资 2月3日，安徽籍在杭的一位普通经营者，向县红十字会捐赠糖果235罐，总价值5875元，全部发放慰问困难群众。

〔红十字宣传〕

爱心公益日”宣传 2016年1月1日，县红十字会通过手机短信，向机关、企事业单位及社会群众移动通信用户发送5万多条献爱心倡议短信，在城区悬挂宣传横幅，张贴爱心公益日活动倡议书，通过多种渠道向社会号召爱心人士行一个善举，献一份爱心。

“博爱周”系列活动 5月8日，县红十字会在县江滨广场开展宣传、义诊活动。来自县医院、中医院、皮防院、妇幼保健院、临江卫生院等10余名医务人员为市民义诊、免费量血压，并对市民提出的各种关于医疗保健方面咨询的问题进行耐心解答；县红十字会工作人员及红十字志愿者向市民发放《造血干细胞知识手册》《红十字运动基本知识》《红十字急救掌上学堂》等宣传册、宣传折页。活动共接诊群众100余名，咨询群众280余名，发放宣传材料2000余份。5月3日—18日，在县电视台的福建公共、上杭新闻综合频道循环播放《红十字：处处为人人》宣传短片，每天共11次。博爱周期间，县红十字会在固定宣传栏刊出以《处处为人人》为主题的宣传栏，以凝聚更多的社会力量参与和支持红十字事业。

“防灾减灾日”宣传活动 5月12日，县红十字会、民政局、地震办、科协、水利局等18个有关单位，围绕“减少灾害风险，建设安全城市”主题，联合进行大型广场宣传活动。县红十字会发放《防灾减灾常识》《防范恐怖袭击与自救互救指南》《无偿献血小常识》《红十字急救掌上学堂》等宣传册、宣传折页800余份，向群众讲解自我防护、救护知识。

科普下基层宣传活动 2016年7月5日，县红十字会协同县科协、环保等有关单位前往茶地镇开展“科普之光照杭川”为主题的科普下基层活动。县红十字会工作人员通过发放宣传折页、宣传手册和现场讲解等形式，向赶集的过往群众宣传红十字会相关知识和无偿献血、造血干细胞捐献、遗体器官捐献以及应急救护知识。此次活动发放相关宣传材料共计2000余份，帮助公众提高对红十字知识的认知。

“世界急救日”主题宣传活动 9月10日，县红十字会针对2016年急救日主题“儿童学急救，急救为儿童”，以“儿童心肺复苏、气道异物梗阻、眼睛进异物、烫伤、溺水、踩踏等”为内容，在固定宣传栏出版宣传专刊一期。体验式生命教育示范校职专和实小分别组织各班级观看《人道的力量》宣传短片，职专组织新生参加“开学第一讲——尊敬生命，幸福生活”活动；实小以“儿童学急救，急救为儿童”为主题出版宣传专栏，并在一年级年段中开展“珍爱生命幸福生活”主题班会。

防灾避险宣传活动 12月8日，县红十字会联合科协、地震办、文明办等全民科学素质工作领导小组成员单位及部分社区和协会，在县城瓦子街开展“创文明县城，建美好家园”进社区宣传活动。以争创文明县城为契机，红十字会组织志愿者发放“防灾避险”“防范恐怖袭击”“灾害自救与互救”“遗体器官、造血干细胞捐献”等宣传册，工作人员现场操作演示心肺复苏，详细讲解心肺复苏流程。

·客家联谊会·

〔主要工作情况〕

客家文化研究宣传活动 2016年，编辑出版客家联谊会会刊《上杭客家》（第17期）。该期以宣传第八届海峡论坛·海峡客家族谱文化风情节为主题，共收集59篇文章和80首诗，约22万字，分“族谱风情节”“专论·史探”“始祖文化”“人物纪事”“黄金水段”“杭川风情”“杭川夜话”“诗画之乡”“故事传说”“会议·信息”等10个专栏。加大客家文化研究力度。本会顾问钟震东的《试论族谱的儒学教化功能》，副会长严雅英的《从馆藏族谱文献看客家李氏渊源与迁徙》，副秘书长江梓明的《浅谈客家族谱在维护祖国统一的作用》，钟巨藩的《客家族谱里的家训文化》，理事温云远的《从客家族谱中发掘文史价值》等论文参加第八届海峡论坛·海峡客家(上杭)族谱文化风情节主题活动“客家族谱论坛”并入选《客家族谱与两岸情缘论文集》。

联谊活动 2016年,接待县外客家文化考察团来杭参观考察。10月28日,河南省固始县政协历史文化研究会考察团一行5人到上杭调研叶剑英元帅祖居地上祖世系族谱记载情况。11月22日,广东省河源市客联会一行15人,参观客家族谱博物馆和瓦子街。

10月15日,派员参加世界客属第22次公祭客家母亲河大典。派员参加张化孙文化研究总会第八次代表大会。11月16日,张化孙文化研究总会第八次代表大会在金秋公寓假日酒店举行,闽、粤、赣、浙、广西等地代表200多人参加大会。

〔承办第八届海峡论坛·海峡客家(上杭)族谱文化风情节〕

2016年6月12日—14日,第八届海峡论坛·海峡客家(上杭)族谱文化风情节在上杭举办。本次海峡客家(上杭)族谱文化风情节由龙岩市人民政府、台湾世界客属总会、台湾“中华海峡两岸客家文经交流协会”联合主办,由上杭县人民政府、龙岩市台办、台湾联合大学客家学院具承办。此次活动吸引两岸著名客家研究专家学者,客联会、宗亲会、太极拳协会等民间社团组织代表,两岸客家企业家代表等400多人参加,其中台湾方面参加活动的嘉宾175人。

此次活动以“客家族谱”为桥梁,沟通两岸同胞的血肉亲情。围绕第八届海峡论坛“扩大民间交流,促进融合发展”主题活动,以客家族谱展、族谱论坛为核心,精心组织客家族谱论坛、两岸族谱对接、客家文化考察、孙中山丘逢甲同心雕像揭幕仪式、杭台太极交流、投资上杭企业代表签约等各项活动活动和文化风情展示。

论坛中,福建省委原副书记林开钦、上杭县委书记谢海波作主旨发言,台湾专家陈运栋、赖泽涵、丘昌泰、刘凤锦、邱英政,大陆专家王鹤鸣、罗万荷、林仁川、周建新、谭元亨作学术交流发言。从不同角度论述客家族谱与客家移民、两岸交流、文化产业、道德建设、社会文化的关系,佐证客家历史。

·计划生育协会·

〔“四联创”工作〕

2016年,对22个乡镇进行督促、指导,促进基层“四联创”工作深入开展。11月,对22个乡镇计生协会进行年终考评验收,12个乡镇计生协会获先进乡镇,占总数的54.5%;275个村(居)计生协会达到先进村(居)协会的标准,占全县79.9%,其中一流村(居)计生协会164个,合格村(居)计生协会111个;实现五好协会小组928个,占全县协会小组的68.7%。

2016年,经市计生协会检查验收、认定上杭县12个乡镇为先进乡级计生协会。

〔宣传服务工作〕

2016年,县计生协会结合母亲节、“5·29”会员活动日和“六一”儿童节,采取座谈会、知识竞赛、演讲、讲座、咨询等群众喜闻乐见的形式,加大对“幸福工程”“小额贴息贷款”“生育关怀行动”“政府出台的奖扶、优惠倾斜政策”的宣传。5月26日,县计生协会与古田镇联合开展有奖知识竞答活动,古田镇各村常务副会长、秘书长和各中心户长,计生协会会员及计生系统工作人员350余人参与,并于知识竞赛后举办一场别开生面的计生协会小组长演讲比赛。该演讲比赛共21名计生协会小组长参加,以“如何做好新时期计生协会小组长工作”为主题,分享如何做好新时期计生工作的心得体会。演讲比赛评出一、二、三等奖若干名,并发给荣誉证书。12月2日,县计生协会利用全国法制宣传日活动,在江滨公园广场发放《0—3岁婴幼儿早教优教家庭手册》《计划生育优惠政策简介》等相关宣传资料共计400余份,接待群众咨询200余人次。

2016年,县计生协会对乡镇上报信息工作实行每季度一通报制度,对全县信息工作落后的乡镇进行通报,并将信息报送工作纳入“四联创”考评。4月10日,选送《畲乡儿女》和《孙子与奶奶》两件摄影作品参加第十五届中国人口文化奖评选。至年底,县计生协会上报市级以上各类有关计生协会的优惠政策、典型事例、经验做法等信息共152篇,被市级以上媒体采用的有96篇,其中《协会信息》3篇,《幸福工程工作简讯》2篇,《计生协会小组》8篇,《龙岩人口与计生》45篇,《人口之声》3篇,省协会网站2篇,《福建卫生报》3篇,《中国人口报》17篇,中国计生协会微信公众号3篇,《闽西日报》10篇。

〔计生基层群众自治工作〕

2016年,采取“先示范、再推进、全覆盖”的工作模式渐次开展自治工作,新规划示范村117个,实现64%的村达到“六好”示范村(居)(组织建设好、制度规范好、村务公开好、宣传服务好、计生诚信好、文明建设好)标准。全年新增计生基层群众自治示范村占全县村级数的34%,其中县级重点抓好30个示范村,经考评验收符合示范村要求的采取“以奖代补”形式给予每个村奖励3000元。

2016年,按照计生协会“六好”标准,各乡镇建立健全协会组织,各示范村(居)均成立不少于20人的志愿者队伍,利用各种人口文化阵地和宣传途径,开展群众喜闻乐见的人口文化活动。

〔生育关怀行动〕

幸福工程项目 2016年,投入资金86万元,启动2批“幸福工程——

救助贫困母亲”行动。1月,在庐丰畲族乡、蓝溪镇等12个乡镇启动第14批“幸福工程——救助贫困母亲”行动,投入帮扶款44万元帮扶22名贫困母亲。8月,在古田镇、太拔镇等11个乡镇启动第15批“幸福工程——救助贫困母亲”行动,投入帮扶款42万元帮扶21名贫困母亲。

小额贴息贷款帮扶工作 2016年,全县发放小额贴息贷款1465.5万元,落实贴息金额55.28万元,帮扶379户计生三户,其中二女户133户,独生子女户111户,其他计生户115户。

住院起付线工作 2016年,继续对参加“城乡居民合作医疗”的计生二女户夫妇因病住院的给予减免住院起付线。乡镇计生协会每季度将符合条件的对象汇总后报县计生协会,县计生协会审查复核后报县医疗保险管理中心审核后申报县财政预算拨款,直接通过银行转账划入减免对象账户。至年底,为67户减免住院起付线4.53万元。

计生家庭意外伤害险工作 2016年,继续免费为符合条件的计生二女家庭、特殊家庭、独生子女家庭育妇年龄45周岁及以上的家庭成员,村级协会秘书长、村级协会小组长以及机关、企事业单位符合计划生育政策的家庭成员办理“生育关怀—计划生育家庭意外伤害保险”。至年底,全县计生家庭意外伤害保险工作累计完成投保20719户,保费124.01万元,其中县直机关投保5482户,投保金额47.82万元,农村和城区符合计划生育政策家庭投保15237户,每户50元,共投入保费76.185万元。

2016年,经过招投标由中国人寿保险股份有限公司上杭县支公司负责全县17个乡镇和县直相关单位的保险,中国人民财产保险股份有限公司上杭支公司负责县内5个乡镇的保险。

购买服务,送早教课堂进农村 2016年,在部分镇、村(居)开展婴幼儿早期教育发展项目试点工作,提高出生人口素质。全年,广泛开展专题讲座,聘请专业指导老师分批分阶段先后在城区、流动人口示范点及古田、蛟洋、稔田等15个乡镇开展17次的婴幼儿早期教育专题知识讲座,吸引4000余人听讲座,同时专门订购早期教育系列书籍2000份,分发到组;制作早教宣传折页6000多份在群众中广为发放。委托具有早教资质的全国连锁教育机构上杭县哈喽贝比早期教育发展中心在古田镇五龙村、吴地社区,才溪镇下才村、岭和村,南阳镇南坑村,白砂镇碧沙村,蛟洋镇坪埔村、秋竹村,临城镇西陂村、城西社区等6个镇10个村进行儿童早期发展项目试点工作。为试点村儿童家庭接受教育辅导活动6次,共完成6000人次,发放早教包500余份。

计生家庭关怀项目 2016年,共帮助5户计生低保户申报安居工程补助,帮助解决缺口资金,圆计生贫困家庭安居梦。在古田镇开展“生育关怀——助学圆梦”活动,发放助学金0.5万元,帮扶5位品学兼优的贫困计生户子女圆大学梦。县卫计局、县教育局、共青团县委、县妇联、县计生协会等5家单位联合印发《关于印发推进青春健康工作行动计划的通知》,在上杭四中设立青春健康教育基地,在基地设立青春健康教育工作办公室。

《社会团体》撰审人员

撰 稿 人: 傅雪萍 郭筱露 胡 胜 朱丽萍 张小荣 林燕新 谢 菲 黄 榕 张振勇 邱盛良 邓开凤 黄雪英 张桂兰

审 稿 人: 赖永生 刘开元 陈丽琴 蓝春金 伍加禄 温文茂 包晓冬 傅建勇 凌文育 黄其华 卢亮森

责任编辑: 王冬英

金融 保险

·综 述·

〔金融业发展情况〕

2016年,上杭银行业金融机构继续贯彻落实国家宏观调控政策,通过"盘活存量、优化增量"支持重点领域和关键环节,支持地方经济健康发展。至年底,全县金融机构各项存款余额265.3亿元,比年初增加40.25亿元,增长17.89%;各项贷款余额161.94亿元,比年初增加6.78亿元,增长2.78%。严峻形势下全县金融机构资产质量保持良好。年末,全县金融机构不良贷款11561万元,不良率0.71%,比减0.12个百分点。

2016年,发行基金投放增加,回笼减少,全年累计投放发行基金26.17亿元,比增0.91亿元,增加3.6%;回笼发行基金23.45亿元,比减3.21亿元,减少12.04%。回笼投放相抵净投放27139万元。调拨发行基金15.37亿元。收缴假人民币1941张17.1万元,增加693张74145元。

2016年,中国人民财产保险股份有限公司上杭支公司实现保费收入10213.55万元,比增6.93%,赔款支出4162万元;中国人寿保险股份有限公司上杭县支公司实现保费收入1.31亿元,比增25.96%,全年赔付支出852.15万元。

2016年上杭县金融机构存贷款余额表

表30 单位:万元

行　别	存款余额(本外币)		贷款余额(本外币)
	合计余额	其中:住户存款余额	
全金融机构	2653020	1065860	1619355
人　行	164694		
农发行	22523		70135
工　行	179055	95258	223593
农　行	286796	171112	231218
中　行	63095	18599	63423
建　行	122424	69509	108781
农商行	902736	557324	375609
邮储银行	149660	119673	44706
紫金财务公司	590243		415797
兴业银行	282797	25826	65157
中成村镇银行	13217	2079	12119
龙岩农商行上杭支行	7404	6480	8815

说明:2016年12月末人民币各项存款余额262.41亿元,人民币各项贷款余额145.8亿元。其余为外币存贷款余额

·人民银行·

〔执行货币政策〕

2016年,中国人民银行上杭县支行(简称县人行)协助政府出台《上杭县金融支持产业转型升级的实施意见》《上杭县普惠金融发展实施方案》《上杭县"政银保"农业小额贷款保证保险业务试行办法》等政策文件,促进中小企业转型升级;进一步推进农民住房财产权抵押贷款试点工作,出台《上杭县进一步推进农民住房财产权抵押贷款试点工作的意见》,试点工作实现全县22个乡镇全覆盖,发放住房抵押贷款余额311笔6147万元;推动林权抵押贷款,全年累计发放林权抵押贷款1293万元,比年初增加659万元,增长103.94%,办理林权抵押登记面积91530亩。通过黄金租赁、进口信用证、保函等表外业务融资204.56亿元。协助紫金矿业成功发行2016年第一期公司债券50亿元。贯彻落实跨境人民币业务新政策,带动新一轮跨境人民币业务增长,跨境人民币业务115.48亿元,业务量占全市80.45%。

〔信用建设情况〕

2016年,做好信用乡镇、信用村考评工作,全县评定信用乡镇22个,首次实现信用乡镇全覆盖;评定信用村287个,占全县行政村总数的83.43%,信用乡镇和信用村比例居全市第一。建立完善9.9万户农户信用档案,约占全县农户数的90%。评定信用农户5.6万户,信贷资产质量良好,截至12月末,辖区金融机构不良贷款11561万元,不良率0.71%,比减0.12个百分点。资产质量位居全省前茅。

〔维护金融稳定〕

2016年,县人行继续做好存款保险制度组织实施工作。6月,组织相关人员参加总行网络培训,为风险评估工作做好准备。9月,完成对辖区存保单位的评级工作。推进农业银行深化"三农金融事业部"改革试点。关注巨灾保险、大病保险、保证保险等发展。开展融资性担保业、典当业、小额贷款公司、商业银行理财产品等常规项目定点监测。关注辖内去产能、去库存、去杠杆有关政策动向。关注重要行业风险传染、企业资金链状况、企业主失联事件等风险因素。

〔征信管理〕

2016年,县人行继续强化征信安全管理,防范信息泄露风险。加强征信系统维护、应用和接入工作,拓展机构覆盖面。完成上杭中成村镇银行、紫金财务公司接入机构申请材料审核报送。按照新的个人信用报告查询操作流程做好查询工作,全年个人征信查询3004份,企业征信查询149份,司法查询92份。开展专题宣传,营造诚信氛围。规范机构信用代码工作流程,全年共发放机构信用代码证805份。

〔支付结算工作〕

2016年,县人行借助银行卡助农取款服务平台,继续把农村居民社会养老保险费缴纳列入"小额支付便民点"服务范围。以农行、邮储和农商行为单位,推动手机支付业务发展。开展对工行、上杭农商行支付结算执法现场检查。做好金融IC卡的推广工作。结合县政府关于产值超亿元企业推进工作要求,督促紫金财务公司加大电子票据发展,推进电子商业汇票业务。加强账户管理,全年核准开立各类账户1240户、核准变更各类账户1594户、核准撤销各类账户494户。

〔开展打击金融领域犯罪活动〕

根据上级行统一部署,针对2015年反洗钱非现场监管中出现的问题,开展对富德生命人寿保险股份有限公司福建分公司上杭营销服务部的走访工作。5月,组织辖内9家商业银行、(社),2家证券营销部开展"5·15"打击经济犯罪宣传活动。派员参加对中行龙岩分行的反洗钱现场检查。

〔外汇管理〕

2016年,按照"扩流入、控流出"工作部署,加大购付汇业务监管力度,指导辖区银行、企业进一步深化跨国公司外汇资金集中运营。提高外汇统计数据质量,用好外汇检查管理手段,加强非现场检查与分析,完成14次非现场监管,加大对非现场线索的督办与查处力度。

〔金融扶贫〕

2016年,上杭县金融业,加大精准扶贫信贷支持力度。上杭农商行与县政府联合推出《上杭县扶贫小额信贷资金管理办法》,对符合条件的贫困户发放由国有担保公司担保、利率优惠的扶贫担保贷款。全年,共发放扶贫小额贷款829笔3388万元。

·银行业监管·

〔引导辖区银行业落实国家货币信贷政策〕

2016年,中国银行业监督管理委员会龙岩监管分局上杭办事处(简称县银监办)督促辖内银行业机构进一步调整优化信贷结构和投向,围绕县"三大战役",聚焦优势产业和制造业、战略性新兴产业、科技创新创业企业发展,支持产业升级、技术装备更新、智能化改造等金融服务需求。结合“普惠金融在行动”工作,督促银行业机构尤其是涉农银行业机构大力实施农村金融服务“三大工程”阳光信贷,金融服务进村入社区,富民惠农金融创新。努力“增户扩面”。加强对符合产业政策、有市场、有需求、可持续运营小微企业的金融支持,依托“政府银行企业担保公司”合作平台以及“金融与企业综合信息服务平台”,提高小微企业金融服务水平,发挥小微企业贷款审批“绿色通道”作用,根据小微企业实际情况,设计和推荐最适合客户的信贷产品和服务方案。推广最高额保证(抵押)贷款、政府特许经营权质押贷款、商标专用权质押贷款、小企业联保贷款(联贷宝)、万通宝自助循环贷款、抵押分期归还贷款、银承保函、无间贷等业务品种。确保涉农和小微企业贷款增速不低于当年贷款平均增速。至年末,辖内银行业各项存款余额265.3亿元,比年初增加40.25亿元,增长17.89%;各项贷款余额161.94亿元,比年初增加6.53亿元,增长4.24%,其中涉农贷款余额99.72亿元,比年初增加5.19亿元,增长5.49%,小微企业贷款余额42.93亿元,比年初增加9.41亿元,增长28.72%;银行业表外资产余额184.45亿元,比年初减少46.28亿元。

〔督导辖区银行业机构开展“增贷化险”工作〕

2016年,面对经济下行压力和不良贷款反弹压力增大形势,县银监办督促辖内银行业机构有效防控不良贷款风险,督导银行业机构严格落实省政府提出的“五不”要求,“不减少信贷规模、不釜底抽薪、不提高续贷门槛、不随意抽贷、不随意压贷”要求保持政策的稳定性,不随意收紧或限制分支机构信贷审批权限,对正常生产经营企业贷款到期需要转贷的,简化程序,提高转贷效率。至年末,辖内银行业机构发放“无间贷”无还本续贷,客户贷款到期,只要正常缴纳利息,无需还本,直接续贷。减轻客户贷款成本。3.55亿元,比年初增加1.71亿元。督促银行业机构制定不良贷款风险应急处置工作方案,要求各机构明确不良贷款防控目标,并对年内及翌年上半年到期贷款情况进行全面风险排查,采取有针对性的风险防控措施,通过转贷、续贷、转让、重组、核销等方式拓宽不良贷款化解处置渠道。加强定期监测预警,严格落实不良贷款月度监测快报制度,对新发生大额不良情况,及时向监管办报告并采取措施防范相关风险。协调县金融风险应急处置工作领导小组帮助企业渡过难关。发挥5000万元应急保障资金池作用,维护企业正常生产经营、信贷安全和社会稳定,全年企业应急保障资金池使用54次,为29家企业过渡资金5.02亿元。

〔现场检查和非现场监管〕

2016年,县银监办配合龙岩银监分局检查组对上杭农商银行开展信息科技监管评级、统计信息质量检查以及紫金财务公司监管评级检查。配合龙岩银监分局检查组、公安部门对古田银行业机构开展安全保卫检查工作。开展上杭农商银行各项业务巡查。继续开展非现场监管工作,每月汇总分析辖区银行业运行情况,掌握辖区银行业经营和风险状况并对存在的风险、困难和问题提出监管意见,及时、全面、准确上报上杭农商银行、上杭中成村镇银行非现场监管数据和监管报告,做好上杭农商银行、上杭中成村镇银行非现场监管系统报表的新增和修改工作,开展上杭农商银行和上杭中成村镇银行内控评价、风险评估、监管评级工作,有效发现、计量、控制、处置上杭农商银行和上杭中成村镇银行经营风险,提高上杭农商银行和上杭中成村镇银行经营管理水平和风险管控能力。

〔开展辖区银行业机构和高管人员监管〕

2016年,县银监办指导辖区银行业机构制定机构、业务准入计划。受龙岩银监分局委托,开展有关高管人员任职资格审核(报备)基础工作;约见辖区支行级银行业高管人员年度恳谈28人次,要求高管人员在业务开展过程中,建章立制,强化内部管理,做好不良贷款处置工作,继续开展案件风险治理工作,严防案件发生。

〔加强对辖区农村中小金融机构的监管〕

2016年,县银监办经常性与上杭农商银行、上杭中成村镇银行经营班子会谈,召开银监办、法人机构和外部审计机构“三方”会谈,审查其股东代表、董事会、监事会议议题并列席股东代表、董事会、监事会会议,指导和督促两家法人机构不断完善法人治理。督导上述法人机构认真落实省银监局《关于进一步扩大有效信贷供给,强化信用风险防范化解的通知》以及分局“增贷化险”工作方案要求,确保两家法人机构全面完成增贷化险任务。指导法人机构优化调整信贷结构,落实一系列惠农新举措,简化贷款手续、推广3万元(含)以下“简易贷”和10万元以内农户个人自助“循环贷”,推广村级担保互助、农村住房抵押、活利贷、灵活卡等贷款模式,加大“三农”扶持力度。

·农业发展银行·

〔经营管理情况〕

2016年,中国农业发展银行上杭县支行(简称县农发行)各项业务持续平稳发展。到12月31日,累计放贷31165万元,累计收贷7155万元。

各项存款余额2.31亿元，比年初减少1492万元，减幅6.07%；各项贷款余额7.01亿元，创支行20年来历史新高，比年初增加2.4亿元，增幅52.05%；实现账面利润801万元，资产质量持续保持优良。

〔建设新农村情况〕

积极支持粮食收储，保障粮食安全　2016年，累计发放粮食收购贷款5000万元，储备贷款1365万元，支持粮食购销企业收购粮食1431.3万公斤，为全县1043.8万公斤订单粮任务和160万公斤储备粮增储、227.5万公斤轮换粮顺利落实奠定基础。地方自筹粮食风险基金488万元连续五年实现全年粮食风险基金一季度提前超额到位；各级储备粮订单直接补贴472.43万元、农资综合补贴2637.88万元、政策性财务挂账利息32.22万元和县级储备粮利费补贴849.86万元等财政补贴资金全额拨补到位。

支持农业农村基础设施建设，助推县域经济发展　2016年，继续以做大农业开发和农村基础设施建设中长期贷款为重点，支持"茶白线""大中线""才庄线"等农村公路网建设，加大与政府及相关部门沟通，主动对接县重点建设项目，全力以赴推动银政合作项目落地。全年审批投放才庄公路改建工程项目贷款0.5亿元、建设路道路改造安置小区建设工程贷款1.6亿元。

抓好专项建设基金投资业务，大力支持新农村建设　2016年，累计投放专项建设基金投资项目4个，投资金额6800万元，完成率为100%。分别支持县城备用水源建设、县体育中心综合体育场建设和太拔镇院田村国家传统旅游景区开发建设和龙岩市青少年水上运动中心项目建设，对促进上杭县美丽乡村建设提供资金保障。

·工商银行·

〔经营管理情况〕

2016年，中国工商银行股份有限公司上杭支行（简称县工行）围绕"防范风险、规范经营、改革创新、稳中求进"的指导思想和工作方针，坚持业务发展，严守风险底线，培育和挖掘新的利润增长点，各项业务保持良好发展态势，年度行长经营绩效考核全市排名第二。

年底，各项存款余额28.93亿元，比年初减少3.95亿元，其中储蓄存款9.55亿元，比年初增加0.82亿元；公司存款3.70亿元，比年初增加0.46亿元；机构存款余额4.55亿元，比年初增加0.39亿元；保证金存款0.11亿元，比年初增加0.03亿元；同业存款11.02亿元，比年初减少5.65亿元。各项贷款余额22.37亿元，比年初减少1.30亿元，其中公司贷款17.73亿元，比年初减少1.10亿元；个人贷款4.64亿元，比年初减少0.21万元。五级分类"后三类"（不良贷款）贷款余额2345.11万元，占贷款总余额的1.05%。全年实现营业净收入11122万元，实现中间业务收入3713万元，实现拨备前利润8571万元，实现净利润6617万元。

〔存款业务〕

2016年，县工行克服2015年末紫金财务公司从国开行贷款1.5亿美元存入工行而2016年初全部转走等不利因素影响，充分利用各种优势产品大力营销存款。开展扫街拓户活动。要求员工改变坐等客户上门的想法，强化"走出去营销"战略，增加市场份额。通过市场调研，锁定政府新建项目和财政专项拨款的目标客户，有重点地展开营销攻势。实施拓户工程，寻找存款增长点，指定专人不定期走访工商局、招商局、铜业局、工业开发区等，动员新建企业落户工行；走访紫金财务公司等贡献度高的核心优质客户，为他们提供全方位服务，提高客户信赖度和综合贡献度。营销拆迁户存款。将拆迁户逐户分解给员工，支行领导和客户经理多次到拆迁重点村和拆迁办走访营销，至年底与三分之一以上拆迁户签订同意归集拆迁款协议。高度重视存管通业务的推动工作。为促进第三方存管资金回流，提高个人客户存款留存率，促进日均存款稳定增长，要求每个员工特别是客户经理要熟练掌握存管通业务的操作流程和营销技巧，在朋友圈内转发"存管通"宣传资料；将日均资产超过5万元的优质客户列为存管通目标客户，采取多项措施开展精准营销，建立营销台账和客户回访工作，提高客户签约率；同时，指派专人到证券公司，与证券公司客户经理一起大力推介存管通业务，要求员工在营销第三方存管时同时请客户签订存管通协议。对金融资产5万元—20万元间客户，指定客户经理进行回访；对金融资产20万元—100万元间中端客户，由支行主管行长负责回访，并由具备AFP（金融理财师）资格的理财客户经理提供理财服务；对金融资产100万元以上的高端客户，由支行行长直接负责维护，并由贵宾中心具备AFP资格的理财客户经理提供一对一专家理财服务。完善考核机制，加大考核力度，激发全行员工的揽存积极性。

〔贷款营销业务〕

2016年，县工行努力创新业务品种，加强贷款营销。灵活运用黄金租赁、进口信用证和票据贴现等金融产品竭诚为重点企业提供全方位服务，努力解决它们的资金需求，全年累计为紫金矿业办理黄金租赁24亿元、主承销超短期融资券15亿元和办理票据贴现8.8亿元；为紫金铜业有限公司累计办理进口信用证33亿元、押汇18亿元、进口T/T融资2亿元、关税保函134万元、开立银行承兑汇票5亿元、结售汇3亿美元、人民币外汇期权0.3亿美元和外汇买卖4亿美元;为瓮福紫金化工股份有限公司累计办理票据贴现3.3亿元。深入开展"大联动、大营销"活动,支持2个工业园区落户企业的金融需求,继续加大对小微企业贷款支持力度,在信贷政策、贷款计划、资金配置、流程优化等方面加大对小微企业的支持力度,小微企业贷款审批完成后一般可立即发放,无需上报贷款规模配置,对还贷资金有困难的小微企业大力推广运用无还本续贷等产品,防止发生新的不良贷款,全力稳住信贷基本面。全年,累计办理小微企业无还本续贷28笔14475万元。

〔国际业务营销〕

2016年,县工行发挥员工捕捉敏感信息能力,采取稳定重点目标客户和拓展新增业务资源等多项措施,国际业务多项核心指标名列龙岩工行第一。全年,累计办理国际结算96635.10万美元,占全龙岩工行的85.6%;营销跨境人民币业务104334.77万元,占全龙岩工行的91.75%;办理国际贸易融资业务30874.24万美元,占全龙岩工行的99.92%;实现外汇中间业务收入1762.81万元,占全龙岩工行的92.74%,以上指标均名列龙岩工行第一。

〔票据贴现业务〕

2016年,县工行累计办理票据贴现13.4亿元,创历史新高,完成上级行下达任务的446.47%,位居龙岩工行第一,比上年增加10.2亿元,增幅318.75%。

〔信用卡和私人银行业务〕

2016年,县工行累计发行信用卡7315张,办理分期付款12979万元,其中发卡量名列龙岩工行第一。至年底,私银理财产品余额28300万元,比年初增加16625万元,日均余额同比增加1865万元;共签约私银客户101户,其中新签约40户,新签约为体验客户后从他行转入资金成为达标客户的6户,通过签约提升资产5600余万元。

·农业银行·

〔经营管理情况〕

2016年,中国农业银行上杭县支行(简称县农行)围绕"防控风险,增收增盈"核心目标,推进经营转型,全面完成全年计划任务,综合绩效考评居全市农行第一,荣获"全国金融五一劳动奖状"等荣誉。

年底,本外币各项存款余额28.68亿元,比年初净增3.06亿元,本外币各项存款存量、增量市场份额分别为44.03%和49.41%,储蓄存款存量、增量市场份额分别为48.68%和50.34%,均居工、农、中、建"四大行"第一,外币存款余额1657万元,比年初净增1587万元,存量、增量市场份额分别为59.91%和89.54%,居工、农、中、建、农商行"四行一社"第一;本外币各项贷款余额23.12亿元,比年初净增5.68亿元,本外币各项贷款增量市场份额为699.65%,居工、农、中、建、农商行"四行一社"第一。

〔支持县域经济发展〕

2016年,县农行支持金铜产业发展,为紫金矿业集团有限公司承销超短融20亿元,办理保函15.72亿元、黄金租赁14.74亿万元。为紫金铜业办理信用证7.49亿元,进口信用证业务金额累计4.23亿美元折合人民币29.4亿元,贸易融资贷款6.71亿元,累计办理贸易融资折合人民币21.98亿元,结售汇2.88亿美元,银行承兑汇票1.87亿元,为县重点产业提供了大量低成本资金服务;加大对实体经济的支持力度,坚持不抽贷、不压贷,积极支持民营企业生产经营发展,确保企业正常生产资金需要,满足金怡矿业、龙氟化工、新华都、优创油脂、盛先纺织等小微企业流动资金需求,发放流动资金贷款8310万元。

〔支持重点项目建设〕

2016年,县农行制定不同金融服务方案,支持政府优质项目。发放兴杭工业公司农村土地整治贷款2亿元,贷款余额3.8亿元,支持城镇化建设,改善工业园区基础设施;对县城市建设发展有限公司实施的建设路安置小区项目贷款授信1.75亿元,并发放贷款5000万元,支持旧城改造;对市委党校搬迁项目授信4.5亿元,发放贷款2亿元;对闽西兴杭国有资产投资经营有限公司新增授信3亿元。

〔法人贷款实现零不良〕

2016年,县农行加强信贷风险防控,加大不良贷款清收处置力度,6月末,成功处置某商贸公司不良贷款90万元,实现法人贷款零不良,到年末保持法人贷款零不良。

〔国际业务快速发展〕

2016年,县农行创新国际业务,成功办理全省首笔线上同业拆借业务2亿元;全省农行首笔紫金财务公司结汇业务300万美元;办理夜盘交易2.5亿美元;办理全省农行首笔日元对美元货币互换业务;为紫金矿业集团在塔吉克斯坦子公司泽拉夫尚公司办理全省农行首笔索莫尼币种收汇业务1500万元(折合190万美元);办理全省农行首笔进出口银行信贷委托业务等。到年末,实现国际结算量13.97亿美元,占全市农行总量的83.19%;境内外外汇交易业务量15.85亿美元,占全市农行总量的86.24%;跨境人民币结算量41.54亿元,占全市农行总量的92.57%。

〔服务“三农”工作取得新成效〕

2016年,县农行支持新型农业经营主体,发放农户贷款2931笔,金额1.61亿元,支持上杭槐猪、通贤乌兔、南阳金橘、中都蜜柚、古田林下鸡等当地农业特色产业;加强渠道建设,通过广布助农机具服务“三农”商户,在重点乡镇布放自助机具,为农户安装“e农管家”等转账设备,发展惠农通代理点,有效延伸服务“三农”半径;积极支持烟农烤烟种植,开展“送贷下乡,助烟农致富”活动,组织人员到各乡镇了解烟农资资金需求,上门现场办理贷款手续,为烟农提供利率低、免担保等优惠政策,为烟农降低成本,减轻负担。到年末,发放烟农贷款1162万元,为烟农节约财务成本39.12万元。

〔扎实推进金融精准扶贫工作〕

2016年,县农行制订精准扶贫金融服务方案,与县扶贫部门签订“扶贫小额信贷风险担保金”担保协议,开展银政合作。

至年末,县农行通过发放贷款、送教下乡、智力扶贫、捐资助学扶贫等方式完成1966户建档立卡贫困户对接工作,投放建档立卡贫困户贷款82笔,金额342.8万元,其中由政府小额信贷风险担保金担保贷款41笔,金额123万元。

〔荣获“全国金融五一劳动奖状”〕

2016年6月2日,中国金融工会副主席王海光、农总行工会副主席葛东一行到上杭为获得“全国金融五一劳动奖状”的县农行举行授牌仪式。

·中国银行·

〔经营管理情况〕

2016年,中国银行股份有限公司上杭支行(简称县中行)各项存款余额6.19亿元,比上年末增加5629万元;外币存款折合美元693万美元,比上年末增加205万美元;各项贷款余额6.34亿元,比上年减少28119万元,其中公司贷款余额50881万元,比上年末减少28272万元,零售贷款余额7843万元,比上年末增加299万元,不良贷款余额175.91万元,不良率为0.28%,比上年末增加0.167个百分点。

〔主要业务情况〕

公司业务　2016年,县中行成功营销某公司提用短期流动资金贷款2200万欧元,用于置换到期总行委托贷款;拓展银承贴现业务,全年办理贴现金额1.02亿元,实现贷款收益128.43万元;办理超短融业务20亿元,带来中间业务收入400万元,实现超短融业务零的突破;成功营销某公司在中行办理跨境人民币境外放款业务,累计金额21.54亿元,实现21.54亿元跨境人民币结算量。开办公司理财业务,办理表外理财11亿元,表内理财10亿元;叙做(黄金到期后叙做)黄金租赁业务5.05吨,合计金额15.10亿元。

个人金融业务　2016年,对客户进行分级管理,对于重要客户亲自拜访维护,要求支行所有员工参与客户管理,保证每层客户有人维护,稳定存量客户基础群;针对征地拆迁项目,组织员工走访拆迁户,介绍大额存单、步步高、聚财通等产品,争揽征地拆迁补偿资金;做好厅堂营销工作,要求柜台做好电子银行、步步高产品、短信通等基础产品的交叉营销工作,要求大堂及客户经理介绍易商理财、基金定投等产品;走访县行政事业单位,介绍中银E贷、爱家分期、易达钱等优势产品,提高中行基础客户群。

个贷业务　2016年,对客户经理进行业务培训,提高客户经理业务水平。维持合作楼盘住房贷款的合作关系,增加按竭贷款市场占比。利用爱家分期、易达钱等优势产品,走访行政事业单位,提高中间业务收入水平。经常走访合作车行,宣传爱家分期、汽车分期业务,确保重点合作车行每周走访一次,提高汽车分期业务市场占比。

·建设银行·

〔经营管理情况〕

2016年,中国建设银行股份有限公司上杭支行(简称县建行),以价值创造为导向,推进转型发展,做好风险管控,坚持以发展为第一要务,不断夯实客户基础,在激烈的市场竞争中找准亮点,促进各项业务稳健发展。至年底,全口径存款13.43亿元,比年初新增11498万元;一般性存款12.54亿元,比年初新增9883万元,新增四行(中国银行、建设银行、农商银行、工商银行)占比第二名,其中对公存款余额53003万元,比年初新增5568万元,完成分行下达存款计划任务4800万元的116%;储蓄存款余额72408万元,比年初新增4315万元。各项贷款余额10.88亿元,比年初减少16206万元,其中发放个人类贷款1298笔,发放金额12983万元,余额42892万元,比年初增加5306万元。

〔资产质量稳步提升〕

2016年,全行不良贷款余额98.43万元,不良率0.09%,比年初下降0.05个百分点。信用卡不良贷款余额273.66万元;逾期贷款余额528.29万元,均完成分行下达控制指标。

〔中间业务收入〕

2016年,实现中间业务收入3998万元,全市排名第一,其中办理保函业务20笔,金额8671.89万元、实现保函手续费收入51万元;开立进口信用证12笔,金额12434.82万美元、实现手续费收入37.44万元;办理黄金租赁业务10笔,数量6.090吨、金额16.32亿元、实现中间业务收入2019万元;主承销紫金矿业超短期融资券10亿元,实现中间收入34.92万元;办理内保内贷业务,办理信用证保函2351万欧元,实现中间收入46.27万元;营销"财盈通+黄金租借组合产品"吸收存款2亿元,创中间收入约200万元;其他中间收入1609.37万元。

〔主要产品业务工作〕

2016年,信用卡全年净增发3702张,全市排名第一。益贷卡全年累计分期笔数1545笔,累计金额572万元,累计分期笔数、分期金额均在全市排名第一。一般分期:支行专柜分期金额1055.72万元;汀江分理处分期金额562.31万元,分别在全市排名第二位、第八位。理财产品销售累计新增37849万元,全市排名第三位。龙闪付全年累计新增1309户,全市排名第四位。金融IC卡全年累计新增9042张,全市排名第四位。

〔支持"三农"发展〕

2016年,落实国家支持"三农"发展和金融扶贫政策要求,规范业务发展。紧跟新农村建设步伐,以"城镇化贷款"、小微企业"助农贷""助保贷""税易贷"等特色产品为抓手,加强与财政职能部门的沟通合作,加大对涉农贷款投放力度,在风险可控前提下,逐步创新信用、保证等方式贷款模式,实现信贷方式多样化,助力城镇建设,改善"三农"服务,支持小微企业。全年发放"速贷通"3笔,金额484万元;"助保贷"1笔,金额70万元;"税易贷"1笔,金额20万元;"快贷"4笔,金额88万元。

·农商银行·

〔经营管理〕

2016年,上杭农商银行(简称县农商行)围绕县域经济发展大局,充分发挥优势,提供最简便、最快捷的金融服务。截至年底,各项存款达96.21亿元,市场份额达到46.48%,各项贷款余额达40.8亿元,市场份额37.6%,存贷款总量、市场份额均居当地银行业第一。支农支小(小微企业)贷款占全县90%以上。人均创利达139万元,排名全省农信系统第二,效益持续提升。全年缴纳税款1.02亿元,是重点纳税大户和龙岩纳税前二十强,先后9次荣获全省农信系统"十强"和"十佳"。

〔扎根县域全力支农支小〕

2016年,县农商行所有资金支持在当地、纳税在当地、分红在当地,继续扎根上杭县域,为"三农"和小微企业服务。

全力支持"三农" 上杭农商行始终立足"三农",创新业务品种、服务渠道和"三农"融资担保方式,有效支持农业结构调整优化,推进新农村和造福工程建设,积极发放设施农业贷款、村级担保、农村集体土地住房抵押和林权抵押等创新贷款,截至年底,上杭农商银行涉农贷款余额达34.99亿元,占贷款总量的85.76%,有效满足"三农"资金需求。

助力小微 2016年,农商行全力支持县内建筑、矿冶和加工制造等各类小微企业成长壮大,对小微企业支持面达到70%以上。有针对性地开办、保证金保函、履约保函、银行汇票等特色业务,为建筑企业提供工程招投标保函、汇票等便捷金融服务,特别是在经济下行期,县农商行响应国家关于支持小微企业发展的"五不"(不抽贷,不压贷,不限贷,不缓贷,不降级)政策,全力帮助企业渡难关。截至年底,小微企业贷款余额达16.41亿元。

持续信用创建 2016年,县农商行全力打造以信用户、信用村、信用乡镇为主要内容的农村信用工程,积极参与诚信上杭建设,取得明显成效。截至年底,共创建信用村303个,占全县行政村数的88.08%,共创建信用乡镇19个,占上杭县乡镇数的86.36%。出台"三优"政策,每年给全县信用村农户2000多万元的贷款利息优惠,让农民得到实惠。

〔造福民生〕

2016年,县农商行不忘初心,用实际行动造福民生,无私履行社会责任。

坚持惠民服务全免费 县农商行长期免费代理发放农村低保、种粮补贴、移民补助等10余种政府惠农资金,每年减免手续费1000多万元。

全力推动社保卡"一卡通"服务 投入2000多万元资金承担全县43.9万张社保卡采购、制发以及银医通、社保卡制卡点的设施、结算系统等费用,有效提升社保卡金融功能,让城乡居民真正享受到缴费、就诊、结算一卡通服务。

打造村级便民服务 投入3000多万元在全县行政村布设"小额支付便民点"333个,并不断提升服务功能,实现从县到乡到村金融服务全覆盖,广大农户足不出村即可免费办理小额存取款、缴交社保金、电费、话费充值、领取各项补贴等金融业务。

持续扶弱助小 开展贫困户子女捐资助学,全面开通生源地助学贷款,为困难群体排忧解难,截至年底,累计发放生源地助学、妇女巾帼扶贫、青年创业、二女扎户和下岗失业人员等小额贷款5820笔、金额1.83亿元。

狠抓精准扶贫 县农商行主动

介入和对接，做好资金准备和调查摸底工作，完成对全县7298户19926名贫困户的走访调查并按户建档立卡。发挥县农商行在精准扶贫中的“造血”功能，出台多项扶贫措施，发放扶贫贴息贷款，截至年底，县农商银行发放扶贫小额贷款750笔，金额3117万元。

〔转型创新打造现代银行〕

2016年，县农商行全面对接互联网金融，强化科技支撑，整合以手机为载体，手机银行、微信银行、支付宝结算、微信公众号等为应用工具的“掌上银行”，通过手机开展申贷、放款、还款、转账、缴费、购买理财产品和就诊预约等业务，同时畅享预订酒店、网上购物、出行订票等现代互联网金融全新服务。截至年底，农商行手机银行、网上银行等用户达9.78万户，微信公众号关注客户达8.78万户，电子交易占比达87.56%。

·兴业银行·

〔经营管理〕

2016年，兴业银行上杭支行存款余额28.27亿元，其中公司存款余额25.70亿元，储蓄存款余额2.57亿元；贷款余额6.5亿元；个人理财余额近8亿元。上杭业务部在龙岩分行2016年度考评中获得业务部年度综合考评第一名，上杭支行零售团队在龙岩分行2016年度考评中获得零售团队年度综合考评第一名。2016年，兴业银行上杭支行荣获兴业银行股份有限公司工会委员会“工人先锋号”荣誉称号。

·邮储银行·

〔经营管理情况〕

2016年，中国邮政储蓄银行上杭县支行（简称邮储银行上杭支行）各项业务继续保持平稳发展，至年底各项存款余额15.36亿元，比年初增加3.07亿元；各项贷款余额4.85亿元，比年初增加0.52亿元；涉农贷款结余4.85亿元，实现“两个不低于”（增量不低于上年，增速不低于各项贷款平均增值），资产质量优良。

〔支持“三农”发展〕

2016年，中国邮储银行上杭支行，继续加大农村金融扶持力度，在推动农村金融基础服务快速健康发展、缓解微观主体贷款难和解决“三农”融资难等方面取得初步成效。全年累计发放农村经营性贷款1834笔3.96亿元，有效解决农村生产资金问题。

2016年，结合上杭县国家现代农业示范区建设方案，加强与县农业局、供销社、林业局等政府部门合作，加强对新型农业主体的扶持力度，推出家庭农场（专业大户）、专业合作社、“公司+农户”等“三农”系列金融产品，为广大种养殖大户涉农主体量身定做“短、平、快”的专有金融服务，全年共发放1134笔39752万贷款。

·中成村镇银行·

〔基本情况〕

上杭中成村镇银行股份有限公司（以下简称“上杭村行”）成立于2013年11月18日，是经中国银监会批准，由成都农村商业银行（以下简称“母行”）作为主发起行，龙岩市、上杭县两级国资及部分优秀民营企业参股，在上杭县设立的具有独立法人资格的股份制商业银行。开业3年来，上杭村行根植上杭本土，坚持“服务三农、支持小微”的经营理念，紧贴市场需求，创新服务机制，把贷款投放作为提速发展突破口，为上杭经济和社会发展提供优质金融服务。2016年，实现各项存款余额1.32亿元，各项贷款余额1.21亿元，累计投放贷款超过3亿元，其中农户和小微贷款合计占比93.27%。2016年，被母行表彰为先进集体。

〔产品和服务创新〕

产品创新　上杭村行开办的业务有：个人和企业的经营性、消费性贷款业务。因手续简便，自主审批，办贷高效，受到客户欢迎。2016年，上杭村行立足上杭县县域，在有农户小额贷款、住房装修贷款、种养殖“惠农时贷”、林权抵押贷款、货运汽车按揭贷款等系列产品基础上，不断创新信贷产品。与县移民局合作，推出库区移民创业贴息贷款，支持库区移民户创业增收；推出薪酬通、资质通贷款，推动公职人员和专业人士的小额信用贷款业务；推出“家庭信用贷”，申请小额贷款，不求外人担保，客户体验好；推出农民住房财产权抵押贷款业务，缓解农户融资担保难问题。

服务创新　上杭村行从开业初期的仅有存折业务，到企业网银、个人网银、大小额支付、反假币、反洗钱、个人身份联网核查等系统的开通，以及POS机、银行卡、自助银行等业务的开办，逐步满足客户多渠道便利支付结算工具和手段需求。

·人保财险·

〔经营管理情况〕

2016年，中国人民财产保险股份

有限公司上杭支公司(简称人保财险)充分发挥保险保障职能,创新推进"三农"综合保险工作,全年保费收入10213.55万元,比增6.93%。规模排名全市第二,县域第一。其中,车险完成5405.9万元,比增9.68%;非车险完成3532.41万元,比增18.79%;政策性农户保险完成1275.29万元。全年月累计赔款4162万元,缴纳税收1180万元。

〔车险业务〕

2016年,人保财险公司加大资源整合力度,深化与车行合作,提升车险新保率。全年实现车险保费5405.9万元,比增9.68%,车险市场份额45.7%,提升3.07个百分点,增量市场份额179.17%,均保持市场第一。

〔非车险业务〕

2016年,人保财险公司中标紫金矿业项下所有保险业务承保工作;做好"政银保"业务的申报以及"助力车"业务的承办工作,创新开办食品安全责任险业务;非车险实现保费收入3532.41万元,比增18.79%,占总体业务的34.59%。

〔创新险种业务〕

2016年10月,人保财险与上杭县医保中心签订《上杭县健康扶贫保险协议》,实现保费收入716万元,为全年7000多贫困户近2万人提供医疗保障,在福建省尚属首例,荣获省财产保险公司2016年度创新项目成果二等奖。

〔"三农"保险业务〕

2016年,"三农"综合保险工作继续列入县政府为民办实事项目,创造良好的政策支持环境。2016年,"莫兰帝""鲇鱼"等系列台风对上杭县造成巨大的影响,受灾乡镇达22个,受灾农户达3万多户。灾害发生后,人保财险公司理赔队伍积极配合各乡镇政府、农技站以及各乡镇"三农"保险站,迅速做好灾害的应对工作及灾后理赔工作。全年,因台风受灾的水稻案件达323件,赔款达634.5万元。

2016年,公司荣获省级"工人先锋号"荣誉,并分获集团公司、总公司"先进基层党组织"荣誉。

·人寿保险·

〔经营管理情况〕

2016年,中国人寿保险股份有限公司上杭县支公司(简称中国人寿上杭支公司)紧紧围绕"重价值、强队伍、优结构、稳增长、防风险"的经营思路,主动抢抓发展机遇,促进业务发展。全年,实现总保费1.23亿元,比增18.27%,其中长险首年期交保费2961.30万元,比增56.2%,完成率105.8%;10年期以上期交保费1884.1万元,比增66.18%,完成率120.54%;长险首年标准保费1430.57万元,比增26.58%,完成率105.73%;短期险保费1131.84万元,比增9.14%,完成率96.15%。全年,长险赔付149件,赔款支出405.67万元;短期险赔付1832件,赔款支出446.48万元。合计赔付1981件,赔款支出852.15万元。公司通过省级"青年文明号"创建验收;客户服务部获得全省"优质服务先进集体"荣誉称号。

〔个险销售业务〕

2016年,实现个险长险首年保费2851.62万元,个险长险首年期交首次突破2000万元大关,达到2667.71万元,完成率114.1%;实现个险10年期以上保费1696.63万,完成率116.77%。

〔团险销售业务〕

2016年,团险渠道围绕"大短险,大队伍,大发展"发展策略,用心运作学生险、计生险和法人团单项目。学生险工作早安排早部署,主动与教育局和大中小学校联系,收取保费315.19万元,计生险业务通过参与乡镇"金秋助学"活动,做好理赔等一系列服务工作,全年收取保费105.27万元;参与紫金法人团单招投标业务,收取保费98万元。

〔银保销售业务〕

2016年,银保渠道,实现期交保费232.3万元;同时,自行举办或与渠道举办理财沙龙、新产品推介、客户茶叙会等30余场次,实现期交保费收入145万余元。拓展小额借意险业务,全年收取保费126.08万元。

·太保财险·

〔经营管理情况〕

2016年,太平洋财产保险股份有限公司,实现保费收入733万元,其中车险保费收入652万元,非车险保费收入81万元。全年,累计赔款453万元,缴纳税收102万元,为上杭县经济和社会发展提供约80亿的保险金保障。中国太平洋财产保险股份有限公司上杭支公司(简称太保财险)成立于2002年,主要经营险种为机动车辆保险、财产保险、责任险等250多个主险和1600多个附加险。

〔车险业务〕

2016年,太保财险坚持"调结构、控品质"思路,以客户需求为导向,持续深化与车行、银行的合作力度,推动码上保、优享汇、太好赔等APP运用创新业务,全年车险保费收入652万元,市场份额5.34%,位列市场第四。

〔非车险业务〕

2016年,太保财险在保持家财

险、工程机械设备责任险、学生平安保险及人身意外险等传统非车险种的优势外，大力发展其中火灾公众责任险、城乡居民住宅地震险，等新业务险种，全年实现非车险保费收入 81 万元。

《金融　保险》撰审人员

撰 稿 人： 赖宇平　邹永远　蓝远荣　袁应松　丘仰文　陈自强　谢佩林　黎锦祥　丘福秀　丘腾兴　石晓燕　邱昭玉　黄德江　丘新添

审 稿 人： 丘可东　郭洪清　吴晓明　曾友新　傅智彪　蒙贤丰　沈兴生　廖桥生　钟　健　李根崇　廖发珍　朱昌浩　练文锋　丘新添

责任编辑： 孔敏慧

乡镇概况

·临江镇·

〔经济社会发展情况〕

2016年,临江镇实现农林牧渔业总值499万元,比增3.5%。财政收入2069万元。居民人均可支配收入3.30万元,比增8%。粮食播种面积734亩,粮食产量325吨。

打好“三大战役” 2016年,项目攻坚战役全面完成江滨西路二期改造项目28栋151户(含电影、电力公司房改房)房屋征收工作任务,完成县604台搬迁项目15亩的农田征地任务,临江楼片区保护性改造项目完成入户摸底调查,动工实施“郎官第”维修保护工程,完成解放路东段路面、水沟改造清淤工作,瓦子街二期改造项目正在分步实施。完成固定资产投资77300万元,同比增长45.9%,完成年度任务的128.4%;工业企业技改完成投资26982万元,完成年度任务的243%。生态环保战役完成138部黄标车淘汰任务,集中开展“美丽临江”环境综合整治行动,厘清全镇各社区的环境卫生保洁范围,境内环境“脏、乱、差”及保洁盲区现象得到改善。脱贫攻坚战役对全镇438户低保对象进行重新审核认定,通过社区申报、入户调查、听取意见、开会评议、公示等环节,将符合政策规定的114户168位困难对象纳入低保管理,并严格实行动态管理,实现“应保尽保,应退则退”。

持续深化平安建设 2016年,加强信访工作,采取定期排摸、集中排查相结合的办法,及时掌握信访问题底数。加强重点人员管控,对重点人员每日情况进行收集分析研判,对重大预警性、行动性的信息及时向上级党委、政府汇报,并采取妥善措施,依法有效处置。全年,接收社区矫正对象33人,排查调处矛盾纠纷34起,境内没有发生重大经济案件和重大刑事案件。严厉打击涉麻制毒犯罪活动,组织各社区对网格内的五类重点场所、五类重点人员进行重点摸底排查并跟踪管控。认真开展禁毒宣传和防范工作,利用微博、微信及户外媒体等宣传阵地,紧紧抓住青少年、学生等重点人群深化宣传,组织婆婆宣传队和镇、居干部群众代表开展“‘6·26’国际禁毒宣传日暨建设美丽临江”主题踩街及签名活动,努力提高全民识毒、防毒、拒毒能力和禁毒意识。2016年度综治(平安建设)工作被市综治委评为重点镇(街道)综治单列考评三等奖。

安全生产工作 2016年,严格落实“党政同责、一岗双责”制度,扎实开展“六打六治”打非治违专项行动。坚持每月5日安全生产集中检查及不定期的暗查暗访工作制度,有效对全镇各领域安全生产工作进行监管,全镇安全生产形势总体保持稳定。全年,检查单位(企业)69家,组织执法46人次,发现隐患3处,全部整改。

计生服务管理 2016年,继续实施“生育文明·幸福家庭”促进计划,稳妥实施“全面二孩”政策,做好孕前优生检测、流动人口计生服务管理等基础工作。认真落实人口和计划生育目标管理责任,强化依法管理,完善服务体系,加强宣传教育,稳定低生育水平,提高出生人口素质。

民生事业工作 2016年,多渠道筹资300万元注册登记“上杭县临江镇博士教育发展基金会”,用于扶贫助学、奖学奖教,进一步增强临江教育发展活力;做好基本医疗工作,逐步完善服务模式,做好预防接种工作,加强对高血压、糖尿病等慢性病和老年人的管理,建立预防接种人数780人,常规免疫接种16138人次,开展老年人体检3086人,建立居民电子健康档案37010份;开展创建双拥模范县城活动,做好重点优抚对象的抚恤金、生活补助费和一次性慰问金的发放工作,切实帮助解决复员退伍军人的生活困难,做好残疾人生活和医疗救助等社会保障工作;做好东南移民社区工作,妥善解决库区移民生产生活困难,促进库区和移民安置区经济社会可持续发展。

精神文明工作 2016年,扎实开展镇、居、户精神文明三级联创工作,开好“道德讲堂”,精心组织第23届城区精神文明共建活动,促进城区居民及各共建单位间的沟通、交流,营造文明、祥和、友好社区建设氛围，争创全国创建文明村镇先进村镇，建设美丽、宜居、宜游临江。镇被评第13届省级文明乡镇，镇中社区被评为第13届省级文明社区，镇东、英明、天山、镇南、东南社区被评为第13届市级文明社区，镇西被评为县级文明社区，实现文明创建工作“满堂红”。

注：乡镇概况有关社会生产总产值、工农业生产总值、财政收入等有关数据均由各乡镇提供。

·临城镇·

〔经济社会发展情况〕

2016年，临城镇实现工农业总产值21.68亿元，其中农林牧渔业总产值实现4.89亿元；全社会固定资产投资达10.05亿元；实现各项税收总额4150万元；财政收入2802万元，收支基本实现平衡。农民人均可支配收入15336元。

农业产业有特色 2016年，粮食种植面积3.6万亩，总产1.55万吨。种植烤烟1521亩，烟叶产量3920担。坚持抓特色上规模促增收，着力推进农业大镇建设，粮食、蔬菜、果树等作物实现增产增收。积极发展“一村一品”，全镇有5个专业村，其中水西、土埔为蔬菜专业村，九洲、上登、六甲为果树专业村。全镇工商注册登记家庭农场128家，注册登记农民专业合作社18家，种植大棚蔬菜企业6家。全年，引进同福鸽业有限公司在新塘村建立5万对种鸽养殖场，打造“公司+合作社+贫困户”脱贫新模式。杭丰蔬菜农民专业合作社与厦门航空有限公司签订航食小菜采购合同，上杭萝卜干小包装系列产品成为厦门航空有限公司航食小菜食品，实现上杭农产品进军航空食品零突破。

工业经济有规模 2016年，扎实推进工业强镇建设，全镇有规模工业企业22家，实现规模以上工业总产值160.71亿元，初步形成矿冶、建筑、机械、化工产业集群。

商贸流通有提升 2016年，培育限额以上批发零售企业18家，入驻福建正统网企业14家。帝豪、新发地、天和国际公馆等大型商品房小区建成，促成华润、润和等超市入驻，提升临城地处城乡接合部的服务功能和综合竞争力。

项目落地战役 2016年，完成上杭大道二期、南门大桥及桥头改造、县妇幼保健院整体搬迁、东江滨木栈道、张滩大桥及接线等工程项目征迁任务；完成城区6所中小学幼儿园建设征迁项目。做好县三级医院整体搬迁项目一期征迁工作；客家新天地建筑博览园旅游建设项目完成客户接待中心建设。紫金顺安综合物流园、体育中心、三环路二期、紫金矿业迳美村造福工程、永杭高速、汀江生态水系工程等项目征迁有序推进。

脱贫攻坚战役 2016年，完成全镇523户贫困户1533人基本信息录入全国扶贫开发信息系统。对59户贫困户发放小额信贷资金300余万元。邀请专家给贫困户授课，111人参加培训。推进政银合作，与邮政储蓄银行上杭支行合作，为贫困户种养提供资金支持。投入115万元为石砌、新塘2个贫困村实施143千瓦光伏发电项目，增加村集体经济收入。

生态环保战役 2016年，在全镇范围内开展环境卫生综合整治工作，组建村(居)保洁员队伍58人，新建垃圾中转站4座，聘请保洁公司，建立长效保洁机制。委托厦门大学环境与生态学院编制《临城镇小流域综合治理实施方案》，争取生态补助资金600万元；加大养殖业污染整治力度，完成存栏250头—1500头猪场改造19家，落实关闭拆除猪场856户，其中经县环保局验收合格拆除猪场483户，面积9.87万平方米，下拨补偿资金1407万元。开展“黄标车”淘汰专项整治工作，全年淘汰任务135辆，实际淘汰168辆，公告注销21辆。淘汰燃煤锅炉9台，完成率100%。

基础设施建设 2016年，投入186万完成六甲小流域水土流失综合治理，完成玉女倒水角、桥坑湖大桥2座危桥改造。完成25个村(居)交通劝导站建设，完成25个村(居)道路和小街小巷道路硬化约300公里。

教育事业逐步推进 2016年，不断优化教育资源配置，加大教育投入力度，加快实施城区学校扩容工程、幼儿园新改扩项目、农村学校饮水安全工程，完成四中、五中、中心小学、城南小学、城北幼儿园扩建改建工

临城镇开展道德讲堂活动

程。筹集115多万元成立“临城镇奖教奖学基金会”,发放奖教奖学基金26万元。以高分通过“义务教育基本均衡县”评估验收。

·湖洋镇·

〔经济社会发展情况〕

2016年,湖洋镇实现社会生产总值7.73亿元,比增6.9%;实现工业总产值4.69亿元,比增7.8%,实现农业总产值2.3亿元,比增2.4%;财政总收入3911万元,比增22%;全社会固定资产投资6.5亿元,比增16%。农民人均纯收入12943万元。

工业强镇建设　2016年,全面完成城区自来水西部管网延伸工程,为湖洋镇工业园区发展解决水资源不足问题,不断完善区内道路、排污、通讯等基础设施建设。大力推进项目建设,福建龙岩龙嶂山实业有限公司年产8万吨山泉水项目建成投产,产品销售网络覆盖北京、汕头、惠州、福州、漳州、厦门、龙岩等地,实现产值500万元;福建方大陶瓷年产30万件陶瓷制品生产项目竣工投产,产品远销广东、江西等地。

现代农业发展　2016年,引进央企中国供销农产品批发市场控股有限公司旗下子公司上杭鑫中合农业科技有限公司建设湖洋现代设施农业示范园,总投资3亿元,占地278亩。该项目主要采用台湾先进的种植技术和名优品种,利用智能温控大棚和当地优质的自然环境、水源、空气和日照,种植无公害、无农残、无污染的高档台湾特色果蔬。完成智能化温控大棚建设100亩,种植台湾品种白玉苦瓜、小番茄、小黄瓜、火龙果等,产品供不应求。引进央企华润五丰生态循环农业产业园项目,该项目位于三田村,总投资8000万元,占地300亩,主要养殖河田鸡、草鱼等立体农业。积极发展林下经济,重点抓好水埔、元丰、新山等村林下种养殖,提高土地的附加值,引导群众发展百香果等短、平、快产业,持续推进以寨背桂花、三田樱花、太平香樟、龙山罗汉松、红豆杉为主的花卉苗木基地建设。加大土地流转力度,指导五坊、太平、龙山、上埔、水埔等村种养户主通过租赁、征地等方式租下连片土地用于发展种植花卉苗木及鸡、鳗鳅等特色养殖,全镇完成土地流转面积约5000亩。落实县级家庭农场7家,新注册家庭农场15家。全年,粮食播种面积3.85万亩,粮食总产17902吨。烤烟种植2400亩,烟叶产量29.5万公斤。

“三大战役”扎实推进　项目落地攻坚战。2016年,纺织机械配件加工项目完成项目备案。湖洋20兆瓦农光互补光伏电站项目,完成项目选址、签订投资协议书。永杭高速公路项目,完成A6标段项目部和搅拌站征地。福建百果园生态农业建设项目,开辟梅园环山公路10公里,完成知青楼修复、杭梅工坊、茶楼建设,新硬化青梅DIY工坊至梅语堂观光道路1公里,完成供水系统改造,完善观光工厂建设,完成投资500余万元。鑫中合智能化温控大棚项目,完成投资1610万元,实现300亩土地流转工作,完成打机井3口,平整场地100亩,搭建智能温控大棚骨架50余亩,新建田间管理房1座,完成公司管理房装修。湖洋镇全民健身中心项目,总投资520万元,项目实施中;完成寨背溪小流域水土保持项目,总投资1000万元。脱贫攻坚战役。全镇有建档立卡贫困户384户955人,通过发展“农民专业合作组织”,动员村民把自家竹山及农田流转出来,依靠山竹、农田做文章,立地生财,发展集体经济。合作社成员160多户(其中18户贫困户)从中受益。通桥村引进央企实施智能化温控大棚项目,助推产业就业扶贫。吸纳有劳动能力的贫困户70户,解决就业160余人。与央企华润集团对接,通过“央企—合作社—贫困户”的三级联动合作模式带动贫困户与企业实现“双赢”。成立“上杭县湖洋种养专业合作社”,贫困户自愿加入,并同意将扶贫小额信贷资金注入种养专业合作社,每年贫困户可获得8%分红收入。2016年有234户532人实现脱贫。生态环保战役。打好“整治”牌,落实“河长制”,进行“两违整治”、非法采砂治理、养殖业污染治理、农村环境综合整治、黄标车淘汰等专项整治行动。完成2016年55辆黄标车淘汰任务。拆除燃煤锅炉3家,超额完成任务数。关闭拆除生猪养殖场61家。改造2家250头以上猪场标准化建设。全年开展环保安全大检查2次,境内断面水质从Ⅴ类提升到Ⅳ类标准。完成垃圾中转站建设项目主体工程,总投资120万元。

社会事业稳步发展　2016年,2013—2016年度旧村复垦项目通过省级国土部门验收,新增耕地近300亩。强化禁毒宣传,加大经费投入,全年未发生涉麻制毒案件。安全生产警钟长鸣,全年未发生生产安全事故。森林防火强化巡查宣传,全年未发生森林火灾。

·中都镇·

〔经济社会发展情况〕

2016年,中都镇实现社会总产值17.84亿元,增长7.6%,其中第一产业4.09亿元,增长3.28%;第二产业3.57亿元,增长8.8%;第三产业10.18亿元,增长9.1%;完成固定资产投资9.6亿元,增长52.4%。财政收入1428万元。农民人均纯收入1.48万元,比增13.5%。2016年,被省委宣传部评为全省农村宣传思想文化工作示范乡镇。罗溪村、田背村、兴坊村被列入第四批国家级传统村落名录。

粮食生产稳步增长　2016年,引进浙优8号等4个水稻新品种,全年

中都文艺会演

粮食播种面积3.18万亩，粮食总产1.43万吨。推广粮食生产规模化，扶持种粮面积30万亩以上大户19户，其中上杭县聚胜家庭农场870亩、上杭县醉乡田家庭农场230亩、上杭县馨芳原花生专业合作社130亩。农业品牌持续培育，用好用活强农惠农政策，扶持家庭农场、农民专业合作社和农业公司开展特色农业品牌创建，新注册家庭农场23家，全镇家庭农场达112家，农民专业合作社46家；注册涉农商标30个，其中祥春槐猪有限公司的"香乐槐"和诚福果品专业合作社的"诚福"商标被认定为省著名商标，军联村聚胜家庭农场成功注册"雲耕者"农产品商标。

基础设施不断完善 2016年，完成集镇周边路灯改造和沙子岗农民文化园55盏路灯安装工程，改善集镇居民休闲健身环境；完成"大中线"公路集镇段排洪排污沟建设；总投资80余万元建设中都镇羽毛球馆及其附属篮球场，为集镇居民提供良好健身活动场所；完成移民安置小区排污沟和挡墙建设；完成集镇公园栈道桥建设；完善污水处理厂和管网设施建设，极大改善水环境。

精准扶贫扎实推进 2016年，对全镇262户贫困户732个贫困人口进行分类，识别建档立卡，其中一般贫困户119户472人，低保贫困户77户191人，五保贫困户66户69人。识别2个贫困村，分别为黄店村和由安村。通过造福工程、医疗救助、生产扶持等措施精准扶贫，年内实现135户326人脱贫，脱贫率44.54%。

美丽乡村建设 2016年，做好都康村、兴坊村、饶坊村、田背村美丽乡村建设。完成都康村新农村党建综合示范点的上村公园、下村公园、山地公园、叶剑英元帅铜像广场、都康赋大型石雕、村庄绿化美化亮化、道路硬化改造、空心房拆除等项目；完成兴坊村美丽乡村示范点的南宝寨公园、村部文化公园建设、慕和堂古民居修缮以及村容村貌整治等项目；启动实施饶坊村"千村整治，百村示范"村主干道铺设、环境整治、老年活动中心以及村庄绿化亮化等项目；启动田背村"美丽乡村"三年行动计划建设村的村庄规划、道路建设、水利基础设施等项目。扎实开展生猪养殖业污染整治，全年组织12次综合执法，对限养区列入标准化改造51户生猪养殖场，实行"一人一户"跟踪，按时序推进治理。拆除生猪养殖场1532户31.7万平方米，关闭245户3.2万平方米，兑现补助奖励资金4760.4万元。实施流域水环境综合治理，开展河道清淤整治，吉布电站和军联古桥两处县控断面监测点水质各项指标大幅度改善，其中吉布电站断面11月水质达到《国家地表水环境质量标准》Ⅲ类水质标准。按上级部署要求，全面完成37辆黄标车淘汰任务，完成燃煤锅炉节能环保提升工程整治任务，全年拆除6台燃煤锅炉。

社会保障有效实施 2016年，全镇新农保缴费5811人，参保率达97.66%；新农合缴费15803人，做到应保尽保。做好社会帮扶救助，按时发放低保户、五保户、困难户、受灾户补助资金，全年发放救助资金163.9万元。

社会事业全面进步 2016年，继续加强文化中都建设，加大存耕堂、云霄阁、慕和堂等文物保护单位的抢救性保护维修，以及女子五梅拳，舞龙、舞狮等非物质文化遗产的保护和传承。挖掘乡村文化资源，通过策划摄影采风、举办文学笔会、组织文艺汇演、普及文物保护知识等方式，加大对文化资源的宣传推介，唤起群众传承保护意识。完成《来苏诗草》第8期诗稿收集、发行工作。坚持教育优先，完成中学、小学教学楼及运动场扩建，完成小学宿舍楼建设，完善教学条件。设立中都中学奖教奖学基金，不断提高教育质量。2016年，中都中学中考考入上杭一中21人，上杭二中16人。

社会管理不断加强 2016年，持续做好对越战退伍士兵、民办代课老师、社区矫正人员、安置帮教人员、三级以上的易肇事肇祸精神病人等重点人员的稳控工作，全年未发生以上人员违法聚集上访和其他违法事件。将禁毒列入重点工作。在每周进行巡查督查的同时，实行每周签到制度，有效遏制制毒贩毒势头。持续加强日常路面巡逻力度，提高群众见警率，全年开展环境卫生、交通安全、食品安全、校园周边安全等专项整治共6次,新增高清探头3处,有效预防和震慑犯罪分子,维护社会大局稳定。

·下都镇·

〔经济社会发展情况〕

2016年,下都镇实现社会总产值4.27亿元;财政总收入1291万元;农民人均纯收入1.1万元。全镇居民储蓄存款余额1.12亿元,贷款余额4500万元。2016年,被评为全国第六批沙田柚"一村一品示范村镇"。

传统农业稳步推进 2016年,粮食播种面积1.43万亩,产粮0.59万吨。种植烤烟2200亩,收购烟叶29.5万公斤,实现烟农收入878.7万元。新增果园面积1000余亩,实施低产园改造800多亩,产量可达935万余公斤,产值3370余万公元。林下经济发展迅速,通过政策宣传、典型示范、技术引导、以奖代补等激励手段,引导农户开展林间种植石斛、金花茶、茯苓,竹边种植竹荪,田头种植中药材、百香果,利用关闭闲置养殖场所种植蘑菇等。

打造观光休闲渔业 2016年,利用下都位于龙湖库区中下游,水面宽阔,水深流缓,两岸风光旖旎,具有天然捕捞场和钓场的得天独厚优势。结合观光渔业和休闲渔业,把下都东部片区5个村庄发展成集休闲垂钓,采摘观光,户外写生为一体的实践基地。促进"水上农家""水上渔家"发展,以新寨湾作为开发重点,完成道路拓宽3公里及启动百岁牌坊修复工程。

推进脱贫攻坚战 2016年,完成125户359名贫困人口脱贫(国定贫困户47户71人,省定贫困78户288人),占贫困人口总数的48.2%。实施吉安村造福工程集中安置点工程,完成"三通一平"、防洪堤、休闲公园、停车场、吉兴中桥、步行街及水电排污管网等建设。完成66户造福工程搬迁、灾后重建、危房改造等工作。全镇有71户贫困户140人纳入低保、五保政府兜底保障范围。实施"雨露计划"培训工程,聘请县农业种植专家对有劳动能力、有创业意愿的90户贫困户100人进行培训,为贫困户提供种植技术辅导,解决产业发展缺技术、缺知识的短板。全镇有48户贫困户向农商行提出产业发展金融贷款申请200万元,18户通过审批,发放贷款60万元。上杭慈善总会下都分会对2016年考上一中、考上本科的7名贫困生发放奖学助学金9500元。帮助1名贫困大学新生申请团县委希望工程奖学金、1名贫困大学新生申请陈景河教育基金。为全镇贫困户在读中小学子女共130人统一上报县教育局资助中心办理就学资助。

美丽乡村建设 2016年,璜溪村全面完成停车场、道路拓宽硬化,旱厕、猪场拆除,裸房整治,贫困户危房改造,溪流整治,农民休闲中心建设等项目,完成投资300万元;新寨村美丽乡村,完成路灯安装,垃圾池新建,垃圾桶、垃圾车购置,河道整治,农民公园建设等项目,水上渔村产业发展投资150万元,群众新村建设投入资金273万元,全年共完成投资654.15万元。

养殖业污染综合治理 2016年,汀江下都库区网箱养殖全面规范,拆除禁养区内707家生猪养殖场及管理房近13万平方米,关闭禁养区内175家生猪养殖场近4.3万平方米。加速推进限养区内养殖场标准化改造,250头以上养殖场改造完成10家、正在改造的3家、关闭拆除的2家;250头以下47家养殖场,5家改造完成,42家申请改造并批复。

下都溪流域综合整治 2016年,多方筹措资金近2000万元,实施以防洪护岸建设和河道清淤工程为主的下都溪流综合整治工程。首期建设项目包括吉安村和新寨村溪流域生态护岸、拦水坝、农村污水处理收集,至年底完成施工方案设计。

生态环保设施不断完善 2016年,总投资920万元的下都污水处理厂完成厂区工程建设,一期铺设主管网1.5公里,通过验收;总投资120万元的下都镇垃圾中转站通过竣工验收;新建垃圾填埋场投入使用;完成县下达淘汰黄标车24辆、燃煤锅炉3台任务。

基础设施建设 2016年,建成拦水坝3座,渠道1.5公里;高标准生物防火林带25公里,辐射受益面积500余亩;高标准农田土地整理项目投资40万元完成工程量35%。旧村复垦项目投资60万元,完成旧村拆除,复垦55%。下都鸿鑫石材厂厂房及生产线竣工并投产。下都闽粤边贸市

下都边贸市场

场、服装交易市场、活禽交易市场建设投入运营。集镇西片区八里新村建设启动，A1地块完成基础建设并拍卖。新寨湾垂钓园及美丽乡村建设项目，总投资1.2亿元，完成道路拓宽3公里、百岁牌坊修复、吉兴中桥桥面吊装、接线等工程；砂睦桥危桥改造主体工程完工投入使用；永安桥危桥改造主体工程完工；和睦至永定尚贤道路硬化项目完工投入使用。建成下都变电站基站，完成投资500万元；总投资2000万元的下都溪流域综合整治项目实施方案完成施工图设计；下都卫生院综合大楼建成三层框架结构；下都中学学生宿舍楼竣工投入使用；建成总投资201万元的下都中学教学综合楼并投入使用。

社会管理不断加强 2016年，全面完成上级下达的计划生育工作目标任务，政策符合率91.6%；“平安镇村”创建活动持续深化。切实加强森林防火工作，做好防汛应急工作，全年未发生重大森林火灾和重大安全事故。

·庐丰畲族乡·

〔经济社会发展情况〕

2016年，庐丰畲族乡实现社会生产总产值6.78亿元，增长8%；财政收入2158万元，增长10%；农民人均纯收入13742.4元，增长5%；固定资产投资5.1亿元，增长35.3%。2016年，被龙岩市委评为全市先进基层党组织，被评为2016年度全省民族宗教系统信息宣传工作先进集体。

产业发展更加多元 2016年，粮食播种面积4.3万亩，产粮1.93万吨。种植烤烟1.14万亩，收购烟叶2.67万担，实现产值4500多万元，烤烟收购量居全市乡镇第一位。农民合作社建设进一步规范，现代家庭农场数量持续增加，全乡有专业合作社21家、家庭农场85家。林下经济发展初具规模，金花茶产业示范基地建立育苗场30亩，种植金花茶300余亩；太古村200亩杨梅基地初次挂果，成为水土流失治理示范点之一；下坊村新种植红棉蜜柚、“三红”蜜柚260亩。

第三产业加速集聚 2016年，“赴墟网”成功进驻庐丰，上杭县蓝田种玉文化发展有限公司成立，成功举办两届“三月三”畲民节，丰济村获得闽西最美古村落提名奖，扶洋村农民树叶吹奏成功申报省级非物质文化遗产。

新农村建设 2016年，丰济村“美丽乡村”党建综合示范点完成民族大道、同心桥、蓝氏家庙建设。下坊德里、中坊渡上库区移民集中安置点环境综合整治项目完成屋顶平改坡59栋、立面改造56栋，拆除危旧房4000平方米。中坊村“千村整治、百村示范”美丽乡村建设拆除改建危旧瓦屋800平方米，完成中坊小学至安乡溪3000米渠道清理及底部600米硬化，建设完善营尾农民绿地公园以及完成6户困难群众危房改造。

生态环保建设 2016年，成功创建国家级生态乡镇和2个省级生态村、11个市级生态村。加强养殖业污染整治行动，关闭拆除猪场1425户26.6万平方米，对限养区生猪存栏250头养殖户13户、生猪存栏50头以上250头以下养殖场10户进行标准化改造。开展烟田地膜回收工作，定期回收废弃农药瓶子，严控污染土壤安全的企业、种植种类进入庐丰，确保土壤安全和有机生态。加强面源污染治理，建立健全长效管理机制，完善“户保洁、村收集、乡转运、县处理”的垃圾处理机制。开展“两违”专项整治，拆除“两违”建筑9.06万平方米。全面实施黄潭河流域综合治理，对河道垃圾进行清理疏浚，保障黄潭河支流防洪、排涝、灌溉、供水等各项功能的正常发挥。实施省重点乡镇庐丰畲族乡水土流失综合治理项目和国家水土保持重点建设工程等项目，完成综合治理措施面积3503公顷，建设生态防火林带1819亩。

基础设施建设 2016年，东溪小流域水土流失综合治理项目全面完成；集镇供水改造项目及丰济、丰乐高标准烟田土地整理项目竣工验收；农村供电配网改造建设项目全面完成；总投资4400万元的烟草水源性项目完成供水管道全程铺设及附属工程建设；农村环境连片综合整治项目稳步推进；大中线（庐丰段）晋级改造工程路面铺设基本完成，大沽滩大桥完成70%；杭永高速公路建设项目（庐丰段）征迁完成85%。

脱贫攻坚战役 2016年，根据贫困人口标准共识别出贫困农户555户1412人。通过开展贫困户培训、发展生产、小额信贷、造福工程安置、资助贫困户子女就学等措施，脱贫318户715人，脱贫率50.64%。

社会事业稳步发展 2016年，全乡中小学教学条件持续改善，“乡奖教助学基金”不断壮大，基金总额达150万元，发放奖教助学金15.5万元，其中为33名贫困学生发放助学基金4.5万元。全乡上本一线31人、一级达标高中的升学率达40%。乡卫生院门诊综合大楼完成整体装修，新增一批现代医疗设备，新建改建村级标准化卫生所8所，群众医疗卫生条件有效改善。社会保障逐步完善，发放农业支持保护补贴金247.18万元；低保112户201人，五保户155户158人，发放低保、五保补助金168.36万元；新型农村合作医疗保险参合人数23498人，参保率达95.2%；新型农村养老保险参保人数9703人，参保率达96.3%。计生优质服务水平不断提升，各项政策措施有效落实，乡计生工作连续4年居全县一类乡镇一等奖。社会治安和谐稳定，禁毒工作不断加强，安全生产常抓不懈，民情收集处理、矛盾纠纷排查化解机制进一步健全，先后两次获得市级“平安（和谐）乡”的称号。文明创建不断深化，连续2届被评为市级文明乡镇。连续6届被评为“信用乡”，12个村被评为“信用村”。丰乐、丰济等“幸福院”建成投入使用。

·蓝溪镇·

〔经济社会发展情况〕

2016年,蓝溪镇实现社会总产值6.64亿元,比增5.9%;财政总收入1325万元,比上年下降0.5%;金融机构存款余额2.7亿元,比增12.5%;贷款余额0.8亿元,比增6.6%;农民人均可支配收入1.19万元。

传统农业稳步发展 2016年,粮食种植面积2.4万余亩,总产约1万吨。烤烟生产提质增效,签订合同面积5105亩,收购烟叶61万公斤,其中上等烟比率占62%,实现烟叶税290万元,产值1800多万元。新型农业经营主体不断壮大,登记注册家庭农场(农庄)36家。继续开发林下经济,重点扶持柠檬、青梅、三红柚、白鹅、牛羊产业,在桂鼎农场成功举办蓝溪镇第三届果品(提子、葡萄)采摘节,有效提升该镇特色水果知名度。黄潭村被评为省级乡村旅游特色村。

二三产业活力增强 2016年,引进外出乡贤回镇创办上杭县冠丰建筑工程有限公司;推动先锋农场与台商合资成立上杭培阳农业有限公司;引进润和购物广场公司,是上杭第二大超市。

基础设施不断完善 2016年,新建的蓝家渡文化公园投入使用。开展集镇环境整治,实施国道357线梅永段沿线违章搭盖、排水沟整治工程和梅永至觉坊路灯建设,新增路灯150余盏。实施蓝溪、觉坊、梅永等村“美丽乡村”和“宜居环境”建设项目,村容村貌明显改善。完成沈田大桥图纸设计和选址工作。投资150万元的革命老区项目歧滩至冯石道路改造工程基本完工。贫困村载厚村中载桥项目开工建设。完成溪蓝线蓝溪段1公里道路重铺工程,极大改善沿线村路况较差的情况。

脱贫攻坚扎实推进 2016年,全镇12个村有3个贫困村,其中载厚、白水属县级贫困村,歧滩属市级贫困村;建档立卡贫困户369户1032人,2016年度完成211户524名贫困人口脱贫,占贫困户总数的51%。

生态环境持续改观 2016年,继续抓好黄潭河流域水环境综合整治,关闭拆除猪场54家,面积1.14万余平方米。对限养区生猪养殖场进行标准化改造,8家250头以上养殖场标准化改造全部开工。东南片区病死猪无害化处理场投入运行。推进烤烟废旧地膜回收再利用工作,极大减少农业内源性污染。启动垃圾收费,推进以生活垃圾治理为重点的农村家园清洁行动。黄标车整治、燃煤锅炉拆除任务全面完成。蓝溪镇被评为市级绿色乡镇。

民生保障有效落实 2016年,全镇完成新农保参保7056人,享受农村最低生活保障53户156人,其中享受农村五保户待遇有121人。各类优抚对象93人,上报大病临时救助对象43户。推广机械化作业,推介适合当地新型农机具25台,享受国家购机补贴资金7万余元。

社会事业协调发展 2016年,有线电视网络实现全覆盖,完成1200平方米的梅永中心校学生食堂宿舍楼建设。开工建设蓝溪中心卫生院综合门诊楼及职工周转宿舍。新建派出所主体工程完工。

文明、平安建设得到加强 2016年,该镇被评为市级“文明乡镇”。2016年度平安“三率”测评全县第一,综治工作年度考核全县第二,继2015年度评为“平安乡镇”后,2016年度再获市级“平安乡镇”。

蓝家渡文化公园

·稔田镇·

〔经济社会发展情况〕

2016年,稔田镇实现农林牧渔业总产值2.64亿元,比增8%;工业总产值4.07亿元,比增10%;第三产业产值10027万元,比增14%;财政收入1935万元,比增12%;完成固定资产投资8.65亿元,比增38.8%;农民人均收入14379元,比增15%。

农业经济 2016年,种植粮食作物3.1万余亩,产量达1.5万吨;种植烤烟3144亩,产量达35.9万公斤,产值1065万元;生猪存栏2.9万余头(其中槐猪950余头),生猪出栏3.1万余头(其中槐猪1420余头)。新种植红肉蜜柚1200余亩,总面积超过1.8万亩;巨峰葡萄、柠檬、金花茶、金香蕉、四季阳桃、石潭鸡、蜂蜜、淡水鱼等现代特色种养业持续发展壮大,实现农业产业多样化发展。新型农业经营主体发展加快。新注册成立家庭农场47家,全镇有家庭农场172家,丰沃家庭农场、棚竹高家庭农场、旺林家庭农场等3家农场被评为省级农业示范农场,月柚缘家庭农场、祥胜家庭农场、信丰段家庭农场等3家农场被评为市级农业示范农场,培育新型职业农民40名;"蓉湖"红肉蜜柚获得省级著名商标。占地面积3000平方米红肉蜜柚加工厂项目竣工并被列为农业部示范加工企业;稔田现代农业展示中心(产品集散地、休闲农业接待中心)完成"三通一平";完成2015年度农业综合开发土地整治项目。6月,稔田镇被列为"十三五"福建农民创业示范基地;7月,福建省田农农业发展有限公司在海峡股权交易中心挂牌,成为该镇第一家上市公司。

基础设施建设 2016年,策划现代农业、交通水利、库区移民、生态建设、民生事业等五大领域项目53个,总投资41.9亿元,完成22个,尚在实施19个,完成投资约6亿元。完成石牌村防洪堤、镇歧老年活动中心、歧坑文化活动中心、梅镇老年活动中心、石牌、化厚、蔡坑、官田4个村农民文化公园建设;永杭高速公路在该镇建设规划用地面积2106.9亩,拆迁房屋39.94亩,搬迁坟墓885座,至年底交地1961.99亩,坟墓迁移694座,发放征地款3277.11万元;基本完成集镇主题文化公园项目、敬老院扩建工程、集镇供水管网改造与扩容工程、化厚新村、永安楼恢复重建项目建设。

美丽乡村建设 2016年,完成楼岗、镇歧村库区移民环境综合整治和连四村"4+5·美丽上杭"新农村党建综合示范点项目建设,长滩村省级库区移民环境综合整治试点村有序推进,枫山村被列为县级库区移民环境综合整治试点村,完成2016年库区移民后扶18个基础设施、环境整治项目;全面完成石牌、官田2个村全省"千村整治、百村示范"美丽乡村建设,石牌村被列为美丽乡村建设"三年提升"工程。完成九曲里环保地表水自动监测站建设并投入使用;该镇污水处理厂和农村环境连片综合整治项目(污水管网铺设),铺设污水管网8.9公里;持续开展黄潭河流域水环境综合整治工作,拆除猪场5家,关闭退养猪场17家,完成4家猪场标准化治理;完成垃圾中转站建设并投入试运行,全年新购置80只垃圾桶。继续开展"两违"整治,完成"两违"拆除面积4万平方米。完成非规划林地造林40亩,完成生物防火林带54.5公里(1200亩)的劈草整地工作;完成1100亩火烧迹地造林工作,林分修复70亩,抚育森林200亩。

招商引资 2016年,引进龙岩永航文化艺术有限公司在连四村建设闽台文化艺术创作展示与旅游基地项目、福建光源矿业集团有限公司种植金花茶项目、福建东宝农业发展有限公司种植金香蕉项目。培育发展上杭县志莺农产品贸易有限公司等2家限上企业,入驻"福建正统网"5家企业,全年实现限额以上批发零售业销售额和住宿餐饮业营业额6.5亿元,同比增长24%。完成占地面积3000平方米的集镇移民市场并投入使用。

特色旅游文化建设 2016年,加快完善燕竹坑家庭农场、渔博园生态休闲农业基地等家庭农场(休闲农业与乡村旅游示范点)基础设施,通过以线串点、以点带面,形成以宗亲文化和休闲农业相结合的生态文化旅游线路。成功举办第四届葡萄采摘节和丰朗村第三届民俗文化节。

脱贫攻坚工作 2016年,实现干部挂钩帮扶贫困户全覆盖,全镇帮扶贫困户307户804人,脱贫171户424人,净脱贫368人;完成造福工程29户88人,其中贫困户易地搬迁11户24人,原址新建18户64人;扶贫小额信贷按需发放,全镇完成发放16户62万。贫困村石牌、大燕、南坑3个村50千瓦光伏发电扶贫开发项目建成并网发电。

强农惠农政策有效落实 2016年,实行种粮农民综合直接补贴和良种补贴"一折通",全年发放农民"三项"补贴150万元;兑现各类强农惠农富农政策扶持奖励资金72.57万元,拨付转移支付资金156.97万元。

社会保障事业持续改善 2016年,新型农村合作医疗参保率达92%,新型农村养老保险参保率达94%,发放60周岁以上老年人基础养老金12.1万元、80周岁以上老年人高龄津贴65.2万元。完成小额农村住房附加室内财产保险和小额人身意外保险缴费工作,参保率分别为90%、91%。

"法治稔田"建设持续推进 2016年,受理群众来信来访27起,经调解息诉息访27件,办结率达100%;调处各类矛盾纠纷86件,调处成功85件,调处率达98%。

·茶地镇·

〔经济社会发展情况〕

2016年,茶地镇实现工农业总产值2.46亿元,其中农业总产值1.74亿元,比增10%,工业总产值7235万元,比增8.3%;500万元以上固定资产投资完成3.02亿元(其中工业固定资产投资1.25亿元),比增42.8%;财政总收入687万元,比增8%;农民人均纯收入1.30万元,比增11%;人口自然增长率10.9‰。

农业经济稳定发展 2016年,种植粮食面积1.9万亩,粮食总产6700吨。种植烤烟555亩,收购烟叶5.25万公斤,实现烟叶税25万元。食用

上杭县第十一届(东南)片区农民文化体育节在茶地镇举行

菌栽种450万袋,实现产值1575万元。生猪养殖出栏1.3万头、存栏8700头。茶米香农民专业合作社"禾米香"红米在2016年全国农产品500强好品牌评选中名列136名,在"6·18"项目推介会上与三明市农业科学研究院签约杂交水稻新品种泸优明占成果转化项目。

项目落地攻坚战役 2016年,围绕"五个一批"(谋划一批、签约一批、开工一批、投产一批、增资一批)目标任务,项目工作取得进展。谋划项目6个、签约项目3个、开工项目6个、建成项目1个、增资项目1个。

精准脱贫有序推进 2016年,完成全镇200户493贫困人口精准识别和信息录入工作。完成造福工程20户,其中原址重建12户,易地搬迁4户,其他造福工程4户。发放扶贫小额信贷资金9户42万元;下拨帮扶资金18万元。

生态环保成效显著 2016年,生猪养殖场标准化改造任务8家,动工改造6家。关闭拆除生猪养殖场复养11家。淘汰黄标车任务18辆,完成19辆,燃煤锅炉淘汰1家。集镇垃圾转运站、集镇污水处理厂及配套管网工程竣工。

基础设施不断完善 2016年,继续推进官山造福新村建设,完成后坎挡墙、新建官山村部,建成4排连体住宅楼80户。投资160万元新建中心幼儿园,三层框架结构610平方米竣工,10月交付使用。投资80万元新建中心小学食堂,占地面积150余平方米,三层框架结构竣工交付使用。完成卫生院职工周转宿舍楼建设。扎实开展6个村115.35亩旧村复垦项目,完成征地补偿、交地80亩。实施集镇南扩项目,清基800平方米,安置4户拆迁户,建设停车场。实施大燮村烟基道路800米、投入31万元。

民生体系更加健全 2016年,参加城乡居民合作医疗7341人,参合率99%。全镇纳入低保143户245人,发放低保金87万元,重残补助23.7万元,临时救助76人5.8万元,各类优抚款75万元。落实各项农业补贴,发放农业扶持资金99.4万元。继续做好"三农"综合保险工作,全年收取农村小额人身意外保险、小额农村财产保险和务工农民小额保险等5个险种保费14.8万元。

文体教育事业协调发展 2016年,成功主办上杭县第十一届(东南)片区农民文化体育节。实施素质教育,推进教学改革,不断提高教育教学质量,茶地中学考取上杭一中10人。

·溪口镇·

〔经济社会发展情况〕

2016年,溪口镇实现社会总产值6.1亿元,其中农业总产值2.05亿元;工业总产值1.56亿元。完成500万以上固定资产投资4.76亿元,其中完成工业固定资产投资3.44亿元;社会消费品销售额1.45亿元;规模以上工业总产值2645万元。财政总收入967万元,其中镇本级可用收入233万元。农民人均纯收入13415元。

农业经济稳步发展 2016年,粮食种植面积1.54万亩,其中水稻1.36万亩、烟后稻和一季晚稻1790亩;落实冬种紫云英335亩。种植烤烟1775亩,收购烤烟17.5万公斤。发展传统特色产业。加大"K口"牌芦柑传统特色品牌推广力度,改造低产果园400多亩,新增种植面积100余亩,有50亩以上种植大户4户。毛竹丰产林示范基地建设,全年实施2000亩,新开竹山便道12公里,竹山生产条件不断改善。农业基础设施建设,新开通机耕道路33公里,硬化烟基道路3公里,新建标准化渠道8.5公里;5个村实施粮食产能项目田间工程,总投资438.77万元。三溪、双华、大连、大厚、锦坊等村通过土地流转引进投资种植蔬菜、药材等作物620亩。全镇有林下养蜂、林下养殖贵妃鸡、林下种植中草药材和养殖竹鼠等特色农业50余户,产值约520万元。新种植黄栀子、罗汉果等中药材面积175亩。

工业企业逐步转型 2016年,大力发展环保型工业企业,开展黄潭河流域水环境综合整治,促进工业转型升级,着重发展绿色、环保的竹制品深加工企业，有竹制品加工企业9家，"家友竹"发展为镇环保型竹木产品生产龙头企业。推行"公司+农户"经营模式，将农户与竹木加工企业挂钩，实现资源培育、产品研发、生产销售一条龙，促进企业增效、农民增收。全年，外出招商引资6次，新签约、新开工项目2个（上杭县溪口万鑫隆机械制造有限公司和上杭县浩辰汽车配件有限公司）；新竣工项目1个（上杭县浩辰汽车配件有限公司）。

旅游产业逐步发展 2016年，利用溪口特色温泉资源、生态资源、红色资源，发展特色乡村旅游业，争取上级补助资金打造大丰村省级乡村旅游示范点。以温泉资源为主打，立足"休闲小镇，养生溪口"定位，结合陈屋村红军医院及美丽乡村建设、大洋坝村罗舜初中将故居及红色秘密交通线（入杭首站）、大丰村邱相田少将故居、大连村廖海涛纪念公园等红色资源及芦柑、脐橙采摘等特色休闲农业，着力打造溪口红色、绿色、蓝色旅游品牌。在开发温泉资源的基础上，重点打造云谷农庄，结合溪口采摘农业，新开发农耕游学自然体验游及老人度假休闲游，吸引了厦门、龙岩、汕头、梅州、上杭等地游客前来休闲体验。全年，接待游客2.3万人次，实现旅游总收入1500余万元。

三大战役有序推进 2016年，项目落地进展顺利，全镇涉及农田水利设施、商贸服务业、乡村文化旅游、道路交通基础设施、生态环保、社会事业等23个攻坚项目（其中列入市、县项目落地攻坚战役6个，镇级项目落地攻坚战役10个，策划储备项目7个），完成投资1900万元。完成镇生物防火林带、石铭水质在线自动检测站工程、陈屋村美丽乡村项目及宜居环境项目、烟基工程、三溪村幸福院、大丰村省级乡村旅游示范点建设等6个项目。大中线溪口段（溪口—大池）二级公路升级改造及黄潭河流域水体生态修复工程完成规划设计和项目前期工作；三溪、大洋坝村革命基点村道路硬化、卫生院门诊大楼建设、垃圾中转站工程、旧村复垦、集镇建设项目正有序推进。脱贫攻坚措施得力，依托本镇芦柑种植、竹制品产业、温泉产业，鼓励有条件的贫困户发展种植业、特色养殖业，增强自主创业脱贫能力，扶持产业发展81户，帮助申请产业扶贫小额信贷43户104.3万元；发放干部挂钩生产帮扶资金41.4万元。利用景福花园造福工程集中安置小区，推进易地扶贫搬迁，优先将贫困户列入危房改造补助对象，申报造福工程易地搬迁46户（贫困户42户、普通户4户），实施危房改造41户。帮助贫困户中所有符合条件的对象享受学前教育、义务教育、普通高中教育、高等教育资助，上报符合条件的对象101人；帮助贫困户申报"希望工程2016·圆梦行动"助学金1人，"春蕾计划"助学金1人。调动镇岗位资源，鼓励家友竹、电站等企业优先聘用贫困户，镇村保洁员、公路养护人员也优先聘用贫困户，帮助贫困户103人落实就业，聘用贫困户2人任镇村保洁员，6人任道路养护人员。帮助患慢性病的贫困户申请特殊门诊报销，帮助住院贫困户申请医疗救助。对缺乏专业技术的贫困户，帮助他们提升生产就业技能。组织参加新型农民培训20人、科协素质培训10人，月嫂培训6人，"雨露计划"培训50人、职业技能培训54人。对完全丧失劳动能力或无法通过开发性扶贫措施实现脱贫的，由政府兜底脱贫。全镇列入政府兜底脱贫的五保户48户、低保户97户。石铭村（省级贫困村）、双华村（县级贫困村）不等不靠，主动作为，全年争取上级资金560万元，推进村道亮化，新安装标杆路灯64盏，改造旧灯60多盏，建成农民公园、村级文化活动中心和步前、村南自然村文化中心，硬化村道3.4公里，新开机耕道路10公里，推进人饮工程建设，实现"村村通"有线电视全覆盖。同时，2个贫困村加强自主创收，将竹林整合承包，增收管理费。实施旧村复垦7.48亩；引导村民发展种养业，种植烤烟430亩、花生40亩、芋子40亩，灰兔养殖3000头，培育5户种养示范户；鼓励发展本地企业，发展家庭农场，解决200余人就业。生态环保成效喜人，列入2016年拆除猪场17家，全部完成拆除。完成县级以上生猪养殖场标准化改造任务5家。淘汰黄标车任务33辆，完成39辆；燃煤锅炉整治任务8家，完成10家；开展"整环境、美家园、爱溪口"家园清洁行动，全面加强生活垃圾、生活污水处理设施建设和提升改造，日常生活垃圾及时收集清运；健全完善垃圾综合整治长效机制，做到管理规范化、工作制度化。

基础设施建设 2016年，完成总投资174万元水利项目，其中水毁修复项目12处涉及7个行政村投入55万元；大洋坝、陈屋村2座电灌站建设投入44万元；大洋坝、大丰村人饮净水设备投入30万元；陈屋村、当丰村、大丰村防洪堤建设投入39万元；水土流失治理投入6万元。大洋坝、三溪村革命基点村道路建设项目有序推进；大丰村危桥改建完成图纸设计。集镇农贸市场改造、厚德公园一期项目等有序推进。美丽乡村建设。投资100万元实施陈屋村宜居环境项目建设，完成文化休闲长廊、休闲步道、拦河坝、体育设施及防洪堤建设，村庄面貌大为改观。巩固完善三溪村美丽乡村示范建设及当丰村宜居环境建设成果，新增绿化面积3000平方米，聘请专人日常维护。双华、石铭村各投资100余万元实施农民公园建设，完成公园绿化，购置了健身器材，为群众休闲健身提供场所。

社会保障 2016年，新增就业560多人，新增农村劳动力转移300多人。新农保完成参保率94.3%，新农合完成参合率93.5%。不断完善社会保障救助机制，对全镇低保家庭实现应保尽保，并实行阳光评定、公开透明、动态管理，全镇低保户99户335人，比上年核减136户312人，全年发放低保金97万元。开展救灾救济工作，全年全镇共受灾9户34人，为5户21人无房户申报灾后重建,下拨重建资金19.2万元;申报救济对象43户,县下拨10.17万元临时救济款及救灾资金1.67万元全部发放到位。第三次全国农业普查工作及农村土地确权登记工作进展顺利。

社会事业 2016年,教育设施不断完善,对中心幼儿园活动场所进行美化、绿化,统一添置幼儿午休设施,使幼儿园顺利通过县标准园验收。教学质量不断提高,溪口中学参加中考87名考生,考上龙岩一中1人,上杭一中11人,上杭二中22人;在2016年龙岩市初中“五率”评估(农村组)中获得三等奖;溪口中心小学毕业考试英语、品德和社会成绩排名全县第一,数学成绩全县第二,语文成绩排名农村小学第一;获得教学质量综合考评全县第一。文化事业得到长足发展,完善11个村的农家书屋建设,新增图书2000多册;有线电视实现全覆盖;完成《溪口镇志》编纂工作并出版发行。医疗卫生得到有效改善。卫生院门诊病房综合楼和职工周转宿舍2016年立项开工建设,2017年6月完工,可有效缓解群众就医问题。计生工作不断强化。全镇出生人口政策符合率达92%。“六五”普法工作圆满完成,依法治镇工作有序推进;“平安和谐镇村”创建活动取得成效,大连、三溪、当丰、石铭等4个村被评为“平安和谐村”;全镇社会治安保持平稳态势。安全生产形势稳定,未发生生产安全、食品卫生安全事故,社会和谐稳定大局进一步巩固。

·太拔镇·

〔经济社会发展情况〕

2016年,太拔镇实现社会总产值5.3亿元,比增10%;农业总产值2.37亿元,比增10%;工业产值1.52亿元,比增7%;财政总收入1370.2万元,比增6%;农民人均纯收入13667元,比增10%。

农业产业持续推进 2016年,全镇粮食种植面积2.42万亩,总产1.01万吨。种植烤烟1000亩,烟叶产量157吨。种茶面积1400亩,产茶约4.3万公斤,实现产值1700多万元。槐猪猪舍面积2.6万多平方米,能繁母猪1000多头,存栏仔猪3000多头,平均年出栏1.2万余头。

项目落地攻坚战役 2016年,院田村国家传统村落旅游景区开发建设项目入选《全国优选旅游项目名录》,被县委、县政府列为全县重中之重项目,完成凌霄阁等9栋古建筑抢救性维修保护工程,建设游客中心、停车场、旅游公厕、荷坪新村等项目。茫荡洋风电项目开工建设,风电场场址范围面积约7平方公里,平均年发电利用小时数为2256小时。

精准脱贫攻坚战役 2016年,全镇实施造福工程和易地搬迁90户,预拨补助资金122万元;就学资助学生55人17.3万元;为43户贫困户申请小额贷款128.5万元。脱贫261户729人。贫困村上村、大地、罗坑发展光伏发电项目,上村80千瓦光伏发电项目并网发电,大地村完成主体工程,罗坑村入股镇光伏项目,镇140千瓦光伏发电项目动工建设。

着力保护生态环境 2016年,投资90多万元实施垃圾中转站项目,主体框架完工,垃圾压缩设备、垃圾转运车等设备采购完成,年底竣工并投入使用。生猪养殖业污染治理及限养区养殖场标准化改造工作,拆除生猪养殖场200多家,面积10多万平方米。投资3000万元的黄潭河流域水体生态修复项目,完成项目可行性研究报告及评审。燃煤锅炉节能提升工程,拆除1家燃煤锅炉,完成县下达的任务。黄标车淘汰工作,完成任务数16辆,淘汰率100%;

民生工程取得成效 2016年,实施院田村市级美丽乡村示范村、太拔村“千村整治、百村示范”示范村;完成大地、张芬、院田等8个村农业综合开发项目4800亩;完成坵辉高标准农田项目200亩,罗坑、黄家400多亩高标准农田项目完成申报设计;太拔、院田、彩霞、张芬4个村的中央农田水利项目建设全面完成。

道路交通基础设施建设 2016年,扎实推进黄潭至太拔、溪口至蓝溪、茶地至太拔、太拔至永定合溪道路改造工程。其中黄太线晋级改造项目全长7.6公里,按照县道三级公路标准建设,总投资1.28亿元,正封闭性施工。

社会保障不断加强 2016年,全镇新农保参保缴费率达94%,发放养老金410多万元;居民医保参保人数为16466人,参合率99%;“三农综合保险”参保率保持在100%以上;上报临时救济对象57起,下拨临时救济资金14万元。

教育卫生事业协调发展 2016年,基础教育质量有所提升,中心小学获龙岩市绿色学校、县级文明学校、县AAAA级“平安校园”、县中小学校绩效考核暨实施素质教育目标管理督导评估三等奖,中学中考成绩再上新台阶,考上一中16人,二中25人,占毕业生总数的50%,获2016年县级教育工作先进集体荣誉称号。院田李氏民居、凌霄阁等古迹被列为县第十一批县级文物保护单位。进一步改善镇卫生院的医疗设备设施条件,推进义诊等免费医疗多样化。

信访维稳工作 2016年,不断完善信访维稳工作机制。全年,排查矛盾纠纷44起,调解成功43起,调解成功率97.7%。

·泮境乡·

〔经济社会发展情况〕

2016年,泮境乡实现社会生产总产达6.59亿元,比增13%;全社会固定资产投资3.68亿元,比增19.5%;农民人均纯收入13420元,比增13%。

农业经济优化提升 2016年,全面推广新化肥、新机械等"五新"技术,全乡粮食播种面积稳定在9240亩以上,粮食总产达3400吨,平均亩产370公斤;通过出台烤烟种植奖励措施,鼓励规模种植,烤烟种植面积达1100多亩,上中等烟比例达80%以上;推广花生种植,花生种植面积达860多亩,亩产千斤;发展百香果等水果种植,种植水果面积600多亩。规范发展养殖业,严格控制生猪养殖规模,生猪存栏逐年减少。适度发展污染小、易养殖的小禽畜养殖。在元康村发展乌兔养殖,年均出栏1万头;肉鸡养殖,年均出栏肉鸡10万头。农业发展平台不断巩固,全面实施农业综合开发,完成土地整理4300多亩,非土地整理3700多亩;出台措施鼓励土地有序流转,定达村、乌石村尝试土地委托村级管理;发展家庭农场、家庭林场,全乡发展34户以农业为基础、结合乡村农家乐的家庭农场。构建农业服务平台。成立烤烟生产合作社、桂灵花生合作社、腾兴养殖专业合作社,注册成立后龙山农产品销售公司等17家公司,为种养户提供资金技术信息全方面服务。鼓励发展特色精品农业,打造泮境花生、祖加孔桥蜂蜜、彩霞罗家山梅花鹿、红黑米等精品农业特色名片,利用其示范带动作用,促使农户由零散种养殖转型为专业化、集约化、品牌化的生产模式。

项目建设稳步推进 2016年,策划泮境湿烤花生加工、古驿道旅游开发项目,引进新天合农业科技有限公司红黑米种植加工项目、落地在蛟洋工业区年产3万吨竹制品和1万吨机制环保碳的福建远鸿实业有限公司项目。入驻正统网企业金彩霞、后龙山农产品销售有限公司2家。

脱贫攻坚初见成效 2016年,推行乌石村幸福园模式,集中安置贫困老人;探索祖加村扶贫基金,为贫困户发展生产项目提供风险保障。全年落实生产扶持对象50户219人,实施就业扶助、建房补助、科技帮扶等101户267人;造福工程扶贫搬迁完成38户;小额扶贫信贷发放26户115万元。建档立卡贫困户91户246人实现脱贫目标。

生态环保建设 2016年,投资130万元启动集镇污水处理池建设;投资90万元,建设占地80平方米的垃圾中转站;组织查处非法采洗砂场13家;完成上访溪小流域水土流失综合治理工程并通过省级验收。

民生项目稳步推进 2016年,发挥乌石村市级美丽乡村"自力更生"示范点建设带动作用,完成泮境村美丽乡村建设规划和项目策划工作,上报水利和道路项目7个,总投资990万元。集镇农民公园风灯岗景区建设项目完成二十四孝雕像、文化长廊、生态护岸、健身步道、广场硬化等配套项目建设并开园,成功举办首届泮境民间文化节;祖加、定达村农民公园体育健身器材如期安装到位。农村危房改造工程,完成危房改造任务41户。集镇安乡溪东片区改造全面完成,总投资150万元;祖加村、定达村全面动工并实施兴建互助"幸福园";院康村确定"千村整治、百村示范"项目7个,总投资291万元;泮境、定达等4个村的76亩旧村复垦项目稳步推进,通过县国土局初步验收。

惠民政策有效落实 2016年,全面落实城乡居民社会养老保险政策,新农保完成全年缴费任务95.66%,新增120人,老农保过渡衔接新农保95人,领取养老金待遇新增45人;全年城乡低保20户38人,五保户41户44人,支付低保金41.29万元,全年救助对象45人次,发放临时救济款11.36万元,发放重残补助20万元,发放五老人员补助11.84万,发放优抚资金20.98万元,发放慰问金1万元。

社会事业稳步发展 2016年,禁毒工作多措并举,创新推进,形成"2345"禁毒工作机制,成为全县禁毒工作现场推进会的典型和参观学习点之一。开展农村道路交通安全劝导工作,设在集镇的一级劝导站成为全市农村交通安全劝导站示范点。11月2日,全县道路交通安全劝导站启动仪式暨交通安全劝导员培训会在泮境召开;11月25日,全市农村道路交通安全管理工作推进会在泮境设参观点。政法工作有序推进,成功调解民事纠纷12起;未出现越级信访案件;平安乡村建设稳步进行,"三率测评"(知晓率、参与率、满意率)全市排名第60位,比上年上升10位;深化"一村一法律顾问"工作,乡设立法律服务工作站,各村设立法律顾问

泮境乡首届民间文化节

室,实现全乡法律顾问全覆盖。安全生产工作常抓不懈,制定“安全生产一岗双责”责任落实规定,坚持每月一次的安全生产检查及例会制度,精心组织“安全生产宣传月”活动,做好政策宣传,组织应急演练,全乡无安全生产事故发生。

·白砂镇·

〔经济社会发展情况〕

2016年,白砂镇实现社会总产值16.81亿元,比增11.8%;财政总收入2018万元,比增7.0%;全社会固定资产投资12.25亿元,比增7.2%;农村居民人均收入17024元,比增20%。

现代农业稳步发展 2016年,引导农民发展优质稻、烤烟、食用菌、生姜、优质茶等增产增收,加强引导发展规模化生态种养业,持续发展林下经济,开展企业+农户发展模式,带动“三农”致富发展。全年,土地流转面积1.4万亩,占农田总面积60%;水稻种植2.76万亩,总产达1.19万吨,抓好岭背200亩、朋新200亩、中洋300亩的优质稻基地建设,发挥良好的示范带头作用;食用菌400万棒,产值2400万元;辣椒350亩,亩产170公斤,总产59.5吨;茶叶1300亩,亩产60公斤,总产78吨;生姜1600亩,亩产3000公斤,总产4800吨。

二三产业稳中向好 2016年,配合县“三园两区”的总体规划,谋划工业用地3000余亩作为新招商企业用地;成功培育龙岩市锐美家装饰材料有限公司,成功引进香港外资3000万美元;上杭县新合顺刺绣有限公司年产40万码刺绣产品项目顺利开工;加大招商引资力度,积极对接“淘实惠”“我知盘中餐”电商等企业落地;万福林化公司势头发展良好,预计年产松香6万吨、松节油1万吨,年销售收入1亿元,上缴税收100多万元。农村淘宝异军突起,“淘实惠”项目强力入驻,进一步推动白砂特色产品线上线下交易。

项目建设扎实推进 2016年,全镇筹划项目9个,合计资金6.4亿元;签约项目7个,合计资金约2.7亿元;开工项目12个,合计资金约2.9亿元;年度竣工项目8个,合计资金约1.5亿元。总投入4500多万元现代农业项目金崛生态农业休闲旅游项目顺利开工;“淘实惠”电商项目落地营业;梧田溪小流域水土流失综合治理项目顺利实施;以碧沙村为试点推行“智慧白砂”工程、旧宅基地复垦及土地平整、第二期乡村环境整治、军桥等5个美丽乡村建设、乡村公路提升及危桥改造、医养结合示范基地建设等项目均开工建设,严格按时序推进。

脱贫攻坚卓有成效 2016年,脱贫攻坚战役进展顺利,全镇聚焦3个贫困村、410户969名建档立卡贫困户,坚持统筹安排,综合施策,通过就业帮扶、开展建房补助、申请扶贫小额信贷以及搭建销售平台助推脱贫等措施,精准发力,推动脱贫攻坚各项决策部署有效落实。全年,脱贫254户483人,其中一般贫困户74户272人,五保户166户172人,低保户直接脱贫6户18人,国标退省标8户21人,人员自然增减后,国网系统已标注脱贫248户473人,国标退省标8户21人。完成2016年度县下达造福工程搬迁任务36户129人,实际造福工程搬迁40户131人,其中享受受灾补助5户22人,享受造福工程搬迁补助35户102人,全部建成一层以上并通过验收,造福工程补助资金117.15万元,灾后重建补助22.5万元。危房改造享受补助16户46.72万元。

生态文明不断提升 2016年,持续深化开展“美丽白砂,我在行动”主题环境卫生专项整治活动,加大集镇及22个行政村环境卫生资金投入和环境督查;加强省道308沿线排查整治和饮用水源保护区基础设施建设;逐步建立健全环境卫生保洁“日抽查、周督办、月巡查、季评比”督查奖励制度;垃圾中转站及污水处理厂建设全面推进,环境综合整治长效管理机制不断健全,不断改善镇容村貌;继续推进岭背、碧沙美丽乡村示范点和梧田、上早、丰源村农民休闲公园基础设施建设,以点带面,推动全镇新农村建设再上新台阶。

民生福祉持续改善 2016年,继续争创第十三届市级文明乡镇,实施“教育强镇”和“义务教育均衡发展”战略。成立官将片奖教奖学基金会,全镇各类奖教奖学基金达400余万元;2016年中考,白砂中学38人被上杭一中录取,29人被上杭二中录取,居全县农村中学前列。强农惠农措施有力,全年拨付农业支持补贴154.78万元,强农惠农资金140.81万元,发放低保金184万元,发放临时救助金25.94万元。落实城乡居民养老保险政策,新农保参保率达92%,80周岁高龄津贴信息准确率和发放率均达100%。镇村面貌持续改善,加快推进军桥、丰源等6个村农民公园建设;持续推进樟黄、大田、梧岗等村老人幸福院建设;完成2016年黄标车淘汰和燃煤锅炉排查摸底登记及淘汰5台锅炉任务,完成率达100%;加快推进标准化养猪场改造及禁养区内生猪养殖场依法关闭拆除工作,全面检测各村水质情况。文化白砂彰显魅力,成功举办“客韵流芳”上杭木偶文化艺术节,拍摄《古邑风华·记住乡愁——走进全国民间文化艺术之乡白砂镇》专题宣传片,“田公元帅信俗”被评为闽西十大经典民俗活动提名奖,客家木偶品牌进一步打响。精心培育早康会址红色宣传教育基地品牌,提高早康会址的知名度。开展市级文化、科技、卫生“三下乡”、白砂百姓大舞台活动,营造良好文化氛围。社会管理更加科学,计生服务水平不断提高。综治维稳成效显著提高,全年发生各类民事纠纷35件,调处成功35件,调处率100%,妥善处理群众来信来访23件。高度重视安全生产管理工作，全年组织安全生产大检查12次，查处隐患35处，责令改正8家。

·蛟洋镇·

〔经济社会发展情况〕

2016年，蛟洋镇实现经济社会总产值221.19亿元，比增29.58%；工业总产值218亿元，比增43.42%；农林牧渔业总产值5.53亿元，农民人均纯收入1.46万元，比增13%。财政总收入1409万元。粮食播种面积2.77万亩。

工业生产稳步发展　2016年，20万吨铜冶炼、瓮福紫金、泰山石膏、德尔科技等一批工业项目相继建成投产，35家入驻园区企业实现税收1.2亿元，循环经济产业链条不断延伸，工业总产值连续3年突破百亿，工业规模占上杭"半壁江山"。蛟洋镇被市委、市政府评为全市工业强镇。辖区内新增规模企业3家、累计达14家，亿元以上工业企业累计达8家，辖区完成工业固定资产投资10亿元。

农业稳步提升　2016年，落实粮食播种面积2.77万亩，粮食总产9540吨，比增1.83%。家禽存笼78万羽，出笼390万羽。落实烤烟生产面积834亩，收购烟叶2184担。完成人工造林更新254亩，森林防火带234亩，森林抚育1100亩。农副产品加工业优创油脂"姜姑娘"品牌打响，企业实现产值1.3亿元，成为上杭首家亿元农副产品加工企业，被省林业厅授予"龙头企业"荣誉称号。农业产业稳居全县前五，其中毛竹、蔬菜种植规模以及山羊、鸡、兔出栏数位居全县首位。

第三产业加快发展　2016年，新培育限额以上商贸企业4家，总数达15家，销售额7亿元。蛟洋红色记忆长廊等加快建设，红色文化传承力度加大。华家历史文化名村等项目加快建设，旅游热潮逐步掀起。

"三大战役"扎实推进　项目落地攻坚战役。全镇实施项目43个，其中县级建设项目12个，镇级建设项目16个，服务蛟洋工业园区项目15个。厦蓉高速扩容蛟洋段工程全面完成红线内交地任务，项目施工顺利推进；下道湖整村搬迁项目制定补偿安置方案，完成房屋测量图纸和违建核对工作；西气东输蛟洋段全面完成管道贯通任务，正督促项目业主加快复耕、复垦、复绿工作，并配合项目部协调解决相关遗留问题。昆润管道天然气、松光礤水库、循环经济园区基础设施、电力线路走廊、思康有机氟/硅新型合成材料、铭麟过硫酸盐（铵、钠、钾）、县年产3万吨蔬菜瓜果冷链物流等项目全面完成征地，项目建设有序推进。脱贫攻坚战役。全镇建档立卡贫困户645户1547人，其中一般贫困户171户614人、低保户279户725人、一般五保户195户208人，集中供养五保户15人；全镇革命基点村3个，其中小和村27户70人、桃源村17户50人、贵竹村11户22人；贫困村3个，其中达理33户83人、邹坑28户72人、坪上37户87人；少数民族贫困户为华家村3户10人。2016年，脱贫任务为696人，其中造福工程扶贫搬迁脱贫指标任务为71户238人，年底完成77户；通过小额信贷脱贫42户；计划通过国家兜底脱贫207户235人、生产扶持73户246人、就业辅助82户284人，建房补助32户106人、医疗救助7户22人、就学资助8户25人、科技帮扶30户119人。生态环保攻坚战役。抓好一江两河生态环境综合整治及保护工程，项目完成初步设计。黄潭河、旧县河上游实施方案编制完成并通过专家评审。研究出台《蛟洋镇森坑流域和坪埔流域水质提升方案》，认真排查污染源，对涉及的16个村水质进行考核，并制定出台奖惩措施，水质监测有所提升；重点抓好蛟洋村森坑、中心坑流域猪场、沙场、石场和企业污染整治，抓好蛟洋集镇垃圾填埋场整改工作，持续抓好农村生活垃圾收集、转运和填埋工作，推动宜居环境建设；蛟洋黄标车淘汰任务为117辆，9月底全部完成；顺利完成畜禽无害化处理厂建设，处理病死猪1000多头；全面完成2016—2017年燃煤锅炉淘汰任务4台。

为民办实事项目　2016年，华家至文都道路完成投资1000万元，工程主体竣工。再嘉渡改桥按序时推进。集镇自来水、国省道路路灯实行统一对外承包管理。蛟洋中心幼儿园、蛟洋中心小学教学楼全面竣工并投入使用，其中蛟洋中心幼儿园为上杭县农村幼儿园中面积最大、设施最齐全的幼儿园。塘厦村"自力更生美丽乡村示范村"建设完成验收，荣获县级一等奖。蛟洋村美丽乡村建设项目包括大礼堂维修、完善村口古樟树休闲场所、小公园环境整治、村道拓宽、河道清理等，完成投资240余万元。

落实社会保障和支农惠农政策　2016年，发放各类奖教奖学基金11万元；完成造福工程扶贫搬迁77户253人；危房改造123户267人；做好"莫兰蒂"及"鲶鱼"台风救援及灾后重建工作；全镇低保289户749人，发放低保资金158.88万元；失地农民待遇发放670人；60周岁以上人员养老补助金领取3663人、80周岁以上老人高龄补贴发放663人；城乡居民社会养老保险参保缴费8721人，缴费率达96%；城乡居民合作医疗参保2.24万人，参合率达99%。

教育教学工作再创佳绩　2016年，蛟洋中学中考2人考上龙岩一中，36人考上上杭一中，居农村中学第一名。毕业于蛟洋中学的塘厦村邹子晗高考成绩616分，荣获龙岩文科状元。蛟洋中小成绩继续保持全县前列，连续5届获市级文明学校称号。

古田五龙村农家书屋

·古田镇·

〔经济社会发展情况〕

2016年,古田镇实现社会总产值40.9亿元,比增7.28%。其中,工业总产值34.3亿元,比增6%;农业总产值2.85亿元,比增4%;第三产业产值3.75亿元,比增24%;财政总收入3018万元,比增7.29%;农民人均纯收入15496元,比增15%。固定资产投资17.98亿元;规模以上工业总产值实现4.37亿元,同比增速39.1%;限额以上社会消费品销售额实现9.396亿元,同比增速21.7%;服务业企业入驻"福建正统网"3家。实现招商引资新签约项目6个,新开工项目3个,新竣工2个。

现代农业持续优化 2016年,重点推进现代农业示范园区项目,加快蔬菜、花卉、毛竹、田园景观种植等特色优势产业的发展。种植粮食1.85万亩、蔬菜3.5万亩(含复种)、铁皮石斛200亩、毛竹丰产林3000亩、观光农业1500亩,实现土地流转1.53万亩。做大做强富康铁皮石斛生产基地、福欣牧业有限公司、绿欣农业发展有限公司等龙头企业,提升龙头企业示范带动作用。

旅游产业持续发展 2016年,发挥"新古田会议"和国家AAAAA级旅游景区效应,依托赣龙铁路复线上杭古田会址站全线通车带来的人员集聚优势及境内交通优势,不断整合以古田会议会址为代表的红色旅游资源,扎实抓好古田国家AAAAA级旅游景区项目提升工程。积极发展旅游服务业,加快旅游购物街招商、农家乐接待点、培训平台培育,加快完善服务配套设施建设,全年古田大旅游景区接待游客306.95万人次,比增18.97%,旅游综合收入19.75亿元,比增29.93%。7月,在全国红色旅游协调小组办公室举办的"我最向往的党史纪念地"评选活动中,古田会议旧址成功入选,取得总分第三名的好成绩;10月,在国家旅游局公布的"十一"假日旅游"红黑榜"中,古田旅游区荣获"旅游服务最佳景区"称号。

项目落地攻坚战役 2016年,全镇涉及农业、工业科技、商贸服务、交通、城建环保、社会事业等34个项目按照项目攻坚"作战图"有序推进。富康铁皮石斛生产基地建设项目投入3600万元完成第一期智能温控大棚种植100亩,完成林下仿野生种植100亩。古田樱花园建设项目完成租地、花海观赏园种植300亩;完成生物防火林带建设;苎园、新生段生态防洪堤工程通过竣工验收;大永固钢铁有限公司节能技改项目建成投产;红四军后勤部旧址笃厚堂维修项目有序开展;抓好梅花山路一期、厦蓉高速(古田段)扩容工程、南昌铁路维修演练基地(古田段)建设;全面完成苎大线升级改造项目,并实现正常通车;水质在线自动监测站工程、生猪养殖场污染治理、环保自动化建设及第三方运营管理机制、生猪养殖场标准化改造等项目,均按序时进度推进,实施方案设计通过县级审批;污水处理厂升级改造项目有序推进;闽西光荣院项目征迁任务全面完成;金古田养生养老基地第一期用地全部完成征用;西气东输项目土地复垦工作全面完成;特色小镇申报成功,列入第一批全国特色小镇建设,启动项目建设10个,完成投资5.08亿元。

生态环保战役 2016年,聘请泉州市双彦环保工程设计院有限公司对本镇断面水质提升制定可研方案和实施方案,旧县河(清凌塔以上)、黄潭河(城头坪以上)河段水质监测结果得到提升。"一江两河"水环境综合整治工作,完成苎园、新生防洪堤建设;加强辖区内水环境巡查监管,对重点区域、敏感地带重点督查,及时查处境内非法采(洗)砂场11家,全面完成整治取缔任务。持续完善生活污水、生活垃圾的收集处理。继续实行"户集、村收、镇处理"的垃圾处理模式,出台以奖代补政策,引导各村完善垃圾收集和处理机制,加强对古田垃圾中转站的管理,做到垃圾日产日清,不断优化人居环境。养殖业污染整治工作,完成猪场拆除13家,关闭8家,动工整治猪场2家即将完成改造。完成黄标车淘汰117辆,完成率106%。完成燃煤锅炉淘汰26座,完成率108%。

精准脱贫战役 2016年,实现脱贫137户295人。发放扶贫小额贷款

26户102万元，资助高等院校学生13人，争取生产帮扶资金1.6万元。完成造福工程扶贫搬迁50户146人，镇财补助60万元。

民生社会事业 2016年，教育教学质量持续提升。古田中学参加高考34人，高考上本二以上6人，其中3人考上本一学校，超额完成上级下达指标。全镇新型农村合作医疗参保人数17925人，参合率95%；新农保参保缴费人数5916人，参保缴费率96.35%。抓好公民社会公德、职业道德、家庭美德和个人品德建设，通过第十三届“全国文明村镇”初期考评。加强社会治理创新，扎实推进人口与计划生育、综治维稳、环保、道路交通及安全生产“一岗双责”制度的实施。

·步云乡·

〔经济社会发展情况〕

2016年，步云乡实现社会生产总值2.78亿元，农林牧渔总产值1.17亿元；财政收入576万元；农民人均纯收入1.46万元，比增11%。

农业产业结构优化升级 2016年，全乡粮食播种面积5372亩，粮食总产2631吨，比增03%。有毛竹林12万亩，毛竹年产量达6万根，笋产量达253吨，是全县唯一省级重点“毛竹丰产林”示范乡镇。茶叶种植面积2630亩，年产量62吨，“蛟潭高山茶”商标被评为福建省著名商标。发展以梨岭、古炉为中心的高山蔬菜基地建设，种植菜椒、花椰菜、红辣椒等各类高山蔬菜，全乡种植面积7000余亩，产量达7372吨。花卉产业在古炉、马坊、桂和、梨岭发展高山催花基地，培育“高山精品蝴蝶兰”“大花蕙兰”等名贵花卉。省级花卉基地“步云妇女高山花卉基地”建成投产。

项目建设有序推进 2016年，步云游客服务中心项目，完成一期土地征收工作，签订建设用地协议征收合同61份，协议征收土地124亩，发放征地补偿金786万元。梅花山观光索道项目，完成索道线路精准放点，清理4.8公里索道线路、桩基放样等工作；完成索道沿线宽度12米土地确权、丈量工作，项目涉及征用60户101块地，完成97%索道沿线带宽12米土地征地工作；完成沿线土地挖槽工作，并进行支架基础开挖；完成上站房以及上站房至虎园公路等相关土地测量工作。村民房屋征迁集中安置点项目，规划安置地约11亩，安置36户，完成红线划定规划、国土预审、勘界和审查工作。古田至步云公路改造项目，完成设计图评审，步云35千伏变电站和电力线路廊道工程建设，完成项目核准材料准备工作。

步云高山茶园

民生保障更加完善 2016年，完成全乡56户140人入户摸底调查核定工作（其中低保户13户42人，五保户24户25人，一般贫困户19户73人），确定低保户13户42人，分散供养五保户24户25人，并完成“一户一档”建档立卡工作。全年，城乡居民合作医疗、“三农”综合保险参保率100%，城乡居民社会养老保险参保率达95%以上。全年，救助社会困难人员28名，发放救助经费6.68万元。实施危房改造工程，完成4户，在建5户。实施农村贫困残疾人“安居工程”，在建2户。

生态环境有所改善 2016年，加强九龙江流域的垃圾治理和水源地保护，对上福村、马坊村、金屏村、兴隆村等全长18公里河道实施小流域生态治理，建设生态护岸，改善九龙江源头水质，确保与新罗区水质交接断面全年水质达标。集镇污水处理设施建设工程，完成项目选址、征地、设计工作。集镇垃圾转运站工程，完成垃圾中转站选址和设计，完成黄标车淘汰23辆，完成任务的95.8%。

社会事业更加协调 2016年，开展禁毒专项整治工作，在各村、邻近乡、邻近县主要路口悬挂禁毒宣传固定标语，每周出动宣传车走村串巷开展禁毒宣传，各包村工作队及各村禁毒巡逻队伍每星期到各隐蔽角落开展巡查，并对各村重点场所及重点人员实行网格化管理。开展安全生产检查活动，发现安全隐患10条，全部整改，整改率100%。

·南阳镇·

〔经济社会发展情况〕

2016年,南阳镇实现社会总产值52.6亿元,工业总产值29.3亿元,农业总产值2.78亿元,财政总收入1859.5万元,全社会固定资产投资12.5亿元,农民人均可支配收入13871元。

推进项目落地攻坚战 2016年,全镇共策划实施30个攻坚项目,其中农业领域5个、工业科技4个、交通领域2个、环保领域4个、城建领域2个、商贸服务业1个、社会事业12个。完成投资约2.35亿元,实现新签约项目3个,新开工项目18个,新竣工项目12个。南阳集镇至才溪下王公路(黄麻凹至射山兰田角里)建成通车,完成南阳集镇至官余村公路改造工程并实现通车;集镇牛路口至龙田中学道路综合改造项目,完成路面“白改黑”(在原有水泥混凝土路面的基础上,再次铺填沥青混合料面层,实现原有刚性路面与现柔性混凝土路面的转变)、人行道路沿石铺设和绿化亮化;完成宏福公园环园道路硬化、绿化、亮化和休闲景观亭建设;完成南阳卫生院周转房建设;完成镇便民服务中心提升改造和加层工程建设并投入使用;马洋洞水库除险加固工程,完成坝体补强灌浆、溢流堰扩宽、大坝局部加固、防水闸更换、管理房建设;完成辉远文化体育中心建设并投入使用;完成龙田中学综合楼、南阳中学实验楼和中心小学教学楼一期工程建设;完成陈丕显故居维修保护,重新设计陈丕显事迹展并展出,故居农民休闲广场扩建,美化、绿化,完成核心区“白改黑”和“三线”下地工程;完成福建兴朝阳硅料股份有限公司技改项目。

实施脱贫攻坚战 2016年,通过精准识别,全镇确立建档立卡贫困户611户,1853人。完成611户贫困户的帮扶措施细化和精准扶贫明白卡制作并张贴上墙。完成贫困户入户走访3.3万多人次,落实帮扶措施1527项,发放发展帮扶启动资金78.4万元。造福工程扶贫搬迁共37户163人。完成66户贫困户危房改造和26户造福工程易地搬迁,完成贫困户小额信贷上报申请59户135万元,正在审核申请18户42万元,超额完成县下达的168万元金融小额信贷任务。

打赢生态环保战役 2016年,开展违法排污、违法建房、非法采砂治理、生猪养殖污染和农村环境综合整治等专项整治行动。完成1450亩的高标准生物防火带建设;完成上杭县才溪小流域(南阳段)水土流失治理项目建设;完成集镇污水处理厂主体工程和各种污水净化设备安装及配套管网工程;完成集镇垃圾中转站工程建设;超额完成2016年黄标车淘汰任务。

农业经济稳步发展 2016年,全面落实强农惠农政策,巩固农业发展基础,稳定粮食种植面积,加大土地流转力度,发展壮大现代农业,持续推进“一乡一业、一村一品”培育工程。培育农业科技示范户60户,发展农民专业合作社、家庭农场10家,其中获市级示范户1家,县级示范户2家。发展特色养殖,引导下车村发挥库区优势,抱团发展壮大养殖业。引导农户规模种植槟榔芋、烤烟、生姜、绞股蓝、薏米等经济作物。全年,粮食播种面积4.81万亩,种植烟草1362亩,收购烟叶10.35万公斤,果园种植面积1.06万亩,茶园4112亩,出栏生猪2.98万头,家禽出笼21.2万羽,渔业养殖面积700多亩,实现农林牧渔业总产值2.68亿元。

工业经济稳步发展 2016年,年产1万吨低成本冶金法太阳能多晶硅项目生产顺利;基本完成南坑工业园三期200亩工业用地的征地工作,为新引进的盛达玻璃、管型母线和浩源油脂等3家企业提供用地保障;新培育擎荣农产品、润华纸业等2家规模企业。

美丽乡村建设 2016年,扎实推进官余村市级美丽乡村建设,维修保护陈丕显故居,重新布置陈丕显事迹展,扩建故居休闲广场,绿化、美化环境。扎实推进下车和矶头村县级美丽乡村建设,实施矶头村红新移民新村建设,完成库区移民村立面改造、平改坡和文化活动中心建设项目。投入270万元,完成罗坊、茶溪和香塔等3个村“千村整治、百村示范”美丽乡村建设。在全镇20个村开展农村生活垃圾治理工作,健全生活垃圾处理设施,建立农村环境卫生管理长效机制。

军地共建帮扶 2016年,以上海警备区与本镇结对帮扶为契机,在集镇和6个援建村基础设施、教育、医疗、文化等方面,实施民生建设项目,开展助学兴教、送医扶医、文化服务、干部培训等活动,共启动实施镇、村两级帮扶建设项目37个,竣工28个。

抓禁毒重点整治 2016年,把禁毒“摘帽”工作纳入重要议事日程,深入开展毒品预防教育进企业、进学校、进家庭、进场所活动,始终保持严打高压态势,强化措施,健全机制,加强摸底排查,严格兑现奖惩,严格责任追究,打好禁毒人民战争。

社会事业协调发展 2016年,抓好10项为民办实事项目,社会保障体系不断完善,落实新型农村合作医疗保险、城乡居民社会养老保险、农村最低生活保障、农民房屋统一保险、“三农”综合保险等农村社会保障制度,全镇参加新型农村合作医疗保险人数41313人,核报资金4631.8万元。纳入低保340户(五保153户、低保187户)860人,发放低保金256.6万元。造福工程搬迁38户,165人,补助资金151.9万元,危房改造59户,补助资金157万元。教育事业稳步推进,成立南阳教育基金和上海警备区“八一”奖教助学基金,基金总额达518.7万元。全年,南阳籍考生考上本一院校30人,龙田中学、南阳中学考入上杭一中42人，发放奖教奖学、助学助困资金14.05万元。完成龙田中学综合楼、南阳中学实验楼和中心小学教学楼一期工程建设。农村精神文明建设取得新成效，建成射山村辉远文化体育中心，公共文化服务水平明显提升。完成南阳卫生院周转房工程建设，医疗卫生服务水平进一步提升，计生工作目标任务全面完成。

·通贤镇·

〔经济社会发展情况〕

2016年，通贤镇实现社会生产总值9.75亿元，工业总产值6788万元，农业总产值1.89亿元，财政收入1124.5万元。完成固定资产投资1.2亿元，比增17%。农民人均纯收入1.35万元，比增4.9%。年末金融机构贷款余额5980万元。主要经济运行指标全县排名第七。财政收入304.62万元，连续3年增幅全县第一。脱贫攻坚战役全县第二，脱贫率居全县第一。

农业生产平稳推进 2016年，种植水稻12250亩，实现产量5400余吨。实行公司+合作社+农户模式，引导农民专业合作社带动全镇200多户农民从事专业种植，建立百亩以上大田土地流转规模示范片4个，规模种植槟榔芋350亩、百嘴岩茶叶250亩、栽培食用菌4.5亩5万袋、新建特色水果三红柚基地2个168亩、新建中药材野鸦椿生产基地2个100亩。百嘴岩茶叶有限公司被列为国家级现代农业示范点，引进福建浩源农林发展有限公司建立2000亩油茶种植基地。特色养殖加快发展，持续打好“乌兔之乡”品牌，“通贤乌兔”被评为福建省著名商标、福建名牌农产品，入选闽西“八大鲜”产品，闽西南黑兔国家级保种场基本建成；鑫源乌兔合作社被评为全国示范合作社、市级农业产业化龙头企业；全年，出笼乌兔48.6万只，实现产值1944万元。同福肉鸽家庭农场不断壮大，成为上杭县最大的养鸽场，上杭同福鸽业专业合作社全年出栏乳鸽25万只，培育种鸽1.2万对，实现产值约650万元，被评为龙岩市农民专业合作社精准扶贫先进单位和市级计生示范家庭农场。

通贤集镇

建筑产业不断壮大 2016年，恒富建设集团回镇设立企业总部，成功申报升级为建筑总承包一级。至年底，全镇有飞地建筑企业20家，辖区注册建筑企业4家，全年实现产值18.95亿元，回杭缴纳税收893万元。加快推进建筑产业转型升级，大力发展绿色建筑产业，新引进福建新鑫兴绿色建筑有限公司、福建绿科建设有限公司、福建九景绿色建设工程有限公司等绿色建筑企业3家，绿色建筑产业成为该镇新的经济增长点。

基础设施更加完善 2016年，投资1000余万实现道路村村通，完成通贤中学至周源至培才，障云至桂坑，礤头至秀坑，新寨背自然村等道路硬化；投资120多万元安装文坑、周源、东里、大东段路灯120盏、集镇与文坑、周源中国结LED灯315套；投资223万元完成户外大型LED显示屏、精神文明建设宣传文化长廊等项目建设；投资563万元完成一号民生工程集镇第二水源项目建设，年底实现竣工通水。

“美丽乡村”建设 2016年，通贤村获得“市级文明村”称号，入选首批福建省美丽乡村文明建设示范村，是本市唯一获此殊荣的村；投资635万元完成周源村省级“千村整治、百村示范”宜居环境示范村建设，由后进村变成宜居环境示范村，被列入县美丽乡村建设三年行动计划。全面打响生态环保战役，健全完善环境卫生整治村庄保洁机制和垃圾收费机制，实行农村垃圾费征收1∶1配套奖励；投入130万元完成垃圾中转站建设；开展养殖业污染治理，完成病死猪无害化处理池3座，生猪养殖场标准化改造2家，拆除2家；完成黄标车治理任务。2016年，该镇交接断面水质达到《国家地表水环境质量标准》Ⅲ类水质标准。

民生事业稳步推进 2016年，实施造福工程危房改造85户；发放粮补等各类惠农资金180万元；发放低保金113万元，发放救济金16.23万元,重度残疾人补助金 21.78 万元。脱贫攻坚初显成效,全年减少贫困人口 223 户 651 人,脱贫率 57.6%,脱贫率居全县第一。教育事业不断发展,教学环境不断改善,完成中小学学生宿舍楼、中心幼儿园分园建设;不断壮大奖教奖学基金,全年发放奖教奖学金 18.6 万元,奖励师生 256 人,成立障云村张力雄将军教育发展基金会。精神文明展现活力,成功组织和举办 2016 年全市科技、文化、卫生“三下乡”及中央歌剧院慰问演出、省市县文联书画下乡活动、全镇精神文明建设表彰大会、“鑫泰源杯”乡村文艺会演活动,积极开展文明村镇创建,通过第十三届省级文明村镇创建单位初评。社会管理不断创新,制定《计划生育贫困家庭志愿服务与发展帮扶机制》,60 户计生家庭得到实惠。

·才溪镇·

〔经济社会发展情况〕

2016 年,才溪镇实现社会总产值 36.19 亿元,建筑业总产值 45 亿元,农林牧渔业总产值 2 亿元,财政总收入 2498.8 万元,农民人均可支配收入 15380 元。

农业生产扎实推进 2016 年,发展现代设施农业,推进优质稻、烤烟、槟榔芋、建莲等规模种植,粮食播种面积 1.84 万亩,粮食总产 7816 吨,种植建莲 248 亩,发放补助资金 37.2 万元。支持家庭农场和林下经济,制定新建农业采摘园及观光采摘园扶持政策,培植红庄葡萄园、溪北蓝莓园,建成标准化钢架大棚 65 亩,兑现补助资金 42 万元。做好动物疫病防控工作,全镇未发生重大动物疫病。

建筑企业健康发展 2016 年,充分发挥“建筑之乡”品牌优势,着力做强、做大、做活建筑产业。全镇县内注册建筑企业一级 3 家、二级 5 家、三级 3 家。

休闲旅游日趋活跃 2016 年,成功举办刘忠将军故居及生平图片展揭幕仪式、首届葡萄采摘节。全镇接待游客达 110 万人次,红色旅游和绿色休闲旅游的知名度不断提升。

发展支撑不断增强 2016 年,制定村财发展基金政策,对村财筹资 20 万元以上的村,镇财配套 5 万元,下才、才溪、岭和、溪北、大贵、溪东、溪西 7 个村完成筹集。

招商引资力度加大 2016 年,成功引入福建志方建设工程有限公司、杭川水利水电工程有限公司 2 家“飞地企业”,引进市外资金 1.21 亿元。

“三大战役”扎实推进 2016 年,项目落地攻坚战役。完成成龙桥改建工程项目、才溪 AAAA 级旅游景区综合环境提升工程项目编制、申报工作;建成下才新区二栋 40 套农民公寓;完成日处理 0.25 吨污水的污水处理厂和垃圾中转站建设;烟草水源项目南山水库工程建设,总投资 6000 多万元,设计总库容 127 万立方米,项目建成后将全面解决才溪集镇及周边村 1.8 万人饮水问题,征迁工作基本完成;美丽乡村建设,主要实施才溪大道两侧非机动车道和人行道改造,配套市政管网完善,绿化、亮化等,总投资约 6500 万元。脱贫攻坚战役。全镇完成危房改造户 24 户 80 人,核补资金共计 66 万元;造福工程扶贫搬迁 17 户 52 人,其中国定贫困户易地搬迁 7 户 16 人,省定易地搬迁 2 户 8 人,贫困户原址重建 8 户 28 人,核补资金共计 67.85 万元;举办“养蜂技术培训”“雨露计划培训”“新农民电商培训”等 3 期贫困人口培训班,共计 300 余人;发放小额信贷资金 86 万元;发放生产发展扶持资金 19 万元;依托“企业+贫困户”的扶贫新模式,为贫困户提供就业岗位 80 个。生态环保战役。突出抓好才溪溪、南宝溪及源头支流整治,促进水环境质量全面提升。按序时进度完成黄标车淘汰、燃煤锅炉节能环保综合提升工程、生猪养殖业污染防治等工作。淘汰黄标车 45 辆,拆除并验收才溪中学、曾坑村造纸厂 2 家燃煤锅炉,完成限养区生猪标准化养殖场改造 1 家,正在进行整改的猪场 3 家,病死猪无害化处理达 100%,落实补助政策达 100%。

教育卫计事业稳步推进 2016 年,才溪中学投入 58 万元配备多媒体教学设施,高考上重点线 5 人,本科线 75 人,发放奖教奖学金 40.6 万元。计生考评位居全县二类乡镇前列。

社会保障不断完善 2016 年,新农保续保 9193 人,续保率 97.74%,新农合续保 26661 人,参保率 99.9%。失地农民养老保险 2314 人,265 人纳入农村低保,57 人纳入五保供养范围,发放各类救灾救济、医疗救助金 60.82 万元。

综合治理成效显著 2016 年,开展禁毒、禁赌、“三合一”场所和“黑网吧”、反邪教、严重精神障碍患者基础信息摸底及抵制电信诈骗和非法集资等专项整治活动。加大矛盾纠纷调解力度,全年排查矛盾纠纷 328 件,调解成功 322 起,成功率达 98.2%。立刑事案件 219 起,侦破 115 起;查处治安行政案件 348 起,治安处罚 380 人次,行政拘留 162 人,社会治安环境和社会风气进一步好转。

安全生产形势稳定 2016 年,严格落实安全生产“党政同责、一岗双责”制度,坚持每月 5 日集中安全生产大检查,重点检查道路交通、危险化学品、烟花爆竹、公众聚集场所、建筑施工、学校、电力电网、工矿企业等行业(单位),组织联合执法、专项检查 30 次,排查安全隐患 36 处,下发隐患整改通知书 36 份。大力推进餐饮服务食品安全量化分级管理工作,强化日常监管,开展食品标签标识、肉及肉制品、酒类、乳制品、食品添加剂、农村集体聚餐、流动酒家规范管理等食品安全专项整治,查处食品违法案件 12 起。全年,未发生较大安全生产事故。

·旧县镇·

〔经济社会发展情况〕

2016年,旧县镇实现农林牧渔总产值4.2亿元,比增21.7%。财政总收入2600万元,比增8.3%。农民人均纯收入约13468元,比增13.1%。

农业生产全面发展 2016年,继续抓好国家粮食高产创建活动,粮食播种面积25630亩,比上年增长1380亩,水稻播种面积20590亩,实现粮食总产11211吨。种植烤烟1459亩,收购烟叶2542担,产值590万元。家禽存栏14870头,家禽存笼5.34万羽,其中森宝鸡场30家,存笼275万羽。投放夏花38万尾,春花45万尾,三华养鳗场投放鳗苗130万尾,渔业产量490吨。在梅溪建立500亩中心示范户高产创建区,组建工厂化育秧配套设施;发挥全坊县级测根点的优势,重点做好"稻飞虱、卷叶螟、矮缩病、稻曲病"的预测,挽回损失360余吨。继续做好土地流转工作,兑现2015年土地流转财政奖补资金4.6万元,2016年全镇土地流转面积达3680余亩。落实水稻保险工作,全镇6234户农户投保,投保面积2.05万亩,兑现理赔款20余万元。

"三大战役"有序推进 项目落地战役。迳美整村搬迁工程安置地征地工作有序开展,完成380多户测量任务。旧县片区烟区水源工程新坊水库完成设计立项、预算审核和招投标工作。城区备用水源管网工程完成施工招标,投资2700万元的集中供水工程正常供水;投资300万元的全坊河滨公园和投资860万元的水东溪小流域综合整治工程竣工验收;投资6400万元的全坊造福工程完成第一期70栋房屋建设;安全生态水系建设项目完成招投标;投资1000万元建设的语口渡大桥项目即将完工。扶贫攻坚战役。列入2016年造福工程扶贫搬迁补助37户126人,其中原地建房21户75人,易地搬迁16户51人,发放贫困农户生产扶持小额信贷资金15户53万元;举办贫困户"雨露计划"农村实用技术培训班,全镇第一期84名贫困农户参加培训,聘用8名贫困户为乡村公路养护员、1名贫困户为护林员、6名贫困户为环境卫生保洁员。生态环保战役。全年完成淘汰燃煤锅炉3台任务,技术改造2台,同意拆除1台;注销淘汰黄标车49部,超额完成任务。关闭拆除禁养殖区及限养区内未治理达标生猪养殖场42家;在县财每人每年补贴7.5元的基础上镇财再补贴12.5元,按每人每年20元的垃圾处理费用下拨各村,村容村貌得到改善,境内水质从劣Ⅴ类达到《国家地表水环境质量标准》Ⅲ类水质标准。

旧县镇尧埔大桥

基础设施和美丽乡村建设 2016年,完成旧白公路升级改造、新康大桥、坝上大桥等七大路桥建设;完成集镇公厕、垃圾中转站、集镇沿街立面改造、集镇防洪堤等集镇设施建设;完成敬老院大楼、卫生院病房大楼、中小学教学楼等11项文教卫生设施建设。继续推进美丽宜居环境建设。石院村投资30多万元建设的农民公园基本建成;水东村投资35万元占地2600平方米的农民公园竣工,投资120万元新建农民文化中心投入使用;尧埔村完成环村道路建设、村排污管道建设,空心房整治1800平方米。

民生保障日益完善 2016年,镇慈善分会发放奖学助学金3万余元,大病特困救助资金发放4万余元。全镇新型农村合作医疗参保人数2.67万余人,参保率达99%。新农保参保人数1.03万人,缴费率达98%,位居全县前列。发放低保、五保资金150余万元。超额完成全年"三农"综合保险任务,位居全县前列。

社会事业稳步提升 旧县中学2016年中考升学率67.4%,居农村中学前列,获得全县教学质量管理进步奖。全年,投入120多万元更新完善医疗卫生设备,医疗服务能力得到提高。计生工作绩效考评居全县乡镇前列。

·官庄畲族乡·

〔经济社会发展情况〕

2016年,官庄畲族乡实现社会总

产值17.4亿元，其中农业总产值2.82亿元；工业总产值4.1亿元；第三产业产值9.72亿元。财政总收入2516万元。农民人均可支配收入1.44万元。各项经济指标的增长速度均高于全县平均水平。

“三大战役”扎实推进 2016年，项目攻坚战役。落实对接官庄畲乡风情旅游、官庄现代农业示范园、官庄畲族乡客家民俗博物馆、农村电子商务、大德生态农业、纯生态农庄等招商引资项目。整合福建鼎丰农业发展有限公司和兴民油茶有限公司，发展现代生态农业和林下经济，建设集高效生产、农业观光、休闲体验、科普教育为一体的现代观光农业示范园。脱贫攻坚战役。全乡4个贫困村，建档立卡贫困户427户1173人。全年，脱贫261户584人。对有就业帮扶意向的贫困户51人进行技术培训，同时根据贫困户就业意向和就业技能，招聘7人作为各村保洁员。引进“亲亲我家”金蓝人力官庄分部，提供70个就业岗位，方便贫困户就业。生态环保战役。围绕“生态福地、美丽畲乡”发展定位，持续实施农村环境卫生综合整治和家园清洁行动。投资860万元实施汀江支流新风溪、濯坑溪、南金溪小流域水土保持综合治理项目。扎实开展养殖业污染治理，拆除养殖场29家，8家签订退养协议。集镇（福泉村）污水处理厂及集镇垃圾中转站建设竣工投入使用。完成930亩防火林带和3141亩火烧迹地造林任务。全乡18个行政村有3个村被评为省级生态村、15个村被评为市级生态村，实现生态村全覆盖。

农业产业不断优化 2016年，种植粮食3.1万亩，粮食总产量1.2万吨，经营百亩耕地以上的种植大户11户，涌现出一批水稻、烤烟种植大户。农业机械化水平稳步提高，全乡机耕面积达1.67万亩，机收面积达4200亩。烤烟种植4894亩，烟叶产量居全县前列，是全县3个万担产量乡镇之一。油茶种植面积突破万亩达到1.6万余亩，汀水源油茶精深加工项目通过QS质量标准认证。毛竹林实现万亩毛竹丰产林目标。在曾泗村实施野生红菇增产技术，林下养鸡成为林下经济一大亮点。

招商引资取得新突破 2016年，成功培育“冠超市”“印象杭川”，引进“亲亲我家”等企业，鼓励紫金石灰、腾辉建材等企业转型升级，支持宏庄建筑公司提升资质，探索发展“互联网+”产业，电商产业发展取得突破。

基础设施不断完善 2016年，完成才庄公路升级改造，实现通车。完成革命老区转移支付项目上濯村道路拓宽建设。投资110万元建设标准化渠道10.5公里，完成投资120万元余康水库除险加固，投入40万元新建德康、龙牌电灌站，小型农田水利项目建设正在有序推进。完成新风、龙牌村美丽乡村“自力更生示范村”项目建设。完成福泉、德康村农民文化公园建设并投入使用。朱堡村“千村整治，百村示范”项目，完成垃圾池、路灯、边坡修复等工程建设。继续完善树人村民族特色村寨建设，拓宽硬化树人村主干道，实施主干道亮化美化工程，树人村沿河路建设有序推进。

民生事业得到保障 2016年，完成七里、璜头、回龙幸福院项目建设，完善官庄中心小学教工食堂维修，完成民族中学学生食堂工程建设，完成官庄天后宫维修及集镇休闲栈道建设，完成“平安官庄”治安防控指挥平台建设并投入使用，完成官庄大桥护栏及集镇破损路面维修，整治集镇排洪沟渠，绿化亮化美化沿线道路。

·珊瑚乡·

〔经济社会发展情况〕

2016年，珊瑚乡实现社会生产总值4亿元，“飞地工业”总产值3200万元；农林牧渔业总产值5889万元，比增11.2%。财政收入503万元，农商行珊瑚支行存贷款总额1.08亿元，其中存款总额7200万元，人均储蓄存款8480元。农民人均可支配收入1.3万元，比增11.11%。全年完成固定资产投资3.51亿元。

产业结构优化升级 2016年，粮食播种面积7651亩，粮食总产3255吨，比增0.74%。烤烟种植面积608

珊瑚乡扶贫旅游诗会活动

亩,烟叶产量 89 吨,比增 7.2%。流转耕地 3280 亩、林地 6800 亩,培育家庭农场 16 家、新型职业农民 8 名、农民专业合作社 2 家。桥万农场建成智能温控育秧大棚 2 座。转移农村劳动力 1000 余人。引进福建本恒机械制造、上杭晟欣现代物流等“飞地企业”。扶持上杭亚达电子扩容升级。扶持飞地建筑企业 2 家,珊瑚籍建筑资质企业达 7 家。培育限上服务企业 14 家。建成阿里巴巴农村淘宝下珊瑚村服务站。上珊瑚村被列入全国乡村旅游扶贫开发重点村。

项目建设扎实推进 2016 年,实施彩坑搬迁安置工程,珊瑚集镇循环道路网络建设项目全长 4.1 公里,项目总投资 1800 万元,分两期实施。投资 1400 万元的农业综合开发项目正在组织实施。实施新一轮农村电网改造项目,华竹配电化站建成。

生态环保攻坚战 2016 年,持续抓好养殖业污染整治,对养殖生猪 30 头以上、面积 100 平方米以上、复建复养、违法占用耕地、林地的生猪养殖,一律拆除。投入资金约 60 万元,在下坑村横滩水源地一级保护区实施生活污水处理工程。2016 年率先完成黄标淘汰任务。

脱贫攻坚战役 2016 年,全力推进脱贫攻坚,精准识别,精准帮扶,精准施策,建档立卡贫困户 206 户 570 人。积极争取省、市、县相关单位对口挂钩帮扶,2016 年脱贫 114 户、257 人。

宜居环境持续改善 2016 年,持续开展乡境内溪流水环境综合整治,合水口、粟子湖断面水质检测达 II 类水标准。全面实行生活垃圾“户集、村收、乡处置”模式,全乡 5 个村聘请 16 名保洁员,购置压缩式转运车 1 辆、小型转运车 8 辆、小型手推车 16 辆,全天候常态化保洁转运。开展“两违”专项整治,拆除“两违”建筑 2000 余平方米。完成造林绿化 5800 亩,治理水土流失 4000 多亩。

社会事业稳步发展 2016 年,重点抓好 16 项为民办实事项目;社会保障水平不断提高,新农合、新农保参保率分别达 91.8%、99.1%。全乡发放养老金 179.7 万元,低保金 31.89 万元,五保金 54.98 万元,临时救助 49 人次 11.46 万元;完成造福工程危房改造、灾后重建和安居工程 55 户,补助资金 184 万元;三农综合保险覆盖面进一步扩大,全年理赔 13 万元。全力推进脱贫攻坚工作,全年脱贫 114 户 257 人。关心关爱老弱病残等弱势群体,建成上珊瑚村“五保幸福园”,为 5 名孤残户解决住房问题。全年,发放奖教奖学金 3.9 万元。

社会治理不断加强 2016 年,坚持领导信访接待制度,做好各类矛盾纠纷的调处工作,化解矛盾纠纷 37 起,调处成功率 100%;受理信访 28 件,办结 28 件,办结率 100%。深入开展禁毒工作。深化社区矫正人员教育管理。全面实施“七五”普法,推进“法治珊瑚”和“平安和谐乡村”建设。落实安全生产责任,全年未发生重大安全事故。

《乡镇概况》撰审人员

撰 稿 人: 曹如文 巫开龙 丘雪婷 丘 挺 陈灵娟 蓝彩辉 罗已荷 曾传升 王喜娣 袁雪华 丘群英 廖丹萍 钟育庆 赖金娥 曾樟生 刘秀荣 曾美琼 蔡 怡 蓝兴华 梁灵燕

审 稿 人: 杨 军 曹永忻 华 娟 廖金荣 郑德英 蓝尚荣 谢开平 曹昌星 李金春 张九功 罗何英 赖树龙 李德坤 杨进学 张志锋 梁兰珍 陈天旺 吴福田 蓝中健 梁尚荣

责任编辑: 蓝晓东

人物 先进集体

·人物传·

陈茂辉

(1912—2015)

陈茂辉,1912年7月生,上杭县旧县镇铁东村人。少时因家贫,未入学,7岁跟父亲出门做工,8岁开始在手工纸厂做童工。

1928年冬,在蛟洋乡参加做纸工人秘密组织的农会活动,当农会交通员。1929年5月,加入中国共产主义青年团;7月,参加本乡农民暴动,随后参加上杭地方武装攻打上杭城的战斗;10月,参加中国工农红军,被中共上杭县委派往龙岩参加“闽西红军学校”学习。1931年3月,加入中国共产党。

土地革命战争时期,历任闽粤赣参谋训练班学员、闽粤赣警卫营排长,上杭赤卫团二排、一排排长,福建省闽西医院警卫队队长,红十二军三十六师司令部列宁室主任、二〇六团二连副政治指导员,红二十二军六十六师二六六团三连政治指导员,红一军团二师六团四连、七连政治指导员,福建军区独立营政治委员、闽西一分区组织科长、中共永南中心区委书记兼游击大队政治委员、永定独立营和抗日讨蒋大队主任兼政治委员、中共上杭县旧县区委书记,中共永(定)(大)埔县茅平区委书记等职,参加了虎岗、黎川、广安、广昌、温坊等战役、战斗和中央苏区第一次至第五次反“围剿”作战。主力红军长征后,在闽西南坚持艰苦卓绝的三年游击战争。

抗日战争时期,先后任闽西抗日义勇军组织科长,新四军二支队民运科长,皖南新四军军部特务营政治教导员、民运部第三科科长,苏中如皋自卫总队总队长兼如皋警卫团副团长,新四军第七师兵工厂政治委员,苏浙军区二分区参谋长,华中军区特务团政治委员,新四军一师特务团政治委员等职。在震惊中外的“皖南事变”中,曾跟随军长叶挺多次组织部队突围。在队伍被冲散,遭国民党军抓捕后,面对国民党军威逼利诱,始终坚贞不屈,并在身患重病、行动非常困难的情况下,与战友一道成功突围,历尽艰辛回到自己的队伍。

解放战争时期,历任华东野战军第四纵队十一师政治部副主任、主任,十一师政治委员等职。先后率部参加淮海、渡江、孟良崮、莱芜、苏中七战七捷和解放上海、杭州、高邮、淮阴、盐城、碾庄、枣庄、费县、滕县、邹县等战役战斗。淮海战役中,率部奋勇攻击陈官庄,活捉国民党徐州“剿总”副司令杜聿明。

中华人民共和国成立后,历任中国人民解放军第二十三军政治部主任、副政治委员、政治委员,江苏省军区副政治委员、第三政治委员、顾问,南京军区政治部顾问等职。1952年,参加抗美援朝战争。1953年夏,向国务院写信提出保护古田会议会址、创办古田中学的建议。1958年,入政治学院速成系学习。

1955年,被授予中国人民解放军少将军衔,并荣获二级八一勋章、二级独立自由勋章和一级解放勋章。1988年,被授予一级红星功勋荣誉章。

晚年,著有《征途》《在红色队伍里成长》等回忆录。

2015年3月23日,因病医治无效,在南京逝世,享年103岁。

林 茂

(1917—2016)

林茂,原名林攀钟,1917年3月2日生,上杭县才溪镇发坑村人。少时因家贫,无法入学读书,12岁就下地种田,成为家庭的主要劳力。1929年春参加苏区儿童团,1930年冬加入中国共产主义青年团,1932年12月由共青团员转为中共党员。

1929年任才溪乡发坑村少先队分队长,1931年3月参加中国工农红军。参加红军后,名字由林攀钟改为林茂。因年龄小,1932年在黄腊坑红军医院做看护员。后因看护工作和卫生技能突出,被调到长汀濯田医院工作,1933年冬入江西珠坊村中央红军卫生学校学军医。1934年10月中央主力红军长征时,因形势紧迫,学业未完就被分配到红五军团第三十九团第三营当实习军医。1935年底，被调回医校继续学习。1936年秋毕业后，被分配到红二方面军总指挥部卫生所当军医。长征路上，参加了土城阵地阻击战等多次战斗。

抗日战争时期，历任八路军一二〇师七一六团卫生队队长、三五八旅卫生部部长等职，参加1937年10月晋西北军民抗击日军黑田旅团，收复岢岚等7个城市，连续40多天歼敌1500人的作战；参加1938年秋三五八旅在五台山全歼日军一〇九师团蚋野大队500余人的伏击战；参加1939年4月歼灭日军第二十七师团第三联队吉田大队800余人和伪军一部的战斗；参加1939年8月七一六团在晋察冀陈庄协同兄弟部队歼灭日军独立混成第八旅团第三十一大队和伪军1500余人的战斗；参加1940年的百团大战。

解放战争时期，担任西野（一野）第一军卫生部长。参加1946年青化砭、羊马河、蟠龙镇三战三捷，歼敌3个旅1.4万余人的战役；参加1947年8月三五八旅围城打援，歼灭国民党军三十六师2个旅6000余人的战斗；参加1948年2月至3月歼敌整编第二十九军2个师、4个旅计3万余人、敌军长刘勘被击毙的宜川战役；参加1949年7月全歼敌4个军计4.4万余人的扶郿战役。

中华人民共和国成立后，历任中国人民志愿军后勤部一分部副部长兼卫生处长，志愿军医院管理局局长，九泉尖端部队卫生部部长，八七疗养院院长，旅大警备区后勤部副部长、政治委员（享受正军职待遇）。在抗美援朝战争中，参加1953年6月全歼李承晚军3400余人的一九八点六高地作战；参加1953年7月中朝两国军队歼敌7.8万余人的联合夏季反击战役。在和平建设时期，组织协调大连地区陆海空三军后勤机关研究制定战时联勤供应方案；组织力量对岫岩、营口至大连和旅顺地区的交通情况进行实地踏勘，并对陆海空各部后勤之任务作具体分工，明确所属医院、仓库战时的任务及党委应负的责任。1975年2月14日辽南海城、营口地区和1976年7月28日河北唐山地区发生地震灾害后，奉命组织部队参与抗震救灾。

1955年，被授予上校军衔，并荣获三级八一勋章、二级独立自由勋章和二级解放勋章。1959年，晋升为大校。1988年，被授予二级红星功勋荣誉章。

2016年10月13日，因病医治无效在大连逝世，享年100岁。

邱仲基

（1937—2016）

邱仲基，1937年11月生，上杭县中都镇亲睦村人。1952年夏小学毕业后，同年秋入蓝溪民强中学读初中，1955年考入长汀师范就读。

1958年师范毕业后，被分配到蛟洋文都小学任教。1959年，被选送至龙岩地区教师进修学校学习，结业后到共青团龙岩地委工作。1965—1966年，参加地区社教工作团进驻上杭旧县公社搞社教。“文化大革命”开始后回原单位，1968年被安排到龙岩地区革命委员会“四面办”（四个面向办公室）工作。1975年回上杭，在县委组织部任组织干事。1976年8月，加入中国共产党。

1984年冬后，历任中共上杭县委组织部党务组组长、县委组织部副部长、县委组织部部长，中共上杭县委常委、组织部部长，县人大常委会党组副书记、副主任，县人大常委会助理调研员等职。

2016年1月22日，因病医治无效在上杭逝世，终年80岁。

·获国家、省和省主管厅（局）与省人社厅联合表彰的先进模范人物名表·

（按获奖时间先后排名）

表31

获奖人姓名	籍贯乡（镇）	所在单位	奖励名称	颁奖单位	颁奖时间
游燕琼（女）	临江	临江卫计办	福建省2012—2014年度计划生育先进工作者	省人民政府	2016.1

续表31

获奖人姓名	籍贯乡(镇)	所在单位	奖励名称	颁奖单位	颁奖时间
丘蔚兰(女)	中都	中都镇罗溪村计生协会	福建省2012—2014年度计划生育先进工作者	省人民政府	2016.1
罗兴桥	连城县莒溪镇	福建梅花山国家级自然保护区管理局	全国绿化奖章	全国绿化委员会	2016.2
陈道红	旧县	县文体广电新闻出版局	全省档案系统先进工作者	省人力资源和社会保障厅 省档案局	2016.3
蓝晓东	庐丰	县地方志编纂委员会	全省地方志系统先进工作者	省人力资源和社会保障厅 省地方志编纂委员会	2016.3
罗良庆	连城县莒溪镇	福建梅花山国家级自然保护区管理局	福建省"五一"劳动奖章	省总工会	2016.4
黄兆峰	旧县	福建梅花山国家级自然保护区管理局	自然保护区先进个人	环境保护部、国土资源部、水利部、农业部、国家林业局、中国科学院、国家海洋局	2016.5
李福民	庐丰	县公安局古田派出所	福建省"五一"劳动奖章	省总工会	2016.5
张桂兰(女)	南阳	县计生协会	全国计划生育协会先进个人	中国计划生育协会	2016.5
王章华	官庄畲族乡	县广播电视台	在第四届全国市、县电视台推优活动中，荣获"二十优电视节目主持人奖"	中国电视艺术家协会	2016.9
黄晓英	稔田	县农业局	2012—2015年度全省农业系统先进工作者	省人力资源和社会保障厅 省农业厅	2016.12
温晓红	上杭	县农业局	全省海洋渔业系统先进工作者	省人力资源和社会保障厅 省海洋与渔业厅	2016.12
丘国雄	中都	中都供销合作社	全省供销合作社系统先进工作者	省人力资源和社会保障厅 省供销合作社联合社	2016.12
叶　红(女)	中都	县委老干部局	全省先进老干部工作者	省委组织部 省委老干部局 省人力资源和社会保障厅	2016.12

·上杭籍在外副处以上干部名表(已知)·

(按姓氏笔画排名)

表32

地　域	姓　名	籍　贯	工　作　单　位	职　务
福州	丁志隆	临江	省档案局	局长
	王　茜(女)	才溪	省高速公路指挥部	处长
	王家新	才溪	团省委	处长
	孔祥统	旧县	福州市烟草局	局长
	邓汉万	中都	省电力公司总经理办公室	副主任
	邓清华(女)	中都	省老龄委	处长
	冯利辉	白砂	省粮食局	副局长
	叶双瑜	中都	省人大常委会	副主任
	伍文才	洋境	闽江学院教育技术中心	副主任
	石家泉	官庄	省林业厅	副处长
	刘喜荣	临城	国家开发银行福州分行	副行长
	刘富祥	稔田	省地质矿产勘查开发局	副总工程师
	孙婷婷(女)	洋境	省财政厅	巡视员
	朱勇茂	湖洋	省林业厅	处长
	江景祥	旧县	省煤田地质办公室	主任
	许定成	稔田	省林业厅	副处长
	吴佐昌	洋境	省投资开发总公司	主任工程师
	吴德生	临城	省政府海防办	处长
	张忠发	湖洋	省民族宗教厅	处长
	张欣欣	通贤	省森林公安局	局长
	张一鸿	太拔	省发改委	处长
	李　良	稔田	环境报社驻福建记者站	站长
	李　彪	稔田	省工商局	副处级
	李占新	庐丰	省纪委监察一室	主任
	李岩峰	中都	省汽车集团	经理
	李柏然	稔田	福州港务局	副处级
	李金莲(女)	庐丰	省教育厅	巡视员
	李树荣	临江	宁德核电	副总经理

续表32

地　域	姓　名	籍　贯	工　作　单　位	职　务
福州	李耀华	稔田	龙岩市政府驻京联络办	主任
	邱文君(女)	蛟洋	省交通厅	副处长
	邱文芬	中都	省国土资源厅	处长
	邱文贵	才溪	省建设银行	处长
	邱汀萌	中都	省水利厅	副厅长
	邱兴平	中都	省电力培训中心	主任
	邱其豪	茶地	省公安厅	副处级
	邱宏荣	中都	省委保密局	调研员
	邱进清	稔田	省林业厅	处长
	邱学林	中都	福建警察学院办公室	副主任
	邱　淮	临江	省高速公路指挥部	副总指挥(副厅)
	邱建春	中都	省环保局	副处长
	邱应龙	才溪	福建农林大学委员会,纪律检查委员会	委员、常委、书记
	邱金文	下都	省高速公路办公室	主任
	邱胜斌	中都	海峡姐妹杂志社	总编
	邱海鸥	茶地	省国土资源厅土地监察总队	副队长(副厅级)
	邱新煌	下都	省外经贸委	处长
	邹德章	蛟洋	省电力集团监察部	副主任
	陈大凤	临江	省电力集团电力培训中心	副处级
	陈东进	古田	省农机监理所	所长
	陈建辉	临城	省农林大学农艺学院	副书记
	陈金玉	中都	省电力集团兴闽公司	总经理
	陈金辉	溪口	省委办公厅	处长
	陈俊文	临江	省建行总务部	副主任
	陈衍希	庐丰	省物价局	副书记
	陈添贵	珊瑚	省委文明办	副主任
	陈良万	旧县	省协和医院	书记
	林小红	才溪	省工商局	副处长
	林才生	湖洋	省发改委信息中心	副主任
	林文生	才溪	厦门市委、海苍区委	常委、书记
	林建红(女)	才溪	省烟草局	处长
	林家禄	中都	省妇幼保健院	书记、院长
	林锡能	官庄	省粮食局	局长

续表32

地　域	姓　名	籍　贯	工　作　单　位	职　务
福州	罗　毅	稔田	福州铁路分局	副处长
	罗万荷	蓝溪	省民政厅	巡视员
	罗金祥	蛟洋	省银监局	处长
	罗景生	临城	省电力勘测设计院	副总
	官福元	古田	海峡人才市场办公室	副处长
	范美先	蓝溪	福州市政协	副主席
	范焕谦	蓝溪	农林大学	处级
	郑熙林	白砂	省纪委党风政风监督室	(正处级)副主任
	修兴高	才溪	福州市纪委	书记
	钟昌辉	官庄	省建设厅	副巡视员
	饶添发	中都	省民政厅	副厅长
	徐　莹(女)	临江	省煤炭总公司	处长
	莫晓龙	临江	省工商银行	处长
	袁宁林	白砂	省纪委五室	副处长
	袁超洪	白砂	省委政法委	副书记
	袁定清	白砂	省淡水水产研究所	所长
	袁忠贤	白砂	省农业厅	处长
	袁文洪	白砂	省交通厅办公室	副主任
	郭守尧	蛟洋	省科技厅	处长
	郭和炎	才溪	省民政厅社团办	主任
	郭彩庭	中都	省社会主义学院	处长
	郭建刚	临江	福州市纪委巡视组	副处长
	高榕芳	蓝溪	省卫生厅	副处级
	曹　华	南阳	省协和医院	副院长
	曹桂元	官庄	省人民银行	处长
	曹柱盛	才溪	省移民局	调研员
	梁华祺	湖洋	省农村信用联社	处长
	梁建华	临江	省国税局	副处长
	梁富俊	湖洋	省农业银行	处长
	黄　宁	南阳	省革命历史博物馆	副馆长
	黄从珍	南阳	省高级人民法院	正处级
	黄　平	南阳	省发改委	副处长
	黄文巧	临江	福州市财政局投评中心	主任
	黄东才	南阳	省残联	处长

续表32

地　　域	姓　名	籍　贯	工　作　单　位	职　务
福州	黄承源	临江	省经贸厅	处长
	黄琪玉	稔田	省政府	副省长
	游孙权	才溪	省政府办公厅科教文卫处	副处长
	傅柒生	蛟洋	省文物局	局长(副厅)
	傅志林	蛟洋	福州海关	副处级
	傅焕松	白砂	中国航油集团陆地石油公司	党委书记
	傅盛阳	蛟洋	省保监局	处长
	曾传红	下都	省检察院	处长
	曾传伟	下都	省军区	团长
	温连忠	茶地	省电力集团电力培训中心	处级
	温其成	蓝溪	省武警总队	处长
	温程林	茶地	省建行	副处长
	谢小建	临江	省侨联	副主席
	蓝　荣	庐丰	省兴业证券有限公司	董事长
	蓝　峰	庐丰	福建警察学院	纪委副书记
	蓝昌平	官庄	省移民局	副处长
	蓝明尚	官庄	团省委	副书记
	蓝仰金	官庄	福州市住房公积金管理中心	主任
	蓝思仁	官庄	省农林大学	校长
	蓝思忠	官庄	省委办公厅机关党委	书记
	赖永文	湖洋	省人民银行	处长
	赖学舜	临江	省林业厅	处长
	赖树钦	湖洋	省地质工程勘察院	副院长
	阙树福	通贤	省农林大学生物科学院	书记
	廖元芳	临城	福建师范大学	团委书记
	廖建生	古田	省外经委人才交流服务中心	副主任
龙岩	丁勇明	临江	市水利局	副局长
	丁荫豪	临江	市信访局	副局长
	王汉高	才溪	市民政局	局长
	王如镜	才溪	市人保财险公司	副总经理
	王思水	才溪	市审计局	副局长
	王焕安	才溪	市住建局	纪检组长
	王建威	泮境	市人民银行	行长

续表32

地　　域	姓　名	籍　贯	工　作　单　位	职　务
龙岩	邓　颖	中都	市政府办、市行政服务中心	常务副主任、调研员
	邓加煌	中都	市检察院	处长
	邓振春	中都	市人大	副主任
	江瑞荣	湖洋	市林业局种苗站	站长
	江勋善	旧县	市委办	副秘书长
	吕天养	蓝溪	市直机关党工委	调研员
	吕东兴	临城	市防汛办	主任
	刘广祥	官庄	市供销社	主任
	刘友洪	临城	市政协	副主席
	刘先裘	白砂	市总工会	常务副主席
	刘建生	稔田	市财政局	副局长
	刘星辉	才溪	市残疾人联合会	理事长
	朱元清	中都	市工商局	副调研员
	吴寿勤	茶地	市委党校	副校长
	张永淮	才溪	市经贸委	副主任、调研员
	张寿应	蓝溪	市人口计生委	副主任
	张明海	蛟洋	市人寿财险公司	总经理
	张秉阳	白砂	市发改委	副主任
	张炳生	古田	市检察院	处长
	张菊兰(女)	古田	市政协	副主席
	张健生	古田	市粮食局	局长
	许敏强	太拔	市旅游局	纪检组长
	李　英(女)	临江	市中院	庭长
	李小平	稔田	市委组织部	副部长、正处级组织员
	李华桥	旧县	市机关事务管理局	副调研员
	李善昌	白砂	市经济技术开发区	党工委书记
	李新涛	稔田	市国土资源局	副局长
	李红莲(女)	庐丰	市政协科教文卫体委会	主任
	李新春	茶地	市政协、市九三学社、市科协	副主席、主委、主席
	邱　雨	太拔	市政协社会法制与民宗委	副主任
	邱开先	临城	市工商局	副调研员
	邱荣华	通贤	市森林公安局	局长
	邱锦昌	太拔	市公安局	副调研员

续表32

地　　域	姓　名	籍　贯	工　作　单　位	职　务
龙岩	邱赠东	蓝溪	市气象局	副局长
	陈开炎	溪口	市贸促会	会长
	陈建民(女)	临江	市老干局	副局长
	陈清如	南阳	市交通局、市路桥投资建设公司	副局长、总经理
	陈亨祥	珊瑚	市公安局	副调研员
	陈俊明	太拔	市委办	副主任
	陈粤闽	临江	市政法委	常务副书记
	林　旭	临城	市发改委	主任
	林　浩	湖洋	市政协社会法制与民宗委	副调研员
	林炘能	官庄	市交通局交战办	主任
	林祝荣	泮境	市建设局	副局长
	林福昌	湖洋	市财政局	调研员
	林燕琼(女)	临江	市水利局	副处级干部
	罗发信	南阳	市人大常委会农村经济委员会	主任
	罗茂华	蓝溪	国家统计局龙岩调查队	党组成员、副队长
	罗晓嘉	溪口	市人民广播电台	支部书记
	罗招福	白砂	市疾病预防控制中心	主任
	杨锦荣	中都	市政协办	副调研员
	杨建明	溪口	市工贸发展集团有限公司	董事长
	卓杭胜	才溪	市人大政策研究室	副主任
	范奎文	临江	市委办	副秘书长
	范启有	庐丰	市粮食局	副局长
	郑　林	白砂	市司法局	纪检组长
	郑庆辉	下都	市统计局	总统计师
	郑锦兴	蛟洋	市财政局	局长
	郑贵豪	下都	市人大财经委	主任
	饶华昌	白砂	市交通局	副局长
	唐明丰	蓝溪	市人寿保险公司	副总经理
	郭希恒	临江	市科技局	副局长
	袁伟天	白砂	市城乡规划局	副局长
	曹义荣	通贤	龙岩高中	党委书记
	曹晓东	南阳	市政府办	副调研员
	梁建新	湖洋	市中级人民法院	政治处主任

续表32

地　　域	姓　名	籍　贯	工　作　单　位	职　务
龙岩	梁敬祥	湖洋	市公安局治安支队	政委
	黄福清	南阳	龙岩市政协	党组书记、主席
	黄庆辉	中都	龙岩市政府	副市长
	黄新远	南阳	市公安局办公室	主任
	黄才裕	通贤	市委党校办公室	主任
	黄爱勤	通贤	市行政服务中心	副主任
	黄华忠	临江	市审计局	局长
	黄华祥	临江	市体育局	副局长
	黄庆添	中都	市广播电视局	副局长、调研员
	黄峰正	南阳	市国税局	副局长
	黄斌元	临江	市人寿保险公司	副总经理
	黄德周	南阳	市公安局、新罗分局	副调研员、局长
	傅　炜	白砂	市国税局	副调研员
	傅文辉	白砂	市机要局	局长
	傅宗源	白砂	食品药品监督管理局	副调研员
	曾仲春	庐丰	市残疾人联合会	副理事长、调研员
	曾尚仁	旧县	市监察局	副局长
	温　永	茶地	市城乡规划局	副局长
	温仁枚	南阳	市气象局	副局长
	温能全	茶地	市经贸委	党组副书记、副主任
	温华清	南阳	省农资集团闽西公司	总经理
	温伟民	白砂	市地税局稽查局	局长
	温国能	茶地	市科协	主席
	温文学	南阳	市农业局	党组成员、副局长
	温连富	茶地	市政协办公室	副主任
	温寿春	蓝溪	市教育局	副局长
	谢小东	临江	市水利局	副局长
	谢今扬	临江	市工商银行	纪检书记
	谢松华	旧县	市移民局	局长
	蓝国华	庐丰	市方志委	主任
	蓝永琳	庐丰	市人民银行	副行长
	蓝尚进	官庄	市社科联	主席
	蓝建英（女）	官庄	市民宗局	副局长、调研员

续表32

地　　域	姓　名	籍　贯	工　作　单　位	职　务
龙岩	蓝茂昌	庐丰	市劳动和社会保障局	调研员
	蓝永洪	庐丰	市人寿保险公司	总经理
	赖兆生	湖洋	龙岩电信公司	副总经理
	赖建红	南阳	市中院审判委员会	委员、执行局局长
	赖桂林	临城	295 地质大队	队长(正处级)
	赖剑锋	古田	市安监局	副局长
	阙占光	通贤	市建设局	纪检组长
	阙朝阳	通贤	市政协	副主席
	雷　松	才溪	市公安局经侦支队	支队长
	雷日东	临江	市移动公司	副总经理
	廖德槐	古田	市人大常委会	副主任
省内其他市县	方　刚	临江	武平县委	常委
	邓永辉	中都	三明市财政局	局长
	李　敏	稔田	安溪县政府	副县长
	刘邦树	中都	三明市政协	副主席
	刘　升	稔田	莆田电力公司	总经理
	张如春	溪口	漳平市	副市长
	黄华凤(女)	茶地	永定区委	常委、组织部长
	曾启均	南阳	泉州市电业局	书记
	温惠榕	泮境	泉州市纪委	书记
	廖小军	古田	省政协	副秘书长
	廖伟平	蓝溪	武平县人民政府	副县长
省外	石树海	官庄	民进中央研究室	副主任
	包洪文	庐丰	海南省财政厅国库支付局	副厅长、局长
	李　明	古田	北京人民大会堂基建处	处长
	邱　萍	临江	浙江省烟草专卖局	党组书记、局长
	邱淮元	白砂	北京市邮政局	副局长
	何启茂	胡洋	中央军委总参谋部	大校
	张福林	古田	南京军区东山训练基地	参谋长
	黄坤明	通贤	中宣部、中央文明办	常务副部长、主任
	龚堂华	溪口	中纪委三室	主任
	游劝荣	稔田	湖南省检察院	党组书记、检察长

说明:此表由县对外联络办提供

·上杭县高级职称人员名表·

（按确认时间排序）

表 33

姓　名	工作单位	专　业	任职资格	资格确认时间
张先琳	县职业中专学校	英语	高级讲师	2016.5.9
王勇源	县职业中专学校	音乐	高级讲师	2016.5.9
林家波	才溪镇农业技术推广站	农学	高级农艺师	2016.5.25
张洪亮	庐丰乡农业技术推广站	农学	高级农艺师	2016.5.25
蓝思辉	官庄乡农业技术推广站	经作	高级农艺师	2016.5.25
邱廷建	县教师进修学校	小学数学	正高级教师	2016.5.25
温华盛	上杭县第一中学	高中政治	正高级教师	2016.5.25
傅国兴	上杭县第一中学	高中历史	正高级教师	2016.5.25
钟晓菊	县教师进修学校	品德与生活	高级教师	2016.11.24
邹翠金	县实验小学	语文	高级教师	2016.11.24
傅琴华	县实验小学	数学	高级教师	2016.11.24
邓其灿	县第二实验小学	数学	高级教师	2016.11.24
许和英	县第二实验小学	数学	高级教师	2016.11.24
邹永红	蛟洋中心小学	语文	高级教师	2016.11.24
叶春红	县城东小学	语文	高级教师	2016.11.24
李良玉	县特殊教育学校	特殊教育	高级教师	2016.11.24
胡华书	县医院	麻醉科	副主任医师	2016.11.24
蔡福才	县医院	中医内科	主任医师	2016.11.24
黎盛洪	县中医院	针灸	主任医师	2016.11.24
刘亚建	紫金矿业集团股份有限公司	冶金	高级工程师	2016.12.2
孙根荣	紫金矿业集团股份有限公司	有色冶炼	高级工程师	2016.12.2
黄中省	紫金矿业集团股份有限公司	冶金	高级工程师	2016.12.2
王世辉	紫金矿业集团股份有限公司	选矿	高级工程师	2016.12.2
林泓富	紫金矿业集团股份有限公司	冶金	高级工程师	2016.12.2
张千新	紫金矿业集团股份有限公司	矿物加工	高级工程师	2016.12.2
毛　晖	紫金矿业集团股份有限公司	矿山安全	高级工程师	2016.12.2
蓝锦荣	福建省同源建设工程有限公司	市政工程施工	高级工程师	2016.12.14

续表33

姓　名	工作单位	专　业	任职资格	资格确认时间
倪华文	福建联泰建设工程有限公司	工程建设管理	高级工程师	2016.12.14
谢永芹	福建联泰建设工程有限公司	建筑工程施工	高级工程师	2016.12.14
邱　强	福建联泰建设工程有限公司	建筑工程施工	高级工程师	2016.12.14
陈金光	福建杭辉建设工程有限公司	建筑工程施工	高级工程师	2016.12.14
赖先辉	福建兴万祥建设集团有限公司	建筑工程施工	高级工程师	2016.12.14
林　皓	紫金矿业集团股份有限公司	工程建设管理	高级工程师	2016.12.14
陈益升	县医院	神经内科	副主任医师	2016.12.26
肖　健	县医院	呼吸内科	副主任医师	2016.12.26
丘　华	县医院	中医内科	副主任医师	2016.12.26
李始英	县医院	内科护理	副主任护师	2016.12.26
林上才	县医院	放射医学	副主任医师	2016.12.26
李冬荣	县中医院	心血管内科	副主任医师	2016.12.26
赖吉安	古田镇中心卫生院	中医针灸	副主任医师	2016.12.26
温招辉	南阳镇卫生院	职业卫生	副主任医师	2016.12.26
张昌贵	县林权登记中心	营林	高级工程师	2016.12.27
杨永年	上杭金山水电有限公司	水利水电	高级工程师	2016.12.27
赖桂清	县国有林场	营林	高级工程师	2016.12.27
王善新	县中医院	普通外科	副主任医师	2016.12.28
王志勋	县中医院	中西医结合外科	副主任医师	2016.12.28
丘福能	临江社区卫生服务中心	消化内科	副主任医师	2016.12.28
刘明华	白砂中心卫生院	小儿内科	副主任医师	2016.12.28

·获国家、省和省主管厅(局)与省人社厅联合表彰的先进单位名表·

(按获奖时间先后排名)

表 34

获奖单位(全称)	奖励名称	颁发单位	颁奖时间
上杭古田旅游区	旅游服务最佳景区	国家旅游局	2016.1
中国农业银行上杭县支行	全国金融“五一”劳动奖状	中国金融工会全国委员会	2016.3
县计划生育协会	全国计划生育协会县级先进单位	中国计划生育协会	2016.5

续表34

获奖单位(全称)	奖励名称	颁发单位	颁奖时间
县人民法院	全国法院党建工作先进集体	最高人民法院	2016.6
上杭县	“双拥模范县”荣誉称号	全国双拥工作领导小组、民政部、中央军委政治工作部	2016.7
县人力资源和社会保障局支部	全省先进基层党组织	福建省委	2016.7
县广播电视台	该台报送的《诗意院田・梦里老家》在第四届全国市县电视台推优活动中被评为“电视专题”类一等奖	中国电视艺术家协会	2016.9
县公安局	全国公安机关执法示范单位	公安部	2016.10
县地方税务局	全省地税系统先进集体	省人力资源和社会保障厅 省地方税务局	2016.11
县文学艺术界联合会	全省文联系统先进集体	省人力资源和社会保障厅 省文学艺术界联合会	2016.11
县农业局	全省海洋渔业系统先进集体	省人力资源和社会保障厅 省海洋与渔业厅	2016.12
县人力资源和社会保障局	全国人力资源和社会保障系统2014—2016年度优质服务服务窗口	人力资源和社会保障部	2016.12
县土壤肥料技术站	2012—2015年度全省农业系统先进集体	省人力资源和社会保障厅 省农业厅	2016.12
古田旅游集团有限公司	全国旅游系统先进集体	人力资源和社会保障部 国家旅游局	2016.12

《人物》撰审人员

撰 稿 人: 江树高　李友文
李立明　王冬英
审 稿 人: 刘昌发
责任编辑: 王冬英

附　　录

附一

·文件目录·

2016年中共上杭县委发文目录

表35

文件名称	文　号
关于推进精准扶贫打赢脱贫攻坚战的实施意见	杭委〔2016〕1号
关于印发《上杭县乡镇党委政府扶贫开发工作成效考核办法》的通知	杭委〔2016〕2号
关于举办陈丕显同志诞辰100周年纪念活动的请示	杭委〔2016〕3号
中共上杭县委人才工作领导小组及成员单位职责和工作规则	杭委〔2016〕4号
上杭县重点产业高层次人才引进培养暂行办法	杭委〔2016〕5号
关于印发2016年县委、县政府为民办实事工作项目的通知	杭委〔2016〕6号
关于调整上杭县新型城镇化工作领导小组的通知	杭委〔2016〕7号
关于调整县委反腐败协调小组成员的通知	杭委〔2016〕8号
关于印发上杭县项目落地攻坚战役实施方案的通知	杭委〔2016〕9号
关于成立县委统一战线工作领导小组的通知	杭委〔2016〕10号
关于对陈华同志党纪立案的批复	杭委〔2016〕11号
关于上杭县处级干部2015年度考核等次建议人选的报告	杭委〔2016〕12号
关于2016年专项建设基金重大项目和国开行项目对接的情况报告	杭委〔2016〕14号
关于印发上杭县脱贫攻坚战役实施方案的通知	杭委〔2016〕15号
关于印发《上杭苏区干部"千人挂钩万人脱贫、共奔小康"挂钩帮扶工作方案》的通知	杭委〔2016〕16号
关于表彰奖励2015年度县直综治平安建设先进单位的决定	杭委〔2016〕17号
关于上杭县党政考察团赴上海等地开展"山海协作"情况的报告	杭委〔2016〕18号

续表35

文件名称	文　号
上杭县关于推进绿色建筑发展和建筑产业工业化的实施方案	杭委〔2016〕19 号
关于成立上杭县临江楼片区保护性改造工程工作领导小组的通知	杭委〔2016〕20 号
关于成立上杭县山海协作(上海区域)工作领导小组的通知	杭委〔2016〕21 号
关于选派干部赴上海市“两区一县”挂职锻炼的请示	杭委〔2016〕22 号
关于成立中国共产党福建光源矿业集团有限公司委员会的通知	杭委〔2016〕23 号
关于调整县直系统(部门)、企业党委设置的通知	杭委〔2016〕24 号
关于成立上杭县县乡领导班子换届工作领导小组的通知	杭委〔2016〕25 号
关于乡镇、县直科级干部 2015 年度考核等次评定及考核优秀奖励奖金发放的通知	杭委〔2016〕26 号
关于认真做好 2016 年乡镇党委换届选举工作的通知	杭委〔2016〕27 号
上杭县生态环境保护攻坚战役实施方案	杭委〔2016〕28 号
中共上杭县委关于通贤镇新一届党委领导班子成员配备的请示	杭委〔2016〕29 号
关于李鑫崇同志任职的征求意见函	杭委〔2016〕30 号
关于成立县第十三次党代会筹备工作领导小组及办公室的通知	杭委〔2016〕31 号
关于成立上杭县瓦子街二期维修保护工程工作领导小组的通知	杭委〔2016〕32 号
关于成立县委网络安全和信息化领导小组的通知	杭委〔2016〕33 号
中共上杭县委关于呈送 2015 年度上杭县落实党风廉政建设责任制情况问题整改方案的报告	杭委〔2016〕34 号
关于推荐陈学良等四名同志为正处级领导干部人选、吕丁武等二十二名同志为副处级领导干部人选的报告	杭委〔2016〕35 号
关于召开中国共产党上杭县第十三次代表大会的请示	杭委〔2016〕36 号
关于通贤镇新一届党委委员、书记、副书记和纪委委员、书记、副书记候选人预备人选的批复	杭委〔2016〕37 号
关于蓝秀英等同志任职的征求意见函	杭委〔2016〕38 号
关于乡镇领导班子换届人事安排的请示	杭委〔2016〕39 号
关于进一步加强和改进党的群团工作的实施意见	杭委〔2016〕40 号
中共上杭县委关于做好中国共产党上杭县第十三次代表大会代表选举工作的通知	杭委〔2016〕41 号
关于同意召开中国共产党上杭县各乡镇代表大会的批复	杭委〔2016〕42 号
上杭县落实《福建省贯彻中国共产党统一战线工作条例(试行)的实施细则》存在问题整改方案	杭委〔2016〕43 号
关于推荐赖育忠同志为古田镇党委书记人选的请示	杭委〔2016〕45 号
中共上杭县委关于部分副处级职务调整相关问题的请示	杭委〔2016〕46 号
关于新一届乡镇党委委员、书记、副书记和纪委委员、书记、副书记候选人预备人选的批复	杭委〔2016〕47 号
关于临江镇等 21 个乡镇党委出席中国共产党上杭县第十三次代表大会代表候选人预备人选的批复	杭委〔2016〕48 号
关于请求派员推进军民融合工作的请示	杭委〔2016〕49 号
关于蓝新等通知职务任免的征求意见函	杭委〔2016〕50 号

续表35

文件名称	文　号
关于客家族谱文化风情节的请示	杭委〔2016〕51号
关于全市两优一先拟表彰对象陈易声公示期间电话举报件的调查情况报告	杭委〔2016〕52号
关于新一届纪委领导班子组成人员候选人预备人选的请示	杭委〔2016〕53号
关于同意甘永刚等5名同志为紫金矿业集团股份有限公司党委出席中国共产党上杭县第十三次代表大会代表候选人预备人选的批复	杭委〔2016〕54号
关于新一届县人大常委会组成人员名额的报告	杭委〔2016〕55号
关于表彰全县优秀共产党员、优秀党务工作者和先进基层党组织的决定	杭委〔2016〕56号
关于推荐温松兴同志为副处级领导干部人选的请示	杭委〔2016〕57号
关于推荐朱光同志为紫金矿业集团股份有限公司董事会独立董事人选的同志	杭委〔2016〕58号
关于福建光源矿业集团有限公司第一届党委委员、书记、副书记候选人预备人选的批复	杭委〔2016〕59号
关于请求开展军民融合产业共建的请示	杭委〔2016〕60号
关于同意各县直选举单位出席中国共产党上杭县第十三次代表大会代表候选人预备人选的批复	杭委〔2016〕61号
关于中共上杭县第十三届委员会委员、书记、副书记人选的请示	杭委〔2016〕62号
关于上杭县委、纪委换届人事安排问题的请示	杭委〔2016〕63号
2016年度县对乡镇党委、政府绩效管理实施方案	杭委〔2016〕64号
关于2016年度县对县直机关事业单位绩效管理实施方案	杭委〔2016〕65号
关于确定上杭县出席中国共产党龙岩市第五次代表大会代表候选人预备人选的情况报告	杭委〔2016〕66号
关于中共共产党上杭县第十三次代表大会代表团组团的决定	杭委〔2016〕67号
关于印发上杭县2016—2020年乡镇财政预算管理体制的通知	杭委〔2016〕68号
关于中共上杭县第十三届委员会、候补委员、常委、书记、副书记和县纪律检查委员会委员、常委、书记、副书记选举结果的报告	杭委〔2016〕69号
关于印发上杭县新型城镇化和美丽乡村建设三年行动计划的通知	杭委〔2016〕70号
关于调整县委机构编制委员会组成人员的通知	杭委〔2016〕71号
关于扶持古田特色小镇加快建设的若干意见	杭委〔2016〕72号
中共上杭县委关于选举产生上杭县出席中国共产党龙岩市第五次代表大会代表的情况报告	杭委〔2016〕73号
关于调整县委领导工作分工的通知	杭委〔2016〕74号
关于省委对龙岩市2015年度落实党风廉政建设责任制检查发现问题的整改情况报告	杭委〔2016〕75号
关于成立古田红色资源保护发展工作领导小组的通知	杭委〔2016〕76号
关于印发上杭县2016年卫生和计划生育工作意见的通知	杭委〔2016〕77号
中共上杭县委关于成立烟草专卖局机关党委和机关纪委的通知	杭委〔2016〕78号
关于开展紫金矿业集团股份有限公司党委、纪委领导班子和领导成员及国有产权代表任期届满考核工作的通知	杭委〔2016〕79号
关于调整上杭县项目落地攻坚战役指挥部成员名单及项目挂钩县领导的通知	杭委〔2016〕80号
关于表彰2016年上杭县教育先进集体和先进个人的决定	杭委〔2016〕81号

续表35

文件名称	文　号
关于给予蓝春金行政警告处分的批复	杭委〔2016〕82 号
关于詹崇仁等同志任职的通知	杭委〔2016〕83 号
关于进一步深化教育改革推进教育现代化建设的意见	杭委〔2016〕84 号
关于提名推荐新一届市委委员、纪委委员候选人预备人选初步人选的报告	杭委〔2016〕85 号
关于推荐龙岩市出席省第十次党代会代表候选人初步人选的情况报告	杭委〔2016〕87 号
关于市对县 2015 年度落实党风廉政建设责任制检查发现问题的整改情况报告	杭委〔2016〕88 号
关于第五届中共龙岩市委委员、候补委员和纪委委员候选人初步人选民主推荐结果的报告	杭委〔2016〕89 号
关于调整县委反腐败协调小组成员的通知	杭委〔2016〕90 号
关于成立上杭县县乡两级人大换届选举工作领导小组的通知	杭委〔2016〕91 号
转发《中共上杭县人大常委会党组关于做好 2016 年县乡两级人民代表大会换届选举工作的意见》的通知	杭委〔2016〕92 号
关于邀请市领导参加 2016 年(第十一届)中国铜加工行业发展论坛的请示	杭委〔2016〕93 号
关于调整上杭县生态环境保护攻坚战役指挥部成员名单及项目责任人员的通知	杭委〔2016〕94 号
关于调整上杭县禁毒委员会成员的通知	杭委〔2016〕95 号
关于调整珊瑚乡彩坑村搬迁工作领导小组的通知	杭委〔2016〕96 号
关于表彰上杭县 2015 年项目建设工作先进集体和先进个人的决定	杭委〔2016〕97 号
关于成立 2016 年县乡两级人大和县政协换届选举工作督导组的通知	杭委〔2016〕98 号
关于做好县乡两级人大代表资源摸底调查和考察审查工作的通知	杭委〔2016〕99 号
关于实施创新驱动发展战略建设创新型上杭的实施意见	杭委〔2016〕100 号
关于海峡客家(上杭)族谱文化风情节活动情况的报告	杭委〔2016〕101 号
上杭县精准扶贫工作问责暂行办法	杭委〔2016〕102 号
关于印发《上杭县落实党风廉政建设“两个责任”清单》的通知	杭委〔2016〕103 号
关于印发县级公立医院管理委员会工作规程的通知	杭委〔2016〕104 号
关于调整上杭县精神文明建设指导委员会成员的通知	杭委〔2016〕105 号
关于成立上杭县政协换届工作领导小组的通知	杭委〔2016〕106 号
转发《中共上杭县政协党组中共上杭县委组织部中共上杭县委统战部关于做好县政协 2016 年换届工作方案》的通知	杭委〔2016〕107 号
关于上杭县烟草专卖局第一届机关党委书记、副书记和机关纪委书记、副书记候选人的批复	杭委〔2016〕108 号
关于上杭县第十七届人民代表大会代表候选人建议人选的批复	杭委〔2016〕109 号
关于表彰 2011-2015 年全县法治宣传教育先进集体、先进个人和先进工作者的决定	杭委〔2016〕110 号
关于上杭县第十七届人民代表大会代表候选人人选的批复	杭委〔2016〕111 号
转发《县委宣传部、县司法局关于在全市公民中开展法治宣传教育的第七个五年规划(2016-2020 年)》的通知	杭委〔2016〕112 号
关于上杭县第十七届人民代表大会代表候选人建议人选的批复	杭委〔2016〕113 号

续表35

文件名称	文　号
关于紫金矿业集团股份有限公司第六届董事会、监事会、经营班子组成人员人选的批复	杭委〔2016〕114 号
关于同意召开上杭县第十七届人民代表大会第一次会议的批复	杭委〔2016〕115 号
关于上杭县第十七届人民代表大会代表候选人人选的批复(庐丰)	杭委〔2016〕116 号
关于上杭县第十七届人民代表大会代表候选人人选的批复	杭委〔2016〕117 号
关于 2016 年度计划生育责任制落实情况的报告	杭委〔2016〕118 号
关于刘复浩同志工作调整的同志	杭委〔2016〕119 号
关于实施全面两孩政策改革完善计划生育服务管理的意见	杭委〔2016〕120 号
关于成立蛟洋镇下道湖村搬迁工作领导小组的通知	杭委〔2016〕121 号
关于上杭县第十七届人民代表大会代表正式候选人人选的批复	杭委〔2016〕122 号
关于成立中共上杭县委巡察工作领导小组的通知	杭委〔2016〕123 号
关于成立巡察工作机构的情况汇报	杭委〔2016〕124 号
关于同意召开县政协十二届一次会议的批复	杭委〔2016〕125 号
关于推荐第七批援疆干部人选的报告	杭委〔2016〕126 号
关于各乡镇人大主席和政府领导班子组成人员候选人的通知	杭委〔2016〕127 号
关于关于上杭县人大、政府、政协、法院、检察院换届人事安排问题的请示	杭委〔2016〕128 号
关于政协上杭十二届委员会主席、副主席、秘书长、常委候选人预备人选的批复	杭委〔2016〕129 号
关于推荐龙岩市第五届人民代表大会代表候选人的通知	杭委〔2016〕130 号
关于成立古田红色小镇建设工作领导小组的通知	杭委〔2016〕131 号
关于给予张长金行政警告处分的批复	杭委〔2016〕132 号
关于调整县委领导工作分工的通知	杭委〔2016〕133 号
关于成立中共上杭县委离退休干部工作委员会的通知	杭委〔2016〕134 号
关于 2016 年党政领导综治平安建设责任书落实情况的报告	杭委〔2016〕135 号
关于王建华同志免职的通知	杭委〔2016〕136 号
关于上杭县人大、政府、政协领导班子成员及法院院长、检察院检察长选举结果的报告	杭委〔2016〕137 号
关于增设协调联络股的请示	杭委办〔2016〕1 号
关于开展党委(党组)书记述责述廉工作的通知	杭委办〔2016〕2 号
关于召开上杭县推进精准扶贫打赢脱贫攻坚战动员大会的通知	杭委办〔2016〕3 号
关于做好 2016 年春节期间有关工作的通知	杭委办〔2016〕4 号
关于做好 2016 年春节慰问困难群众的通知	杭委办〔2016〕5 号
中共上杭县委办公室关于召开中共上杭县纪委十二届七次全会的预通知	杭委办〔2016) 6 号
关于转发《上杭县离任村(社区)民兵营(连)长生活补助方案》的通知	杭委办〔2016〕7 号
转发县委政法委等部门《关于涉法涉稳舆情应急处置内部工作流程》的通知	杭委办〔2016〕8 号
关于应对强寒潮天气防御工作的紧急通知	杭委办〔2016〕9 号

续表35

文件名称	文　号
关于召开中共上杭县纪委十二届七次全会的通知	杭委办〔2016〕10号
关于做好2016年春节期间值班应急工作的通知	杭委办〔2016〕11号
关于开展2016年春节期间拥军优属慰问活动的通知	杭委办〔2016〕12号
关于召开向老同志通报2015年工作会议的通知	杭委办〔2016〕13号
关于成立上杭县推进稀土产业发展工作领导小组的通知	杭委办〔2016〕14号
关于2015年度党务政务信息采用情况的通报	杭委办〔2016〕15号
关于召开2015年度乡镇党委书记抓基层党建工作述职评议会议的通知	杭委办〔2016〕16号
转发县委组织部 县直机关党工委关于在春节期间开展社情民意调查活动的方案	杭委办〔2016〕17号
关于分解落实上杭县重点涉稳隐患问题化解责任的通知	杭委办〔2016〕18号
关于县直机关单位赴农村开展扶贫走访慰问的通知	杭委办〔2016〕19号
关于开展2016年春节期间计划生育集中宣传服务活动的通知	杭委办〔2016〕20号
上杭县守法家庭大病医保报销奖励办法	杭委办〔2016〕21号
关于成立推进绿色建筑发展和建筑产业现代化工作领导小组的通知	杭委办〔2016〕22号
关于召开全县项目落地攻坚战役动员大会的通知	杭委办〔2016〕23号
关于召开县委全委(扩大)会议的通知	杭委办〔2016〕24号
关于抓好二级绩效管理工作的意见	杭委办〔2016〕25号
关于印发《中共上杭县委常委班子“三严三实”专题民主生活会整改方案》的通知	杭委办〔2016〕26号
关于召开全县组织、宣传思想文化暨县委统战、政法工作会议的通知	杭委办〔2016〕27号
关于印发2016年军民融合项目工作方案的通知	杭委办〔2016〕28号
关于学习贯彻省委办公厅《关于深化落实党风廉政建设党委主体责任的暂行规定》的通知	杭委办〔2016〕30号
关于组织收看全市脱贫攻坚挂钩帮扶电视大会的通知	杭委办〔2016〕31号
关于推荐县管科级后备干部初步人选的请示	杭委办〔2016〕32号
关于认真组织学习全市纳税大户及企业家代表座谈会精神的通知	杭委办〔2016〕33号
关于召开全县脱贫攻坚挂钩帮扶大会暨农业农村工作会议的通知	杭委办〔2016〕34号
关于开展“3.12”义务植树活动的通知	杭委办〔2016〕35号
关于进一步强化带班值班工作的通知	杭委办〔2016〕36号
上杭县项目落地攻坚战役效能督查工作方案	杭委办〔2016〕37号上
关于启用中国共产党上杭县庐丰畲族乡委员会新印章的通知	杭委办〔2016〕38号
关于下达2016年上杭县重点建设项目工作目标任务的通知	杭委办〔2016〕39号
关于转发《李德金书记批示强调按照“马上就办”精神抓好督查工作》的通知	杭委办〔2016〕40号
关于请求增加人员编制的请示	杭委办〔2016〕41号
关于开展2015年度绩效管理考评工作的通知	杭委办〔2016〕42号
关于做好“两学一做”学习教育准备工作的通知	杭委办〔2016〕43号

续表35

文件名称	文 号
关于分解落实《福建省人民政府办公厅关于“十三五”期间扶持省际边界县加快发展的若干意见》的通知	杭委办〔2016〕44 号
关于县领导班子换届考察工作动员会的通知	杭委办〔2016〕45 号
关于开展“进企业、送服务、解难题、促增长”活动的通知	杭委办〔2016〕46 号
上杭县 2016 年招商引资攻坚战工作方案	杭委办〔2016〕47 号
关于分解落实脱贫攻坚战役工作任务的通知	杭委办〔2016〕48 号
关于进一步深化培育发展和规范管理社会组织的实施意见	杭委办〔2016〕49 号
关于召开县委全委(扩大)会议的通知	杭委办〔2016〕50 号
关于转发《龙岩市党政机关、事业单位和国有企业互联网网站安全专项整治行动实施方案》的通知	杭委办〔2016〕51 号
关于启用光源矿业集团有限公司委员会印章的通知	杭委办〔2016〕52 号
关于召开县委县政府 2016 年第一季度经济形势分析会暨全县生态环境保护攻坚战役动员大会的通知	杭委办〔2016〕53 号
关于启用“中国共产党上杭县旧县镇委员会新印章的通知”	杭委办〔2016〕54 号
上杭县关于省委对龙岩市 2015 年度落实党风廉政建设责任制检查发现问题的整改方案	杭委办〔2016〕55 号
关于进一步核实上报国定贫困人口造福工程搬迁人数的紧急通知	杭委办〔2016〕56 号
关于开展 2015 年度落实党风廉政建设责任制情况检查的通知	杭委办〔2016〕57 号
关于启用组织部新印章的通知	杭委办〔2016〕58 号
关于进一步核实国定贫困人口意愿实施易地搬迁的紧急通知	杭委办〔2016〕59 号
关于启用上杭县行政学校印章的通知	杭委办〔2016〕60 号
关于进一步做好防汛备汛工作的通知	杭委办〔2016〕61 号
关于印发 2016 年度重点协商计划的通知	杭委办〔2016〕62 号
关于召开中共上杭县委十二届九次全体会议的通知	杭委办〔2016〕63 号
关于分解《落实发展新理念建设特色现代农业实现全面小康目标的实施意见》工作任务的通知	杭委办〔2016〕64 号
关于调整杭委办〔2015〕160 号文件中有关内容的通知	杭委办〔2016〕65 号
2016 年第一季度经济运行专题会分解	杭委办〔2016〕66 号
关于进一步做好当前防汛防灾工作的紧急通知	杭委办〔2016〕67 号
关于在全县党员中开展“学党章党规、学系列讲话,做合格党员”学习教育实施方案	杭委办〔2016〕68 号
关于开展值班与应急工作“四比”活动的通知	杭委办〔2016〕69 号
关于做好基层关工委经费保障工作的通知	杭委办〔2016〕70 号
关于召开严肃换届纪律工作座谈会的通知	杭委办〔2016〕71 号
关于进一步做好防汛减灾工作的通知	杭委办〔2016〕72 号
关于印发 2016 年上杭县推进生态文明先行示范区重点工作任务分解的通知	杭委办〔2016〕73 号

续表35

文件名称	文　号
关于印发《贯彻实施上杭县国民经济和社会发展第十三个五年规划纲要重要举措分工方案》的通知	杭委办〔2016〕74号
关于召开中共上杭县委十二届十次全体会议的通知	杭委办〔2016〕75号
关于召开县委全委(扩大)会议的通知的通知	杭委办〔2016〕76号
关于印发《上杭县纪念中国共产党成立95周年“颂歌献给党”歌咏比赛活动方案》的通知	杭委办〔2016〕77号
印发《上杭县关工委2016年工作意见》的通知	杭委办〔2016〕78号
关于启用国资局党委印章的通知	杭委办〔2016〕79号
关于转发《龙岩市2016年涉麻制毒重点整治攻坚实施方案》《龙岩市涉麻制毒重点整治工作领导责任追究暂行办法》的通知	杭委办〔2016〕80号
关于印发《上杭县禁毒工作十项措施》的通知	杭委办〔2016〕81号
关于召开纪念县政协成立60周年座谈会的通知	杭委办〔2016〕82号
关于印发《上杭县建立打击非法鉴定胎儿性别、非法选择性别终止妊娠、非法行医专项行动实施方案》的通知	杭委办〔2016〕83号
关于举办第八届海峡论坛　海峡客家(上杭)族谱文化风情节活动的通知	杭委办〔2016〕84号
关于召开“城乡食品安全监管工作”专题协商会议的通知	杭委办〔2016〕85号
关于组团参加第十四届中国海峡项目成果交易会的通知	杭委办〔2016〕86号
关于召开县委学习中心组暨全县计生工作会议的通知	杭委办〔2016〕87号
关于做好“上杭县纪念中国共产党成立95周年‘颂歌献给党’歌咏比赛”活动的补充通知	杭委办〔2016〕88号
关于做好全县黄标车淘汰工作的通知	杭委办〔2016〕89号
杭委办〔2016〕90号 关于开展淘汰黄标车宣传突击周活动的通知	杭委办〔2016〕90号
关于推迟与海军签约活动的报告	杭委办〔2016〕91号
关于开展庆祝建党95周年系列活动的通知	杭委办〔2016〕92号
关于继续做好计划生育家庭意外伤害保险工作的通知	杭委办〔2016〕93号
关于召开上杭县庆祝中国共产党成立95周年大会的通知	杭委办〔2016〕94号
关于召开县委全委(扩大)会议的通知	杭委办〔2016〕95号
关于印发《上杭县2016年平安乡镇村(社区)考评奖励办法》的通知	杭委办〔2016〕96号
关于印发上杭县行业协会商会与行政机关脱钩工作方案的通知	杭委办〔2016〕97号
关于召开上半年经济运行分析会暨“三大战役”项目工作推进会的通知	杭委办〔2016〕98号
关于切实做好近期防御强风强降雨等极端天气工作的通知	杭委办〔2016〕99号
关于启用中国共产党上杭县文体广电新闻出版局委员会等印章的通知	杭委办〔2016〕100号
关于组织观看电影《古田会议》的通知	杭委办〔2016〕101号
关于应对超强台风“尼伯特”防御工作	杭委办〔2016〕102号
关于开展安全生产、环境保护、防汛综合督查的通知	杭委办〔2016〕103号
转发关于防止在公款存储中发生利益冲突和利益输送的暂行办法的通知	杭委办〔2016〕104号

续表35

文件名称	文 号
关于2016年度上半年党务政务信息采用情况的通报	杭委办〔2016〕105号
关于召开中共上杭县第十二届委员会第十一次全体会议的通知	杭委办〔2016〕106号
关于2015年度县对乡镇及县直机关事业单位绩效管理考评结果的通报	杭委办〔2016〕107号
关于召开中国共产党上杭县第十三次代表大会的通知.	杭委办〔2016〕108号
关于印发上杭县扶贫小额信贷资金管理办法(试行)的通知	杭委办〔2016〕109号
关于成立省委省政府来杭环境保护督察对接协调工作小组的通知	杭委办〔2016〕110号
关于召开上杭县生态环保攻坚战役暨流域环境整治专题推进会议的通知	杭委办〔2016〕111号
关于上杭县2016年“八一”期间双拥活动的通知	杭委办〔2016〕112号
关于继续实行县直部门(单位)挂钩村级计划生育工作制度的通知	杭委办〔2016〕113号
关于召开2016年“八一”议军会议的通知	杭委办〔2016〕114号
关于陈盛华等同志职务任免的通知	杭委办〔2016〕115号
关于开展第二次人口计生集中宣传服务活动的通知	杭委办〔2016〕116号
关于进一步落实赴京对接项目的通知	杭委办〔2016〕117号
关于召开向老同志通报2016年上半年工作会议的通知	杭委办〔2016〕122号
关于召开县委中心组“两学一做”学习教育第二专题学习研讨通知	杭委办〔2016〕123号
关于调整部分县处级领导和县直部门(单位)挂钩乡镇的通知	杭委办〔2016〕124号
关于印发上杭县“三大战役”督查工作机制的通知	杭委办〔2016〕125号
关于调整县深化改革专项小组的通知	杭委办〔2016〕126号
关于组织评选2016年上杭县教育工作先进集体和先进个人的通知	杭委办〔2016〕127号
关于上杭县处理信访突出问题及群体性事件联席会议更名为上杭县信访工作联席会议的通知	杭委办〔2016〕128号
关于深入学习贯彻李德金书记、林国耀代市长重要讲话精神的通知	杭委办〔2016〕129号
印发上杭县干部挂钩帮扶考核办法的通知	杭委办〔2016〕130号
印发上杭县乡镇党委、政府扶贫开发工作成效考核办法的通知	杭委办〔2016〕131号
印发上杭县县直单位和省、市属驻杭单位扶贫开发工作成效考核办法的通知	杭委办〔2016〕132号
关于印发第十九届中国国际投资贸易洽谈会龙岩市代表团上杭分团工作方案的通知	杭委办〔2016〕133号
关于县第十三次党代会工作报告任务分解落实的通知	杭委办〔2016〕134号
关于印发上杭县2016年度乡镇主要经济指标专项考评绩效奖惩办法的通知	杭委办〔2016〕135号
关于增加县委办协调联系股编制的请示	杭委办〔2016〕136号
关于调整上杭县脱贫攻坚战役指挥部人员名单的通知	杭委办〔2016〕137号
关于举办全县科级领导干部综合素质提升专题培训班的实施方案	杭委办〔2016〕138号
关于召开县委十三届二次全体会议的通知	杭委办〔2016〕139号
关于做好2016年集中整顿软弱涣散基层党组织工作的通知	杭委办〔2016〕140号
关于成立永杭高速上杭段项目建设指挥部的通知	杭委办〔2016〕141号

续表35

文件名称	文　号
关于安全生产半年综合督查的通报	杭委办〔2016〕142号
关于启用中国共产党上杭烟草专卖局机关委员会印章的通知	杭委办〔2016〕143号
关于召开中共上杭县委十三届三次全体会议的通知	杭委办〔2016〕144号
关于调整2016年9—12月县委、县政府领导信访接待日的通知	杭委办〔2016〕145号
关于印发《上杭县实施以奖代补落实严重精神障碍患者监护责任的暂行办法》的通知	杭委办〔2016〕146号
关于召开庆祝第32个教师节暨表彰大会的通知	杭委办〔2016〕147号
关于印发《上杭县纪念红军长征胜利80周年系列活动实施方案》的通知	杭委办〔2016〕148号
关于调整上杭县重点涉稳隐患问题化解责任分工的通知	杭委办〔2016〕149号
关于要求认真做好2015年度市对县党风廉政建设	杭委办〔2016〕150号
关于县领导迅速前往指导超强台风"莫兰蒂"防御工作的紧急通知	杭委办〔2016〕151号
关于应对超强台风"莫兰蒂"防御工作的紧急通知	杭委办〔2016〕152号
关于召开县委全委(扩大)会议的通知	杭委办〔2016〕153号
关于2016年县直单位挂钩革命基点村(建制村)的通知	杭委办〔2016〕154号
关于印发开展"一村一法律顾问,一社区一法律诊所"工作实施方案的通知	杭委办〔2016〕155号
关于召开全县禁毒工作推进现场会的通知	杭委办〔2016〕156号
关于落实全县第二次禁毒工作督查情况的通报	杭委办〔2016〕157号
关于召开县、乡两级人大换届选举工作会议暨业务培训会议的通知	杭委办〔2016〕158号
关于组织开展"热血送暖,为生命接力"无偿献血活动的通知	杭委办〔2016〕159号
关于开展全县脱贫攻坚工作专项督查的通知	杭委办〔2016〕160号
关于举行2016年国庆节升国旗仪式的通知	杭委办〔2016〕161号
关于上杭县扶贫小额信贷资金管理办法(试行)的补充通知	杭委办〔2016〕162号
2016年征集2017年为民办实事项目	杭委办〔2016〕163号
关于举办2016年(第十一届)中国铜加工行业发展论坛活动的通知	杭委办〔2016〕164号
关于开展防御"鲇鱼"台风督导检查工作的通知	杭委办〔2016〕165号
关于在烈士纪念日期间举行纪念烈士活动的通知	杭委办〔2016〕166号
关于做好国庆期间防台风防暴雨工作的通知	杭委办〔2016〕167号
关于认真学习贯彻市第五次党代会精神的通知	杭委办〔2016〕168号
关于召开县委县政府2016年第三季度经济形势分析会的通知	杭委办〔2016〕169号
关于上杭县行政办公中心机关食堂有关事宜的通知	杭委办〔2016〕170号
关于全面启用龙岩市协同办公系统的通知	杭委办〔2016〕171号
关于2016年上半年我县落实原中央苏区县参照执行西部地区政策工作情况的通报	杭委办〔2016〕172号
关于认真做好电视剧《绝命后卫师》收看工作的通知	杭委办〔2016〕173号
关于做好国家级生态县考核验收有关事项的通知	杭委办〔2016〕174号

续表35

文件名称	文　号
关于认真做好2017年《中共中央办公厅通讯》和《秘书工作》征订工作的通知	杭委办〔2016〕175号
关于2015年度招商引资工作目标管理考评结果的通报	杭委办〔2016〕176号
关于召开县、乡两级人大换届选举工作座谈会的通知	杭委办〔2016〕177号
关于调整申报《中国档案文献遗产名录》工作领导小组的通知	杭委办〔2016〕178号
关于调整上杭县深化医药卫生体制改革领导小组成员的通知	杭委办〔2016〕179号
关于调整杭委办〔2015〕160号文件中有关内容的通知	杭委办〔2016〕180号
关于印发上杭县脱贫攻坚督查巡查工作方案的通知	杭委办〔2016〕181号
关于进一步加强老年体育工作的意见	杭委办〔2016〕182号
关于做好迎接省委、省政府脱贫攻坚专项督查工作的通知	杭委办〔2016〕183号
关于成立打造千亿金铜产业集群工作领导小组的通知	杭委办〔2016〕184号
关于印发《2017年全县工作务虚会实施方案》的通知	杭委办〔2016〕185号
关于组织观看《中国禁毒数字展览馆》教育片和关注订阅禁毒微信平台的通知	杭委办〔2016〕186号
关于印发《上杭县开展工作松弛专项整治活动实施方案》的通知	杭委办〔2016〕187号
关于做好全县2016年扶贫对象动态调整和建档立卡信息采集录入工作的紧急通知	杭委办〔2016〕188号
关于印发第七届海峡两岸机械产业博览会暨第九届中国龙岩投资项目洽谈会上杭县代表团工作方案的通知	杭委办〔2016〕189号
关于县领导开展脱贫攻坚工作督查调研的通知	杭委办〔2016〕190号
关于召开县乡两级人大代表换届选举工作培训会议及第一次转段会议的通知	杭委办〔2016〕191号
转发《关于印发脱贫攻坚责任制实施办法的通知》的通知	杭委办〔2016〕192号
关于开展培育脱贫攻坚“四个十佳”模范典型的实施意见	杭委办〔2016〕193号
关于印发《上杭县进一步推进第十三届(2015—2017年度)省级文明县城创建工作的实施方案》的通知	杭委办〔2016〕194号
关于全县脱贫攻坚工作专项督查情况的通报	杭委办〔2016〕195号
关于组织收看全市学习贯彻党的十八届六中全会精神电视报告会的通知	杭委办〔2016〕196号
关于分解落实市第五次党代会报告涉及我县重要工作任务的通知	杭委办〔2016〕197号
关于成立上杭县特色小镇创建工作领导小组的通知	杭委办〔2016〕198号
印发《关于坚持和完善计划生育目标管理责任制的实施意见》的通知	杭委办〔2016〕199号
关于做好2017年度全县重点党报党刊发行工作的通知	杭委办〔2016〕200号
关于做好省第十次党代会召开期间社会稳定工作的通知	杭委办〔2016〕201号
关于印发意识形态工作责任制任务分解表及考核评价办法的通知	杭委办(2016)202号
关于报送2017年厅级及其以下国家工作人员因公临时出国(境)计划的通知	杭委办〔2016〕203号
关于印发《2016年上杭县县乡两级人大换届选举工作突发事件应急处置预案》的通知	杭委办〔2016〕204号
关于认真做好县乡两级人大换届选举投票工作的通知	杭委办〔2016〕205号
关于选派干部驻村蹲点的通知	杭委办〔2016〕206号

续表35

文件名称	文　号
关于认真做好《生态上杭发展新貌全景二维码地图》编制工作的通知	杭委办〔2016〕207 号
关于印发《上杭县产业精准扶贫行动计划》的通知	杭委办〔2016〕208 号
关于印发上杭县 2016 年度三大战役绩效管理考评办法的通知	杭委办〔2016〕209 号
关于认真学习贯彻省第十次党代会精神的通知	杭委办〔2016〕210 号
关于召开县委县政府 2017 年工作务虚会议的通知	杭委办〔2016〕211 号
关于调整安排县委办领导工作分工的通知	杭委办〔2016〕212 号
关于推荐县管科级后备干部初步人选的请示	杭委办〔2016〕213 号
关于组织收看全市学习贯彻省第十次党代会精神报告会的通知定稿	杭委办〔2016〕214 号
转发福建省健全落实社会治安综合治理领导责任制实施办法的通知	杭委办〔2016〕215 号
关于做好乡镇新一届人大一次会议指导工作的通知	杭委办〔2016〕216 号
关于召开县委十三届四次全会的通知	杭委办〔2016〕217 号
关于列席县十二届政协一次会议有关事项的通知	杭委办〔2016〕218 号
关于列席县十七届人大一次会议有关事项的通知	杭委办〔2016〕219 号
关于请求安排市领导莅临指导县两会的报告	杭委办〔2016〕220
关于请求协调项目签约有关事项的报告	杭委办〔2016〕221 号
关于开展党委（党组）书记述责述廉工作的通知	杭委办〔2016〕222 号
关于印发上杭县建设食品药品安全放心县三年行动工作方案的通知	杭委办〔2016〕223 号
关于做好 2017 年元旦春节期间有关工作的通知	杭委办〔2016〕224 号
关于协调市领导会见海装上海局一行的请示	杭委办〔2016〕225 号
关于开展 2017 年春节期间计划生育集中宣传服务活动的通知	杭委办〔2016〕226 号
关于安排 2017 年县委、县政府领导信访接待日的通知	杭委办〔2016〕227 号
关于印发上杭县“十三五”扶贫开发专项规划的通知	杭委办〔2016〕228 号
关于成立或调整部分项目工作领导小组的通知	杭委办〔2016〕229 号
关于落实发展新理念建设特色现代农业实现全面小康目标的实施意见	杭委发〔2016〕1 号
上杭县开展“传承红色基因，践行‘两学一做’，聚力上杭发展”主题教育实践活动实施方案	杭委发〔2016〕2 号
关于印发《上杭县关于推动干部担当作为的实施办法（试行）》的通知	杭委发〔2016〕3 号
关于印发《中国共产党上杭县第十三届委员会第二次全体会议决议》的通知	杭委发〔2016〕4 号
关于构建和谐劳动关系的实施意见	杭委发〔2016〕5 号
关于印发中共上杭县委常委会议事规则的通知	杭委发〔2016〕6 号
关于印发《中国共产党上杭县第十三届委员会第四次全体会议决议》的通知	杭委发〔2016〕7 号
上杭县处级党政领导干部联系专家（优秀人才）制度	杭委办发〔2016〕1 号
关于进一步加强党委督促检查工作推动工作有效落实的意见	杭委办发〔2016〕2 号
关于印发中共上杭县委组织部 2016 年工作要点的通知	杭委办发〔2016〕3 号

续表35

文件名称	文　号
印发贯彻落实〈关于深化落实党风廉政建设党委主体责任的暂行规定〉的实施办法	杭委办发〔2016〕4 号
关于撰写任前廉政对照检查材料的通知	杭委办发〔2016〕5 号
关于印发上杭县 2016 年统战工作要点的通知	杭委办发〔2016〕6 号
纪委书记、副书记提名考察办法(试行)	杭委办发〔2016〕7 号
关于印发《上杭县 2016 年宣传思想文化工作要点》的通知	杭委办发〔2016〕8 号
印发 2016 年全县党建工作要点的通知	杭委办发〔2016〕9 号
关于印发《县委领导同志批示件办理工作细则》的通知	杭委办发〔2016〕10 号
关于印发《上杭县全面深化改革领导小组 2016 年工作要点》的通知	杭委办发〔2016〕11 号
关于印发《上杭县全面推进公务用车制度改革实施方案》的通知	杭委办发〔2016〕13 号

2016 年上杭县人大常委会发文目录

表 36

文件名称	文　号
关于请求拨给县十六届人大五次会议专项经费的请示	杭常办综〔2016〕1 号
关于出席市四届人大五次会议的通知	杭常办综〔2016〕2 号
关于召开县十六届人大五次会议代表建议意见交办工作会议的通知	杭常办综〔2016〕3 号
关于做好县十六届人大五次会议代表建议意见办理工作的通知	杭常办综〔2016〕4 号
关于开展全县旅游文化产业发展情况调研的通知	杭常办综〔2016〕5 号
关于做好县人大代表建议意见督办工作的通知	杭常办综〔2016〕6 号
关于开展“加强县乡人大工作和建设”课题调研的通知	杭常办综〔2016〕7 号
关于开展全县禁毒工作情况调研的通知	杭常办综〔2016〕8 号
关于开展县乡人大换届选举工作调研的通知	杭常办综〔2016〕9 号
关于召开县十六届人大常委会第二十八次会议的通知	杭常办综〔2016〕10 号
关于做好县人大常委会重点督办代表建议办理工作的通知	杭常办综〔2016〕11 号
关于召开县十六届人大常委会第二十九次会议的通知	杭常办综〔2016〕12 号
关于召开县十六届人大常委会第三十次会议的通知	杭常办综〔2016〕13 号
关于开展县十六届人大五次会议代表建议意见办理工作情况检查的通知	杭常办综〔2016〕14 号
关于召开县十六届人大常委会第三十一次会议的通知	杭常办综〔2016〕15 号
关于召开县十六届人大常委会第三十二次会议的通知	杭常办综〔2016〕16 号
关于召开深化行政审批制度改革工作座谈会的通知	杭常办综〔2016〕17 号
关于组织县十六届人大代表视察的通知	杭常办综〔2016〕18 号
关于开展国土资源专项工作报告审议意见和专题询问事项落实情况检查的通知	杭常办综〔2016〕19 号
关于对县十六届人大代表履职情况进行调查摸底的通知	杭常办综〔2016〕20 号

续表36

文件名称	文　号
关于组织部分市县人大代表视察项目落地情况的通知	杭常办综〔2016〕21号
关于上报乡(镇)人大换届选举委员会组成人员名单的通知	杭常办综〔2016〕22号
关于召开县十六届人大常委会第三十三次会议的通知	杭常办综〔2016〕23号
关于要求拨给2016年县乡人大换届选举专项经费的报告	杭常办综〔2016〕24号
关于转发县十六届人大五次会议代表建议意见办理答复工作检查情况的通知	杭常办综〔2016〕25号
关于开展少数民族乡村全面建成小康社会情况调研的通知	杭常办综〔2016〕26号
关于开展全县脱贫攻坚工作情况调研的通知	杭常办综〔2016〕27号
关于县人大常委会领导及机关干部分工联系选举单位指导人大换届选举工作的通知	杭常办综〔2016〕28号
关于做好2017年度《中国人大》和《人民政坛》订阅工作的通知	杭常办综〔2016〕29号
关于下拨2016年县乡两级人大换届选举补助经费的通知	杭常办综〔2016〕30号
关于召开县十六届人大常委会第三十四次会议的通知	杭常办综〔2016〕31号
关于召开县十六届人大常委会第三十五次会议的通知	杭常办综〔2016〕32号
关于召开县十六届人大常委会第三十六次会议的通知	杭常办综〔2016〕33号
关于召开上杭县第十七届人民代表大会第一次会议的通知	杭常办综〔2016〕34号
关于要求审核上杭县人大常委会办公室公务用车制度改革具体实施方案的报告	杭常办综〔2016〕35号
关于请求拨给县十七届人大一次会议专项经费的请示	杭常办综〔2016〕36号
关于召开县十七届人大常委会第一次会议的通知	杭常办综〔2016〕37号
关于转发《关于全县旅游文化产业发展情况的调研报告》的通知	杭常综〔2016〕1号
关于印发《上杭县人大常委会关于宪法宣誓组织工作的若干规定》的通知	杭常综〔2016〕2号
关于提请审定上杭县人民检察院副检察长戴宇明代理上杭县人民检察院检察长职务的议案	杭常综〔2016〕3号
上杭县人大常委会主任会议关于提请审定上杭县人民政府副县长王波代理上杭县人民政府县长职务的议案	杭常综〔2016〕4号
关于提请审定张志锋等通知免职的议案	杭常综〔2016〕5号
关于认真学习宣传贯彻《福建省乡镇人民代表大会主席团工作规定》的通知	杭常综〔2016〕6号
关于转发项目落地情况视察报告的通知	杭常综〔2016〕7号
关于转发《关于上杭县国土资源专项工作报告审议意见和专题询问事项落实情况的检查报告》的通知	杭常综〔2016〕8号
关于印发《上杭县第十七届人民代表大会第一次会议筹备工作方案》的通知	杭常综〔2016〕9号
上杭县人大常委会2016年工作要点	杭常〔2016〕1号
关于许可对县十六届人大代表丘吉华采取刑事强制措施的决定	杭常〔2016〕2号
关于接受詹崇仁、张毓章、蓝新、罗小洪辞去上杭县人民政府副县长职务请求的决定	杭常〔2016〕3号
关于接受黄晓兰同志辞去上杭县人大常委会副主任职务请求的决定	杭常〔2016〕4号
关于接受傅藏荣辞去上杭县人民政府县长职务请求的决定	杭常〔2016〕5号
关于上杭县人民政府副县长王波代理县长职务的决定	杭常〔2016〕6号

续表36

文件名称	文　号
关于接受陈在慧辞去上杭县人民政府副县长职务请求的决定	杭常〔2016〕7 号
关于接受陈炳旺辞去上杭县人民检察院检察长职务请求的决定	杭常〔2016〕8 号
关于上杭县人民检察院副检察长戴宇明代理上杭县人民检察院检察长职务的决定	杭常〔2016〕9 号
关于接受张志锋辞去上杭县人大常委会委员职务请求的决定	杭常〔2016〕10 号
关于批准 2015 年县本级决算的决议	杭常〔2016〕11 号
关于批准 2016 年县级政府举借债务计划的决议	杭常〔2016〕12 号
关于上杭县县乡两级人民代表大会代表换届选举日的决定	杭常〔2016〕13 号
关于设立县选举委员会及办公室、乡镇选举办事处和乡镇选举委员会的决定	杭常〔2016〕14 号
关于开展第七个五年法治宣传教育的决议	杭常〔2016〕15 号
关于批准 2016 年县本级财政支出预算调整的决议	杭常〔2016〕16 号
关于龙岩市第五届人大代表(上杭选举结果的报告)	杭常〔2016〕17 号
关于补选龙岩市第四届人民代表大会代表结果的报告	杭常人〔2016〕1 号
关于罗金炎等免职的通知	杭常人〔2016〕2 号
关于廖周玲等免职通知	杭常人〔2016〕3 号
关于丁晓红等任职通知	杭常人〔2016〕4 号
关于李永涛等任职的通知	杭常人〔2016〕5 号
关于黄从廷等任职的通知	杭常人〔2016〕6 号
关于王波任职的通知	杭常人〔2016〕7 号
关于徐卫清任职的通知	杭常人〔2016〕8 号
关于戴宇明任职的通知	杭常人〔2016〕9 号
关于朱冠东任职的通知	杭常人〔2016〕10 号
关于郭盛元等免职的通知	杭常人〔2016〕11 号
关于黄汉华等免职的通知	杭常人〔2016〕12 号
关于万春梅等任职的通知	杭常人〔2016〕13 号
关于邱晓琴免职的通知	杭常人〔2016〕14 号
关于印发上杭县第十七届人民代表大会第一次会议公告和财政经济委员会组成人员名单的通知	杭常人〔2016〕15 号
上杭县人大常委会关于上杭县禁毒专项工作报告的审议意见	杭常审〔2016〕1 号
上杭县人大常委会关于县人民政府脱贫攻坚工作情况报告的审议意见	杭常审〔2016〕2 号
上杭县人大常委会关于《上杭县城总体规划(2015—2030 年)》的审议意见	杭常审〔2016〕3 号
关于推荐张志锋同志为乡镇政府乡镇长人选、石树辉同志为正科级干部人选的请示	杭常党组〔2016〕1 号
关于推荐邱伟华、卢海苗两位同志为科级干部人选的报告	杭常党组〔2016〕2 号

2016年上杭县人民政府主要发文目录

表37

文件名称	文　号
关于印发《上杭县横滩饮用水源保护区突发环境事件应急预案》的通知	杭政〔2016〕1号
关于才庄公路封闭施工的通告	杭政〔2016〕2号
关于2012—2015年乡镇道路交通安全综合整治"三年行动"工作考评情况的通报	杭政〔2016〕3号
关于撤销珊瑚乡横滩渡口的决定	杭政〔2016〕4号
关于上杭县2015年度第四批次城市建设征收土地方案的通告	杭政〔2016〕5号
关于上杭县2015年度第五批次城市建设征收土地方案的通告	杭政〔2016〕6号
关于上杭县2014年度第七批次城市建设征收土地方案的通告	杭政〔2016〕7号
关于上杭县2015年第六批次城市建设征收土地方案的通告	杭政〔2016〕8号
关于进一步做好新形势下就业工作十五条措施的通知	杭政〔2016〕9号
关于《上杭县江滨西路(南门大桥至西环路段)改造工程房屋征收与补偿安置方案》征求意见及修改情况的通告	杭政〔2016〕10号
关于划定禁止燃用高污染区域的通告	杭政〔2016〕11号
关于上杭县江滨西路(南门大桥至西环路段)改造工程国有土地上房屋征收决定	杭政〔2016〕12号
关于徐卫清等同志职务任免的通知	杭政〔2016〕13号
批转县方志委关于《上杭年鉴(2016)》编纂方案的通知	杭政〔2016〕14号
转发龙岩市人民政府关于印发2016年初中毕业升学考试与高中阶段招生制度改革方案的通知	杭政〔2016〕15号
关于印发上杭县步云生态旅游提升项目用地补偿和村民搬迁工作方案的通知	杭政〔2016〕16号
关于印发上杭县蛟洋镇下道湖村整村搬迁项目工作方案的通知	杭政〔2016〕18号
关于印发上杭县珊瑚采坑尾矿库项目用地补偿和村民房屋搬迁工作方案的通知	杭政〔2016〕19号
关于2015年度保护发展森林资源目标管理责任制考核结果的通报	杭政〔2016〕20号
关于取消中央指定地方试试行政审批事项的通知	杭政〔2016〕21号
关于表彰2015年度渔业安全生产工作先进乡镇的通报	杭政〔2016〕22号
关于表彰2015年度信用乡镇和信用村(社区)的通知	杭政〔2016〕23号
关于表彰2015年度防汛保安目标管理先进乡镇的通报	杭政〔2016〕24号
关于印发上杭县体育中心项目建设工作方案的通知	杭政〔2016〕25号
关于组织开展2016年兵役登记工作的通知	杭政〔2016〕26号
关于做好2016年民兵组织整顿工作的通知	杭政〔2016〕27号
关于表彰2015年度重大动物疫病防控工作先进单位的通报	杭政〔2016〕28号
关于表彰奖励2015年度见义勇为先进个人的决定	杭政〔2016〕29号
关于打好项目前期审批攻坚战的实施意见	杭政〔2016〕30号
关于对大岌岗区域无证矿硐实施填封的通告	杭政〔2016〕31号

续表37

文件名称	文　号
关于印发上杭县2016年地质灾害防治方案的通知	杭政〔2016〕32号
关于印发上杭县三环路二期工程项目建设方案的通知	杭政〔2016〕33号
关于印发上杭县开展工业企业"降成本"活动实施方案的通知	杭政〔2016〕34号
关于上杭县农民住房财产权抵押贷款试点实施方案的通知	杭政〔2016〕35号
关于表彰2015年度安全生产目标责任考核先进乡镇和先进单位的通报	杭政〔2016〕36号
关于印发上杭县产业发展股权投资基金管理办法（试行）的通知	杭政〔2016〕37号
关于印发上杭县突发地质灾害应急预案的通知	杭政〔2016〕38号
关于闽西古田光荣院项目线范围内禁止新建建筑物和抢种作物的通告	杭政〔2016〕39号
关于调整自然保护小区范围的批复	杭政〔2016〕40号
关于印发上杭县旧县镇迳美村整村搬迁项目工作方案的通知	杭政〔2016〕41号
关于取消20项第二批中央指定地方实施行政审批事项的通知	杭政〔2016〕42号
关于公布县本级规范性文件清理结果的通知	杭政〔2016〕43号
关于建立扶贫开发投融资平台的通知	杭政〔2016〕44号
关于建立扶贫小额贷款担保基金的通知	杭政〔2016〕45号
关于印发进一步强化殡葬管理倡导文明生态殡葬新风实施意见的通知	杭政〔2016〕46号
关于同意实施《福建省上杭县森林经营规则（2016—2025年）》的批复	杭政〔2016〕47号
关于做好50个县定贫困村项目帮扶资金集中委托闽西兴杭国投公司统一运营的通知	杭政〔2016〕48号
关于做好2016年各级储备订单粮食及县优质稻订单粮食收购工作的通知	杭政〔2016〕49号
关于印发上杭县商贸流通业"十百千工程"实施方案的通知	杭政〔2016〕50号
关于表彰2015年度优秀建筑施工企业的通报	杭政〔2016〕51号
关于进一步规范行政审批行为改进行政审批有关工作的通知	杭政〔2016〕52号
关于印发上杭县进一步鼓励黄标车提前淘汰报废补贴方案的通知	杭政〔2016〕53号
关于清理二环路（金尚路至金山路段）、金山路（北环路至二环路段）道路改造工程建设规划用地范围内临时建筑物、构筑物和种植作物的通告	杭政〔2016〕54号
关于调整县政府领导成员工作分工的通知	杭政〔2016〕55号
关于胡滨同志任职的通知	杭政〔2016〕56号
批转县教育局关于调整城区二实幼、城东幼儿园招生范围和修订三中、四中招生办法的意见	杭政〔2016〕57号
批转县审计局关于2016年度审计项目计划的通知	杭政〔2016〕58号
关于贯彻落实省"五个一批"项目工作实施意见	杭政〔2016〕59号
关于2016年城乡居民基本医疗保险统筹基金点频控制的通知	杭政〔2016〕60号
关于维护烟叶收购秩序的通告	杭政〔2016〕61号
关于李俊业同志免职的通知	杭政〔2016〕62号
转发龙岩市人民政府关于加快推进信息通信网络建设若干意见的通知	杭政〔2016〕63号
关于张伟林等同志职务任免的通知	杭政〔2016〕64号

续表37

文件名称	文　号
关于表彰2015年度征兵工作先进单位和先进个人的通报	杭政〔2016〕65号
关于上杭县2015年度第七批次城市建设征收土地方案的通告	杭政〔2016〕66号
关于印发上杭县临时救助实施办法的通知	杭政〔2016〕67号
关于公布县级行政审批中介服务事项的通知	杭政〔2016〕68号
关于公布县级前量审批的通知	杭政〔2016〕69号
关于才溪镇污水处理厂及配套管网工程征收土地方案的通告	杭政〔2016〕70号
关于黄立明等同志职务任免的通知	杭政〔2016〕71号
关于印发推进建设同步企业信用信息公示系统(福建)实施方案的通知	杭政〔2016〕72号
关于印发政府投资建设项目监督管理规定的通知	杭政〔2016〕73号
关于公布上杭县第一批历史建筑、特色建筑保护名单的通知	杭政〔2016〕74号
关于调整县政府领导成员工作分工的通知	杭政〔2016〕75号
关于印发上杭县农村家园清洁评行动实施方案的通知	杭政〔2016〕76号
关于印发加快发展家政服务业实施意见的通知	杭政〔2016〕77号
关于下达2016年食品安全工作目标责任的通知	杭政〔2016〕78号
关于印发上杭县2016—2020年乡镇(部门)志编纂规划纲要的通知	杭政〔2016〕79号
关于印发2016年上杭县推进简政放权放管结合优化服务工作要点的通知	杭政〔2016〕80号
关于印发上杭县实施畅通城市三年行动计划(2016—2018)的通知	杭政〔2016〕81号
关于印发上杭县实施城市内涝防治三年行动计划(2016—2018)的通知	杭政〔2016〕82号
关于加快城市公共停车设施建设的实施意见	杭政〔2016〕83号
关于上杭县2016年度第一批次城市建设征收土地方案的通告	杭政〔2016〕84号
关于上杭县2016年度第二批次城市建设征收土地方案的通告	杭政〔2016〕85号
关于印发汀江流域水污染综合整治项目专项资金管理暂行办法的通知	杭政〔2016〕86号
关于印发紫色矿区居民搬迁安居工程建设项目用地补偿方案的通知	杭政〔2016〕87号
关于县道x636双溪至陈坑段公路工程建设征收土地方案的通告	杭政〔2016〕88号
关于县道x636南阳集镇至射山段公路工程建设征收土地方案的通告	杭政〔2016〕89号
关于郭平桥改建实行交通管制的通告	杭政〔2016〕90号
关于做好2016年造福工程扶贫搬迁工作的通知	杭政〔2016〕91号
关于举行防空警报试鸣的通告	杭政〔2016〕92号
关于印发上杭县服务项目落地攻坚战役优化项目审批实施方案的通知	杭政〔2016〕93号
关于印发上杭县南岗限价商品房住房配售工作实施方案的通知	杭政〔2016〕94号
关于上杭县2016年度第四批次城市建设征收土地方案的通告	杭政〔2016〕95号
关于做好2016年普通高等学校毕业生就业创业工作的通知	杭政〔2016〕96号
关于做好永杭高速(上杭段)项目建设工程征地拆迁及坟墓迁移工作的通知	杭政〔2016〕97号

续表37

文件名称	文　号
关于印发上杭县培育科技小巨人领军企业实施方案(2016—2020年)的通知	杭政〔2016〕98号
关于印发上杭县化解房产行业过剩产能推动产业转型升级实施意见的通知	杭政〔2016〕99号
关于有序降低杠杆率水平防范化解金融风险的实施意见	杭政〔2016〕100号
关于2016年调整机关事业单位退休人员基本养老金的通知	杭政〔2016〕101号
关于印发永杭高速公路(上杭段)项目建设规划用地补偿和村民房屋搬迁安置实施办法的通知	杭政〔2016〕102号
关于对黄太线太拔至黄潭段公路实行封闭施工的通告	杭政〔2016〕103号
关于补齐发展短板扩大有效供给的实施意见	杭政〔2016〕104号
关于印发上杭县推进供给侧结构性改革实施方案(2016—2018年)的通知	杭政〔2016〕105号
印发关于实行普通高中免费教育实施方案的通知	杭政〔2016〕106号
关于调整充实国土资源节约集约规范县创建活动领导小组的通知	杭政〔2016〕107号
关于做好62个革命基点村建创村“以奖代补”项目帮扶资金集中委托闽西兴杭国投公司统一运营的通知	杭政〔2016〕108号
关于印发上杭县培育商贸流通业企业实施方案的通知	杭政〔2016〕109号
关于禁止在松光礤水库工程建设征地范围内新增建设项目和迁入人口的通告	杭政〔2016〕110号
关于西气东输三线(上杭)段试行的通告	杭政〔2016〕111号
关于上杭县2016年度第六批次城市建设征收土地方案的通告	杭政〔2016〕112号
关于印发上杭县现代渔业发展规划(2017—2019)的通知	杭政〔2016〕113号
关于公布第十一批县级文物保护单位及其保护范围的通知	杭政〔2016〕114号
关于公布乡镇政府权责清单的通知	杭政〔2016〕115号
关于公布县直部门派驻乡镇机构权责清单的通知	杭政〔2016〕116号
关于刘开香等同志任职的通知	杭政〔2016〕117号
关于刘昌发等同志职务任免的通知	杭政〔2016〕118号
关于取消调整部分县级行政权力和公共服务事项的通知	杭政〔2016〕119号
关于印发上杭县全民科学素质行动计划纲要方案(2016—2020)的通知	杭政〔2016〕120号
关于林云志等同志职务任免的通知	杭政〔2016〕121号
关于调整县政府领导成员工作分工的通知	杭政〔2016〕122号
印发关于妥善解决辞退代课老师遗留问题工作方案的通知	杭政〔2016〕123号
关于调整安全生产专家组成员的通知	杭政〔2016〕124号
关于黄林等通知职务任免的通知	杭政〔2016〕125号
关于表彰2015—2016年度冬春水利建设先进乡镇和先进个人的决定	杭政〔2016〕126号
关于加快发展现代职业教育的实施意见	杭政〔2016〕127号
关于上杭县2016年度第八批次城市建设征收土地方案的通告	杭政〔2016〕128号
关于上杭县2016年度第七批次城市建设征收土地方案的通告	杭政〔2016〕129号

续表37

文件名称	文　号
关于印发上杭县建筑材料运输及废土处置管理暂行决定的通知	杭政〔2016〕130 号
关于印发上杭县大病医保“三保合一”均衡化实施方案的通知	杭政〔2016〕131 号
关于上杭县 2016 年度第十批次城市建设征收土地方案的通告	杭政〔2016〕132 号
关于认定上杭县新型职业农民的通知	杭政〔2016〕133 号
关于上杭县 2016 年度第三批次城市建设征收土地方案的通告	杭政〔2016〕134 号
关于上杭县 2016 年度第九批次城市建设征收土地方案的通告	杭政〔2016〕135 号
关于公布第十二批县级文物保护单位及其保护范围的通知	杭政〔2016〕136 号
关于培育新型粮食市场主体促进粮食产业发展的意见	杭政〔2016〕137 号
关于印发上杭县发挥品牌引领作用推动供给侧结构性改革实施方案（2016—2020 年）的通知	杭政〔2016〕138 号
关于印发加快推进残疾人小康进程实施方案的通知	杭政〔2016〕139 号
关于印发上杭县十三五消防事业发展专项规划的通知	杭政〔2016〕140 号
关于上杭县古田梅花山路一期工程建设项目征收土地方案的通告	杭政〔2016〕141 号
关于印发上杭县化解房地产库存实施意见的通知	杭政〔2016〕142 号
关于傅晓刚等同志职务任免的通知	杭政〔2016〕143 号
关于黄庆鹏等同志免职的通知	杭政〔2016〕144 号
关于胡滨等同志任职的通知	杭政〔2016〕145 号
关于公布县本级行政执法主体及其行政执法人员执法证件信息的通告	杭政〔2016〕146 号
关于开展第三次全国农业普查的通告	杭政〔2016〕147 号
关于黄太线太拔至黄潭段公路暂不开放交通的通告	杭政〔2016〕148 号
关于公布第二批县级非物质文化遗产目录的通知	杭政〔2016〕149 号
关于印发上杭县十三五安全生产专项规划的通知	杭政〔2016〕150 号
关于提高农村低保标准的通知	杭政〔2016〕151 号
关于印发上杭县水产养殖区域规划（2016—2025 年）的通知	杭政〔2016〕152 号
关于做好农民工工资工作的通知	杭政办〔2016〕1 号
关于金融支持产业转型升级的实施意见	杭政办〔2016〕3 号
转发县人力资源和社会保障局 财政局关于上杭县公益性岗位认定范围及资金补贴申报程序的通知	杭政办〔2016〕7 号
关于启动上杭县气象灾害（低温冻害）应急预案的紧急通知	杭政办〔2016〕11 号
关于提升气象灾害低温冻害应急响应级别的通知	杭政办〔2016〕12 号
关于将气象灾害低温冻害应急响应提升为二级的通知	杭政办〔2016〕13 号
关于将气象灾害低温冻害二级响应降为五级的通知	杭政办〔2016〕16 号
关于终止低温冻害应急响应的通知	杭政办〔2016〕21 号
关于调整上杭县机关和事业单位差旅住宿费标准的通知	杭政办〔2016〕35 号
关于开展 2016 年“中国・上杭”政府网站在线访谈活动的通知	杭政办〔2016〕41 号

续表37

文件名称	文　号
关于在贫困人员中选聘农村公路乡、村道养护工人的通知	杭政办〔2016〕45 号
关于印发上杭县行政许可和行政处罚等信息公示工作实施方案的通知	杭政办〔2016〕48 号
关于印发上杭县突发事件紧急医学救援预案的通知	杭政办〔2016〕49 号
关于印发上杭县推广随机抽查机制规范事中监管实施方案的通知	杭政办〔2016〕51 号
关于 2015 年县对乡镇食品安全工作考评检查情况的通报	杭政办〔2016〕54 号
关于进一步规范城乡低保工作的通知	杭政办〔2016〕55 号
关于切实加强食品安全监管严防食物中毒事件发生的紧急的通知	杭政办〔2016〕56 号
关于印发上杭县突发重大动物疫病应急预案的通知	杭政办〔2016〕58 号
关于开展“银龄安康保险”试点工作的通知	杭政办〔2016〕67 号
关于做好下放和调整一批省级行政许可事项承接落实工作的通知	杭政办〔2016〕70 号
关于碳粉退出政策集中采购物品范围的通知	杭政办〔2016〕72 号
转发福建省人民政府办公厅转发省社科联关于福建省社会科学普及规划纲要(2016-2020年)的通知	杭政办〔2016〕80 号
关于开展公文错情通报工作的通知	杭政办〔2016〕84 号
关于做好前置审批和中介服务事项清理公布工作的通知	杭政办〔2016〕85 号
关于全面加强安全生产监管执法的通知	杭政办〔2016〕94 号
转发龙岩市人民政府办公室关于转发 2016 年普惠金融发展实施方案的通知	杭政办〔2016〕95 号
关于印发 2016 年上杭县城建新建项目实施方案的通知	杭政办〔2016〕103 号
关于在全县推广独立式感烟火灾探测报警器火灾防控应用的通知	杭政办〔2016〕151 号
关于加强石油天然气管道保护及隐患整治工作的通知	杭政办〔2016〕171 号
关于印发上杭县食品药品违法行为举报奖励办法的通知	杭政办〔2016〕172 号
关于 2016 年上半年乡镇道路交通安全综合整治工作督查的通报	杭政办〔2016〕176 号
关于印发上杭县 2016 年防震减灾工作方案的通知	杭政办〔2016〕181 号
关于调整计划生育节育手术并发症鉴定小组的通知	杭政办〔2016〕184 号
关于印发上杭县非法集资风险专项整治工作方案的通知	杭政办〔2016〕186 号
关于印发上杭县互联网金融风险专项整治工作方案的通知	杭政办〔2016〕187 号
关于开展全县乡镇政府权责清单编制工作的通知	杭政办〔2016〕191 号
转发福建省人民政府办公厅关于印发福建省 2016 年促进市场公平竞争维护市场正常秩序重点任务工作方案的通知	杭政办〔2016〕195 号
关于规范保障房配置网上公开工作的通知	杭政办〔2016〕196 号
关于印发上杭县 2016 年深化医疗卫生体制改革工作要点的通知	杭政办〔2016〕197 号
关于印发第四次森林资源规划设计调查实施方案的通知	杭政办〔2016〕202 号
关于全面推进全流程网上办事大厅建设工作的通知	杭政办〔2016〕205 号
关于进一步规范设立地质灾害警示标志的通知	杭政办〔2016〕206 号

续表37

文件名称	文　号
关于印发2016年上杭县食品安全重点工作安排的通知	杭政办〔2016〕213号
关于印发上杭县行政执法主体资格确认和行政执法人员清理工作方案的通知	杭政办〔2016〕218号
关于印发上杭县防震减灾"十三五"发展规划的通知	杭政办〔2016〕222号
关于进一步加强畜禽屠宰行业管理工作的意见	杭政办〔2016〕223号
关于印发上杭县2016年质量月活动方案的通知	杭政办〔2016〕224号
关于印发上杭县加强居民住宅和小场所火灾防范工作实施方案的通知	杭政办〔2016〕225号
关于扎实做好山洪地质灾害避险转移确保人民群众生命安全的通知	杭政办〔2016〕227号
关于印发上杭县关于推进五证合一登记制度改革实施方案的通知	杭政办〔2016〕228号
关于做好2017年城乡居民基本医疗保险参保登记缴费工作的通知	杭政办〔2016〕234号
关于成立上杭县农产品质量安全监管及创建安全县工作领导小组的通知	杭政办〔2016〕241号
关于印发上杭县提升旅游服务质量加强旅游市场综合监管实施方案的通知	杭政办〔2016〕246号
关于2016年国庆假日旅游安全和市场秩序检查情况的通报	杭政办〔2016〕247号
关于进一步加强村(社区)人力资源和社会保障服务平台建设的通知	杭政办〔2016〕251号
关于印发就业扶贫公益性岗位安置实施办法的通知	杭政办〔2016〕252号
关于做好城乡最低生活保障对象复核认定工作的通知	杭政办〔2016〕255号
关于成立上杭县产业发展股权投资基金决策委员会的通知	杭政办〔2016〕258号
关于印发上杭县生产安全事故灾难应急预案的通知	杭政办〔2016〕265号
关于确认第五批修志启动单位并认真做好志书修编工作的通知	杭政办〔2016〕270号
关于建立上杭县非法经营疫苗专项整治工作联系会议制度的通知	杭政办〔2016〕272号
关于印发上杭县农村危房灾后恢复重建实施方案的通知	杭政办〔2016〕273号
关于做好城乡居民医疗意外伤害补充保险工作的通知	杭政办〔2016〕274号
关于县推进政府职能转变协调小组设立标准化小组的通知	杭政办〔2016〕275号
关于印发上杭县地质灾害巡查监测工作制度的通知	杭政办〔2016〕278号
关于做好村级扶贫协理员选聘管理工作的通知	杭政办〔2016〕281号
关于做好农村非法集资风险整治有关工作的通知	杭政办〔2016〕283号
关于深化标准化工作的实施意见	杭政办〔2016〕285号
关于做好市级下放委托行政权力和公共服务事项承接落实工作的通知	杭政办〔2016〕287号
关于印发上杭县加快推进老农保与城乡居民保制度衔接过渡工作方案的通知	杭政办〔2016〕288号
关于印发上杭县加快推进重要产品追溯体系建设实施方案的通知	杭政办〔2016〕291号
关于印发上杭县医疗联合体建设实施方案(试行)的通知	杭政办〔2016〕298号
关于印发上杭县推进分级诊疗制度建设实施方案的通知	杭政办〔2016〕299号
转发县烟草专卖局关于上杭县2016年度烟叶生产基础设施建设实施方案的通知	杭政办〔2016〕300号
关于提高城市低保标准的通知	杭政办〔2016〕301号

续表37

文件名称	文　号
关于印发上杭县今冬明春火灾防控工作方案的通知	杭政办〔2016〕316号
转发国务院办公厅关于2017年部分节假日安排的通知	杭政办〔2016〕321号
关于分解落实2016年度龙岩市对县粮食安全行政首长责任制考核目标任务的通知	杭政办〔2016〕323号
关于进一步加强政府与工会联系会议制度建设的通知	杭政办〔2016〕324号
关于印发上杭县进一步加强和推进网上行政审批服务实施方案的通知	杭政办〔2016〕336号
关于开展2016年全县消防安全工作目标责任落实情况考评工作的通知	杭政办〔2016〕337号
关于做好2016年政府信息公开工作年度报告有关事项的通知	杭政办〔2016〕339号
转发县卫计局等部门关于进一步加强乡村医生队伍建设实施方案的通知	杭政办〔2016〕343号
关于印发上杭县开展市场准入负面清单制度改革试点工作方案的通知	杭政办〔2016〕347号

2016年政协上杭县委员会发文目录

表38

文件名称	文　号
关于呈送县政协十一届五次会议期间委员建议意见的报告	杭协办〔2016〕1号
关于推荐胡春英等7位同志为县管科级后备干部初步人选的请示	杭协办〔2016〕2号
关于举办道德讲堂活动的通知	杭协办〔2016〕3号
关于开展道德讲堂“知行合一守规矩”主题活动实施方案	杭协办〔2016〕4号
关于开展城区道路交通安全管理情况视察的通知	杭协办〔2016〕5号
政协成立60周年纪念活动方案	杭协办〔2016〕6号
关于开展烟草水源援建工程建设情况视察的通知	杭协办〔2016〕7号
关于在全县开展庆祝我县政协成立60周年知识竞赛活动的通知	杭协办〔2016〕8号
关于开展“水土保持工作开展情况”视察活动的通知	杭协办〔2016〕9号
提案跟踪督办任务分解通知及办理协商工作安排表	杭协办〔2016〕10号
关于推荐胡春英同志为县管正科级干部人选的报告	杭协办〔2016〕11号
关于报送各乡镇政协工委主任、副主任及干事人选的通知	杭协办〔2016〕12号
关于调整县政协书画室成员的通知	杭协办〔2016〕13号
关于纪念县政协60周年知识竞赛抽奖结果的通报	杭协办〔2016〕14号
关于开展“关注预防青少年违法犯罪,促进平安上杭建设”专题调研的通知	杭协办〔2016〕15号
关于开展革命基点村建设情况调研的通知	杭协办〔2016〕16号
关于开展2016年部分提案(含重点提案)办理协商活动的通知	杭协办〔2016〕17号
关于召开“矿业+”发展情况座谈会的通知	杭协办〔2016〕18号
关于开展“农产品加工与品牌建设”视察活动的通知	杭协办〔2016〕19号
关于召开县十一届政协第15次常务(扩大会议)的通知	杭协办〔2016〕20号

续表38

文件名称	文　号
关于开展全县历史名人故居保护利用专题调研的通知	杭协办〔2016〕21号
关于调整办公室人员职责分工的通知	杭协办〔2016〕22号
关于开展全县农村饮水与健康安全情况调研的通知	杭协办〔2016〕23号
政协委员履职情况进行跟踪考核的通知	杭协办〔2016〕24号
开展“促进我县医养结合养老服务模式”专题调研的通知	杭协办〔2016〕25号
关于组织“稀土工业与新材料产业发展”外出考察活动的请示	杭协办〔2016〕26号
关于组织机关党员赴井冈山开展红色现场教学活动的请示	杭协办〔2016〕27号
关于开展上杭客家木偶艺术传承与发展情况视察的通知	杭协办〔2016〕28号
关于开展“开发深陂水库库区建设休闲旅游综合体”项目座谈会的通知	杭协办〔2016〕29号
关于赴广东省英德市考察活动的请示	杭协办〔2016〕30号
县政协委员视察2016年重点为民办实事	杭协办〔2016〕31号
关于开展文化建设等视察活动的通知	杭协办〔2016〕32号
关于开展上杭宣传媒体服务经济社会发展情况视察活动	杭协办〔2016〕33号
关于开展全县精准扶贫情况专题调研的通知	杭协办〔2016〕34号
关于做好县政协全会大会发言工作的通知	杭协办〔2016〕35号
关于开展“传承红色基因，促进上杭发展”调研的预通知	杭协办〔2016〕36号
关于县政协委员视察2016年重点为民办实事项目进展情况的通知	杭协办〔2016〕37号
关于请求下拨刘清祥主席挂钩帮扶乡镇资金的报告	杭协办〔2016〕38号
关于请求下拨黄晓兰副主席挂钩帮扶乡镇资金的报告	杭协办〔2016〕39号
关于开展科技、文化、卫生“三下乡”活动的通知	杭协办〔2016〕40号
关于做好县政协十二届一次会议提案征集工作的通知	杭协办〔2016〕41号
关于召开上杭县十二届政协一次会议的通知	杭协办〔2016〕42号
关于制定县政协十二届一次会议筹备工作方案的通知	杭协办〔2016〕43号
关于报送公务用车制度改革实施方案的报告	杭协办〔2016〕44号
关于召开县政协十二届一次会议期间提案审查会议的通知	杭协办〔2016〕45号
关于开展矿业发展情况视察活动的通知	杭协办〔2016〕46号
关于开展2016年度乡镇政协工委工作考评工作的通知	杭协办〔2016〕47号
关于召开县十一届政协第16次常委会议的通知	杭协办〔2016〕48号
关于县政协2016年换届工作经费支出预算的请示	杭协办〔2016〕49号

附二

·2016年12月上杭县国民经济主要指标·

表39

指　　标	单位	本月	比上年同月增长（%）	本月止累计	比上年同期增长（%）	增速在全市位次
一、地区生产总值	万元	—	—	2765038	8.6	2
#第一产业	万元	—	—	355603	3.8	3
第二产业	万元	—	—	1514266	8.1	3
第三产业	万元	—	—	895170	11.4	3
二、农林牧渔业总产值	万元	—	—	596935	3.9	3
三、全社会工业总产值	万元	—	—	—	—	—
#规模以上工业总产值	万元	—	—	4416395	—	—
规模以上工业增加值	万元	—	—	699819	8.5	2
四、全社会用电量	万度	18040	20.5	218208	0.9	—
#工业用电量	万度	14509	22.5	172463	-1.9	—
五、建筑业总产值	万元	—	—	3935027	12.9	7
六、全社会固定资产投资	万元	—	—	—	—	—
#500万元以上固定资产投资	万元	—	—	2573100	17.8	2
房地产投资	万元	—	—	36179	-42.6	8
七、财政总收入	万元	—	—	317248	2.5	4
#地方财政收入	万元	—	—	229305	10.3	3
财政总支出	万元	—	—	438729	6.5	5
八、社会消费品零售总额	万元	—	—	856934	15.8	2

续表39

指　标	单位	本月	比上年同月增长（%）	本月止累计	比上年同期增长（%）	增速在全市位次
商品销售额	万元	—	—	1712887	24.2	2
#批发业商品销售额	万元	—	—	1046619	32.0	2
零售业商品销售额	万元	—	—	666268	13.6	6
餐饮业营业额	万元	—	—	78309	15.4	7
住宿业营业额	万元	—	—	19823	28.2	1
九、金融机构人民币存款余额	万元	—	—	2624121	23.2	1
金融机构人民币贷款余额	万元	—	—	1458002	1.4	5
十、外贸出口总值	万美元		—	—	—	—
实际利用外资（验资口径）	万美元	—	—	3845	9.9	4
十一、城镇居民人均可支配收入	元	—	—	33019	8.0	4
农村居民人均可支配收入	元	—	—	14074	9.0	3
十二、居民消费价格总指数	以上年同期为100	—	102.2	—	101.9	—

说明：1.规模以上工业企业指年主营业务收入（产品销售收入）2000万元以及以上的法人工业企业；2.地区生产总值、农林牧渔业总产值、城镇居民人均可支配收入和农村居民人均可支配收入为季度指标；3.地区生产总值、农林牧渔业总产值、规模以上工业增加值按当年价格计算，增速按可比价计算；4.位居全市增速排位包括龙岩经济技术开发区（高新区）

附三

·上杭县城区公交线路走向与站点设置·

L1:石门障—县行政服务中心

表40

序号	站　名	站	牌	序号	站　名	站	牌	序号	站　名	站	牌
1	石门障站	1		8	西门市场站	2		15	电力公司		2
2	月岭下站	1	1	9	农业局站	2		16	交管大队站	2	
3	西南村站	1	1	10	汽车站站	2		17	城东市场		1
4	城西加油站		2	11	邮政局站	2		18	紫金公园站	1	1
5	雷公寨下站			12	司法局站	2		19	工业区管委会站	2	
6	江屋路口站		2	13	工商银行站	2		20	李家坪大桥北站	2	
7	驷马桥站		2	14	人事局站	2		21	县行政服务中心站		1

L2:金山路公交首末站—上杭公路分局

表41

序号	站　名	站	牌	序号	站　名	站	牌	序号	站　名	站	牌
1	金山路公交首末站			9	体育馆站		2	17	土埔村站	1	1
2	上杭四中站	1	1	10	瓦子街站		2	18	光源国际酒店站	2	
3	丽水鑫城站		2	11	人民路东站		2	19	消防大队站	1	1
4	西门市场站		2	12	东环小区站＊		2	20	上杭二中站	1	1
5	一中体育场站		2	13	临城城东小学站		2	21	公路局站		2
	上杭一中站		2	14	凯悦花园站		2	22	临江镇政府		2
6	晨晖大厦站		2	15	登凯豪庭站		2	23	江滨公园		1
7	紫金财富中心站		2	16	紫金公园站						
8	实验小学站		2		工业区站	2					

L3:金山路公交首末站—上杭三中

表42

序号	站　名	站	牌	序号	站　名	站	牌	序号	站　名	站	牌
1	金山路公交首末站			8	司法局站＊	2		15	东环小区站＊		2
2	110指挥中心站	2		9	人民武装部站		2	16	临城城东小学站		2
3	汀江大厦站	2		10	上杭大酒店站		2	17	凯悦花园站＊		2
4	紫金学院站	2		11	江滨公园站		2	18	登凯豪庭站		2
5	帝豪广场站		2	12	国税局站		2	19	上杭三中站		1
6	水利局站	2		13	实验中学站		2				
7	人保公司站	1	1	14	友好医院站		2				

L4:金山路公交首末站—金秋老年公寓

表 43

序号	站　名	站	牌	序号	站　名	站	牌	序号	站　名	站	牌
1	金山路公交首末站			9	临江镇政府站		2	17	城东村		2
2	上杭五中	2		10	江滨公园站 *		2	18	紫金酒店		2
3	驷马桥站 *		2	11	国税局站 *		2	19	水西渡		2
4	西门市场站 *	2		12	实验中学站 *		2	20	森林公安		2
5	农业局站 *	2		13	地税局站		2		武警中队	2	
6	汽车站站 *	2		14	东方花园站		2	21	金秋老年公寓	2	
7	中医院站		2	15	登凯豪庭站		2				
8	南门邮政局站		2	16	法院		2				

L5:金山路公交首末站—湖洋

表 44

序号	站　名	站	牌	序号	站　名	站	牌	序号	站　名	站	牌
1	金山路公交首末站			6	驷马桥站		2	11	丰面桥		2
2	110 指挥中心站	2		7	江屋路口站		2	12	欧 坑		2
3	汽车站站	2		8	城西加油站		2	13	文光村		2
4	农业局站	2		9	西南村站	1	1	14	三角塘		2
5	西门市场站	2		10	月岭下站	1	1	15	湖洋镇政府门口		1

·汉语拼音索引·

说 明

一、本索引采用主题词分析法,按主题词首字汉语拼音字母顺序排序。
二、"大事记"内容不作索引。

H

J

K

L

M

N

T

W

X

Y

Z

编 后 记

《上杭年鉴(2017)》主要记述2016年上杭县经济、政治、文化、社会、生态等领域发展情况,2016年2月开编,6月完成全鉴编写,7月完成修改和总纂,8月完成校对,9月通过终审并送交出版,历时8个月。

本鉴在较短时间里完成编纂出版,靠的是全县各级党政领导的重视支持,全体编撰人员勤奋工作。县委、县政府主要领导亲自审阅大事记,对年鉴编纂工作提出具体要求,给年鉴编纂出版提供各项条件。参加本鉴编纂工作的单位主要有县纪委,县委办、人大办、政府办、政协办,县法院、检察院,县人武部,县消防大队、森林武警大队、武警大队,县委组织部、宣传部、统战部、政法委、台办、编办、文明办、老干局、关工委、党校、信访局、党史室、档案局、县直机关党工委、报道组、县对外联络办,县发改局(物价局、粮食局)、经信科技局、教育局(教师进修学校、教育督导室)、民宗局、公安局、民政局、司法局、财政局(农业综合开发办)、人力资源和社会保障局(公务员局)、国土资源局(不动产登记局)、住房和城乡规划建设局(城市管理行政执法局)、交通运输局、水利局、农业局(农办)、林业局、文体广电新闻出版局、卫生和计划生育局、审计局、安监局、统计局、环保局、市场监督管理局(市场服务中心)、国资局、商务局、行政服务中心管委会、县工业园区管委会、蛟洋工业区管委会、铁建办、旅游局、库区移民开发局、方志委、铜业局、二轻联社、地震办、数字办、城区用水办、供销社、农机站、稀土工业局、军民融合办、保密局,县总工会、团县委、妇联、科协、残联、文联、侨联、客家联谊会、计生协会、工商联、慈善总会、红十字会,县国税局、地税局、公路分局、气象局、水文站、烟草局、国家统计局上杭调查队、邮政公司、电信公司、移动公司、联通公司、人民银行、银监办、工商银行、农业银行、农业发展银行、建设银行、中国银行、农商银行、邮储银行、中成村镇银行、人保财险公司、人寿保险公司、太平洋保险公司、古田会议纪念馆、梅花山自然保护区、白砂国有林场,国投公司、兴诚实业公司、城市发展公司、工贸公司、紫金矿业集团股份有限公司、汀江水电有限公司、金山水电有限公司、供电公司、上杭网,全县22个乡镇等。在编纂出版过程中,还得到龙岩市方志委的指导,县委办、县人大办、县政府办、县政协办、监察局、保密局等单位对本书进行审查，县统计局提供国民经济和经济社会发展相关统计数据。在此，对所有关注、支持和参加本鉴编纂出版工作的领导和同志们表示衷心感谢。

由于内容广泛、编辑时间短促，加上编者水平限制，本鉴疏漏差错在所难免，敬请读者不吝赐教。

编　者

2017 年 9 月